《中国脱贫攻坚典型经验与模式》编委会

脱贫攻坚丛书
POVERTY ALLEVIATION SERIES

中国脱贫攻坚
典型经验与模式

刘彦随 / 主编

人民出版社

目　录 CONTENTS

绪　论

党的十八大以来，面对我国扶贫开发前所未有的复杂性、艰巨性和紧迫性，习近平总书记提出了"精准扶贫"战略思想，党中央把脱贫攻坚作为全面建成小康社会的底线任务和标志性指标。这是中国扶贫开发新时期的重大理论创新，也是世界减贫与发展史上的宏大制度设计。2013—2019 年全国农村贫困人口累计减少 9348 万人，即从 2012 年年末的 9899 万人减少至 2019 年年末的 551 万人，贫困发生率从 2012 年的 10.2% 降至 2019 年年末的 0.6%。2020 年中国全面打赢脱贫攻坚战，提前十年实现联合国 2030 年可持续发展目标（SDGs）中的减贫目标，书写了人类反贫困斗争史上"最伟大的故事"，为全球减贫事业贡献了"中国智慧"、提供了"中国方案"。

脱贫攻坚是硬骨头，如期脱贫是硬任务。中国的脱贫攻坚之所以在几年内取得了决定性成就，是因为找准了打开贫困枷锁的"金钥匙"，全面实施"精准扶贫"、实行"最严格的考核评估"。2015 年 11 月召开的中央扶贫开发工作会议上，中西部 22 个省（自治区、直辖市）党政主要负责同志向中央签署了脱贫攻坚责任书。实行"最严格的考核评估"制度成为坚决打赢脱贫攻坚战的重要保障。2016 年 2 月，中共中央办公厅、国务院办公厅印发了《省级党委和政府扶贫开发工作成效考核办法》，要求从 2016 年到 2020 年由国务院扶贫开发领导小组委托有关科研机构分年度开展精准扶贫工作成效第三方评估。

2016 年年初，通过公开竞标，中国科学院成为第三方评估机构，并由中国科学院地理科学与资源研究所具体负责，依托中国科学院精准扶贫评估研究中心、中国城乡发展智库联盟、中国地理学会，组建了来自全国 30 余个院所和高校、1700 多名专家学者的国家精准扶贫工作成效第三方评估专业团队。主要有中国科学院地理资源所、中国科学院新疆地理研究所、河南省科学院地理研究所、中国农业大学、北京师范大学、兰州大学、西北大学、长安大学、中国地质大学、河北师范大学、河北农业大学、河南大学、信阳师范学院、宁夏大学、山西大学、华中师范大学、新疆大学、西南大学、贵州师范大学、云南财经大学、海南师范大学、广州大学、东北农业大学、山东财经大学、东北师范大学、南京师范大学、华中农业大学、湖南师范大学、云南师范大学、南宁师范大学、成都理工大学、南昌大学、四川师范大学、内蒙古师范大学、青海师范大学等。

2016 年以来，在国务院扶贫办、中国科学院的指导和领导下，第三方评估专家团队坚持"独立、客观、公平、科学"的原则，已连续五年圆满完成了国家精准扶贫工作成效第三方评估任务。这支评估专家团队每年有1300—1700 多人参加、累计超过 8300 余人次，深入我国中西部 22 省、530多个县（市），完成了 4050 个典型村、13.5 万余农户的"进村入户"调查和企业调研、干部访谈。这批专家学者深入脱贫攻坚主战场、精准扶贫第一线，他们接地气、勤观察、善思考、求真实、献良策，通过所见、所闻、所问、所想、所思，抒写了发生在贫困乡村、基层一线、帮扶环节和第三方评估团队的一件件感人事迹、典型案例，讲解了精准扶贫实践中一个个鲜活人物、真实故事。2016 年 10 月，笔者总体策划、撰写提纲，并向国家精准扶贫工作成效第三方评估专家团队发出倡议：谱写决战脱贫攻坚的"八个一"生动故事，提炼精准扶贫典型经验与模式。

（1）一名好干部（村干部或驻村干部）：从事扶贫（驻村）工作时间长、下村入户频率高，对扶贫户情况熟悉、有明晰脱贫方案，有与众不同的脱贫思路，创新扶贫方式，与上下级间工作配合默契，典型做法受到广泛好评。

（2）一位带头人：当地经济组织、合作社带头人、能人、技术员，实施种养加或农工贸的农场主或企业家，帮助贫困户脱贫致富、奔小康，其典型事迹和贡献受到普遍好评。

（3）一家好企业：外地（当地）实施第一产业（种养等）、第二产业（农副产品加工或者制造业）、第三产业，通过土地流转或者充分利用扶贫资金与政策，发展规模经营、推动地方特色经济、传承非物质文化遗产等，来帮扶当地贫困户，吸纳贫困户就业、给困难户分红，赢利不忘奉献扶贫事业。

（4）一条脱贫路：采用合适方式或策略，针对贫困问题与致贫原因，因地制宜地利用当地或者自家的人力、物力和财力来重点扶持项目、发展产业，帮助地方拔穷根、帮助农户摘穷帽。

（5）一种好模式：主要是基于当地精准扶贫的好经验、新做法，通过科学总结、梳理和经过成功实践的样板与范式，得到相关部门或者群众认可，或者得到相关媒体或网络的典型报道。

（6）一项好政策：结合国家重大政策和相关文件精神，探索出符合地方实际的配套政策或措施，例如，鼓励帮扶资金整合、技术创新、PPP 管理模式，以及制定帮扶效果好的奖惩办法、激励机制等。

（7）一个新视点：制定好顶层设计，规划好脱贫蓝图，协调好帮扶主体措施，统筹好扶贫产业发展等创新性谋局、敏锐性观点，针对贫困地区扶贫开发面临的具体问题提出不同寻常的看法和建议。

（8）一件难忘事：调查所见所闻，团结友爱、人间大爱、难以忘怀的事例；利益相关者（扶贫工作人员、扶贫企事业、脱贫对象或者非贫困户）在帮助扶贫对象（贫困户）脱贫致富过程中令人记忆最深刻、最难忘、最有意义的事情。

特别感谢这支经过多年历练的千人专家团队，无论是专家教授，还是青年研究生，大家都怀着对完成国家重大任务的强烈使命感和高度责任心，不怕贫困地区生活苦、无畏山高坡陡路艰险，团结协作、攻坚克难、任劳任怨，这种尽职尽责的工作态度、团结创新的精神风貌深深地感动了当地的干部和群众，而民众的信任和期盼又给了调研人员莫大的教育和激励。在近五年的评估调查实践中，由评估专家学者提供初稿、分省调查组长修改，形成了"八个一"精准扶贫故事近350余篇，总字数约160万字。本着"优中选优"、突出"有声有色"、考虑"点面结合"，从中挑选出具有代表意义的"一名好干部"14篇、"一位带头人"9篇、"一家好企业"11篇、"一条脱贫路"15篇、"一种好模式"21篇、"一项好政策"8篇、"一个新视点"10篇、"一件难忘事"6篇，共计94篇集辑出版。2017年以来，为充分发挥国家精准扶贫工作成效第三方评估组千余名专家学者的作用，在中科院和国务院扶贫办的支持和指导下，第三方评估专家组启动了"三库"（大数据库、智库、文库）建设计划，本书是"文库"建设的主要内容之一。目前正值全国上下齐心协力啃硬骨头、决战决胜打赢脱贫攻坚战的关键时期，"十四五"将进入全国巩固拓展脱贫攻坚成果的过渡时期，以及推进脱贫攻坚与乡村振兴有效衔接、建立健全解决相对贫困问题长效机制的重要时期，将更加注重健全防止返贫监测与帮扶机制、更加注重解决精神贫困、更加注重强化内生动力。相信本书的集辑出版可以为广大基层群众立志脱贫致富、兴村为民提供一定的奋进动力，也为乡村工作者科学施策分享宝贵的实践经验。本书是第三方评估团队的集体成果，汇集了专家学者的亲身体验和独特观点，凝聚了总体组、分省组及众多学者的智慧和奉献。在调查实践中相关地方政府、扶贫干部及企业积极参与访谈，并提供了部分信息和典型素材，在此一并表示衷心感谢。由于精准扶贫涉及地域广、领域多、视域宽，再加上时间紧、案例多、任务重，在选编和修订过程中若有不足和错误之处，敬请各位同仁批评、指正。

中国科学院精准扶贫评估研究中心

中国科学院地理科学与资源研究所

国家精准扶贫成效第三方评估专家组

2020 年 6 月 9 日于北京

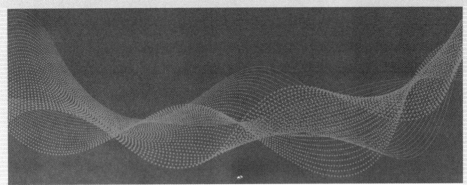

第一篇
一名好干部

01

用心用情用力　扶贫扶志扶智

——河北省南皮县大浪淀乡五拨台村第一书记

杨某才是沧州市供排水集团党委副书记、副总经理。2016年2月26日，他开始驻村帮扶沧州市南皮县大浪淀乡五拨台村，担任第一书记。驻村工作以来，他克服了高血压、肾结石等身体病痛和家庭困难，一心扑在驻村帮扶工作上；爱人身患糖尿病和抑郁症，平时却无法长时间照顾，2018年7月初爱人去世，他因驻村，遗憾未能见上最后一面。他以常人难以想象的意志力和坚强的忍耐力，克服了家庭困难和疾病困扰。他以一位共产学员的使命与担当，全身心地投入精准帮扶工作，积极跑项目、找资金，就是为改善五拨台村的生产生活设施条件、稳定提高贫困户收入水平、圆满完成驻村帮扶任务。

一、深入开展入户调查，认真进行精准识别

2015年年初，河北省南皮县大浪淀乡五拨台村被纳入国家级贫困村。

杨书记于2016年进驻五拨台村，他首先带领工作队成员开展入户调查，详细了解村情户况。通过近一个月的入户走访，田间地头拉家常，他对五拨台村和贫困户的情况有了深入了解。之后他坚持入户走访常态化，通过填写贫困户家庭情况手册，建立贫困户档案，详细掌握了每个贫困户的家庭成员、年龄、身体状况、致贫原因等具体信息。经过近3个月的走访，杨书记踏遍了五拨台村每家每户，对贫困户记得清清楚楚。村书记汪某经常对别人说，"杨总身体力行，每天入户走路不少于一万步啊，五拨台村他算是摸清了底，五拨台村的人没有不认识杨总的"。

全面掌握五拨台村的村情之后，杨书记组织工作队和村"两委"成员集中研讨了一周多时间，研究制订了驻五拨台村工作队的工作计划、五拨台

村硬件建设规划，这为扎实推进全村精准扶贫、脱贫摘帽指明了方向、打下了坚实基础。

二、推进基层组织建设，增强党组织战斗力

2016 年村党支部被大浪淀乡党委确定为"后进党支部"。当时组织涣散、人心不齐，党支部缺乏凝聚力与战斗力，多年未开过党员会、未上过党课。2018 年，五拨台村工作队紧抓突出问题，确定了以加强基层党组织建设为工作第一责任，进一步明确切实履行抓党建、带队伍、建机制、强管理等职责机制，决心通过加强五拨台村党组织建设、基本制度建设，为该村的转型发展提供坚实的组织保障。具体举措包括以下五个方面。

一是走访党员，工作队和每名党员开展一对一"谈心"，耐心讲解和宣传党的路线、方针、政策和法律法规，统一思想、增进共识。

二是指导村党支部建立健全"三会一课"制度。杨书记亲自讲党课，宣传党的十八大、十九大精神；组织开展"两学一做"学习教育等活动，召开党员、村民代表大会，不断提高村"两委"的政策水平和法律意识。

三是认真开展创先争优活动，指导全村党员结合村庄发展规划，充分发挥党员干部在率先发展、带头创优、带领致富、促进和谐方面的模范作用，推动形成五拨台村整体发展合力。

四是切实加强村"两委"班子建设和党员队伍建设，配齐村"两委"班子及民兵连、共青团、妇代会、治保会等相关组织，做到各项工作有人抓、抓到位、抓落实，鼓励村支部注重培养入党积极分子，积极发展新党员，培养村级后备干部。

五是将沧州供排水的一些管理经验、制度建设及时传授给村"两委"，健全和完善了村"两委"的会议记录、民主决策、财务管理等基本制度。

通过各项举措的统筹实施，村"两委"的凝聚力、工作战斗力得到了很大的提升，全村党员干部也得到了一次思想大洗礼。同时，也让村民从中感悟到思想的转变，形成了强大的干群合力。目前，五拨台村健全了各项制度，主要包括"三会一课制度""民主评议党员制度""民主生活会制度"，从原来党会无人开、党课无人上，到现在的积极响应、主动参与，如今五拨台村开党员大会、上党课已形成惯例。党员干部率先垂范、主动组织协调，

及时解决村民生产、生活中存在的问题、面临的难题，发挥了广大党员和党组织的先锋带头作用。

三、扶贫"扶智""扶志"结合，激发贫困户内生动力

"扶贫先扶志、治穷先治愚"，关键是如何克服贫困户"等、靠、要"思想。杨书记要求工作队以抓好"精神脱贫"为目标，深入开展志智双扶活动，深挖贫困户内在潜力，树立贫困户生活信心和脱贫决心，引领他们在思想上、心理上摆脱贫穷。杨某波、崔某夫妇就是工作队志智双扶的一个成功典范。

该家庭 2014 年纳入建档立卡贫困户，2017 年虽然脱贫，但因两个孩子小、父母年迈多病，2017 年"回头看"时，其父母患长期慢性病被纳入建档立卡贫困户，由于不能外出打工，夫妻二人仅靠在家种植黄瓜、西红柿等普通蔬菜为生，投入高、效益低，夫妻二人颇为焦虑、家庭生活面临较大困难。杨书记多次为他们鼓励、打气，主动为其搜集和提供市场信息，引导尝试种植高附加值的特色农副产品。在他的精心帮助下，2018 年杨某波夫妇决心改种甜瓜，经过多方求教、精心管理，甜瓜种植喜获丰收，纯收入达到 4 万余元。当年 10 月，杨某波被河北省扶贫开发和脱贫工作小组授予脱贫攻坚"奋进奖"，夫妻二人脸上洋溢出发自内心的喜悦和笑容，往日的忧虑不见了，干劲更足了。为巩固脱贫成效，杨书记领导工作队，积极协调人社局为贫困户与脱贫户进行就业技术培训，力争让村里出现更多的"杨某波"。

四、多方协调争取项目资金，改善村民生产生活条件

着力改变村容村貌。2016 年，南皮县启动"美丽乡村"建设，周围各村的工作开展得热火朝天，但是五拨台村因缺少资金，一直无法启动。杨书记看在眼里，急在心上。他通过多方协调，向沧州市供排水集团申请了 5 万元帮扶款，首先用于该村"两改一清一拆"项目。彻底清理了全村长期积存

的杂物、垃圾 1.3 万立方米，拆除残垣断壁 31 处、拆除厕所 23 个，硬化道路 7759 平方米，安装路灯 20 盏，粉刷墙面 7000 平方米，修建公厕 3 个、垃圾池 3 个。

解决积水成灾问题。五拨台村主干道南北两边排水沟不贯通，村头雨天排水不通畅，村民院中雨天积水严重。杨书记再次向沧州市供排水集团申请了部分帮扶资金，同时发动群众，及时修建了高规格排水沟 98 米，消除了村民们的"心病"。2017 年 7 月，沧州地区经受了大暴雨，该村的排水系统安全畅通，村民院落安然无恙。

修建干群连心路。五拨台村有 40 多个蔬菜种植大棚，但由于棚区地势低洼，雨季容易被淹，时常造成蔬菜绝收。而且棚区周围道路为土路，雨季大棚农作物外运十分困难。为了解决这一难题，杨书记积极与沧州市供排水集团党委汇报沟通，再次申请到公司帮扶资金 30 万元，同时申请"以工代赈"15 万元，发动干部群众修建了宽 3 米、长 1300 米的水泥混凝土路，解决了群众生产生活难题，村民于是将此路取名为干群连心路。田间路的修建，为村民带来年增收 10 余万元。

争取光伏发电项目。光伏扶贫是一大工程。杨书记经过多方协调，积极争取相关部门支持，把光伏电站引进五拨台村村委会院内，建成了 1000 平方米、100 千瓦的光伏发电站，并网发电给贫困户分红，成为贫困户脱贫的一大收入来源；他还向沧州市供排水集团申请 45 万元资金，帮助村里建设了 3 个高效温室，通过多方协调，促成了大浪淀水库和五拨台村签订水面养殖协议，为村集体经济增加了新的收入来源。

当年工作队刚驻村时，有的村民说"工作队就是走走形式，不会给五拨台村带来什么大的变化"。可是，经过数年的帮扶工作，村民们充分感受到了工作队的温暖和力量，目睹了村庄翻天覆地的变化。

五、摸清贫困人口底数，精心选人结对帮扶

五拨台村的建档立卡贫困户多数是地少、年老、大病、缺乏劳动力的农户，因为缺乏内生发展动力，所以绝大多数已脱贫的农户，还存在较大的返贫风险。针对这一情况，驻村工作队精心选派帮扶责任人 25 人，结对帮扶贫困户 29 户。

　　他们制定了"队员当代表，单位做后盾，一把手负总责"的工作原则，在落实帮扶责任人的前提下，杨书记在沧州市供排水集团党委会上提议供排水集团党委所有帮扶二级单位参与到打赢脱贫攻坚战中来，要求帮扶二级单位、帮扶责任人驻村常态化、对接贫困户，采取为贫困户提供就业信息、帮助销售农副产品、提供就医信息等方式切实解决贫困户的实际困难。2018年，他们统一组织帮扶责任人入户走访11次，在向贫困户宣讲国家扶贫政策的同时，深入了解贫困户的真实需求，然后对症下药、精准施策、为民解忧。成绩摆在五拨台村村民面前，排水公司、杨埕水库管理处、机关各部门联合为贫困户销售甜瓜5000多千克，营业公司积极为贫困户提供信息、解决就业，集团公司捐资为贫困户维修房屋，大浪淀水库管理处为贫困户提供蔬菜销路和就医信息，"爱心服务社"为老人理发和为贫困户送去衣物，等等。

　　在沧州市供排水集团内开展的干部"对接"帮扶工作，使每一贫困户都有具体的帮扶干部。沧州市供排水集团总经理资助杨某成上小学的女儿，杨书记连续两年资助李某奎上大学的儿子，中层干部王某华资助了尹某娥家上高中的儿子。杨书记组织沧州市供排水集团开展了两次献爱心捐款活动，共筹款4万余元，专门用于资助贫困户孩子上学。在沧州市供排水集团开展的捐衣活动中，广大职工积极踊跃，共捐衣1000余件。沧州市供排水集团党委负责人每逢重要节日，都要到村慰问贫困户，为他们送去油、米、面等生活用品，带去一份真诚和关爱。

　　经过两年多的不懈努力，2017年五拨台村摘掉了"贫困村"的帽子，村容村貌、村民生活条件、村民村风都发生了可喜的变化。贫困户由原来的108户减少为现在的2户。"不能松劲，一定要拧紧思想的螺丝，一鼓作气，不获全胜、决不收兵。"这是杨书记在驻队工作例会上对全体工作队员的要求。使命在肩，征程在望。面对成绩，他没有骄傲，始终秉持"脱贫路上不落一人"的信念，决心为打赢打好脱贫攻坚战贡献出全部的力量。

02

新时代的好干部 山村脱贫"领头雁"

——山西省武乡县上司乡岭头村第一书记

山西省武乡县地处太行山革命老区，八路军文化在这里孕育，太行山精神从这里发源。丘陵地貌下，红黄褐色的土地为浓郁的红色氛围添了几分肃穆与庄严。上司乡岭头村，正是红色武乡大大小小山村中的一个，这里曾在抗战时期出粮出兵出干部，为八路军提供过坚强的后勤保障。奈何，因地处山区，天然的山地屏障和基础设施的落后等诸多因素使这里慢慢地被甩在时代发展之后。人们的思想也曾因贫穷落后受到禁锢，内生发展的动力和能力不足使得这里发展缓慢、矛盾频发。而如今的岭头村不光摆脱了贫穷落后的面貌，还被评为"全国乡村旅游重点扶持村""三晋微商第一村""脱贫攻坚模范村"。2014 年，建档立卡贫困户 52 户、145 人，贫困发生率 27%，人均收入 5970 元，集体经济为零。到 2016 年实现贫困人口全部脱贫，人均收入超过 6900 元，集体经济收入达到 7.8 万元，岭头村成为脱贫攻坚真正的"领头"村。

带领岭头村村民脱贫致富的正是长治市教育局派驻到岭头村的村第一书记史某兵。新时代、新使命，在岭头村的脱贫攻坚奋斗事业中，他充分发挥干部"领头雁"的作用，深入扶贫一线，密切联系群众，因地制宜、因村施策，用新思想创新扶贫方式，用新理念勾勒脱贫致富蓝图，他独特的脱贫思路与明晰的脱贫方案为岭头村村民指明了未来前进的方向，真正用智慧和行动诠释了新时代下好干部的要求和内涵。

一、人民利益放首位，群众路线打基础

习近平总书记在《摆脱贫困》一书中指出，密切联系人民群众是干部的基本功。贫困地区的发展靠的是党的领导和人民群众的力量，要想解决扶

贫工作中遇到的诸多困难，最根本的一条就是要发动群众、依靠群众。而这首先需要领导干部心里装着群众，从群众中来到群众中去，与群众建立密切的血肉联系，在群众心中树立最可靠最值得信赖的公仆形象。

2015年8月，史某兵担任长治市教育局办公室副主任，根据组织安排，他来到武乡县上司乡岭头村驻村帮扶，并担任村第一书记。从小生在农村、长在农村的他对农村和农民有着特殊的情感。初到岭头村，村民们对他有着很强的陌生感和距离感。为了尽快拉近与村民的距离，更好地开展扶贫工作，他决心主动融入群众，在原单位支持下全脱产驻扎在岭头村，住在低保贫困户家中，与贫困户同吃同住。他学习武乡方言、走街串户主动帮贫困户干农活、与贫困户唠家常，始终用老百姓易于接受、喜闻乐见的方式去沟通交流、了解民情，很快便和村民打成一片。他熟悉每一个贫困户家里的情况并总能想到办法帮助贫困户解决实际困难。为了解决低保贫困户家中小孩上学难的问题，他主动联系爱心企业捐资助学；为帮助贫困户解决农产品滞销的问题，他在网上积极宣传，发动自己的朋友圈，联系身边的亲人、朋友进行消费，帮助贫困户卖出好的价钱。在他这里，贫困群众的事情件件有着落、事事有回音，他一心为民、务实勤勉的作风赢得了群众的一致认可。

志同则心同，心同则力同。他深刻地认识到，要想带领村民脱贫致富，首先要让大家心往一处想、劲往一处使。然而，刚到岭头村，他就发现村里不光卫生环境脏乱差，村容村貌不整洁，一些贫困户的精神面貌也是萎靡消沉，靠着救济帮扶过日子。村里的群众矛盾频发，常常到乡里、县上去上访。纠纷不断，人心涣散，何谈齐心脱贫奔小康？为了化解群众矛盾，他针对纠纷事件，逐一走访当事人，调查其中原委。在他的耐心调解下，6桩积压多年的纠纷案件终于得到解决。村民化干戈为玉帛，不再为日常琐事而上访告状。在扶贫干部的带动下，他们开始把注意力、着力点放在了脱贫致富上。

他驻村期间，把更多的时间和精力投入岭头村的脱贫攻坚事业上，陪伴家人的时间少之又少。对此，他深怀遗憾，但并不后悔。他将岭头村当成自己的家，用心去经营；他把岭头村村民看作家人，用真情去付出；他同众多坚守在脱贫攻坚一线的扶贫干部一样，舍小家为大家，把贫困群众利益放在首位，把脱贫攻坚事业当成第一要务。

二、谋篇布局新理念，因地制宜新作为

做新时代的优秀干部，不仅要有能担当的宽肩膀，还得有能成事的真本领。习近平总书记曾强调脱贫攻坚力求精准，这就要求广大干部立足实际，对症下药，创新思路，创新方法，积极探索行之有效的措施，力求贫困地区和贫困农户永久脱贫。通过深入了解、挖掘岭头村的自然和人文历史资源，他大胆创新，用新理念实现新作为，带领岭头村村民探索出一条乡村旅游、"互联网＋"与特色农产品的发展道路，开启了岭头村脱贫致富的新篇章。

（一）乡村旅游开辟脱贫新路径

岭头村的气候条件非常适宜种植小杂粮、核桃、梨果等农作物，加上这里远离工业污染，属于纯农业村，小米、黄梨等农产品的质量上乘，极具当地特色。然而，由于交通与信息的闭塞，村民们总是被动地等待中间商上门收购，导致好的产品却总是卖不出好价钱。史书记到达岭头村之后，敏锐地发现村里的上千棵老梨树上蕴藏着独特而又丰富的价值，如何将梨树资源盘活进而带动群众脱贫致富成为他思考最多的问题。于是，一幅岭头村"春天可赏花，夏天能避暑，秋天可采摘，冬天能赏雪"的画面在他脑海中浮现，因此，他决定走乡村生态休闲旅游发展之路。

2016年春天，史书记和村"两委"决定举办首届岭头村梨花节，打造太行梨花村，通过梨花节把岭头大黄梨、小米等土特产品推介出去。筹备梨花节之初，集体资金短缺，史书记便带头出资8000元，村"两委"大力支持，村里党员积极响应，本来对梨花节并不看好的群众也纷纷加入梨园改造工程，修剪梨树、清理路边垃圾、改善村容村貌，干部群众齐心协力，热情高涨，一时间，岭头村的面貌焕然一新。

为了增加乡村旅游的文化内涵，让游客在观光休闲、感受自然的同时了解岭头村的人文历史和民俗风情，他深入挖掘岭头村的古色和红色资源，将焦爷井、海渎焦龙神庙等极具当地传说色彩的景点和抗战英雄郭大海故居等具有红色革命文化的景点纳入乡村旅游体系中，最大限度地实现其历史与革命价值。另外，他结合当地民居特色，带领村民修建一百多孔窑洞，建设窑洞文化墙，创新宣传形式，向外界展示岭头村的特色物产、民俗风情、脱贫成效，以及梨花节文化等内容，增添文化氛围，提升岭头村形象，让岭头村的乡村旅游形式更多样、内容更丰富、更具岭头特色。

梨花节的举办取得了显著成效。游客纷至沓来，岭头村声名远播，村民们不仅把黄梨、小米等农特产品卖了好价钱，还通过开办民宿、农家乐增添了另一笔收入。事实证明，乡村旅游的发展道路生动揭示了习近平总书记提出的"绿水青山就是金山银山"的科学内涵，是一条能带领岭头村群众高效脱贫致富的好路径。梨花节的成功举办，不仅改善了岭头村的村容村貌，增强了村民的凝聚力，同时极大地调动了村民的积极性，为岭头村探索乡村生态旅游开了一个好头，对岭头村的发展意义重大。

（二）"互联网+"按下脱贫快捷键

1.整村微商模式

针对岭头村小米、核桃、大黄梨等农产品品质好、产量高却销路不佳的问题，他抓住武乡县成为电子商务进农村示范区的大好机遇，在上级领导和村"两委"干部的支持与配合下，决定借助互联网和电子商务把农产品卖出去。于是，他带领帮扶干部和村干部挨家挨户宣传电商扶持政策，动员大家参加电商培训。然而，面对新事物、新做法，村民们一开始普遍没有信心，他们觉得互联网、电商这些时髦的新名词与身处贫困山区、文化程度不高的农民不可能联系在一起。最终，在他的耐心劝说下，一名55岁的仅有小学三年级文化水平的农村妇女郭某报名参加了培训。经过培训，她的微店开了起来，第一单就把50千克核桃卖到广州，还卖出了好价钱。她的成功鼓舞了其他村民，越来越多的人参与到了电商培训中，并在手机上开了微店，通过微店将自家的小米、核桃、黄梨等农产品甚至羊粪卖到了全国各地。2017年年底，岭头村开微店的人数达到100多人，年销售额超百万，成为名副其实的山西微商第一村。

整村微商模式的提出打破了传统农产品代销扶贫模式的局限，通过互联网将农村与广阔的市场相连接，消除了信息屏障，探索出一条极具活力、长效发展且可复制的脱贫路径。该模式的主要经验包括以下几点。

一是基础设施保驾护航。依托县政府水电路网全面改造，建成电商综合服务中心一座，100 米 Wi-Fi 覆盖区 1 个，增设信号塔两座，配备邮政快递车三辆，创立微商小院、创客小院等基地，从根本上解决了电商发展在物流和网络上的痛点。

二是电商培训持续发力。将加强扶志、扶智教育落到实处，他通过协调联系多家电商平台，邀请电商专家、学者、能人来到村里，组织村民进行电商培训，让村民学习电商知识，拓展互联网思维，激发内生动力。

三是"一号三群"沟通互助。通过搭建微信公众号，电商创业群、农产品营销群、乡村网红群为主要内容的"一号三群"，为村民提供信息交流、经验分享、答疑解难的沟通平台，及时掌握新动态，学习新思想和新方法。

四是"三带两免一扶持"帮扶模式。在史书记的带领下，岭头村创造性地提出能人带头、专家带领、平台带动；免费微商培训、免费设计包装、推广产品；扶持基础设施建设，"三带两免一扶持"帮扶模式，为电子商务的蓬勃发展扫清了障碍。

2. 直播经济

当岭头村的农特产品乘着电商东风卖到全国各地时，互联网营销的理念开始在村民思想中生根发芽。在互联网领域，2016 年是直播元年，2017 年，岭头村的村民已经开始在直播平台上进行场景化营销。贫困户魏某曾因为一场大病，欠下巨额债务，生活十分拮据。自从接受微商培训，在手机上开了微店以后，他家的小米通过网络卖出了比之前高出 3 倍的好价钱。但是他并不满足于此，借助直播平台，他率先开始尝试直播种地，让消费者通过直播了解纯天然羊肥小米的种植过程。此举获得了一大批粉丝关注，微店的生意越做越好，他因此还上了央视新闻联播，成了远近闻名的"网红"。受他的影响，越来越多的村民加入直播浪潮，直播小米的种植、除草、收割，直播农村生活的方方面面，通过直播，让外界的人了解岭头村的农特产品，吸引顾客流量，转化到微店。

直播经济的成功说明搞特色化、"互联网+"的脱贫致富新理念已经渗透到岭头村村民的思想观念中。山沟里的贫困户在他的带领下不仅能接受新事物、新观念，而且已经敢于迈出创新发展的第一步，大胆尝试，践行新思想、实现新作为。

（三）精准施策增加脱贫新渠道

基于乡村旅游和"互联网＋"，依托小米等特色农产品资源禀赋，岭头村在史书记的带领下，创新发展模式，深耕特色产业发展。他们积极与当地龙头企业合作，依靠企业带动，将特色物产、乡村旅游和"互联网＋"三者糅合盘活，实现高效可持续增收致富。以小米为例，通过"公司＋农户"的模式与当地龙头企业山西太行沃土农产品有限公司合作，扩建有机小米基地，开发休闲农旅体验项目，实现了种植、销售、溯源、观光的一体化管理。企业依托村里的网红微店，助推"晋黄羊肥"小米品牌的发展，村民们也在企业的带动下实现了高产增收。"公司＋农户"模式双向促进，实现了农旅体验、小米品牌、网店发展、农民增收的良性循环，高效带动贫困户增收致富。

一户一策，精准施策。对于每户贫困户具体的家庭情况，史书记始终遵循精准到户、对症下药的原则。他善于发现贫困户的亮点优势，并为他们提供适宜的家庭脱贫方案。通过入户走访，史书记了解到老人周某有一门制作千层底布鞋的手艺，在帮老人卖手工老布鞋的过程中，他发现传统老布鞋具有很大的市场空间，于是召集村里的留守妇女成立专业合作社，让周某传授制作技艺，并在老布鞋中加入现代时尚元素，增加款式，邀请专业的营销策划团队，将布鞋产业逐步做大。史书记还曾给微商魏某出主意，将羊粪蛋当作鲜花花肥放到网上，并帮他写广告词，把一文不值的羊粪卖出了好价钱，增加了收入渠道。对于劳动能力较弱的贫困户，他合理分配扶贫项目资金，确保一家一户一资金。例如，光伏扶贫项目收益的40%用于助力集体经济，60%则用于帮助深度贫困户兜底脱贫。

三、典型做法获好评，不忘初心再前进

岭头村依托自身优势资源禀赋，因地制宜探索出乡村旅游和"互联网＋"的扶贫新模式，其典型做法广受赞誉。

2017年1月14日，时任国务院扶贫开发领导小组组长、国务院副总理来到岭头村进行调研，对岭头村的乡村旅游和整村微商模式给予了充分肯

定。国务院扶贫办、国家旅游局确定岭头村为全国乡村旅游重点扶持村；武乡县委、县政府表彰岭头村为"脱贫攻坚模范村"。新华社以"岭头村的美丽经济"为题，对岭头村依托乡村旅游脱贫进行深度报道，《人民日报》、央视新闻联播和多家省市级报纸对岭头村的电商扶贫模式进行报道。2017年10月，山西省电子商务进农村暨电商扶贫现场会在岭头村召开；2017年11月，央视财经频道、商务部、国务院扶贫办联合举办的"厉害了我的国·电商扶贫行动"大型媒体网络直播走进岭头村。"整村微商扶贫模式"在山西省进行推广，其他省市的农村干部也慕名而来，调研学习电商经验。在岭头村脱贫攻坚的新理念、新作为也受到上级领导、群众和社会一致赞赏。他先后荣获山西省科技致富带头人、省市农村优秀第一书记、2017年感动长治十大人物等荣誉称号。

虑于民也深，则谋其始也精。他担任第一书记以来，始终胸怀事业，情系人民，扑下身子，为岭头村的脱贫事业深谋远虑。在一年多时间里带领岭头村整村脱贫，通过扶知识、扶技术、扶思路，帮助和指导贫困群众提升脱贫致富的技能，变"输血"为"造血"；通过扶思想、扶观念、扶信心，帮助贫困群众转变落后观念，破除"等、靠、要"的陋习，激发他们追求美好生活的斗志。史书记用自己的智慧和担当为岭头群众谋划出一条可"造血"、可复制和可持续发展的脱贫之路。在他的身上，人们看到了新时代好干部的诸多闪光之处，他心中装着群众，脚下沾满泥土，急群众之所急，解群众之所难；他满怀一腔热血，锐意进取，敢于担当，在农村这片广阔天地里展现精准扶贫新作为，实现个人新价值；他崇尚创新，注重协调，倡导绿色，创造了无愧于贫困人民的新业绩，谱写出无愧于新时代的新篇章。

03

村民的主心骨　百姓的贴心人

——黑龙江省延寿县加信镇新建村党支部书记

延寿县加信镇新建村位于长白山脉张广财岭脚下。村党支部书记孙某臣自 1992 年 7 月上任村党支部书记以来，带领该村干部群众一心一意投入到扶贫开发建设之中，不断探索、开拓创新，成为村民的主心骨、百姓的贴心人。

一、实地走访，了解穷村贫困根源

新建村现有 4 个自然屯，767 户、2093 人，耕地面积 1232.40 公顷，其中水田面积 1010.27 公顷。农业基础十分薄弱，坡耕地多，自然条件较差，种植结构单一，土地利用率极低，旱涝不保收，抗风险能力弱，遇有自然灾害往往造成绝产绝收。村内道路不完善，交通十分困难，再加上农民观念陈旧，思想消极保守，典型的自给自足小农意识，外出人员少，村民"等、靠、要"的思想严重。由于信息渠道不畅，接受新知识、新技术的能力较差，致使农业生产传统、落后，农业生产效益一直处于较低水平，农民致富受阻，造成生活困难、贫困更加突出。全村 767 户中有 137 户是贫困户，占 17.8%。面对这样一个贫穷落后的旧摊子，孙某上任后，他首先带领村"两委"领导班子走屯串户，深入调查研究，想当前、顾长远，挖掘潜能、利用资源，开始了他的创业致富攻坚战。

二、稳扎稳打，解决村民实际问题

面对住房难、行路难、饮水难、用电难、村集体经济负债累累、群众生产生活十分困难的极贫村，他带领村"两委"班子开展细致的调查摸底，掌握本村基本情况、经济发展现状、群众脱贫愿望，获取扶贫开发规划第一手资料，找准致贫原因和制约经济发展的主要矛盾，在此基础上确定了本村扶贫开发工作思路、目标和脱贫规划。他在工作实践中勇于吃苦、勤于工作、甘于奉献，因而成为村民真心欣赏的领头人。在他良好的工作作风、务实的工作态度的带动和感召下，村"两委"班子成员和全村党员在脱贫致富的道路上动真情、出实力，做给群众看，带领农民干，先后争取国家扶贫、部门帮扶、社会扶持、生产发展等资金4000多万元，用于农业农村基础设施建设和有重点地发展生产，使新建村在新农村建设的道路上实现了"生产发展、生活宽裕、乡风文明、村容整洁、管理民主"，从一个农民人均纯收入不足千元的极贫村一跃成为人均纯收入达1.3万元的富裕村。

面对村民文化素质较低、生产效益难提高的现实情况，他引线搭桥，组织创办了"农民夜校"，把专家、能人请到村上，为村民举办技术讲解与培训班。经过多年的培训，家家都有了种田明白人，涌现出了百余户种田科技户、农民专家、水稻生产带头人。针对村民当初生产资金投入不足，农户要买化肥、农药等基本生产资料，他把村干部动员起来，拿出诚心换取金融部门的同情、信任和支持，村民们每年都可申请到扶贫开发补贴、低息农贷，只要老百姓生产生活需要，金融部门和农业开发等都会倾力支持。针对村民致富路窄眼短的困局，他精心策划，打破传统的经营模式，一改长期种植水稻、大豆、玉米等单一的生产模式，利用五年的时间，累计投入千万元全面改良岗地、坡地、"闹心"地，通过耕地整理、培肥地力，使水旱兼作的村变成了当地的水稻专业村。因单一生产结构现状的改变，促进了农业增产、村民增收致富。进一步在延寿县率先创办了现代化农机合作社、肉鸡养殖场、现代化水稻催芽基地、大棚育苗工厂、新能源颗粒厂、食用菌种植基地和特色经济园区，切实解决了农业高风险、低效益和农民不愿种地甚至农地撂荒的问题。

三、注重"造血"，创立新型项目形式

看准的就干、能给村民带来实惠的就办、让大家过上好日子，是他多年的梦想。他认真思考着一个问题：如何把村民领上致富路，怎么才能让大家伙过上好日子？常言道"思路决定出路"，他和村民们一起探索，征求村民们的意愿，最终把兴业富民的着力点放在了调整产业结构、广辟新产业和发展新业态上来。包括投资 1350 万元建设智能化水稻催芽育秧设施农业产业区，实现了水稻催芽育秧智能化、设施化、现代化；投资 200 万元建设以葡萄为主的特色经济产业区；组建延寿县新建葡萄种植专业合作社，建成葡萄生产基地 2.67 公顷，葡萄大棚 40 栋，年增收约 80 万元；投资 600 万元建设覆膜有机稻高效农业产业区，发展有机水稻基地 200 公顷，绿色水稻生产基地 800 公顷，年增收约 120 万元；投资 1000 万元建设肉鸡、蛋鸡、肉牛、生猪等 4 个畜牧养殖产业区，先后成立了旭东肉鸡养殖合作社、兴和肉牛养殖专业合作社、云昌生猪养殖专业合作社、新和水田现代专业农机合作社、延寿县新建新型能源开发专业合作社等；投资 200 万元建设以果蔬为主的特色经济产业区，以本村妇女为主创建了巾帼创业果蔬特色种植专业合作社，年种植"两瓜"等特色经济作物 6.67 公顷，年增收约 50 万元；新建村发展生产力互助资金协会，入会 105 户，每年协调发放资金 150 万元，帮助 100 多户农户解决生产生活所需资金的问题，年增收 4.5 万元；投资 180 万元建成以粉碎、烘干、生产为一体的基质秸秆造粒厂 1 处，生产新型颗粒燃料；投资 160 万元建成占地 15000 平方米的食用菌种植基地，建设食用菌种植大棚 20 栋，年收益 10 余万元，近年来，通过利益联结机制增加贫困户经济收入 5.7 万元，通过设立公益岗位带动贫困户就业、增收。最终，通过产业拉动使村民们人均年纯收入达到 1.3 万元。

四、牵头抓总，协调整体领导班子

他十分注重村级班子建设。他带领村"两委"班子紧紧围绕新农村建设、脱贫致富奔小康这一中心目标，同步推进物质文明、精神文明和社会文明建设，形成了全村健康、文明、知礼、廉洁的良好社会风尚。他注重选准、配强"领头雁"，坚持把政治素质好、工作能力强、口碑较好、团结协作、求真务实、勤政廉政、务实清廉、在群众中有较高威信的人才选拔到村级班子中来，要求村"一班人"依法办事、廉洁勤政、公道正派、联系群众。由于村民理解、信赖、支持村干部工作，他连续多届连选连任。村委会、村务监督委员会、团支部、妇代会、民兵连等相关村级组织健全完善，积极配合支部工作。村务工作各项制度完善，"三会一课"、党员联系户、民主评议党员、党员量化管理、党员目标责任制等十分健全，党支部班子的凝聚力和战斗力得到显著增强。他作为村支书更是以身作则，带头申报"代办事务先锋岗"，开展农村党员站好新农村建设"八个先锋岗"活动，其他村干部也效仿和带头，主动认领"生产发展、村风文明、村容治理、民主管理、平安稳定、巾帼创业、代办事务和帮弱助困"等先锋岗位。党的十九大报告提出第二轮土地承包到期后再延长三十年，为农业调结构、农村奔小康工作打了一剂"强心针"。他又带领村班子倾心投入到打赢脱贫攻坚战和决胜全面建成小康社会的奋进之中，成为名副其实的乡村发展"领头雁"。

如今村变了、百姓富了、路宽了。为了新建村脱贫攻坚和老百姓致富，孙书记日复一日、年复一年，兢兢业业、无私奉献，为大家舍小家，村民的事儿他不辞辛苦、操心费力。在他的执着和坚守下，新建村的村容村貌一年一变样，村民们的日子"芝麻开花节节高"。

04

多元创新　湖光"蝶变"

——安徽省灵璧县朱集乡湖光村第一书记的扶贫案例

枝叶总关情，细微见精神。在践行脱贫攻坚的奋进路上，安徽省第七批选派帮扶干部、灵璧县湖光村党总支第一书记、扶贫工作队长王某，用心用情用力帮扶，用"微创新"为他的 700 个扶贫日夜写下了担当有为的最佳注脚。他扎实履行"建强基层组织、推进精准扶贫、为民办事服务、提升治理水平"四项职责，以脱贫攻坚总揽乡村治理全局，创新突破、亮点纷呈，使湖光村由贫困落后村"蝶变"为先进示范村。

一、湖光"蝶变"的背景

湖光村位于灵璧县朱集乡，全村辖 6 个自然庄，土地面积 433.13 公顷，全村 949 户、4118 人，其中建档立卡贫困人口 159 户、575 人，贫困发生率达 13.6%，村集体的基础薄弱，2016 年以前村集体经济仅有出租机动地 7000 元的收入，是当地远近闻名的贫困落后村。

三年来，王书记带领村"两委"及驻村工作队，"一抓双促"有力度，夯实基础有厚度，深入帮扶有温度，创新实践有高度，产业发展有速度，推动湖光华丽转身、精彩"蝶变"。2019 年年底，全村已累计实现 149 户贫困户 552 人高质量稳定脱贫，贫困发生率降至 0.51%。在基础设施和基本公共服务方面，2017 年以来，累计新修道路 15.3 千米，实施道路绿化 7.5 千米，主干道全部安装太阳能路灯；募集资金 100 万元新建村党群服务中心；争取项目资金 15 万元，新建 100 平方米文化广场一座；争取项目资金 40 万元，新建村卫生室；争取项目资金 18 万元，新建图书室、老年活动室各一座；争取项目资金 80 万元，建设 3000 平方米钢结构大棚，用于秸秆综合利用；争取项目资金 40 万元，新建扶贫工厂并投入运营。在特色产业方面，已经形成了以众兴养牛场为主体的特色养殖业，与此同时，羊肚菌特色产业开局良好，发展迅速，未来可期。在集体经济方面，全村光伏规模达6座966千瓦；扶贫工厂、秸秆综合利用大棚以及机动地租赁收益持续；坑塘集中清理，集体回收，统一发包，实现有效盘活；6.67公顷山核桃和羊肚菌育种基地项目顺利实施，村集体收入已稳定达50万元。

2017年湖光村顺利通过安徽省第三方评估实现出列，并先后入选灵璧县先进基层党组织、灵璧县精神脱贫示范村和宿州市脱贫攻坚示范村。2018年湖光村人居环境整治工作名列灵璧县前茅，刘派庄人居环境综合整治点成为灵璧县示范工程。经层层推荐、组织审核、专家评议，驻村工作队2018年获评宿州市志愿服务优秀组织。2019年，在省扶贫办组织的县摘帽第三方评估和年度第三方评估、市际交叉督查中，湖光村作为抽样村均交出了一份满意的答卷：零问题反馈。同时，公益岗位开发被评估组推荐为先进典型经验，羊肚菌特色产业探索获得充分肯定。中央和省级媒体先后十余次报道湖光村环境整治、激发贫困户内生动力等方面的创新做法。

二、湖光"蝶变"的创新做法

（一）载体创新，助推扶贫扶志

近半人口外出务工，留守群体老龄化、妇孺化、村庄空心化，在如火如荼的脱贫攻坚战役推进中，如何因地制宜、因人而异，让外出务工群体能聚焦家乡，如何让留守群体也能同频共振，从而形成强大的凝聚力和战斗力，成为一道难题。

在王书记的设计和推动下，针对大量青壮年劳动力外出务工的问题，驻村工作队利用互联网创新平台，建设运行"美好湖光"微信公众号、组建"天南海北湖光人"微信交流群，尝试打造面向全体村民的发展聚焦平台、传播发动平台和党建宣传平台，探索改变扶贫工作的"空间困局"。通过脱贫攻坚，激发全体村民的发展自信和美好家园建设热忱。"美好湖光"微信公众号开设党的建设、脱贫攻坚、乡村发展等三个栏目，安徽省社会科学院社会学所副所长、安徽省社会发展研究评估中心主任专门为"美好湖光"微信公众号撰写了发刊词。

针对留守群体老龄化、妇孺化现状，湖光村在全村范围内遴选组建了以优秀党员、乡贤为主体的政策宣传队，这支队伍政治素养好、群众威信高、影响带动强，共22人组成。他们常年活跃在片区，专司政策宣传、力促扶贫扶志、协助脱贫攻坚政策落实、及时反馈民情民意。

与此同时，开始策划实施"美好湖光"代言人评选活动，遴选"和谐婆媳"代言人、"团结邻里"代言人、"孝老爱亲"代言人、"勤劳致富"代言人、"敬业奉献"代言人、"诚实守信"代言人、"精神脱贫"代言人，安徽省文联主席应邀专门为该活动题词。

湖光人开始为家乡骄傲。在驻村工作队的指导和支持下，2018年湖光村举办了有史以来第一届春节联欢会，村民自导自编自演，筹办晚会的4万元资金，全部通过"天南海北湖光人"微信交流群募集而来。

湖光人比过去更加重视扶危济困和守望相助。2018年6月湖光村村民姜某在更换农机配件的途中遭遇车祸，经诊断为腕骨粉碎性骨折，大肠断裂造成腹部严重感染。驻村工作队会同村"两委"，面向全村村民和帮扶单位倡议发起捐款活动，村民踊跃捐款，共募集资金4万余元，解决了治病急需的医疗费用。

（二）机制创新，造就脱贫合力

村"两委"、驻村工作队、帮扶人、包片村干部、扶贫小组长，脱贫攻坚力量多元，如何实现"相加相融"，形成合力，畅通脱贫攻坚"最后一米"，确保政策措施进家落户，确保各项工作执行到位，至为关键。

湖光村成立脱贫攻坚领导小组，协调扶贫工作队和村"两委"运行机制，加强扶贫工作组织领导，明确分工职责。强调了村"两委"的主体意识和主体责任，强化了驻村工作队的"三导一示范"。"三导"指的是重点发挥方向引导、业务指导、绩效督导的作用，在业务指引与规范、工作质量与进度把控等方面，担纲"主力"；"一示范"指的是率先作示范。

王书记带领驻村工作队、村"两委"制定实施了《湖光村脱贫攻坚片区管理办法》，以畅通脱贫攻坚、乡村治理"最后一米"为目标，整合包片村干部、帮扶人、扶贫小组长等各方力量，明晰职责角色，捆绑压实责任，创新片区管理机制，为脱贫攻坚、乡村治理提供制度样本和基础保证。该办法一是对片区责任进行了明确；二是对片区责任追究方式进行了明确，即：对于未按时完成工作任务的，每发现一次，片区第一责任人罚款 200 元，扶贫小组长罚款 100 元；连续 2 次累计 3 次未完成的，除经济处罚外，由乡包村干部约谈，并在村"两委"会上作书面检查；连续 3 次以上累计 4 次以上未完成的，除经济处罚外，提请乡纪委约谈，直至给予相应处分。与此同时，湖光村还配套建立了业务督查机制，组建了四个业务督查组，实施动态督查、交叉督查，设置督查问题清单，确保工作执行一丝不苟，政策落实不折不扣。

（三）设计创新，激活内生动力

2018 年，在他的主导设计下，驻村工作队会同村"两委"，以激发贫困户内生动力为要旨，以光伏收入分配调整为契机，围绕环境卫生整治，创新思路多元设计系统开发公益岗位，组建环境卫生自强突击队。

突击队由 12 人组成，除队长外，11 名队员全部由具备较强劳动能力的建档立卡贫困户组成。同时，设置卫生监督员岗位，提供给经济条件较差、劳动能力较弱或无劳动能力的建档立卡贫困户，其中设总监督员 1 名、村级监督员 6 名、片区监督员 15 名。湖光村针对建档立卡贫困户开发环境卫生公益岗位达 35 个（含 2 名村部卫生管理员），岗位薪资从村光伏收益中支付。环境卫生自强突击队、卫生监督队与村级保洁队一起，组成了湖光村较为完备的环境卫生整治队伍体系，初步实现了"尖兵突击、块面结合、组织有序、监督有效"的建设目标，初步形成了以环境卫生整治为抓手的扶贫扶志的"湖光经验"。

（四）产业创新，打造特色基地

推动产业发展是脱贫攻坚的根本要求。经过不断摸索和思考，王书记帮助湖光村逐步确立了因地制宜、立足种养、打造特色的产业发展新思路。充分发挥致富带头人的引领和示范作用，以农民专业合作社为主体，带动发展本地特色产业。

目前，养殖业方面，湖光村众兴养殖专业合作社作为灵璧县特色种养业扶贫基地，产业效益稳步提升。2019 年上半年，经济效益较 2018 年同期预计增长 20%。合作社带动周边群众养牛达百余头，其中帮助带动一户贫困户养牛 40 多头，示范引领作用有效发挥。湖光村扶贫工厂租赁企业兴盛服装厂，经济效益比 2018 年同期增长 25%。在向村集体年缴租金 2 万元、为务工建档立卡户安排工资 3 万余元的同时，带动效应初显，村内小型服装加工点不断聚集，从事服装加工的村民不断增加。

2018 年 9 月，经过王书记的积极申请和安徽新媒体集团的大力支持，集团捐赠 30 万元产业发展资金，为湖光村建设生产大棚，创新采取村集体与当地种植带头人合作的方式，试验种植经济价值较高的特色菌种——羊肚菌，当年一期试验种植取得成功。2019 年 4 月，他专门邀请安徽农业大学园艺学院、动物科技学院的 4 位教授和博士来村调研指导特色产业发展。经专家现场评估，部分羊肚菌育种工艺属于实践创新。当年 9 月，湖光村羊肚菌育种基地正式建成并投入运营。2020 年，基地示范种植 3.33 公顷羊肚菌（含野生种植），产值近 100 万元。

此外，他还积极利用校友资源，联系对接新三板上市企业安徽江淮园艺科技有限公司，订单种植经济利润较高的贝栗南瓜。

三、湖光"蝶变"启示

（一）深入帮扶，一枝一叶关情

作为一名扶贫第一书记，三年来，他深入学习贯彻习近平总书记关于扶贫工作的重要论述，用心用情用力帮扶，全情投入、勤勉敬业、廉洁自律、锐意进取，带领工作队、村"两委"以脱贫攻坚总揽乡村治理全局，创新突破，亮点纷呈，湖光村由贫困落后村"蝶变"为先进示范村，也用"微创新"为他的扶贫工作写下了担当有为的最佳注脚。

（二）融合资源，助推扶贫成效

三年来，围绕湖光村"双基建设"、产业发展、教育事业、健康事业等，他充分争取安徽新媒体集团资源和其他各类社会资源，深入帮扶，真情服务。根据湖光村脱贫攻坚和现实发展需要，先后向集团争取近 70 万元帮扶资金，其中 30 万元支持新建湖光村党群服务中心，32.5 万元资金定向支持湖光村特色产业发展，2 万元支持教育事业发展。此外，集团还于 2019 年 3 月，向湖光村新建卫生室捐赠 1 台柜式空调、4 台壁挂空调和 1 台彩电，用于提高公共卫生服务水平。2019 年 6 月，协调水滴集团向湖光村捐赠 200 份联名互助卡，获得互助卡纳入保障的村民患病或意外，可享最高 30 万元健康互助金。

（三）立足实际，积极创新探索

作为新媒体人，他立足自身优势资源，先后争取集团工会和安徽人民出版社的支持，捐助湖光村、湖光小学、朱集初中总计 4 万元图书。在湖光小学策划实施"我为贫困村孩子上堂课"活动和"美好湖光·我的家"主题征文比赛。2019 年 12 月，他促成合肥实验学校结对帮扶湖光小学，双方商定，合肥实验学校将定期派员示范授课和经验交流，湖光小学将分批安排教师赴合肥实验学校跟班学习，每个批次不少于 1 周。同时借助新媒体发展优势，探索了涵盖"载体、机制、产业、设计"等系列"微创新"，助推湖光"蝶变"。

05

"愚公支书"带领村民走上致富路

——湖北省建始县龙坪乡店子坪村
支部书记的扶贫事迹

王某国是湖北省建始县龙坪乡店子坪村党支部书记，是党的十九大代表、十二届全国人大代表。他先后荣获全国脱贫攻坚奋进奖、全国优秀共产党员、全国最美村官、全国民族团结进步模范个人、中国好人、湖北省扶贫开发先进个人、楚天年度人物、湖北省跨越发展青年先锋及湖北好人等荣誉称号。

店子坪村位于武陵山腹地，平均海拔1200多米，交通闭塞，属于集中连片特困地区。曾几何时，当地村民走"天梯路"，吃"天河水"，庄稼"望天收"，住土墙瓦房木架子屋。而悬崖绝壁上宽不盈尺的古盐道，就是唯一的出山路，曾有数十位村民葬身悬崖，无数牲口跌进河底，村民称它为"夺命路"。

"愚公支书"王书记带领村民绝壁凿路、寒暑无歇，历经数载，修通一条公路、带动一片产业、致富一方百姓、传承一种精神。让武陵山区最偏远、最贫穷的店子坪村"逆袭"成为"桃花源"。

一、"拼命三郎"绝壁凿路，一心为民
"愚公"不"愚"

"左边石柱河，右边洋芋河，前面梯子河，后面大山坡，祖祖辈辈肩挑背磨像骆驼！"这首民谣是过去店子坪村的真实写照。

2002年，他全票当选村党支部书记。2005年后又高票当选为村党支部书记、村委会主任。怀着对党的绝对忠诚、对人民的真挚情怀、对农村工作的无限热爱，他立志改变店子坪村祖祖辈辈贫穷落后的面貌。他坚信，在党

的领导下，一定能让700多名父老乡亲过上幸福美好的生活！

他果断卖了家里的年猪，把家里的小卖部全部"抖货"变现。

回忆修路之初的艰难历程，他感慨地说，当时，有少数村民持反对意见，认为祖祖辈辈都没有修通的路，你国娃子就能修通了？

他拍着胸脯鼓励村民，5年修不通，10年；10年修不通，20年。路不通，宁可死。

他坦言，其实，当时他心里也是十五只吊桶打水——七上八下，但他坚信，苦熬不如苦干，石头再硬，硬不过店子坪人骨头。他的意志和决心，感动了村民，大家纷纷捐物捐钱投义务工，就连村里的"五保"老人也捐出了15个土鸡蛋。

悬崖上打炮眼，十分危险，稍有不慎就会掉下100多米的悬崖河谷。

他在悬崖上摆摆手轻松地说，不用担心，这点"活路"不在话下。

一锤锤打，一块块搬，寒暑易节，肩挑背扛。

在村民的共同努力下，2010年年末，终于从悬崖上凿出了一条长2.5千米的毛公路。全村共投入义务劳力4.5万多个，开挖土石方4万多立方米。

店子坪村义务投工投劳绝壁凿路的事迹，迅速得到了建始县委、县政府及上级交通主管部门的大力支持。他们的故事传到了大山之外，2011年，全国多家主要媒体纷纷报道了王书记的先进事迹，引起了各部门和社会各阶层的广泛关注，他也因此被誉为新时期的"愚公支书"。2014年5月，店子坪村至高坪镇全长11.7千米的断头路打通并全部硬化完成，洋芋河上一座跨河大桥拔地而起。

二、精准施策谋求发展，脱贫路上不落一人

2012年年底全村人均年收入不足2400元，建档立卡贫困户92户，占总户数的60%，村里到处都是歪歪扭扭的木板房和土坯房，娶不上媳妇儿的大龄青年依旧成群结队……

如何搬走压在村民头上的"贫困大山"，成了摆在他面前的新难题。

"几块苞谷，几窝洋芋，几匹烟叶，几头肥猪。"这是店子坪村的传统种养类型。

村里的耕地少，但山场面积大，于是王书记有了新目标：靠山吃山，走

特色产业致富路。经过反复讨论，最终确定了采取党小组负责制，鼓励分散种植魔芋 6.67 公顷、种烟 20 公顷，沿新修公路发展厚朴 26.67 公顷。还培植护路林，既护路也致富，抢抓全县培植猕猴桃产业的机遇，在适宜种植的村民小组新发展猕猴桃 20 公顷。

为打消村民的思想顾虑，他带头把自家 0.53 公顷田地都种上了猕猴桃，还专门买来 5 千克成熟的猕猴桃，请村民品尝，给大家算经济账。为把猕猴桃产业做大做强，他决定走"农户＋集体＋公司"三方合作经营的管理模式，联系了一家上海企业，在村里发展以猕猴桃为主产业的有机农庄。由企业出资租用 10 公顷土地，进行集约化管理，建设高标准示范园，然后提供树苗和技术，吸引村民自发参与。

2015 年 8 月，店子坪村成立了村民入股、村集体控股的愚公果蔬专业合作社。合作社统一种植、统一技术管理、统一收购标准，并注册"原汁""愚公"富硒产品商标，以品牌形象闯荡市场。除了土豆、生猪，村里的红心苕、猕猴桃等土特产也正一车车销往山外。2016 年，店子坪村人均收入达到 7500 元，摘掉了"贫困村"的帽子。

到 2019 年年底，店子坪村已建成高标准优质猕猴桃示范园 53.3 公顷，发展银杏、药材等 56.7 公顷。村民们种植的土豆、猕猴桃、红心苕等有了本村商标，畅销全国各地，实现农副产品销售年收入 30 多万元。

"店子坪好山好水好空气，发展生态旅游潜力大。"根据村里的实际，他又带领村民成立建始县新"愚公"实业有限公司发展生态旅游业。公司充分利用本村茶盐古道、土家风情、森林资源、富硒农产品等特色资源品牌，以"红色引领造势，绿色延伸创效"为总体思路，打造山乡度假、生态农业和民俗风情体验等旅游项目。2019 年年底，全村共开办星级农家乐 32 家，可同时提供 300 人住宿、500 人就餐。按照"党员带农家乐，农家乐带农户"的模式，1 名党员带领 1—2 户兴办农家乐，1 家农家乐带动 4 家农户发展蔬菜、水果、畜禽，实现人均增收 7500 元左右，村级集体年收入 30 万元。店子坪村还引进成立"愚公鞋业公司"，解决店子坪村及周边村 150 余人就近就业。

三、以真心换真情，甘做村民"提鞋人"

年近半百的村民张某精神头很足，完全不像个肝病患者。"没有王书记，我早就不在人世了。"他说。

2002年，张某被县医院诊断为肝腹水，住院半个多月，积攒的两万块钱花光了，病情却没有好转，医生判断"只有5年光景"，绝望的他只好返回店子坪。得知张某的病情后，王书记连夜赶到张家送去了温暖与真情，"我一定想办法治好你的病！"，他找乡里、县里，找帮扶单位，软磨硬泡一个多月后，医院答应把张某列入帮扶对象并同意免费救治。

在81岁留守老人刘某的一部老式手机里，仅存3个号码，分别是儿子、女儿和王书记，"有事就找国娃子"。七组村民谭某先天性下颌骨发育不全，被列为重点贫困户，2014年种植烟叶时，因为没钱买肥料犯愁，王书记为他担保贷款1万元，解了他的燃眉之急。2018年，谭某种植烟叶1.33公顷，收入达4万多元。

"村民有难处不找我，我的心里才难受呢！"王书记说。他将店子坪人看作自己的亲人，谁家有点啥事，他都放不下心。2014年7月，在他的多方奔走下，店子坪村在全乡率先开通了网上党群服务中心，如今村民交电费、办社保、开证明，只需网上轻轻一点就能搞定。

2013年，湖北省面向村干部招录公务员，他一路过关斩将被录用。然而，在征求意见时，他主动放弃了留在乡镇机关工作的机会。"好好的镇领导不当，非要继续当村官"，很多人感到惋惜，家人也不理解。在一次全县报告会上，他动情地说："我从未想过离开，因为我的根在农村，我的力量来自老百姓的需要"。

"事业大了、名气大了，但本色没变，一点架子也没有。"说起王书记，63岁的老党员何某竖起大拇指。2019年6月初，店子坪遭遇暴雨灾害天气，王书记一宿没睡，连夜指挥抢险救灾。第二天一早，他又带着村干部和党员清理路面淤泥和积石。"这样的干部，我们就是服气。"老党员何培贵说。

王书记家里不算宽裕，他父亲患有高血压、腰椎间盘突出等疾病，每月药费需花费1000多元。他的儿子正在上学，一家人就靠着他微薄的工资过日子。家里的洗衣机是多年前购置的老式双缸，住的房子也是祖辈传下的老木屋。村里人都盖了新房，他家却是在老屋边加盖一间偏房。这些年，他没给妻子买过一件新衣服，也没带她出过一趟远门。

不贪不占，村民的信任就是最大的财富。这些年山区水、电、路、网基础建设项目多、投入大。他主动划清界限，要求所有工程全部交给投资方打理，自己不碰一分一厘。弟弟在村里跑工程运输，他和弟弟约法三章：只准做零工，不准承包工程。4 年前，江苏省江阴市山泉村捐款 380 多万元，为店子坪村援建幼儿园，山泉村支书与他商量："你来建，你是老实人，我信任你"。但王书记却呵呵一笑："这个项目，我一分钱也不能沾，还是你们施工建设，全部建好后直接移交给村里"。

在付出与回报的天平上，他有着自己的平衡砝码。他忘不了村民的支持与信任，从修路到种猕猴桃、发展旅游，他总能"一呼百应"。村里遇有纠纷，他的意见就能"一锤定音"。他辛苦操劳了 14 年，如今年近半百，他的黑发中夹杂着根根白发，眼角也已爬满细纹。但是，他觉得很值得，他说"村民的信任、笑脸和认可，就是自己此生的最大财富"。

四、不忘初心砥砺前行，文明新村展新颜

2011 年至 2015 年，该村年人均纯收入由不足 2400 元增至 7414 元，2016 年已实现整村脱贫，成为湖北省脱贫攻坚的样板村。2019 年人均年收入相比 2010 年翻了 4.5 倍。

2016 年，湖北省委决定将店子坪村建成新时期"红色教育基地、红色旅游基地、精准脱贫示范基地"。

在"三个基地"的建设和引领下，一个乡风文明、村容美丽的店子坪村展现在眼前。全村共安装垃圾箱 78 个，组织 6 名垃圾清运人员，每天专职负责村域范围内垃圾收运、转运工作；全村主干道及公共区域新安装太阳能路灯 125 盏，修建健康步游道 2 千米；"愚公支书"事迹展览室、无人值守气象站、一期污水处理厂、具有民俗特色的公共厕所先后建成并投入使用；卫生室改扩建工程已全面结束，能够基本满足医疗卫生应急需求；建起了"网上党员群众服务中心"和村级电商平台，村民们足不出户就可"买全国产品、卖全国"。

围绕乡风文明建设，店子坪村成立了文艺宣传队，村里的家庭主妇下了田间再上灶台，下了灶台又上舞台。村民表演的三句半《三件宝》，用当地方言演绎过去有三件宝，洋芋、苞谷和红苕，勉强糊温饱，今天有三件宝，烟叶、魔芋和猕猴桃，票子满荷包，反映店子坪村翻天覆地的变化。他与村支"两委"策划的"六个一"工程，引领了店子坪村乡风文明有序推进。

"六个一"是每家每户一个老故事、一副新对联、一组老照片、一张领袖像、一套八仙桌、一条家风家训。

店子坪村编写家庭生活故事57个，按姓氏订立家训83条，围绕生活故事和家训刻写对联89副。通过把个体的家庭元素与整个村级乡风文明建设的有效融合，形成了一种摒弃陋习，学先进、争先进、建好小家、靠齐大家的良好氛围。一组村民李某说："新时期我们店子坪人，更应学习王书记身上的'新愚公'精神，融入创新精神，再为建设美丽新乡村出一份力。"

这个曾经的偏远落后贫困村，这些年先后荣获"全国生态文明示范村""全省民族团结进步示范单位""全省十面红旗基层党组织"。如今，越来越多的人走进店子坪村，聆听绝壁凿路的励志动人故事，学习当代"愚公"精神，观光富裕而美丽的店子坪村，领略乡风文明和乡村治理成果……

06

甘为乡村不言苦　愿洒热血谋脱贫

——湖南省新化县吉庆镇油溪桥村党支部书记

油溪桥村地处湖南省新化县东北部，是典型的边远山区、石灰岩干旱区。现任油溪桥村党支部书记彭某晚，从小在油溪桥村长大，是一个土生土长的农民，从小最大的梦想就是希望有一天，过上城里人一样的幸福生活。为了这个梦想，他20岁参军入伍，四次荣立三等功。从部队退伍后去沿海经商，经过短短几年的打拼，便已成为拥有千万身家的"大土豪"和致富能手。2007年，本是他平常的一次回乡探亲，结果被临危受命，担任村支书兼村主任至今。10多年来，他以军人的工作作风、商人的经济头脑、"达则兼济天下"的为民情怀，致力于乡村脱贫致富、全面振兴与可持续发展路径的探索与实践，闯出了一条以党风带民风、党建带村建，创新基层民主自治、实现节约发展的新路子，带领"有女莫嫁油溪桥村，一年四季只喝西北风"的穷乡僻壤从"山重水复"走到"柳暗花明"，先后荣获"全国文明村""全国脱贫攻坚示范村""全国乡村治理示范村""全国自强特色村庄""全国十大乡村振兴示范村"等40余项国家、省、市级荣誉称号。全村已实现整体脱贫。他创造出的油溪桥村独特的发展经验和模式，被《人民日报》、中央电视台、新华社《内参》《中国组织人事报》等主流媒体相继报道。他个人先后获得"中国好人""共和国最美村官风度人物""百名最美扶贫人物""全国新农村致富带头人""敬业奉献道德模范"等48项荣誉称号。如今，一幅"望得见山、看得见水、记得住乡愁"的社会主义新农村的"富春山居图"已在油溪桥村徐徐展开，每天来自全国各地各行各业的参观旅游、研学实习、取经拜师学艺者络绎不绝。

一、敬业奉献，一心为公

农村工作是天下第一难事，转变村民的观念更是难上加难。很多农村青年，只想逃离农村到外面的世界去升官发财。面对父老乡亲的贫穷无助、村支"两委"一筹莫展他舍家抛业，一头扎进了这个小山村，并发出誓言："我要彻底改变这里的面貌！"一枝独秀不是春！带领乡亲们脱贫共富才是真富！在家人极力反对与万般不解中，开启了他不平凡的村支书生涯。

脱贫致富，简单四个字，做起来很难。但彭书记和他的团队，以初生牛犊不怕虎的勇敢坚毅，扛了下来。村里要搞基础设施建设，没有资金，村组干部自掏腰包，带头垫付。多年来，他把自己的工资和津贴全部用于公益事业；村民们要搞产业，没技术，他带领村组干部外出学习，学成回来之后再义务指导村民发展种、养产业；白天，他跋山涉水，田间地头，实地规划他的乡村建设；晚上，深更半夜甚至通宵达旦，还在撰写基层工作经验总结，一天只睡三四个小时。

如果说帮助村里物质上脱贫还只需废寝忘食，那么让村民做到精神上脱贫可能还要忍受莫名的委屈心酸。油溪桥村禁炮禁赌，提倡不吸烟、家禽圈养、污水处理、爱护环境等村规民约的制定，注重良好家风、乡风、党风、政风的培育开创了村建先河。但在说服村民破陋习、树新风这件事上，他那颗强大的心有时也被击打得七零八落。有一次，他摔了一家麻将馆，几个村民突然群起而攻之，甚至奚落嘲笑他："你以前不也是一个赌鬼吗？有什么资格来说我们！"他摸摸自己被打肿的脸，动之以情、晓之以理："我以前是走错了路，难道你们还想继续错下去吗？"他跟他们讲起自己的经历……从那以后，那几个"赌鬼"成为后来村里建设的中坚力量。2020年3月的最后一天，从农业农村部传来重磅好消息：全国村级"乡风文明建设"优秀典型案例名单公示，新化县吉庆镇油溪桥村作为湖南省唯一的一个村庄成功入选。

他担任村支书以来，全身心扑在村务上，十几年没陪老婆、孩子外出游玩过。为了全村的岁月静好，他只能一边愧对家人，一边默默藏好自己的委屈与孤独，一如既往，负重前行。为研究部署乡村治理与全面发展，他主持召开大小会议近2000次，先后创造"五统一""五个有""一传二帮三带"等建设模式，油溪桥村各项事业取得显著进步。他的微信，以其每日发布工作日志为显著特色，作为脱贫攻坚和爱岗敬业典型，2020 年 1 月湖南省"两会"期间，在大会上被推荐和播放。

二、艰苦奋斗，攻坚克难

十多年前的油溪桥村，交通不便，人均不足五分地，人均收入不到 800 元。没有区位优势，没有资源优势，没有基础优势。没有 1 米的硬化公路，更别说一个可观的村级项目，有的只是成片的垃圾、废弃的池塘、濒危的房舍，还有 4.5 万元的村级集体债务，以及一个被列为省级贫困村的"荣誉称号"。在没有上级单位领导挂点驻村对口扶贫的情况下，他带领村民发扬"用锄头开路，用锤子凿水，用担土栽树"的"油溪桥村精神"，实现了经济社会全面发展。

（一）坚持自力更生，节约发展

接手这样一个烂摊子，他激励村民："人穷志不穷，脱贫靠自身。""脱贫攻坚不仅只是党和政府的事，更应该是我们基层党组织和村民群众自己的事。""凡是自己能解决的，决不请外人；凡是能用劳力解决的，决不用钱。"村民喝水、生产灌溉没保障，他就发动群众义务筹工，发扬"红旗渠"、"挑山工"、愚公精神，逢山开路，遇水架桥，刀劈斧凿，自建饮灌一体的水利工程。13 年来该村干部群众义务筹工 7.6 万个，修建硬化公路 16 千米，游步道 22 千米，风貌改造建筑 27 栋，整修山塘 6 口，完成了人畜饮水、灌溉一体工程，修通了通往田间地头的生产道，完成了田埂硬化和主要村道路灯建设。据统计，全村每年光红白喜事酒席、禁燃烟花爆竹、杜绝打麻将买六合彩等可节约资金 500 余万元，为可持续发展积累了资本、提供了保障。其勤俭节约自力更生的精神在 2019 年湖南省农村工作大会上做了典型经验介绍，得到了湖南省委书记的高度肯定。

（二）勇于攻坚克难，敢啃硬骨头

林权制度改革与荒山开发，几任村领导都不愿干、不想干、干不好。

军人出身的他，明知山有虎，偏向虎山行。他翻阅了大把资料，踏遍了上百个林场，挨家挨户走访征询意见和建议，提出了林权改革的凭、听、察、看、摸、查、调、确八字方针，采取工作分类、任务分流、矛盾分解，对各板块面积的分布和形成进行了调研调整，对插花地、自留地和"三难管"地采取以查、判、量等方法重新立界确权。其经验被湖南省委《乡村振兴经典案例》一书以题为《自力更生的典范，乡村振兴的样板》放在开篇出版。

三、锐意进取，勇于创新

决战脱贫攻坚，加快乡村振兴，决胜全面小康，一般村支书更多看重经济增长。改革开放以来，农民、农村物质财富增加了，但个人主义、拜金主义、小农意识、漠视公共事务等观念有增无减。他敏锐意识到：加强基层党组织建设，提升村民文明素养是脱贫攻坚和乡村振兴的灵魂和重要抓手。

（一）党风带民风，党建带村建

农村要想富，先要建好党支部。他坚定地认为，在乡村脱贫致富实现全面振兴的过程中，一个有凝聚力、创造力和战斗力的党支部，远比一个项目、一笔资金的作用大得多。在基层党建工作上，他借鉴自身管理公司多年的经验，独创油溪桥"1+2+3"党组织建设模式：一是突出对村级带头人的培养和选拔；二是注重组织合作，借助学校企业力量实行村企合作、校企合作；三是优化组织结构，以选举聘请、招聘等形式多层次多渠道引进人才。并进行别具匠心的军事化管理、积分制管理。党员干部廉政勤政、公益事业捐款筹工、结对帮扶禁烟禁赌等列入年终评比，真正做到"使每名党员都成为一面鲜红的旗帜"。在他的带动下，油溪桥村慢慢有了一个凝聚力、创造力、战斗力超强的党组织。2016 年起，油溪桥村被确定为"娄底市党员干部教育实践基地和村干部培训基地""湖南省基层党组织建设示范基地"，并荣获"娄底市先进基层党组织"称号。

有了这样一个坚强的战斗堡垒，油溪桥村的民风乡风明显好转，基层民主自治也如火如荼、别具一格地开展起来。充分发挥村民在民主选举、民主决策、民主管理和民主监督中的主体作用，七次修订村规民约，建立户主文明档案袋，推行户主积分制管理，公正管理阳光化，等等。所谓积分考评管理是将村民在脱贫帮扶、产业培育、出工出力、遵守村规民约等生产生活的各类表现，量化为奖励指标 35 项、处罚指标 41 项。年底考核积分的高低与干部绩效挂钩、与评优推选挂钩、与股份分红挂钩。积分制管理有效促进了党员干部争着干、村民群众比着干、朝着目标一起干。他创造的"积分制"管理模式被农业农村部作为湖南省唯一的乡村治理典型案例向全国推广，并被评为"全国乡村治理十大经典案例"，2019 年湖南省委政策研究室编辑出版的《乡村振兴经典案例》作为首例案例，该村也是湖南省委、市委党校的教学教研基地。村级积分制考评办法在参加娄底市 2018 年改革创新成果评审中荣获第一名，乡风文明、乡村治理等同时入选全国四个经典案例并予以推广，他本人被评为改革创新先锋，连续两年作为湖南省唯一的村支部书记参加湖南省一号文件的起草。

（二）十三年一剑致富梦，产业转型出新招

产业发展是一个村最根本的生存力和竞争力，全村要脱贫，产业是支撑。面对人均不足五分田、资源分散、资金技术缺乏、产业难以形成规模的现状，他从创新产业发展模式举措入手，采取短期、长期、中期产业相结合，第一、第二、第三产业相融合，小农户经济、村集体经济和公司股份制经济相配合的"三乘三"模式，实现了全村产业开发整体有序推进、贫困户长效增收机制全面形成。坚持走资源集约化、经营市场化发展之路，破解村集体资金发展缺乏、弥补政府产业扶持难以实现到村、村产业发展难以走向市场的发展短版。以股份制的形式成立旅游文化产业开发有限公司，公司采取以项目独立开发捆绑股份的形式进行股份分配，实现规划权归村集体，开发权归公司，经营权归投资商。开发公司与开发商、公司与村委、村委与农户按一定比例分配公司经营所得，建立"公司＋投资商＋村委＋农户"的利益链接分配关系，实行共建共享，实现了资源变资产、资金变股金、村民变员工、农户变股东，实现了人力、物力和自然资源的统筹整合，达到以政策为导向、以村委为主体、以公司市场化开发为增长点的三位一体村集体经济发展新格局。实现了村民人均纯收入从 2007 年的不足 800 元增加到 2018 年的 19544 元，村级集体经济从过去的负债 4.5 万元发展到 2018 年的 112

万元，以财政投入 403 万元创造了上亿元的村级资产，成功入选全国 AAA
级景区村和全国乡村振兴示范村。

（三）经验的价值在于分享

他注定与别人不一样。他说："发展建设好油溪桥村不是我们最终的目
的，探索可复制可推广的乡村治理模式，造福更多的乡村才是我们的理想追
求。"十多年来，他致力于农村工作的探索与创新，撰写工作心得 150 余万
字，资料汇编 60 余本，完成国家、省、市试点示范工作 20 余项，被邀请到
北京、深圳、省委党校、高等院校讲课传经 96 场，接待省内外参观考察团
1200 次。"油溪桥发展模式"和"油溪桥村精神"已经成了脱贫攻坚的一张
名片，成了推动更多农村脱贫致富奔小康的标杆和引领。其中基层党组织建
设、五小水利建设、林权制度改革等二十余项经验和模式被中组部、农业农
村部等向全国推广；村级积分制管理办法、乡村治理和乡风文明建设入选全
国经典案例，是目前全国唯一同时有三项工作入选经典案例并向全国推广的
村庄。

07

千里攻坚路　浓浓帮扶情

——广东省深圳市南山区沙河街道党工委委员
跨越千里帮扶广西德保县

2016年10月，广东省深圳市南山区开始对口帮扶广西壮族自治区德保县。2017年1月，深圳市南山区沙河街道党工委委员、执法队队长、规划土地监察队队长龙某国跨越千里，远道而来，担任德保县委常委、副县长（挂职），分管粤桂扶贫协作项目。从此，龙县长与德保县7000多名帮扶干部成了"战友"，与36.8万人民成了"亲人"，一起携手并肩，共同投身脱贫攻坚战，在德保这个第二故乡开启了工作新征程。

暖风，从东边吹来。在他的努力下，来自深圳市南山区的一批批援助项目如春风吹拂德保大地，一个个民生帮扶项目润泽民心，粤桂扶贫协作的印记遍布德保的山山水水、村村寨寨。2017—2019年，他争取到各类帮扶资金1.25余亿元，在德保实施粤桂柑橘生态示范园、粤桂桑蚕产业园等54个东西部协作项目，涉及农业产业、教育卫生、农村道路、安全饮水、危房改造等，惠及德保县所有贫困村和贫困群众。

从一个个看得见摸得着的帮扶工程中，德保人民真真切切感受到了来自深圳市南山区人民的浓浓帮扶情。

一、凝智聚力，携手战斗

习近平总书记在东西部扶贫协作座谈会上指出，脱贫攻坚是干出来的，靠的是广大干部群众齐心聚力干。要组织和动员有志于为党和人民建功立业、做一番作为的干部到西部地区来，努力在艰苦的条件下、在攻坚克难中使自己成长为可以担当重任、能打硬仗的高素质干部。龙县长正是这种务实、有担当、有爱心的好干部。他真心奉献、忘我工作，帮助贫困山区建设幸福家园，赢得德保人民高度赞誉。

"没想到我们这边需要扶持的地方还有这么多。"面对德保县农村落后的现状，他没有半点退缩，他到任第一个月就开始翻山岭、钻箐沟，走过千山万弄遍访12个乡镇，深入田间地头实地考察调研，用踏实的步伐丈量出德保迫切需要重点扶持的领域和项目，千方百计亲自摸清发展的底数，似乎每掌握一份清单，就会揪出一个问题短板，很快拟出调研报告交回深圳市南山区研讨，就是这样一股严谨务实之风吹拂着大家的心。

"东西部扶贫协作，要凝智聚力，才能携手攻坚克难。"此后的工作，他更加坚定果敢，他立足当前而谋长远，因地制宜加强结对帮扶顶层设计，自觉融入服务德保"十三五"规划产业发展大局，不断务实一项项举措助力德保高质量推动"两不愁三保障"工作，推动东西部区域资源深度融合。他脚踏实地入心工作的画面，让人们看到一名挂职干部沉得下来、做得实在、干出成效的高尚品质。

打好脱贫攻坚战，关键在人。人才是推动经济社会发展的第一资源，是贫困群众实现稳定脱贫的引领力量。为此，专业技术人才的交流和培训成为粤桂人才交流的一项重要内容，通过增进高端技术人才交流，实现专业人才专业水平和技能的共同提升。在他的带领下，医疗、教育领域专家学者云集德保，成为德保行业领军人物。南山区卫健系统的领导、专家、医务人员多次到德保坐诊，指导德保县人民医院血液透析室开展血液透析工作，完成13500余例透析治疗；引进先进教育理念，促成南山区5大教育集团、15所优质学校与德保县15所学校建立结对帮扶，推动友成基金会—德保县（粤桂）教育帮扶项目顺利实施，协调德保县职业技术学校开设珠宝玉石加工与营销专业，为厌学孩子打开另一扇求学之窗。耄耋之年的苏老师在德保三尺讲台上激情上课；退休多年的朱老师带来流动科技馆，开拓德保学子的科学视野，深受孩子们的喜爱；陈老师、雷老师等高超的专业技能赢得师生点赞，让山区孩子感受到传承工匠精神，成就出彩人生的非凡魅力。他时刻关注南山区团队工作进展，他走进课堂，课堂上老师生动地讲解和孩子们持久而热烈的掌声，他看在眼里乐在心上。

与此同时，他积极联系南山区桃源街道、南头街道等7个街道、32个社区，南头城实业股份有限公司等23个企业共赴德保结对认亲，覆盖德保县12个乡镇55个贫困村，占德保县贫困村61.8%。南山区社会各界向德保捐款（物）累计 2100 余万元。他把团队紧紧地拧成一股绳，推动粤桂扶贫协作结出丰硕的成果，他们的一言一行，不是亲人却胜似亲人。

他带领的南山帮扶团队，甘愿舍弃发达地区优越的工作生活条件，在德保这片土地上不忘初心、牢记使命，奉献一切力量，彰显诚挚的南海帮扶情。可以说，德保脱贫奔康史也是深圳市南山区一部厚重的帮扶史，凝聚深圳亲人的磅礴力量。

"三年的时间，我觉得很短，能做的事太少，我要珍惜在德保的每一分一秒，多做工作，哪怕是有一点点的改变，我都备感欣慰。"舍下自己的小家，他全身心地投入德保的减贫事业之中。三年的时光，对于整个人生来说不算太长，但对于一个家庭来说，可想其中的分离与漫长的等待。他挂职三年很少回家团聚，帮扶工作确实占据他太多故事片段。2018 年 10 月妻子生产二胎时，他虽人在深圳，离家也仅有百里之遥，但是为让贫困户种植的果实能第一时间卖出好价钱，他忙于对接农产品产销工作，没能陪伴妻子左右。回家仅 3 天便匆匆赶回德保一线继续扶贫攻坚，仿佛在他的眼里，扶贫和新生的孩子一样宝贵，哪怕工作推动一点点，他都乐开怀。他孜孜以求，用全心投入对口扶贫协作工作，全力帮助德保贫困群众改善生活，生动地诠释共产党人为人民谋幸福、为民族谋复兴的初心使命，用行动诠释一名挂职干部勇于担当、不改本色的赤子之心。

二、产业融合，精准帮扶

在德保县都安乡健茂生态柑橘产业园里，133.33 公顷绿油油的柑橘树长势喜人。这片有着深圳市南山区"血统"的柑橘，承载着村民们的致富梦。

此前，因土地贫瘠、道路交通不便等问题，严重阻碍了德保农业产业发展和群众增产增收。

他到来后，经过实地调查分析，两地决定结合当地的实际情况，依托产业园项目发展柑橘种植。经过协调，德保县与广东粤桂柑橘生态产业园开展了"手牵手"共建活动，由产业园采取资金帮扶、技术指导等方式，合作建起了都安乡健茂柑橘产业示范基地。

与广东粤桂柑橘生态产业园项目"手牵手"后，柑橘示范基地得到了来自广东的果苗，还获得了专业的技术支持。村里原有的零散种植柑橘园也整合进了基地。同时，该柑橘示范基地还与周边的果满坡巾帼现代农业创业示范基地、金湾湾脐橙示范基地等果园区，形成 666.67 公顷柑橘特色水果产业带，预计年产值超过 1.2 亿元。该产业每年辐射带动 290 户贫困户脱贫增收。

都安乡健茂生态柑橘产业园只是粤桂扶贫协作产业项目的一个缩影。

合志者，不以山海为远。他在南山区、德保县两地奔走，牵线搭桥助力德保县发展，是资源的引路人、项目的主推者，成绩可圈可点。三年来，他争取到各类帮扶资金 1.25 余亿元，建成粤桂柑橘生态示范园、粤桂桑蚕产业园等 54 个东西部协作项目。他谋划主推德保粤桂扶贫桑蚕产业"一区三园"示范区建设，协调引进江苏鑫缘茧丝绸集团股份有限公司在德保投资兴业，排留村桑蚕产业园、燕峒乡那布园、足荣镇陇翁园桑蚕产业欣欣向荣；创新实施粤桂生态油茶产业项目，成为集打造捆绑分红、地租转股份、管护收益为一体的利益联结机制的样板。

一份份成绩单，一个个成功打造的样板，助力德保办成一批多年想办而没有办成的事，这凝聚了他日以继夜奋斗和付出，充分展现东西部扶贫协作伟大实践的壮举。

三、扶困济贫，彰显情怀

爱的演绎方式有千万种，有一种是雪中送炭，更显得难能可贵。

他心怀慈悲，关心疾苦，用爱温暖了整个贫困山区。放下身段走进群众，与群众打成一片，他总是竭尽所能帮助贫困户，"能帮一点算一点"成为他的口头禅，总是向身边的人释放出满满的正能量。在德保县三年时光，每逢佳节他都前往生活困难的群众、党员家中进行慰问，给老百姓带去节日的问候和祝福，鼓励他们努力创造美好生活。入户开展扶贫工作，看到贫困户有困难时，他总是掏出自己工资慷慨解囊。

都安乡福记村贫困户许某罹患肺癌，长期住院服药治疗，两个孩子正在求学，生活落入困境，举步维艰。他在下乡入户遍访时得知此事后，常常抽空默默前往慰问，并鼓励其克服困难，渡过难关。但因病情恶化，许某逝世了，家中的两个孩子变成了孤儿。他继续关心姐弟的生活和学习，经常向班主任了解他们的学习和生活情况，在节假日为姐弟俩送去慰问金，并多次与他们共进晚餐，鼓励孩子奋发学习。

"龙伯伯经常到家里来，每次都给我们带来了生活和学习用品，真的很感谢他。我现在已经读高三了，要加倍努力，回报龙伯伯。"许某的女儿说。

他就是这样，他弘扬了东西部扶贫协作挂职干部扶困济贫的精神。在离开德保县前，他又以个人家庭的名义，捐赠50万元助力德保脱贫攻坚事业。三年如一日，他用自己的实际行动，向德保县奉献了一份份诚挚的爱。

他是推动东西部扶贫协作千千万万大军中的一员，是帮扶挂职干部的典型代表。他在基层一线默默奉献不求回报，带来是的脱贫攻坚的决定性成果。德保县将倍加珍惜深圳市南山区对口扶贫协作的宝贵资源、成功经验，进一步聚焦贫困，感恩奋进、苦干实干，加快实施粤桂协作项目，加快推进产业深度融合发展，做好脱贫攻坚与乡村振兴的衔接工作，实现乡村振兴的战略目标。

08

真情帮扶　实干赢心

——四川省甘洛县玉田镇罗玛村第一书记

"四年岁月，在历史长河中不过须臾一瞬；然而对于一个有理想的人来说，却足以挥洒豪情、施展才华，成就一番不平凡的事业。"

主动请缨到贫困村担任第一书记，顺利完成脱贫退出任务后，又义无反顾地留村开展产业扶贫工作。群众不敢尝试，他便动员致富带头人、贫困户代表一起"摸着石头过河"发展产业。然而，天公不作美，连续的强降雨严重影响了收成，示范带动面临失败。面对"亏本"，他四处找技术、找市场，想尽一切办法把损失降到最低，并优先保证合伙人和劳务人员的利益，最终赢得了村民的理解和支持。这位昔日群众眼中的"无能书记"，用苦干实干征服了群众、用真情实意赢得了民心，群众致富思路被打开，产业发展道路得到拓展。他就是会理县太平镇选派到甘洛县玉田镇罗玛村担任第一书记的选调生赵某朋。

一、用脚步丈量民情，做罗玛的明白人

脱贫攻坚战打响后，赵某朋主动申请到贫困村帮扶，2015年12月被会理县委组织部选派到甘洛县罗玛村担任第一书记，当时他的儿子才两岁。

"一定要通过自己的努力和脱贫攻坚机遇彻底改变现状，让罗玛村全然变样！"到村第一天，看到村里薄弱的基础设施、脏乱差的村容村貌、群众的陈规陋习等状况，他便下定了这样的决心。村民们得知这个新来的第一书记来自乡镇，这么年轻，老家又在农村，既带不来项目又带不来资金，都认为他肯定干不了什么事，不相信他能带领大家脱贫致富，还戏称他为"无能书记"。但是，心有憧憬的他没有气馁。

日日行、不怕千万里，常常做、不怕千万事。他以自己的辛苦指数换

来了贫困户脱贫的幸福指数。因为对脱贫攻坚工作心存敬畏与珍惜，又非常喜欢与罗玛村的群众交流，驻村以来除了轮班值守的日子，他都沉到农户家里去，深入田间地头去，真诚坦率地与村民交流，拉家常。在县乡党委政府的大力支持下，他与村"两委"和其他驻村干部齐心协力，从点点滴滴做起，狠抓基层党组织建设、群众思想素质提升、基础设施建设、支柱产业培育等工作。2017年圆满实现村"一低七有"，顺利退出贫困村行列。

"今天阿某约古去城里买了60只鸡苗，要发展林下鸡养殖了"，"今天木某克哈家儿子又喝酒了，训了他一顿"，"今天木某约布家生了个小女儿"，"木某克布去重庆打工了，说是干外墙粉刷"，"某某家发生了什么，想干什么，干了什么"。这些话题成了赵书记一行人每天饭桌上单调而不枯燥的旋律。经过四年多点点滴滴的亲密接触，从陌生到熟悉，从认识到认知，从茫然到憧憬，罗玛村的轮廓、罗玛村的村风、群众民情都深深印入他的脑海。"润物细无声"，一切都在渐渐地、慢慢地改变着，入户没有"冷脸了"，老远就招呼着到家里"喝一个"。

"你能干什么，干了什么，群众的眼睛是雪亮的。"他的脚步遍布在村里的每一个角落，通过努力，村里各方面条件都得到极大改善，群众的发展意识也逐渐增强，走到哪家都是乐呵呵地夸赞他，面对变化，赵书记感到无比欣慰。

二、用真情化解民忧，做群众的贴心人

"回眸旧凉山禁锢自由、封建闭塞的苦难日子，儿子啊，你们这一代过上了好生活，圆了我们祖祖辈辈的梦想，你一定要懂得饮水思源，努力工作回报社会，回报党的恩情。"赵某朋去罗玛村驻村前晚，他的父亲语重心长地说。

初到罗玛村时，因语言的障碍、生活方式的迥异、思想理念的不同等，他也面临着各种不适应，罗玛村群众对他这个外来人的认可度也不高。他深知："语言不通，但是笑容是通的，真情总能打动人。"面对不太会汉语的老百姓，他就用简单的问候语和笑容同他们打招呼。慢慢地，不用其他村干部帮忙也能和群众打得火热了，同时也学会了更多的彝语。为了发挥村级党支部战斗堡垒作用，他多次征求"老支书"的意见，坚持把"三会一课"制度

作为"法宝",并结合"四议两公开一监督"工作法,努力推进村级工作制度化、规范化建设。其间,他带头讲党课 10 余次,受益 700 多人,并深入田间地头与群众拉家常、话扶贫,以通俗的言语宣传方针政策,发放各类学习、宣传手册 1000 余册。

2019 年,凉山州脱贫攻坚进入"攻城拔寨"、啃"最硬骨头"的关键时期。甘洛县作为凉山州首批计划"摘帽"的 4 个深度贫困县之一,时间紧、任务重,全县上下一心,奋力攻坚克难。驻村这三年来,赵书记与村"两委"班子一道研究制定了结对工作标准、轮班值守标准、"周一"活动日三个工作标准。同时根据与罗玛村群众密切接触的实践经验,制定了接待群众"五个一"——一个微笑、一杯热水、一支笔、一本笔记本、一句暖心话,力争把群众所急所需问题在农户家里、在田间地头、在活动室就地满意解决。古朴的三锅桩诉说着彝家历史,使用马勺子吃饭积淀着彝家文化,他暗暗下了决心自己一定要学习适应,因为要在这里与村"两委"班子"同唱扶贫戏""同吃攻坚饭",行动上切实把自己当罗玛人,说罗玛话、做罗玛事,乐于参加老百姓家庭的红白喜事,无论哪家有红白喜事都送上百十块钱,虽然礼轻,但既能引导移风易俗的意识,也能让群众看到他的真心融入。他积极协调解决生产生活中的各种困难问题,现在能够熟练使用马勺子,听懂简单的彝话,围坐在三锅庄旁与老百姓轻松话家常。2017 年全面开展的"三建四改"工作,罗玛村老百姓积极性都很高,但是到项目尾期后,个别家庭出现了资金短缺问题。如果项目不能按时完成就报不到补助,老百姓焦急,他也焦急,县委、县政府这么好的惠民政策,不能白白浪费了。经与家里人商量,赵某朋与妻子把家里面三个月的工资拿出来借给老百姓进行资金周转,老百姓拿到钱都很感动,对他说:"赵书记,你是好人,宁愿亏自己也不亏百姓"。就这样,涉及全村 165 户的"三建四改"项目在没有依靠项目工程队的前提下,老百姓用自己勤劳的双手按时保质保量完成。

三、用实干赢得民心,做发展的带头人

思想是行动的指导。但是无论想得再完美,不落实在具体行动上,一切都是海市蜃楼。在 2017 年罗玛村顺利退出贫困村后,2018 年的主要任务是巩固提升脱贫攻坚成果,而巩固提升的关键是激发内生动力,注重"授之

以渔"，培育产业，才能从根本上帮助困难群众拔除穷根，实现真真正正的脱贫致富。

2018年年初，村上规划了辣椒产业，但是由于罗玛村历来没有种植辣椒的经验，无论是走访入户动员还是召开群众引导会，群众都有一些担忧与怯步。但村民的不信任没有击退赵某朋，反而增强了他证明自己的动力。他甚至从另外一个角度来理解，"村民会关心这个问题，说明大家都有想法，从心里是想发展产业的，这是好事"。经与村"两委"反复研究，他与村支部书记带头承担起了种植辣椒的担子。因没有启动资金，他与家里人商量后，拿出原本家里准备买车的14万元积蓄，开始了辣椒种植。一年来，他扛起了锄头、经历日晒、雨淋，甚至凌晨两点还奔波于越西与甘洛的货运车上。他一会儿顶着烈日在地里干活、一会儿在农户家中与村民交谈、一会儿在农牧局与工作人员协调沟通、一会儿在菜市场查摸底，有时忙得一天只能吃一顿冷水饭，拖着疲惫的身躯，顶着星辰回到活动室是常有的事。甚至在种植完辣椒后回到德昌老家时，因为工作劳累，变得又黑又瘦，爸妈、妻儿都差点认不出他了。

无论工作多么困难、辛苦，无论工作压力有多大，他的心里始终只有一个念头，就是一定要把产业做好做实，让老百姓真正能看到只有行动起来才会有收获。所以，2019年有不少村民开始自主种植辣椒。而当村里新引进了产出效益更高的毛叶山桐子种植项目时，村民们更是踊跃报名加入种植项目。2019年全村种植了油菜20公顷、辣椒2公顷、魔芋3.33公顷、毛叶山桐子33.33公顷。还是这片绿水青山，还是村民脚下的这片土地，但一切已经不一样了。种下了脱贫致富的种子，现在种子已经萌芽，等待着时间的浇灌，让罗玛村的大地流金淌银，焕发新的生机。他心里对自己说"值得"！现在每天清晨他最感动的事情是，总有不知名的群众把一袋袋绿油油的蔬菜放在寝室门口。

四年来，他与家里人聚少离多，甚至忙得连轴转的时候，两三个月回一次家都是奢望，家里的重担都落到了妻子一个人身上。虽然辣椒种植暂时没产生收益，但妻子毫无怨言，仍然默默地支持他，从无半句怨言，只是淡然一笑"买车又要等一下了"；老实巴交的父母，每次在他离家时只有一句话，"好好工作"；幼小的孩子，每每与其视频时，总问"爸爸，你好久回来哦？"在家人眼中他是不合格的儿子、丈夫、父亲，但在群众心中他是个能带好头能干事的好干部，是村里的第一书记，是一位会扛锄头的农民，也是一位能跑市场讨价还价的菜贩子。

"能参与到这场轰轰烈烈的脱贫攻坚事业中，身为扶贫干部的我们都是幸福的。而大凉山的脱贫攻坚是一场关系全局的攻坚战，是一场任务艰巨的攻坚战，是一场创造历史的攻坚战，像我一样奋战在一线的扶贫干部还有很多，我们更应清醒认识到身上肩负的责任和使命，必须要坚持问题导向、目标导向，进一步统一思想、振奋精神，迎难而上、背水一战，百倍用心、千倍用力，坚决打赢深度贫困脱贫攻坚这场硬仗中的硬仗。"他在自己的笔记本上写下了这段话。

几年来，他亲历并见证了罗玛村一点一滴的变化。水泥路通了，走在上面没有尘土了，只有清风拂面；村医务室、幼教点建立起来了，群众看病、孩子上学不用走很远的路了，看病不用缴纳很多的钱了，甚至学校里还有营养午餐；原来杂草丛生的土地上屹立起了民俗文化坝子，农闲时节群众不再缩墙角边晒太阳了，不时在坝子上跳起了达体舞、打起了篮球……

2020年，赵某朋的儿子7岁了，他还奋战在脱贫攻坚一线工作中。

09

他倒在了扶贫路上

——追忆云南省马关县大栗树乡大马固村党总支书记

脱贫攻坚战进入关键时期，就在即将取得胜利的黎明前夕，云南省文山壮族苗族自治州马关县大栗树乡大马固村党总支书记、村委会主任苏某相却永远倒在了扶贫的这条道路上，年仅43岁。

一、带病坚持工作，不幸倒下了

2020年3月19日晚，苏书记带病开展了大栗树村委会脱贫攻坚工作拉网式交叉检查，回到村委会后，剧烈的腹痛让他满头大汗，但不完成工作绝不休息的作风让他强忍病痛，继续忙碌着排查问题的汇总。

当战友发现这一状况，并连夜将他送进马关县人民医院急诊科时，他的病情已难控制。3月20日，他被转到文山州人民医院，当天下午又被转入昆明医科大学第二附属医院，被确诊为"主动脉夹层动脉瘤"，第二天不得不紧急进行手术治疗。然而，3月26日下午4点，在家人的悲痛中，在战友的惋惜下，苏书记经抢救医治无效，离开了他的工作岗位。

二、家乡需要，把自己搬回来

苏书记原本在企业工作，2007年4月，听说大马固村委会文书空缺后，他毅然放弃了待遇丰厚的工作，回到了大马固村，当别人问他为什么这么做时，他笑笑说："我是一块砖，家乡需要我，我就把自己搬回来。"

来到村委会以后，他把抓基层党建放在首位。在他的积极倡导下，村里实行了村务、财务、党务"三公开"制度，增强了工作透明度，消除了隔阂和疑虑，一开始就赢得了群众的理解和支持。

脱贫攻坚开展以来，繁杂的扶贫工作占据了他绝大部分的时间，但是他从不埋怨、兢兢业业。坝子丫口村小组地处山坳，山上石头风化严重，过去常有滚石滑落砸坏农户的房屋、圈舍，还有部分农户的家处在季节性水淹点，雨季时刻威胁着人民群众的生命财产安全。苏书记看在眼里急在心里。很快，转机来临，村里争取到把坝子丫口和坝子部分群众移居到安全点另建家园。面对不肯搬迁的农户，他不厌其烦，带着战友一而再、再而三地到农户家做工作，最终问题得以圆满解决。

"他来村委会这几年，对我们人民群众的生产生活十分关心。在知道我们那个片区五个寨子七个村小组的水管老化后，他努力帮大家解决。现在胶管全都换成了钢管，各家各户都吃上了安全卫生的水，我们老百姓永远都不会忘记他。"大马固村村民说。

大马固村村委会距离乡政府 12 千米，2014 年建档立卡贫困户人口 215 户 913 人。截至 2019 年年底，大马固村共有 230 户 929 人实现脱贫。在他和战友们共同努力下，脱贫攻坚取得了显著成效。

大马固村乡级工作队员杨某洪回忆道："我印象最深的是，我们三道箐到老长地的路，多年来一直未解决，都是崎岖山路。后来终于得到了上级的项目支持，但是路经过了文山县杨柳井乡的地界，工作十分难做，涉及外县的土地，群众极不支持。我们的支书带领我们村委会的工作队员，一起进村入户，不辞辛劳，走村串户，把这件事情落实了下来，路通了，群众出行方便了，运送物资也方便了。"

家人对他的印象，总是一个"忙"字，忙得连父亲生病住院都没去看过一眼。

在同事眼里，苏书记是好大哥、好兄弟，给予大家最无私的照顾，在大马固村村委会，他总是起得最早，睡得最晚。

三、遗物：村情材料、凉鞋、未填写的表册

苏书记走了，在他的床头，遗留大马固村的村情材料，床下放着那双走遍各村各寨的凉鞋，办公桌上还留着未填写的表册……正午时分的村委会办公室，大伙都在加班，唯有苏书记的位置是空的，而《空壳村脱贫记》《不让一个兄弟民族掉队》《党建红云耀边疆》三本书，还安安静静地躺在他的

抽屉里。作为一名共产党员，他坚定信念，坚持学习，无愧于党和人民，他把生命奉献给了大马固村的群众，他也永远留在了群众的心中。

大栗树乡大马固村村民雷某松说："支书从上任以来，工作尽心尽责，在我们寨子里，危房这些都全部改造好，水电路基本都全部通，哪里有什么危险的地方都整改了，我觉得他在工作上还是很负责的，特别是在脱贫攻坚路上，基本上没有休息的时间，天天在岗位上工作，他是我们百姓的好支书、好领导，我们会永远记得他。"

斯人已逝，风骨永存，苏书记病重时留在战友记忆中那紧锁的眉头，都是他在村委会艰辛工作的印记，是他在扶贫路上责任担当的证明。他未实现的心愿，他的同志、他的战友、他所牵挂的父老乡亲，会带着他留下的精神一起完成。

10

滚滚黄浦江　悠悠小河情

——上海市浦东新区"沪滇合作"对口帮扶
云南省弥渡干部掠影

"波涛滚滚的黄浦江畔，盛开着朵朵的白玉兰……"是气势磅礴的上海市市歌的开篇，"哥啊哥啊哥啊，山下小河淌水清悠悠……"是缓缓抒情的弥渡民歌尾句。上海和云南弥渡本相隔千里，但是一场空前的"精准扶贫、精准脱贫"攻坚战，让浦东与弥渡县通过"联姻"紧紧连在一起，上演了一出"沪滇协助"的感人扶贫纪实剧。真扶贫、扶真贫，两年时间硕果累累，共同书写对口帮扶的动人篇章。而这两首优美的歌曲交相辉映，道出了上海扶贫干部和弥渡儿女同甘共苦、乐于奉献、不畏艰难的决心。随着一件件实事、好事相继落地，一串串民生福祉接连兑现，一个个感人故事心口相传，成为弥渡这块红土地上跳动的美丽音符。

一、漫漫援滇路，真情满弥渡

多年来，一批批来自上海的援滇干部，不辞辛苦行走在弥渡的谷底山间，用双脚丈量着贫瘠的土地，用双手建出喜人的新农村，带给农民脱贫的信念，激发他们对美好生活的向往。

"这是一场不悔的青春约定，在这片贫瘠的土地上扶贫的情怀早已深深扎根内心，融入血脉：在这里奋战的两年经历注定将伴随一生，让人刻骨铭记，难以割舍。'北上广深'是中国的名片，但基层才是中国的最真实面貌！"这是援滇干部张某阳从上海到云南大理弥渡挂职两年来的切身感受。2017年9月，他义无反顾地报名援滇，成为第十批浦东援滇干部中最年轻的一位，从国家改革开放的前沿阵地转战西南的深度贫困地区。在隆隆的号角声中，这个浦东汉子的赤子情怀，深深扎入内心，融入血脉。他到弥渡工作后，第一时间走遍弥渡全县 8 个乡镇 89 个行政村、52 个贫困村和 34 个深度贫困村，到贫困户家中访贫问苦后，他感触颇深地说："脱贫攻坚任重道远，在弥渡，之前没吃过的苦，在这里吃遍了。"

一开始他听不懂弥渡方言，成为开展工作的最大障碍，除了参加省州县的会议和向县委书记、县长报告工作之外，他几乎天天围着援滇项目转，走村串户做群众工作。两年下来，他已能完全听懂弥渡方言，"80 后"的他，在弥渡工作期间一直保持着极简的生活方式，一身迷彩服、一双胶鞋、一个 1.5 升的大水杯、外加一个斜挎包成了他下乡串村入户的标配。整个人跑瘦了 14 公斤，人也晒黑了，但精气神却更足了。前不久，上海浦东新区同事到弥渡参加公益活动，见到他时非常感慨："这个穿蓝条纹的小伙竟是他？与原先相识的判若两人。"实干！就是他挂职扶贫的行动，在工作上，他奉行"三不报"原则，即项目不落地不报、资金不到位不报、自己的内容不报。在媒体上，几乎看不到关于他的报道，但他却始终觉得行胜于言，兢兢业业奋战在脱贫一线。

与他一起下乡的工作人员这样评价："张副县长抓工作用的是'三昧真火'，即真抓实干、真心实意、真金白银。"当得知弥渡县人民医院检查设备落后的状况后，他用自己的帮扶见闻、故事等，真情说服了上海联影医疗科技公司高管，向弥渡捐赠了一台价值上千万元的 64 位 CT 机，并以优厚的折扣价为弥渡提供了一台核磁共振仪，且促成浦东周浦医院与弥渡县建成远程医疗诊断平台。两年来，他不仅把自身作为沪滇协作项目的桥梁和纽带作用发挥得淋漓尽致，还尽己所能，协调企业给贫困山区的孩子送去关爱，甚至还动员家庭力量参与到弥渡脱贫事业中来。他的妻子以公司名义向牛街中心幼儿园捐款 30 万元，上小学的女儿捐赠了多年积攒的零花钱、压岁钱 7 万元，加上个人捐款，一家三口总捐款 50 万元。

两载援滇路，一世弥渡情。在援滇 2 年时间中，他只争朝夕，砥砺前行，默默贡献全部才智，把自己的智慧和汗水播撒在秀美的弥渡大地，更把自己的情感融入了朴实热情的民族群众当中，以实际行动和实实在在的帮扶成效回馈组织的信任和群众的期盼。

二、悠悠沪医情，仁心暖民心

2019 年 10 月 17 日，在"国际扶贫日"这样一个特殊日子，上海周浦医院骨科副主任医师王主任带领专家团一行 29 人再次回到他 8 月前支医帮扶三个月的弥渡县人民医院，开展健康扶贫，用特别的方式再次参与到脱贫攻坚战役中来。

时间回到 2018 年 11 月 19 日，王主任作为第一位派驻专家到弥渡县人民医院进行为期 3 个月的帮扶。家住寅街镇的张某某像往常一样去上班，不幸途中遇到车祸，被及时送到弥渡县医院，恰逢王主任值班。王主任第一时间和县人民医院医生一起组成手术团队，为张某某成功实施了手术。术后恢复良好，5 天后就能拄拐下床行走。张某某及家属对治疗效果非常满意，当面给王主任送上了感谢信。

在王主任的帮扶与指导下，县人民医院外二科（骨科）整体服务能力明显增强，手术质量明显增强。接着王主任作为第二轮派驻专家到县人民医院开展帮扶工作。他制订帮扶计划，每周在科室进行教学讲课 1 次，每天开展教学查房。同时还积极为科室建设出谋划策，通过传帮带，为弥渡县打造了一支"带不走"的医疗队。

弥渡县人民医院承担全县 33 万人口的医疗保健任务，由于交通原因，当遇到危急重病情时，县域内老百姓很难及时转到上级医院，大部分时候，县医院是全县老百姓的最终救治医院，是"终审判决"点，特别外伤、重症等疾病救治能力急需有力的帮扶和支持。上海联影医疗科技有限公司投身脱贫攻坚，用实际行动诠释了责任和担当，不远千里雪中送炭，为弥渡县人民医院捐赠了一台价值数百万元 64 排 CT，同时在县医院采购 1.5T 核磁共振过程中给予极大帮助，并获得大幅度优惠，积极推进了弥渡县医疗服务能力提升，为弥渡县打赢脱贫攻坚战注入了爱的力量。64 排螺旋 CT 以其无创、高效、精确、立体的医学影像技术更好地服务于全县广大人民群众，提高了病变的检出率和准确率，推动了临床各相关科室的发展，提升了县人民医院的总体实力。而 1.5T 超导核磁共振设备，填补了县人民医院医疗核磁共振检查的空白，进一步守护全县人民群众的健康，使县人民医院的诊疗水平再迈上一个新的台阶。

在上海周浦医院的大力帮扶下，经过前期精心准备，弥渡县人民医院连接上海周浦医院的远程会诊系统成功运行，标志着弥渡县患者足不出县就能享受到上海专家"面对面"的诊疗服务，架起了弥渡县人民医院与千里之外上海周浦人民医院的一座爱心桥梁，改变了过去疑难病例交流困难的局面，能实实在在帮助弥渡县医院提高诊疗水平、有效降低危重病例外传率。同时通过视频会诊，既能在探讨交流过程中提高弥渡县医院医生的诊疗水平，又能让老百姓不出县就可以享受到与上海同质化的优质医疗服务。

三、迢迢支教情，帮扶显初心

在深入推进对口帮扶弥渡脱贫攻坚中，上海市浦东新区全面丰富帮扶内容、细化帮扶措施。2018年11月28日，上海市浦东新区北蔡中学与弥渡县弥城一中签订了一份为期三年的结对帮扶协议，在具体帮扶中，采取"接力"的方式，由北蔡中学持续派出优秀教师到弥渡，进驻弥城一中进行为期一个月的对口教育帮扶支援。

出于一种担当、一种责任、一种对弥渡人民的爱，北蔡中学年已63岁的许老师便毅然接过了到弥渡开展教育帮扶的"第一棒"。

许老师是北蔡中学的一位本已退休被学校返聘回校的老教师，德高望重。他没有在意自己的年龄，没有在意是否能够适应弥渡的气候、饮食等，毅然来到了弥渡弥城一中，开展为期一个月的教育帮扶。

许老师到校后，迅速融入了弥城一中这个"大家庭"，从没有摆出过来自"大上海"的优越感和姿态，与弥城一中同事关系融洽，与同学们打成一片，就连路上遇到了学生他都会主动打招呼；主动向学校申请承担教育教学任务，担任起了七年级198班的语文老师。

"天有不测风云"，2019年5月13日，就在许老师完成帮扶任务，即将离开弥渡返回上海的时候，许老师病倒了，那天下午，他突发剧烈腹痛。弥城一中的老师迅速把他送到弥渡县医院急诊科就诊，经会诊，初步认定为胃穿孔。

原来，近一个月的时间里，许老师并不是很适应弥渡的饮食生活，很多时候都是简单吃点，只是不想麻烦别人，在别人问起时总是回答"还行、还行"，短时间还强撑着，时间一长，胃却受了罪。

弥渡县领导迅速与许老师的家人取得联系，与他们进行了深入细致的沟通，让他们详细知晓手术治疗的必要性和治疗时间的紧迫性；另外，由上海周浦医院派驻弥渡县医院"蹲点"帮扶的王医生立马向周浦医院汇报许老师的病情，请周浦医院的专家参与会诊……当天下午，州医院外科专家杨医生与县医院外科医生对许老师实施了手术治疗，手术非常成功，许老师转危为安。

许老师现已 63 岁，但他凭着自己的一份爱心、一份担当，毅然挺着老迈之躯从繁华"大上海"，来到弥渡开展教育结对帮扶。那是大爱、大善、大义、大节。明明不适应弥渡的饮食，但从不提要求，无条件全身心投入教育教学中，为了不麻烦他人，别人问起是否适应，听到的都是满口的"还行、还行"，这种帮扶之情感人肺腑、这种责任担当让人感动。

11

脱贫攻坚路上的"熊大和熊二"

——西藏自治区安多县委书记和县长

安多县是西藏自治区44个深度贫困县之一。自脱贫攻坚战打响以来，县委书记熊某和政府县长扎西分别作为全县扶贫开发领导小组组长和脱贫攻坚指挥部总指挥长，两人紧紧围绕"坚决打赢脱贫攻坚战"工作总目标，认真履职尽责，团结带领县四大班子成员和全县各级党组织、广大干部群众，心往一处想，劲往一处使，推动各项工作向脱贫攻坚聚焦、各种资源向脱贫攻坚聚集、各方力量向脱贫攻坚聚合，向脱贫摘帽发起全面总攻，实实在在地完成了各项目标任务，真正让脱贫群众对"脱贫政策明明白白、脱贫收入清清楚楚、脱贫摘帽实实在在、感恩之情真真切切"。

火车跑得快、全靠车头带。在脱贫攻坚的道路上，熊书记和扎西县长两名同志立足安多县实际，认真思考谋划，强化帮扶意识、创新工作机制、拓宽扶贫思路、落实帮扶项目、解决脱贫攻坚工作中的实际困难，为安多县的脱贫攻坚工作作出了积极贡献，并取得了实际成效，2016年荣获"全国扶贫系统先进集体"。两人团结一心，事事亲力亲为，因此被干部群众亲切地称为"熊大和熊二"。

一、足智多谋，担当作为的"熊大"

（一）严格把握政策，精准识别对象

安多县自然条件艰苦，基础设施落后，因灾因病致贫返贫风险大。熊书记立志要改变安多县贫困群众的生产生活条件，根据安多县的基本情况，分别成立了15个专项职能小组，有针对性地配备扶贫专干，带领全县广大干部职工反复深入村居牧户，逐户逐人倒排筛查、核对甄别，认真开展精准

核实贫困人口工作。同时，以三月维稳督导为契机，组织县级干部驻乡蹲点，再次逐村、逐户实地开展走访，对乡镇前期已建立的贫困户数据库进行了细致的"回头看"督导核实，确保群众公认无异议并公示到位，对不符合标准的坚决不纳入，确保了识别精准到户到人。

（二）打牢脱贫底子，探索致富路子

"授人以鱼，不如授之以渔"，面对安多县基础条件薄弱的现状，他转变"抓扶贫就是给资金"的观念，瞄准贫困根源坚持走"造血式""开发式"扶贫路子，把产业发展作为促进群众脱贫的有力抓手。依托畜牧业、旅游、天然饮用水和风光互补发电"四大产业"优势，提出"四个老板"（牧老板、游老板、房老板、车老板）的产业发展思路，有效将"输血"与"造血"结合起来。以"临界住宿＋商品房搬迁"的模式，通过自主经营或出租收取房租的方式，让贫困群众当上"房老板"；以矿泉水产业开发、青藏铁路复线扩容等重大项目建设为契机，组建由贫困户组成的运输队，让贫困群众当上"车老板"；围绕县域精品旅游线路，让群众依靠旅游就业，让贫困群众当上"游老板"；立足特色畜牧业，扶持壮大经济合作组织，推广"多玛绵羊"品种，让贫困群众当上"牧老板"。实践证明，熊书记提出的"四个老板"产业脱贫发展路子是符合安多县实际的，实现了让贫困群众融入产业发展中增收致富、稳定脱贫，让产业发展成果惠及更多牧民群众，这一点也得到了区、市各级领导和督导检查组的充分认可。

（三）构筑社会帮扶，稳步推进工作

作为县委书记，他心里时刻装着群众尤其是贫困群众，他常说"要让最困难的群众优先享受党的温暖"，2017年安多县组织开展"321结队帮扶"活动（即县级干部包3户贫困户，科级干部包2户贫困户，一般干部包1户贫困户），动员广大党员干部职工与贫困户结成帮扶对子，帮助分析致贫原因，寻找脱贫门路，坚持以宣传教育为前提、关心生活为关键、调动积极性为载体，引导贫困群众转变思想观念，增强战胜贫困的决心和信心，并将党和政府精准脱贫方针、政策送到贫困户家中，让贫困群众抓住机遇，脱贫致富。

在熊书记的带领下，在党建带扶贫的工作中，全县各级党组织、广大党员自发倡议、自愿募捐筹集 43.2 万元，设立了"党支部帮扶建档立卡户医疗救助基金"；2016 年以来，全县党员、干部和群众结对帮扶贫困户，物资捐赠折合人民币 1000 余万元，为群众解决实际困难 474 件，介绍就业或增收岗位 363 个，谋思路、谋发展 1481 条。同时由辖区内 21 家工商联会员、13 家驻军部队组成的社会帮扶力量团体八方"合围"，形成了人人都说扶贫话、人人都干扶贫事、人人都做扶贫人的良好社会氛围。

二、不忘初心，勤政为民的"熊二"

扎西县长出生在那曲市巴青县扎色镇，是一个地地道道的藏北汉子，对藏北牧区有着深厚的感情。自任那曲市安多县委副书记、县长以来，积极适应经济发展新常态，坚持稳中求进、改革创新的工作总基调，认真贯彻中央、自治区、那曲市关于脱贫攻坚的一系列决策部署和各项重大举措，研究分析扶贫政策，牢牢抓住脱贫攻坚促进县域经济的"牛鼻子"，始终秉持一颗尽心履职、真心为民、无私奉献的坦诚之心，以一个共产党人强烈的责任感和神圣的使命感，牢记初心，勇于担当，身先士卒，攻坚破难，立志带领全县贫困群众靠双手走上致富道路。

（一）大胆改革，勇于创新

"只有调研，才有发言权"，这是扎西县长坚定不移的信念。在精准脱贫工作中，按照"底数清、情况明"的原则，合理安排调研计划，结合安多实际，创新"识贫五看法"（一看房、二看羊、三看劳动力强不强、四看有没有车、五看有没有读书郎），并坚持以上率下，动员干部群众，逐乡逐村逐户开展精准识别工作，实现"五个百分百"（乡镇覆盖率 100%、村居覆盖率 100%、入户摸排率 100%、精准识贫率 100%、公示公告率 100%）。同时，为充分调动社会各界参与精准扶贫、精准脱贫积极性，他提出"按照 2000 元/人/月标准，聘请 2 名本地退休党员干部作为精准识别社会监督员"，在扶贫开发领导小组会议及县长办公会议上一致通过，确保识贫、资金、项目无假可掺、无私可徇、群众认可。

（二）立足实际，拓展思路

精准脱贫工作中，在全面调研、广泛征求群众意见建议，找准致贫原因的基础上，扎西县长立足安多县独特的区位优势和资源优势，按照"五个一批""六个精准"工作要求，同四大班子成员探索出易地搬迁脱贫一批"点上有房住，山上有牧放"、转移就业脱贫一批"扶贫扶双志（智）"、政策兜底一批"不漏一人"、合作组织带动一批"抱团增收"的脱贫致富门路。产业发展，他坚持见效长远。对工作滞后的产业脱贫组牵头单位负责人及时进行调整，这一举动加快了牧业发展，成功组建牧发公司，注册"安多多玛绵羊"商标品牌，健康有序推进"牧业万千工程"发展进程，为形成"公司＋基地＋合作社＋牧户"的增收模式奠定了坚实基础。根据乡村振兴战略，把生态环保与旅游开发有机结合，引进旅游公司 1 家，着力打造以"措那湖"为中心的旅游精品线路和安多藏北"第一门户"旅游名县，让本地牧民群众依靠旅游就业。高速发展中的安多县告诉他，要积极鼓励各乡镇以"合作社＋公司"抱团的形式组建运输队，可参与到安多县经济建设中，实现经济效益。同时，为发挥合作组织在精准脱贫工作中的"领头雁"作用，设立合作组织"以奖代补"扶持资金 300 万元，鼓励支持各乡镇将合作组织作为推动精准脱贫、产业发展的有力抓手，贫困人口可通过草场、牲畜、劳动力和资金等多元要素入股，参与合作组织分红，做到"大河涨水小河满"，实现"合作组织＋贫困户"抱团增收的良好局面。易地搬迁，他结合安多县纯牧业县和地广人稀的实际，按照"一方水土养不活一方人"的搬迁要求，他立足牧业这一根本，鼓励搬迁群众不弃牧，提出"点上有房住，山上有牧放"的搬迁思路，以保障群众利益为己任，以身作则督导检查易地扶贫搬迁工程质量和进度，并优化安置点环境，加大对安置点水、电、路和产业发展等配套基础设施建设的投入力度，科学配置资源，确保搬迁群众均等化享受公共服务。

（三）扶志扶智，转变思想

在扶贫工作中他坚决奉行扶志（智）先行的理念，牢固树立"扶贫不扶懒"的鲜明导向，着力打造扶贫、扶志、扶智三位一体工作格局，实现宣传覆盖率100%，形成了"你追我赶"的争先脱贫氛围。针对"等靠要""好逸恶劳"等落后观念典型问题，他从订立乡（村）规民约入手，并向县扶贫开发领导小组提出将屡教不改的后进贫困群众83名纳入县法律综合服务培训中心培训对象，从感党恩、劳动意识、文明生活、礼节礼仪等教育入手，以工代训为辅，已渐渐形成"劳动致富、劳动光荣"的新风气、新面貌。2016年以来，实现转移就业10612人次，累计创收约1.47亿元，人均增收约1.39万元。同时，在落实"321"（县级干部包3户、科级干部包2户、一般干部包1户）结对帮扶机制中，他主动承包贫困面广、脱贫难度大的帕那镇脱贫攻坚工作，与该镇"等靠要"思想严重、脱贫无门路的9户贫困家庭"认亲戚"，把"送政策、送思想、送致富增收渠道"作为根本，与他们亲切交谈，详细了解他们的家庭基本情况、思想动态、生活状况及脱贫愿望等，积极宣传各类惠民、惠农及扶贫攻坚相关政策。

熊书记和扎西县长作为共产党员，他们勇为带路人，始终坚持不忘初心，牢记使命，栉风沐雨，砥砺前行；作为基层干部，他们甘为孺子牛，始终坚持勤政为民，以身作则，埋头苦干，无私奉献；在藏北高原上掀起的轰轰烈烈的脱贫攻坚战中，他们率先垂范，带领着4.3万干部群众正朝着幸福努力奋斗着；他们只争朝夕，抓住新时代的机遇为幸福家园建设着；他们艰苦奋斗，筚路蓝缕谱写出魅力安多县新篇章，赢得了干部群众的高度认可，充分展现了基层党员领导干部新风采。

$\mathcal{12}$

扶志书记的喜与乐

——陕西省旬阳县金寨镇寨河社区党支部书记

敢把家长里短拿到桌面来说、敢在道德评议会上公开"揭短"、敢为村集体顽疾想法子、开妙药，在金寨镇就有这么一位群众口里的"厉害"书记，他就是寨河社区的党支部书记陈某位。

自担任寨河社区党支部书记以来，他带领党支部班子建阵地、抓管理、兴产业、促发展，始终把群众利益放在首位，创新管理，提升社区服务能力；用"说论亮"道德评议有效激发贫困户脱贫致富内生动力；筹资组建合作社，带动贫困户发展产业实现稳定增收。在他的带领下，寨河社区不仅如期实现了整村脱贫摘帽，全社区 200 余户脱贫户更找回了自信。他被大家亲切地称为"扶志书记"，2019 年荣获"陕西省脱贫攻坚奖奋进奖"。

一、创新管理"管"出新面貌

陈书记认为"群众利益无小事"。他把群众所盼、所想、所需作为自己努力工作的重点，通过不断完善社区服务体系，努力提升社区服务水平。他率先在社区实行了网格化管理模式，将社区居户分成若干网格，每个网格由若干居户组成，社区"两委"及党员中心户兼任网格长，实现"1+X"结对联系辖区的群众。印制社区干部便民联系卡，推行群众困难病重、突发事件、邻里矛盾纠纷、婚丧嫁娶、子女入伍考学、便民事务代办"六个必到"，变群众有事找干部，为干部主动找群众，确保小事不出组，大事不出村。这是寨河社区自创的网格化管理模式，如今该模式已在全镇广泛运用。

"2019 年，社区考上 10 个大学生，没有一家办升学宴，我们和帮扶单位市文广局联合组织了集体升学礼，给每个准大学生奖励 1000 元；全镇有 12 个新兵，其中寨河社区 3 个，无一例办理欢送宴。"陈书记介绍说。

"过去娃考学，都是亲戚朋友来包个红包，送个礼，放点炮，主人家摆上几桌子，在一起喝喝酒、热闹热闹。现在好了，举办集体升学礼，也不劳民伤财，还更有意义。"一位家长高兴地说。在寨河社区乃至金寨镇，这种做法已不是什么新鲜事。

陈书记还带领社区"两委"，根据村情实际组织全社区居民从修订社区居民公约入手，全力推进村民自治工作，同时邀请县镇相关领导及专家对修订后的社区居民公约再进行集中研判，将一些空话套话、不符合社区实际的内容去掉，在移风易俗方面，公约已经细化到哪些事可以办，哪些事不能办，力争居民公约达到可操作、能执行、见真效。在他的主持下，寨河社区居民公约在全体居民大会上通过票决全票通过，要求社区"两委"必须带头执行居民公约的各项规定，全体居民必须严格遵守居民公约，几年来，寨河社区居民公约成为社区的"小宪法"，解决了很多乡村治理中"法治手段够不上、行政手段推不动、思想教育不奏效"的难题，极大地提升了村域治理水平。

"该办的要办好，千百年的农村风俗还是要有，也利于邻里间的团结互助。不该办的坚决不办。婚丧嫁娶可以办，但是也有我们的标准。烟酒、份子钱都有相关要求。推行好几年了，村民也都认可。"陈书记说。把党员的力量凝聚起来，号召他们劲儿往一处使，这是他当了20余年村干部的心得。所以对于党员百分制管理在寨河社区的执行他也有自己的思考。

2020年七一，就有40名党员纷纷走进敬老院慰问老人。每次集体学习或者活动，不能按时参加的党员，都会请假，没有履行手续的必须扣分。本社区三组，一位70多岁的老党员，全家共3口人，儿子智力障碍，孙女也体弱多病，定期上门看望沟通成了陈书记的"必修课"。他就是想让年老体弱的党员时刻感受到组织的关怀、集体的温暖。

二、道德评议"评"出好样子

寨河社区是典型的贫困村，山大人稀，经济基础薄弱，全社区建档立卡贫困户267户911人。经逐户研判，社区贫困户多数属于没有稳定产业和一技之长的类型。还有部分贫困户平时比较孤僻，甘于贫困、不愿发展。因此，如何让贫困户行动起来、主动发展成为陈书记最为操心的头等大事。

2015 年，面对基层社会治理工作的复杂性，金寨镇党委探索出了以"群众说事、乡贤论理、榜上亮德"道德评议为抓手，推进基层治理、破解扶贫扶志难的做法让他如获至宝。他带领社区"两委"严格按照要求组建了社区道德评议委员会，在召开村民代表大会选拔道德评议委员会委员前，他严把关，积极走访群众，倾听群众呼声，秉持着"不敢说直话的人坚决不要"的标准，坚决把群众威信高、敢于担当、勇于直言、公平公正的人选进社区道德评议委员会。通过道德评议，评选出先进典型和后进典型。先进典型上红榜，记述事迹公开表扬，进一步激发发展信心；后进典型上黑榜，载明实事公开曝光，让后进知耻而后勇。

贫困户吉某是有名的"酒醉汉"，每次喝酒后就打骂母亲，并屡教不改，在寨河社区第一次道德评议会上，评议委员们对评议后进典型都有点犹豫，陈书记看出大家的心思，果断地说："我是道德评议委员会主任，我先说，吉某，上次我在坡上遇到你妈，她给我说你又打她了，还让我看她的腿，当时走路腿还有点跛，你为啥要这样？你良心何在？良知何在？你正值壮年，为啥不好好搞产业而乱喝酒？"

他的话立即引发了委员的共鸣，大家忍不住都打开了话匣子："你打骂父母我倒是听说过的，你这属于违法行为，是要负法律责任的"。"刘某比你条件还差都能种烟，你要学刘某好好发展产业挣钱，把日子过好，不要喝烂酒了！""你现在给大家一个说法，你以后再打人怎么办？今天当着大家面表态"。

委员们连珠炮一样或发问或劝说，有苦口婆心的，有声色严厉的，在强大的心理攻势下，吉某也认识到自己的错误，并当场承认了错误。

在这次评议会后，吉某被作为后进典型在社区道德评议黑榜上载明事实公开曝光。第一次社区道德评议会就这样顺利拉开。坊间有人开玩笑地说："只有陈书记最'狠'，想出这么个怪办法，竟然能让吉某当场认错，难得啊"！

"上黑榜是无奈之举，不是目的"，陈书记经常说，自吉某被评为后进典型曝光后，陈书记的心里一直没安宁，他隔三岔五请吉某的包帮教育转化责任人去吉某家谈心，协助吉某解决生活上的难事，帮助他制定产业发展规划。

一年多后，吉某开始种植烤烟，还养猪养牛，不仅改掉了酗酒的习惯，对母亲的态度也是大变样。从此，吉某每年种烤烟 0.67 公顷以上，也盖起了新房子，2017 年实现了稳定脱贫目标。在 2017 年第三季度道德评议会上吉某作为转化典型还上了红榜，2017 年年底陕西电视台新闻点击栏目专门拍摄了"吉某转型记"。2019 年，新华社记者再次对吉某进行了采访和专题报道。

在金寨镇，道德评议不仅局限于室内，而且回归到了田间地头、村组院落，哪里有民声，哪里有民心，道德评议就开到哪里。

寨河社区通过道德评议活动的开展，让上红榜的居民发展更有信心，上黑榜的人知错能改，贫困户"等靠要"的少了，以往甘于贫困的人变了。2015 年以来，陈书记组织寨河社区开展道德评议会共 20 余场次，评出先进典型 36 人、后进典型 2 人、帮教转化 12 人。现在"等靠要"的人、甘于贫困落后的人都变得主动学实用技术、想办法赚钱，走在路上主动打招呼问好的农户多了，日子越来越红火的农户更多了。

三、产业发展走出致富新门路

通过道德评议解决了群众发展自信不强、动力不足的问题，提高了村民士气。但如何变着法子带动农户增收，是陈书记一直在下功夫努力的事情。

金寨社区能种烤烟的贫困户只有少数，多数贫困户底子薄，劳动力弱，经不起折腾，发展新兴产业必须得有人带动。面对这个现状，他认为只有走"支部 + 合作社 + 贫困户"的路子才能让社区贫困户真正实现稳定脱贫。说干就干，他带领社区班子经多方考察并联系实际，最终确定发展红薯产业。为了选好品种，他到杨凌农业示范区向专家请教，最终确定种植秦薯 5 号和秦薯 9 号品种。发展项目确定了，还缺发展平台。为了争取本社区能人支持成立合作社，以此来带动贫困户发展产业，他只身前往西安、山西等地找务工能人协商。功夫不负有心人，2016 年 5 月，陈书记和务工能人刘某等人合资 90 万元，注册成立了旬阳县民康生态农业农民专业合作社，通过土地流转、贫困户入股分红、吸纳贫困户在合作社务工的模式，大力发展红薯产业，并建起了红薯粉条生产加工厂，实现了红薯产业的产销一体化，让贫困户稳定增收有了依靠。

陈书记承诺免费给群众发放秦薯 5 号和秦薯 9 号红薯种苗，再以 0.5 元的价钱回收红薯。现在建起了红薯粉条生产加工厂，实现了产销一体化，贫困户稳定增收有了依靠，他带领村民致富的承诺也成为现实。

旬阳县民康生态农业农民专业合作社吉经理介绍说："陈书记在 2016 年成立合作社时，就已经规划好要通过流转土地、贫困户入股、共享分红的模式发展种植业、养殖业，主导产业以烤烟、红薯种植及农副产品深加工为主，解决贫困户就业难问题，提高贫困群众收入"。

目前合作社已经流转土地 33.33 公顷，带动贫困户 79 户，发展红薯 20 公顷，发展烤烟 13.33 公顷，同时吸纳 35 户贫困户在合作社务工，年带动贫困户户均增收 1 万元以上。如今的寨河社区，整齐美观的安置点扮靓集镇，组组通上水泥路方便群众，33.33 公顷的大樱桃、枇杷等特色林果业将让寨河社区瓜果飘香。勤劳的村民、朴实的民风、团结的班子，俨然一派新的生机和希望。

13

尽职尽责勇担当　真情奉献永不悔

——陕西省洛南县柏峪寺镇薛楼村第一书记

"这孩子虽是城里娃，却一点都不娇气，逢人就笑，见活就干，整天乐呵呵，好像浑身有一股使不完的劲，这样的书记，我们喜欢。"洛南县柏峪寺镇薛楼村年近80岁的一位老人逢人便夸他们村的第一书记赵书记。

2018年3月，根据组织安排，县计生服务站经过精心摸排，她被选派到柏峪寺镇薛楼村担任驻村第一书记。经过她及村干部大半年的努力，薛楼村从以往"有名"的后进村一跃成为全镇"持久"的先进村，先后荣获全镇"脱贫产业培育先进村""孝老敬亲示范村"等荣誉称号。她的各项工作也受到县、镇党委政府和当地群众的好评，先后被评为县、镇"优秀第一书记""脱贫攻坚工作先进个人"。

一、抓学习，练就过硬本领

虽说曾有过在基层一线工作的经历，但这次下基层要干的是最难啃的脱贫攻坚工作，初来乍到，脱贫攻坚政策懂得不多，搞好扶贫的经验还是空白。于是，她反复地问自己，怎样才能把脱贫攻坚这份工作做好？怎样才能带领贫困群众稳定脱贫？多少个失眠的夜，辗转反侧地在问自己，作为一名入党多年的共产党员自己一定要经得起考验。

她暗下决心，一定要努力奋斗作出个样子来。她知道自己在脱贫攻坚理论政策方面欠缺，因此先从学习理论政策入手，先后深入学习习近平总书记关于脱贫攻坚的重要讲话精神及扶贫开发重要论述，认真研读中央、省、市（县）关于脱贫攻坚工作的相关政策和文件，以及"三农""脱贫攻坚"和农村经济发展方面的理论和实践文章，学习外地许多脱贫攻坚方面的经验和文化，结合扶贫工作实际，创新方式方法，精心谋划发展思路。工作中遇到疑难问题，便虚心向村干部和农户请教学习。功夫不负有心人，几个月下来，她坚持"学中干、干中学"，丰富了基层工作经验，增强了服务基层、服务群众的本领。

二、抓班子，凝聚工作合力

毫无疑问，好的村级班子是精准扶贫的可靠组织保障。虽然她已经做好了充分的思想准备，但到村上之后，工作的艰辛远远超出了当初的想象。虽说薛楼村是非贫困村，但村集体经济积累几乎为零；虽然这几年农村发展较快，但由于受交通等多种因素的制约，薛楼村的大部分群众依然生活艰难；村组干部工作活力不足，不是年龄偏大，就是激情不足……导致村支书一个人忙了东忘了西，甚至连基本的坐班都难以正常维持。面对这样的现实，她暗暗下定决心全力应对，牵头抓总、积极协调各方，与村支书一起，先从做村组干部的思想工作开始，一有空就和村组干部交流谈心，从家事、琐事说到村上的大事，再谈到贫困群众的心事、难事、烦事，动之以情，晓之以理；逐步化解了村组干部心中症结，消除了干部的后顾之忧。与此同时，她经常以身作则，率先示范，充分发挥党建"指导员"作用，组织干部集中开展理论学习、心得交流、学习研讨等活动，适时组织村组干部参加各种形式的理论培训、专家授课外出考察学习、聘请专家讲党课等活动，教育引导村组干部在其位、谋其政、司其职、尽其责。在管理方面，坚持落实"四议两公开"等制度，帮助建立健全规章制度，完善村规民约，规范议事程序，健全村务监督机制，不断推进村级组织标准化建设。通过教育、培训、管理一系列措施，极大地提高了村组干部自身素质和业务能力，村"两委"班子的办事效率和能力明显提高。

三、搞调研，制定发展规划

调查研究、掌握实情是开展好驻村帮扶工作的前提。为了全面摸清村情组情，她经常起早贪黑，带头走村串户，深入田间地头与农户交流，通过与农户唠家常，倾听农户尤其是贫困户的所想、所思、所盼，并逐一记录整理，为制定村级发展规划提供了坚实可行的依据。经过两个月的走访调查，她儿乎走遍了薛楼村8个村民小组315户家庭，基本上吃透了薛楼村村情民意、生产生活状况。

通过与贫困农户交心、交朋友，同甘共苦，详细调查每户贫困户吃饭、饮水、住房、家庭收入、医疗看病花销、家中孩子上学等情况，真正了解掌握了全村54户170人困难农户的贫困现状、致贫原因，以及群众的真实需求，做到识别准确，群众满意，为因户施策、帮扶精准打好基础。通过深入细致走访调查研究，深化了对薛楼村村情的认识，理清了发展思路，并以此制定了产业发展规划和基础设施、公共服务配套建设规划。

四、抓产业，增加群众收入

持续稳定增加贫困群众收入是当前减贫脱贫的核心。针对薛楼村贫困户发展无产业、增收无门路的问题，她积极动员组织村组"一班人"落实产业发展规划，围绕烤烟、核桃、金银花等产业，积极培育种养殖专业合作社等经营主体，坚持因地制宜发展特色产业，培育壮大集体经济。为避免走弯路，多次带领村组干部、部分贫困户以及产业大户外出参观学习，摸索出依托合作社及大户带动贫困户的帮扶模式。在帮扶干部包扶贫困户的基础上，将村上的贫困户挂靠在产业大户名下，督促贫困户或发展脱贫产业，或学习实用技术，或务工增加收入。累计发展烤烟种植43.33公顷、核桃20公顷、金银花2.33公顷、油葵2.67公顷、黄花菜1.20公顷、朝天椒1.33公顷。在她的极力争取下，2018年以来，洛南县计生服务站为薛楼村注入产业扶持资金8万元，2019年年初注入产业资金3.5万元，引导群众积极参与金银花和黄花菜两个合作社的生产经营与发展，当年就人均领到合作社分红800元，基本上有了稳定的收入渠道……

五、抓项目，完善基础设施

薛楼村自然条件较差，全村群众分散在洛河两岸坡源上，晴天一身土、雨天一身泥是当地群众出行的真实写照，大部分群众居住条件差、生存环境差。于是，她多次向单位领导建议，争取单位领导的支持，先后争取项目资金52万元，累计实施村组道路水泥硬化5.5千米，完成贫困户危房改造16

户；解决一至七组人畜饮水问题，争取垃圾箱 10 个、垃圾桶 300 个，有效改善了薛楼村的基础设施条件，极大地提升了薛楼村群众的生存条件和幸福指数，为整村脱贫奠定了坚实基础。

六、抓扶志，激发内生动力

扶贫先扶志，治贫必治愚。在日常工作中，为激发贫困群众内生动力，增强自我发展能力，她总是积极出主意、想办法，多角度调动该村贫困群众的积极性，结合脱贫攻坚院落会、"两评两讲三提升"及人居环境"百日行动"综合整治等活动，采取会议培训、现场指导、助力脱贫爱心自愿走进薛楼村、外出参观、先进典型现身解说等形式，广泛开展"扶智扶志"、节日慰问活动。2018 年以来，先后邀请洛南县剧团及艺枫舞蹈队，洛南县计生服务站 10 名医疗骨干和洛南县中医医院 8 位医疗专家、洛南县镇林业、农业等专业技术人员、联系社会爱心人士多次前往薛楼村开展"党建促脱贫，扶志扶智文艺汇演"政策宣传培训、"健康扶贫义诊送爱心，扶志扶智义演助脱贫"、义诊宣传、免费发放价值 1.2 万元医疗器械和药品、开展核桃和朝天椒及油葵等技术培训、义务理发等活动 18 场次，受益群众 1200 人次。同时，结合文明村创建，扎实开展"好孝子""好公婆""好媳妇"及"环境卫生示范户""脱贫致富带头人""道德模范"等先进典型评选活动 8 次，先后表彰奖励 50 余位村民群众，起到了很好的示范引领作用。通过开展一系列的扶志扶智系列活动，贫困群众脱贫致富的信心和勇气增强了，逐渐摒弃了"等、靠、要"思想，有效地激发了脱贫致富的内生动力，形成了"崇尚劳动、脱贫光荣"的社会氛围。

七、抓细节，关爱弱势群体

有人说，脱贫攻坚是大事，必须抓大项目、抓大产业，但她认为，"大事"要抓好，而关乎困难群众日常起居生活的"小事"也必须抓实，让他们也同样要感受新时代阳光的普照。在大多数人看来，理发是生活中一件普通的小事，但对于行动不便的人来说，却是件难事。

在走访群众过程中，她了解到有部分农户需要理发但因行动不便一直未能理发，她便通过私人关系从洛南县城邀请两名理发师深入薛楼村，主动上门为薛楼村 13 名残疾人、35 名老年人、15 名困难儿童义务理发。在全镇乃至全县产生了强烈的影响，成为各级领导后来在各村设立便民理发店，为民决策的先行规范。薛楼村四组贫困户李某民家共五口人，李某民年因患脑梗落下了后遗症，行走不方便，妻子患精神病，增收无产业、致富无门路。得知这一情况后，她经过耐心的沟通，一边鼓励李某民树起生活信心，一边亲自给其儿子穿鞋、洗头、洗衣服，并自掏腰包多次上门为李某民的孩子送衣服及生活用品。八组贫困户孙某熊因残致贫，经多次入户了解到他患有肠梗阻，生活有很多不便，她先后 6 次上门走访看望，送去生活用品、中草药，价值 400 余元；等等。这些，或许在别人眼里算不得什么，但赵书记从农户眼里看到了感激。她表示今后不管有多难，这样的小事还会一如既往地做下去。

不积跬步，无以至千里；不积小流，无以成江海。只有把身边的小事做好，才能真正地把大事做真做实！

八、抓成效，共绘美好未来

在赵书记及驻村工作队及村"两委"的共同努力下，薛楼村在基础设施建设、产业发展以及生态文明建设等方面都取得了不小的进步。

村级基础设施建设方面：洛南县计生服务站向多方协调争取资金 10 万元用于薛楼村基础设施建设，主要解决六组通组路的改造；协调洛南县水利局投资 8 万余元解决一至七组供水设施老化、八组群众安全饮用水工程；通过"一事一议"项目，安装太阳能路灯 35 盏，方便了群众夜晚出行。

产业发展方面：与华昌金银花专业合作社、黄花菜合作社合作，壮大村域集体经济，同时将薛楼村的劳务和烤烟、仔猪养殖做大做强，鼓励核桃、油葵、中药材等新产业的发展。2019 年，发展烤烟种植 43.33 公顷、核桃 13.33 公顷，较 2018 年新增种植面积 6.67 公顷；发展金银花 3.33 公顷、油葵 2 公顷，带动贫困户发展产业 39 户；以"支部＋合作社＋包扶单位＋贫困户"的模式，依托合作社，整合了土地资源 6.67 公顷，发展金银花种植，积极鼓励并争取产业扶贫政策支持贫困群众发展经济作物。重点扶持 39 户种植金银花 3.33 公顷，2019 年年底为 20 户贫困户进行分红；薛楼村加强就业信息服务，加大劳务输出培训力度，开展免费技能培训，每月定期提供外出就业信息，先后组织25余户贫困群众到韩城摘花椒，30户群众在双庙小学开展扎花手工制作，组织装修、瓦工、建筑、服务业、加工制造等劳务输出260余人次；组织薛楼村20余名村组干部、致富带头人及贫困户代表，赴洛南县四皓街办莲河村、营房村、代塬社区等实地考察学习村域经济产业发展，多次组织贫困户、产业户参加商洛市、洛南县农科所、农业农村局举办的农业产业种植等实用技术培训。邀请专家教授到村开展仔猪繁育、饲养和中药材、油葵、连翘、苦参等方面的产业专业技能培训4场300余人次，开展对贫困群众"扶智、扶志、扶德、扶勤"教育，激发贫困群众勤劳脱贫的内生动力。

生态环境和精神文明建设方面：一是加强环境卫生综合整治，2019年以来薛楼村组织农户每月集中开展2次村组院落绿化、美化，卫生大扫除活动，累计15次，包扶干部多次到包扶的贫困户家里帮助其环境卫生综合整治；二是驻村工作队、村干部积极引导村民遵守"村民环保公约"，带头落实环保公约。

赵书记经常对人说："组织信任我，让我来担任薛楼村第一书记，我就要不辜负组织的重托，力争在自己驻村的这几年里，经过自己和全体干群的共同努力，让薛楼村的所有贫困群众与全镇大多数群众一起共享社会发展成果，住上安全房子，过上幸福日子，甩掉贫困帽子"。

经过不到三年时间的不懈努力，在她的带动下，薛楼村从一个工作拖拉的后进村一跃蜕变成全镇有名的先进村，各项工作尤其是脱贫攻坚工作均位居全镇乃至全县前列，先后荣获全镇"脱贫产业培育先进村""孝老敬亲示范村"等荣誉称号。她本人也先后被评为县、镇"优秀第一书记"及"脱贫攻坚工作先进个人"。

真心为民，民必理解；诚心为民，民必拥护。她从一点一滴小事琐事做起，用一言一行、一举一动诠释着一个共产党员的高尚情怀，在这场全民皆兵的脱贫攻坚战中，默默地践行着第一书记肩上的责任和使命，始终如一地用她那满腔热血的真情服务、真诚付出，赢得了广大村民的信任和拥护。回想当初的决定，她任劳任怨，无怨无悔；面对今后薛楼村的发展前景，她始终信心百倍，斗志昂扬，豪情满志。由此，人们也相信，薛楼村全体群众必将在她的带领下，和全国其他村组一道步入小康，过上幸福美满生活。

14

将生命燃烧到最后一刻

——海南省琼中县黎母山镇干埇村党支部书记

他用短暂的生命践行了在党旗下的铮铮誓言，他的生命与干埇村的土地紧紧连在一起。在 57 岁的人生里，他绽放着绚丽的生命。他燃烧自己，留下了光和热，让家乡的面貌改变，让困难群众的生活改善，书写了常人没有的生命厚度，这一切足以令人敬仰。如今人们再来回忆，他一生向党为民，甚至在生命的最后一刻，他依然挂念着他的工作，他用实际行动向人们诠释了生命的意义。他就是黎母山镇干埇村党支部书记、村委会主任。王某义任支部书记以来，他凭着对党的事业的耿耿忠心和对人民群众的拳拳之情，历经 22 年的艰苦奋斗和辛勤耕耘，干埇村党支部连续 6 年荣获琼中县"示范党支部"荣誉称号，并于 2016 年荣获琼中县"先进基层党组织"荣誉称号，其本人也多次获得县、镇优秀共产党员荣誉称号，并于 2015 年获得海南省民族团结进步模范个人奖。

一、重视思想建设，他用心良苦

农村富不富，关键在支部；支部强不强，关键在班长。要更好地为群众办实事，做好事，就必须要当好村支书，当好"班长"。自从王某义担任村党支部书记以来，就率先带头带领大家学习理论政策、实用科技、市场经济等方面的知识，并从班子建设入手，进行村"两委"的工作、作风、思想整顿，多次召开会议，分析存在的问题，查找原因，对症下药，通过交心谈心、书面汇报等形式的沟通，解开了思想疙瘩，统一了认识，明确了责任，使大家心往一处想，劲往一处使。工作中大事征求意见，小事集体研究，求大同，存小异，各项工作都能做到民主决策，消除了大家的心理隔阂，心里顺了，工作起来积极性也高了，巩固了村班子在村级工作中的战斗堡垒作用，如今的干埇村"两委"班子，也发展成了一个团结、互帮互助的班子。

二、农村基础设施建设，他尽心尽力

全心全意为人民服务是党的宗旨，作为一名基层的党员干部，王书记时刻牢记党的宗旨，时刻把群众的冷暖疾苦放在心上，用自己的实际行动为党旗增光添彩。他常说："作为一个村党支部书记，时刻关注和及时解决好大伙关心的热点、难点问题责无旁贷"。关注民生，大力发展村级基础设施建设成为他工作的一个核心理念，几年来，他对村级基础设施建设进行了大刀阔斧地建改工程。修建环村路、饮水工程、排水沟等，关系到了群众生产生活的方方面面。改变村里晴天一身土、雨天一身泥的面貌，是群众盼望已久的事情，修建一条干净整洁的水泥路成为村两委的共识，他克服种种困难，多方筹集资金。2015年完成毛丛村整村推进工作，受益群众达216人；硬化了2条环村道；完成坡生田村饮水工程建设，解决了387人的饮水难问题。平整的水泥路改写了祖祖辈辈走泥巴路的历史，一个个饮水工程的完成使群众从此喝上了放心水，这些惠民项目都得到了村民的称赞。此外还有番总村乡村整治工程、坡生田村污水处理工程、危房改造工程等基础设施都实实在在地为村民的生活带来了非常大的改善。

三、抓好精准扶贫，他不辞辛劳

农村工作面广、牵涉众多，处理问题要合情合理合法，费劲劳神，处理不好还会得罪人。自从当选村支部书记以来，他始终坚持群众利益无小事，想问题、办事情、做决策，时时刻刻把群众利益放在首位。干埇村贫困户很多，一开始甚至达到了101户，他牢记党支部书记"抓党建促脱贫"的工作职责，紧紧抓住脱贫攻坚工作的有利契机，从加强基层党建角度出发，从熟练精准脱贫业务着手，细心把脉村级经济社会发展，当好党的政策宣传排头兵，掀起村级决胜脱贫攻坚的学习与实干热潮。干埇村一步步地向前发展，走上了一条实实在在的脱贫致富之路。在巩固橡胶、槟榔等主导产业的同时，干埇村还积极发展其他特色产业，如种桑养蚕、黑山羊养殖等优势产业，目前该村种桑养蚕面积6.67公顷，林下益智种植12公顷，饲养罗非鱼

8 公顷，成立橡胶合作社 1 个、种养合作社 2 个、养羊示范基地 1 个，使农业产业结构不断优化、生产效率持续提升。

四、生命的最后一刻

"生命不息，战斗不止"。王书记是一位永不知疲倦的人。

2017 年 6 月，他因身体不适到那大农垦医院检查，经诊断确诊为肺癌。在住院期间，多次表示想返回工作岗位上，他说，村里烦琐的事情太多，特别是现在脱贫攻坚工作任务实在太重，他实在没有时间去进行治疗。他不顾家人的反对只住院了几天便执意出院，回到了岗位上继续工作，并且对自己的病情只字不提。

返回工作岗位后不久，因病情进一步恶化，经向镇委报告后，家人不顾他的反对把他送到了海口医院住院治疗。但在治疗期间，他仍然牵挂着村里的工作，各级单位与其电话联系安排工作时，他没有一丝的推脱，更没有提起自己的身体状况，在病床上用电话将任务布置落实。即使到了生命的最后几天无力的双手已经让他无法亲自接听电话，但他还是要求妻子替他接听，并通过妻子转达安排工作，大家甚至都不知道他已经病重到如此严重的地步。

"后来在海口治疗无效回到家里以后，我们自己去抓草药来治疗，饭都已经吃不下去了，可是无论是多难喝的草药，他都硬逼自己喝下去，他说，不管怎样，他要快点好起来，他还是村书记呢，要干工的。"王书记的妻子说，"有时候喝了点草药，感觉身体舒服一点了，就马上提出要去村委会"。他甚至对妻子说要搬到村委会办公室居住，以便能够照常开展工作。

2017 年 10 月 31 日上午，王某义在生命的弥留之际让妻子去找他的摩托车钥匙，他妻子不明白他要找钥匙做什么。他说"你把我的摩托车钥匙拿来，去把摩托车后备厢打开，看看里边还有没有文件，把我的工作文件都整理好，别到时他们找不到了"。这是王书记最后给妻子交代的事情，说完这话没多久，便与世长辞了。他带着无限的遗憾和对乡亲们的依恋离开了人世。

"我的父亲是地球上独一无二的最伟大的父亲。"王书记小儿子说。"父亲对我的影响最大的就是，做人要有担当，工作要有责任心，他这一生最多的时间奉献给了他的工作，但我们家人对他的工作都是百分之百的支持，并没有一丝的责怪，他生前为村里做了那么多事，大家对他的评价都很好，作为家人我们很知足了。"

王书记在患病治疗期间，从未向组织提过任何要求，直至去世仍然有很多人都不曾知道他是带病工作的，他始终坚持在工作岗位上，把工作当作激励自己与病魔抗争、作为坚强活下去的理由，他将自己全心全意奉献在了基层岗位上，将自己的一生奉献给了干埇村，将自己燃烧至生命的最后一刻，用一片赤诚之心书写了对党的无限忠诚。

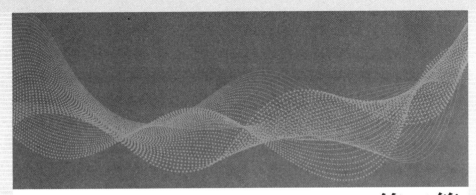

第二篇
一位带头人

01

绿色转型的致富带头人

——山西省静乐县衡达涌金物流园区有限公司董事长

郝某书是山西省忻州市脱贫攻坚奉献奖获得者、静乐县脱贫攻坚先进个人、静乐县青年企业家，现任静乐县衡达涌金物流园区有限公司董事长。公司于2014年1月成立，注册资金6000万元，为山西省级扶贫龙头企业、山西省级粮油产业化龙头企业、忻州市级企业技术中心、忻州市绿色农业开发项目单位、静乐县农业产业化重点龙头企业。经过多年的努力公司已发展成为集农业开发、技术研发、仓储物流、电子商务、惠农服务、生态保护、休闲旅游、健康养生为一体的现代农业综合产业园区。到2019年年底公司员工288名，其中科技人员27名、大学生创客30名、党员17名，下辖静乐县永仓种植专业合作社联合社（省级蔬菜标准园、省级示范合作社、省级扶贫农民专业合作社）、静乐县裕民惠农种植专业合作社（省级扶贫农民专业合作社）、山西北麦食品科技研发有限公司（"中国好粮油""山西好粮油"行动示范企业，山西省级粮油加工龙头企业）和山西聪莹有机肥研发有限公司。

2016年，郝某书积极响应静乐县委、县政府打好脱贫攻坚战的号召，利用积累的资金持续发力进军农业领域，立足当地资源优势，适应经济新常态，着力转型综改，助力脱贫攻坚，探索出了"333"的发展新路，即"三转"（企业转型、土地流转、农民身份转变）、"三连"（连科技、连市场、连农户）、"三借"（借势登高、借船出海、借力兴业），打造了非公企业党建有阵地、流动党员活动有家园、贫困户脱贫有依托、农民工返乡务农有平台、大学生创业有天地、企业上档升级有空间的"六有静乐模式"。

一、"三转"转出活力

（一）"一转"：企业转型

衡达涌金物流园区有限公司原来主要从事洗煤、建筑、物流等业务，2016 年年初，郝董事长带领公司员工积极响应国家扶贫政策，主动承担了扶贫攻坚的社会责任。通过种养加结合一二三产产供销连接、着力打造绿色农业循环经济产业链，实现了企业由"高耗能、高排放、高污染"的资源依赖型向"绿色、科技、环保"的生态循环型转变。

转型后的衡达公司占地面积 6.20 公顷，规划建筑面积 3.2 万平方米，计划总投资 4.98 亿元，其中一期建设投资 1.4 亿元。到 2019 年年底，公司已建成科研推广综合大楼 3000 平方米、农产品小杂粮加工生产线 6000 平方米、物流仓储超市（含低温库、冷库）4500 平方米、粮油集散和粮食储备库 3600 平方米，还投资 300 万元建设了 300 平方米的土壤粮油产品检化验室，投资 30 万元建设了电商销售平台。公司员工由初始的 80 名增加到 288 名，专业技术人员由 10 名增加到 27 名。一期园区投入建设资金 8000 万元，2019 年完成产值 2.9 亿元，实现利税 4550 万元。

（二）"二转"：土地流转

为了让更多的农民受益，郝董事长以一产为基础，利用农村丰富的土地资源优势，建设农业生产基地。2016 年，永仓种植专业合作社联合社流转农民土地 686.67 公顷，与农户订单种植 180 公顷，引进韩国金塔辣椒优种，总计建成辣椒种植基地 866.67 公顷，主要分布在汾河川五家庄村至丰润村。裕民惠农种植专业合作社在娘子神乡安子梁、王家沟村、双路乡刘家庄村流转农民土地 400 公顷，建成黄芪、远志、党参等中药材种植基地。2017 年，公司引进菊芋新品种，种植 666.67 公顷；2019 年，在神峪沟乡佛堂山村种植藜麦 66.67 公顷，在赤泥洼留仙村种植藜麦 66.67 公顷、燕麦 66.67 公顷，在丰润镇丰润村种植玉米和谷子 66.67 公顷。农民无须投资投劳，仅土地流转费就相当于往年自家种地的收入。可喜的是，通过大面积流转土地，有效实现了土地承包权和经营权的分离，使土地的经营方式由一家一户分散经营向规模化、科学化、机械化、集约化经营转变，大面积撂荒的土地得到复垦利用，有效地提高了土地资源利用率。

双路乡赵家沟村是县内黄土丘陵区典型的"空壳村""光棍村"。该村原有186户560人，总面积800公顷，其中耕地266.67公顷，"农业学大寨"年代曾是全县的产粮大村。改革开放后，受限于单一的粮食生产、一家一户的传统经营，农民种地效益低，无法脱贫致富。大多数村民出走谋生，土地弃耕荒芜现象突出。十几年前，村里曾"买"回28个媳妇，但跑了23个，不少家庭成了单亲家庭，有近40%的男人打着光棍。2014年年初，全村有贫困户76户156人，因生活所迫，举家出走的比比皆是。村内学校也早已关门停学，常住人口仅留下13户26人，留守村民基本是老弱病残，除经营6.67公顷"保命田"外，主要靠低保、"五保"救济维生。全村无一件农机具，仅有十几头役畜和百十只羊，坡梁地除退耕还林外，有200公顷梯田地全部撂荒。2017年4月，衡达公司到该村实施产业扶贫，通过土地流转把200公顷撂荒地全部复垦种上了菊芋，并对接贫困44户136人，有80多个农民返乡务农。如今，这里机声隆隆，车水马龙，修路、翻地、提水上山、栽植下种，工地上有近150名劳力从早到晚热火朝天，打破了往日的沉寂，恢复了久违的春耕大忙景象。

（三）"三转"：农民身份转变

租地不是目的，真正让贫困群众动起来才是摆脱贫困的核心。对此，郝董事长有着自己的一套想法：一是把农民土地租过来；二是把农民、贫困户组织起来，教着学、领着做、带着干。公司通过与农户的对接，采取"专业队＋雇工"的形式，连续三年共投资4300余万元，与农民、贫困户签订劳动合同860份，累计对接贫困户1833户，提供季节性岗位1360个、长期岗位288个，使6112个贫困人口受益，人均增收2000余元。公司"一村一品一主体"产业扶贫项目、"五位一体"金融扶贫项目和电商技能培训扶贫项目，惠及全县7个乡镇、45个贫困村、762户贫困户；"四条"加工生产线（小米、藜麦加工生产线，小杂粮石磨加工生产线，燕麦精深加工生产线，精炼亚麻籽油加工生产线）年加工能力1万吨，年可创造产值近1亿元，实现利润 3000 万元，主要产品有免淘小米、藜麦米、燕麦粉、豆面、莜麦、一级精炼亚麻籽油等多种农产品；原粮成品粮仓储库、物流仓储超市、电商贸易平台、技术研发室、质检化验室、惠民服务中心、农技培训中心等园区基础设施建设基本完成。2018 年，公司承担实施了山西省深度贫困县科技精准扶贫专项项目。2019 年下属北麦食品科技研发有限公司总投资 2420 万元的"中国好粮油"项目落地实施，"五优联动"（优粮优产、优粮优购、优粮优储、优粮优加、优粮优销）的第一二三产循环经济发展模式逐步形成。

二、"三连"连出引力

（一）"一连"：连农户

通过"公司＋联合社＋合作社＋农户"的模式，郝某书带领公司积极开展科技扶贫培训，落实"政府支持、企业主导、党员带动、农民参与"的精准脱贫实践，做给农民看，领着农民干，帮着农民赚，使农民无须承担任何风险，实现了种地不花钱，在家门口就可实现出租、打工双挣钱的美好愿望，更增强了农民参与公司产业发展的积极性。到 2019 年年底，公司先后举办了 7 期以种植技术为主要内容的培训班，培训建档立卡贫困户劳力 700人，使之成为基地的生产骨干。王村乡善应村建档贫困户袁某存今年 51 岁，全家四口人，妻子常年有病，儿子在衡达打工。2018 年，他开三轮车给人送粪发生车祸导致肩肘骨折，两次手术面临巨额医疗费用。郝董事长了解情况后，除按期支付给其儿子工资外，还预支 1 万元添补治疗费用。郝某存的儿子感激涕零，称董事长为救命恩人。连农户既连利益又连感情，连出了动力和活力。以前，公司上门租地和雇工既费时又费劲，而今，农民主动来公司要求出租土地和打工的络绎不绝，应接不暇。

（二）"二连"：连科技

郝董事长坚信科学技术是产业发展的灵魂。近年来，他一直带领公司加强与大专院校、科研院所之间的联系，开展产学研合作，依靠科技支撑提升产业水平。公司先后与中国农业科学院、南京农业大学、北京农学院、山西农业大学、山西中医药大学等五所大专院校和省农科院等 7 家省级以上科研单位签订了产学研合作协议，建立了稳定的科技协作关系，依靠科技降低投资风险。到目前已有国内外 20 余位知名专家和教授来过园区和种植基地"诊医号脉"，指导种植与管理并开展技术培训。同时，公司土洋结合，吸收了县内农业、食品加工等 10 余位中高级专业技术人才与 7 名大学生组成了自己的技术团队，跟班生产作业承担技术检查与指导，开展高端产品的研发与推广。同时，公司特别注重项目考察、规划与设计，组织管理和技术人员先后到北京、河北、河南、江苏、山东、甘肃等地对相关项目进行考察取经，并结合静乐实际，聘请有专业技术资质的省级设计单位实地研判，为公司编制了种植、加工等方面的 6 项可行性研究报告，均通过评审和立项，使公司的项目决策降低了成本，增强了科学性和可行性。

（三）"三连"：连市场

郝董事长在选择产业项目和产品时，注重市场调查，以市场选项目，以项目兴产业，以品牌拓销路，将产品优势尽可能转变为经济优势。2016年，永仓种植专业合作社联合社 666.67 公顷辣椒种植的成功既源于衡达人的胆识，也源于充分的市场调研。2017 年，永仓辣椒已入围 50 个省级蔬菜标准园创建名单，多少年来连蔬菜名分都没有的静乐，仅一年因永仓辣椒而跻身全省行列，就是得益于市场的选择。2017 年，菊芋的种植又是以市场选项目的例子。菊芋俗称"洋姜"，以其抗逆性强、耐荒漠化、耐盐碱化、耐寒而著称。据专家研究，除食用外，菊芋在医药保健领域、农业生态治理领域甚至生物领域都展现出惊人的价值。2017 年年初，衡达人两赴江苏盐城、连云港，与南京农业大学专家和连云港万鼎农业科技有限公司合作，南种北引科学种植，使 666.67 公顷菊芋落地静乐，成为北方较大的菊芋生产种植基地。此外，衡达涌金与专业从事辣椒销售且有出口资质的河北国丹食品有限公司合作，签订了产品销售意向书；与江苏连云港万鼎农业科技有限公司合作，衡达所生产的菊芋产品将由对方全部收购包销。同时，通过优质产品推介，与省内各市以及上海、广州等大城市的 20 余家商城、超市建立了购销供货合作意向，为公司的辣椒、菊芋、小杂粮加工产品开辟了广泛的销售渠道。

得天独厚的地理环境使得静乐小杂粮品质出类拔萃，先进的仓储技术和现代化的生产线更是保障了这种优良品质。按照国家相关标准，公司改造提升建筑面积 4337 平方米、仓容 1 万吨的低温粮食仓储库一座，积极推进绿色储粮和智能化储粮新技术，满足按品种及等级分仓储存的要求。在原有莜面、豆面、藜麦、谷子、胡麻油等初级加工农产品的基础上，公司加强新产品研发力度，进行深加工设备提升。远赴江苏南京、无锡等地加工生产设备制造厂商进行考察，初步达成了小杂粮挂面、鲜面、半干面生产线设备购置意向，并与山西省农科院食品所合作，上马了燕麦纤维素、代餐粉和甜糯玉米 2 条加工生产线。新冠肺炎疫情暴发后，郝董事长不忘初心，向县医院、环卫队、疾控中心、交警等十个防控部门捐赠了 6 万余元的牛奶，向武汉市捐献山西省小米 1600 袋，价值 1 万元。疫情稍有好转，公司响应党和政府"复工复产"的号召，战疫情、补短板、稳投资，及时复工复产申报了 1 万吨马铃薯全粉、菊芋、小杂粮精深加工项目，受到市发改委和国开行的高度重视。同时，以"静乐生活"公共品牌创建为契机，极力推广"中国好粮油"农副食品，打造省内外特色知名品牌。2019 年 10 月，公司参加了全国扶贫日山西贫困地区农特产品"五进"对接承销活动和第六届中国（山西）特色农产品交易博览会，由北麦食品科技研发有限公司生产的莜面、胡麻油、小米大受销售商家的青睐。

三、"三借"借出动力

（一）"一借"：借势登高

转型后衡达公司在短期内使农业产业迅速发展，得益于党和国家对农业产业的政策扶持，也适应了精准扶贫的大势，从而确立了公司绿色发展、富民惠农的产业方向。郝董事长向当地党工委申请成立了党支部（有党员 10 名，预备党员 7 名），在时间短、任务重的情况下，通过发挥党组织的战斗堡垒作用和党员的先锋模范带头作用，保证了种植任务的按期完成。2018 年中组部四局二处陆处长在调研非公企业党建时，通过实地考察辣椒种植和公司介绍，高兴地竖起大拇指称赞："你们的非公企业党建有声有色，名副其实"。把农业产业发展融入现代科技大潮，是衡达人坚持的目标。他们借助互联网开办"新静乐"电商平台、"一亩田缘"微信销售平台，在全县设立了318个配送网点和1处食品粮油及小杂粮线下体验店，极大地提高了公司及静乐农特产品的美誉度、影响力和附加值。商城运营以来，累计销售额达到6000余万元。

（二）"二借"：借船出海

为了把衡达公司打造成静乐现代农业的领军企业，郝董事长采取"走出去、请进来"的方式，外出山东、河北、河南、江苏、甘肃和津巴布韦等地进行实地考察，引进先进技术、成熟经验，上马新项目、好项目。同时积极向有关部门争取，及时编报可研报告，争取立项、建设用地、环评等各方面的审批与支持，金融、扶贫等部门也在项目建设上提供资金倾斜。由于扩张速度快，公司在人才、资金、技术等方面遇到许多困难，面临爬坡过坎、滚石上山的艰难期。为此，县委县政府领导亲临现场办公，帮助企业解决问题、克服困难。县政府委派经信局一名副局长、中小企业局一名主任科员作为驻企干部、项目推进责任人，长期蹲点，做到服务企业常态化。新华网、《农民日报》《山西日报》《忻州日报》等媒体都予以报道，《中国扶贫》2017年第15期长篇刊发。为了向更高的目标冲刺，公司先后招聘了30余名大学生合作创业，施展才华，使其成为现代农业的生力军。

（三）"三借"：借力兴业

郝董事长坚持转型农业不动摇、产业扶贫不动摇，在较短的时间内，全力打造出"贫困户脱贫有依托、农民工返乡务农有平台、大学生创业有天地、企业转型发展有空间"的"静乐模式"。这种模式接地气、顺民意，让众多的贫困群众在脱贫攻坚的路上有了更多的获得感。下一步，公司将紧紧围绕脱贫攻坚和乡村振兴战略，以种养为基础、加工为核心、营销为支撑，走一二三产融合发展的现代农业循环经济之路。同时围绕农产品的种植、采收、加工、运输、存储、配送、销售等环节全程信息采集、过程监控，发展智慧农业，实现农产品从种植到餐桌的追踪溯源。建设200公顷的燕麦、藜麦绿色示范种植基地，提升改造建筑面积4337平方米、仓容1万吨的低温库，研发小杂粮深加工食品，延伸产业链，建设 4 条小杂粮深加工生产线（小杂粮主食挂面面条生产线，小杂粮鲜面、半干面生产线，燕麦纤维素、代餐粉生产线，甜糯玉米加工包装生产线），实施总投资 2.1 亿元的马铃薯全粉、菊芋、小杂粮精深加工项目，完善农产品物流供应链和线上线下销售平台，着力打造一个现代特色农业新型产业园区。

媒体"微静乐"曾经报道过郝董事长一家三代人的扶贫故事。其爷爷、父亲和他本人的扶贫成效多次受到省、市、县领导的观摩称赞和表彰。

郝董事长的爷爷——郝某兴，生于 1949 年 12 月，静乐城关土生土长的农民。1968 年从静乐一中毕业后回村务农，1970 年担任了城关大队东关队副队长，1973 年任队长，1978 年担任了城关大队主任，1983 年任城关大队党支部书记，1986 年任城关镇副书记，1988 年任城关镇镇长，1995 年任县经委副主任，2009 年退休。郝某兴在乡镇任职期间乘着改革开放的春风积极发展社队企业、乡镇企业，带领乡亲们脱贫致富，先后创办了砖厂、机械加工厂、运输队、工程队、服装厂、面粉加工厂、调味食品厂等一系列乡镇企业，使得当年人均分红为全县最高的 1.8 元 / 工，有效地解决了 3000 多人的吃饭问题。1995 年步入新的领导岗位后又通过招商引资为静乐创办了焦化厂、发电厂。

郝董事长的父亲——郝某民，现年 49 岁。16 岁就参加了工作，从基层供销社做起，经过三十多年的打拼，担任了静乐县供销联合社副主任、静乐县衡达涌金物流园区有限公司董事长、忻州市人大代表。他积极发挥人大代表的示范、引领、帮扶、带动作用，以扶贫济困为己任，不忘初心，念及乡情，勇于承担社会责任，为静乐县脱贫攻坚工作作出了贡献。带领公司选择了从煤炭、建筑行业到农业产业化的转型发展之路。

郝家三代人以自己的模范行为影响着一代又一代的静乐人，他们的情怀汇聚到一点：努力使静乐早日脱贫致富！

02

脱贫攻坚"领头雁" 攻坚路上展风采

——江西省遂川县高坪镇车下村党支部书记

张某梅为高坪镇车下村党总支部书记，兼任高坪镇中心希望幼儿园园长、遂川县四季春茶叶合作社理事长、遂川县馨香家庭农场负责人等多职。多年来，她在平凡的岗位上一心为民，带领群众致富，深得广大党员群众的高度赞誉。先后被市、县评为"先进工作者""巾帼创业带头人""双带"先进个人、"优秀共产党员""优秀园丁奖""一心一意为百姓好村官""十佳和谐家庭""美丽乡村庭院美、房前屋后林果花"示范户等荣誉称号，其创办的家庭农场被省妇联、省农业厅、省科技厅评为"巾帼现代农业科技示范创业基地"，还荣获"江西省劳动模范""江西省龚全珍式好干部""省优秀村党组织书记""十佳返乡创业之星""党员创业标兵"等称号，被推选为"中国共产党江西省第十四次党代表"。2017年张书记荣获全省脱贫攻坚作为奖。

一、不断谋划，找准路子

车下村地处深山区，村民主要收入靠种少量薄田和外出务工，生活过得十分困苦。有些群众还住在破旧的土坯房里，个别群众家里都没有像样的家用电器。看到此景，感触很大，深知肩上的重担与责任的重大。在困难面前，她没有放弃一直在思考如何才能使乡亲摆脱贫困，走向富裕。多年的创业路，张书记知道，发展产业是致富的好路子。为了找到适合本村发展的产业，她亲自掏腰包带着村"两委"班子及群众代表去湖南、赣州考察致富项目和市场，最终认定发展茶叶产业是一条致富的好路子。

二、以身示范、带领群众

为了引导和带领群众发展茶叶产业，张书记自筹资金 20 多万元，在本村高屋组租下了 20 公顷的田地和山场种植茶叶，并对原有 26.7 公顷的茶园进行改造，实行精细化管理。经过改造的茶园在次年就取得了很好的收益，每公顷增收达到 12000 多元。在张书记先行先试并取得成功的事实面前，村民们有了信心，于是纷纷跟进。第二年带动了周边群众新种茶叶 40 公顷，使全村茶园面积达到 200 公顷。

三、合心合力，壮大规模

为增加茶农收益，实现产品与市场的直接对接，做大做强茶业产业，张书记与 35 户种植户组建了茶叶专业合作社，并吸引了 82 户农户参与进来，并建立了茶叶加工厂，实现茶叶效益最大化。为进一步提高综合经济效益，茶叶种植基地还放养土鸡、土鸭，开辟水塘养鱼，聘请 4 名工人常年管护和饲喂，形成了种、养、加一条龙的产业链。

车下村多年的发展得到领导和群众的肯定和好评。她先后多次被评为县、镇"先进个人""先进工作者"。2010 年 2 月，在全市妇联干部"带头致富、带领群众致富"活动中，张书记被评为"双带"先进个人，2012 年 3 月被县妇联评为"巾帼致富带头人"。

任车下村党支部书记的这几年，她践行了"担当实干、马上就办"的工作作风，心系群众，真情为民，关注民生，为群众破解难题。在她的带领下车下村的面貌发生了翻天覆地、实实在在的变化。首先是基础设施大为改观。2013 年，张书记向上级争取了百万元资金，完成了 6 条通组公路硬化，拓宽了遂桂线至车下通村公路，新建一处农村安全饮水点，解决了 300 余户群众饮水困难。2013 年，车下村投入 50 余万元完成了新屋新农村建设，改水改厕 50 户，硬化入户路达 2000 余米，新建休闲小广场 2 个，绿化村道 1000 余米。2014 年，张书记争取百万元资金完成了车下村美丽乡村建设精品点打造，动员党员群众投工投劳，维修、拓宽仓前排水沟，硬化仓前至朝阳等两条通组公路。这几年，张书记争取上百万元资金，打造了安居工程集中安置精品点，90 余户群众享受了危房改造政策，幸福地住进了新房。在她的带领下，近年来，车下村完成的工程项目数量及争取的资金也是高坪边远山区前所未有的。车下村的经济发展、基层组织建设、农村清洁、计生等各项事业均名列前茅，连续五年被评为"村级目标管理考核"第一名和被评为"优秀基层党组织"。人民群众的幸福感、满意感大大提高。

农村农业有广阔的发展前景，各级政府对发展现代农业给予了很大的支持，张书记探索的"公司+合作社+农场+基地+农户+电商"的模式科技含量高，培育和发展特色鲜明，产品适销对路，发展潜力大，对推动当地农业发展起到了积极作用。她觉得："如何带领群众致富，与其说给村民们听，不如做给他们看"。她结合当地实际，开阔思路，把种植茶叶和油茶这一项作为重点产业来抓，一边教育引导干部群众自发发展茶园和油茶，通过发展"种植大户"来影响带动周边群众种植，一边用夫妻在外开矿的钱通过土地流转方式集中发展茶园和油茶。近年来，她带头创办了集茶叶、油茶、果蔬种植、加工、销售、观光、服务、体验为一体的"遂川县馨香家庭农场"，并注册了"仙人眉"商标，与此同时张书记夫妻发起成立了高坪镇车下村油茶专业合作社，注册了"思林"商标，被评为"江西省示范家庭农场"；成立了遂川县四季春茶叶专业合作社。目前这两个合作社共有社员 142 户。全村共新发展茶园 106.67 公顷，油茶 166.67 公顷，实现了"人均 0.067 公顷"产业发展目标。2016 年夫妻俩又成立了集农业、林业、水、旅游开发、观光、农产品精深加工为一体的"江西玖玢生态农业发展有限公司"，建立了农村 e 邮电商销售平台，年销售额达 600 万元。通过"公司+合作社+农场+基地+农户+电商"的模式，带领村党支部一班人，整合农村的土地、人力、资本等资源，推动农业向规模化、集约化的现代农业发展，促进农村土地向规模生产集中。通过三个阶段指导和扶持上千名老百姓创业、就业，给他们提供技术、种苗、农资、培训、回收产品等服务，带动和培育了 3 家新型家庭农场，带动农民增收、促进贫困户脱贫。老百姓户均增收 5000 元以上，贫困户户均增收 2000 元以上。到2019 年，茶叶和油茶已成为车下村广大群众致富的主要经济收入。

扎根山村，默默奉献，她身上虽然没有什么惊天动地的感人事迹，但是她用母亲的温暖让每一位家长放心，让每一个儿童健康成长。用自己的努力工作解决了百余名劳动力就业难题，推动了全村经济社会的稳步发展。用开阔的思路带领群众走向富裕，用那无私的情怀给每位群众送去甘露。这就是群众身边需要的创业致富带头人，平凡的事，不平凡的效应。

03

天赋绿水青山　绘就美丽画卷

——河南省嵩县黄庄乡三合伏牛山写生基地企业负责人

冯总经理是河南省嵩县黄庄乡三合村人，大学本科学历，是一位年仅32岁的返乡创业的大学生，现为三合伏牛山写生基地企业负责人。

在伏牛山腹地，没有资源、没有产业、没有区位条件的贫困闭塞山村，如何变其"后发劣势"为"原生优势"？如何破解"玲珑棋局"触发"蝶变"？冯某珂总经理在短短的三年时间使这里成为一个签约高校18所、签约美术培训机构40家、年接待高校师生15000人次的写生基地和手绘小镇，他用点石成金的丹青妙笔和变"瓶颈"为"杠杆"的成功实践告诉人们：从贫困到脱贫的距离，只隔着一个独辟蹊径的思路和创新发展的坚定信念！

在谋划企业发展的同时，冯总经理不忘初心，主动承担社会责任，通过产业"造血"功能，回报社会，带领乡亲致富，有效解决家乡贫困地区农民生计和就业，为脱贫攻坚战贡献出自己的一分力量。自2015年创办企业以来，他用自己的实际行动践行和诠释了一名共产党员的诺言和标准，他所创办的三合伏牛山写生基地解决了全村65户贫困户的就业问题，辐射带动周边的村庄，为群众脱贫致富找到了出路，他的形象已深深地印在广大村民的心间，赢得了群众的称颂。

一、转换思路，返乡创业

冯总经理的家乡在嵩县黄庄乡三合村，是豫西伏牛山区许许多多贫困山村的典型代表。全村352户人家分散在32个自然村，近1/3都是贫困户。这里山高沟深，偏远闭塞，没有资源，没有产业。村民要么出去打工，要么守着家里的一点土地，挣钱的门路很少。

2004年考上洛阳师范学院美术专业后，他在学校就开始了自己的"创业"之路，开设了美术培训班，经常跟随老师到三合村等山村采风。因为村里当时没有宾馆、饭店，带学生白天来村里画画，晚上还要住在10千米外的黄庄乡里，中午还要给孩子们送顿饭，非常不方便。毕业后在二炮部队服役两年，大学的学习奠定了他追求艺术的人生之路，部队的军旅生涯使他增添了责任和担当。退伍后他带着父母的期盼，辗转到郑州与朋友共同经营一家画室，从事艺术培训。此后几年，他走遍了省内外的写生基地，积累了广泛的人脉，创业愿望愈加强烈。思路一转天地宽，2015年10月，他毅然离开了城市，回到大山，开始用一位专业画家的眼光去打量这个熟悉的村庄，老村、老院、老房子、土房农耕、古村旧貌、古朴自然、山清水秀、恬淡宁静等不就是要素齐备的原生态小山村吗？还有那墙根的老汉，每一个场景都恰如其分地成为一幅无须修饰的画作。与旅游景区的精致相比，写生基地更加追求原生态，无须大量投资、过分雕琢。冯某珂立足自身和家乡优势，他大胆尝试创办三合伏牛山写生基地，把"后发劣势"变"原生优势"。2015年，他经过多方考察，筹资120万元在黄庄乡三合村建成四层写生宾馆，每天接待能力200余人，开始了创业之路。仅2016年，就先后与郑州笑笑美术兵团、开封三人行美术培训学校、周口三川美术培训学校等十几家美术培训机构签订合作协议，当年引来1500多人到家乡写生。

二、敢于争先，示范引领

随着脱贫攻坚的推进，如何能更有效地带动更多贫困群众共同致富使冯总经理感受到了自己的使命和责任。2016年秋，在政府强有力的支持下，他与乡村干部一道带领群众先后到林州太行山、信阳郝堂、孟津卫坡、陕西袁家村等地考察，通过认真调研、分析研判、科学规划，立足三合村村情，确立了"发挥党建引领、助力脱贫攻坚、建设写生基地、打造乡村旅游"的发展思路，制定了"手绘小镇·田园老家"的建设理念，主打农耕文化，主推豫西民居风格，先后建成文化墙、涂鸦墙、生态牌坊、写生广场，修缮豆腐店古村落，整修4座明清古宅，复建豆腐坊、织布坊、石磨坊等传统手工作坊，新建改造25户农家宾馆和5家精品民宿，日接待能力达到800人。2017年7月，结合村庄改造扩大基地规模，建成了占地1500平方米的嵩县伏牛山写生基地。2018年，投资兴建手绘小镇写生餐厅和手绘小镇展览馆，现已投入使用。截至 2020 年年初，手绘小镇已发展到可接纳 1500 人同时入住和用餐的规模。

三、勇于担当，带贫致富

　　写生基地建成后，到三合村写生的师生和游客络绎不绝。"手绘小镇"让村民鼓了钱包，也让乡亲们认准了冯总经理。2018 年 5 月，31 岁的他高票当选村党支部副书记，成为村干部中最年轻的面孔。"家乡的水养育了我的成长，致富不忘父老乡亲，倾力回报家乡是他的追求""我们的目标不仅仅是脱贫，还要让更多乡亲富起来！"。担任村党支部副书记以来，他积极服务村民，坚持造福乡亲，带领群众脱贫致富。

　　一是带动群众就业增收。贫困户的自身条件千差万别，如何将产业与贫困户实现精准对接是脱贫的关键。在实践中，他坚持因户制宜、因人制宜的原则，针对贫困户的意愿和能力，通过多种模式提升带动能力。写生基地工作人员首先从贫困户选聘，经过培训后安排到合适岗位的贫困户由 7 名扩大到 65 名。对没有财力有劳动能力的群众，安排在写生基地从事洗碗、洗衣、保洁等服务，每天可收入 50 元，保障其日常开支。对既无财力又无劳动力的特困群体，安排人体模特，供学生写生，一天收入 80 元，使其基本生活得到保障。家家户户的土鸡蛋、土蜂蜜、木耳、香菇等土特产也深受前来写生、旅游、研学的人员欢迎，产品供不应求。年过花甲的张某娃无法从事体力劳动，冯总经理就给他谋了一个"农民模特"的生计，面对学生的目光，张某娃还有些不自然，如今他已能和年轻人谈笑风生。用他的话说，就是"在门前石头上坐一晌，就能挣上百十块"。对有手艺的贫困户人员安排到厨师岗位，56 岁的贫困户冯某立是村里有名的大厨，过去，谁家有红白喜事，都请他去掌勺，但由于活儿并不多，收入就不稳定，如今每到旺季，冯某立就在冯总经理的宾馆当厨师，一天 200 元，每月都有 5000 元左右的收入。

　　二是壮大发展乡村经济。冯总经理在带动贫困户就业的同时，他也积极引导有能力的群众，投资建设农家宾馆脱贫。村民看到写生带来的商机以后，纷纷前来向他请教家庭宾馆的建设以及内部装修风格。豆腐店是写生基地的一个古村落写生点，现在已建成 10 余套精品民宿，还建设了写生亭、展示墙，修复了老井、旧宅、豆腐坊等景观，现在村里的家庭宾馆和精品民宿已由 1 家发展到 40 余家。同时，为了提高接待服务水平，扩大接待规模，积极组织开展农家宾馆培训，出台了农家宾馆服务标准。

三是辐射带动周边村庄。山高沟深、偏远闭塞是豫西伏牛山区腹地山村的共同特征。2019 年年初，冯总经理在与道回沟村委沟通协商后，充分利用碾道场村民组整体易地扶贫搬迁，整体租赁村民的老房子，在不改变建筑物外观及结构的前提下对老房子进行改造，现已完成 10 余套。红崖沟村也是一个易地扶贫搬迁村，现在新村里 50 余户贫困户都在自家新建了二层楼房，一层做生意，二层供写生人员入住，生意做得红红火火。2019 年 10 月，他帮助指导改建木植街乡栗盘村的农家宾馆和乡村旅游项目，依托手绘小镇写生基地开发栗盘村，建设占地 2000 余平方米的艺术酒店，并配套建设精品民宿群、采摘园区、游乐场。在他的带动下，贫困村变成了艺术村、旅游村，贫困户"等、靠、要"的思想得到改变，卫生和文明服务意识明显增强，贫困群众内生动力进一步激发。因残致贫的贫困户张某现不等不靠，成立合作社、注册商标发展养蜂产业，通过手绘小镇游客卖土蜂蜜，不仅自己实现脱贫，还带领十余户群众发展养蜂。

四是培育发展新型业态。手绘小镇带来了投资环境的改善，先后有手绘小镇漂流、手绘小镇野外拓展训练基地相继落户。手绘小镇豆腐被评为洛阳市非物质文化遗产，手绘小镇矿物质水厂和农副产品购销规模也在扩大，河南手绘小镇食品公司也于 2019 年年末成立，以食品公司为依托打造手绘小镇产业园区。

三合村"手绘小镇"创办至今，无论山花烂漫还是秋高气爽，写生大军络绎不绝，缤纷的颜料和灵动的画笔不仅描绘了这里的原生环境，更绘就了村民的美好画卷，俨然成为"网红"打卡地。到 2019 年底嵩县伏牛山写生基地已与河南财政金融学院、洛阳师范学院、许昌职业技术学院在内共 13 所院校及民营美术培训机构 31 个达成合作意向，农家宾馆和精品民宿稳定客源已突破 7000 人，年户均增收 8400 余元，带动贫困户 150 余户，贫困发生率由 2014 年的 27.69% 下降到 1.19%，2018 年全村整体脱贫，并辐射带动道回沟村、红崖沟村、龙石村、吕屯村甚至周边乡镇，间接或直接收益达 1000 万元。回乡创业以来，在冯总经理的付出背后，伴随而来的是一连串的荣誉。他先后获得 2017 年"嵩县第一届旅游人才"，2017 年，2018 年"嵩县优秀共产党员"、2018年"嵩县十大旅游工匠"、河南省"五四青年奖章"、河南省"脱贫攻坚创新奖"及第十一届全国农村青年致富带头人等。这些获得的荣誉增强了他的社会责任感，也更加坚定和鼓舞了他圆梦家乡人的决心和信心。

"手绘小镇"作为"美丽新经济"有三个特征：一是有可持续性，政府支持下充分发挥市场机制；二是有代表性，践行"两山理论"开创一条农村发展路径；三是有根植性，乡贤回归反哺彰显乡村内生动力。此模式不仅带来了群众生活的改善和乡村经济的发展，更重要的是提振了发展乡村的内在信心与精神风貌。2018年4月，时任河南省委书记到嵩县三合村调研时，对写生基地、带富乡邻的创业实践给予充分肯定。同年，手绘小镇被评为3A级旅游景区。2019年8月，省委书记在国新办新闻发布会上再次给予手绘小镇高度评价，将手绘小镇推向全国。2019年10月，洛阳市人民政府认定手绘小镇写生基地为市级农民工返乡创业示范园区。2020年5月，手绘小镇被嵩县人民政府认定为嵩县农民工返乡创业示范园区。

冯总经理充分挖掘自身特长，要到最需要的地方去，从最基层做起，寻找适合自己发展的职业，将所学美术专业和旅游结合，打造"手绘小镇"，把党的十九大提出的乡村振兴战略融入、拓展到乡村脱贫致富中，为家乡脱贫攻坚贡献了力量，同时潜移默化地对村民进行了美育教育，提高了文明素养。他深知，今天取得的点滴成绩，只是明天事业的一个基点，只是人生道路的一小步。他对现状并不满足，计划到2022年将嵩县伏牛山写生基地发展成集写生、休闲、度假、亲子、漂流、拓展训练、养生等旅游项目于一体的豫西最大旅游写生基地，打造中原最佳乡愁文化体验地，将积极申报4A级景区、国家级特色小镇和省级田园综合体。

04

生态产业融合发展 "神峰经验"助力脱贫

——湖北省先秾坛生态农业有限公司总经理

一筐生态菜，带动 4.5 亿元的大产业，7 个乡镇、40 个村 3 万多群众因此实现脱贫。是谁这么厉害？为什么会这么厉害？这就要从《中国工商》2017 年度新锐人物、黄冈市十佳能人回乡创业明星、2018 年全国脱贫攻坚奖奉献奖获得者、全国 2019 最美奋斗者——闻某军及其神峰经验谈起。

一、情系大山，回乡创业

闻某军生于 1973 年，系英山县孔家坊乡孔家坊村人，大专文化，高级营养指导师，英山县第八届政协委员，现任中国国土经济学会旅游发展委员会副会长、英山县工商联（总商会）副主席、英山县旅游协会会长、北京大医传承生物科技有限公司董事长、湖北先秾坛生态农业有限公司总经理、先秾坛（北京）影视文化传播有限责任公司董事长、湖北先农酱菜有限责任公司总经理。

1995 年 7 月，毕业于湖北大学生命科学系生物技术专业的闻某军到江苏维维集团工作，1997 年被江苏维维集团评为"营销先进工作者"，1998 年 12 月被江苏省 18 家委厅局推选为"首届江苏市场优秀营销工作者"，任廊坊地区总经理，连续多年荣获集团销售冠军。

2010 年 10 月，他自主创立北京大医传承生物科技有限公司，曾创造年销售收入超 4 亿元的辉煌业绩。2013 年元旦，他回乡创办湖北先秾坛生态农业有限公司。2014 年 5 月，他随同时任国家副主席出访俄罗斯，参加圣彼得堡国际经济论坛。2015 年 3 月，随同国务院总理在人民大会堂接见印度尼西亚总统，出席中国—印度尼西亚经济合作论坛。2015 年荣膺"湖北乡村旅游 2015 年度人物"。2016 年 8 月出席第二届全国乡村旅游发展推进会暨旅游扶贫大会并作典型发言。2017年荣膺中国工商"2017年度新锐人物"。2018年9月荣膺"湖北省优秀农村实用人才",10月荣获"全国脱贫攻坚奖奉献奖"。2019年3月广西电影集团与先秾坛(北京)影视公司联袂拍摄的以闻某军为原型的电影《西河十八湾》在北京国际会议中心首映,5月荣膺"全国最美家庭",7月荣膺湖北"光彩之星",11月荣获2019年度乡村文化和旅游能人支持项目,12月荣膺全国2019年最美奋斗者。2020年1月,中央电视台拍摄的以闻某军为原型的3集电视连续剧《回故乡》在中央电视台播出。

二、培训优秀员工,走好"神峰经验"第一步

神峰山庄地处英山西河十八湾乡村旅游游客集散地,是"神峰经验"的发源地。为了改造农民思想、提升员工能力,打造一支在市场经济大潮中所向披靡的销售大军,走好"神峰经验"第一步棋,闻总经理从培训优秀员工开始。

神峰山庄的每一批员工都要经过两个半月的"魔鬼训练",直到成为合格员工,这既是贫困户直接脱贫的奠基之作,更是开拓市场经济发展现代农业的星星之火。

在神峰山庄,每个员工脸上洋溢着自豪感和幸福感。虽然每天早晨六点多钟起床,晚上还要演出服务到深夜,但是员工们有干劲,且无怨无悔。在"民工荒"愈演愈烈,招工难、留住职工更难的今天,山庄是用什么招数招到这样一批吃苦耐劳的忠诚员工,且不断壮大员工队伍呢?据了解,早在2013年2月15日动工建设神峰山庄之时,他就在英山县年初开展的"春风行动"中开始了招工行动,开出不菲的工资,吸引人们争相报名。

培训与建设同步,硬件与软件同抓。神峰山庄73天投资3000万元建起了生态循环农业产业园、5栋四合院、一个水上餐厅、一个先秾坛大舞台,同时员工培训紧锣密鼓、有声有色,打造了一支多才多艺的复合型人才队伍,确保了公司的高点起步。文化教员帮员工学习千字文、三字经、弟子规,教会新闻写作,传承大别山农耕文化、红色文化、黄梅戏文化、民歌民舞民俗等传统文化;艺术总监教练唱歌、跳舞,编排"印象大别山"大型文艺晚会节目(100个山庄员工),培养艺术细胞;体育教官教会健身气功、游

泳、救生、护理，提升服务水平；营销大师传授营销礼仪、营销艺术、讲课艺术、客户拓展及售后服务，锤炼核心技能；人事总管经常组织户外拓展系列活动，培养团队精神。

"人员培训，时不我待。要想在短期内把一群农民培养成现代企业的合格员工，一支在市场经济大潮中所向披靡的营销队伍，必须大道至简，招招见血。"庄主闻某军如是说。

闻总经理曾自豪地说："通过两个半月的紧张培训，现在我的员工从随遇而安变得有理想、有奋斗目标了，从平平庸庸变得有内涵、有气质、有梦想、有闯劲、更自信了。她们现在拿起抹布安排食宿会当服务员，拿起道具唱歌跳舞能当演员，拿起话筒沿途解说是非常能干的导游员，上台讲课独当一面是十分合格的市场营销员，清晨教练气功八段锦胜任社会体育指导员，竹排戏水时刻充当游泳救生员，深入田间地头变身农业技术员，拿起笔来写稿子乐当业余通讯员，游客三病两痛即刻组织医疗救治担当的是卫生员。他们已经是市场经济大潮中的一支所向披靡的营销生力军，是撑起神峰这片天地的脊梁！"

人们常说，企业给员工最好的福利就是培训。闻总经理对农民的改造，意义深远。据测算，在山庄和都市农乐园上班的1456名员工，年工资平均6.6万元，在果蔬家庭农场上班的2000名员工，年工资平均2万元，3456个家庭从此摆脱了贫困。此外，经公司指导的参训学员已有3000人投身农业、农产品加工、旅游等一二三产业发展，大部分成为种养大户，带动发展了一批生态农庄、小型农产品加工企业和农家乐，投资总额6亿元，年产值3亿元。

三、生态产业融合发展，助力脱贫和乡村振兴

党的十八大指出，解决"三农"问题的根本途径，就是要加快完善社会主义市场经济体制、加快转变经济发展方式。神峰经验诞生于党的十八大之后，为党的十九大提出实施的"乡村振兴战略"献上了一份厚礼。

所谓"神峰经验"，就是以市场为导向，以有机农业为依托，以产业扶贫为目的，以农业、体育、文化、旅游、养老等多产业融合发展为基础，以"新文化＋新农业＋新健康"复合经营为主导，以"千里挺进大别山生态循

环农业四天三夜（两天一夜）体验游"和"草原清凉游"为纽带，以"中国好农业——生态农业进万家工程暨助力冬奥膳养天年全国惠民工程"为载体，以"文化创意＋教育＋培训＋出版＋影视＋农业产业化解决方案"为新的赢利点，以从一县到数个地区的联动发展为态势，形成生态农业产业融合式发展的可持续发展模式。

自 2013 年元旦，闻总经理回乡投资 3 亿元创办湖北先秾坛生态农业之际，就突出产业扶贫，通过一二三产融合、村企联姻、群众加盟等新业态，打造生态循环农业立体开发模式，构建以英山县为中心、辐射全国 20 余省市的 4 亿元扶贫产品产销网络，成为大别山区产业扶贫与现代农业发展的一面旗帜。突出"扶志、扶智"，为大别山国家连片特困地区培养了 1 万余名新型职业农民和 400 名职业经理人，公司直接安排就业 3456 人，县内对接帮扶贫困户 1304 户 3921 人，县外对接帮扶贫困户 2406 户 7218 人，年均为贫困对象直接增收 2.9 亿元，带动英山县及周边 7 万农民增收脱贫，为大别山 3 省 19 县精准扶贫和乡村振兴树立了全新样板，在产业、就业扶贫的实践中，探索出一条统筹乡村振兴及农业供给侧结构性改革的成功路径——"神峰经验"。

（一）搭建产业大平台

7 年来，累计投资 3 亿元打造出国家运动员绿色食品基地、中国生命谷、3A 级旅游风景区、全国旅游扶贫"能人带户"示范项目、全国"巾帼脱贫"示范基地、湖北省农业产业化重点龙头企业、湖北省扶贫龙头企业、黄冈市十佳环保示范企业。主体产业园区总面积 433.33 公顷，建设有 8 栋高档养老别墅、12 个四合院、先秾坛大舞台、大别山剧院、会议中心、大别山农耕文化馆、室外游泳池、儿童乐园、综合运动场、湖北先秾食品科技园、大型物流配送中心、湖北先农酱菜厂、银杏石斛园等，床位 700 个，可供 1700 人同时就餐。拥有 40 个果蔬家庭农场，涉及英山、罗田 7 个乡镇 40 个村，流转土地 390 公顷，建设了 50 个黑禧猪养殖场和 70 个眼镜山鸡养殖场，年出栏 1 万头猪、20 万只鸡，形成环神峰山 24 千米生态休闲农业旅游观光带及 667 公顷种养基地。向外拓展河北坝上高原先秾坛北燕基地 67 公顷。同时拓展扶贫产业发展空间，在 14 个省市发展锡林郭勒羊腿、滁州胚芽米、霍山灵芝孢子粉、金寨茶油、秭归脐橙、房县木耳、陕西安康雪魔芋、西北坡老树苹果等"以购代捐"合同订购二级基地 26 个总占地面积 1660 公顷。

（二）开发城市大市场

推进供给侧结构性改革，构建线上线下全网营销体系，即"7X 高维度交易入口＋总部基地＋互联网＋实体店面＋会议模式＋视频购物＋商超模式＋会员系统"，打造生态农业"私人订制"商业 4.0 版。成立了湖北先秾坛旅行社、先秾坛（武汉）国际旅行社、先秾坛（北京）影视公司。先后在武汉、合肥、九江、黄石、鄂州、南昌、安庆、黄州 8 个城市开设"黑禧猪神峰山庄农乐园"直营店 98 家，单店年销售过千万元。

1. 依靠科学理念引领。推行"文化农业"的包装理念、"先农时代、先农回归"的重农理念、"大别山粮草肉油全程可控"的生产理念、"农医同根、食药同源"的文化理念、"生命科学、生命管理、中国生命谷"的养生理念、"授之以鱼不如授之以渔"的扶贫理念、"用户、聚焦、粉丝、迭代、平台"的"互联网＋"理念，探索从种子到筷子的绿色革命。

2. 通过媒体宣传推广。2013 年 7 月 CCTV-2 播出的《大别山里的藏宝图》一炮而红，2016 年 7 月 CCTV-2 播出《走进扶贫第一线：革命老区行——走进湖北英山》。到目前为止，CCTV-1、CCTV-2、CCTV-12 等中央电视台频道播出神峰山庄专题片达 11 部共计 210 分钟。已举办一届"农民种菜技能大赛"、两届"神峰山庄国际梦幻灯光节"、三届"4·28 中国好农业节"、四届"美厨娘大赛"、五届"中国健康产业正能量论坛"，还出版了《生命在我不在天》《女子安 天下安》两本畅销书，拍摄了《别墅里的农家院》《西河十八湾》《循环》等三部电影，一举攻破旅游业界"淡季太淡、旺季太旺"的尴尬局面，巧妙地破解了旅游产业"游客从哪儿来，怎样留住游客，怎样带动当地经济发展"三大难题，创造了"旅游无淡季，天天游客满"的奇迹。现在每天接待 500—700 名"两天一夜"游客，每 3 天增加 1000 个家庭消费者，每 3 天需要新开 1 家都市农乐园直营店和新发展果蔬基地 4.67 公顷，发展空间巨大。2019 年年底，每天 18 辆冷藏式集装箱车向都市农乐园配送 60 吨果蔬及农特产品、100 头猪、1000 只鸡。

3.畅通消费渠道营销。神峰山庄旅游的压轴大戏不是"印象大别山"文艺晚会，不是"铁猪三项赛"，不是篝火晚会、焰火晚会、烧烤晚会、中草药泡脚，而是闻总经理的"生态农业大讲坛"。现在每天接待500—600名"两天一夜"游客，在听了闻总经理两个半小时的讲课后，都市农乐园办卡率在70%以上。5年来，每年318场两个半小时的讲课不仅记录着闻总经理对生态循环农业的执着追求，更收获了150多万名粉丝以及15万名忠诚会员。现在，依靠微信平台建立的"私人定制"大数据，他在朋友圈发一条微信，就会引起市场的响应，创造过一夜之间销售20多万只锡林郭勒羔羊腿、30吨秭归脐橙、50吨黑龙江土豆、1.8万只甲鱼的奇迹。可以说，在生鲜食品流通领域，闻总经理成功地解决了服务市民"最后一公里"的问题。

（三）力促乡村大发展

公司通过完善"四个一"扶贫机制，让农民有更多的获得感、幸福感和安全感。一是培养一个新员工脱贫一个农户。成立大别山职业农民培训学校、先秾大医商学院，山庄员工经过培训变身"九大员"（服务员、演员、导游员、市场营销员、社会体育指导员、游泳救生员、农业技术员、业余通讯员、义务卫生员），3456个家庭摆脱贫困。二是定点一个养殖户致富一个家庭。定点1304个贫困户，实施户户"十头猪、千只鸡"养殖计划，人均增收5907元。三是发展一批专业村，小康一片乡村。推行公司占股51%、村自强互助脱贫合作社占股49%方式加盟神峰山庄，村集体每年得到10万元左右提成奖，40个专业村由此而生。郑家冲村加盟山庄后年人均年增收2万元，村集体年收入过20万元。同时，为土地流转后的农民提供生活（每公顷每年付3750公斤稻谷）、收入（家门口上班老年人每人每天60—70元，山庄上班中年人月均工资3000元左右，都市农乐园上班年轻人月均工资5000—10000元）、增收（8小时工作之外养鸡）、致富（8小时工作之外养猪）等"四重保障"。贫困人口在果蔬家庭农场就业860人，人均年工资2万元，贫困人口在山庄（含都市农乐园）就业206人，人均年工资6.6万元。四是兴办一个村企业带动一方百姓。以股份合作制形式吸纳资金2200万元，在孔家坊村流转土地2.67公顷建设湖北先农酱菜厂，年产酱菜340吨，年收入3000万元，村自强互助脱贫合作社土地入股占有10%的股份，村集体增收 50 万元以上，吸纳 100 多人就业。

四、多业驱动促发展，"神峰经验"显神奇

闻总经理回归故里，在发展神峰产业的同时，还担任乡经济社会发展顾问，兼黄林冲、孔家坊两村名誉主任、村自强互助脱贫合作社总经理，协助乡党委、政府和各村"两委"开展乡村治理，开启"户户发展庭院经济（猕猴桃、南瓜、冬瓜、苦瓜、蛾眉豆）、户户做竹筷油面、户户做小麦酱（黄豆酱）"产业扶贫新模式，还在孔家坊村建设湖北先农酱菜园，带动了乡贤回归创业，创新了乡贤治理新时尚，一个个"环境美、产业美、精神美、生态美"的美丽乡村呼之欲出，"生态、绿色、文明、宜居、宜业、宜游"的乡村振兴蓝图，正在大别山深处一步步变为现实。2016 年接待游客 30 万人次，综合收入 2.2 亿元。2017 年安排就业 2710 人，接待游客 40 万人次，综合收入 3.4 亿元。2018 年安排就业 2980 人，接待游客 50 万人次，综合收入 3.8 亿元。2019 年安排就业 3456 人，接待游客 60 万人次，综合收入 4.5 亿元。7 年累计纳税 700 多万元。

目前，英山县内已启动新的物流中心、基地监管中心及投资 3 亿元的林冲康养度假区项目建设。对于未来 5 年，闻总经理信心满满，拟在陕西安康、江西新余、南京大福村、丽水莲都、海南海口等地复制 10 个神峰山庄，实现员工过万人、年综合收入过 40 亿元的目标。

05

惹巴妹巧织爱心"就业网"

——湖南省龙山县惹巴妹创始人的责任担当

30岁出头的谭某林是龙山县惹巴妹手工织品有限公司的创始人,也是当地有名的创业就业带头人,不仅为传统工艺传承活化开辟了新路子,也为贫困群众就地就业、脱贫致富带来了新希望。2018年10月,她荣获全国脱贫攻坚奖奋进奖。

一、回乡创业,老手艺迸发新商机

位于湖南省西北边陲的龙山县,是省域边界窗口县、少数民族县、革命老区县,属于国家扶贫开发工作重点县、湖南省深度贫困县,谭某林便是土生土长的龙山人。出生于贫困家庭的谭某林小小年纪便承担着经济重担,为让弟弟妹妹顺利完成学业,16岁便南下打工。从最初从事建筑小工到外企文员再到企业部门经理,在将近8年时间的坚持和努力下,她实现了自己职场生涯的蜕变。走出山村,迈向城市,她无疑已经成为当地实现乡—城身份转换的成功典型。

2010年,经历多年外出务工生涯的谭某林毅然决定回乡创业,在龙山县城开了一家精品店。也正在这期间,她的姑姑在干农活时从树上摔下,伤势严重,半身瘫痪,失去了经济来源,这一结果对于她姑姑的精神打击是巨大的。重情重义的她也在事故发生的第一时间赶回了老家。除了在生活上尽心尽力照顾姑姑的衣食起居外,最大的难点在于如何帮助身体残疾的姑姑重拾生活信心。谭某林希望姑姑能重新找回自己的价值,通过自食其力,度过这段艰难的时期。谭某林姑姑心灵手巧,手工活很娴熟。谭某林便自己设计图稿,让姑姑编织成手工艺品,通过精品店售卖出去,结果这些手工织品在短时间内快速成为精品店的热销产品。

手工织品的热销，给姑姑带来了生活的希望，也给她的事业发展带来了新商机。随着经济社会的发展，人们对民族工艺越来越重视，手工织品的受欢迎度也随之提升，她脑子里迸出专门开发纯手工工艺品市场、开办公司的想法。除了满足市场需求，她的另一个重要考虑便是留守家乡的众多像姑姑这样有一技之长的残疾人和妇女，通过加入手工艺品公司，这些人便可以在家门口就业，用民族传统手工工艺来实现自身价值，精神得到慰藉，还能更好地照顾家庭。

这个创业计划滋生后，她的首要任务便是将像姑姑一样留守在家、具有手工技艺的人聚集起来。她开始拿着样品到附近寨子里挨家挨户地寻找会手工编织活计的人，找到几个合适的人选，她便带着这些人开始了手工织品的创业之路，婴儿鞋服、小摆件等这些工艺品在他们一针一线的劳作中诞生了。她在阿里巴巴注册了商户，第一批"作品"放到网上，便受到大量关注。2011年，她正式注册龙山县惹巴妹手工织品有限公司，身残志坚的姑姑成为公司的第一名员工。

二、诚信为本，传统技艺走出国门

随着知名度的提高，报名求职的人也逐渐增多，越来越多的留守残疾人和留守妇女加入，也使得公司的力量不断壮大。创业之路注定不会是一帆风顺的，公司起步阶段，生产规模扩大，经常碰到新员工技术不过关、资金周转困难等问题。她秉持诚实守信的原则，用实际行动坚持了下来，用"诚信"焐热员工的心，温暖了这个企业大家庭。

质量过关是公司生存的基本保障。起步时期，公司主要采用保底收购模式，与员工签订收购合同，员工按照公司设计的图稿编织制作，公司负责提供原材料和回收销售，但因为没有接受系统培训，新员工技术生疏，生产过程中浪费了大量材料，质量不过关，产品也不能上市，公司经济损失巨大。面对这种情况，她不计损失，毅然回收了这一批不合格的产品。正是她的这一举动，焐热了大伙儿的心，让这个充满温情的"大家庭"焕发出了生机与活力。员工开始积极参加培训，采用传帮带的方式，提高技术水平。这种激励模式下，员工积极性得到充分激发，手工艺也在短时间内得到快速提升，两个月后，公司的6000件优质产品就新鲜出炉。

按时发放工资是谭某林制定的另一条铁律。这是给员工的"定心丸"，也成为员工与公司风雨兼程、相互依存走向成功的保障。公司经营现金流周转不济情况时常会出现，但她坚持每月按时发工资。她说道"每次看到员工领工资的笑容，我就特别觉得有成就感！"

在公司发展相对稳定之后，为打破传统手工产品生产效率慢的瓶颈，她带领团队到湖南高校学习设计知识，先后与湖南大学、湘潭大学合作，创建"产学研"联合体。通过细分工序资料，拆分生产，实现手工产品流水线式生产，大大提高了生产效率。到 2019 年，惹巴妹手工织品有限公司在县内设立了 6 个生产部，还在湘西州其他县市进一步推广拓展。

订单多起来，她便不断尝试开发新品种，从婴儿鞋帽服饰、创意礼品，到有民族特色的女性饰品，将湘西民族元素与现代时尚元素融合，实现了从"中国制造"到"中国创造"的转型。借助阿里巴巴、亚马逊等电商平台，她利用线上销售渠道，将惹巴妹手工织品推出国门。2017 年年底，龙山惹巴妹手工织品在第 22 届意大利米兰国际手工艺品展销会上，深受意大利、英国等多个国家消费者的青睐，先后与意大利动漫公司、电商亚马逊欧洲站的代理人达成合作意向并成功签约，为惹巴妹手工织品开辟了海外市场。此外，还聘请了 2 名留学生设计师为公司研发设计总工程师，为传统民族工艺顺利融入全球市场把好技术关。到 2019 年，惹巴妹手工织品有限公司已与多家外贸公司、电商境外销售平台签约，产品销往欧美、中东、东亚、南亚等地。

三、回报家乡，带领群众脱贫致富

"我不仅要把湘西手工编织技艺推向世界，让民俗织品产业化，更重要的是要以此帮助更多需要帮助的人，让他们的笑容成为自己的幸福。"谭某林用最朴实的语言道出了一个乡村企业家的社会责任担当。

因为没有就业门路，大量劳动力选择外出务工，留守农村的大多是老人和小孩，留守老人无人照顾、留守小孩无人看管长期以来已经成为当前我国农村地区社会发展面临的严峻问题。出身农村的谭某林很早便意识到这个问题，她深深地知道，要让农村劳动力留下来，就要通过发展产业留住人，在家门口就能就业。正是本着这一充满善意的初衷，她的企业越做越大，成为点亮贫困山区千千万万群众发展致富的一盏明灯。

惹巴妹手工织品有限公司始终把贫困群众的利益放在第一位，采取产品回收、劳动力入股、产业帮扶等方式，按"公司＋车间＋农户"经营模式，带领村民开发手工编织产品。村民做手工编织，平均每月可增加工资性收入2000元左右。村里留守贫困劳动力不仅有了稳定的增收渠道，而且还能够在家里尽一份孝心，照顾老人，照看小孩。龙山及其周边地区的留守农村劳动力越来越多，老人和残疾人都可以参与手工织品生产，留下的人多了，农村的生机和活力又重现出来了。

为了帮助贫困群众就地就业，她坚持在农村设立扶贫车间。为了帮助贫困劳动力掌握手工编织技能，她每到一个乡镇设立扶贫车间时，都要给贫困户开会，启发他们的思维，传授他们的技能。对于一些基础差的学员，她是不厌其烦地教，一次一次免费提供材料让他们操作。她常说"只要你们肯学，浪费点材料没有关系。"她的好心肠让不少学员深受感动，这也为企业不断发展壮大赢来了强有力的群众支撑。2018年开始，惹巴妹公司开始面向全州八县市开展免费手工技能培训，每年培训达3000人次，谭某林的扶贫车间也成为当地脱贫攻坚的重要突破口。

经过多年的发展和积累，公司先后被评为全国就业扶贫基地、湖南省"创新创业优秀企业"、湘西州"创新创业带动就业示范企业""创建十百千工程示范企业"等，谭某林本人也获得"全国脱贫攻坚奋进奖"的荣誉。她用善良与爱心开启创业之路，把家乡丰富的民族商品推向大千世界，带动父老乡亲们共同脱贫致富。这一切彰显着一个民族企业的大爱情怀、一位矢志奉献的创业榜样。

06

用青春"雕塑"家乡新画卷

——广西壮族自治区德保县那甲镇
大章村委会主任的带富故事

"富强、民主、文明、和谐……"在广西百色市德保县那甲镇大章村村前的水塘边,社会主义核心价值观的 24 个刚劲有力的大字在一块块形状美观的大石头上特别引人注目。茂盛的大榕树、平静的鱼塘、美丽的圆形花坛在蓝天白云的映衬下,整个村庄散发着浓浓的文化气息。

曾经的"脏、乱、差"贫困村之所以有如今文明和谐的乡村美景,皆因村里有一位敢闯肯干、一心领着乡亲致富的带头人——村委会主任甘某安。在他的带领下,该村先后获得了"三星级党组织""脱贫攻坚先进村""平安先进村""县级文明村"等荣誉,而他本人也荣获"党员创富带头人""农村实用拔尖人才"等荣誉称号。

甘主任 2009 年毕业于广西艺术学院雕塑专业,他放弃大城市的高薪职业,凭着一腔热爱家乡、建设家乡、致富家乡的热忱,毅然返回家乡,用心用情"雕塑"他心中美丽幸福的家乡新画卷。

一、产业引领,"雕"实富裕乡村

人间四月春正好,万物复苏绽新颜。甘主任桑园里的桑树枝繁叶茂,满目青翠,蚕房里,大蚕吐丝结茧,小蚕蠕动翻滚,一派丰收在望的喜人景象。甘主任与其他蚕农们在蚕房里忙碌着,割桑叶、拾蚕茧、清垃圾……乐此不疲。

"如果不种桑养蚕,我家恐怕要穷一辈子,日子肯定也不好过。在我们偏远山区,原来主要是靠种植水稻、玉米、黄豆等传统农作物为生,每到冬季,土地就闲置,村民们也只能闲在家里,种粮食一年到头来只勉强够吃,没有什么收入，所以很穷。如今，种桑养蚕已经成为村里人脱贫致富奔小康的新希望。"提起当年创业，甘主任感慨万千，深有感触。

大章村辖 10 个自然屯，共 556 户 2059 人，其中建档立卡贫困户 196 户 695 人。2015 年之前，大章村产业结构单一，产业基础薄弱，没有集体收入。2015 年，返回家乡的甘主任无法忍受贫穷落后的生活窘境，决心寻求"药方子"斩断"穷根子"，立誓改变家乡落后的面貌。他主动打听消息，多次外出考察学习，在与其他专家交流中得知桑树对土地条件要求不高，具有很强的抗旱抗寒能力，养蚕周期短，见效快。结合村里土地实际，甘主任决定发展蚕桑产业，得到了村干部和家人的大力支持。当年下半年，甘主任坚定信念，走上了种桑养蚕的道路。

甘主任利用自家全部土地和租用村里亲戚闲置地，大胆种下 2 公顷桑树。依托大章村得天独厚的自然条件，甘主任勤于研究，科学种养，白天黑夜离不开蚕房，结果他的蚕茧产量高、品质佳，他首战告捷，当年就有了 1 万多元的纯利润。

尝到甜头的甘主任没有放慢追求的脚步。2016 年开春，他以翻倍的土地面积发展桑园，扩大蚕房面积，建设小蚕共育室，当年再获利 3 万元。他再次证实，桑蚕产业短平快，可以帮助大章村民走上脱贫致富之路。

2017 年，甘主任的桑园扩大到了 4 公顷，蚕房 800 平方米，他与村"两委"干部讨论，以自己为示范引导，发动乡亲们一起发展桑蚕产业。因为有了前人的成功案例，村民们纷纷响应。0.67 公顷、1.33 公顷、3.33 公顷……一块块翠绿的桑园在田间徐徐展开，一座座蚕房在村间田旁拔地而起。

大章村绿兴种养专业合作社成立了，甘主任毛遂自荐担任社长，吸收全村 10 个自然屯所有种桑养蚕的农户入社，全村的桑蚕产业不断发展壮大。2017 年，甘主任被村民一致全力推选，担任村民委员会主任。

村委会主任是广大村民的"当家人"，也是群众脱贫致富的带头人、引路人，肩负着发展一方经济，强村富民的重要职责。甘主任深知自己肩上的担子更重了。"组织和乡亲信任我，把重担交给我，我是一名共产党员，无论如何都要把村里的事情做好。"甘主任这样说，也是言出必行。

脱贫攻坚，产业要先行。甘主任针对各村桑蚕产业单打独斗、分散经营、缺乏规模化生产的弊端，充分发挥各个村的组织优势和产业优势互融共建，创新打造"党群致富共同体"的新模式，助推基层党组织和产业发展深度融合。他积极对接联络，组织联合周边峒干、上央等 8 个村联合党委采取"联合党建＋经营主体＋基地＋群众"，实行村党支部书记带头，村民合作社社长负责，专业合作社经营的模式，抱团发展种桑养蚕产业项目，使扶贫产业兴旺起来。

"带领大家走上脱贫致富路是我永不变的初心。"甘主任的话坚决而有力。

如今，大章村联合峒干村、巴深村、那录村等 8 个村发展桑蚕产业，采取"联合党委＋专业合作社＋基地＋能人"发展模式，流转土地 136.67 公顷作为桑叶种植基地，建设 4500 平方米蚕房和设备齐全的小蚕共育室，蚕茧、小蚕等实现年收入 250 万元，带动贫困户 800 多户，辐射 8 个村 800 户贫困户、1500 贫困人口，贫困户实现户年均增收 7000 元以上，在脱贫攻坚战中夯实了产业之基。

二、设施建设，"雕"亮宜居乡村

大章村距离县城 16 千米，自然屯组、户户之间分散居住。之前因受地理条件限制，公共卫生设施不足，基础设施薄弱，村容村貌、人居环境问题突出。

"完善基础设施是夯实脱贫的基础，公共设施要搞起来。"甘主任的建议得到村委和群众的充分认可。

甘主任与村干部们对标"两不愁三保障"和村"八有一超"，积极争取了"一事一议""双联双加"等项目，并动员乡亲们自筹资金、投工投劳。

"脱贫先立志，勤劳靠自己。"甘主任以身作则，得到村里群众的积极响应，大家齐动手，搬水泥、运砂石、拉水管、抬灯杆……通村硬化路、网络通信、安全饮水等一个个项目有序推进，村里"颜值"一路飙升。

如今，大章村新建了办公大楼、基层党组织活动中心、15 米文化宣传长廊、6 个篮球场、2 个文化室、2 个戏台等；大章屯、东屯安装了太阳能路灯；提升了大章屯等 3 个屯饮水安全工程；新建了通信基站，联通了网络宽带。在村里行走，主干道干净笔直，乡间村道整洁有序，房前屋后树绿花艳。来到文化休闲广场上，有跳广场舞的，有打太极拳的，有使用健身器的，小孩们在一旁追逐戏闹，闲暇时的村民们置身于幸福宜居新村的美景之中。

"过去村里垃圾乱扔，村前也没有绿树红花。"村民甘某弟笑盈盈地打量着屋前屋后，高兴地说："很难想象我们乡下也能变得这么干净、漂亮！"

从"脏、乱、差"到"高颜值"，大章村发生脱胎换骨的美丽嬗变，不得不说，甘主任功不可没。

三、繁荣文化，"雕"出文明乡村

在大章村，榕树、花坛、鱼塘、文化石和文化墙，处处皆是一道道亮丽的风景线，篮球场边高高飘扬的国旗与蓝天白云、绿树红花交相辉映，整个村庄显得格外明丽。

甘主任认为，乡村之美，不仅美在村道干净和群众富裕，更美在村风文明里。他平常总是闲不下来，他在农闲时间充分发挥自身的专业特长，从实际出发，将村里的乡土资源、家乡传统文化与社会主义核心价值观相结合，在变得富裕、美丽村庄的基础上再次提升文明素养。

"村民生活富起来，环境美起来，社会主义先进思想文化必不可少。"甘主任说。在村里，甘主任除了带领村民做好桑蚕扶贫产业外，还把时间和精力放在乡村环境建设中，乡亲们常常看到他忙碌的身影：整理之前从水塘挖出的不规则石块，洗净后沿水塘边竖立摆放，雕刻上社会主义核心价值观24个字；广场边的大榕树，用石头垒砌围树根，呈圆形状花圃，利用边上的石墙刻画文明礼仪用语；粉刷村委办公楼墙壁、村中心民房、球场边、围墙等，设计一个个精致美观的图案，书写村规民约……村里的每一个角落都成了甘主任的"绘画本"，他让每一块石头都会说话，让每一面墙壁都能育人。

邻里和谐、孝老爱亲、家风家训、村规民约、廉政文化等为主要内容的文化栏，图文并茂，栩栩如生，处处传播着党的好政策，传递着党的好声音，积极倡导着乡村文明新风，让群众在耳濡目染中受教育，潜移默化中受影响。

"小甘这小伙子勤奋努力，不求任何回报，让我们村里环境变美了，高兴啊。大家也自觉遵守规则，互相监督，讲卫生，讲文明礼貌，不违法乱纪。"村党支部书记看在眼里，美在心里，对甘主任的努力付出连连称赞。村民们也纷纷赞许，称他才是真心为老百姓做事的人。

在甘主任带动下，大章村还组织了文艺队，以文艺表演形式有效传播文明，传递正能量。还定期召开村民理事会，开展道德规范、明纪普法、移风易俗、志愿服务等行动，让社会主义核心价值观深植于民心，搅"活"了农村文化文明的一池春水。

$\mathcal{O}7$

自强不息不失志智　带头发展巾帼风范

——重庆市奉节县太和土家族乡贫困户逆袭成为致富带头人

　　李某容是重庆市奉节县人，现住太和土家族乡太和社区 5 社，家有 6 口人，2015 年识别为建档立卡贫困户。建卡前，她居住的是破旧土坯房，吃水要到一千米外担水，家庭收入人均不足 3000 元，生活极端困苦。这几年扶贫后，修建了混凝土砖瓦房，屋后新修了水池，自来水到屋，每年种植烟叶都在 4 公顷以上，每年人均递增收入都在 2 万元左右，目前家庭殷实富足，存款 20 万元。2017 年主动书面申请脱贫。

一、吃苦耐劳，自强不息脱贫路

　　2016 年年初，太和社区扶贫工作队在摸清李某容家的基本情况后，确定只有找准产业发展项目，才是支撑她脱贫致富的后劲，然而，窘迫的家庭状况使她感到束手无策。扶贫工作队鼓励她解放思想，大胆探索，大胆创新。在大家的帮助和鼓励下，她决心改变自家的生活状况，认识到只要自立、自强，贫困是暂时性的，自己还年轻，年轻就是资本，好好干，一定能把日子过好。于是她鼓起胆量，破釜沉舟，当年租赁周边撂荒土地 2 公顷种植烟叶。县帮扶单位奉节县烟草公司跟踪派出技术员，从土地整治、肥料配套、起垄覆膜、大田移栽、田间管理、防虫治病、适时采收、科学烘烤、分级出售进行面对面、手把手传递指导，烟叶大田生长良好，烘烤达到了标准质量。由于她吃苦肯学，起早摸黑、披星戴月，学一行、专一行，熟练掌握了烟叶生产的每一个技术环节，当年出售烟叶 5600 千克，创产值 15 万元，家庭纯收入 10.5 万元，人均增收 1.75 万元。

　　一年的试种，李某容获得了烟叶种植的第一桶金也树立起了种植烟叶的信心。"今年你出去务工，我在家种烟。你在外面做一天活路的收入，就可以支付我在家种烟请 3 个民工的工资，这样很划算，比我们都在家种烟要强，既照顾了老人，又照看了孩子。"2017 年年初，她和丈夫商量道："政府都在帮助我们脱贫，我们自己就要发奋，努力把家庭建设好，给老人和孩子创造一个舒适的美好家庭。"

思想通了，胆子也大了，她说干就干，2017 年签订合同种植烟叶 4.67 公顷，创产值 28 万元。由于管理经营到位，当年全家纯收入 15 万元，人均增收 3 万元。全家 2018 年，种植烤烟 5.33 公顷，白肋烟 2 公顷，年收入 44 万元，全家纯收入 20 万元，人均增收 3.6 万元，由过去的贫困户变成了如今的种烟大户，她还雇请周边五户贫困户长期帮工，每人每月工资都在 2000 元以上。

"这几年，在扶贫工作队的大力帮助下，在烟草技术员的精心指导下，在帮扶责任人的耐心帮扶下，我已经达到了脱贫标准，自愿申请退出贫困队伍，让扶贫优惠政策惠及到比我更需要帮助的人。"2017 年 11 月，她主动申请脱贫，并拿着脱贫申请书向扶贫队长说道。几年的奋力拼搏，她腰包鼓起了，生活条件改善了，精神也焕发了，笑容也更灿烂了。

二、致富不忘本，要做脱贫路上带头人

"近几年，在烟草公司的真心帮扶下，我不但学到了种烟技术，每年收入都是芝麻开花节节高，走出了贫困，正在向富裕出发。我个人富不算富，要带动所有贫困户共同富裕，才算真正的富裕。"2019 年年初，她把这个想法告诉社区扶贫工作队队长。同时还说："为了感谢政府对我的帮助，对我的关心，我要回报社会。今年，我准备种植烟叶 4 公顷，把没有产业支撑的贫困户联合起来，带领大家一起发展烟叶。用我的生产技术和管理经验，带动他们共同脱贫致富。"

"三带"入股就是带土地、带劳动力、带资金入股一起发展。实行统一耕作，统一管理，统一经营销售。红利分配按照土地入股多少、劳动力出工多少、资金带入多少进行核算。入股贫困户共同协商，签订协议，分工明确，责任细化，职责制度完善。风险共担，利益共享，合作共赢。这些思路和具体操作，她没少费心思。

为确保贫困户共同发展有一个好的收获，帮扶单位县烟草公司安排技术员1名，进驻贫困户家中，每个生产环节、生产技术都现场跟踪指导，种植优良烟叶，实现降本增效。按照常规预测，这些贫困户抱团发展烟叶8公顷，可创产值48万元，获纯利24万元，户均增收6万元。2019年，李某容被重庆市扶贫办评为"重庆市2019年度脱贫攻坚奋进奖"，被奉节县妇联评为"脱贫致富巾帼带头人""太和土家族乡太和社区脱贫致富标兵"和"最'美'贫困户"。

三、以脱贫攻坚保障饮水为重，不计个人得失

2018年8月，奉节县水务局现场勘测规划，将在李某容房屋斜后面，修建一口1000方的集中供水池，以解决2个社76户230人的饮水困难。为了便于运输建材，需要从她屋旁修建一条简易车道，既要临时占用土地0.031公顷，又要毁掉尚未成熟的青苗。村"两委"干部找到她协商补偿问题，没想到她出口说道："修建水池，是为大家做好事，只要能解决大家常年吃水困难，我不需要任何补偿，你们怎么方便就怎么办。"在场的工作人员、施工业主和少数群众都感到惊讶，打心眼里佩服这位通情达理、豪爽义道的乡村女强人。

据施工业主介绍，在水池建设中，她经常提着水壶，拿着杯子，满脸笑容地为工地民工送上热水，以解口渴。只要稍有时间，就请他们到家做客吃饭，并一再叮嘱建设工人们要加快进度，必须在冰冻到来之前完成施工任务，确保乡亲的饮水安全有保障。

四、孝敬公婆受人赞，弘扬孝善文化助力精神扶贫

李某容家庭6口人，公公患食道病癌已有两年时间，婆婆上肢残疾，都是70岁以上高龄，下有两个孩子在校读书。近几年间，老公在外务工，她在家里既要种植几公顷烟叶，又要照顾两位年迈多病的老人，看似一个柔弱的女子挑起了家庭重担。

"不管在地里多累、多苦，只要她一回到家里，很温顺地叫上一声'爸、

妈'，亲切地问这问那。给老人做饭、端饭、送药每天三次从不厌烦，夜晚别人睡觉，她就给老人洗衣、洗被，辅导孩子做作业。这样勤劳持家、懂事孝顺的儿媳妇，是他们家前世修来的福分"。邻居罗某松老人介绍道。"我们邻居同住几十年了，没有听到他们家吵过一次架，骂过一次人，老少说话都相敬如宾。她但对她自家老人孝敬，而且对我们周边的任何人都很亲热，你只要请她帮忙，她从来不回避，和我们邻里关系也相处得很和谐。她弘扬了传统孝德文化，发挥了向上向善、孝老爱亲的正能量，对于助力脱贫攻坚、推进精神文明建设具有重要意义。"

她的一路艰辛，一路心酸，是自强不息换来了今天的幸福，与贫困彻底告别，正在向小康之路阔步迈进。豁达的心胸，宽阔的思维，带领周围贫困户一起发展，共同脱贫富裕实现美好梦想。不计得失，乐善施人，孝敬老人，相处邻里，群众有口皆碑，不愧当今巾帼风范。

08

扶贫奔康路上巾帼梦

——四川省北川县曲山镇大水村党支部书记的扶贫故事

吴某红是四川省绵阳市北川羌族自治县曲山镇大水村党支部书记，绵阳市非遗羌茶手工制作传承人，国家高级制茶技师，二级评茶技师，中国妇女第十二次全国妇女代表大会代表。2010 年 10 月，她创办注册成立北川羌族自治县振兴茶叶种植专业合作社。九年多来，克服重重困难，不断学习创新手工制茶技艺，倾心发展茶产业，带动群众增收致富，深受曲山镇大水、岩羊等村群众好评，被北川羌族自治县委、县人民政府授予"首批羌山英才骨干人才"称号，被绵阳市人才工作领导小组等单位表彰为"优秀农民示范合作社"。她表示："振兴茶叶合作社就是我的全部希望和寄托，目标就是带动群众脱贫致富奔小康。在发展的过程中有很多的心酸、失落，也有幸福、快乐，都是满满的回忆。"

一、怀揣感恩之心立志带领群众致富

吴某红所在的村位于北川湔江河畔，背靠唐家山，是"5·12"汶川特大地震极重灾区，震前是北川老茶树台子茶基地。

"5·12"汶川特大地震发生时，她还在地里锄玉米草，一阵地动山摇，她站不稳摔倒在地上，山上的石头滚滚落下，慌乱中奋力抓住一棵连根拔起的老茶树，蜷缩在老茶树下，眼睁睁看着滚下的石头被老茶树挡住，躲过了一劫。特大灾难使得她温馨的家庭瞬间支离破碎，她一家 6 口人 3 人遇难(丈夫、儿子、婆婆)，她以泪洗面，忍住巨大的悲痛，带领大水村群众艰难度过了抗震救灾的时期。在灾后重建时，吴红就把老茶树当成了自己的救命恩人，与茶结下了不解之缘。带动群众发展产业的过程中，首先想到的就是家乡的老茶园，带领群众不顾危险翻山越岭回到大水村原址管护老茶园，既是对老茶树的资源品质认可，更是对茶树的一种感恩敬仰。

老茶树，藏在深山无人扰，云雾滋润，有机生态，已经生长上百年了，属于北川苔子茶的一种，获得国家地理标志产品。虽然产量低，但因为云雾缭绕的高山，空气清新、湿润，绿色环保无任何污染，鲜叶品质好。经过深思熟虑后，她表示一定要做"感恩茶"，源自内心的一份感恩，也是用实际行动感恩更多关注支持北川灾后恢复重建的社会各界人士。

吴某红因这次灾难而改变了世界观、人生观、价值观。化悲痛为力量，怀揣感恩之心干事创业。她用自己儿子和老公的死亡抚恤金作为振兴茶叶合作社的启动资金，倾其所有，将全部精力都投入了带动群众发展茶产业致富增收当中。她的初心就是"诚实做人，老实做茶，回馈客户，带动更多的群众致富创收，早日脱贫奔小康"。

二、学习传承技艺，培养群众自主生产力

"5·12"地震后，选准发展茶产业这条路以后，她先后在擂鼓、曲山等地拜师学习手工制茶技艺，还自费到福建等地学习。经千百次实践提升，总结出了羌茶手工制作技艺，在专家的指导下，整理出手工制茶的流程和技术要点。按程序申报，羌茶手工制作技艺于2012年被绵阳市非物质文化遗产保护中心认定为绵阳市非物质文化遗产。随后几年时间，她坚持每年组织大水、景家、岩羊、石椅等村群众开展羌茶手工制作培训活动，一个培训班15天，邀请市农业局专家现场指导、讲解，她也亲自示范授课，邀请制茶师手把手教群众制茶、示范展示茶艺，先后培训群众167人，带动曲山镇49户群众自主采茶、制茶、销售北川羌山手工茶，每户每年直接比去年增收5200元以上。2014—2016年，她连续3年被绵阳市非遗文化保护中心表彰为"绵阳市非物质文化遗产优秀传承人"，2017年被绵阳市非物质文化遗产保护中心表彰为"绵阳市非物质文化传承突出贡献奖"，2018年获四川省"脱贫攻坚奉献奖"。

三、以果敢魄力建成非遗羌茶手工制作展示中心

2010年8月—2016年11月北川羌族自治县振兴茶叶种植合作社生产车

间在曲山镇凉风垭，租用了当地农民的一楼门面，生产车间狭小，周边环境较差，是合作社发展的一大"瓶颈"。2016年12月，为了扩大茶叶生茶规模，打造手工羌茶品牌，切实为老百姓增收提档升级，她召集合作社所有社员，商议建设绵阳市非遗羌茶手工制作展示销售中心。起初，社员们不同意，感觉风险太大，她就一户一户地沟通，做思想工作，同时也积极向上争取资金。通过近年努力发展，在绵阳市委、市政府及市县相关部门的支持下，合作社被绵阳市人才领导小组评为"优秀农民专业合作社"，并获得扶持奖金20万元。有了这20万元作为建设资金，她跟社员们的沟通更有了底气，最终做通了工作，社员们赞成修建非遗羌茶手工制作展示销售中心。经过多次开会讨论，最终确定了资金筹集方案，采取核心社员贷款、合作社承担利息的方式筹集建设资金。建设的钱基本有了着落，而她心里却更加着急了，规划、设计、报批、谈判、施工、装饰装修，短短的两月时间里，她没有睡个安稳觉，做梦都在寻求发展资金，做梦都在叮嘱工人们注意安全，既要操心施工质量，又要筹钱支付工程款，那段时间整整瘦了12斤。经过多方汇报沟通，在"5·12"汶川特大地震纪念馆管理中心、北川羌族自治县住建局的支持下，历时两个月，建成绵阳市非遗羌茶手工制作展示销售中心，投资75万元，占地540平方米。至此，合作社终于有了一个像模像样的茶产业制作展示的基地，真正具备了硬件条件。

建成后的基地，顺利取得了绵阳市质量监督管理局"食品安全认证"，先后接待各级各类团队、嘉宾参访近80次，接待旅游团队、中小学生非遗展示体验活动17次，举办手工羌茶制作培训班2期。正是因为吴某红的聪慧、执着，用其独特的眼光、创新的思维、果敢的决策为振兴茶叶合作社及其后续发展奠定了坚实的基础、开创了良好的局面。

四、示范带动群众大力发展茶产业得实惠

"要致富，找门路"，这是吴某红挂在嘴边的一句口头禅。由于曲山镇大水村土地、林地资源十分有限，大水村精准脱贫产业发展不局限于大水村范围内。经过多次现场踏勘，她与合作社社员论证考察，探索"异址产业发展"模式。振兴茶叶合作社与岩羊村村民委员会签订老茶园基地建设管理合作协议，岩羊村66公顷老茶园作为合作社的基地，每年制茶期间收购大水、

景家、海元、岩羊等村群众的鲜叶，建成大水、景家、岩羊茶叶基地 3 处，与群众签订鲜叶采购协议，免费组织茶园管护、采茶技术培训，免费向合作社社员发放有机肥，深得社员、群众的好评。

为了发展大水村茶产业，她先后 10 多次返村实地勘察，与茶农商议，在曲山镇党委、政府的支持下，她牵头编制了《曲山镇大水村老茶园恢复、笋用竹种植项目实施方案》。在曲山镇政府的支持下，合作社向北川县扶贫局申报了产业项目恢复了老茶园 24 公顷、种植雷竹 7.33 公顷，争取扶贫产业补助资金 18.1 万元。带动群众恢复老茶园，一户一户地动员，讲清项目验收的标准。最初在没有回村道路的情况下，恢复老茶园是多么的艰辛，生活用水靠人力背，背水爬坡需要 2 小时的路程才能到达，中午的午饭就带上干饼子、馒头等，用塑料布搭一个简易的棚子，往返必经过拉着绳索吊爬的悬崖峭壁才能通过的艰苦路，在如此艰苦的条件下，她带领大家恢复了老茶园。

通过努力，合作社成员从原来的 5 户增加到现有的 104 户，其中建档立卡贫困户 29 户，14 户贫困户以产业扶持周转金 1 万元入股合作社，合作社每年给贫困户保底分红 800 元。2018 年每户分红 1000 元。在采茶期间，合作社按照每千克高于市场价 20 元的价格收购合作社成员的鲜叶，当天以现金直接给予了补贴，每户每天都有，这样一季茶叶卖完，农户的第一次补贴高达 1000 元左右，他们的鲜叶被合作社全部收购，金额达到 11 万元，收入最多一户高达 1.2 万元。第二次的补贴是：合作社每天给开好收据，待农户卖完一季的总产量，以每户全年卖给合作社鲜叶的总金额的 10% 再次补贴。第三次补贴就是茶园的恢复补贴（2017 年之前合作社自己给予的是每公顷 4500 元的补贴，2017 年县扶贫局给予了项目支持 7500 元 / 公顷）。另外贫困户在合作社免费学炒茶技术再就业以每人每月 2400 元包吃住再进行补贴。这样农户比去年增收 1 万—2 万元。2018 年年底，合作社所有贫困户全部顺利脱贫。现在合作社被授予绵阳市"扶贫就业基地"。9 年来，吴某红带领的振兴茶叶合作社逐步发展，年带动群众增收 15 万元以上。看着群众增收，她觉得付出是完全值得的。

合作社收购了农户的鲜叶加工出产品，多渠道的销售又将是她的必思之路。她深知，只有产品销路好了，农户的收入才能更高，于是又与中国邮政签订了电商网络平台，通过线上线下同时销售。这样，合作社的手工茶每年是供不应求，效益甚高。

五、克服重重困难，修通返村产业路

曲山镇大水村是省定贫困村，地震过后便没有返村道路，想发展十分不易，看着其他村热火朝天地修路发展自己的产业，她的心里很不是滋味。为此，她先后十多次与新街村（途经的邻村）群众商议，把他们一个个接到现场商谈修路租地事宜，经过软磨硬泡，终于达成租地协议。此后，她带着村社干部、群众、交通局技术负责人现场踏勘线路，抓绳索，爬悬崖，走峭壁，先后到镇上、县上相关部门汇报。虽然遭受不少质疑，她仍然坚持跑项目，争取资金，对修路不放弃。经过村民集体讨论，经分析论证，最终证明修通返村产业路是可行的。在北川县委、县政府的支持下，40万元的产业道路建设项目获批。看着项目文件，她如释重负，眼泪夺眶而出，那是激动的眼泪，也是幸福的眼泪。因为她知道，只要道路打通，大水村发展产业就有希望了，群众的经济增收也有指望了。这是多么的不容易啊！

由于地震过后，山体较为松散，项目施工难度较大，时常会有小型滑坡，施工进度缓慢。她一边希望返村道路快点打通，一边又担心施工队伍的安全，于是她安排合作社的一名成员时刻坚守现场，她一有空也就去施工现场，查看施工进度的同时，叮嘱施工安全。最终，在她带领的乡亲们和施工队伍的共同努力下，历时三个月，5千米产业道路终于打通了，方便了群众回村发展产业，一片片老茶园、一块块雷竹猕猴桃、魔芋等种植业均得到了快速发展。

六、展示参赛塑造手工羌茶品牌

2012年5月，吴某红带上手工茶去欧洲三国（俄罗斯、芬兰、瑞士）进行了长达15天的文化交流。2016年2月，她去美国拉斯维加斯参加国际礼品展，所带的40盒手工茶在短短两天内全部售出，赢得了国际友人的好评，签订了25000美元订单。2017年6月，她又带上手工茶参加了在日本东京举办的非遗展示展览活动。此外，先后参加2016年绵阳市科博会、旅发会展示羌茶手工制作技艺，很多参观者慕名而来品茶观看手工制茶。在四川省第二届成都经济区职业技能大赛手工制茶比赛中，茶叶合作社社员谢春梅获得手工制茶银奖、四川省"优秀农民工"等荣誉称号。四川、绵阳、北川电视台以及省市报社记者多次采访报道"善茗羌缘"手工茶及振兴茶叶合作社经营发展、带动群众致富奔康的艰辛状况，手工羌茶品牌深受顾客喜爱。2018年5月，她先后接受中央电视台《走遍中国》系列片《崛起》、CCTV-4中文国际新闻频道《北川在废墟中重生》、CGTN国际英语频道、《齐鲁周刊》等媒体专访和报道。

七、不忘肩上责任带领群众奔向小康路

一个农民合作社的发展，离不开负责人的超常付出和努力。振兴茶叶合作社一步步发展到现在，凝聚着吴某红的心血和汗水。面对未来合作社的发展，她表示，既感到欣喜，又深感责任重大。她凭着一股子干劲儿、闯劲儿，无论面临何种困难，直爽、乐观、豁达的吴某红没有一丝退缩，迎难而上，无所畏惧，砥砺前行。在今后的精准扶贫路上，她还计划把振兴茶叶合作社做强做实，学习先进的管理运营经验，与专业公司合作拓展茶叶销路，积极参加各类展示展会展销活动，提升羌山手工野茶品牌，获取的利润收入惠及更多的群众。还要以振兴茶叶合作社为平台带领大水村群众种植野生猕猴桃、魔芋，任务还很艰巨，困难还有很多。

雄关漫道真如铁，而今迈步从头越。而这一切成就不是终点，对于她来说是崭新的起点，在带领大水村群众奔小康的路上，她已规划得满满当当，合作社做大做强、帮扶贫困户的致富道路、产业道路的深化改造等，都已成为她新的工作目标。她深知："脱贫奔康路上，不能让一户群众掉队"，不忘初心，砥砺奋进，实干兴邦，不负群众期盼，助推大水村群众实现致富奔康梦。

09

"蜜蜂书记"和他的"三军"产业梦

——云南省弥渡县牛街乡团结村党总支书记

　　"蜜蜂书记"是人们对弥渡县牛街乡团结村党总支书记李某雄带头带领当地群众发展中蜂养殖产业、走上脱贫致富路的昵称,而"空陆海"三军产业则是"蜜蜂书记"对中蜂、生猪和水产养殖产业的昵称。"蜜蜂书记"和他的"三军"产业梦,生动地展现了一名基层人大代表围绕脱贫攻坚为地区群众谋幸福、谋发展的别样风采。

　　"人大代表不为民,不如回家卖红薯"。如何更好地利用良好的生态优势和资源禀赋,进一步发展新兴产业,打造具有地区特色的"空陆海"三军产业,带领群众实现产业兴旺生活富裕,这个"发展"问题李书记一直在思索。

　　从"蜜"谋发展到"蜂"生水起,从"蜂盲"到"蜂通","蜜蜂书记"带头"吃螃蟹",走了不少弯路,但凭着一颗坚定的事业心、一腔火热的为民情,硬是将养蜂产业进行到底,让小蜜蜂带出大产业。

　　李书记引导当地干部群众算清"经济、管理、商品、生态、社会"五笔细账,"蜜"谋发展,以平湖片区为中蜂养殖示范点,辐射带动全村蜂产业发展。一是算经济账,效益突出。相比其他产业,中蜂养殖投入低,产出高。一窝中蜂的成本投入550—850元,年产蜂蜜5—10千克,年收入1000—2000元。基本上属于"一劳永逸",无须过多后续投入,便可"坐享其成"。理论上讲,农村一个4口之家只需管理好10窝中蜂,脱贫不成问题,过小日子也不成问题。二是算管理账,易养易管。相比其他产业,中蜂养殖日常管理简单易行,选择一个植被茂盛、四季花开,温暖舒适的环境安家落户,防止过早"分家"、防止农药中毒、防止天敌干扰即可。三是算商品账,效高质恒。相比其他产业,中蜂养殖周期短、见效快,产出率高,一年可采2—3次蜜,产品易收易存,质量恒定,不易变质,三五年不会过期。四是

(continued)

算生态账，绿色环保。相比其他产业，中蜂养殖无污染，"零排放"，不对自然生态、人类健康、生产生活造成危害。相反，蜜蜂帮助虫媒植物授粉，促进农业和林果业的丰收，促进自然生态的良性循环。五是算社会账，引领时尚。相比其他产业，中蜂养殖产品健康时尚，安全环保，蜂蜜和蜂王浆美容美肤、养脑养心、保健康体，长期走俏市场，受人追捧，投资潜力较大。

"我是干部我先上，我是党员跟我干"。李书记带领几个村干部开始了探索养殖，先试养了十几窝。由于大家基本上是"蜂盲"，经历了不少"小插曲"，经受了很多"小挫折"，但更重要的是取得了宝贵经验，最终决定大力推广、规模养殖，用他的话说就是"火烧芭蕉心不死，不养成功不罢休"。三思而后行，百折不回头，说干就干。他下足10万元"血本"，将自家的中蜂扩充到150多窝，人们开始称他为"蜜蜂书记"。有了之前的教训和经验，加之不断学习总结实践，"蜜蜂书记"从"蜂盲"变成了"蜂通"，成功驯服了他的"空军"。因为蜂蜜品质纯正，供不应求，当地销售200元/千克，网络销售到上海400元/千克，10万元投资当年回本，"蜜蜂书记"尝到了"甜头"。

"带头致富诚可贵，带领致富价更高，人大代表就要带头带领致富"。只有让大家都来尝养蜂"甜头"，大力发展"空军"产业，才能实现"蜂"生水起，为地区脱贫攻坚加油助力。"蜜蜂书记"带领干部群众探索实施"党组织+服务组织（购买服务）+新型经营主体（养蜂合作社）+贫困户"的"1+3"蜂产业精准扶贫模式，建设养蜂示范场14个，发展标准养蜂600窝。2018年以来，全村实现年产蜂蜜4000多千克，产值突破100万元，中蜂养殖为增强经济"造血"功能，促进贫困农户发展生产、增产增收提供了有力支撑。

"蜜蜂书记"的成功，带出了牛街乡一大新兴产业——中蜂养殖，促进了一方经济发展，全乡在生态植被较好的团结、木掌、荣华、龙街、马鞍、保邑6个村委会大力推广，"复制粘贴"，有效助推贫困群众增收致富。同时，还生动实践了贫困地区脱贫攻坚与党建工作"双推进"的有效衔接，其中的"支部铺路、新型经营主体引路、党员上路、群众参与"等好做法让一个地区"党建飘红、产业透绿"。

随着"空军"产业的发展和带动，许多农户的小日子越过越红火，小洋房、小轿车如雨后春笋般陆续出现。农户虽然"财大气粗"了，但村集体经济却囊中羞涩，"蜜蜂书记"如坐针毡不得安乐。"空军"不足"陆军"支援，想到畜牧产业是当地的传统支柱产业，有着深厚的群众基础和发展基础，"蜜蜂书记"决定在"陆军"产业——生猪养殖上大做文章。"骑马要抓鬃"，擒"贼"先擒"王"，"蜜蜂书记"紧盯"陆军"产业的"头目"大型生猪养殖企业，下大力气抓实招商引资，想方设法引企入村，创收村集体经济，告别"空壳村"。"功夫不负有心人"，在"蜜蜂书记"为首的村"两委"积极努力下，村内引入了弥渡玉柱农业发展有限公司，建设了弥渡县正大"550"生猪养殖铸钱山养殖点，实施"企业＋基地＋党组织＋合作社＋贫困户"发展模式，有效补齐了村集体经济缺失短板，解决了部分贫困户增收难题和就业难题。

村委会向上级争取发展壮大村集体经济项目资金10万元，入股玉柱农业发展有限公司，保障每年定期收益2万元。10户贫困户到银行借贷政策性贴息贷款20万元成立合作社入股玉柱农业发展有限公司，保障每户每年定期收益近3000元。20多名农村劳动力就近就便到公司务工，促进贫困户转移就业，达到双赢多赢目标。与弥渡县正大"550"生猪养殖企业合作，向县畜牧局争取项目扶持资金50万元，入股铸钱山生猪养殖点，保障每年定期收益6万元。

2019年下半年，生猪养殖迎来了前所未有的黄金期，村区两大"猪企业"及生猪养殖户都发了猪财，村集体经济得到空前充盈，"陆军"产业绩效创造历史新高。

"人无远虑必有近忧"，仅靠"空军""陆军"产业发展还满足不了人民群众对美好生活的向往和追求。依托得天独厚的山水气候生态资源优势，"蜜蜂书记"心中的"海军"产业梦也开始"扬帆起航"。在沿河沿箐发展自然生态的鱼、虾、蛙、鸭、鹅等水产养殖，试点养殖目前已小有成效，相信无须多久"蜜蜂书记"的"海军"产业梦也同样会梦想成真。届时，"蜜蜂书记"将升格为"三军总司令"，而他的家乡也早已打赢脱贫攻坚战，走上乡村振兴路。

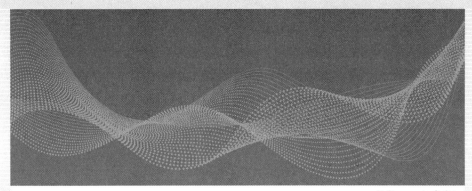

第三篇

一家好企业

01

产业龙头带动　精准施策扶贫

——河北省南皮县温氏畜牧有限公司助力贫困户脱贫

沧州市南皮县地处黑龙港流域连片贫困带，是国家级扶贫开发工作重点县。近年来，该县以产业夯实脱贫基础，以扶志阻断"贫困基因"，取得了良好效果。截至 2019 年，全县 496 户 1279 人实现稳定脱贫，超额完成年度计划，剩余未脱贫 152 户 393 人，贫困发生率下降到 0.12%。南皮县是平原农业县，地处环渤海地区，凭借优质粮食产地和政策优势，引入广东温氏食品集团，投资建成 40 万头生猪养殖项目。仔猪、饲料、防疫、销售等均由公司负责，养殖户基本不承担风险，只需按照标准养殖生猪，就能确保稳定收入，带动贫困户脱贫致富。

南皮温氏畜牧有限公司（以下简称"南皮温氏公司"）是一家以种猪生产、肉猪养殖及饲料自产自足的一体化公司。该公司于 2013 年 9 月在南皮县注册发展，公司养猪业遍及南皮 9 个乡镇。他们推行"公司＋家庭农场(农户)"的温氏经营模式，在当地发展合作家庭农场，并为合作家庭农场提供猪苗、饲料、药物、技术及销售等一条龙服务，实行全程专业、科学管理，为合作家庭农场降低了养殖风险和市场风险，带动了当地贫困户创收致富。

一、助农扶贫，创新模式

（一）精准扶贫基本情况

该公司成立以来，积极响应国家精准扶贫政策，将带动贫困户脱贫致富列入公司发展重要日程。

一方面，签订入股分红协议。该公司旗下 234 户养殖大户先后与 2936 户贫困户签订入股分红协议，吸收贫困户扶贫资金入股养殖大户，参与分红。其中，2018 年该公司结算养殖户 140 户，共有 98 户养殖大户与 1176 户贫困户签订入股分红协议，吸收贫困户 940.8 万元扶贫资金入股，户年均分红 800 余元。

另一方面，通过"公司＋家庭农场＋贫困户"的模式积极发展订单养殖。该公司为养殖户提供猪苗、饲料和相关技术，并在猪舍建设上予以资金补助，解决养殖户因资金不足而无法发展生产的问题。大大降低养殖户的投资风险，使养殖户达到投入少、获利丰的目的，做到真正的精准扶贫。该公司每年召开养殖户表彰大会，对特困户及先进合作养殖户颁发慰问金。

（二）政企合作精准扶贫模式

根据国家"十三五"精准扶贫脱贫攻坚方略及各地政府政策，广东温氏集团鼓励养猪业各区域管理公司与当地政府积极研究，通过"政府＋公司＋合作社（种养大户）＋贫困户＋金融"经营模式，与政府共同帮助当地贫困户脱贫致富。为统一各公司合作精准扶贫的工作思路，他们摸索出了政企合作精准扶贫的新模式。

该模式对有无劳动能力的贫困户均适合。模式由多个贫困户通过政府精准扶贫资金、贫困户免息扶贫贷款资金，合资入股建设现代养猪场。贫困户通过入股分红获得收入，达到脱贫的目标。

（三）高效家庭农场合作情况

高效养殖小区。目前，南皮县政府精准扶贫项目——大坊子高效养殖小区（该公司整体租赁）于 2018 年 6 月底开工建设，2018 年 12 月底建设完成，并于 2019 年 3 月交付南皮温氏公司使用。内含 8 个 2000 头规模高效棚，配合新租赁白普青家庭农场养殖小区，年出栏可达 4.8 万头。该养殖小区年投苗可达到 3.2 万头，因采用尿泡粪模式、自动环控和自动喂料，家庭农场主两个人即可轻松饲养一栋，年获利可达每栋 16 万元。

高效家庭农场。目前已投产高效棚 31 户，另有与公司合作待进高效家庭农场 2 户。

二、精准扶贫典型案例

"共同富裕、造福员工、造福社会","精诚合作、齐创美满生活",是该公司一直坚守的理念。近年来,该公司积极响应国家精准扶贫政策,涌现出许多贫困户通过与公司合作脱贫致富的典型案例。

寨子镇小安畜禽养殖有限公司,该公司生猪养殖基地位于寨子镇小安村北1千米处,占地面积2.67公顷。目前,已建成11栋猪舍及配套设施,共投资2000万元,年出栏生猪1万余头。该公司积极响应扶贫政策,在县扶贫办的协调下,通过吸收贫困户扶贫资金入股,向贫困户分红的方式,已带动贫困户134户增收,入股贫困户两年共分红12.8万元。同时,该公司吸纳贫困人口就业50人,间接受益人口达到700人,有效带动小安村贫困户脱贫致富。村民李某德,原是小安村的典型贫困户,因病无法干体力活,在该村的养猪公司入了股,并在养猪场打工,工作一年摆脱贫困并成为典型的致富户。2016年,其家庭纯收入达到了38000元,家里置办了电器,改善了生活条件,近年收入实现连年攀增。

大浪淀乡肖十拨村贫困户宫某,多方筹集资金想要加盟南平温氏公司搞生猪养殖,但资金仍然不足,经县扶贫办积极协调,鼓励其带动该村10户贫困户,吸收这些贫困户的扶贫资金用于猪棚及配套设施建设。2015年,该户猪舍出栏生猪1100余头,每头毛利达260多元,当年就甩掉了"贫穷帽子",并带动入股的贫困户共同致富。

三、企业下一步发展设想

南皮温氏公司自成立以来,积极响应国家精准扶贫政策,一直致力于扶贫事业并已取得良好效果。展望未来,该公司将加大对扶贫事业的投入力度,进一步努力实现各方合作共赢。同时,该公司重视环保,积极开展绿色、环保养猪事业。目前,已在种猪场、高效猪场安装了环保生产设备,积极与渤海粮仓、中科院遗传所合作,研发粪污和废水处理技术,开展绿色、环保养猪事业,已取得一定效果并将持续建设。

南皮温氏公司积极推进高效化、智能化养猪。通过"互联网＋大数据分析"经营模式实现了猪场自动温控、自动喂料、自动刮粪的高效化、智能化养猪（一人可养千头猪）。同时，政企合作建设扶贫养殖小区将成为后续主导的扶贫模式。2020年该公司利用政府扶贫资金2600万元，建成第二个扶贫养殖小区——王寺镇东葛村养殖小区（8.87公顷），而且该公司还储备有倪官屯养殖小区（20.48公顷）、大迟庄村养殖小区（10.43公顷）2个养殖小区，1个家庭农场保育养殖小区和3个正在洽谈的意向用地（约30公顷）。在争取获得政府更多扶贫资金支持的条件下，该公司将带动更多的贫困户创收、致富。

四、扶贫经验与启示

产业扶贫是稳定脱贫、乡村振兴的关键所在，只有靠贫困户合理利用各类资源和自己的努力稳定创收，贫困问题才能有效解决。然而，贫困地区产业基础薄弱，贫困户因为观念、技术、市场、资金等多方面因素的限制，独立发展产业难度大，失败率高。在贫困地区产业发展和产业扶贫中，龙头企业具有不可替代的作用，有助于改善贫困户"单打独斗"的发展局面。

首先，贫困地区的特色产业开发需要龙头企业带动。发展贫困地区的特色产业必须依靠龙头企业的资金、技术、信息和管理优势对特色产品进行开发，通过价值链的延伸提高特色产业的附加值，通过品牌和市场的开发来助推产业化、确保产业价值实现。

其次，贫困户需要龙头企业带动。在特色产业开发的基础上，要使能力弱的贫困户受益还需要创新组织模式，防止出现产业的发展只富了能人大户，贫困人口很少受益的问题。目前最典型的组织方式是"龙头企业＋合作社＋贫困户"。在这种模式中，合作社起到组织和管理贫困户的作用，避免龙头企业与贫困户直接合作产生的高交易成本，从而提高组织效率，大幅度降低贫困户发展产业的风险。第二种产业扶贫的模式是就业创收，龙头企业直接为贫困户提供就业机会。第三种模式是资产收益。即将自然资源、公共资产（资金）或农户权益资本化、股权化，龙头企业利用这类资产产生经济收益后，贫困户按照股份或特定比例获得合理的收益。该种模式适合于不具有独立经营能力的失能和弱能贫困人口。

最后，龙头企业抗风险能力较强，能够保证贫困户收入的相对稳定。

各种自然灾害和市场风险是贫困地区在产业发展和产业扶贫中面临的一大问题。龙头企业由于有强大的技术和资金，并依靠产业链的延伸、市场周期的把握和保险等来抵御风险，应对风险的能力明显高于其他经营者。因此，在产业扶贫中经常出现企业还没有收益，而贫困户通过从龙头企业获得工资、租金和分红而增加了收入。

2020 年是脱贫攻坚的收官之年、决胜之年，同时也是进入"十四五"规划之年。龙头企业的辐射带动作用应当继续得到充分的、切实的发挥。政府职能部门也需要在财政、税收、土地、贷款、重大专项扶持、个人专项贷款补贴等方面，继续采取创新措施给龙头企业提供及时高效的政策支持，更好地发挥龙头企业的引领带动作用，让更多贫困户受益，实现稳定脱贫，并致富奔小康。

02

"好醋"给贫困户带来好处

——脱贫攻坚路上的山西省山河醋业

2020年3月26日，在西瓜视频、今日头条、抖音联合农业农村部管理干部学院、中国社会扶贫网发起的"八方助农，县长来了"活动中，和顺县人民政府李副县长走进"CUCU厨房"直播间，为山西省农业产业化省级重点龙头企业——山河醋业当起了售货员，直播时段最高人气值200万+，"CUCU"和顺老陈醋产品直播销售成交12739单，20348件，销售额达到了50多万元。是什么原因让政府副县长化身"主播"，硬核支持这个企业？"因为山河醋业是当地贫困群众脱贫致富的重要支撑，其销售业绩关联着和顺县许多农户的增收。说到底是'好醋'能给贫困户带来好处！"副县长的解释道出了其中奥妙。

一、情系桑梓的头雁

提到山河醋业，赞誉的目光要投向曹经理。曹经理是土生土长的和顺人，1994年通过高考升学走出和顺，在外打拼了二十多年，事业上功成名就。然而，由于从小在山里生活、山里上学，让他对故乡一直有着深深的眷恋，和顺的一山一水、一草一木、一石一土，优秀的农耕文化时常在他的脑海中萦绕，生活在大山深处的父老乡亲始终是他最大的牵挂，改变家乡落后面貌，帮助贫困群众实现增收脱贫一直是他追求的理想。

在曹经理家乡所在的和顺县阳光占乡，有一个有38年酿造历史的乡办企业——和顺阳光醋厂。由于资金短缺、管理不善，导致效益不佳，多年来醋厂一直维持小作坊状态，没有大的发展，没有发挥出乡办企业的作用，没有给当地农民带来实惠。2010年，他放弃了在石家庄的事业和生活，带着资金和家人踏上了回家乡创业的道路，他想通过传承发扬古法酿醋工艺，振兴阳光醋厂，带领乡亲实现脱贫致富。

和顺县阳光占乡党委政府对曹经理带着资金回家乡发展食醋酿造产业大力支持，在政策上给予倾斜，这让他创业的决心和信心更加坚定。他决意要把小作坊做成大工厂，老工艺搞出新名堂，让醋厂以崭新的面貌呈现在父老乡亲面前，让乡亲们在家门口就能把班上，让"好醋"给乡亲带来好处，把大家带上脱贫致富的道路。

曹经理说："把祖辈流传下来的宝贵的酿造手艺和文化发扬光大，是我们这一辈应该做的事情，带领乡亲们脱贫致富更是我们义不容辞的责任。"2011年，他开始在原厂基础上进行大规模扩建，2014年6月注册成立山河醋业有限公司，重点对酿醋老工艺进行继承式改造。2016年4月，年产5000吨老陈醋项目工程建成投产；2018年11月，年产5000吨生态老陈醋扩展项目及1000吨大曲的厂房建设项目工程投入运营，公司年产优质老陈醋达到了10000吨。

凭着对家乡的炙热情怀，曹经理回乡创业十年，一瓶"好醋"成就了乡亲们的脱贫梦，也赢得了社会各界的广泛赞誉。他先后被选为和顺县第十六届人大常委会委员、晋中市第四届政协委员。2013年被评为年度百名优秀晋商人物，2018年被授予"山西省脱贫攻坚创新奖""山西省五一劳动奖章"和"山西食品工业改革开放四十周年优秀人物奖"，2019年荣获"晋中最美扶贫人"荣誉称号。

二、誉满太行的品牌

要想富、酿好醋，品牌过硬才能靠得住。山西盛产好醋，但如何在激烈的市场竞争中站稳脚跟，关键要在品质上做好文章，山河醋业只有品质上去，形成了品牌效应，企业才能走上良性发展轨道，才能帮助乡亲们更好地实现自己的致富梦。

2016年，山河醋业适应规模化生产发展的实际需求，主动与山西农业大学食品科学与工程学院开展合作，实施陈醋传统酿造工艺改造，开展优良高效产酒、产香酵母菌种选育和强化糖化发酵剂工艺等方面的研究。在经过校企合作，多次精心试验，一种有效提高淀粉利用率、增强陈醋食用功能的新工艺投入了使用，酿造出了"酸、香、绵、甜、鲜"五味一体的优质山西老陈醋，推出了老陈醋、陈醋、原醋、有机醋四大系列60余个品种，拥有"CUCU"和"德盛昌"两大品牌，老工艺焕发出了新活力。

科研促进了创新，品牌才能铸就实力。山河醋业积极将老字号新产品带来的优势，转化到销售市场上。山河醋业实施"4+2+2"渠道发展战略，以和顺县所在的太行山中部为中心，依靠和顺县周围区域对和顺醋的认可，逐渐向东南西北开拓四个销售战区。然后，依托在河北、山西销售渠道上成立的两个厂商一体化公司，"河北德盛昌商贸有限公司"和"山西德盛昌商贸有限公司"，形成两个销售窗口。依托互联网销售和"山河醋坊"销售两个体系，打好线上线下的销售牌，主动对接京东、天猫、淘宝、拼多多等互联网销售平台，对接北国超市系统、大润发超市系统、美食林系统、维多利超市系统、北京华联超市系统、兴龙广缘商超系统等全国76家渠道客户，与国内大型知名调味品企业合作，不断扩大面向全国的销售网络化布局，拥有稳定客户近300家。

随着山河醋业的品牌建设力度越来越强，社会影响力也越来越大，一瓶好醋的品牌含金量和含新量在不断地增加。2016年以来，山河醋业先后通过了ISO9001质量管理体系、ISO22000食品安全管理体系、HACCP危害分析与关键控制点体系的认证，取得了有机产品认证证书、良好农业规范认证证书、出口食品生产企业备案证明等资质。在近三年的中国（国际）调味品及食品配料博览会上，山河醋业先后荣获食品安全管理工作先进企业、中国调味品产业最具投资价值企业、中国（国际）调味品食醋产业"十强品牌"、中国（国际）调味品产业最具综合实力企业、调味品展会餐饮定制著名品牌、调味品展会互联网畅销调味品等称号，"德盛昌"原醋、"CUCU"阳光醋、"CUCU"和顺醋分获单品金奖、消费者喜爱品牌等荣誉。山河醋业被山西商会授予"回乡创业荣誉奖"，"CUCU"被评为优秀晋商品牌、晋中市品牌创新成果评价三等奖。2019年山河醋业被山西省食品工业协会授予"2018年消费者喜爱的山西食品品牌"。2020年1月，陈醋低温糊化糖化及酒精发酵技术获得山西省科技进步三等奖。

三、带贫致富的旗帜

山河醋业在曹经理的带领下，以传承老工艺和打造新品牌为引领，在发展本土产业,酿造家乡好醋,助力脱贫攻坚上形成了独具特色的发展路径。

挖掘本土潜力,解决农户就业。山河醋业自开工建设以来,就以产业工人、半工半农的方式招聘当地劳动力,并为160余人提供了长期就业岗位,其中贫困人口58人,实现人均每年增收2000余元。贫困户张某,在山河醋业务工有三年多的时间,他每天的主要工作是翻醋,从每天早上五点工作到九点半,剩余时间很宽裕,不会耽误家里的农活。张某的妻子也在工厂的流水线上工作,夫妻俩在醋厂一个月有4000多元的收入。张某说:"从前在外面打工,挣下的钱扣除租房和日常开销剩不下多少,而且离家远,家里什么也照顾不上,现在回到老家附近的山河醋业上班,不但工作稳定、收入高、能攒下钱,还能兼顾老人和孩子,地里的农活也都能干,种的高粱到了秋天卖给厂里,又是一笔收入,比当初在外面打工强多了。"

发展订单农业,助力农户增收。好原料是好醋的品质保障,山河醋业为了严把原料质量关,形成生产流程的闭环,在和顺县大力打造现代农业示范县的形势下,将阳光占乡的阳光占村、拐子村、阳社村、下白岩村、张科村、沙峪村等6个村定为原料村,自己建起了133.33公顷有机原料种植基地,每年与农户签订种植收购合同,涉及417户种植户,其中350户为建档立卡贫困户。山河醋业将与山西省农科院高粱所合作选育的山河1号、2号、3号、4号四个适合本土种植的优质高粱种子免费提供给种植户,并进行种植技术指导。按照标准规范种植,企业给种植户每公顷补贴3000元,在高粱成熟后以高于市场价格的10%进行全部收购。这种"公司+农户"的订单产业扶贫模式,让贫困农户种植高粱没有了后顾之忧,每年人均增收1200元左右,既提高了贫困户的收入水平,也为当地农民致富开辟了新的途径。温某是山河醋业原料种植基地的合作种植户,2019年种植了0.27公顷高粱,每公顷平均收获高粱9750千克以上,国家每公顷补贴了1005元,和顺县种植结构调整每公顷补贴3000元,醋厂又每公顷补贴了3000元,加上山河醋业以每千克2.2元价格收购,他算下来种植1公顷高粱有将近30000元的收入,比种植玉米要多收入9000多元。65岁的周某江,是阳光占村的贫困户,趁着进行产业结构调整,醋厂给种植补贴的机会,他共种植了0.47公顷高粱,不仅让他稳定实现了脱贫,也有了致富的希望。他说"种植高粱挺划算,除了国家给补贴,山河醋业也给补贴,而且山河醋业收购价格高，还有保底价，比种其他庄稼强多了"。

借助销醋平台，拓宽增收渠道。山河醋业在线上线下构建了农村销售服务网络。在线上，山河醋业与阿里巴巴携手，打造区域品牌，将当地文化特色和生态产品通过互联网渠道实现广泛传播，实施"山河醋坊+N"战略，推广"老陈醋+"的服务模式，通过打造电商示范村镇，构建物流及服务网络体系，助力本土电子商务发展。目前已与华北豹、和顺牵绣等元素实现融合，手工牵绣带动当地用工220人，其中贫困人口38人，人均每月增收2500元。在线下，山河醋业融合区域文化特色产品和优质生态农产品，与山西小米等区域特色品牌捆绑销售，实现区域品牌协同传播。

结合农村特色，开展文化扶贫。针对农民对传统文化的喜爱，与山西演艺集团战略合作，将非物质文化遗产"德盛昌"与晋剧文化完美碰撞，合作推出"晋香晋韵"和"晋香晋韵脸谱版"等系列产品，通过文化下乡等多种传播形式开展宣传，打造品牌文化符号，带动区域文化事业发展。2019年"三八节"，山河醋业举办了《晋剧女超人 喊你连个麦》活动，由全国政协委员、中国戏剧"梅花奖"获得者、山西省晋剧院国家一级演员栗老师，携手"CUCU"助力扶贫，走进和顺，相约"CUCU"快手直播间，为粉丝们送上了一段段国粹雅韵，吸引更多的爱心人士参与消费扶贫，帮助老乡实现增收致富。山河醋业还举办"CUCU"杯全国广场舞大赛、和顺县首届中国农民丰收节活动、元宵"打醋节"活动，以文化活动为媒介，引导农民既要鼓了钱袋，还要富了脑袋。

倾心扶智扶志，着眼乡村未来。阻断贫困代际传递，关键在发展教育。2010年以来，山河醋业连续10年关注当地的低保家庭，资助山里的贫困学子，成立了山河公益"爱·继续"助学团，举办"暖阳行动""春雨行动""我想上大学"金秋助学公益活动，为贫困学子捐款和提供帮助，赠送学习用品和助学金，送去祝福和温暖，圆了他们的求学梦。山河醋业曹经理本人资助了13名中小学生，扶养着1名孤儿大学生。为了支持当地教育事业发展，山河醋业为阳光占乡及横岭镇九年一贯制学校捐款10万余元，设立奖学金。为了开阔当地孩子们的思路和眼界，山河醋业在2017年和2018年的六一儿童节前，联系工厂周边阳光占乡、横岭镇等乡镇的九年一贯制学校，发起"我为自己做瓶醋"的活动，让周边农户的子女走进工厂、了解食醋酿造过程，让孩子们自己设计一款食醋标签，并将孩子们设计的标签打印成标准标签样式贴到产品上，再送给孩子们。当孩子们高兴地看到自己设计的标签被做成产品时，不仅增强了自信心、更加激发了学习兴趣，也鼓舞了在工厂上班的贫困学生家长。

巍巍太行山，山河醋飘香。山河醋业爱心倾注家乡，匠心打造品牌，勇于承担社会责任，积极投身脱贫攻坚，将企业发展与脱贫事业融为一体，重"输血"更重"造血"，走出了一条"产业稳发展，贫困户稳脱贫"的双赢之路，作出了表率，赢得了赞誉，晋中市人民政府授予"模范集体"、和顺县人民政府授予"先进集体"，成为飘扬在太行山上的一面旗帜。

03

"绿洲" 植沙海　带富一方人

——内蒙古绿洲食品有限公司

内蒙古绿洲食品有限公司（以下简称"绿洲公司"）成立于 2014 年 5 月，是一家集果蔬育苗、示范基地种植、种植技术咨询、果蔬脱水加工、储存保鲜、菌种繁育、农残检测、有机肥、生物有机肥、食用菌生产及种植等产、供、销一体化的综合型农产品加工龙头企业。该公司成立以来，始终秉承"立足三农、绿色生态、多元发展、诚信经营"理念，着力推进产业可持续、生态化循环发展，主动承担社会扶贫责任，创新减贫带贫模式，完善与贫困户利益联结机制，把企业资源打造成带动贫困户实现产业脱贫的平台和载体，有力推动了库伦旗脱贫攻坚工作的深入开展。

绿洲公司先后被认定为"自治区级扶贫龙头企业""第一批自治区级农牧业产业化示范联合体""市级农牧业产业化重点龙头企业"，土地流转果蔬种植示范基地被全国妇联命名为"全国妇联巾帼脱贫示范基地"；示范基地内六个种植品种被认证为绿色食品，准许使用绿色标志；已取得注册商标 5 个；被推荐为自治区级"重合同守信用"单位；种植基地产品被录入"国家追溯平台生产经营主体注册信息"。

一、秉承绿色发展理念，打造"生态循环农业"

库伦旗位于内蒙古东南部，自然地貌北部以沙丘为主，南部以类黄土浅山丘陵为主，人少地阔，昼夜温差大，地下水资源较为丰富，土壤透气性强，适合果蔬经济作物生长。内蒙古绿洲食品有限公司结合当地资源优势、生态优势及自然条件，依托中科院、内蒙古民族大学的技术指导与支持，累计投入资金 6200 余万元，先后建设了 2000 万株商品苗繁育基地、333.33 公顷蔬菜种植示范基地、年产 4000 吨脱水蔬菜加工厂、年产 600 万棒食用菌车间、年产 20000 吨生物有机肥厂及年产 2000 吨食用菌温室大棚等可持续循环产业项目。

绿洲公司利用当地丰富的植物秸秆和影响环境的固体垃圾，经过自主研发的耐高温嗜热菌进行槽式有氧发酵，培育出食用菌基质，制作成食用菌棒，在食用菌基地进行养殖出菇。对出菇后的废弃菌棒回收作为原料进行生物有机肥制作，将有机肥作为商品苗繁育基地和蔬菜种植基地改良土壤的基肥，提高土壤有机质含量、养分、团粒结构，改善种植果蔬的品质和生态环境。然后，将有机肥种植的蔬菜通过冷链物流配送到北京市密云区 59 家超市和通辽市农校对接平台，为北京市民及通辽辖属学校提供新鲜、安全的果蔬食材。此外，种植基地富余产品通过脱水加工销往美国西尔瓦、联合利华及国内康师傅等国内外知名企业，形成了可持续发展的循环农业项目，推进产业绿色生态化。基地内种植的 6 个产品被中国绿色食品发展中心认定为绿色食品 A 级产品，与美国西尔瓦、联合利华、青岛松本公司联合签订了可持续发展协议，形成了产、供、销一体化的产业链，为库伦旗产业化脱贫及乡村振兴提供了产业化发展基础。

二、主动服务中心大局，创新产业带贫模式

该公司落户库伦旗以来，主动融入和服务库伦旗脱贫攻坚中心工作，利用企业产业链长、涉及面广、可持续循环发展、劳动用工密集型等特点，把企业资源与减贫带贫有效衔接，创新产业扶贫模式，着力搭建产业助力脱贫攻坚的载体和平台。针对不同建档立卡户的实际，企业量身定制推出了流转聘用、返租倒包、合作经营、订单种植、庭院种植、资源互换、资产托管、产业联合、安置就业、帮扶贷分红等 10 余种产业扶贫模式，建档立卡户可以灵活选择与企业进行对接。同时，结合实际针对建档立卡户提出了"三优先一高于"，即建档立卡户土地流转优先、就近用工优先、产业订单优先，工资收益同等条件下比一般户高 10%，进一步密切企业与贫困户之间的利益联结，大大提高了建档立卡户的"造血"功能和可持续发展能力，构建起公司与建档立卡户互利"双赢"的命运共同体。至 2020 年，共有 83 户建档立卡户通过土地流转，实现年户均增收 5000 元以上；在企业长期务工的建档立卡户达到 71 人，年可实现户均增收 2.5 万元；与 10 个合作社开展

了合作经营；每年为 370 户建档立卡户分红 51 万元，帮助 14 个村增加集体收入 70 万元；依托多种产业扶贫模式累计带动全旗 4 个苏木乡镇、61 个嘎查村的 1200 多户（其中建档立卡户 532 户）共同增收。

绿洲始终坚持责无旁贷原则，积极投身精准扶贫精准脱贫的伟大攻坚战中。近几年的成功模式主要有以下 10 种：

模式一：流转聘用让农户实现"双收入"

绿洲公司先后在库伦镇东皂沁、安家窑、马家洼子、白庙子嘎查村流转土地 333.33 公顷，流转期限 11 年，每公顷年租金 7500 元，涉及农牧民 516 户，户均年固定收入 5423 元。该公司将流转的土地配套水利、交通等基础设施，并区域化划分，统一提供种苗、生产资料、技术指导，将该基地打造成种植示范园及农业休闲观光园和精准扶贫的载体。绿洲公司将流转的 133.33 公顷土地按照不同品种设定人均管理半径，人均管理 0.67 公顷，需要 200 余人在基地内从事劳务，公司优先聘用流转土地的在册贫困户，然后是无种植经营但有劳动能力的一般贫困户，每天劳务收入 100 元，劳务周期 180 天，人均收入 18000 元。这样农牧民除有流转土地的固定收入，还规避了大自然及农产品市场价格波动带来的风险，同时不出家门就找到了就业岗位。为流转土地的四个嘎查村每年带来直接和劳务收入 610 万元。库伦镇白庙子村建档立卡贫困户韩某，65 岁，妻子患有脑血栓，常年需要看病吃药，以往就靠种点地，卖点粮食，一年下来老账还不上，新账又欠下。一家人的日子，就这样黑黑白白、酸酸苦苦地爬行着。韩某把自家的 1.13 公顷地以每公顷 7500 元的价格流转给了公司，通过土地流转不仅每年有了 8500 元的经济收入，在家门口还能打工赚钱。

模式二：返租倒包助农企结成"共同体"

绿洲公司认为，企业和农民是利益共同体，只有让农民朋友尝到增收甜头，才会有更多的农民愿意跟公司一起种植绿色蔬菜，公司才有进一步发展壮大的基础。为激发农户的发展热情，该公司 2020 年将 200 公顷流转土地以零租金的方式倒包给有种植经验的大户，并由公司统一提供种苗、有机肥、农药、地膜、滴灌带，给予技术培训和指导并回收产品。针对种植户缺少生产资金的实际，该公司还与银行合作制定种植大户扶持金融产品，由公司给种植大户提供担保，在公司回收产品时扣收，使农户既解决了种植技术问题，也解决了资金和销售问题，发展积极性不断提高。

模式三：合作经营给增收安上"保险阀"

绿洲公司不断拓展发展空间，将部分种植计划签约给合作社，在合同中约定种植品种、数量、质量标准、供货时间、收购保护价等，当市场同类产品高于收购保护价时，由企业、合作社联合销售，高于保护价部分，公司与合作社五五分成，保障农户的增收权益。至2020年，公司已与库伦旗佳农蔬菜农民专业合作社合作，合作种植面积133.33公顷。

模式四：订单种植为农户吃上"定心丸"

绿洲公司把发展订单农业作为带动农户的主要方式，为鼓励更多农户加入绿色蔬菜种植的行列，最大限度为农户创造发展生产的条件按照订单合同约定，由该公司为种植户提供种子或种苗、现代化生产技术服务等一系列支持，农户只需按照生产技术要求做好日常田间管理、保障产品质量，到了收获季节，公司按照合同约定的保护价格回收，让农户的收入更托底。目前，农户订单蔬菜种植面积达到66.67公顷。

模式五：庭院种植使贫困户成为"坐地商"

绿洲公司在积极带动周边农户转变传统种植观念、调整结构种植绿色蔬菜增收的同时，主动承担社会扶贫责任。该公司根据当地农村地区庭院较大、利用率不高的实际，为贫困户量身打造庭院经济发展模式，与有种植意愿的贫困户签订种植合同，免费提供蔬菜种苗、种植管理技术服务，最后按保护价回收。比如，在库伦旗白音花镇下张达嘎查的贫困户赵某和家进行了试点。他老伴患有高血压、风湿骨痛病，常年服药。家中仅有0.67公顷耕地，当年旱情又十分严重，这让本就不富裕的日子更没了着落，正在他生活陷入困境时，公司向他伸出了援助之手，为他量身定制了庭院经济扶贫方案，技术人员免费送去了甘蓝苗，免费铺设了滴灌设施，手把手指导他间苗、施肥等管理蔬菜的技术，他家0.20公顷的甘蓝菜在夏天遭受了雹灾和水灾的情况下，纯收入还达到8000余元。

模式六：资源互换促农村走向"绿富美"

绿洲公司自主研发以玉米芯、秸秆、树叶等为原料高温发酵产出的嗜热生物有机肥，能有效改善土壤结构、解决农村的污染问题。依托库伦旗周边丰富的玉米芯、农作物秸秆、树叶等资源，公司2020年启动了"有氧嗜热菌生物有机肥"项目，建设了生物有机肥厂，并在六家子镇塔斯海村建立食用菌基地，通过生物有机肥、蔬菜种苗、食用菌生产菌棒等置换农作物秸秆及部分生活垃圾，再以保护价收购农产品的方式，引领带动更多农户发展有机种植业，实现变废为宝、一举多赢。

模式七：帮扶贷款让贫困户轻松"得分红"

为了带动更多的建档立卡贫困户，企业、政府及金融部门共同合作，以"企业帮扶贷"的形式，由银行给符合条件的企业提供信贷资金，企业带动建档立卡贫困户脱贫致富。该企业从2018年开始，连续三年以这种形式带动300户建档立卡贫困户，平均每户年分红收益1000元以上。

模式八：产业联合助乡村产业"大发展"

为了整合资源、深化集群内的一二三产业融合、加强集群中各类经营主体的利益连接、拓宽集群辐射带动农户的增收渠道，绿洲公司牵头联合库伦旗佳农农机种植专业合作社、绿洲果蔬种植协会等10多家农民专业合作社、家庭农场、种植大户、果蔬种植协会等新型农业经营主体，推动该旗优质果蔬种植、冷藏保鲜、物流配送、农超对接、果蔬脱水加工、销售一体化进程。联合体的成立，本着"促进产业化发展、带动农牧民增收、壮大集体经济、实现互利共赢"的宗旨，成员单位之间由原来的松散型向紧密型转化，成员单位利益联结、利益分配进行了明确和细化。联合体业务范围涵盖优质种苗繁育、绿色果蔬种植、食用菌菌棒制作、食用菌养殖、果蔬脱水加工、农机服务、储存保鲜、物流配送、技术质询服务、农残检测等领域。该联合体对推动库伦旗的农业种植业结构调整、增加农牧民的收入水平、助推库伦旗的乡村振兴起到了积极作用，2019年被认定为第一批自治区级农牧业产业化示范联合体。

模式九：安置就业让贫困户称心"拿工资"

该公司为了帮助贫困户摒弃"靠着墙根晒太阳，等着政府奔小康"的观念，变"输血式"扶贫为"造血式"扶贫，积极吸纳有劳动能力的建档立卡贫困户到企业务工。库伦镇东洼子贫困户樊某，老伴瘫痪多年，为了给老伴治病，家里欠下几十万元外债，绿洲公司主动给她提供了务工岗位，年收入2万多元。她高兴地说："真没想到呀，老了还能参加工作，而且是在家门口，可真解了燃眉之急啊！"

模式十：资产托管让贫困户轻松"得收益"

六家子镇人民政府在塔斯海村建设了食用菌扶贫基地，由于技术、资金、市场、管理等主客观原因，导致资产长期闲置，配套设施短缺，温室大棚年久失修，无法发挥应有作用。为了盘活资产，带动当地老百姓脱贫致富，发挥其投资应有的功能和作用，将该产业做优做大，2017年，六家子镇人民政府将该食用菌基地托管给内蒙古绿洲食品有限公司经营，托管期八年。

绿洲公司接管该资产后，根据现有资产状况，加大投入力度，充分利用当地资源，重新进行结构调整和市场定位，打造出了年产20000吨的生物有机肥厂、年产600万棒的食用菌加工车间、年繁育商品苗2000万株的温室育苗基地。反季节温室绿色有机蔬菜种植，为70个在册贫困户进行分红，户均年分红3000元，安置就业人员36名。该公司既发挥了扶贫资金应有的功能，又确保了国有资产的保值、增值，推动了产业扶贫的顺利开展，提高了当地农牧民收入水平，实现了政府、企业、贫困户互利多赢的新局面。

三、持续巩固脱贫成果，聚力决战扶贫攻坚

一时脱贫易，持续发展难。该企业在不断发展壮大自己的同时，认真研究巩固产业扶贫成果，防止返贫问题发生的对策和措施，按照精细化、扁平化管理的要求，对产业帮扶的贫困户进行分类细化，认真研究贫困户致贫原因和产业帮扶需求，建立定期沟通机制和制定解决方案，对有劳动能力、庭院面积较大的贫困户免费提供了23.33公顷的蔬菜种苗100万株，并长期免费提供种植管理技术服务。不断加强企业管理，围绕"诚信，品质，安全，高效，可持续"的企业文化建设，定期组织贫困户开展感恩教育，增强他们的荣辱感、成就感，激发他们的内在潜力和主动性，在扶志上狠下功夫。同时，绿洲公司不忘履行社会责任，积极参与帮扶济困、爱心救助等各类社会扶贫事业。一是从2019年开始，资助六家子镇三家子村一个孤儿从小学二年级直到考上大学的所有学习费用；二是协调帮助农户及贫困户解决生产生活难题，累计减免价值50余万元的种苗款，增强了通过劳动增收脱贫致富的信心和勇气；三是资助教体局体校学生参赛费用1万元；四是疫情期间向库伦旗红十字会捐款2万元。向库伦旗红十字会定向库伦学校捐赠了对疫情防控有明确效果的新科技产品二氧化氯空间杀菌器100个，价值7000元。

04

发展农业新引擎　助力脱贫攻坚

——河南省驻马店市晨钟生物科技有限公司

　　产业扶贫是脱贫攻坚的有效载体，是确保贫困地区可持续发展的根本途径。龙头企业作为实施产业扶贫方式的最佳主体，兼具资金、资源、经营等诸多优势。目前，各级地方政府积极构建专项扶贫、行业扶贫、社会扶贫"三位一体"的大扶贫格局，创新扶贫开发体制机制，形成了政府、市场、社会互为支撑、互相促进的新模式，为打赢脱贫攻坚战注入了新活力。驻马店市晨钟生物科技有限公司作为当地的龙头企业，积极响应政府号召，履行社会责任，为地方扶贫事业贡献着一分力量，是助力脱贫攻坚的典型企业代表。

　　驻马店市晨钟生物科技有限公司（以下简称"晨钟公司"）坐落在上蔡县黄埠镇周庄村，成立于 2007 年 12 月，注册资金 8000 万元，以丝瓜种植和化妆品开发销售为主营业务，是国内最早专业化从事丝瓜种植及丝瓜水化妆品科研、生产、销售为一体的绿色生态型公司，先后创立了巨型一号、卡悠、天想、秋美等四大化妆品品牌，在国内享有较高声誉。该公司现有员工300 余人，业务团队 50 多人，党员 6 名，拥有厂房 25000 平方米，项目总投资 1.2 亿元。该公司自成立以来，采取"公司＋联合体＋基地＋农户"的模式，带动黄埠镇及其周边村民参与发展丝瓜种植产业，建成种植基地面积233.33 公顷，走出了一条产业发展、企业增效与贫困增收相得益彰的特色产业化扶贫新路子。

　　晨钟公司积极响应党委政府号召，在自身发展壮大的同时，时刻不忘履行社会责任，积极投身脱贫攻坚事业，通过产业帮扶、就业帮扶、入户帮扶、电商扶贫等路径，找到一条"政府带、企业帮、农户富"的助力脱贫攻坚的共赢路径，既发展了县域新农业，又扶持了富有地方特色的龙头企业，同时助力了农户脱贫增收。国家、省、市、县等各级领导先后到晨钟公司调研，对公司发展丝瓜产业带动群众致富给予了高度评价，先后被央视、河南卫视等众多知名媒体报道。驻马店市晨钟生物科技有限公司先后被授予驻马店市农业产业化龙头企业、驻马店市先进科普示范基地、驻马店市新型农业现代化调研基地、驻马店市残疾人扶贫基地等荣誉称号。

一、企业主要做法

规范运行联合体，推进合作社质量提升。在对分户生产、大户承包、业主独资经营等几种经营模式的优劣进行尝试分析比较后，晨钟公司创新组织经营模式，创立了产业联合体，采取"产业化龙头企业＋合作社（家庭农场）＋基地＋电商销售团队"四位一体的运作模式，免费提供技术服务，签订合同承诺按市场价格优先回收产品，促进了全县丝瓜产业种植快速发展。为了取信于社员，使联合体依法规范发展，联合体股东大会选举了董事长、总经理、理事、监事，设立了办公室，安排了联合体管理人员，同时依法制定了章程，机构设置分工明确、职责分明、协调有序、统筹有力，使丝瓜种植深加工事业稳步向前。晨钟经济联合体由晨钟公司牵头，联合"巨型一号"丝瓜种植合作社、东阳农机专业合作社、望娘湖家庭农场等 7 家合作社（家庭农场）运用"产业化龙头企业＋合作社（家庭农场）＋基地＋电商销售团队"四位一体的运作模式，形成了以龙头企业为主导，以电商销售为渠道，以合作组织为纽带的经营体系，实现了合作共赢，促进了合作社的质量提升，有效助力贫困户增收和稳定脱贫。

创新基地建设模式，破解土地流转难题。上蔡县是粮食生产大县，以优质小麦等传统农作物种植为主，面对群众传统的种植观念，制约丝瓜产业化发展的主要瓶颈就是土地。为此，在县、乡、村的大力支持下，晨钟公司在走访调查摸底、遵照群众意愿的基础上，通过创新举措，大胆尝试，因地制宜探索出土地流转模式：公司采取"公司＋农户"的方式流转农户土地，优先流转贫困户土地133.33 公顷用于丝瓜种植，每年为期三个月，在每年 6 月，农民收获了夏季作物后再种植丝瓜，8 月收割，由每户负责从种到收的管理，公司每公顷地补贴 19500 元。

科技电商双保障，农户嵌入产业发展链条。在丝瓜生产期间，晨钟公司实行"一包、三授、五免"政策，即对村民种植产品从种到收保证其受益，免费传授种植技术、免费传授丝瓜水采集技术、免费传授致富技术，实行免育苗、免耕种、免施肥、免灌溉、免搭架"五免"政策。同时，该公司积极组织专业技术人员下乡村、进基地，经常对种植户进行实用技术培训，使村民真正成为丝瓜产业链条上的一环，进一步增强联合体的凝聚力。

一方面，通过采用"互联网＋农业"的电商发展模式，扩大销售市场，拓宽贫困群众增收渠道。该公司通过电子订单农业，与贫困户签订销售合同，帮助其销售农产品。另一方面，通过开展电子商务培训班，对残疾人、有销售意愿的农户进行电商培训，带动贫困户和弱势群体加入晨钟科技电商团队，拓展就业和销售渠道，顺利实现脱贫致富。

二、扶贫主要成效

龙头企业带贫能力显著提升。成立于 2007 年的晨钟公司，从最初一家仅有几十公顷基地的乡村企业发展到现在的集丝瓜种植、日化品研发、塑胶模具生产为一体的高科技生产服务型企业和市级农业产业化龙头企业。作为一家土生土长的本地企业，随着企业实力的不断提升，这家龙头企业不断深化与贫困地区合作，把贫困户嵌入产业链条，形成利益共享、风险共担的合作机制，不断提升其带贫能力。目前，该公司已建成 233.33 公顷丝瓜种植基地，成立专门的技术研究中心，和国际权威化妆品机构建立了长期的战略合作关系，汇集了皮肤科、生物化学、毒物学、微生物学、分析化学、药理学、有机化学、加工及包装技术学等领域的研发科技人员，拥有国内外先进的仪器、设备、硬件设施以及关键工艺检测设备，具有较强的技术装备实力，年产值超亿元。该公司周董事长当选为省第十二届人大代表，被评为河南省十大"三农"新闻人物。2017 年，巨型一号除油剂上市，凭着立竿见影、秒杀各种油污的独特功效＋独创的"互联网＋爆品战略模式"打开了中国国产除油剂市场，市值突破 3000 万元，代理商团队近 2000 人。

扶贫产业延伸拓展提质增效。晨钟公司及其联合体主要围绕丝瓜产业发展而组建，有较高的组织化程度和良好的利益联结机制，有力推进了全县丝瓜产业的快速发展。该企业以一二三产业融合发展为目标，大力发展农产品加工业，拓链提质增效。通过推进农业科技进步，提升农业科技创新和成果转化水平，引领支撑农业提质增效。目前，上蔡县晨钟经济联合体已有建伟模具厂、建华农具塑料厂、望娘湖食品厂、东阳农机合作社、家庭农场、丝瓜种植合作社等近二十个项目抱团联合发展，并不断推进现代休闲观光农业和乡村旅游融合发展，探索建起集观赏、采摘、休闲、度假为一体的田园综合体，保证一年四季有花看、有菜摘、有果尝、有景赏，带动了黄埠镇旅游产业的特色发展。

农民群众增收致富稳定脱贫。通过与晨钟公司合作，农民种植丝瓜每公顷收入达45000—75000元，是普通农作物的3—5倍。一是土地流转租金。农民能得到每公顷一次性12000元土地出租收益。二是入企打工薪金。一些经公司培训能够从事苗木管理服务的农民通过土地返包可以获得每年每公顷18000元的工资收入；部分留守妇女和年纪较大的农民在核心园区内打工能够得到每天60—100元不等的劳动报酬，种植季节用工量可达到400人，平均每人每月收入达到1500元以上。三是安排公益岗位。在公司内提供保洁员等公益岗位，方便贫困户就近就业，月工资500元。四资产入股收益。从2016年开始，通过建档立卡贫困户"帮扶资金入股"（每户5000元）的方式，带动125户贫困户每年收益1200元，连续受益5年。

农村经济快速发展实现振兴。黄埠镇一些村级组织将集体经济发展基金注入晨钟公司进行规模化经营，有效增加了村级集体收入，每年可获得资产收益资金15万元。在村集体经济实力增强后，村"两委"积极改善村容村貌和完善基础设施建设，解决了部分村集体经济薄弱尤其是贫困村"无钱"为群众办实事的问题，促进了农村经济社会发展。发展壮大后的晨钟公司还先后投资400万元帮助群众整理土地133.33公顷，提高了群众土地效益；帮助整修道路3000米，解决了群众出行难的问题；捐资60万元设立助学基金，帮助寒门学子圆梦大学，阻断代际贫困。

三、扶贫经验和启示

河南省作为农业大省、产粮大省，发展现代化农业、推动产业发展，是实现脱贫攻坚与乡村振兴有效衔接的必由之路。晨钟公司通过挖掘地方特色，发展绿色农业，利用"区块链＋现代农业"发展手段，不断提升农业科技创新和成果转化水平，以提高农业绿色化、优质化、特色化、品牌化水平，树立了扶贫企业的发展成功典型，探索了产业扶贫典型模式，为地方培育本土化龙头企业提供了思路。

产业扶贫的关键是精准科学。一是产业选择要精准，晨钟公司以市场为导向，结合区域资源优势规划布局产业，做到长短结合、以短养长、多产联动。二是产业扶贫对象必须精准瞄准贫困户，措施必须精准落实到贫困户，效益必须精准体现到贫困户。三是资金投放要精准，加强对各类资金的整合使用，靶向投入，变"大水漫灌"为"精准滴灌"，充分发挥扶贫资金的产业导向作用。

产业扶贫的重点在完善保障。一是强化组织保障，围绕丝瓜产业，县、乡、村各级层面建立抓产业的专班，明确一班人马，瞄准一个目标，制定一套措施，一以贯之，一张蓝图绘到底。二是强化资金保障，指导用好脱贫攻坚产业扶贫子基金、定点帮扶基金、财政专项扶贫资金、信贷金融保险扶贫等扶贫资金项目，并大力开展招商引资活动，积极引入社会资本，聚集市场闲散资金，汇聚多元扶贫合力，形成强大的脱贫攻坚资金合力。三是强化技术保障，既要充分发挥农技人员的专业优势，深入田间地头，对产业的全程跟踪指导服务，又要提高贫困户自身发展意识和生产技能，大力开展实用技术培训，实现贫困户全员培训，力争人人都是"田秀才""土专家"。

产业扶贫的途径在龙头带动。像晨钟公司的龙头企业集合了先进的生产要素，拥有自己的研发团队、销售团体，有着规模市场优势。因此要着力培育壮大龙头企业、专业合作社、家庭农场等新型经营主体，鼓励各类人才积极参与兴办农民专业合作经济组织，利用财政专项资金、脱贫攻坚产业子基金、贷款担保补助、税费减免、保险保费补助等措施，大力支持扶贫合作经济组织、龙头企业发展，积极推广"公司＋合作社＋贫困户"模式，以龙头带基地，基地连贫困户，实现合作组织对贫困户全覆盖。

产业扶贫的前提是贫困户参与。产业扶贫的出发点和落脚点是贫困户增收脱贫，只有贫困户参与才能实现精准扶贫精准脱贫的目标。要千方百计建立健全产业精准扶贫利益联结机制，帮助贫困户稳定获得订单生产收益、劳动务工收益、反租倒包收益、政策扶持收益、资产扶贫收益、入股分红收益，使贫困户增收由被动变为主动，实现"输血"变"造血"。

出台扶持政策是产业发展的助推器。上蔡县通过整合财政资金与社会各界帮扶资金，出台针对性奖励扶持政策，充分发挥产业扶贫资金的引导作用，提高扶贫资金使用效率。一是结合县域资源禀赋条件、产业基础环境和市场需求前景,制定了《上蔡县产业扶贫工作实施方案》,明确了"政府引导、市场主体、能人带动"的产业扶贫思路,通过"扶贫资金跟着贫困户走,贫困户跟着经营主体走,经营主体跟着市场走"的利益联结方式夯实了产业扶贫根基。二是制定了《上蔡县产业扶贫奖补办法》,既对产业基础好、带动能力强的企业加大扶持力度,又激发贫困户内生动力,提高贫困户自主脱贫积极性。三是结合实际研究出台了《上蔡县脱贫攻坚决战决胜年促进贫困人口稳定增收产业就业创业及带贫奖补方案》,明确规定凡吸纳贫困人口就业的,给予企业吸纳所有务工贫困人口年度工资总和的20%奖补,极大地激发了各类经营主体的带贫积极性和主动性,形成产业扶贫的合力,助力打赢打好脱贫攻坚战。

05

一把扫帚扫"穷根"

——湖北省郧西县带贫龙头企业恒达扫帚发展有限公司

　　郧西县恒达扫帚发展有限公司是一家典型的"合作社＋企业＋基地＋农户"的龙头企业，是鄂西北地区唯一一家集种植、加工、销售各种清扫工具为主业的省级农业产业化龙头企业，公司注册了"胡扫匠"品牌，生产的扫帚、拖把、锅刷、地板擦等系列产品畅销全国十多个省市，该公司自成立以来，以彰显出强劲的市场活力与潜力，成为全县精准脱贫攻坚重点产业，先后获得国家、省、市"示范农民专业合作社"，省、市"农业产业化龙头企业"，"湖北省残疾人就业创业扶贫品牌基地"等荣誉称号。

一、小"扫帚"做成大扶贫产业

　　"扶贫攻坚，产业当先"。郧西县地处鄂西北部边陲，山高坡陡，山多地少，土地瘠薄，自然灾害频发，十年九灾，十灾九旱。铁扫帚俗称"铁杆作物"，具有旱涝保收、耐贫瘠、抗倒伏、抗病虫害，适合千家万户、山坡田坎、沟壑路边大面积种植的特点，是一个技术含量低、产业效益比较高的好产业。种1公顷铁扫帚产量7500千克，订单价4元/千克，每公顷平均产籽（药用地肤子）1500千克，订单价4元/千克，投入约6000元/公顷，每公顷净收入约30000元。加之可以和油菜或者土豆轮季，使每公顷种植收入达60000元以上，远远高出种植粮食收入，深受郧西农民欢迎。铁扫帚种植和加工科技含量低、技术简单、储存运输方便，适合妇幼老孺、因病因残、"三留守人员"、扶贫车间、扶贫作坊等生产加工，符合专业合作社的生产运作方式，是农村外出务工和工业企业的有益补充，是产业扶贫的有效途径，是解决贫困户家门口就业的有效办法。铁扫帚种植和加工将千家万户的大生产与千家万户的大市场有效连接，扫帚是城市环卫、机关企事业单位、家庭清理保洁的必备日常用品,绿色、环保深受市场青睐,市场前景十分广阔。

近年来,在胡理事长的带领下,该公司将一把小扫帚做成扶贫大产业。胡理事长生于1957年,他年轻的时候,外出打工十多年,学会了专门制作扫帚的实用技术,1998年他以800元的资金开始创业,重点加工铁扫帚。凭借其过硬的质量和良好的信誉,他逐渐打开了扫帚销售市场。2006年,他在郧西县城建起加工厂,开始大量生产扫帚。他不仅规范扫帚加工流程,提升加工工艺,设计产品包装,还申请注册了商标,成了远近闻名的"扫帚大王"。

2007年,在县委、县政府的支持下,他主动请缨当扫帚产业的领头人。经过市场考察和分析,2009年,胡理事长注册了恒达扫帚专业合作社,成为郧西第一个专业合作社,并从湖南省引进铁扫帚良种,在郧西县的观音、土门、河夹、涧池等多个乡镇种植。扫帚销售区域也扩大到3省10多个县(市),合作社年销售收入达到1000多万元。

2010年4月,在县政府政策支持下,胡理事长顺利贷款50万元,建立了6.67公顷铁扫帚种植示范基地,修建了2000多平方米的厂房,并注册了"冬竹"商标,实行订单式生产,吸引了更多农户入社,人们亲切地称他为"扫帚大王"。作为农民致富的代表,他先后2次走进央视2套《对话》栏目,"扫帚大王"的名气越来越大、越来越响。2019年10月30日,恒达扫帚合作社成功登陆湖北四板市场,敲响了上市金钟。

二、"公司 + 合作社 + 基地 + 农户",带领群众一起富

自从该县实施"双回归"工程,胡理事长认为一人富不是富,带领家乡群众共同发家致富才是他创业的最终目标。为此,他积极响应县委、县政府号召,自2012年8月开始,他逐步把生意交于妻子打理,自己担任村党支部书记,凭借敢闯敢干、勇于开拓的精神,采取"公司 + 合作社 + 基地 + 农户"的运营模式,带领群众种植加工铁扫帚发家致富。为鼓励乡亲发展扫帚产业,合作社免费为村民提供种子、化肥、农药和技术服务,扫帚和籽粒一律以保护价收购。凡是到合作社学扎扫帚技术的村民,一律管吃管喝,每

人每天另补 10 元钱。愿意在合作社做工的，有最低工资保障。种植、加工铁扫帚劳动强度小，吸引了大批留守老人、妇女和残疾人加入。他常说，农村弱势群体最应该得到照顾，"能留下一名妇女在村里就业，社会上就少一个留守儿童"。在他的带动下，全村一大半农户发展扫帚产业，企业为残障人士提供就业岗位 60 多个。

村民王某年近六旬，十多年前在一场矿难中失去右腿，左腿行走不便，一直赋闲在家。胡理事长将他接到合作社，手把手教他制作扫帚。十来天后，王某掌握了技术，一直待在合作社工作。几年下来，他攒了一笔钱，拆了以前的土坯房，建起了新楼房。

为提高农民参与的积极性，该合作社推行"八统一"（统一流转土地、统一融资信贷、统一物资供应、统一技术服务、统一收购补贴、统一品牌包装、统一订单生产、统一赢利分红）经营管理模式，先后与 155 户 603 人签订了产业帮扶承诺书。2016 年景阳乡官亭村有 33.33 公顷地经过流转加入了合作社，参与流转的农户年底共领到了 15 万元分红。该村时任村支书介绍说，获得分红的 30 多户都是贫困户，其中 15 户当年实现了脱贫。"2020 年我们与合作社已签订 53.33 公顷的铁扫帚种植合同。"

2018 年 5 月，该合作社根据生产需要，在郧西县委、县政府的帮助下，自筹资金 300 万元，扩建了占地面积 5000 余平方米、建筑面积 1800 平方米的扫帚生产新扶贫车间。截至 2019 年，合作社有固定员工 116 人，入社会员 171 户，其中贫困户 162 人，员工年人均收入 1.8 万元。

同时，该合作社根据部分边远乡村和交通不便的农户愿望，在关防和景阳两个边远乡镇建立了扫帚加工扶贫分车间，安置了 55 户贫困户就近务工。在全县其他乡镇建立了扫帚加工家庭作坊 500 多家，购置了扫帚加工机械 500 多台，"居家式"生产让 1000 多名贫困人口在家里实现了稳定就业，户均年收入达 1.2 万元。

2020 年疫情防控期间，该合作社指导 250 余户农户利用之前免费培训期间所学的扎扫帚技术、公司赠送的扎扫帚机械，发展家庭作坊式生产自救增收，在家扎扫帚 8 万多把，增收 40 余万元，实现居家抗疫、增收致富两不误。另外还组织 35 户社员在家日夜赶工，制作了 2 万把扫帚捐赠给武汉。

"企业只有不断创新，不断更新产品，才能长久。"胡理事长说。随着时代变化，不同时期的消费者存在不同消费倾向，只有不断满足消费者需求，才能进一步拓宽市场，带动更多人增收致富，助力脱贫攻坚。合作社在生产传统扫帚的同时，实现多元发展，开发出工艺扫帚、健身锤等六大类26种家庭日用品和旅游纪念品，通过批量生产、线上线下销售，深受市场青睐。

如今，该合作社正在铁扫帚种植规模较大的乡镇建立扫帚加工分车间，组建扫帚加工联合社，带领大家"抱团"发展扫帚产业。胡理事长的合作社年产扫帚600万把，销往湖北、四川、陕西、北京等10余省市，年产值达4500余万元，辐射带动1.98万户农户增收致富，其中贫困户达8240户。

三、企业发展不忘社会责任，富物质，更富精神

企业发展不忘社会责任，为了更好地带领群众致富，胡理事长主动申请加入中国共产党。"以前一心忙脱贫，没想到有一天还能入党。但既然入了党，咱就要像个党员的样子，不给党抹黑。"后来，他当选为黄土梁村村支部书记，更是身先士卒、埋头苦干，一心扑在村庄的发展上。

此外，作为黄土梁村乡亲扶贫协会常务副会长，他不仅每年过年过节以慰问的形式给贫困群众、孤寡老人送去关怀与温暖，还在积极主动捐款捐物的同时，奔走四方、广泛呼吁多渠道筹集资金1000余万元在村内新建桥梁4座、添置路灯50余盏、建设生态河堤4000米、修通通组公路3000米……

在村民眼中，胡书记走路快，说话嗓门大，做事风风火火，像个不知疲倦的"铁人"。但很多人不知道，2012年年初他做过心脏搭桥手术，同时还患有高血压、腰椎间盘突出等疾病。医生和家人多次劝说他住院治疗，但他为了带领村民们早日脱贫，一直坚守工作岗位。2013年9月，椎间盘突出让胡朝柱疼的腰都直不起来，他这才暂时放下手上的工作住进医院。

为促进村里经济发展，胡书记组织全村50%以上的党员发展铁扫帚产业，提出党员"一户带一户，一户带一片"的共同致富路子。黄土梁村的经济不断改善，村民收入逐年增加，多数村民盖起了楼房，家家吃上了自来水。更让他自豪的是，在合作社的带动下，黄土梁村在2017年顺利实现整村脱贫出列，成为全县首批脱贫出列村。

随着黄土梁村铁扫帚产业的发展壮大，村民们的腰包越来越鼓。"咱农民不能只富口袋，不富脑袋。"胡书记多方争取项目筹措资金建起了村级文化广场、农家书屋添置了健身器材，满足广大村民的精神文化需求。

现在，村民闲暇时来到党员群众服务中心，可以收看致富讲座，查看实用技术，寻求致富信息。

四、树立新目标，开拓新市场，带领
乡亲迈上小康新征程

在该合作社办公区的荣誉墙上整齐地陈列着一排排奖牌和奖杯：国家和省市级农民合作社示范社、国家级残疾人职业培训基地、湖北省扶贫龙头企业、湖北省残疾人扶贫就业基地、湖北省残疾人就业创业扶贫品牌基地、十堰市重点龙头企业及郧西县扶贫协会副会长单位等。而胡书记更是荣誉等身，郧西县优秀扶贫协会副会长、县优秀党组织书记、县特色产业大户、县党员创业创富示范户、县农业产业带头人；十堰市劳动模范、"十大好人"、市扶贫协会理事；湖北省最美农民工、"五一劳动奖章"、湖北省建功"十佳"农民工、湖北省劳动模范等众多荣誉称号。

但是，他心中想的是：铁扫帚种植面积还能不能扩大？在占领鄂西北、打入川豫陕之后，还能不能开拓新的市场？

2017 年，郧西县发布了《产业扶贫奖扶办法》，明确扫帚产业为扶持对象，对铁扫帚种植户给予资金补贴。合作社趁势而动，开办免费培训班 30 余次，参训人数 1000 多人，通过广泛宣讲政策，为种植户免除后顾之忧。2019 年，全县铁扫帚种植全面开花，种植面积达到 1892 公顷，覆盖了县内观音、景阳、关防等 15 个乡镇 41 个行政村。

景阳乡天池垭村村民范某有 0.53 公顷地，从 2015 年开始种铁扫帚，起初是 0.27 公顷，第二年 0.40 公顷，现在全种上了。"这东西抗旱耐涝，不用操心打理。每公顷产量 6000—7500 千克，合作社按 4 元 / 千克收购，政府再给补贴 0.6 元，比种庄稼划算多了。"他说，"铁扫帚的生长期是每年 5 月到 10 月，收割后还能种一季油菜，又是一笔收入。"

原料问题解决了，市场呢？胡某一直想将扫帚产品打入北京、武汉市场，借对口协作的东风，2018 年年初，经郧西县委、县政府牵线搭桥，恒

达与武汉市江汉区、汉阳区签订购销协议，8万把扫帚发往武汉。同年8月，在各方协调对接下，北京市场也敞开大门，第一批5万把扫帚送往北京。2019年合作社共向武汉和北京市场供应扫帚50万余把。

每年年初是合作社与各地签订种植合同的忙碌期，虽然劳累，他却乐在其中，因为他又有了新的目标：开发精品，运用"互联网+"，搭建全国扫帚产销平台；出口创汇，生产欧美地区万圣节魔法扫帚；扫帚小镇，建成以扫帚文化为中心的商贸集群；双创农业，围绕传统民俗文化打造"农业＋文创"综合体；扫帚馆展，全方位展示合作社及扫帚工艺发展史。2019年订单覆盖15个乡镇、41个村、种植面积1353.13公顷，带动10104户，其中贫困户5552户；2020年，合作社将铁扫帚种植面积扩大到2000公顷，参与种植的农户达到15000户，年产值达到5000万元，通过种植、收购、加工、销售、服务一体化的产业链，带动更多乡亲脱贫致富奔小康。

06

荒地变果园　产业结硕果　农民享红利

——广西百乐德农业投资有限公司"扶村济困"路

广西百乐德农业投资有限公司（以下简称"百乐德公司"）成立于2012年，坐落于广西百色市德保县，主要从事柑橘种植销售，公司总经理苏某是广西百色市德保县政协常委、工商联执委。

在新一轮精准扶贫行动中，百乐德公司积极响应全国工商联"千企扶千村""万企帮万村"的号召，紧紧围绕"产业发展，农民增收，减贫摘帽"目标，通过在德保县创建柑橘产业（核心）示范区，采取以资源换产业、以产业促效益、以入股获分红等方式和"公司＋基地＋贫困户""合作社＋基地＋贫困户"等经营模式，让村民通过土地流转、劳务输出、入股分红等方式参与柑橘产业发展，最终实现股金、租金、薪金"三金"收入，走出了助推当地产业转型升级、农民增收致富、土地全面盘活等互利共赢的新路子，让当地老百姓享受到了实实在在的红利。

一、做产业发展"助跑机"，助推特色农业"跑步"升级

春末夏初，德保县燕峒乡古桃村、巴龙村等百乐德柑橘种植基地仍是金灿灿的一片，黄澄澄的沃柑、茂谷柑、脐橙等三五成群，一簇一簇的，压弯了枝头。农民们有的摘果，有的分拣、装箱，有的搬运上车，一派繁忙景象。该基地负责人、公司总经理苏某则忙着对接客户、网上接订单。通过定点供应链分销和冷链物流运送方式，基地里的各种水果源源不断销往北京、沈阳、上海等大中城市。

柑橘是广西百色市德保县"5+2"特色扶贫产业之一。近年来，广西百乐德农业投资有限公司抓住德保县调整农业种植结构的有利机遇，结合当地

气候优势和地势高及荒地、荒坡多等特点，因地制宜，利用荒地、坡地资源大力发展柑橘种植产业，以创建"广西一流农业产业示范区"为目标，大力发展优质柑橘、农业观光等主导产业。2016年，该公司推动创建了一个预期规模1333.33公顷的德保县百乐德柑橘产业（核心）示范区，致力于打造特色精品产业园，吸纳带动当地贫困群众参与产业发展，实现增收致富。

示范区划分为核心区、拓展区、辐射区三大部分。核心区所在地为德保县燕峒乡古桃村、那布村，涉及18个村民小组241户1023人，面积213.33公顷；拓展区为都安乡都安村、巴荷村，涉及53个村民小组1136户4872人，面积400公顷；辐射区为都安村果满坡、西花果场、巴荷村，面积666.67公顷。示范区分3个阶段进行建设：第一阶段为建设现代农业产业园，主要种植脐橙、沃柑、茂谷柑、砂糖橘等；第二阶段为生态旅游开发，开发66.67公顷生态果园采摘区，集德保县矮马游乐园、露营基地、爱心捐助认养区、休闲养生区等于一体；第三阶段为园区民房改造，包括村民房屋同一民族特色风格改造、乡村旅馆建设、农家乐建设等。该公司计划在3至5年内，建成核心区面积333.33公顷、辐射区1333.33公顷以上的生态农业基地。结合生态旅游开发，发展涵盖种养殖、加工生产、销售、旅游、养生等产业，辐射带动全县及周边地区一二三产业融合发展，形成相对完整产业链的现代生态农业及生态旅游开发结构模式，促进广西现代农业结构调整、农民增收，为脱贫攻坚作出积极的贡献。

经过几年的建设与发展，目前广西百乐德柑橘产业核心示范区总面积已达333.33公顷，年稳定销售各类优质柑橘750万千克，年销售总额约4000万元。

在示范区建设中，百乐德公司把最新的农业生产技术和生态农业先进理念带到当地，如水肥一体化、长枝挂果技术等，不断改变着古桃、那布、巴龙、巴荷等村的传统种植模式。

为带动更多贫困户发展产业，该公司发起成立了一家大型现代农业经济合作组织——德保县善缘生态水果专业合作社。该合作社由广西百乐德农业投资有限公司、广西善果缘农业投资有限公司和超过100户德保县专业水果种植户组建而成，目前社员的水果种植面积超过666.67公顷，年销售额超过1亿元。该合作社以绿色安全农产品为发展重点，推行标准化管理、规模化种植，建立农产品追溯系统，统一采购农资、统一技术操作规程，统一病虫害防治，统一水果质量标准，统一品牌销售，着力提高农产品的科技含量和附加值，不断向高产、优质、低耗和高效方向发展，致力于将德保县水果产业打造成国内外知名的绿色安全水果品牌。

该合作社还充分利用粤桂扶贫协作的有利机遇，积极组织实施德保粤桂生态脐橙示范区项目。该项目总投资 2084 万元，规划种植生态脐橙 133.33 公顷，目前已种植 46.67 公顷，捆绑 200 户贫困户入股。果园投产后，将保障 200 户贫困户 13 年期间的长期股金分红，预计为每户贫困户带来收益约 19.16 万元。

家住大章村陇龙屯的姚某如今是德保县远近闻名的水果种植大户、致富能人。自 2007 年从外县嫁到德保后，姚某做过水泥生意、苗圃生意，当过拖头车老板，是村里的女能人。2016 年，广西百乐德柑橘产业核心示范区在燕峒乡古桃村创建起来后，有着生意头脑的姚某花很快嗅到了柑橘种植商机，便四处寻地租地，当年年底在那甲镇大章村尝试种起沃柑、砂糖橘、珍珠李共 13.33 公顷。但种植之初由于缺技术，姚某心里没底，生怕几十万元的投入就此打了水漂。而那年，由广西百乐德柑橘产业核心示范区创办的善缘生态水果专业合作将她的果园及时纳了进来，让姚某成为合作社社员，并给予她种植技术和管护指导，这才让她吃上了"定心丸"。2018 年，她种植的 13.33 公顷果树正式挂了果。三年来，姚某种植的沃柑、砂糖橘每公顷产量分别达到 37500 千克、15000 千克，年总收入约 80 万元。"当初没有技术，也不懂往哪个方向走，后来加入到了合作社，技术、管理等都是跟着合作社步伐来走，现在果树的长势、挂果率、果品、产量等这些方面全部都上了个档次。"她种植水果的信心越来越足，而像姚某这样加入水果种植合作社的种植户有将近 100 户。

在百乐德公司等龙头企业的强势带动下，德保县的农业产业结构不断优化升级，柑橘产业成为该县特色产业"五个十万"工程之一，成为当地增收致富的主导产业。与此同时，示范区利用年均统一输出苗木 20 万余株的方式，来助推德保、田东、田阳 3 个县 8 个乡（镇）30 余个村屯规范化柑橘产业发展，并对种植户进行免费技术指导、包销售等服务，辐射带动周边县份及村屯群众发展水果种植。2017 年 12 月，示范区被评为"第五批广西现代特色农业（核心）示范区（三星级）"。

二、做农民增收致富"加速器"，
让贫困户稳享红利

来自燕峒乡古桃村古桃屯贫困家庭的王氏夫妇俩近年来没有再外出打工，而是选择了在家门口的古桃片区柑橘园务工，每天负责除草、施肥和进行果树病虫害防治等，每人每天收入 100 元左右，夫妻俩一个月务工收入约6000 元。此外，该户每年享受着古桃村"飞地产业"捆绑入股的红利 3500 元。该夫妇来到果园做工以后，收入稳定了，生活有保障了，2018 年年底顺利脱了贫。

在产业发展中，百乐德公司注重带动贫困户自主发展，免费为贫困户提供种苗和技术指导。由于部分贫困户家中无劳动力或土地贫瘠，难以自主发展产业，示范区通过贷资入股帮扶的方式，捆绑帮扶贫困户 160 户，每户每年分红 4000 元，连续两年共计为贫困户分红 128 万元。该公司创立的德保县善缘生态水果专业合作社，通过"飞地产业"模式捆绑贫困户 200 户共同发展产业，每户每年分红 3500 元，每年固定分红 70 万元，连续分红 10年，总额将达 700 万元。2018 年，该公司通过那甲生态水果基地继续带动贫困户 300 户，持续加大当地农业产业扶贫力度。2019 年，通过贷资入股方式入股到示范区的贫困户已达 660 户。另外，通过流转土地和进果园做工的贫困群众，每人每年可增收 2 万—3 万元以上。该示范区通过雇佣临时工方式，5 年内已累计解决当地劳动力就业约 5 万人次，其中贫困户就业约 1.5万人次。

在示范区"公司管理＋基地种植＋贫困户分红"长效扶贫机制的有力带动下，当地群众经济收入显著提高。2016 年以来，示范区古桃村核心区农民年人均纯收入均超过 1 万元，比所在乡镇农民人均纯收入高出 20％以上。

三、做农村潜力"挖掘机"，激活乡村
发展"一池春水"

德保县都安乡巴荷村外出打工的村民约占全村总人数的 70％，老弱病残幼在家留守，之前耕种的大量农田长期闲置，农村经济发展受到严重制约。

2016年年初，当地政府积极探索和推进土地流转，发展多种形式适度规模经营，促进农民增收。广西百乐德农业投资有限公司来到村里当"老板"后，与有闲置田地的农户签下20年期的协议，以每年每公顷7500元的价格从农户手中租得闲置地26.67公顷，大力发展沃柑种植，之后又以每天80元以上的工价雇请当地农民在地里劳作，让闲置地农户实现了"闲置田，也挣钱"的愿望。"土地流转后又在自己'地盘'上挣老板的钱，既能收土地租金，又能在基地打工，还能照顾老人孩子，真正实现了挣钱顾家两不误。"

同样的情况，几年前的古桃村土地多半丢荒，不丢荒的也仅种上一点玉米和水稻，种植方式传统，土地普遍体现不出价值。自这几年百乐德公司进驻该村后，村"两委"发动全村群众进行土地的大规模流转，至2019年，全村已流转土地近200公顷，种植柑橘等水果153.33公顷、桑园26.67公顷，建成蚕房3200余平方米。经动态调整后，该村有建档立卡贫困户163户648人，2016—2019年共有160户642人实现脱贫。

近几年来，百乐德公司帮助古桃村、那布村、巴荷村等多个贫困村拓宽了致富门路、开发了特色资源、培育了主导产业，持续改善着当地贫困群众的生产与生活条件。实践证明，"公司＋基地＋贫困户""合作社＋基地＋贫困户"的帮扶机制深受欢迎、富有成效。同时，该公司始终以扶贫济困、反哺社会为己任，热衷于公益爱心事业和捐资助学。目前已累计资助德保县燕峒乡小学、兴旺小学等贫困儿童70人、贫困大学生10人。2019年，广西百乐德农业投资有限公司先后荣膺"广西统一战线脱贫攻坚先进单位""2019年第一批广西扶贫龙头企业"称号。

07

一片嫩叶　品秀美秀山　助脱贫攻坚

——重庆市秀山县钟灵茶业有限公司

"娇云光占岫，健水鸣分溪"，映入眼帘的是一片错落有致的茶山，褪去了贫困地区大山的贫瘠和压抑感，钟灵镇凯堡村的山水多了几分清秀之美。绿水抱青山，很难将"贫困村"的身份与之关联起来。钟灵镇凯堡村地处钟灵水库腹地，全村辖区面积 30 平方千米，现有农户 616 户 2366 人，其中建卡贫困户 70 户 292 人，未脱贫户 3 户 15 人。

钟灵镇当地村民一直有种植茶叶的传统，每家每户田间土头农作物套种茶，以往农户卖茶只是自家手工炒好茶后到背到集市卖，不成规模，费时费力。2002 年，福建客商陈某到钟灵镇凯堡村考察茶叶项目，投资 600 万元成立了重庆市秀山县钟灵茶业有限公司（以下简称"钟灵茶业公司"）。17 年来，该公司与村镇联合，齐心协力动员村民开荒山、种茶叶，充分发挥独特茶山水源优势，使凯堡村家家户户有茶园。办企业、创品牌，钟灵茶叶公司实施"公司＋基地＋专业合作社＋农户"模式，专业生产纯天然茶叶及培育优质茶叶种苗，使凯堡村一举挖掉了穷根，摘掉了穷帽，村民过上了好日子。

一、公司落地贫困村

陈某回忆初来钟灵镇凯堡村情景："这里交通、信息真的是非常的闭塞，连高速公路都没有一条，火车都没通。走国道线从福建开车过来要走两三天。我们刚到这个村里面的时候，给我的感觉是我从未见过有那么穷的地方。"当时，钟灵镇 11 个村有一半是贫困村，农民年人均纯收入仅 800 元。看到当地的情况，陈某犹豫了。当时秀山县非常急需外地客商来这里兴办茶叶企业，也配套了招商引资优惠政策。陈某在凯堡村考察时到老百姓一家一户去走访，老百姓贫穷的生活状况和对脱贫的期盼打动了他，因此钟灵茶叶公司就这样落地在了这片土地，也与贫困户深深关联起来。

现在，钟灵茶业公司已经是一家集茶叶种植、生产、加工、销售、茶苗培育为一体的市级农业龙头企业。公司占地面积 4 公顷，建筑面积 4550 平方米，有茶叶加工车间 2 栋，年加工鲜茶能力 2000 吨，加工设备先进，可加工各种高、中档，各种形状的绿茶、红茶。公司目前总投资 8000 万元，其中固定资产 1300 万元。公司自有茶叶育苗基地面积 13.33 公顷，茶叶示范基地 85.33 公顷。现有员工 200 人（季节性用工约 500 人），其中中级职称以上的技术人员 20 人。该公司开发产品有钟灵毛尖、钟灵春绿、钟灵银毫、钟灵毛峰、钟灵工夫红茶、钟灵秀芽等 20 多个系列产品，形成了"钟灵"品牌的市场效应。

钟灵茶叶公司在凯堡村建立加工厂、建基地，通过"公司＋基地＋农户"的模式发展茶叶产业。该公司将零散的 66.67 公顷低产茶园流转过来，进行全方位的升级改造，打造成一个茶叶种植示范基地；又将有头脑、有经验的茶农培育成大户，统一实行规模化种植、企业化管理、一体化经营。其中，种植规模 6.67 公顷以上的大户有 5 户，0.67 公顷以上的农户有 76 户。该公司从当地百姓手中收购茶叶原料，指导当地茶农种植技术，以此在实现公司创收的同时带动当地经济发展。在钟灵茶叶公司的影响下，凯堡村还成立了 3 个茶叶专业合作社，5 个茶叶大户又相继成立了茶叶公司，全村茶叶种植面积达到 400 公顷。

二、种茶脱贫新道路

茶叶的种植、管护、采摘都需要劳动力，特别是采摘清明前茶只能靠人工一个叶片一个叶片地采，这就需要投入大量劳动力。该公司在凯堡村的茶叶基地刚投产，就遇到一个大难题：以前的凯堡村是特困村，交通闭塞，群众思想落后。当时，老百姓有种陋习，就是吃酒成风，谁家盖房子，谁家孩子考上大学，村民们都要去吃酒。在茶叶采摘的高峰期的时候，每天需要上百劳动力，遇到谁家办酒席，工人们全部都走了。为了茶叶产业正常有序发展，企业挨家挨户上门做思想工作，传输先进发展理念，组织专业技能培训，带领他们考察外地的茶叶企业，循序渐进地改变农户原有的懒散作风。

最初，村民对于茶叶种植不是很了解，企业就邀请他们来种植示范基地，教他们种植技术。什么时候修枝，该怎么剪，该怎么采茶叶，哪个季节该怎么施肥、除草，公司建这块基地的主要的目的就是起一个科技示范带头作用。一家一户来人看，一看都明白了该怎么管护。

有了企业带动，掌握了种茶技术，老百姓们转变了传统的农业种植模式，茶叶开始成为老百姓的主要农作物。就这样一年又一年，凯堡村的茶叶规模越来越大，在老百姓心中，钟灵茶业公司也越来越重要。

现在，凯堡村基本家家户户都种茶，从钟灵水库周边，到厂房，再到农民百姓家房屋前的土地，远远望去绿油油的一片。这里没有种植其他作物，现在老百姓甚至连水稻都没有种，只要没有森林覆盖的地方都是茶园。

三、带贫致富有门路

茶叶基地是将老百姓的土地流转过来的，钟灵茶叶公司每年要向农户支付茶叶基地租金100余万元。随着公司的不断发展，茶叶生产厂区也不断建立起来，也为当地老百姓提供了务工及就业岗位。每年茶叶采摘及茶叶基地管护、育苗基地管护用工约500人次12000工天，解决固定就业岗位42人，吸纳贫困户2人长期就业，与24户建卡户签订鲜叶销购协议。村民通过土地流转租金、摘茶工资和销售鲜茶收入，年人均增收2800元。钟灵茶叶公司作为消费扶贫"纽带"，2019年累计向山东省销售茶叶达88万余元，实现带贫47户170人。

杨某一家6口人，是钟灵镇的建档立卡贫困户。2018年年底，一场突如其来的疾病，让这个家庭主要劳动力失去劳动能力，一家人的生活重担全压在了妻子龙某身上，生病的丈夫需要人照顾、家里的老人需要照顾、3个还在读书的小孩需要照顾，龙某无法外出务工。2019年，帮扶干部及村干部帮助其申请了低保，但这仅仅只能维持生活。钟灵茶叶公司在了解情况后，动员龙某到茶厂务工，既能离家近照顾家庭，又能有一份较稳定的工资收入。杨某告诉帮扶干部："妻子现在茶厂务工，每月能有2000多元的稳定收入，我自己今年身体有所好转，计划在钟灵农贸市场卖鱼，我相信只要我们自己踏实肯干，在政府和茶厂的帮助下，我家不仅能如期脱贫，更能致富！”

据该公司法人代表陈某介绍，"凯堡村基本上家家户户都有 0.20—0.67 公顷的茶叶地，他们基本上每公顷地就可以增加收入 27000 元左右，1 公顷地的总收入大概可以达到 63000 元，像往年他们 1 公顷地最多也就 15000 多元的收入，现在已经提升到 60000 多元。每家每户从茶叶公司这一块可分到的茶叶销售款 30000 元左右。"

以前凯堡村是国家重点贫困村，通过钟灵茶业公司近十余年的茶叶种植、收购、加工，提供劳动就业岗位，支付土地租金几个方面的联合带动，凯堡村扶贫实现了变"输血"为"造血"，确保了贫困户持续就业、稳定增收，2013 年，该村贫困发生率高达 9.3%，目前，降至 0.6%。不仅如此，钟灵茶叶公司在社会公益方面也有着重要的影响，企业资助本地大学生读书、给村里修路，现在企业跟老百姓之间的关系，就像钟灵水库里的鱼和水一样紧紧相连。

钟灵茶业公司作为引领，在脱贫攻坚道路上全力写好了"脱贫茶"文章，在激发群众内生动力、助推脱贫攻坚方面取得了明显成效。

08

"五融"发力提高帮扶精准度

——中国农业发展银行在云南省马关县的金融扶贫实践

2012 年，国务院扶贫办等 8 部门联合印发《关于做好新一轮中央、国家机关和有关单位定点扶贫工作的通知》，部署开展新一轮定点扶贫工作，明确中国农业发展银行定点帮扶吉林大安、云南马关、广西隆林、贵州锦屏4 个县（市），对口支援江西南丰县。马关县趁着国家脱贫攻坚脱贫总体布局和中国农业发展银行定点帮扶支援的春风，开始一步步脱贫攻坚。

中国农业发展银行把定点扶贫作为服务脱贫攻坚的重点工作，成立定点扶贫工作领导小组，建立总行领导包片扶贫联系制度，制定《政策性金融扶贫五年规划》，实行一系列倾斜支持政策，选派骨干力量驻县、驻村挂职扶贫，量身定制金融服务方案，融智慧、融资金、融商机、融力量、融真情，精准发力，倾心帮扶马关县，金融扶贫成效显现。

一、主要做法

（一）融聚智慧，规划谋篇明思路

一是系统谋划，办法先行。积极主动参与研究制定了《马关县易地扶贫搬迁"三年行动计划"实施方案（2016—2018 年）》《马关县农村危房改造和抗震安居工程项目管理办法》《马关县建档立卡贫困户产业扶持项目管理办法》等 16 项扶贫政策措施，做到系统谋划、扎实推动、第一响应，积极拓宽银政合作渠道，从政策、制度上保障了脱贫攻坚向纵深推进，形成了"银行＋企业＋党政各部门"多方联动、共同参与的格局。

二是精准施策，产业引领。帮助马关县做大做强县域企业，整合优势资源，注入优质资产，不仅满足了融资条件监管的要求，也为后续的融资拓宽了道路。同时，针对群众增收问题，协助制定印发《马关县脱贫摘帽产业发展实施方案》《马关县脱贫攻坚产业发展规划》等专项扶贫办法、制度、措施，用奖励扶持，引导贫困户大力发展订单农业、乡村旅游业，确保贫困群众通过产业扶贫稳定增收。

三是多方联动，协调共治。积极出谋划策，配合协助马关县建立完善所有帮扶部门参与的定期联席会议制度，协调省扶贫办、发改委、财政厅、住建厅、国土厅等部门倾力帮扶马关县，推动相关政策向马关倾斜，资源共享、优势互补，形成合力。

（二）融汇资金，金融扶持破瓶颈

基础薄弱是制约马关县脱贫摘帽的瓶颈。中国农业发展银行利用自身优势"靶向帮扶"，总行、省分行、二级分行和县支行四级联动，确立了"金融资金配置以农发行引领为主，配合政府协调其他金融机构积极跟进"的融资方案，助推马关县基础设施建设，筑牢发展根基。同时，对马关县的贷款审批实行倾斜政策，实现"三个率先"，即：马关产业扶贫批发贷款在总行五个定点扶贫县中实现率先审批发放，马关教育扶贫贷款、旅游扶贫贷款在全省实现率先审批发放。实现了直接投向马关县的扶贫领域的信贷资金"三个第一"，即：在文山农发行系统审批授信第一，累计投放第一，贷款余额第一。

一是基础设施"筑根基"。受困于经济发展缓慢，危房改造成为马关县脱贫攻坚最大的"拦路虎"。中国农业发展银行云南省分行审批项目贷款 7.6 亿元支持农村住房提升改造，投放贷款 4.44 亿元，支持 3.34 万农户完成危房改造，惠及 12.82 万人，马关县农村危房改造工作实现了量与质的"双提升"。此外，中国农业发展银行还主动协调争取上级无偿补助资金，促成了云南省住建厅增加马关县 2017 年度农村危房改造专项计划 4450 户，财政无偿补助资金近 5600 万元；促成地方财政和上级补助资金解决全县 29 个村卫生室不达标、51 个贫困村医疗设备未达标问题；协调地方政府财政和电力部门补助资金解决全县剩余 28 个贫困村 73 个村小组未通 10 千伏以上的动力电问题。

二是民生工程"强保障"。中国农业发展银行支持马关县各类贷款和基金项目涉及基础设施、水利、教育、健康、旅游扶贫等方方面面，在马关县易地扶贫搬迁、农村危房改造、人居环境建设、达号水库、河边水库、县中医医院整体搬迁等项目上，给予了大力的信贷支持，实现34.78万人次受益的巨大效益。同时，2017年9月，中国农业发展银行马关县支行挂牌成立，进一步延伸扶贫金融服务，更加精准快捷地支持全县农业农村经济发展。

（三）融集商机，结对扶持强协作

打赢脱贫攻坚战，离不开产业支撑。中国农业发展银行在为马关县输入扶贫资金的同时，充分发挥金融客户优势，在全行反复梳理动员企业到马关考察，积极向马关注入市场、技术、理念、经验等"新鲜血液"。

一是"引进来"。连续三年帮助马关召开全国性的招商引资会，累计签订投资协议48家，签订意向投资金额62.2亿元；通过中国农业发展银行云南省分行牵线搭桥，马关县考察团赴江苏、上海、广东、广西、深圳、山东等多个省市进行招商引资；结合马关县生物资源丰富的实际，引进三七、工业辣椒、刺梨、李子等农副产品种植以及毛驴养殖、产品深加工等企业入驻马关，与群众建立利益联结机制，带动马关建档立卡贫困户持续稳定增收脱贫，并帮助企业解决原材料、资金、发展思路等方面的问题20多个，促进企业增加投资4000多万元。

二是"卖出去"。积极梳理马关特色扶贫农产品，大力开展消费扶贫。中国农业发展银行总行食堂和云南分行30多个机构食堂实现定期采购马关农产品；与光大购精彩、农业银行扶贫商城、农发易购、云品荟、乐分购、马易网6家电商建立马关扶贫农产品销售专区，多渠道实现稳定销售。

2018年中国农业发展银行员工和食堂采购马关农产品22.83万元，帮助销售马关县农产品193.4万元，签订采购协议600多万元。

（四）融合力量，扶智扶志增动力

"扶智"+"扶志"，才能充分激发群众脱贫致富内生动力，坚定"不等不靠"、自力更生摆脱贫困的信心。2017年起，中国农业发展银行总行加大了对定点帮扶县的培训力度，专门在苏州农村干部学院举办干部培训班。同时，云南省分行牵头，组织人员到江苏、上海、深圳等经济发达地区考察学习，到贵州锦屏、广西隆林等招商引资工作开展得好的地方"学经验，增见识"。此外，中国农业发展银行全系统坚持"在总行领导下，省、州、县三级行具体抓落实"的工作模式。明确省、州、县三级行职责，帮扶任务和措施细化到具体项目，工作职责落实到责任单位，明确完成时间表，并先后下派了 5 名优秀干部到马关县挂职帮扶。总行党委还从总行和省分行选拔优秀挂职干部到马关县组成扶贫三人小组加强与马关县的沟通协调，为马关县脱贫攻坚出谋划策。

（五）融入真情，资金扶持惠民生

中国农业发展银行以引导社会力量献爱心为主，全力筹集捐赠资金积极跟进，着力解决社会兜底人员如期脱贫问题。积极开展献爱心活动，从"大资金"到"小心意"，中国农业发展银行积极协调社会各界资金力量，引导社会各类企业团体捐赠 1560.5 万元，帮助解决偏远乡村安全饮水、群众出行、发展产业等问题；协调新华保险对马关县 5000 个贫困户提供保额 3 亿元的保障保险费用；加大对建档立卡贫困户教育支持力度，为杜绝因学致贫、因学返贫，总行积极促成农发行江苏省分行和海安县人民政府共同发起成立马关县扶贫助学基金，本、专科学生每人每年分别获得资助 5000 元、2280元，定向资助马关县建档立卡贫困户家庭参加高考被高校录取的贫困学生直至毕业，实现录取贫困大学生全覆盖。全行员工个人捐赠和动员企业捐赠的1956 万元，全部用于帮扶马关县建档立卡贫困学生。其中：2017—2018 年，已捐赠 540 万元，计划资助贫困学生 857 人，已资助学生 728 人；2019 年捐赠 1416 万元，计划帮扶 2312 名建档立卡贫困学生，将实现 2019—2020 年建档立卡户家庭孩子中专、大专、本科、研究生教育帮扶全覆盖。

二、经验启示

对于深度贫困县马关县而言，打赢脱贫攻坚战、实现持久脱贫、不再返贫是重中之重。中国农业发展银行"融智、融资、融商、融力、融情"的倾情帮扶下，马关县脱贫攻坚战捷报连连，为金融部门做好定点挂钩帮扶工作，助力脱贫攻坚提供了一些有益启示。

（一）深度融合，形成扶贫整体合力

中国农业发展银行定点扶贫马关县的实践表明，金融精准扶贫作为脱贫攻坚总体战略的有机组成部分，必须进行深度融合，才能形成扶贫攻坚的整体合力。中国农业发展银行主动配合马关县研究制定易地搬迁、产业扶贫等各项政策，配合建立更加灵活的组织协调机制，协调省相关部门倾力帮扶马关，推动相关政策向马关倾斜，资源共享、优势互补，集中攻坚。同时，充分发挥金融扶贫的骨干、引领作用，通过政策性金融前期介入，协助马关县降低融资成本，引导金融机构、企业单位加快跟进，与马关县脱贫攻坚形成合力。

（二）因情施策，提高金融扶贫精准度

金融扶贫，难在精准，贵在精准。针对马关县实际，中国农业发展银行提出扶持对象必须精准、帮扶政策必须精准、资源配置必须精准、扶贫成效必须精准"四个必须精准"措施，以"融智、融资、融商、融力、融情"为主要切入点，"五融"发力齐推动，建立了"高层策动、中层互动、基层联动"的帮扶工作机制，从"组织保障、政策倾斜、人才配备、机构设立、体制畅顺、资金保障、项目推动、产业扶持、爱心捐赠、民生关怀"等方面给予"一站式、全程式"倾力帮扶。

（三）立足实际，注重扶贫方式创新

针对扶贫资金紧缺的实际，中国农业发展银行充分发挥"金融杠杆"的作用，在为马关县输入扶贫资金的同时，把扶贫的触角向各方面延伸，实现全方位、系统化、立体式的扶贫。第一，从思想上进行扶贫；第二，在推进战略协作上进行扶贫；第三，在引商招商中进行扶贫；第四，在提升贫困人口素质上进行扶贫，真正做到帮思想、帮思路、帮资金，阻断贫困代际传递。

09

情系桑梓　德容天下

——西藏浪卡子县山南羊湖建筑工程有限公司

山南羊湖建设集团，带着"致富不忘本，共同奔小康"的初衷，积极参与公益事业，自脱贫攻坚工作启动以来，响应"百企帮百村"行动，主动认领脱贫攻坚任务，承担起全县贫困人口最多、贫困面积最广、贫困程度最深的伦布雪乡脱贫攻坚重任，争做农牧民群众增收致富的引路人。

一、艰苦创业，发展企业

边某珠，1956 年出生于西藏山南浪卡子县一个海拔高、交通不便、土地贫瘠的小村子——白地乡叶色村。由于家庭贫困，9 岁才开始上学，后来干过木匠活，当过建筑工人。1999—2011 年担任西藏山南发达建筑有限责任公司总经理。2011 年担任西藏山南羊湖建筑工程有限公司董事长。2018 年任西藏山南羊湖建设集团董事局主席兼任西藏自治区通源电力局董事长。

西藏山南羊湖建设集团有限公司始建于 1988 年，前身为浪卡子县白地乡扶贫建筑队，先后更名为浪卡子县扶贫建筑队和西藏山南发达建筑有限公司，西藏山南羊湖建筑工程有限公司，于 2018 年正式更名为西藏山南羊湖建设集团有限公司。公司现有总固定资产 3.6 亿元，总注册资金达到 8200 万元，现有固定员工 1600 余人，其中 80% 员工为浪卡子籍农牧民群众。

公司始终坚持"义利兼顾，以义为先"的原则，秉承回馈社会，参与社会公益慈善事业，为农牧民增收致富和社会和谐发展作出了应有贡献，得到了各级党委、政府的充分肯定，赢得了广大人民群众的口碑。获得了各方面的各种荣誉和奖励。在各级党委、政府的深切关怀和社会各界的鼎力支持下，经过十几年的艰苦奋斗，公司茁壮成长，社会影响日益提升，经济效益持续增长，发展后劲不断增强，成为一家设备完善，功能齐全，基本形成半机械化操作程序的非公企业。

二、事业有成，心系家乡

多年来，边某珠在事业上取得了一定的成功，但无论走到哪里，他都不会忘记根在浪卡子，那里是生他、养他的地方。他也深知如今事业的成就有自己的付出，但更离不开党和政府的支持，没有党的好政策，他这个山里娃也许还在山沟沟里放羊。

"建房先做人，没有优秀的品质，就不能树立他们公司的优秀形象。为国家排忧解难，为人民做好事，是他们的一种责任，他们要取财于民，还财于民，以实际行动回报生他、养他的土地和人民。"这是他经常对子女说的一句话。

作为一个家乡人，除了关注自身利益的发展外，他认为应该承担起应有的社会责任，回馈家乡父老。心系家乡不能停留在口头上，要落实到行动上。这些年来，他累计在捐资助学、扶贫、助孤、赈灾、支持地方建设等方面捐助善款共计 1147 万元。

三、对口帮扶，精准扶贫

"十三五"以来，尤其是自脱贫攻坚战打响以来，边某珠和他的羊湖建设集团积极响应国务院"万企帮万村"和区、市"百企帮百村"的号召，不断探索脱贫路子，创新管理模式，把实现贫困群众脱贫视为公司建设发展的一部分。主动承担了对浪卡子县伦布雪乡整乡对口帮扶工作。并按照习近平总书记"要精准扶贫，切忌喊口号"的要求，采取就业帮扶、产业帮扶、教育帮扶、思想帮扶和公益帮扶等五个措施，开展了一系列实实在在的对口帮扶工作，通过帮助贫困群众提高素质、掌握技能、长期就业等方式使贫困群众逐步摆脱贫困，走向小康奠定基础，取得了良好成绩。

（一）创优工作机制，确保脱贫攻坚"靶向定位"

对口帮扶工作确定后，边某珠和他的团队高度重视，成立了由董事长担任组长的扶贫专项领导小组，组成结对帮扶工作专班，设立扶贫办公室。组织扶贫调研组，深入该乡 19 个村，详细了解致贫原因，精准识别，逐一登记基本资料，掌握第一手资料。经调查统计，伦布雪乡位于浪卡子县城东南部 130 千米处，下辖 19 个行政村 23 个自然村；全乡总户数 1682 户，总人口 6646 人，总耕地面积 234.80 公顷，人均耕地 0.035 公顷，总牲畜 72866 头，人均牲畜 11 头，可利用草场面积 88633.33 公顷；精准扶贫建档立卡贫困户 301 户 969 人，分别占总户数和总人口的 17.89% 和 14.58%，其中低保户 127 户 395 人，"五保户" 22 户 22 人。该户是浪卡子县面积最广、人口最多、贫困面最大、脱贫任务最重的牧业大乡。

（二）加大资金投入，确保脱贫攻坚"精准滴灌"

围绕 2018 年完成脱贫任务，2019 年迎接国家验收的战略目标，以 301 户 969 名贫困群众为重点，累计投入资金 1962.64 万元，实施了安排就业岗位、开展技能培训、发展特色产业、建立教育基金、保障基本生活和危房改造等五项工程，推进脱贫攻坚向纵深发展，为 2020 年全面小康打下基础。

一是紧盯劳务增收，强力推动就业帮扶。2017 年，伦布雪乡籍群众共就业 828 人、兑现民工工资 1744.80 万元，其中贫困劳动力 167 人，兑现工资 351.84 万元，人均现金收入达 2.11 万元。截至 2017 年年底，实现了 48 户 213 名建档立卡贫困户脱贫摘帽。

二是立足长远脱贫，着力开展产业扶贫。坚持群众熟悉、就近就便、不离乡土、能干会干的原则，帮助伦布雪乡发展产业。脱贫攻坚以来，集团投资 172.425 万元修建厂房 349 平方米，并配备了编织架等相关设备 255 套，吸纳无法外出务工的妇女 416 人，兑现编织厂妇女工资 359 万元，年人均收入达 8629 元。实现了家庭主妇"顾家、增收"两不误、两促进。

三是扶贫同扶志、扶智相结合，加大教育扶贫力度。一方面，集团每年拿出 100 万元，对伦布雪乡为主的浪卡子县籍本科生和区外高中、初中生进行资助，有效避免了"因学致贫、因贫辍学"问题。另一方面，投入 26.38 万元培训资金，采取"边培训边务工增收"的实地培训模式，对伦布雪乡 84 名贫困劳力进行了建筑业技能和编织业培训。

四是主动回馈社会，认真做好公益事业。2016—2017 年，给伦布雪乡籍每名员工无偿发放口粮 4065 袋、糌粑 2109 米，折合人民币 98 万元。出资 5.33 万元交纳 969 名贫困群众医疗保险及养老保险自筹部分。另外，解决 13 万元临时救济口粮；解决村集体购买种牛款 7.5 万元。

五是加大资金投入，改善住房条件。在解决乐业的同时，注重安居问题，实施了贫困户民房改造工程。2016—2017 年集团投资 6.8 万元，改造了贫困户危房 860 平方米；2018 年投资 1340 万元，实施了扶贫搬迁工程 5118.57 平方米，涉及 34 户 116 人。使贫困户住上安全、宽敞、舒适、明亮的新房。

脱贫攻坚以来，山南羊湖建设集团累计投入 2042 万元，开展产业帮扶、就业帮扶、教育帮扶、公益帮扶等，帮助全县 301 户 969 名贫困群众实现脱贫摘帽，在浪卡子县脱贫攻坚史上留下了浓墨重彩的一笔。集团董事长边某珠荣获 2017 年度"全国脱贫攻坚奖奉献奖"。

四、转变思路，造福一方

在脱贫攻坚战役中，边某珠为了能够让伦布雪乡 1714 名贫困群众脱贫奔小康，他多次与乡党委、政府衔接沟通，深入实地开展调研，了解产业发展、项目建设、基础设施等情况；与乡（镇）村（居）干部和群众交流座谈，征求意见，并结合实际，制定了切实可行的扶贫措施，明确了脱贫目标。2016 年，他代表公司和浪卡子县伦布雪乡党委、政府签订了结对帮扶"军令状"，承诺公司帮助伦布雪乡于 2018 年实现脱贫摘帽任务。

边某珠认为，精准扶贫光给钱是不能解决问题的，最重要的是让老百姓有致富的门路、致富的技能。但工作伊始，村民、乡亲多不信任，工作开展步履维艰。在伦布雪乡苏格村，有一个单身母亲独自养活着 3 个孩子，一个在上学，两个初中毕业后便待在家里，整天无所事事。他就想让两个孩子跟着他干活，没想到两个人一口拒绝，他们说，他干不动活，一干活就腰疼腿疼。他当时就有些生气了，心想一个人天天躺在太阳底下等别人送吃的怎么行？为了能够提高他们的工作积极性，激发内生动力，边某珠经常与他们谈心聊天，为他们解决实际困难，并帮助他们学习实用技术，提高自身技能，使他们逐渐认识到幸福生活是奋斗出来的。如今该家庭经济稳步提升，脱贫致富效果显著。

通过走访，边某珠发现，伦布雪乡的妇女普遍擅长编织氆氇、藏被等民族手工艺品，但因为交通不便、缺乏销路，编织的人越来越少，这项传统技艺面临失传的危险。为此，他自费置办110多套织机，购买原材料，分发给伦布雪乡农牧民家庭，鼓励大家把闲暇时间利用起来编织氆氇，再用远高于市场的价格进行收购，极大地激发了大家致富创收的积极性。此后，他又从有着"氆氇之乡"称号的扎囊县请来名师，专门传授她们氆氇编制技术。并投入380多万元资金举办农牧民技能培训班，先后培训5289人次，其中贫困人口3808人次，使他们掌握了一技之长，如今，伦布雪乡80%的妇女都可以织得一手好氆氇。

2016年年底，边某珠投资200多万元，成立了山南羊湖建筑公司精准扶贫编织厂。编织厂采取"公司＋贫困户"的模式，免费向贫困户提供编织机和编织原料，聘请编织能手传授技艺。所有的编织品由公司按市场价全部收购，再由公统一开展市场销售，2017年上半年，仅编织一项，就业妇女就增加至239名，兑现民工工资359万元，人均收入可达8629元。

五、深刻体会，砥砺前行

1989—2016年，边某珠和他的公司累计帮助浪卡子农牧民群众13345人次实现就业，其中贫困人口9074人，占就业人员的68%；实现农民工现金收入3.04亿元，其中贫困人员收入达2.06亿元，实现了986户脱贫，其中10%的家庭目前已达到了小康水平。

从牧民到企业家的成长经历，使他对技能脱贫有很深的体会。"嘴要想吃，手就应勤。有本事能玩狮子脑袋，有胆量能摸老虎屁股。"他常常引用藏族谚语，讲述自己的人生经历，开导那些"等靠要"思想较重的贫困家庭，引导他们自力更生，勤学技能。

在企业的发展过程中，边某珠越来越感觉到知识可以改变命运。为此，他积极投入资金，助力家乡的教育事业发展。先后捐款100.25万元资金，建立了"羊湖子女"教育基金，每年投入不低于100万元对浪卡子县教育事业进行长期扶持。如今当地很多受资助学生已经大学毕业参加了工作，他们有的会打电话过来，向他表示感谢。他告诉他们，只要你们好好工作，有能力的再帮助其他人就算是对他最大的回报了。

多年来，边某珠以自己的力量做着力所能及的事，他始终认为这是自己作为一个浪卡子人应该做的。由于在精准扶贫中的突出表现，西藏山南羊湖建筑工程有限公司先后获得"全国扶贫开发先进集体""全国诚信守法乡镇企业""全国乡镇企业质量工作先进单位"、自治区"优秀乡镇企业"、自治区"回报社会感恩行动中贡献突出"称号、"百企帮百村"先进企业、非公企业先进党支部；山南市和浪卡子县分别授予公司民族团结进步模范集体等称号。他也获得了全国劳动模范、自治区首届优秀中国特色社会主义事业建设者、自治区民族团结进步模范个人、山南地区企业先进个人、山南地区"两基"工作先进个人、浪卡子县"重教个人"、山南地区"两基"攻坚先进个人等荣誉。

面对如此多的荣誉，他深知自己的工作还做得不够，现在，他已过花甲之年，慢慢退居二线，但是他把精准扶贫这个"接力棒"交给了他的儿子，他相信儿子会做得更好。

10

五指发力同推进　打造扶贫大格局

——中国核工业集团有限公司在陕西旬阳县的扶贫实践

　　贫困之冰，非一日之寒；破冰之功，非一春之暖。中国核工业集团有限公司（以下简称"中核集团"），中核集团作为央企，一直将精准扶贫作为义不容辞的重要政治责任，作为落实"两个维护"的具体行动。根据党中央的统一部署，中核集团定点帮扶的陕西省旬阳县，是国家扶贫开发工作重点县。自 2015 年承担起旬阳县的定点扶贫任务以来，集团总部和 150 家成员单位在旬阳协同作战，倾力打造了"基础建设、产业引领、消费带动、困难救助、智志双扶"等大扶贫格局，累计投入帮扶资金 3530 万元，开展帮扶项目 47 个，惠及全县 21 个镇 150 个村 1.2 万户 4.6 万人，占旬阳总人口 10%，其中惠及贫困人口 6000 户 3.1 万人，占旬阳贫困人口 23%，为旬阳县打赢脱贫攻坚战提供坚强支持。2020 年 2 月 27 日，经陕西省政府批复旬阳县正式退出贫困县序列；定点帮扶李家台村 2019 年被评为安康市美丽家园示范村。中核集团先后获评 2018 年安康市脱贫攻坚优秀帮扶企业称号和 2019 年安康市社会扶贫先进集体。2019 年 7 月，中核集团的帮扶故事走进中央电视台《手挽手——精准扶贫　央企在行动》大型公益扶贫栏目，通过"扶贫人物"访谈、扶贫项目推介、扶贫产品展示等环节对中核集团的帮扶工作进行全方位的展示。

一、强化领导抓落实，精心打造"永不走的工作队"

　　2015 年以来，中核集团党组坚决贯彻落实党中央、国务院打赢脱贫攻坚战的决策部署，多次召开中核集团党组会议，听取扶贫工作汇报，研究部署脱贫攻坚工作，集团领导先后多次到旬阳县调研并召开座谈会，一线指导落实帮扶措施。中核集团严格按照"硬选人、选硬人"标准，选派4位工作经验丰富、责任心和使命感强、不惧艰苦的干部先后到旬阳县工作。

二、因地制宜出举措，夯实基础
增强发展新动能

（一）以基础建设促脱贫，打好脱贫攻坚"固本牌"

中核集团着力于解决农村公共设施基础差、边远乡镇公共卫生基础差、农村环境脏乱差等民生问题，2016—2020年累计投资925万元，先后援建了安全饮水、道路硬化、卫生院（室）建设等14个民生项目，惠及5个镇15个村4912户15513人，其中贫困户2188户7011人。

一是援建红军镇卫生院新建工程。2019年，中核集团投资400万元，援建红军镇500平方米的卫生院，解决周边8个村约2500户8000名人民群众的就医难问题，其中贫困户约1000户3500人。

二是援建铜钱关镇和神河镇卫生室建设工程。2019年，中核集团投资105万元，分别在铜钱关镇孙家坡村、沙阳河村、李家沟村、闵家河村援建了4个卫生室，在神河镇援助了1个卫生室提升工程，解决了1524户4748人的就近看病就医硬件差问题，其中贫困户871户2494人。

三是援建白柳镇西沟河村养猪基地环保提升工程。2019年，中核集团投资100万元，援建白柳镇西沟河村的养猪基地环保提升工程，对该村养猪基地进行转型升级达到环保要求，改善西沟河村的人居环境，惠及西沟河村500户1500名村民，其中贫困户200户600人。

四是援建城关镇李家台村安全饮水、道路硬化工程。2016—2019年，中核集团合计投资220万元，援建城关镇李家台村16千米的安全饮水工程、19.4千米长的村组道路硬化工程、5千米长的道路亮化工程，解决了李家台村388户1265人的安全饮水、生产和生活出行、人居环境改善等民生问题，其中贫困户117户417人。

五是援建小河镇东沟村——两河关村通村公路桥梁项目。2020年中核集团投资100万元，援建小河镇叶长沟口人行钢索吊桥，解决一河两岸两村（东

沟村、两河关村）约 3000 多村民汛期生产、生活及小孩上学的交通困难。

（二）以产业引领促脱贫，唱好脱贫攻坚"重头戏"

一是助推辣椒产业提质增效。2019 年，中核集团投资 100 万元，帮助铜钱关镇成立了中核集团帮扶旬阳辣椒产业合作总社，资助 3 个镇 18 个村种植了 333.33 公顷精品朝天椒，与四川石柱和贵州遵义的销售商签订了销售合同，惠及 151 户 520 名村民，户均获纯收益 4000 元，其中贫困户 68 户 249 人。2019 年 7 月，中核集团资助 100 万元，以辣椒合作总社为实施主体，租赁面积 500 平方米厂房，建设日处理 2 吨的全自动辣椒烘干生产线一条。2020 年，中核集团继续投入帮扶资金 490 万元，援建辣椒育苗基地、种植基地、加工设备及品种研发和营销中心项目建设。中核集团帮助旬阳县建立了集辣椒研发、育苗、种植、收购、加工、销售六个环节的全产业链。

二是发展旅游产业促脱贫攻坚。帮扶城关镇李家台村建成三国文化园、赏花踏青园和林果采摘园等核心文旅项目。2019 年举办了旬阳县最大规模的首届乡村旅游节，先后开展了桃树认领、桃花观赏、抖音大赛、乡村越野跑、乡村音乐节等系列活动，旅游节当天，共迎接来自全国各地的游客 1.5 万人，村民餐饮和土特产销售额超过 30 万元，李家台特色旅游品牌在旬阳县初步形成。

三是助推发展壮大集体经济。2019—2020 年，中核集团、中核工程合计资助 290 万元，联合苏陕协作和旬阳县农业农村局联合援建了城关镇李家台旬核乡振生态农业产业园，建成 46 个标准化育苗大棚，引进穴盘式和漂盘式两种现代农业育苗技术。目前，该产业园已被旬阳县政府和县农村农业局确定为全县的辣椒育苗示范园、生态农业示范园、集体经济发展示范园建设项目。

（三）以产品消费促脱贫，打造线上线下"新平台"

集团总部精心挑选了旬阳大山造物科技有限公司作为旬阳县农副产品的供销商，根据不同单位需求和节日特点，每个节日推出 3—5 种大小不等、特色各异的套餐组合，开创消费扶贫模式。大山造物公司为中核集团专门开发了旬阳消费扶贫 APP 小程序，将旬阳县农副产品推荐进入中国社会扶贫网电商平台，开创消费扶贫和公益扶贫相结合的特色扶贫模式，打造"中核守望"消费扶贫品牌。2019 年，通过线上和线下两个平台采购农副产品的成员单位达到 150 家，中核旬阳消费扶贫总额达到 700 余万元，惠及全县 6 个食品生产厂家、25 家农民专业合作社，21 个乡镇 150 个贫困村、约 3500 户 12000 名村民，其中贫困户约 2000 户 7500 人。出资组建了中国社会扶贫网中核扶贫馆，筛选旬阳县优质特色产品入驻并成功线上销售，拓宽了旬阳县特色产品的销售渠道。2019 年，通过中国社会扶贫网、中核扶贫馆、消费扶贫 APP 小程序三个平台推荐，购买和帮助销售旬阳农副产品近 1000 万元。

三、心系群众重关怀，倾情相助
凝心聚力助攻坚

（一）扶智扶志扶信心

一是推动开展教育扶贫。充分利用四川核工业技术学院教育资源，2016—2019 年，四川核工业技术学院招收 298 名旬阳贫困学生就读大专，学费全免，合计减免学费 298 万元。截至 2020 年，2016 年在旬阳招收的第一批 100 名贫困学生已经大专毕业，95%以上的毕业学生在学院的帮助下找到工作，其中近 50 人在中核集团所属成员单位上岗就业。2017—2019 年，中核集团动员下属单位党员干部通过一对一认领资助的方式，帮扶旬阳县贫困学生 200 名，发放爱心资助款 100 余万元。

二是开展扶贫专项培训。2018 年以来，中核集团出资 74 万元，通过"带出去、请进来"的方式开展各类培训，先后对村组扶贫干部、农村致富带头人、小微企业经营管理人员进行专题培训。2020 年，中核集团帮扶 50 万元，继续开展扶贫干部开展专项技术培训。

三是改善教学设备设施。2017—2020 年，中核集团、中核财务公司、中核同辐公司、中核二三公司等先后为边远学校捐赠资金、电脑、图书、教学用具等，惠及在校学生 1510 名，其中贫困学生 570 名。

四是创立"核苗计划"公益扶贫品牌。2019 年 6 月，中核集团发起了"核苗计划"公益扶贫项目，联合陕西省慈善协会、中国社会扶贫网陕西管理中

心、守望大山公益基金、旬阳义工联合会等多家公益组织，在旬阳县境内开展了包括"禾苗书屋"爱心书屋筹建、"核你一起跑"爱心操场援建、"核你一起学"公益教室帮建等一系列教育扶贫项目。联合陕西音乐广播 FM98.8 开展公益支教 4 期，撬动财政部会计司、西安海关、民航西北管理局、长江商学院黄河支队，央视著名节目主持人及爱心企业等社会资源，捐建统一标识的"禾苗书屋"7 间。同时还通过守望大山公益基金在腾讯公益线上发起"禾苗计划"公益项目，线下对接西安唐宁书店、曲江书城搭建线下募捐场景，进行图书以旧换新等爱心活动，提高项目知名度，提升社会参与度，已累计筹款 30 余万元。

（二）困难救助"送温暖"

针对因病、因残致贫的特殊困难群体，开展特困帮扶"送温暖"专项工程。

一是开展特殊群体帮扶救助。2016—2019 年，中核集团累计捐赠 10 万元，先后在全县范围内慰问因病因残因无劳动能力致贫的"五保户"25 人、低保户 25 人、残疾和重病老人 40 人、贫困党员 10 人。2019 年，中核地产公司捐赠 2 万元，慰问了李家台村 20 名贫困党员、贫困群众、残疾和重病人员。

二是开展大病救助帮扶。2018—2019 年，中核集团捐赠 5 万元，在全县范围内救助帮扶了 30 名患大病的特困病人，其中李家台村 1 名骨癌的小学生获得 1 万元救助帮扶。2019 年中核集团联系深圳海得威公司捐赠幽门螺旋杆菌试剂 5 万元联合县医院在全县开展三期义诊活动，惠及全县约 5000 名胃病患者。

三是帮扶开展新冠肺炎疫情防控。2020 年 2 月紧急拨付专项资金 100 万元，用于帮扶旬阳县开展新型冠状病毒疫情防控工作。

目前，旬阳县已正式退出贫困县序列。下一步，中核集团将认真贯彻落实党中央、国务院"四个不摘"的要求。2020 年已确定投入 1000 万元帮扶资金，重点在扶贫扶智、产业扶贫、教育扶贫、培训贫困人员、人才支持等方面继续给予大力帮扶，助力旬阳县建立稳定脱贫长效机制和推进乡村振兴，积极践行"精准扶贫，央企在行动，乡村振兴，续写新篇章"的央企社会责任，为旬阳县经济社会发展注入"核动力"。

11

一个扶贫车间带"活"一方人

——云南省马关县蜀丰中天养殖专业合作社扶贫车间

马关县蜀丰中天养殖专业合作社成立于 2017 年，是一个集畜禽养殖、蔬菜种植为主的专业合作社。合作社依托马关蜀丰公司配送市场，探索出"公司＋合作社＋基地＋农户"的发展模式和"112"增收模式（即"1 个家庭 =1 个农场 =2 万元以上年收入"），盘活了边境线上沉睡的资源、延伸了农特产品的商业价值、带"活"了一方人。

一、让沉睡的资源"醒"起来

马关县小坝子镇地处边境，具有得天独厚的"绿色""生态"优势，但长期以来，这里的农民群众守着"富矿"却过着苦日子。结合小坝子镇的实际情况，马关蜀丰中天养殖专业合作社大力发展生猪、土鸡、包心菜、南瓜等传统绿色产业，把小坝子镇优越的自然资源和农民的生产"强项"紧密结合起来，唤醒沉睡的生态绿色资源。目前，合作社的农产品已经被蜀丰公司申请 10 项专利，注册了"蜀乐美""坤兴""兜挺溜""马雕鸡"等 4 个商标，并成功获得玉米、稻谷、甘蓝、萝卜 4 项农产品有机认证和生态鸡无公害认证，实现了"青山、绿色、蓝天"出产品。

二、让企群的利益"绑"起来

为了切实增加群众收入，按照"村民自愿、量力而行、优势互补、合作共赢"的原则，按照"公司＋合作社＋基地＋农户""公司＋合作社＋家庭农场""公司＋基地＋档卡户"3 种运营模式以及"112"增收模式（即"1 个家庭 =1 个农场 =2 万元以上年收入"），建立了农民利益捆绑机制，实现互利共赢。在实施过程中，农民结合自身实际，可以通过土地流转赚租金、入股分红赚股金、参与就业赚薪金等渠道实现增收。由合作社统一提供种苗、统一技术规程、统一保底价回收。如市场价高于回收价，农户可选择自行出售，如市场价低于回收价，则由合作社按保底价回收，最大限度保证农民利益。小坝子镇建档立卡户杨某在利益捆绑机制下，通过养殖土鸡，种植白菜，年收入达15000元以上，顺利实现了脱贫。2020年，中天养殖专业合作社在小坝子辖区内共流转土地17.33公顷，发展贫困户家庭农场3个（养殖土鸡3000余只），通过代种模式定点帮扶档卡户15户，通过公司帮带，使600多户农户受益。

三、让群众的腰包"鼓"起来

大力弘扬"等不是办法、干才有希望"的"西畴精神"，帮助群众克服"等、靠、要"思想，让群众从被动接受转变为主动作为。合作社组建了种植（养殖）技术专业团队，通过集中培训、手把手辅导、咨询服务等方式，对农民提供全天候服务，不断提高农民素质和致富本领。2020年，共开展技术培训达1000余人次，技术咨询3000余人次；组织"学习贯彻党的十九大，决战决胜脱贫攻坚"主题晚会和社员大会等10余次，受教育人数达8000余人。为鼓励群众积极参与到产业脱贫中来，合作社向老百姓赠送优质菜种、薄膜，免费发放鸡苗等，老百姓只出力不出钱，把菜种、鸡苗、猪仔等领回家种好、养好，合作社以高于市场的价格进行统一回收。2020年，共带动建档立卡户社员400多户，辐射带动600余户，助农增收1000余万元；蜀丰公司参与扶贫济困、光彩事业、捐资助学等活动累计捐款60多万元；为建档立卡户发放脱温鸡苗、地膜、化肥等价值30余万元，被当地干部群众称赞为"奔跑在边境线上的'扶贫明星车间'"。蜀丰公司还先后被文山州委、州人民政府评为"扶贫明星企业"，被马关县委、县人民政府评为先进扶贫单位。

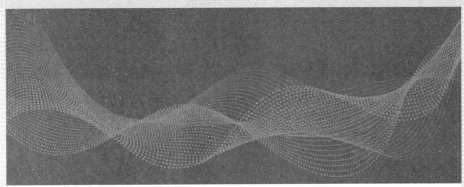

第四篇
一条脱贫路

01

坚持"三步走"实现扶贫培训成效最大化

——河北省丰宁县贫困劳动力培训助力就业脱贫路

瞄准邻近的京津劳动力市场，开展针对性的扶贫技能培训，帮助贫困户实现"培训入门"到"就业上门"的"一条龙"服务，是河北省丰宁县的特色助力脱贫路。

承德市丰宁县位于河北北部，南邻北京，北邻内蒙古，是河北省6个坝上县、6个民族县之一。全县总面积8765平方千米，辖10镇16乡，309个行政村，1个省级经济开发区，总人口41万。全县共有174个贫困村，系统内建档立卡贫困人口54491户138262人，脱贫攻坚任务十分繁重艰巨。由于长期被列为军事禁区，开发晚，经济总量小、自然条件差、基础设施弱、贫困程度深，丰宁县被列为全省10个深度贫困县之一。截至2019年年底，全县所有贫困村全部出列，贫困人口由2014年的13.82万人下降到2019年的1046人，累积减贫13.7万人，贫困发生率由39.44%下降到0.31%。其中，2019年99个贫困村摘帽，脱贫人口8632户18755人。

一、"培训＋就业"脱贫路的实施举措

近年来，丰宁县着眼于近邻京津劳动力市场的区位优势，密切联系地方企业和用工单位，坚持把抓好劳动力技能培训和输出，增加贫困人口工资性收入作为实现贫困人口稳定脱贫的关键"抓手"，启动了贫困户"培训＋就业"专项行动，创新了"培训、鉴定、就业"三步走模式，实现了扶贫培训成效最大化。五年来，全县共举办各类培训班460多期，培训贫困人口2.1万人，就业率达到80%以上，带动1.8万多户贫困户实现稳定脱贫。

（一）瞄准市场抓培训，提升贫困户技能水平

培训学习是手段，就业增收是目标。丰宁县在贫困劳动力培训中，始终紧紧盯住京津劳动力市场，安排专人负责，聘请专业团队，调研、分析市场劳动力需求和未来走势，以市场需求定工种、定内容。先后围绕市场需求，开设了木工、电工、焊工、砌筑工、钢筋工、管道工、汽车修理、中式烹调、西式面点等十余个工种，收到了良好的市场效果。

丰宁县以"培训一人，就业一人，脱贫一户"为目标，整合优势资源，创新培训模式，开展对贫困劳动力的各类培训，提高对劳动技能掌握的熟练程度，收到了良好的市场效果。近些年，随着经济社会发展和城市生活方式的改变，家政服务等行业需求越来越旺盛，丰宁县紧抓市场，新增了月嫂、护工等多个工种。据统计，截至 2019 年年底，全县共培训贫困劳动力月嫂1300 多人次，劳动力输出后，丰宁月嫂因为普通话标准、专业技术过硬、为人诚实厚道、吃苦耐劳，深受广大雇主好评，已在北京、天津等地市场形成了品牌效应，普遍月薪 1 万元以上，不但能脱贫，而且达到了致富水准。目前，丰宁月嫂每期培训班还没毕业，来自北京、天津、石家庄等地的家政公司便赶到丰宁"抢人"。

由于邻近发展速度快的京津地区，可以及时掌握市场需求动向，针对各行各业劳动力的供应程度，丰宁县有针对性地开展培训，大幅度提高了培训人员的就业率，使资源得到合理的利用。

（二）瞄准质量考证书，提升贫困户竞争能力

水平不过硬，学了也没用。丰宁县始终把提升培训质量作为重中之重，针对大多数贫困户学历不高的特点，坚持理论知识与实践技能两手抓，在安排培训时，邀请具有丰富理论和实践经验的工程师、考评员现场授课，做到讲课循序渐进、有的放矢。培训全部按照统一教材、统一师资、统一考试"三统一"原则组织实施。为提高培训实效，让贫困户"学了就能干"，丰宁县利用县职教中心已有的校舍、设备、场地、师资，设立了农村劳动力培训、实践基地，筹资 2800 万元，新建了 1.2 万平方米实训楼，电工、焊工、

木工、瓦工、钢筋工等工种全部拥有充足的实训车间。与福田戴姆勒公司携手，投资 300 万元，在实训楼内建设了汽修实训室，依托戴姆勒公司顶级的技术能力，专门培养汽修人才，使学员个个成为抢手的"香饽饽"。

随着产业结构的升级换代，企业对劳动力技能的要求也越来越高。针对这种情况，丰宁县积极与河北省人力资源厅沟通，获得了极大支持，先后批复了 18 个工种的鉴定职能，对贫困劳动力进行免费职业鉴定，考试合格后及时发放技能鉴定证书。截至 2019 年年底，全县共有 5400 多贫困户通过培训取得国家技能鉴定证书。根据贫困劳动力就业追访情况，持证贫困户在市场就业中竞争优势明显，持证上岗较未持证时年增加收入至少在 1 万元以上，最高的达到了 3 万多元。

（三）瞄准就业拓渠道，保障贫困户稳定脱贫

渠道拓得好，工作不难找。丰宁县着力拓宽贫困劳动力就业渠道，把加强区域劳务合作制度性、机制性建设作为重点，提高就业稳定性。借助北京市怀柔区对口帮扶机遇，加强沟通对接，将怀柔区作为贫困劳动力对外输出的窗口，以推进劳务帮扶作为重要内容，签订了《怀丰落实携手奔小康行动深入推进重大事项和重点领域合作工作方案》，确立了"怀丰一体化"发展战略，共建了"怀丰产业园"，取得了显著成效。产业园正常运转后，整个园区可带动当地劳动力直接或间接就业 3000 多人，明确在用工上优先考虑使用经过技能培训的建档立卡贫困人口，通过利益联结机制，带动贫困人口 1300 多人实现稳定脱贫。

丰宁县人社局与北京市人社局密切协作，实施了"京丰劳务协作项目"，建立和完善了劳务协作精准对接机制，实现了信息共享、资源共享。将培训和就业有机融合，创新了"企业订单"式培训。与多家公司签订用工协议，合作开展"定向、订单式"培训，累计培训贫困人口 1289 人，培训结束后立即上岗，月工资达到 3000 元以上，创新了"机构委托"式培训。

委托定点培训机构，深入乡、村开办劳动技能培训班，引入北京用工单位来丰宁县召开大型及专场招聘会。在乡镇和易地搬迁集中安置区设立了劳动服务中介机构，把用工岗位送到脱贫攻坚一线。创新开展了网络招聘会，通过河北公共招聘网、丰宁人社微信公众号、怀柔人力社保公众号等多

种手段发布岗位信息，年提供岗位 3000 多个，岗位需求人数达到 6 万多人，供贫困户择优选择。

通过定向、订单式的培训模式以及举办各种就业招聘会，拓宽了就业渠道。搭建用工单位和贫困劳动力交流平台，不仅解决了就业的难题，而且解决了用人单位招工难的问题。经过培训输出的劳动力掌握了一定的劳动技能，用人单位稍加培训就可以立即上岗，节约了时间，提高了劳动效率。

（四）瞄准政策抓落实，激发贫困户内生动力

政策用得好，农户热情高。丰宁县着力抓好贫困户培训政策的有效落实，严格执行"五免一补"政策，即免培训费、教材费、伙食费、住宿费、鉴定考核费，同时，给予交通费补助，尽量让贫困户不花钱或少花钱，消除其后顾之忧，可以专心学习各项技能，受到了贫困户的广泛好评。部门秉持负责的态度，加强培训班的有效监管，不断建立健全严格的培训监管制度，对培训过程全程录像、全链条监管，明确任务，压实责任。培训结束后，对培训学员就业追访率不低于 30%，培训单位自查率不低于 40%，查实培训记录，跟踪了解培训效果，实行"一条龙"式服务。每期培训班结束后，组织企业现场招聘，将学员的灵活自主就业和推荐就业有机结合。

通过这些行之有效的措施，丰宁县贫困劳动力技能培训工作发生了深刻变化，由过去的季节性培训到现在的常态化培训，由过去的政府动员培训到现在的农民主动要求培训，由过去的小规模分散办学到现在的集中和分散相结合培训，由过去的计划式培训到现在的以市场为导向培训。培训次数变多、培训规模扩大、培训模式改变，就业培训成为农民提升自我技能、拓宽收入来源、稳定经济收入必不可少的一种学习方式。通过近些年来的不懈努力，丰宁县掀起了一股培训就业的热潮，以贫困劳动力培训"全覆盖"推动脱贫摘帽进程的力量越来越足，贫困户有力、政府助力、市场给力的"同向之力"逐渐显现并日益取得丰硕的成果。

（五）瞄准脱贫重扶志，焕发贫困户积极主动性

在通过培训提高贫困劳动力就业创业能力的基础上，针对少数贫困群

众存在"等着送小康""靠人来救济"的心态，丰宁县人社部门注重扶贫与扶志相结合，以"三转行动（懒转勤、勤转能、能转富）"为载体，通过开展就业扶贫政策宣讲、感恩主体教育、宣传脱贫致富典型等多种形式，引导贫困群众克服"等、靠、要"的思想，进一步激发贫困群众"愿脱贫、敢脱贫、能脱贫、会脱贫"的内生动力。依托就业培训平台，用心学习，利用自身的努力掌握一门成熟的技术，用双手积极创造属于自己的幸福生活。

二、启示与体会

一人就业，全家脱贫。丰宁县在推进就业扶贫，解决贫困劳动力就业难题的过程中，以就业扶贫政策为引领，以政府兜底保障作托底，多措并举加大培训、加大保障，把就业工作做深做实做到位。就业扶贫相关政策的实施和推广，尤其是针对贫困户开展的就业培训，依托邻近北京、天津的区位优势，解决了一大批建档立卡户的就业问题，使一部分贫困户稳定脱贫，已脱贫户则进一步巩固了脱贫质量，从根源上消除了返贫风险。

就业扶贫是实现贫困家庭脱贫致富的关键一步。针对普通老百姓普遍"缺技能、少出路"的问题，政府必须加大组织领导，保证各项环节有序开展，同时加大资源整合力度，依托就业、扶贫、教育等工作平台，整合各部门、行业资源，引导企业及社会培训机构，广泛开展职业技能培训，联系和拓宽就业渠道。通过政府"扶一把、帮一程"的各项举措，努力做到"培训保障、就业通畅"，让贫困户真正、切实受益，保证其靠就业带动增收致富，培养"自立、自信、自强"的生活信念，创造属于贫困户自己的美好生活路。

02

"五动五化"联动促提升
"六统六降"融合优服务
——山西省吉县苹果产业脱贫之路

吉县位于山西省西南部，晋陕两省交界处，黄河壶口东岸，是一个典型的山区农业小县，2002 年被确定为国家扶贫开发工作重点县，2012 年被列入吕梁山集中连片特困区。同时，吉县又是一个苹果大县，全境地处黄土高原丘陵沟壑区，海拔高、温差大、光照足、无霜期长，加之土层深厚、节令分明，非常适宜生产优质苹果，被农业部果树专家评为全国苹果最佳优生区之一。

自 20 世纪 80 年代以来，吉县历届县委、县政府认定苹果产业不放松，一任接着一任干，久久为功谋一业。经过 30 多年的发展，全县苹果面积已经发展到 18666.67 公顷，年产优质苹果 22 万吨，产值 10 亿元，农民收入实现了稳步增长，苹果产业已成为吉县县域经济的特色产业和主导产业、农民的致富产业、脱贫攻坚的支撑产业，实现了"六个 80% 以上"，即苹果面积占耕地总面积的 80% 以上，苹果专业村占总行政村的 80% 以上，果农占农民总数的 80% 以上，果农人均果品收入占农村居民人均纯收入的 80% 以上，苹果总收入占农业总产值的 80% 以上，依靠苹果产业带动脱贫人数占全县建档立卡贫困户人数的 80% 以上。"吉县苹果"先后获得首届农博会苹果类唯一金奖、"中华名果"北京国际博览会金奖、"中国顶级优质苹果""全国绿色农业十佳地标品牌"等多项荣誉称号；吉县也先后被命名为"中国苹果之乡""全国无公害苹果生产基地县""国家级食品农产品质量安全示范区""全国现代苹果产业 30 强县""吉县苹果中国特色农产品优势区""吉县苹果省级现代产业园"等称号，在第三届中国果业品牌大会全国果业扶贫大会上，吉县被授予"中国果业扶贫突出贡献奖"的荣誉称号。

脱贫攻坚战打响以来，吉县县委、县政府始终不忘初心，牢记使命，深入贯彻习近平总书记关于扶贫工作的重要论述和"三篇光辉文献"精神①，坚持以脱贫攻坚统揽经济社会发展全局，紧紧围绕产业扶贫这条主线，带动全县农民依托苹果主导产业，稳定增产增收，实现脱贫致富，推动全县61个贫困村全部实现了脱贫摘帽。2018年6月，吉县接受了国家第三方评估验收。2018年8月8日，山西省政府批准吉县退出贫困县。

吉县苹果产业扶贫工作的主要做法体现为"五动五化联动促提升，六统六降融合优服务"。

一、坚持以"五动"联动创新帮扶机制，多措并举促进产业脱贫

在苹果产业扶贫中，吉县县委、县政府采取产业园区带动、龙头企业驱动、代种代管引动、技术体系联动、示范体系带动"五动"联创机制，辐射带动2000多公顷的贫困户果园生产管理上台阶，促进果农增收6000万元。同时，依托苹果采摘园、农家乐大力发展乡村旅游，有效拓展了贫困群众的增收渠道，圆满完成了产业脱贫任务。

一是产业园区牵动，为贫困户脱贫奠定"新基础"。采取果农申报、政府补贴的办法，统一品种、集中采购苗木，鼓励和扶持农民零星栽植，农民合作社和龙头企业规模化发展，逐步在全县八个乡镇十大垣面形成十大苹果产业园区，按照"政府 + 龙头企业 + 产业园区 + 贫困户"的模式，政府向龙头企业倾斜项目资金，或以贴息贷款的方式向企业提供优惠政策，通过超正等一批龙头企业推动苹果产业园区发展，在园区规划、基础设施建设、精细化管理等方面不断提高，同时辐射带动全县80%以上的贫困户果园技术上水平、管理上台阶、产业增效益。

二是龙头企业驱动，为贫困户脱贫铺设"新渠道"。按照"龙头企业 + 基地 + 专业合作社 + 品牌 + 农户"的生产经营模式，依靠超正、达明一派等龙头企业带动，发展规模经营，实现市场牵龙头、龙头带基地、基地连农户的产业化模式。以合作社为主体，培育新型经营主体，推进农民由单打独

---

① "三篇光辉文献"指习近平总书记视察山西的重要讲话、在推动中部地区崛起工作座谈会上的重要讲话、在黄河流域生态保护和高质量发展座谈会上的重要讲话。

斗转向联合抱团发展。近年来，全县共发展农民专业合作社 363 个，实现了 79 个行政村全覆盖，带动果农 15000 余户。把有果园的贫困户纳入企业或合作社生产基地，享受优惠政策，赊销农资，扶持生产，统一营销，依靠合作社帮扶脱贫，并大力推进苹果和加工深度融合，把没有果园的贫困人口纳入企业或合作社，成为"产业工人"，作为相对固定的冷库管理员、装卸工、门房值守，果袋、果筐、网套、纸箱等加工工人，苹果饮料生产流水线工人等，固薪脱贫，每年依靠社会力量带动贫困人口就业均达 1 万人以上。

三是代种代养引动，为贫困户脱贫搭建"新平台"。针对全县无劳动能力的农村贫困户，创新脱贫方式，采取"公司＋合作社＋代种代养＋无劳动能力的贫困户"模式，让公司和农民专业合作社为贫困户"代种、代养"，同时收取一定比例的佣金，帮助贫困户发展产业，助力贫困户脱贫摘帽，通过朝晖、花果山等果业专业合作社先后帮助 100 余户无劳动能力的贫困户发展产业，助力脱贫。

四是示范体系带动，为贫困户脱贫装上"加速器"。狠抓示范园区建设，示范带动贫困户。围绕"样板园、精品园、示范园"建设标准和目标，在全县创建"1 个样板园、10 个精品园、100 个示范园"，在品质上做文章、在品味上创特色、在品相上争一流，全面提升吉县苹果独特风味和文化内涵，在思想理念和技术服务方面起到示范带动作用，切实为全县苹果产业发展树立标杆。同时，推广减密间伐、黑膜覆盖、旱作栽培、人工授粉、水肥一体化等先进实用技术，促进苹果提质增效。发展间作示范果园 66.67 公顷，为贫困户果农提高果园附加值，增加经济效益。创建技术革新示范园 30 座，使全县示范园总数达到 140 座，总面积达到 100 公顷，辐射带动贫困户果园 5333.33 公顷，一级果品率达到 80% 以上。

五是技术体系联动，为贫困户脱贫打造"生力军"。健全技术管理体系，创建了"1 个专家库，8 个技术组，80 个指导队"，从全县筛选了 150 余名人品素质好、管理经验丰富、动手能力强的优秀果农充实到指导队中，对全县 630 余户贫困户进行技术结对帮扶，对有能力的贫困果农，进行果业技术培训全覆盖，让贫困户真正学到技术，学到本领。近年来先后共开展县乡村果业技术培训 200 余场次，培训果农达 30000 余人次，创办《今日农事》栏目 50 余期，制作政策零距离节目 15 期，真正从产业上帮助贫困户脱贫摘帽。

二、坚持以"五化"联动抓产业提质升级，千方百计增加贫困户收入

　　近年来，吉县县委、县政府大力实施苹果产业提质升级新战略，以"五化联动"促"五个提升"，千方百计增加贫困户苹果产业收入。先后投入财政扶贫资金7000余万元，创建了140座技术革新示范园，实施了41个村整村推进项目、31个村连片开发试点项目、10个村彩票公益金项目，全面改善了果园基础设施，辐射带动2000多公顷的贫困户果园生产管理上台阶，促进果农增收6000万元。

　　一是通过抓有机化生产，提升苹果品质。按照"政府引导、企业主导、基地开发、果农参与"的发展思路，试点先行，示范带动，稳步推进苹果有机化生产。大力开展果业废弃物的清理回收，优化生产环境，积极推广农药、化肥的减量化使用，增加有机肥的施用，采取测土配方施肥，精准施肥，科学管理，同时，大力推广减密间伐、黑膜覆盖、水肥一体化、人工授粉、生物防治、生物覆盖等先进实用技术，及有机化生产栽培模式，目前，有机果园认证面积稳定在1666.67公顷，有机转换2000公顷。同时引进选育着色快、口感好、皮薄质脆、果形端正的优新品种，全方位提升苹果品质。

　　二是通过抓园区化发展，提升基础设施。通过整合涉农项目资金，完善连片果园的水电路以及管护房、防雹网、杀虫灯等配套设施，覆盖了十大苹果园区。截至2020年5月，全县实施引水进园工程，覆盖果园4200公顷，修建田间路330千米，安装杀虫灯2100盏，防护栏40余千米，搭建防雹网200公顷，修建管护房200余座。

　　三是通过抓标准化管理，提升技术水平。积极协调组建果树科研所和苹果产业发展协会，提升了苹果产业发展的科学化、规范化水平，建立了"1个专家库、8个技术组、80个指导队"，健全了县乡村三级技术服务体系，制定了苹果标准化生产技术规程，大力推广先进实用技术和"畜—沼—果"生态模式，使苹果生产管理水平大幅提高；围绕"样板园、精品园、示范园"建设标准和目标，在全县创建了"1个样板园、10精品园、100个示范园"，加快推进苹果标准化生产、精细化管理，切实为全县苹果产业发展

树立标杆。

四是通过抓品牌化营销，提升竞争能力。积极鼓励"三品一标"认证，目前，全县苹果地理标识产品认证17333.33公顷，有机产品认证1666.67公顷，绿色食品认证2866.67公顷，无公害产品认证5866.67公顷。同时，加大"吉县苹果"区域公用品牌保护力度，鼓励发展特色企业信誉品牌，积极推广统一化包装，进行统一化宣传、统一化营销，并采取产地分销、窗口直销、国际畅销、网上热销，产业融合升值五体联动，进一步扩大了国内市场，并成功打入了美国、澳洲等国际高端市场。

五是通过抓产业化开发，提升市场优势。多方努力建设了一个苹果深加工产业园区，引进了阳煤顶吉、达明一派、山西澳坤等农业产业化龙头企业，实现市场牵龙头、龙头带基地、基地连农户的产业化模式，大力发展果脯、果汁、果醋、果酒等苹果加工产品，不断延伸产业链，提高附加值；截至2020年5月，全县拥有深加工企业两个，年产量6500吨，年销售额5000万元；果品包装企业16个，年销售额4700万元；贮藏库40座，贮藏能力15万吨，实现了季产年销、均衡上市。构建起了苹果产业生产有基地、加工有企业、营销有渠道的产业化发展格局，带动了餐饮、运输、贮藏、包装等相关行业的快速发展，以及大量的劳务用工，提高了富余劳动力务工收入，形成了"一业兴、百业旺""九万农民谋一果，七十二行兴一业"的喜人局面。

三、坚持以"六统一六降低"促进产业融合，创出生产托管服务新模式

近年来，随着国内外市场的发展变化，对苹果的质量把控度和标准一致性提出了越来越高的要求，传统的"一家一户一果园"分散经营模式已难以适应市场需求。因农村年轻人流失，果园经营者劳动力减弱而造成的果农"干不了"，因自然灾害频发，收入连年减少，生产投入不足而造成果农"干不成"，因技术缺乏，管理手段落后而造成果农"干不好"等问题也日益凸显，这些问题在贫困户中表现得更加突出。基于此，吉县县委、县政府积极与吉县壶口有机农业有限公司对接合作，发挥其技术力量、农机植保、物资供应、销售渠道等方面的优势，整合各生产要素主体，开展了苹果产业"家

政式"生产托管服务的有益探索和实践。在这个模式探索中,县委、县政府紧紧抓住"好苹果能否卖个好价钱,卖了好价钱果农尤其是贫困户能否挣到钱"这个关键问题进行调查研究,科学认准了生产管理技术的规范统一、质量标准和成本的有效把控、取得消费者认可的同等级苹果规模扩大和供应周期延长最为关键。基于此,吉县县委、县政府在整合县域内优势资源、推进苹果生产链全程托管业发展中,提出以"六统一六降低",促进产业与技术、资本、人才等要素融合,提升托管服务新模式效率。

一是统一技术标准,降低技术误差。以县政府聘请的专家库专家为依托,以通过认定的吉县苹果质量标准和栽植技术规程为标准,组建了8个技术服务队,按照苹果生产周期组织标准化生产,有效降低了执行技术标准的误差。

二是统一物资供应,降低农资成本。组建的社会化服务联合体直接对接农药、化肥、果袋等生产厂家,减少中间环节,变"零售价"为"团购价",直接配送到果园,降低农资成本10%—15%。

三是统一劳动作业,降低劳动强度。组建专业技术、机械操作和修剪、疏果、套袋、采摘等服务队伍,进行规范的操作技能培训,分区域按周期开展打药、施肥、割草、修剪等生产作业,建起了劳动力互济对接市场和信息平台,在降低生产作业成本的同时,也降低了劳动强度。

四是统一信息服务,降低追溯成本。企业与中国移动成都产业研究院合作,建立了吉县智慧生态苹果产业链,采集覆盖各个托管片区的土壤、大气、水分等技术数据指标。同时,建立托管户全流程信息系统,将"托管果园"生产过程中农业物资的购置和使用信息,果品的采摘、分级及销售信息等记录备案,建立了质量追溯机制,降低了信息追溯成本。

五是统一资金服务,降低违约风险。公司与吉县农商行、村镇银行合作,以企业作担保,以较低的利率为托管果农提供贷款服务,采购物资、销售苹果都用信贷卡即时办理,不但提高了资金的流转效率,还降低了违约风险。同时,公司集中为果农办理了农业保险,建立快捷理赔通道。

六是统一果品销售,降低推销成本。将参与"果园托管"所生产的苹果集中保底收购,进行分级包装,冷链配置,对接国内外大型优质订单,或在苹果期货市场挂牌。同时大力培育"吉祥吉县、吉地吉品"吉县苹果区域公用品牌、地理标志保护、良好农业规范认证,统一使用"乐之然"

企业商标和包装，提高品牌溢价，降低果农推销成本。

三十余载兴一果，久久为功富一方。在过去，吉县依托做大做强苹果产业，实现了脱贫摘帽；在将来，吉县将聚焦做精做优苹果产业，持续巩固提升脱贫成效。在"兴一方产业，富一方百姓"的新征程中，吉县将进一步按照"五动五化联动促提升，六统六降融合优服务"的产业发展思路，全力提品质、强品牌、拓市场，推进苹果产业提质升级实现新突破、跨上新台阶，把吉县建设成为规模较大、品质绝佳、效益一流、中部领先、享誉全国、世界知名的优质苹果生产基地，不断增加农民收入，全力谱写好"美丽吉县，幸福家园"的富民篇章，促进全县经济社会发展再上新台阶、再创新局面。

03

立足科技成果转移转化
促进肉牛产业健康发展

——中科院在内蒙古库伦旗的科技扶贫路

西门达尔肉牛养殖是库伦旗的传统产业，也是广大农牧民熟悉、喜爱和重要增收的产业和途径。但是饲草不足、饲草加工手段落后、正确养殖技术缺乏、适度的肉牛规模养殖管理模式欠缺等，造成肉牛虽然数量多（2014年年初存栏量约为30万头），但效益不好、资源利用率低下、劳动效率不高以及产业链条短小的局面。针对这些问题，中科院—库伦旗科技扶贫工作组，利用中科院自身拥有的多项科技成果，如中国科学院遗传与生物学发育研究院培育的饲用甜高粱新品种：中科甜1号/F968、中科甜2号/F438；中国科学院植物所培育的羊草新品种：中科1号羊草、中科3号羊草；中国科学院微生物研究所开发研制的青贮益生菌剂（玉米甜高粱）；中国科学院西北生态环境资源研究院开发研制的专用过瘤胃型补饲饲料等，在2015—2019年先后持续不断地推进了生态草牧业的引领与示范工作，取得了良好的工作成效和示范效果，深受广大农牧民的喜爱和认可。

一、饲草新品种的引进及种植

先后建立饲草品种对比基地4处，累计种植50.67公顷，引进青贮玉米、甜高粱、燕麦、羊草、高丹草、巨菌草、苜蓿、驼绒藜等8类品种61个。初步筛选出优良青贮玉米品种4个（桂青贮1号、文玉3号、青贮王、正大12号），推广面积1046.67公顷；甜高粱品种2个（F968、F438），推广面积813.33公顷；燕麦品种3个（白燕7号、蒙农大燕2号、定莜9号），推广140公顷；羊草品种2个（中科1号羊草、中科3号羊草），推广75.33公顷；苜蓿等其他品种6个，推广3.33公顷。这些饲草新品种的示范种植成功，不仅得到了广大农牧民的喜爱和欢迎，而且为库伦旗肉牛产业的高质量发展提供了优质可靠的饲草保障。

推广示范的主要经济成效：2014—2019年累计大面积推广甜高粱和青贮玉米等种植1860公顷，平均每公顷增产20%—30%；增收3000—4500元，涉及农牧户1410户（其中约890个建档立卡贫困户1732人），每户年均增收3914元，累计产生总效益552.0万元（其中建档立卡贫困户增加效益348.5万元）。

先后建立的牧草、饲料示范基地，涉及农牧户18户（其中建档立卡贫困户6户13人），通过减少种子、肥料等投入及增产收益，每公顷增收4500元，每户增收12667元，累计总效益22.8万元（其中建档立卡贫困户增收7.59万元）。

二、饲草新星——饲用甜高粱的引种与示范

近年来，库伦旗肉牛产业规模不断扩大，已成为带动农牧民增收致富的支柱产业之一，但耕地紧张、养殖方式粗放传统、科技含量低制约着肉牛产业的发展，过度放牧也破坏了本就脆弱的生态环境。为破解这一瓶颈，中科院库伦旗科技扶贫项目组多次深入全旗各苏木乡镇、养殖合作社和养殖户调研，着力解决农牧民养殖存在的问题，并与中科院遗传发育所专家联系沟通，认为该所培育的饲用甜高粱新品种非常适合在库伦旗推广种植，作为牛的饲料，可以降低饲养成本，更意味着百姓养殖牛羊收益的增加，这无疑是贫困百姓的福音。科研团队通过对青贮甜高粱与青贮玉米喂饲奶牛的效果进行比较发现，经过70天左右的喂饲后，平均每头牛的日均产奶量从最初的23.91千克增加到了25.50千克。而青贮玉米饲料喂饲的奶牛经过70天左右的喂饲，每头奶牛的产奶量一直在每天24千克左右徘徊。同样，通过对青贮甜高粱与青贮玉米喂饲肉牛的效果进行比较发现，肉牛喂饲甜高粱比喂饲玉米每头肉牛每天增重0.4千克。

中科院引进饲用甜高粱新品种，分别在库伦镇、额勒顺镇进行小区对比栽培试验，试验结果表明田间小面积对比生物量鲜重高达7—8吨，比较适合库伦地区种植。在库伦南部类黄土浅山丘陵区旱作甜高粱大田实测产量

达到 3.7—4.5 吨，比同期青贮玉米生物量高出 30%—50%。2019 年示范推广甜高粱新品种"中科甜"系列品种 4 个，种植面积 266.67 公顷，周边旗县推广 33.33 公顷。2020 年推广种植 366.67 公顷，覆盖了全旗 8 个苏木乡镇。

甜高粱单粒播种、杂草防治、收获青贮加工等科学先进配套技术体系的推广和应用，使得甜高粱为库伦旗牛羊养殖甚至毛驴养殖的大发展带来了不可多得的机遇。甜高粱旱作种植成功，不仅仅促进了库伦旗南部丘陵区牛羊养殖的大发展，也为该区域粮改饲及草牧业发展提供了新的案例，特别是青贮裹包机技术的应用，实现出售青贮玉米或者青贮甜高粱等草产品也可赚大钱的目标，改变了农牧民过去只知售粮赚钱的历史认知。为下一步库伦旗肉牛养殖饲料多样化、营养配比合理化以及更加有效地为利用当地植物资源促进建档立卡贫困户精准脱贫服务。更重要的是，提高了全旗农牧业尤其是养殖的科技含量和科技水平，为农牧业由传统粗放式经营向科学化高效经营的转化指明了方向，奠定了坚实的基础，实现了经济效益和生态效益的双赢。

三、饲草加工与贮藏技术示范与推广

从中科院微生物所引进高效能青贮饲料一瞬发酵菌种，显著提高青贮饲料的营养和适口性，降低了青贮腐烂率。通过提升肉牛的繁殖性能及品质进而达到提高经济效益的目的。老百姓的喜欢程度可以从 2015 年到 2019 年利用菌剂技术加工的青贮数量变化来体现。这几年加工的青贮玉米饲料（含甜高粱）分别是 230 吨、3000 吨、6000 吨、11000 吨、15000 吨，累计 35230 吨，以每年 40%—50% 的比例增加。应用范围已扩展到全旗 9 个乡镇（场），惠及规模养殖户 16 家和未脱贫养牛户 892 户。

初步估算此项技术每吨仅仅增加成本 10 元，就可增加 40—50 元的直接经济效益。按照每个贫困户每年平均需要 40—50 吨的优质青贮饲料计算，利用这项技术每年可以直接增加 1200—1400 元的收益，2—3 年就可实现稳定脱贫。

更加可喜的是农牧民逐渐摒弃了过去在青贮饲料加工过程中加水、加盐等不良做法，利用益生菌加工青贮饲料的意识越来越强。使用菌剂加工饲料的农牧户比例也由 2015 年的不足 1%，增加到 2019 年的 30%—40%，而且还在逐年递增。这也正是科技扶贫、科技示范工作逐渐提高农牧民科技意识的重要体现。

四、肉牛优良品系的引进及改良

为提高肉牛冷配的成效和基础母牛的繁殖率，项目组在白音花镇、库伦镇、额勒顺镇，通过添加设备设施改善了 2 个肉牛冷配站工作条件。先后引进西门塔尔牛 2 个品系（武士、艾莫瑞），冷冻精液 160 剂，成功冷配基础母牛 150 头，已成功繁育小牛犊 135 头。小牛犊的生长状况及体型、毛色等表现非常优异，到 2020 年 4 月改良的 4—5 个月的犊牛出售价格达 1.3 万—1.8 万元 / 头，比普通牛犊多出 3000—4000 元。以此计算将多增加收入 54 万元，极大地提高农牧民的收入和养牛积极性。

2020 年项目组继续引进优良品系冻精 1160 剂。扩大示范范围，特别是把示范重点区域放在库伦旗南部乡镇（如先进苏木、白音花镇及水泉乡）。

五、高档"雪花"牛肉的饲喂技术与示范

中科院—库伦旗科技扶贫工作组成员杨博士，系中科院引进的"百人计划"人才，他在动物营养学方面具有较深的研究和技术贮备。他认为应针对库伦地区能繁母牛及育肥肉牛群体生产性状特征，建立不同的饲养模式。根据能繁母牛及育肥肉牛不同的生产目的、不同的生理特点制定各自的饲养管理体系，在不同时期使用不同配方的全价饲料补饲剂，一是保持能繁母牛的营养需求，以便保证能繁母牛的正常发情、受孕、妊娠、分娩、哺乳；二是有效提高育肥肉牛群体的生产性能，提高育肥肉牛出栏率。2020 年他们团队关于过瘤胃型育肥补饲剂，有 1 项发明专利正在申请受理中。截至 2020 年 6 月，在宁夏滩羊、内蒙古呼伦贝尔羊、江苏波尔山羊以及内蒙古杜蒙羊的育肥养殖中都得到了较好的使用，取得了良好的"雪花"肉的生成效果。

2018 年 8 月—2020 年 6 月，库伦旗茫汗苏木有一家饲养安格斯牛的合作社，2018 年 8 月买进已怀孕的安格斯母牛 33 头，到 2019 年 12 月生产牛犊 33 头（小牤子 17 头、小乳牛 16 头）。由于看不到挣钱的路径，又缺乏育

肥的经验和技术，到 2020 年 5 月将原有的 30 头安格斯乳牛又回售给原来卖主。虽然合作社持有了 33 头牛犊，但是损失也是显而易见的。

2020 年 6 月杨博士研究团队与安格斯肉牛合作社达成育肥饲喂 8 头犍牛、2 头基础母牛的协议。7 月合作社开始将按照研究团队提供的日粮配方和过瘤胃补饲剂进行育肥，到 2020 年 10—11 月进行屠宰检验。预期取得的"雪花"牛肉，让安格斯牛充分体现它作为高档牛肉品质的特性，按照 100 元 / 千克计算，1 头安格斯肉牛的产值 5 万元。可以预见在不久的将来，库伦旗会迎来高端雪花牛肉之乡的美誉。

六、肉牛股份集体经济合作社的探索

结合乡村振兴战略，2020 年起项目组重点推进以现代股份制为管理模式的集体经济合作社，改变工作思路，除了利用新技术增加产量要效益外，更要向管理模式要效益。一方面可以将工作组已开展的饲草新品种、饲用甜高粱、青贮玉米、青贮饲料加工及贮藏、"雪花"牛肉的喂养等技术进行组装和示范。另一方面可以充分发挥合作社的积极作用。一是促进乡村振兴计划，加快人畜分离步伐，创造适宜人居环境。二是壮大集体经济，完善国家扶贫兜底形式和内容。三是提高农牧业高质量发展（资源效率和劳动效率的双提高），同时促进多余劳动力走向市场增加创收途径。四是建立和谐干群关系，为库伦社会经济的全面腾飞奠定物资和精神基础。

04

绽放在脱贫路上的"黑牡丹"

——吉林省汪清县黑木耳产业脱贫案例

峰峦跌宕，碧水回环，在吉林省延边朝鲜族自治州，有一个地方与苍颜白发的长白山遥相呼应、相依相偎，如一汪清水般晶莹璀璨、纯洁质朴，这就是汪清县。汪清县位于吉林省延边朝鲜族自治州东北部，辖区面积9016平方千米，是吉林省县域面积第二大县，辖8镇1乡3个街道200个行政村，总人口22.2万人，农业人口9.44万人，先后被列入国家主体生态功能区、国家级生态保护与建设示范区、东北虎豹国家公园体制试点行列。

汪清县具有典型的"老少边穷"特征，交通区位不便、产业基础薄弱、青年人口外流，经济发展内生动力明显不足，是国家扶贫试点县、吉林省首批国家级贫困县、国家发改委定点扶贫县、国家扶贫开发工作重点县、吉林省深度贫困县，共有建档立卡人口10080户16932人。截至2019年年底，已累计脱贫9878户16614人，74个贫困村已全部出列，达到贫困县退出标准。此时，经历过脱贫攻坚战的汪清县，已焕发出新的生机与活力，之中不得不提的"法宝"就是有着"黑牡丹"之称的汪清黑木耳。

汪清县黑木耳栽培历史悠久，早在1979年被国务院授予"黑木耳千担县"称号，1995年被国务院命名为"木耳之乡"，2001年举办了"中国首届汪清黑木耳节"，先后获得"全国食用菌优秀基地县""全国食用菌行业十大主产基地县""国家级食用菌安全出口示范区"等称号。在汪清，黑木耳被百姓们喻为"黑牡丹"，一朵朵"黑牡丹"在阳光照射下显得晶莹剔透，而成片的木耳蓝白色菌包基地在连绵的青山环绕下，则像是一条宽阔的长河，为汪清的百姓带来了脱贫致富的源泉和期望。目前，汪清县黑木耳栽培总量6.5亿袋，产量3.5万吨，产值34亿元，黑木耳产业已成为汪清县"多镇一品""数村一业"的百姓产业，同时是脱贫攻坚的支柱产业、乡村振兴的希望产业、持续长久的富民产业。

一、黑木耳产业发展的优势因素

汪清县发挥地域优势，大力发展木耳产业，形成了集菌种研发、菌包生产、基地建设、产品加工、物流配货和废弃料治理等为一体的生态循环产业链条，铺设了一条百姓认同、收益稳定、前景广阔的脱贫之路，而这条道路之所以走得通、走得好、走得长远，主要得益于以下三个优势。

（一）得天独厚的地域优势

汪清县地处长白山腹地、传统林区，素有"八山一水半草半分田"之称，森林覆盖率高达89.3%，具备充足的柞树等硬杂木资源，为优质黑木耳栽培提供了原材料保障。受西伯利亚气候和太平洋季风影响，汪清县空气湿润，无霜期短、积温低，昼夜温差大，且水质优良，为黑木耳生长提供了得天独厚的条件，也造就了汪清黑木耳肉厚色黑、耳瓣舒展、富有弹性、复水性好的优秀品质。

（二）源远流长的历史优势

据史料记载，汪清县黑木耳生产可追溯至1862年同治年间，距今有150多年的历史，在汪清黑木耳发展历程中共有三个重要节点：一是靠天生耳。自1862年后，汪清栽培黑木耳是靠自然孢子接种的原始方法，在隆冬的"三九"季节，选择砍伐中龄柞树，两年后便生木耳，这种方法便是靠天生耳。二是传统生产。分别经历了孢子液接种、木段栽培、袋料栽培三个阶段，从使用出耳率较低的孢子液接种法到产量大幅度提升的木段栽培技术，经过十余年的不断探索，培育方式得到创新，开始积极引进袋料栽培技术。三是技术革新。2005年，在全县范围内推广黑木耳小孔单片生产技术，时至今日，新技术已经应用于汪清黑木耳生产加工的各个环节中。

（三）扎实广泛的群众优势

自 1980 年开始，集体木耳场陆续承包给农民个体经营，到 1985 年，全县黑木耳种植户达 879 户 1802 人，年产量达 611.5 吨，直到 2012 年黑木耳产量取得了突破性进展，年产量达 1.78 万吨，基本实现从"小木耳"到"大产业"质的飞跃。截至 2020 年，全县黑木耳种植户达到 1.38 万，黑木耳专业镇达到 5 个、种植村 121 个，百万袋以上村 65 个，近 4 万余人从事木耳相关产业，占有劳动能力农业人口的 2/3，造就了行走在村屯的大批"土专家"和"行家里手"。

二、黑木耳产业助力脱贫攻坚情况

自脱贫攻坚战打响以来，汪清县把产业扶贫作为根本出路和主攻方向，按照"村有当家产业，户有增收门路"发展思路，大力实施黑木耳等产业扶贫项目，推动黑木耳产业提档升级，全力推进黑木耳质量标准化体系、原产地地理标志体系建设，构建完整产业链条，通过"五重保障＋防范"保障黑木耳产业稳定、高效、可持续发展，带动贫困户增收脱贫，真正实现了"一方水土养活一方人"，为脱贫攻坚、乡村振兴打下了坚实基础。

（一）持续加大扶持力度，促进黑木耳产业快速壮大

一是狠抓标准化建设。改变以往菌农小作坊生产模式，累计建设了标准化菌包厂 54 家、标准化定植车间 6 家，实行制袋、灭菌、接种、养菌一条龙式菌包生产培养，大大降低菌包成本，提高了菌包成活率。同时，改变过去菌农分散摆放、粗放简单的摆栽方式，累计建设标准化摆栽基地、木耳农场 45 个，每个基地农场都成立了木耳合作社，将菌农吸纳入社，通过能人带农户、老户带新户，实行"统一菌包、统一技术、统一管理、统一采摘、统一销售"的生产模式，既解决了老百姓不会干的问题，又提高了风险抵抗能力。

二是培育壮大龙头企业。现有吉林省郑氏绿色食品、吉林省中华参、

吉林汪清北耳等 17 家省州级重点龙头企业从事黑木耳生产加工，产品辐射 30 多个国家和地区，其中吉林省郑氏绿色食品、延边丹华食品的黑木耳产品荣获"中国驰名商标"称号。

三是树立行业标杆。投资 4 亿元建立"汪清桃源小木耳产业园"，应用无人智能化生产体系，已成为全国食用菌生产技术革新的"排头兵"。为黑木耳产业发展提供了强有力的技术支撑，汪清黑木耳产业正在拥有更大的市场话语权。

四是打造地方品牌。大力推进黑木耳标准化体系建设，"汪清黑木耳"被列入中国特色农产品优势区，获得农业部地理标志认证，成功列入黑木耳国家标准修订工作起草单位，建成吉林省黑木耳产品质量监督检验中心，为黑木耳产业长远发展奠定基础。同时，高度重视营造宣传推介氛围，积极参加农博会、农交会以及农产品产销对接活动，"汪清黑木耳"产品得到了时任国家农业农村部部长的高度肯定。汪清黑木耳多次在《人民日报》、中国新闻网等国内主流媒体上刊发，知名度和影响力不断提高。

五是打造线上线下交易平台。建立吉林省区域农产品产地市场——天成黑木耳批发交易市场，市场占地面积 2.4 万平方米，截至 2019 年共有交易门市 230 间，交易业户 350 个，大型仓储库房 30 个。2018 年，以黑木耳为主的农副产品交易量 1.8 万吨，实现交易额 8 亿元，单日最高交易额达 2000 万元，有效带动上万农户受益增收，成功获批"国家级电子商务进农村示范县"，在全县范围内建立 100 个农村电商基地，实现了"线上＋线下"销售、黑木耳交易物流与信息流的有机结合。

六是加快产业循环发展。为防止废弃菌包对周边生态环境造成影响，汪清县先后引进武汉凯迪能源热力有限公司、上海环垦生态科技有限公司、延边净宇生物质新材料有限公司 3 家大型废弃资源回收加工企业，用于生产炭基肥、有机肥、微生物制剂、颗粒及燃烧发电等，实现废弃物的资源化利用，初步形成农业农村废弃物资源化的良性循环，使汪清黑木耳产业走出了一条生态可持续发展的道路。

（二）提供全方位高效服务，推动黑木耳产业持续健康发展

在资金保障方面，积极协调金融机构，创新采取土地经营权抵押贷款、

土地收益权质押贷款、林权抵押贷款等多种融资方式，为农户提供充足的生产资金。撬动社会资本 12.4 亿元投入发展黑木耳产业，用于现代化生产、产品深加工及可回收利用菌袋的治理，形成生态黑木耳产业发展模式。

在原料保障方面，通过县内定量采伐及俄罗斯进口木料保证生产原料，同时积极开展新基质代替木料研究，降低产业发展对木材的依赖度。

在土地保障方面，鼓励农民以转包、出租、互换、股份合作等形式加快土地流转，实现集中连片生产，进一步提高土地利用率和产出率。

在人才科技保障方面，自 1999 年引进专业人才 15 名起，累计培养乡土人才 1000 余名，与国内先进食用菌设备生产企业、科研机构进行合作，建立汪清县黑木耳产学研示范基地，致力研发标准化液体菌种，为全县菌农提供更优质、更可靠、价格更低廉的菌种。在栽培技术、食用菌食品加工和黑木耳高端产品研发等方面进行了 10 余项科技成果转化。

在质量保障方面，坚持以黑木耳质量安全体系建设为推手、以"三品一标"认证为抓手、突出无公害和有机产品基地建设，积极推进汪清北耳、汪清桃源小木耳、汪清吉冠菌业等企业的有机绿色认证，扶持品牌推动监管，将"三品一标"监管作为发展品牌农业的一项重要保障机制，实现特色产业绿色崛起，谋求可持续发展。

在风险防范方面，汪清县在吉林省率先开展了黑木耳政策性保险业务，由政府承担 20%保费补贴，有效降低了黑木耳种植农户的生产风险。

（三）不断创新体制机制，构建黑木耳产业脱贫长效机制

黑木耳产业为汪清县贫困群众脱贫致富提供了更多的路径和方法，激发了贫困户的内生动力，实现了从"输血式"扶贫向"造血式"扶贫的转变。

一是通过黑木耳产业实现就业脱贫。有种植黑木耳意愿的贫困户通过学习掌握食用菌种植技术，在扶贫政策的支持下，通过自身经营完成脱贫；部分有劳动能力的贫困户受聘到菌包厂进行生产工作或间接采摘工作，依托在菌包厂、摆栽基地务工就业脱贫。全县直接参与黑木耳产业扶贫项目 1337 人，间接参与黑木耳产业扶贫项目 2577 人。

二是无劳动能力贫困户通过黑木耳产业扶贫收益增加收入。对经营效益良好、有扩大规模意愿的菌包生产企业注入扶贫专项资金，企业拿出注入

资金 1.5 倍的资产作为抵押，同时按照不低于同期银行贷款利率（≥ 6%）的回报率每年缴纳扶贫收益资金，带动无劳动能力的贫困户增加收入。

三是通过扶贫收益注入村集体经济加快黑木耳产业发展。率先出台《汪清县产业扶贫项目收益资金分配使用管理办法（试行）》将各类扶贫收益专项资金反哺投入黑木耳产业中，用扶贫收益专项资金投入增加村集体经济收入项目上，既带动贫困户脱贫致富，又实现了产业的发展壮大，形成了"扶贫促产业、产业带脱贫"的良性循环。

三、汪清黑木耳产业发展方向

围绕加快产业促脱贫的发展目标，进一步完善黑木耳产业链关键环节，促进黑木耳产业提效升级，带动更多贫困户增收脱贫，汪清县将从五个方面强化措施。

一是加大政策资金扶持力度。完善黑木耳产业扶贫生产模式，充分发挥龙头企业、合作社和协会的示范带动作用，积极组建汪清黑木耳产业联盟，引导更多的农户和贫困户参与到黑木耳产业中来，继续加大对各类从事黑木耳产业相关的各类新型经营主体的政策资金扶持力度，通过黑木耳产业增收逐步摆脱贫困。

二是致力产品研发及品牌建设。为进一步打响汪清黑木耳品牌，提高产业规模效益，汪清县将在已有的黑木耳干品、压缩块、木耳茶、木耳酱、木耳超微粉等十多种初加工产品基础上，继续深入研发高科技产品，进军生物分子领域，为更好、更准地开发黑木耳产业奠定基础。加大招商引资工作力度，积极引进与黑木耳精深加工相关的企业入驻汪清，大力引导和扶持加工企业，并给予相关配套服务的各项支持。

三是加强废弃菌袋综合治理。以循环经济为主导，采取生产燃料、有机肥料等手段，形成"黑木耳增产增收、废弃菌袋回收利用、农业循环发展"的绿色发展模式。优化产业链条，提高产业可持续循环发展的能力。

四是积极推进标准化体系建设。积极申报黑木耳地理标志产品保护，打造长白山地域黑木耳最高标准，筹建汪清县菌类检验检测中心，大力研发推广标准化菌种，通过实施有效知识产权保护，推动汪清黑木耳产业可持续发展。推行标准化菌包厂、定植车间、木耳农场建设，提升种植者、加工者标准化意识，解决杂菌率高问题，提高群众参与产业的积极性。对汪清黑木耳实行质量可追溯管理，掌握各类新型经营主体生产情况，严格控制黑木耳生产环节，保障黑木耳品质安全，将追溯体系监管管理制度落实到村、到户、到地块。充分发挥龙头企业的领军作用，进一步完善各环节监控机制。

五是加速木耳产业的市场化进程。全力推进黑木耳交易市场建设，打造黑木耳商贸展销、冷链仓储、物流配货、电子交易、现货交易等为一体的黑木耳交易服务平台，拓宽市场销售渠道，增加定价话语权，实现黑木耳优质优价。利用物流优势、产品优势，将产品线上销售与线下销售进行有机结合，实现效益最大化。

绿水青山就是金山银山，汪清人在不断摸索与尝试中，趟出了一条"黑牡丹"铺成的脱贫路，而黑木耳里藏着的"致富经"，汪清人也读懂了"八九不离十"。

05

精准发力兴产业　稳定增收促脱贫

——安徽省阜南县推进产业扶贫的探索与实践

阜南县是全国商品粮基地县、农业林业循环经济示范县、淮河防汛重点县、国家扶贫开发工作重点县、中国柳编之都、"王家坝精神"发源地，也是集皖北贫困地区、大别山连片特困地区和沿淮行蓄洪区"三区合一"的脱贫攻坚主战场。近年来，阜南县立足特殊县情，扛稳政治责任，秉持"政府服务、多元投入、因地制宜、因户施策"的发展理念，选准脱贫切入点、扭住扶贫着力点、把握民生落脚点，积极推行"四带一自"模式，拓宽贫困群众增收渠道，确保脱贫攻坚质量高、成色足、可持续。

一、阜南产业扶贫路径提出背景

2013年年底阜南县建档立卡贫困人口6.38万户19.78万人、贫困村90个，贫困发生率12.45%。2014—2019年，累计脱贫6.08万户19.25万人，90个贫困村全部退出贫困序列，剩余未脱贫人口2189户5330人，贫困发生率降至0.34%。

阜南县贫困状况呈现四个特点：一是脱贫任务繁重艰巨，全县贫困人口多、贫困比例高、贫困程度深，因病因残致贫占比达75.7%，部分贫困户家庭成员生产生活能力较弱，濛洼洼地区更是坚中之坚，稳定脱贫防返贫任务较为艰巨。二是基础设施建设薄弱，贫困群众最关心、最直接、最迫切需要的水电路信等基础设施建设，与脱贫攻坚和经济社会跨域发展要求不相适应，投入相对不足，基础设施建设仍然滞后。三是持续稳定增收受限，受自然条件、基础条件、劳动力素质等各种因素制约，贫困群众收入增速缓慢；少数新型农业经营主体处于产业链中低端，产品附加值不高，市场竞争力不强，应对市场风险能力较低。四是内生动力仍需激发，少数贫困群众仍存在

"等靠要"思想，需要通过"志智双扶"全面激发内生动力。

产业扶贫是基础、是根本、是希望、是出路，是精准扶贫、精准脱贫的"硬抓手"，是实现持续稳定增收的固本之策，而特殊的县情又给阜南县脱贫攻坚带来了特殊考验。阜南县委、县政府通过深入分析、广泛调研、充分论证，明确提出了"政府服务、多元投入、因地制宜、因户施策"要求，坚持把培育产业作为推动脱贫攻坚的首要出路，全力打造贫困群众增收致富新的增长极。

二、产业扶贫创新做法和取得成效

"政府服务、多元投入、因地制宜、因户施策"产业扶贫路径确定后，先是在基础较好、条件成熟的乡镇进行试点，并不断总结经验，力求在产业项目选择、产业发展机制、产业要素保障上有的放矢，推动实现产业加快发展、贫困人口加快脱贫的良好态势。

（一）对标摆脱贫困，破解窘境、力拔穷根

一是坚持高位推进。阜南县委、县政府坚持把产业扶贫放在脱贫攻坚"十大工程"之首，成立产业扶贫工作领导小组，分管县长任组长，领导小组坚持每月调度一次，解决扶贫工作中的困难和问题，推动特色种养业扶贫工作扎实有序开展。

二是强化政策扶持。先后出台了《关于鼓励支持特色农业产业发展的实施意见》《关于鼓励支持蒙洪洼地区发展适应性农业的意见》，每年拿出3000多万元用于支持特色农业发展。

三是强化资金保障。注入风险补偿金，加大对产业生产大户扶持力度，选择农商、邮储、农行等银行为合作行，发放"劝耕贷""温暖贷"等信贷资金2.2亿元用于特色产业发展。

四是强化指导服务。成立特色种养业技术专家组，加强对贫困村、贫困户的巡回指导培训。利用手机短信平台、工作简报、QQ群、微信群等方式，及时宣传各地产业发展、"四带一自"经验做法，为特色种养业扶贫有序推进提供强大保障。

（二）突出政策引领，明晰路径、明确方向

阜南县委、县政府严格遵照习近平总书记把发展产业作为脱贫攻坚"五个一批"首位抓手的要求，围绕"强柳、扩菜、壮畜、增果、兴鱼、融产"的特色农业发展战略目标，高起点谋划、超常规发力，出台系列政策文件，为加快产业发展指明路子、找准靶心、构筑载体。以规划引领指导产业发展，先后制定《阜南县产业扶贫规划》《蒙洼蓄洪区适应性产业发展规划》；出台《阜南县精准扶贫产业工作方案》《菜单式扶贫工作方案》《精准扶贫产业发展指导手册》《关于调整贫困户产业发展项目补助范围及标准的通知》《阜南县贫困村产业扶贫项目暂行办法》《阜南县"四带一自"产业扶贫实施方案》等通知文件，确保镇村户在项目选择上慎之又慎，既按市场规律办事，又充分发挥自身优势，力争精准选项、不留败笔。

（三）精准精细谋划，分步实施、有序推进

通过持续开展到村到户业务培训，采取"菜单式"扶贫，引导发展"有基础、有销路、见效快"的特色优势产业，推动产业发展提质增效。2016年以来，累计开展特色种养业扶贫培训548场次，培训有劳动能力贫困群众7.2万人次、培训县乡扶贫干部4630人次；90个贫困村累计实施特色种养业项目120个，拨付资金8300万元；累计实施贫困户产业扶贫项目13.7万个，拨付资金3.2亿元。通过打好到村项目和到户产业"扶贫组合拳"，全力构建"村有当家产业、户有致富门路、人有一技之长"的"三有"型稳定脱贫新模式，努力挖掘贫困群众致富增收的"源头活水"。

（四）坚持因地制宜，拓宽路径、夯实基础

蒙洪洼乡镇有40余万人口，历史上先后15次开闸蓄洪、灾害频发，传统农业效益低下，农民生活相对贫困。为改变这一区域贫困现状，实现脱贫致富，逆向思维，立足实际做好水资源文章，努力变"对抗"为"适应"、变"水患"为"水利"、变"劣势"为"优势"，积极探索宜水则水、宜牧则

牧、宜渔则渔、宜林则林的适应性农业，扩宽贫困群众致富门路。

一是着力发展高效蔬菜。发展以莲藕、芡实、茭白为主的水生蔬菜4733.33公顷，每公顷平均产值达75000元以上，带动贫困人口就业2130人。

二是重点推广生态综合种养模式。发展稻虾综合种养面积达到4266.67公顷，每公顷产值达到60000元以上，带动229户贫困户发展产业，带动贫困人口就业1060人。

三是积极发展适应性林业。利用濛洪洼分洪道形成的6666.67公顷低洼地和6666.67公顷坡洼地、滩涂地发展耐水林、湿地林为主的杞柳、蒲草、牧草等，全县杞柳、泡桐等柳木产业原料基地面积5333.33公顷，柳木加工企业170多家，产值45亿元，带动10万人就业，其中贫困户1.2万人，年均纯收入6000多元。

四是大力扶持水禽养殖项目。发展水禽700万只，年产值达4.2亿元，解决剩余劳动力就业4300个。大力实施番鸭养殖精准扶贫项目，全部建成后可解决贫困人口就业2000人，带动3000户养殖户，户均年增收达1万元以上。

（五）倡导融合发展，助力转型、促进升级

进一步挖掘、开发、整合本土优势的自然资源、社会资源和乡土民俗资源，培育现代农业发展新业态，实现传统农业向现代农业转型、低效产能向高效产出转身，实现产业发展全环节升级、全链条增值。实施"种—养—加"融合，如安徽宝莲公司利用种植浅水藕，与协鑫光伏合作在光伏板下养殖龙虾、泥鳅等水产品，投资500多万元建成了年加工能力达1万吨的莲藕综合加工厂和千吨冷库；实施"养—加—销"融合，如黄氏番鸭公司投资2.38亿元实施番鸭育种养殖、系列产品加工销售，实行集育种、孵化、养殖、加工一体化发展，为合作伙伴提供产前、产中、产后服务；实施"光—种—养"融合，如协鑫公司利用光伏板下闲置洼地种植莲藕等水生蔬菜，养殖鱼虾、番鸭等，建成了目前国内最大的农业光养互补立体发展示范基地。

（六）强化利益联结，提升水平、扩大效应

一是加强基地建设，推动园区带动。阜南县已建立特色种养业扶贫基地 106 个，实行统一标牌、统一命名、规范管理，累计带动贫困户达 6673 户。其中曹集镇现代农业示范园区，被评为 2018 年全省农业特色产业扶贫十大园区。

二是强化龙头培育，促进企业带动。依托龙头企业，采取"公司+合作社+贫困户"的模式，通过多种方式建立起紧密稳定的产业扶贫利益联结机制，全县参与带动的农业龙头企业达到 38 家，带动贫困户 620 户 1984 人增收脱贫。

三是加大支持力度，促进主体带动。鼓励效益好的新型农业经营主体以返利的方式让贫困户分享生产、加工、销售等环节收益，使贫困群众从中获得实实在在的利益，全县经营主体 1002 家，其中参与带动 946 家，带动贫困户 4203 户。

四是强化指导服务，促进大户带动。全县土地流转面积达到 54200 公顷，土地流转率达到 53%；贫困户采取资金、土地入股等方式，受益达 9582 户 2.96 万人。其中，以会龙、赵集为中心种植大棚辣椒达 11333.33 公顷，每公顷年均产量 30000 千克，每公顷平均效益近 15 万元；以新村、王堰为中心发展芦蒿种植 666.67 公顷，每公顷平均产量 22500 千克，每公顷平均效益 18 万元。

三、产业扶贫启示与思考

思路一变天地宽。作为沿淮经济穷县，抱残守缺、自闭门户只会永久徘徊于低效能、低层级、低质量的发展阶段，必须穷则思变、穷则思干。阜南县的做法表明，"政府服务、多元投入、因地制宜、因户施策"与产业扶贫是以人民为中心的发展思想的生动实践，做独辟蹊径、无中生有的文章，走出一条与众不同、风景独好的产业发展之路。

（一）在实事求是上念真经

始终牢牢把握"因地制宜、因时制宜"这个原则，在水源丰富的区域推广发展鱼、虾、蟹和芡实、莲藕等水产养殖和水生种植；在滩涂洼地推广发展杞柳、饲草、稻虾共养等产业项目；在平原地区种植葡萄、晚秋黄梨、瓜果大棚等果蔬项目；在濛洼庄台等旅游资源富集区积极发展乡村生态旅游；积极引导有劳动能力贫困人口的外出务工、本地就业或安置公益岗位；对没有劳动能力的实施光伏扶贫、社保兜底等措施，通过这些行之有效措施，确保每个贫困户家庭都有 2 个以上增收项目。实践证明，推进产业发展，不能由政府"拍脑袋"决策、不能靠行政命令去强推，必须立足客观实际，让群众说了算、让市场说了算、让实践说了算。只有真正尊重规律、实事求是，产业才有生命力，才能经得起实践和时间的检验。

（二）在培育长效产业上下功夫

在产业项目选择上，充分考虑乡镇、村的自然条件及社会条件，引导整乡镇整村推进规模化种植养殖等项目。持续加大政策、项目和资金倾斜支持力度，确保土地流转到哪里，产业结构就调整到哪里，基础设施就建设到哪里，脱贫攻坚和乡村振兴就推进到哪里。同时，通过扶持扶贫龙头企业、带贫主体、扶贫车间和居家就业基地发展壮大，确保有劳动能力贫困人口就近就业全覆盖。全力破解"人地"双重难题时，破除"伤感经济"，推动实现"孩子求知上学堂，大人就业进车间，看好家人种好田，每天能挣几十元"的社会及家庭和谐景象。

（三）在发挥特色优势上做文章

注重挖掘本地传统文化并结合现代设计理念，推动主导产业做强做大。"黄岗柳编"作为国家级非物质文化遗产有着悠久传承，直接带动 1.2 万名建档立卡贫困人口从事柳编及相关。脱贫攻坚期间通过引入新兴手工业、艺术设计相关元素，在杞柳编织中注入"文化"附加值，与国内国际先进水准对接，不断提升知名度、美誉度，打造长远优质品牌。大棚果蔬业与省级多家科研单位合作，进行土壤成分检测，探索出适合本地的"辣椒西瓜毛豆"轮休轮种模式，提升土地产出效益。同时，通过消费扶贫、电商扶贫、冷链仓储等，有效地避免了"谷贱伤农"现象，对于巩固脱贫、防止返贫、提高脱贫攻坚的质量和成色，具有重要的现实意义。

（四）在提升内生动力上搞探索

贫困群众是脱贫攻坚的对象，更是脱贫致富的主体。把贫困群众的积极性、主动性、创造性调动起来，主动参与脱贫攻坚，是打赢脱贫攻坚战的关键。一方面，需要扶贫干部咬定目标，发扬迎难而上的干劲，不获全胜、决不收兵；另一方面，需要教育引导困难群众坚定脱贫信心，通过宣传动员、树模评优、示范带动、技能培训等多种方式，帮助贫困群众转思想、树信心、学知识、增技能，充分激发脱贫致富内生动力，确保实现长期稳定脱贫和可持续发展，为推进县域经济持续健康发展提供支撑、厚植优势。

06

敢闯新路　勇于胜利

——江西省井冈山市红色旅游助力老区人民 实现脱贫致富梦

所有壮美的名山都有故事，而最壮美的故事无疑属于井冈山。2017 年 2 月 26 日，革命摇篮井冈山在全国实现率先脱贫"摘帽"，这些壮美的故事充分证明，井冈山既是我们党红色革命取得成功的地方，也是我们党引领脱贫取得成功的地方。

脱贫攻坚以来，井冈山市以弘扬红色精神、发展绿色经济为己任，顺势而为，务求实效。全山公众安全感和游客满意度连续六年列江西全省第一名，旅游人次和旅游收入连续三年增幅在 25% 以上。打造了红色培训领跑全国，红色旅游帮带脱贫的"冈路径"。2019 年，时任井冈山市委书记牵头撰写出版了新时代精准扶贫的《井冈答卷》。

一、品牌引领、全域旅游，景村融合、处处是景

（一）旅游景区全域化

紧扣"全景井冈、全域旅游"，实施"茨坪 +"行动计划，打造"1+6"特色旅游小镇，实现从"一处美"到"处处美"，从"景点游"到"全域游"。

（二）红色旅游品牌化

积极顺应大众旅游，实现从"一红独大"到红绿辉映、"多彩"井冈的转变；从单一观光旅游向体验互动旅游的转变；从传统柜台服务向智慧旅游的转变。

（三）产业经济立体化

全力实施"旅游+"行动计划，打造红色旅游经济引领总部经济、休闲经济、会议经济、电商经济于一体的"1+4"产业，实现从单一旅游到立体经济的转变。

二、红色引领、绿色崛起，产业联动、户户受益

（一）创新"住、学、演三个一模式"，实现脱贫梦想

一是建好"一个梦想家园"，带活一方水土。针对"一方水土养不活一方人"的深山区，井冈山市推进移民搬迁，引导贫困群众向园区、城区、中心村转移，通过基础设施配套和公交一体化建设，把城区、园区、景区融为一体，让2694名贫困群众白天进区务工就业，晚上回家照顾家庭，实现安居与脱贫双赢。

二是推出"一天红军体验"，带起一个产业。针对红色资源较为丰富的神山、坝上等村镇，井冈山市深入挖掘红色资源，创新推出"红军的一天"红色培训体验项目，让游客"现场感受在山村，亲身体验在农户"，既为红色培训打造平台，又为百姓增加收入，实现红色培训与农民增收双向并举。

三是打造"一场红色演出"，带富一方百姓。针对群众比较集中的拿山、厦坪等区域，井冈山市创新推出大型实景演出《井冈山》等旅游项目，吸引附近村民参与，仅此一台戏，就让800多名农民"白天在家种地，晚上红色演出"，每人年均增收7000余元，实现创收与休闲"两不误"。

（二）深化"农、工、旅三产融合"，实现"三个转变"

鼓励发展观光农业、农事体验、户外休闲、田园骑行、漂流体验等乡村旅游，实现农村变景点。鼓励开办农家乐，开展民宿体验、农庄经营，实现农民变老板。打造农业产业富民工程（包括13333.33公顷茶叶、20000公顷毛竹、6666.67公顷果业），实施工业"双百"（百家企业、百亿园区）发

展战略，打响竹木制品、旅游食品、陶瓷创意等特色品牌，实现工农产品变旅游商品。

（三）拓宽"联、馆、网三条渠道"，实现"三个起来"

一是联营互动，把经营户的农家乐"统起来"。通过"协会＋农户"，将贫困户纳入农家乐产业协会，实行统一标准、统一管理、统一经营。

二是订单扶贫，把宾馆酒店与贫困群众"连起来"。景区100多家宾馆酒店与所有贫困村结对帮扶，在食材、农副产品等方面实行产供销"一条龙"，实现农旅双赢。

三是电商带动，把农副产品在网上销售"快起来"。引导村民将农副产品从零散叫卖到电商销售，搭上网络"快车道"。

三、党建引领、群众主体，创新机制、人人参与

（一）建好"火车头"

建强党组织堡垒，下派科级干部任村"第一书记"，把"土专家""田秀才"等致富能人培养成党员，把党员培养成村组干部，为每个贫困村铸就一支"永不走的扶贫队伍"。脱贫攻坚期共下派驻村第一书记112人，发展培养致富能人党员170人。

（二）培育"领头雁"

坚持示范带动，培养致富能人，树立行业标兵，共培育致富"领头雁"51人，形成了"党员先走带后走，带着群众一起走"和"能人做示范，村民跟着干"的生动局面。新城镇致富能人谢某龙，2010年1月返乡创业，创立井冈山市摇篮生态农业有限公司，采取"企业＋贫困户""合作社＋贫困户"扶贫模式，先后带动新城镇65户贫困户实现增收。

（三）用活"金招牌"

充分利用井冈山独有的红色资源优势，发挥红色景区聚集效应，切实做好多方支持援助文章，通过向上争资、社会捐资、联创共建等方式，为脱贫"摘帽"助力加油。国家科技部、省农业厅、江西铜集团、华润集团等中央、省直部门（企业）及社会各界力量开展定点扶贫、对口支援，投入各类帮扶资金近 10 亿元。从 2013 年开始，原南京军区协调"五省一市"对接井冈山 9 个乡镇，采取"一对一"模式，大力开展联学、联创、联建"三联"帮扶活动，积极推进井冈山脱贫攻坚。援建单位先后投入资金 1 亿多元，实施项目 90 个，一大批路桥、安全饮水、镇村联动、环境改造基础设施工程得以改善和提升，直接受益群众达 6 万余人。

不忘初心、继续前进，井冈山市将聚焦"红色最红、绿色最绿、脱贫最好"，坚定不移推进"旅游+"致富产业，从红色旅游扶贫向红色旅游富民迈进，努力实现全省"脱贫、致富、文明"的奋斗目标。

07

坚持"短中长"结合 闯出产业扶贫新路

——河南省淅川县产业扶贫的探索与实践

产业扶贫是脱贫攻坚的治本之策，兴产业才能扶根本、扶长远。如何实现产业扶贫的精准选择、合理谋划，达到"见效快、运行稳、立足远"的发展目标，一直是地方政府不断探索的问题。淅川县政府立足特殊县情，坚持"短中长"结合，在产业扶贫的探索实践中，闯出了产业扶贫新路。

淅川县是南水北调中线工程核心水源区、渠首所在地、国家扶贫开发重点县、河南省仅有的四个深度贫困县之一。近年来，淅川县地方政府扛稳"确保一库清水永续北送"和"小康路上不落一人"两大政治重任，确立"短中长"（短线抓短平快项目、中线抓生态经济林果、长线抓生态旅游）三线结合的产业发展思路，闯出了一条水源区贫困县产业扶贫的"绿色路径"。全县脱贫攻坚综合评估连续 4 年居河南省、南阳市前列，全国易地扶贫搬迁现场会在淅川观摩，河南省产业扶贫现场会、林业生态扶贫现场会等先后在淅川召开。特别是党建扶贫、产业扶贫、教育扶贫等特色做法，先后 6 次受到党和国家领导人批示；"短中长"产业扶贫经验做法被评为全国十佳优秀扶贫案例。

一、提出的背景

20 世纪六七十年代修建丹江口水库期间，淅川移民 20.2 万人，老县城、17 个集镇 36 家工矿企业和大批基础设施先后被淹，淹没耕地 19000 公顷，占全县耕地面积的一半，淅川最为富饶的沿江三大川（丹阳川、顺阳川、板桥川）基本淹完，各项淹没指标占库区总淹没指标的一半，静态损失约 97 亿元。自 2003 年以来，为服务南水北调中线工程建设，淅川再次关停取缔污染企业 350 家，取缔网箱 5 万多个、畜禽养殖场（户）600 多家，并于

2009 年起,3 年内完成移民 16.5 万人,库区经济发展严重受损。

淅川贫困状况有三个特点:一是贫困人口多。贫困人口占全县总人口的 1/7,占南阳市贫困人口的 1/6,是南阳市贫困人口最多的县、河南省为数不多的贫困人口大县。其中,易地扶贫搬迁人口 1.9 万人,占南阳市易地扶贫搬迁人口的 1/3。二是基础条件差。全县贫困人口 80% 以上分布在深山区、库区、边缘区、石山区,人均耕地少且贫瘠。加上 2003 年国家启动南水北调中线工程建设后,库区基础设施建设被叫停,公共服务设施欠账很大。三是脱贫路子窄。为保护水质安全,国家设置了禁养区、限养区,水源一级保护区、二级保护区、准保护区,国家级湿地等,和其他县相比,淅川丧失了很多的发展机会,而库区群众"有山不能养畜、有矿不能开采、有库不能养鱼",发展路径严重受限。

特殊的县情,给淅川脱贫攻坚带来了特殊的考验。如何找准突破口,探索出一条既能保护水质,又能让贫困群众稳定脱贫致富的好路子,一直是摆在淅川县委、县政府面前的一个重要课题。通过深入调研、广泛论证,淅川县明确提出立足水质保护首位要求,把产业扶贫作为脱贫攻坚的首要任务,按照"生态产业化、产业生态化"的思路,探索"短中长"三线结合的产业发展新路子,打造群众脱贫致富的"恒业"。

二、推进的做法

"短中长"产业扶贫路径确定之后,地方政府先是在基础较好、条件成熟的乡镇进行试点,并不断总结经验,力求在产业项目选择、产业发展机制、产业要素保障上有的放矢。

选准产业,解决增收门路问题。任何项目都存在着市场风险,淅川县政府在项目选择上慎之又慎,既按市场规律办事,又充分发挥自身优势,力争精准选项、不留败笔。一是短线抓短平快,让群众当年"见实惠"。采取"菜单式"扶贫,发展"有基础、有销路、见效快"的特色优势产业,引导贫困户参与。着力打造"四重叠加增收":光伏和生态助力贷增收,建成光伏电站 56 兆瓦,大力发展"农光互补"产业,带动 159 个贫困村集体经济收入年均增加 5 万元以上,带贫 1.2 万户,受益户年均增收 3000 元左右;支持福森药业发展金银花等生态产业 3333.33 公顷,带贫 1 万户,受益户年均增收 3000 元左右。特色养殖增收，在有水源区域推广发展小龙虾、大闸蟹等水产养殖 1666.67 公顷，无水源区域推广发展白玉蜗牛 7000 余万只、黄粉虫 10 万余盒，深山区、石山区推广发展乌骨鸡、鹌山鸡等 7 万余只，受益户年均增收 3000 元左右。特色种植增收，在巩固提升食用菌、艾草等传统种植业的基础上，依托福森药业、九州通药业等上市企业，发展丹参、迷迭香等中药材 3333.33 公顷，受益户年均增收 3000 元左右。就业增收，充分发挥政府主导作用，采取免费技能培训、组织劳务输出、安排公益岗位、实施务工奖补等办法，推动贫困劳动力有序输出，基本实现有劳动能力的贫困户就业全覆盖，每户至少有 1 人就业。近几年，全县青壮年贫困劳动力输出规模年均 5000 人以上，务工奖补资金发放超过 2000 万元，累计开发护林、护水等"六员"公益岗位 1.1 万多个。二是中线抓林果套种，让群众种上"摇钱树"。综合考虑水质保护、适生性、群众意愿等因素，大力发展软籽石榴、杏李、大樱桃等生态经济林果，套种油牡丹、花生等林下作物，实现生态、经济、社会效益"多赢"。平原丘陵区主要发展软籽石榴产业，打造"中国软籽石榴之乡"和中原最大的软籽石榴深加工基地；山区、库区辅助发展比较优势明显的薄壳核桃、杏李、大樱桃等产业，兼顾发展湖桑、柑橘等传统产业。全县生态林果面积达到 25800 公顷，其中发展软籽石榴 2333.33 公顷、薄壳核桃 6666.67 公顷、杏李 4000 公顷、大樱桃 666.67 公顷，林下套种面积超过 50%，基本实现贫困户全覆盖，受益户年均增收 3000 元以上。三是长线抓生态旅游，让群众端上"金饭碗"。以丹江湖 5A 景区创建为载体，将全域旅游、乡村旅游、乡村振兴等有机结合，大力推动农旅、林旅、体旅、文旅深度融合，依托环库路串珠成线，着力打造环丹江湖生态旅游圈。通过景区拉动、典型带动、融合互动，将贫困群众嵌入旅游产业链增收致富。截至 2020 年，全县建成旅游重点乡镇 10 个、旅游重点村 36 个、农旅示范园 40 个、农家乐和特色民宿 700 多家，辐射带动 1.8 万余户贫困户，受益户年均增收 3000 元以上。

创新机制，解决利益联结问题。坚持用市场的办法来发展产业，统筹政府（集体）、带贫企业、合作社、贫困户各方利益，构建利益共同体，激活产业扶贫的一池春水。主要实施四种带贫模式：一是"三权分置"模式。土地所有权归村集体、承包权归农户、经营权归龙头企业。政府负责顶层设计，购买公共服务，落实产业扶持政策、金融扶贫资金等，龙头企业负责承贷、担保、使用和偿还产业贷款，流转农户土地，规模化发展产业。产业见效后，村委会、龙头企业和农户按1∶4∶5比例分享净收益，其中10%归村委会，作为服务管理费，主要用于产业保险、宣传、协调、服务等费用；40%归龙头企业；50%归农户，作为看护果园的劳务报酬。目前，淅川县引进河南仁和康源公司，采取这种模式发展软籽石榴1200公顷，带贫450户，户均年增收7000元左右。贫困户投入产业发展门槛低，实现一地生"四金"，即土地流转收租金，每公顷地每年12000元；基地务工挣薪金，人均月收入1800—2500元；返租倒包得酬金，贫困户与带贫主体签订管护协议，每0.47公顷果园为1个单元，每个单元管护费用每年3000元；入股分红分股金，扣除企业服务费、地租后，享受50%果园纯收益分红。二是"保底分红"模式。在乡镇政府（村委会）的引导下，龙头企业免费包苗木提供、包技术服务、包产品回收，龙头企业和农户签订协议，农户自行种植、管护，协议约定3年后每公顷净收益保底分红45000元，不足部分由龙头企业补齐，超出部分由村委会、龙头企业、农户按5%∶10%∶85%的比例分享净收益。其中5%归村委会，作为服务管理费，主要用于产业保险、宣传、协调、服务等费用；10%归龙头企业；85%归农户，作为生产劳动报酬。淅川县采取这种模式，发展66.67公顷以上杏李产业基地12个，带贫9700户，户均年增收4000元左右，实现了销售有渠道、收益有保障，企业省去了协商租地、平整土地、管护等麻烦，节省了地租、雇工、水电路配套等多项开支。三是"四定两分一返"模式。基层党支部牵头组建专业合作社，通过土地流转、基地务工、合作养殖等带贫方式，引导贫困户利用自有资金或奖补资金加入合作社发展产业。合作社根据产业发展特点，定投入（定固定设施投入费用）、定成本（定生产支出成本费用）、定效益、定分红。产业见效后，贫困户和合作社按5∶5比例分享净收益。合同到期后，合作社和贫困户可续签合同、继续合作；若贫困户退出，合作社全额返还贫困户投入的本金。淅川县采取这种模式，发展小龙虾产业1000公顷，带贫1.5万户，每公顷效益年均60000元左右。四是"一带三统一保"模式。政府负责引进有实力的龙头企业，村"两委"负责牵头成立专业合作社，吸纳有发展产业意愿的贫困户，合作社负责带动贫困户发展产业。"一带"，即龙头企业带动；"三统"，即龙头企业统一垫资提供优质种苗、统一提供技术指导服务、统一对贫困户产品进行回收；"一保"，即保护价收购，由龙头企业与乡镇、农民专业合作社或贫困户协商签订带贫合同，约定产品收购保护价，产品市场收购价低于保护价的，按保护价收购；产品市场收购价高于保护价的，按市场价收购。截至 2020 年，淅川县引进河南九州通公司，采取该模式发展丹参等中药材产业 1333.33 公顷，带贫 1.8 万户、5.5 万余人，户均年增收 5000 元左右。上述模式推动了贫困户发展产业零风险、收入最大化，企业低成本扩张，村集体经济收入有保障，实现互利共赢。

要素保障，解决产业持续问题。坚持打造脱贫"恒业"目标不动摇，强化引导支持，打好要素保障"组合拳"。一是政策保障。先后研究出台《关于推进产业扶贫的实施意见》《支持生态产业发展促进农民增收实施方案》《林果产业补贴办法》等一系列文件，明确了种养、加工、销售等一条龙奖励办法，调动了龙头企业、合作社、村集体和贫困户等社会各方的积极性，激发了脱贫攻坚的动力和活力。二是资金保障。建立产业发展基金、创新"党群扶贫+"小额信贷、开展金融扶贫产业助力贷、落实扶贫到户增收补贴和县定奖补措施，保障扶贫产业发展的资金需求。2016 年以来，全县产业扶贫累计投入资金达到 17.65 亿元。三是技术保障。建立"县、乡、村、户"四级技术明白人队伍，把"技术明白人"培养成致富带头人，达到培养一人带动一户、培育一户带动一组、发展一组引领一村的效果。淅川县西簧乡上梅池村贫困户李某，发展香菇脱贫致富后，带动 120 户群众发展香菇 200 余万袋。四是销售保障。配套建设 12 座冷链仓库、1 个县级电商产业示范园、15 个乡级电商服务中心，159 个电商服务站，从销售链条上做好保障服务。建立溯源体系，注册"淅有山川"区域共用品牌，认证"三品一标"32 个绿色食品、53 个有机食品，打响了特色农产品品牌。超前谋划消费扶贫，借助对口协作、结对帮扶等平台，畅通销售渠道，2020 年进入盛果期的 200 万千克鲜果已达成销售协议。

三、成效与启示

实践表明，"短中长"产业扶贫是以人民为中心发展思想的生动实践，实现了生态、农村、农民、社会效益的多赢局面。

（一）"短中长"产业扶贫取得成效

一是荒山变绿了。淅川县地方政府在发展中保护，在保护中发展，大力培育生态产业，共发展软籽石榴、杏李、大樱桃等生态林果20000公顷，昔日的荒山荒坡，披上了美丽绿妆。二是农民变富了。通过"短中长"产业发展路子，产业发展和就业门路拓宽，贫困群众每户都有2个以上增收项目，腰包也鼓起来了。过去贫困群众在荒坡地种花生、芝麻等作物，收入单一，现在种上经济林果，还能套种花生、红薯等作物，每公顷地能增加30000—45000元以上收益。三是农村变美了。群众住上了新房子、种上了发财树、走上了致富路。现在的村庄，林果环绕，鸟语花香，变成了"花的海洋、果的世界、鸟的天堂"。特别是上集镇白石崖村、金河镇黑水庵村、老城镇穆山村等，高标准打造特色梯田，形成了"春有花、夏有绿、秋有果"的生态景观效果。四是乡风变淳了。过去不少群众一到农闲时节，三五成群，喝酒赌博，现在都喜欢到村部广场听听戏、跳跳舞，精神生活丰富了，邻里矛盾、信访问题就少了，社会更和谐了。2016年，全县信访量下降80%，2017年下降68%，2018年下降60%，2019年下降21%，信访工作由过去的全市倒数第一跃居全市前列，连续两年被评为全省先进。

（二）"短中长"产业扶贫经验启示

第一，因地制宜是前提。始终牢牢把握住因地制宜这个原则，在水源丰富的区域推广发展小龙虾、大闸蟹等水产养殖，在水源缺乏的区域推广发展白玉蜗牛、黄粉虫等，深山区、石山区推广发展乌骨鸡、鹊山鸡等；平原浅丘区域发展软籽石榴，荒山荒坡发展耐旱的杏李、薄壳核桃等；旅游资源富集区发展生态旅游；有劳动能力的引导外出务工、产业基地务工或者安置公益岗位，没有劳动能力的代种代养、光伏兜底，通过这些行之有效的措施，确保每个贫困户都有2个以上叠加增收项目。实践证明，推进扶贫产业发展，不能由政府"拍脑袋"决策、不能靠行政命令去强推，具体发展什么，必须立足实际，让群众说了算、让市场说了算、让实践说了算，只有这样，产业才有生命力，才能经得起时间和历史检验。

第二，群众主体是根本。过去，在产业发展、造林绿化上，政府大包大揽，干部不接地气，给群众发树苗、发种子，但群众不愿意种，经常前面栽，后面毁掉。要摆脱这个怪圈，就必须扭转"懒汉"式扶贫、"输血"式扶贫做法，把群众的积极性调动起来。淅川政府深入开展德育教育、"弘扬移民精神、弘扬好家风家训，争做最美淅川人"教育实践活动，引导贫困群众靠勤劳双手摆脱贫困。同时，创新引导方式，如在杏李产业发展中，组织群众到杏李产业发展较好的地方实地参观，让群众对杏李有感性认识；在采摘季节，再组织群众去看看每公顷土地产多少千克，每千克卖多少钱，群众看到种杏李确实能赚钱，政府还有奖补政策，发展热情很高，短短三年时间，杏李产业从一个小微产业迅速发展为全县面积最大的鲜果产业。实践证明，只要调动起群众的主观能动性，让贫困群众充分参与绿色生态产业发展，变"要我发展"为"我要发展"，脱贫攻坚将无往而不胜。

第三，统筹兼顾是保障。对扶贫产业而言，能不能发展起来、能不能增收见效，是群众最关心的问题。淅川县"短中长"三线结合产业扶贫路径，确保短期能脱贫、中期可致富、远期奔小康，既考虑眼前，很好地解决了贫困户叠加增收、当年脱贫的问题，又放眼长远，很好地解决了贫困户稳定增收、持续增收的问题。对于巩固脱贫成果、有效防止返贫、提升脱贫质量和帮扶成效，具有非常重要的意义。特别是围绕产业见实效，淅川通过基础配套、技术指导，提高产品产量质量；通过消费扶贫、电商扶贫、冷链仓储等，避免了"果贱伤农"现象。淅川县这套"组合拳"，对于巩固脱贫成果、有效防止返贫、提高脱贫攻坚的质量，具有重要意义。2020年年初，淅川县委、县政府在第一时间阻断新冠肺炎疫情后，低风险乡镇的群众立即自发到田间进行果树修剪管理等，扶贫产业就是自家的"摇钱树"，已成为群众的共识。

第四，因势利导是活力。脱贫攻坚需要政府、村集体、干部、群众、经营主体共同参与，只有找准这几方面的利益连结点，把大家的积极性都调动起来，才能让产业落地、群众增收、企业得到更好发展。淅川县探索推行"三权分置""保底分红"等发展模式，在经营主体、贫困户和村集体之间建立了紧密的利益联结机制，不仅解决了过去企业贷款难、发展慢问题，激发了企业的带贫积极性；又运用市场杠杆，引导贫困群众把土地资源拿出来，参与绿色产业发展，获得更大收益；还增加了村集体收益，解决了过去村级组织无钱为群众办事的难题；同时，树立鲜明的用人导向，把干部投身绿色脱贫产业发展的积极性也充分调动起来了。通过这些具体措施，找准了干部、经营主体、贫困户和村集体利益连结点，调动了方方面面的积极性，确保了产业发展有活力、可持续、管长远。

08

倾情帮扶三十载　助力咸丰大脱贫

——农业农村部在湖北省咸丰县的定点帮扶之路

湖北省咸丰县是一个典型的山区农业县，也是农业农村部对口帮扶贫困县。三十多年来，农业农村部坚决贯彻中央扶贫开发决策部署，充分发挥行业优势，动员和调动全系统力量，倾力支持定点扶贫县产业扶贫和脱贫攻坚。特别是2015年中央提出"打赢脱贫攻坚战"的要求以来，农业农村部持续加大定点帮扶工作力度，强化对该县的支持与引导，3批定点扶贫联络组的同志认真学习贯彻习近平总书记关于扶贫工作的重要论述，严格按照中共中央办公厅、国务院办公厅《关于进一步加强中央单位定点扶贫工作的指导意见》、国务院扶贫开发领导小组《中央单位定点扶贫工作考核办法（试行）》要求，充分发挥农业农村部优势，尽锐出战、精准施策。近年来，咸丰县聚焦农业农村发展，成功创建了"国家级茶叶出口质量安全示范区"、全国首个"有机农业示范基地县"、首批"休闲农业与乡村旅游示范县""绿色食品原料标准化生产基地县""全国重点产茶县""全国生猪调出大县""全国农村集体产权制度改革试点单位"等荣誉称号。

一、精心选派干部，加强沟通联络

一是立足产业选人。2014年11月至2019年年底，农业农村部人事部门会同业务司局根据咸丰县产业发展情况和需求精心选配干部，先后有3批扶贫联络组共6名干部到咸丰县挂职扶贫。驻咸丰县扶贫干部基本从机关司局选派，涉及多个司局。

二是扎根产业做事。按照农业农村部要求，挂职干部围着产业转、蹲在基层抓，重点开展技术援助、营销帮扶、企业合作、典型示范、项目落地、重大事项报告等帮扶工作，实行月报、季报、重大事项报告制度。

三是围绕产业聚力。扶贫联络组广泛动员社会力量，积极对接中央机关、民营企业和社会组织，拓宽农产品销售渠道、捐赠农资产品、开展技术培训，合力推进脱贫攻坚。

二、深入实地调研，理清发展思路

农业农村部各级领导高度重视定点扶贫工作。2016年以来，时任部党组书记、部长先后于2016年年初和2018年4月两次在恩施主持召开定点扶贫工作座谈会，作出"前五年助力攻坚，后五年力度不减""不脱贫不脱钩，脱了贫也帮扶"的庄严承诺。农业农村部领导先后带队深入咸丰县，进村入户看望贫困群众，指导精准脱贫工作。农业农村部办公厅、人事司、计划司、科教司、乡村产业司等20余个司局和事业单位负责同志带队深入咸丰县开展调研，与当地干部群众进行面对面的交流、手把手的指导，对接扶贫项目，帮助理清新时期农牧业的发展思路和重点。

2016年农业农村部组织专家逐乡逐村考察，编制并出台了《农业部定点扶贫地区帮扶规划（2016—2020年）》，根据当地农业资源禀赋条件、产业发展现状、建设需求等，科学选择脱贫产业，完善产业链条设计。2018—2019年，农业农村部扶贫联络组协调有关规划部门，编制了《咸丰县乡村振兴规划》，系统设计了咸丰乡村发展的思路框架，为进一步推进农村现代化建设理清了思路、找准了方向，明确了脱贫攻坚与乡村振兴有机衔接的基本路径；协调农业农村部规划设计研究院、中国农科院、湖北省农科院等单位，针对中蜂、蔬菜、中药材、茶叶等产业发展，编制发展规划，制定加工规程和标准，找准咸丰县扶贫产业发展的定位，优化产业结构，完善联农带贫机制，在脱贫攻坚中更好地发挥作用。

三、紧抓联学共建，以党建促帮扶

农业农村部坚持抓党建促脱贫，努力推进定点扶贫工作与党建工作相结合，专门安排市场司、种植业司、经管司和畜牧兽医局4个业务司局党组织分别与咸丰县4个贫困村党支部建立了"一对一"结对帮扶关系，积极开展"联学共建对口帮扶"活动。通过与帮扶村党支部联合召开组织生活会、上党课、座谈走访等方式，宣讲中央"三农"政策措施，构建中央机关与扶贫一线的联系桥梁，合力打赢脱贫攻坚战。种植业司与高乐山镇沙坝村确立了"一个密切、三个深入"（每月至少联络 1 次，密切关注帮扶村发展动态，坚持深入产业谋划思路、深入群众增进感情、深入共建锤炼党性）的共建目标；经管司为丁寨乡春沟村争取了 200 万元财政以奖代补资金，打通了村里的断头路，解决了村民多年出行难的问题；畜牧兽医局指导唐崖镇彭家沟村发展适度规模养殖，宣传当地"土法养土猪"，挖掘拓展"年猪"市场；市场司为忠堡镇板桥村捐赠了美丽乡村建设系列书籍，帮助该村建起了全县第一个 12316 益农信息社。近几年，农业农村部机关党委为每个帮扶村每年安排 10 万元固定资产投入资金，用于修建文化广场、党员活动室等基础设施建设，将结对帮扶活动不断推向深入。

四、加大项目支持，夯实产业基础

农业农村部扶贫办与扶贫联络组立足现有的资金项目渠道，针对全产业链建设中存在的薄弱环节，详细谋划和对接支持基本建设项目和财政项目，继续加大支持力度。对于定点扶贫县符合国家投资方向、具备支持条件的项目，尽可能予以优先安排，支持咸丰县加快实施产业结构调整，改善乡村生产生活基础设施，提升扶贫特色产业发展质量，带动农户参与现代农业发展，实现小农户与现代农业有机衔接。

一是支持实施有机肥替代化肥、绿色高产创建、畜禽粪污资源化利用等项目，推动咸丰县扶贫产业绿色生态发展。5 年来，累计投入 4000 万元资金，推广"茶—沼—畜""有机肥＋测土配方肥""去夏增春、茎秆还田"等技术模式，创新集成有机肥替代化肥技术应用，引领贫困茶农"提质增效"，建设有机肥积造等基础设施，改善贫困农户生产条件，提高产业发展质量与效益。

二是支持实施高标准农田建设，农产品产地初加工、茶叶产业提质升级、现代良种工程等项目，推动咸丰县扶贫产业提高发展质量。5 年来，累计投入资金约 1.5 亿元，改善农田水利等基础设施，推广特色产业的新品种、新技术、新工艺，推动加工企业工艺改造升级，提升产业综合竞争力。

三是支持实施基层农技推广体系改革与建设、新型职业农民培育、新型农业经营主体培育等项目，提高扶贫产业发展的组织化程度。5年来，累计投入资金3000余万元，加强对贫困农户和各类新型农业经营主体的培训力度，提高各类主体联贫带贫发展能力，增强贫困户参与产业发展的意愿与能力，实现能力提升、收入增长。

据不完全统计，5年来，共安排咸丰县各类项目100多个，资金总额超过5亿元，支持各类龙头企业、农民合作社等经营主体100多家。目前，全县发展茶叶16666.67公顷，藤茶666.67公顷，中蜂3.6万群，年出栏生猪50万头。建成33.33公顷以上特色产业基地263个，养殖基地95个，初步形成茶叶、藤茶、油茶、中药材、生猪、中蜂等产业体系。农村常住居民人均特色产业面积达到0.27公顷，扶贫产业带动贫困户4.3万户，带动率达98.2%。

五、加强人才培养，强化科技支撑

推行"治贫先治愚，扶贫先扶智"帮扶战略，采取"请进来、走出去"等方式开展技术和干部培训。5年来，农业农村部扶贫联络组邀请部属单位、中国农科院相关行业、产业知名专家到恩施州举办农村脱贫致富带头人、产业发展带头人、大学生村官创业、农民合作社、一二三产业融合发展等培训班60多期，培训人员达2000多人次；组织各级干部及相关企业、合作社负责人到成都、北京、广州、南京、杭州等地考察取经、开阔视野。培训农民超过4万人次，激发了贫困户发展产业的内生动力，提高了各类新型经营主体带贫能力。

根据咸丰县产业需求，依托国家现代农业产业技术体系、中国农科院、湖北省农科院等优势科研力量，为咸丰县组建了产业扶贫技术专家组。协调茶叶、中蜂、蔬菜、生猪、植保和农产品加工等领域的知名专家，先后100余人次深入调研，与经营主体、种养大户和农民开展对接，提供技术支撑，建立长效扶贫机制，帮助咸丰县制定农产品生产加工规程、编制发展方案、破解技术难题，促进农业产业健康规范发展。开展农技推广服务特聘计划试点，建立产业扶贫科技特派员、指导员制度，实现包片技术指导，定点服务，指导贫困群众科学选择特色产业。

六、聚力产销对接，打造优势品牌

积极搭建各种展销平台，支持咸丰县开展特色农产品产销对接和市场开拓，提升品牌影响力。

一是加强产销对接。组织咸丰县内相关企业参加中国国际农产品交易会、中国绿色食品博览会、全国农业品牌推进大会、中国国际茶叶博览会、中国农产品加工业投资贸易洽谈会、贫困地区农产品产销对接大型公益活动等大型展示展销及宣传活动，推介咸丰特色优势农产品。咸丰县"唐崖红"获第二届中国国际茶博会金奖，在2018年首届全国贫困地区农产品产销对接活动中，咸丰县委书记郑书记参加《农民日报》和中国农影中心举办的"产品出村 助力脱贫"的产销对话，代表全国贫困地区进行交流发言，介绍咸丰县产业扶贫和特色产业发展情况。活动结束后，参展企业签订意向性采购协议超过4000万元。在2019年第17届中国国际农产品交易会上，挂职干部连某作为贫困县长代表，通过5G网络直播，宣传推介咸丰茶叶，得到了社会各界的广泛关注。

二是培育公共品牌。注重以品牌引领特色产业发展，协助咸丰县打造"唐崖"区域公共品牌，并多方加大宣传力度。2017年，时任农业农村部韩长赋部长在中国农业品牌大会上发布"唐崖"公共品牌。积极对接央视七频道、《农民日报》《农村杂志社》等中央媒体走进咸丰，宣传推广茶叶、土蜂等优势特色农产品。2019年拍摄制作专题节目，报道咸丰县"茶乡因茶而美，茶农因茶而富"的故事，并在中国中央电视台第七频道滚动播出"唐崖茶"公益广告，共同提高"唐崖"区域公共品牌的影响力和知名度。

三是打造精品特色。推广绿色化、标准化生产方式，帮助咸丰县开展"三品一标"认证，"唐崖茶"全国农产品地理标识已经通过答辩评审；在全面减免绿色食品认证费用的基础上，2019年协调中绿华夏等认证机构对咸丰县有机农产品认证和使用费用给予减免，推动特色农产品提档升级、提质增效。目前，全县有机食品基地认证133.33公顷、绿色食品基地认证6666.67公顷，认证"三品一标"农产品96个，位居恩施州前列。

七、聚焦产业扶贫，创新扶贫模式

全力支持特色产业发展和结构调整，紧扣产业扶贫这一中心任务，开拓创新多业并举扶贫模式。

一是推动咸丰县茶叶高质量发展。抢抓政策机遇，把茶叶作为重点扶贫产业，支持咸丰县创建"全国绿色食品（茶叶）原料基地县""国家级农产品（茶叶）质量安全示范区"。支持改造县内20余家加工企业生产线，提升茶叶生产标准化、清洁化、自动化的水平，认定省级产业化龙头企业4家，推进咸丰县茶产业发展。引进安吉茶叶集团，打造从良种繁育、基地种植到生产加工、市场交易为一体产业扶贫模式，白茶面积增加到6666.67公顷。目前，全县茶叶面积16666.67公顷，覆盖建档立卡贫困户2.8万户8万余人，平均每公顷茶叶收入10.50万元，有力助推了脱贫攻坚和县域经济的发展。组织县内茶叶协会、茶企代表赴安徽、浙江等地考察，对接各地的茶叶批发市场，推动咸丰县唐崖茶交易市场的建设，为茶叶发展创造更广阔的平台和空间。2019年全国产业扶贫现场会，咸丰县茶叶产业扶贫入选全国第二批产业扶贫典型示范案例，并在全国产业扶贫论坛、大县局长产业扶贫培训班等场合进行经验介绍和典型发言。

二是支持咸丰县养殖产业发展。支持咸丰县打造恩施黑猪"16112"（每户建设一栋100平方米标准化猪舍，养殖6头黑母猪，年出栏肥猪100头，配套1个小型沼气池和2公顷种植消纳面积）的生态养殖模式，户均带动增收约1万元，经济效益显著提高。咸丰县成功跻身全国生猪调出大县的行列，全年养殖和出栏生猪在50万头以上。协助当地抓好疫病防控措施的落实落地，加强养殖场防疫管理，确保打好非洲猪瘟防控战。协调吉林精气神公司、温氏集团、正邦集团等养殖龙头企业，到咸丰县考察生猪发展，为产业发展出谋划策；引进湖北湘村生态农业有限公司与养殖专业合作社签订购销协议，解决养殖户的后顾之忧。

三是推动短期扶贫产业发展。为解决贫困人口当年脱贫增收问题，扶贫联络组在充分考察当地资源禀赋的基础上，积极推动中蜂产业发展。协调中国农科院蜜蜂所相关专家到咸丰县考察指导，对养蜂农户和基层农技人员开展养殖技能培训；积极推广种植蜜源植物、向贫困村捐赠蜂箱等。截至

2019 年 11 月，全县养殖中蜂 3.6 万群，比年初翻了一番，数千名贫困户从中蜂产业发展中收益。

八、积极内引外联，促进融合发展

一是抓牢龙头企业带动。组织开展"全国大型农业龙头企业进恩施"活动、贫困地区加工农产品对接会和龙头企业对接等活动，百余家各类龙头企业与咸丰农业产业沟通对接，助力咸丰精准扶贫和农业产业发展。通过农业农村部扶贫联络组牵线搭桥，北京德青源公司、北京资源集团、南京红太阳集团、浙江安吉茶叶等企业到咸丰县开展考察、投资兴业。

二是支持农民合作社发展壮大。加强对各类农民合作社的指导与服务，推进合作社规范化管理。2019 年年初，农业农村部合作经济指导司张司长一行到咸丰专门调研合作社规范管理相关情况，并对合作社专项清理等进行专门指导。经核查，全县有规模种养、运行质量较高、带动能力较好的农民专业合作社 237 家。推进合作社示范社创建，共打造各级示范社 131 家，其中，国家级 6 家、省级 5 家、州级 30 家。农民专业合作社的健康发展，成为带动农户参与扶贫产业的重要力量，成为打赢脱贫攻坚战的重要实践抓手。

三是推进联农带农发展。将帮扶资金、政策、项目等，与主体联农带贫发展相结合，要求县内企业、合作社等不断优化与农户的利益联结机制建设，推动 61 家规模企业、517 个专业合作社、283 个家庭农场、329 个专业大户，带动贫困户 1.4 万户、4.5 万人增收。推动 97 家专业合作社与 138 个村建立利益联结机制，带动贫困户平均增收 1400 余元，带动村集体平均增收 3 万元以上。

九、坚持机制创新，稳妥推进农村改革

一是推进土地制度改革。指导咸丰县深入开展农村土地制度改革，通过培训指导、技术支持等多种方式，支持咸丰县开展农村土地确权登记颁证试点工作。截至 2019 年 10 月底，全县农村土地确权登记颁证试点已覆盖 263 个行政村，签订承包合同 92259 份，签订率达 98.7%；发放经营权证

90082本，发证率达96.4%。全县土地流转面积已达15.7万，规模经营水平明显提升，农村土地"三权分置"改革得到有效落实，农村社会生产力得到极大释放。

二是推进集体产权制度改革。2018年，农业农村部将咸丰县确立为全国集体产权制度改革试点县。推动咸丰县深入开展集体资产清产核资和经营性资产股份合作制改革两大重点任务，逐步构建归属清晰、权能完整、流转顺畅、保护严格的中国特色社会主义农村集体产权制度，保护和发展农民作为农村集体经济组织成员的合法权益。突出"产业带动、盘活'三资'、投资合作、经营收益、电商服务"等五种主要发展模式，按照"一村一模"或"一村多模"的方式，村集体经济实现突破性发展。截至2018年10月底，全县263个村实现村村有收入。推动产权交易中心建设，实现制度健全，人员到岗到位，工作有头有序，成效比较明显。2019年1—10月，完成服务交易项目127个，涉及金额3241万元，其中，实现平台交易项目34个，交易金额达743万元。

三是开展美丽乡村建设。深入学习浙江"千万工程"经验，根据湖北省美丽乡村建设和农村人居环境整治工作的有关要求，协助制定咸丰县美丽乡村建设规划和年度实施方案，明确责任分工和具体措施，提出切实可行的推进路径。组织县内相关人员赴浙江省学习考察农村人居环境整治相关的经验做法，推进全县"厕所革命"的建设。推动唐崖镇钟塘村成为中国美丽休闲乡村，曲江镇春沟村、高乐山镇沙坝村、坪坝营镇墨池寺村等先后被农业农村部评为全国"一村一品示范村镇"，高乐山镇白岩村被评为全国休闲美丽乡村，小村乡被农业农村部评为"一村一品"示范乡镇。支持小村乡开展农业产业兴村强镇示范建设，促进一二三产融合发展。

09

再穷不能穷孩子　穷县办出"富"教育

——湖南省泸溪县的教育扶贫之路

位于湘西大山深处的泸溪县，是湖南省 11 个深度贫困县之一，是一个少数民族占 62.3% 的民族县，一个至今不通火车的移民库区县，2018 年全县 GDP 只有 56.48 亿元，财政经常性收入不到 5 亿元。但在教育投入上，泸溪从不吝啬，坚持优先拨付教育经费、优先解决教育之难，形成了"党以重教为先，政以兴教为本，民以助教为乐，师以从教为荣"的良好风尚，促进了教育管理、教育教学、师德师风与教育扶贫深度融合，实现了教育事业高质量发展。先后荣获"全国中小学校责任督学挂牌督导创新县""全国义务教育发展基本均衡县""湖南省教育强县"等多项荣誉。特别是 2019 年以来，泸溪教育综合改革的成功经验获得时任国务院副总理、湖南省委书记等主要领导先后多次批示，高度肯定"泸溪的经验很好，要推广"；省委省政府、省教育厅聚焦泸溪，专题推介学习泸溪教育经验，全省教育现场会安排在泸溪召开。《湖南教育》杂志以《乡村教育振兴的县域探索——来自国家级贫困县泸溪的报告》为题，用 5 万多字的专刊推介泸溪教育典型经验和做法；《人民教育》予以大篇幅的专题推介，《中国教育报》以"3 万多字深度报道＋头版头条＋评论员文章"重磅宣传；湖南卫视在"新闻联播"以 3 集系列报道推介泸溪教育；被评为"湖南省 2019 年教育十大新闻"之首。省人民政府工作报告中将"推广泸溪经验"列入全省教育重点工作，"泸溪教育"是湖南全省唯一入选《2019 中国基础教育年度报告》的典型案例。

一、建立"三项机制"，推动教育扶贫
"持久发力"

精准扶贫，教育先行。泸溪县委县政府始终把教育放在优先发展地位，对教育高看一眼、厚爱一层，多年来，建立了教育长效的发展机制，保障了教育扶贫"持久发力"。

一是建立健全党政重教议教机制。建立党政定期议教制度和部门联席会议制度，突出工作优先部署、问题优先解决、项目优先建设、经费优先保障。县委书记、县长带领县领导连续 14 年在新春上班第一天，深入教育现场办公，解决具体问题。县委县政府把教师的绩效、综治等奖励纳入县财政，与公务员同等标准发放，做到一视同仁，使全县 3000 名教师快乐幸福从教。2016—2019 年县委、县政府分别拿出 330 万、560 万、670 万、580 万元奖励优秀教师及重教功臣，全县上下形成了齐心协力抓教育、凝心聚力谋发展的浓厚重教氛围。

二是建立健全教育督导机制。在全国首创"按类设区、导督并重、专兼覆盖、综合推进"责任督学挂牌督导模式，设置四大督学责任区，配备专职督学和兼职督学共 49 人，对教育随访督导实行"一月一预案、一月一督查、一月一通报"，构建起县政府督导室、督学责任区、学校督导工作室"三位一体"的教育督导工作全覆盖体系。此举得到了国务院教育督导委员会《教育督导决策参考》和教育部网站的大力推介，责任督学工作经验入选湖南省教育督导工作指导书目《责任区督学概论》。

三是建立健全教育外部环境优化机制。创新联查报备、联动整治、联合调解"三项制度"，切实优化了教育外部发展环境，形成了"围墙内的事由教育负责、围墙外的事由政府负责"的良好局面。联查报备制是指职能部门入校检查实行年初报备入校报批，严格控制检查频次；联动整治制是指公安、交通、教体等部门常态化联合开展校园及周边环境综合治理工作；联合调解制是指对校园安全事故等涉校涉生重大矛盾纠纷实行"两线四层"调处机制，依法依规处置，严厉打击校闹等行为。自 2016 年来，连续 4 年被评为"全州中小学校校园综合治理先进县"。

二、推进"三个均衡"，保障教育扶贫
"落地见效"

围绕教育均衡，多措并举促进城乡齐头发展，让每个孩子在家门口能享受优质教育。全县共有 175 所学校，没有强行撤并一所村小，几乎每个村都有学校。

一是加大建设促办学均衡。按照"一条环线、两个片区"教育布局调整规划，大力实施义务教育标准化学校建设、农村全面改薄计划、"四改三化"等项目建设，促进城乡教育一体化发展。2015 年以来，累计投入资金 7.5 亿元，新建城镇学校 2 所，在建学校 1 所，扩容城镇学校 4 所，新增校舍面积 3.6 万平方米，学位 8000 余个，全面消除义务教育 56 人以上大班额。大力实施教师公转房、公租房工程，新建了农村教师公转房、廉租房 2200 多套，解决了农村教师住房难问题。提质村小建设与管理，按照村小建设"30 个一标准"，共投入资金 2276.09 万元，完成建设项目 147 个，惠及片村小及教学点 133 所。落实农村学校和教学点学生公用经费，学生规模不足 100 人按 100 人核定保障。全县实现片完小建有班班通、村小联网通网。泸溪教育"村小建设管理 18 条"的深度报道荣登《中国教育报》头版头条。

二是优化配置促师资均衡。大力实施人才引进计划，引进高学历人才 40 人；落实新进教师"定向培养、定向招录、定点分配、定岗使用"，并规定每年按 90% 比例分配到农村任教，满 3 年后才能调动；在保障教师工资优先全额到位的基础上，率先实施乡村教师生活补助制度，依据偏远程度分类实施每人每月 1400 元、600 元不等的农村教师岗位津贴制度；进一步完善教师评优评先倾斜农村制度，规定将评选优秀教师、学科带头人 80% 指标倾斜农村；规定城镇学校教师晋升职称等，必须有在农村学校任教一年以上的工作经历。

三是结对帮扶促管理均衡。全面开展"结对帮扶"支教活动，按照"以强带弱、深度融合、全面帮扶、共同发展"的思路，建立城乡学校结对帮扶机制，出台了《城乡学校结对帮扶实施方案》，以 5 年为一个周期，每个城区学校对口帮扶 1—2 所农村薄弱学校，实行工作目标同步、领导责任同步、工作职责同步、考核奖罚同步的"四同步"模式，编织了一张覆盖城区学校、乡镇中心校、村小的教育扶贫网。全县城、乡、村学校共结成 125 个帮扶对子，2000 多名教师深度参与，实现了全员参与、全体覆盖、全面提升，涌现出了泸溪三中、解放岩学校等 12 所典型农村受益学校。工作经验被评为全州微改革创新案例第一名。

三、突出"三个全覆盖",确保教育
扶贫"一个不漏"

始终坚持教育公平,注重"三个全覆盖",确保教育公平惠及每一个贫困学生。

一是学生资助全覆盖。全面落实建档立卡贫困家庭子女学前至高中阶段15年资助全覆盖政策、大学新生救助政策和生源地助学贷款政策,并按学前教育、小学、初中、高中、职业教育五个阶段每名学生每年分别给予1000元、1500元、2000元、3000元、2500元的生活补助,确保不让一个学生因贫困而失学。最近三年来,共发放资助全覆盖资金7782.045万元,惠及学生70586人次;发放大学新生资助金730.8万元,惠及学生2300人次;办理生源地助学贷款3802.08万元,惠及4836人次。该县连续7年被评为"全省资助工作先进县"。

二是控辍保学全覆盖。全面落实"双线三级""六长"控辍保学责任制,每年县政府牵头组织乡镇、部门、村(社区)、学校、驻村工作队员等力量,大力开展控辍保学大宣传、大排查、大劝返行动,坚持常态化开展控辍保学工作,实施残疾学生随班就读、特殊教育及送教上门"三轨并行"制,在思源实验学校建立第一个特教班,全力保障学生接受教育合法权益。2019年全县小学、初中、高中巩固率分别达100%、99.54%、99.6%,均远高于国家标准,全县无建档立卡户学生辍学现象。泸溪县控辍保学工作在全省作典型发言。

三是关爱工程全覆盖。按照"心有人爱、身有人护、难有人帮、学有人教"要求,深入实施留守儿童关爱工程,着力构织四大"爱心网"。县关工委组织构建"协调指导网",学校构建"主体责任网",职能部门构建"帮护责任网",乡镇、村构建"关爱联系网"。建立留守儿童之家66个、心理咨询室32个,安装爱心电话、亲子视频摄像头,争取社会爱心捐款400多万元。教师与留守学生实行"一对一"结对,给留守儿童过集体生日,每年开展关爱活动200次以上,确保学生不因留守而失爱。

四、强化"四大发展"，务求教育扶贫
"人民满意"

推动教育跨越式发展，实现教育高质量扶贫，赢得老百姓一致肯定与满意。

一是学前教育普惠发展。认真贯彻《幼儿园教育指导纲要（试行）》，大力实施《学前三年行动计划》，构建"政府主导、社会参与、公办民办并举"的办园体制，斥资 3000 余万元新建公办幼儿园 4 所，新增学位 2600 个。全县 11 个乡镇实现公办幼儿园全覆盖。校车管理工作被评为"省校车安全管理先进单位"，并在全省工作会议上作典型发言。

二是义务教育均衡发展。抓实学校德育工作，大力实施全县阅读专项行动计划，大力推行连片集中教研活动，深化"高效课堂""生本教学""尝试教学"等教育教学改革，着力提升教育教学质量。全县"小升初"比例达100%，"初升高"比例达 90.34%。全县教育质量监测连续 5 年名列全州前两名；在全州诗词大赛中，泸溪学校包揽两届大赛冠、亚军；在全州中小学足球联赛上，泸溪高中、初中组均获冠军；县"三独"比赛团体总分连续 15 年荣获全州一等奖。

三是高中教育优质发展。按照"一中做大做强、二中做精做优、五中做专做特"发展目标，努力实现高中教育多元化、特色化、品牌化。2016年以来，全县高考一本上线 816 人，二本以上上线 2063 人；清华、北大录取 14 人；艺体专业生 314 人，空军飞行员 7 人，中央美术学院、中央音乐学院、北京体育大学共录取 14 人。高考应届本科上线率、本科上线万人比连续 15 年位居全州第一。泸溪一中被教育部评为"全国教育系统先进集体"，并进入《中国县域百强中学》。

四是职业教育特色发展。始终把职教培训作为脱贫攻坚的重要抓手，以省级示范职业中学泸溪县职中为平台，狠抓"三个对接"。对接职业岗位抓专业设置：大力推进面向职业岗位的"工学结合"一体化课程建设，加强电商、汽修、平面设计等特色专业实践教学，让学生学到"一技之长"。深化项目教学改革，引项目入校，引产品入教，让学生一边学习专业技能，一边完成商业作品，实现了技能培养与创新创业的无缝对接。对接就业安置抓跟踪服务：加大产教融合、校企对接力度，强化学生就业跟踪服务指导，让学生能就业、就好业。先后向各方企业输送毕业生 2000 多人，职校毕业生就业率达 100%，学生对口满意就业率达 95% 以上，毕业生月平均工资达 4000 元以上。对接服务经济抓技能培训：深入对接全县农业"八大产业、八大品牌"，大力整合"新型职业农民培训""雨露计划"等培训资源，对青年农民、贫困户等免费实施"订单式、定向式、定岗式"的精准培训。近三年，完成免费职业技能教育培训 2 万多人次，带动农民创收 1.5 亿元，实现了"培训一人、就业一个、脱贫一户"的良好效果。

10

全力推进旅游扶贫
"绿水青山"成"金山银山"

——海南省创新旅游扶贫机制打好精准脱贫攻坚战

　　2017年以来，海南省通过全域旅游统筹推进旅游供给侧结构性改革，以提高贫困人口收入、提升贫困地区"造血"能力和内生发展动力为根本，以实施乡村旅游扶贫和开展精准帮扶为主要路径，不断推进旅游扶贫工作，创新旅游扶贫模式，全省旅游扶贫取得积极成效，为全面打赢"十三五"旅游脱贫攻坚战打下坚实基础。

一、多方力量协力推进

（一）党委政府"主导"

　　习近平总书记指出，消除贫困，实现共同富裕，这是社会主义的本质要求，是中国共产党人的使命担当，"五级书记抓扶贫"，这是中国的特色，更是中国的决心。省政府贯彻落实中央和省委有关精神，出台了《关于以发展共享农庄为抓手建设美丽乡村的指导意见》，就是将脱贫攻坚与美好新海南百镇千村、全域旅游、田园综合体建设相结合，创新推进海南扶贫开发的总体部署。各市县党委和政府积极贯彻中央及各部委和省委省政府的扶贫政策精神，打好精准脱贫攻坚战，保证现行标准下的脱贫质量，瞄准特定贫困群众精准帮扶向深度贫困地区聚焦发力。

　　保亭县委县政府以旅游业为支柱产业对美丽乡村、旅游景点、风情小镇这些"点"进行资源整合，串点成线、连线成片，点线面结合，重点打造了一批美丽乡村和风情小镇及农家乐，并创建全县域的开放式旅游景区，朝着"全域是景区、处处是景观、村村是景点、人人是导游"的目标前进。通过"政府主导、规划管控、企业运作、党建引领、农民参与"的帮扶模式，带动建档立卡贫困户吃上旅游饭，实现在家门口创业就业脱贫。

（二）专家学者"主谋"

借助专家学者的智慧，分析市场、找准定位、调研资源、挖掘文化，高水平编制乡村旅游扶贫开发规划和项目策划，创新旅游扶贫的开发和经营模式，因地制宜培育致富产业，科学设计和营销产品。创新打造旅游接待窗口村和旅游商品生产基地村，通过产业分工促进扶贫工作有效、高效和长效。对旅游接待窗口村，根据不同条件发展、不同形态的旅游接待和服务形式；对旅游商品基地村，针对特色物产差异化发展特色旅游商品加工业。

定安县委、县政府为了加快母瑞山革命老区的开发建设，委托海南省旅游发展研究会组织专家一批一批地深入母瑞山革命老区的4个镇、1个农场，县委副书记亲自带领专家组反复调研、深度挖掘，提炼出红色文化、南建洲文化、火山文化、长寿文化、农耕文化、琼剧文化等，高水平地完成了《关于以母瑞山红色旅游开发带动革命老区百里百村新农村连片开发的创意策划书》。

琼海市政府邀请北京中科景元规划院和海南省旅游发展研究会为会山镇编制扶贫开发规划，将会山镇定位为苗族风情小镇，并将加脑村列入少数民族特色村寨重点建设，将"生态景观＋苗族文化＋乡村旅游"的理念与少数民族特色村寨"五位一体"建设总要求有机融合，因势入景，成功打造了入口景观、苗族文化中心、朋莱湾、沿河漫道、树神、鹊桥、苗家乐、苗家客栈、竹园、民族团结舞台、金地门长廊、登山慢道、苗家茶屋等景点，还通过每年举行的"三月三"苗族节日活动、每月1日和15日的"旅游赶集日"活动，将"洁、净、美"的新景观和浓郁的民族风情集中呈现在游客的面前。通过发展乡村旅游，有效实现了农旅融合、产业融合、特色文化融合、扶贫措施融合，走出了精准扶贫新路子。

（三）村社一体"主营"

坚持以农为本推进旅游扶贫开发，发挥村集体、合作社等社会组织的功能和作用，创建"村集体＋合作社＋农户"多主体联合经营新模式，将贫困地区的人财物资源进行合理的整合和利用，形成合力和推力，与主体企业构建分工合作的扶贫开发机制和相应的利益联结机制，带动农户参与建设经营美好家园，获得地租、劳务、入股分红、品牌溢价等多种收入。

琼中县什寒村采取"村委会＋党支部＋专业合作社＋农户"的"村社一体"全村跟进的方式，与琼中县旅游委下属的琼中县旅游总公司分工合作、协同开发，结合"富美乡村"建设，先后成立了养殖泥鳅专业合作社、铁皮石斛种植专业合作社、养鹅合作社，依托什寒村优良的生态环境、醇厚的黎苗文化等优势，围绕"吃、住、行、游、购、娱"旅游六要素，盘活村民房屋和山田地两大资产，打造以旅游市场为主导、旅游业为龙头的新型产业链，培育什寒村丰富多彩的乡村旅游新业态、新产品，打造集特色山村的农副产品种养殖、"野、绿、鲜"的健康餐饮、黎苗族传统风格的民宿村落和民族风情为一体的目的地型民族风情旅游村，使什寒村"自我造血"功能不断得到增强，村民在家门口创业、就业、致富相得益彰。全村共发展28家民宿、18家农家乐、16家土特产店，全村100户全部不同程度参与到乡村旅游的建设经营管理中，经营收入60%归农户、35%归旅游总公司、5%归村集体，实现多方互利共赢。

（四）产业融合"主唱"

产业扶贫是促进贫困地区发展、增加贫困农户收入的有效途径，是扶贫开发的战略重点和主要任务。旅游扶贫是产业扶贫的主要方式之一，乡村旅游已经成为农村扶贫开发的主渠道，通过农旅融合、茶旅融合、林旅融合、农旅文融合等，唱响产业融合、产业创新、产业转型、产业发展的主旋律。旅游企业在发展过程中，推动旅游发展与脱贫攻坚深度结合，将自身利益与农民利益捆绑在一起，形成利益共同体，加速打造"企业发展、群众受益"的地区旅游经济带，合理分享利益，形成了"政府规划、企业运作、党建引领、农民参与"帮扶模式。

保亭县三道镇什进村是个黎族村落，属传统农业村，2009年全村人均纯收入仅2170元，全村1/3人口是贫困户。2010年，"大区小镇"旅业有限公司采取"大区小镇新村"的扶贫开发模式，将少数民族的民俗生活与旅游产业有机结合，把居住型、行政型的旧村庄变成"经营型"的旅游新村——海南布隆赛乡村旅游区，带动农村产业结构调整，促进农民增收脱贫。2017年，什进村人均纯收入 1.3 万元，比 2009 年人均收入增长 5 倍。目前，什进村全村 53 户 208 人已实现脱贫，从一个贫困山村，成为远近闻名的美丽乡村。什进村村民吉某美利用公司修建的回迁房建起了民宿，一家辛勤经营，从昔日的贫困户成为年收入 10 万元的富裕户。

（五）特色产品"主打"

旅游扶贫推进中，不断地更新旅游村的农特产品、乡村旅游产品，引领消费热点，对接旅游市场，提高市场占有率。

加脑村在打造苗族风情村的过程中，通过农旅融合，把优质特色农产品打造成高附加值的旅游商品，让贫困户成为旅游商品的提供者、受益者。通过搭建创业平台，提供创业扶持和服务指导，激发了一批村民的创业热情。村民陈某兰原来是贫困户，借助政府的扶持，在苗族文化中心办起个人苗绣工作室，她把全村的苗绣能人集中在一起，共同创业。现在，苗绣"伴手礼"成为加脑村的主打品牌。

（六）龙头企业"主体"

发挥企业主体作用，推进社会化旅游扶贫。鼓励企业积极承担社会责任，充分激发市场活力，发挥资金、技术、市场、管理等优势，通过资源开发、产业培育、市场开拓、村企共建等多种形式到贫困地区投资兴业、培训技能、吸纳就业、捐资助贫，参与扶贫开发，发挥辐射和带动作用。提倡返乡创业，通过本地人的反哺情怀，与当地政府合作，推进整村建设，成功实现旅游扶贫。

海口市永兴镇冯塘村由海口天堡嘉园实业有限公司主导开发，建设冯塘绿园美丽乡村休闲农业生态文化园，背倚火山地质公园、火山文化、橄榄文化、冯塘民俗文化等，开发火山田园观光、休闲、养生度假等旅游产品，吸纳 60 多名村民就业、承租村民土地等，增加村民收入，使贫困户全部脱贫。

（七）二脉贯通"主推"

第一脉为"媒体"，借助"媒体"对以上六个"主"的旅游扶贫开发行动予以全过程的宣传、营销，放大影响。海南电视台固定开设脱贫致富电视夜校、《海南日报》开设脱贫攻坚专版等，为旅游扶贫开发行动鼓与呼，扩大影响、拓展市场。

第二脉为"金融"，金融助力产业扶贫。琼中县强化金融这个支撑点，实施金融资源、财政资金和社会资本有效联动，使产业、技术、就业等生产要素围绕金融资源配置扶贫项目，助推破解发展中的要素保障和风险控制问题。琼中县在政府主导下组建成立农民专业合作社，贫困户自愿签署协议，把到户增收项目资金作为股金，投入合作社，由政府平台公司做增信，国家开发银行、农信社等金融机构向加入合作社的贫困户提供一定数额的贷款，并委托合作社统一经营发展。琼中县通过巧用金融这个支撑点，做大了绿橙产业和"奔格内"乡村旅游产业，创造了琼中旅游扶贫新模式。

二、一村一策，定制开发

为强化精准扶贫，海南省组织专家对全省 45 个旅游扶贫重点村的交通区位、产业发展、贫困人口及旅游资源等情况进行了全面细致的调研，研究制定"一村一策"旅游帮扶措施。目前，海南省将建档立卡的所有贫困村和省定贫困村按照实际情况，分为五类贫困村，每个贫困村根据内部资源和外部条件，采用不同的开发扶贫模式推进。

（一）以城乡一体、田园城市、幸福琼海为代表的全域发展型

琼海市紧紧围绕"打造田园城市、构建幸福琼海"的发展思路，加快推进特色城镇化建设步伐。把推进城镇化作为解决农业、农村、农民问题的重要途径，作为推动区域协调发展的有力支撑，作为扩大内需和促进产业升级的重要抓手。坚持"不砍树、不拆房、不占田，就地城镇化"的原则，根据各镇的人文特点、产业特色和自然禀赋进行个性化的规划设计，逐步把

12 个镇打造成"一镇一特色、一镇一风情、一镇一产业"。加快旅游业和农业的整合发展，不断把更多的游客吸引到老百姓家中，成为农村转型发展和农民增收的有效载体，努力实现"城在园中、村在景中、人在画中"，让市民感受乡村田园气息，让农民享受城市生活品质。"田园城市，幸福琼海"已经成为海南国际旅游岛上一个极具本土特色和市场竞争力的旅游目的地品牌，也成为全域旅游创新发展的全国典范。琼海推出的一年一度的"琼海味道"特色小镇周末休闲游嘉年华活动，将"田园城市，幸福琼海"的建设成果进行旅游要素产品化改造，策划、包装、推出一批特色旅游商品、美食、名店等旅游新品牌、新产品、新体验，带动了特色小镇、特色村庄、特色专业合作社、特色商家的旅游化发展，实现了第一、第二、第三产业的融合发展。美丽中国"琼海篇章"正在成为海南岛东海岸令游客流连忘返的全域5A 的新型休闲度假目的地。

（二）主题打造、大区小镇，以定安县百里百村和保亭布隆赛乡村文化旅游区为代表的区域联动型

"百里百村"在母瑞山脚下，是革命老区。位于定安县南部，北起龙门镇，南至母瑞山革命纪念园，途经龙门、岭口、翰林、龙河和中瑞农场"四镇一场"，既有令人陶醉的天赐风光，又有底蕴深厚的乡土文化。但长期以来，母瑞山革命老区基础设施薄弱、经济发展滞后、群众出行难、饮水难、社会治安乱等问题较为突出，甚至出现"民间有女不嫁母瑞山区"的尴尬局面。

为彻底改变老区人民生产生活环境，2007 年起，定安县委县政府先后委托海南省旅游发展研究会组织专家编制《海南母瑞山红色旅游发展规划》《定安县百里百村休闲农业与乡村旅游发展规划》，提出"绿岛红区，古色古乡"文化主题，政府大力整合交通、民政、发改、扶贫、农业等涉农资金集中建设，共整合涉农资金 1 亿多元，加上农民自筹资金、投工投劳，总计投入近 2 亿元，在母瑞山革命老区的"百里百村"区域开展休闲农业与乡村旅游及新农村建设连片创建活动。"百里百村"创建以来，彻底解决了当地群众行路难、吃水难、发展难的问题，受益群众 9 万多人。同时，定安县通过开展端午美食文化节、母瑞山革命老区"百里百村"欢乐健康游等一批休闲

体验、民俗文化、健康美食的乡村休闲旅游产品，吸引了越来越多的游客。截至 2020 年，整个片区群众生活水平明显提高，生态环境进一步改善，文明意识进一步提升，呈现出和谐的乡村美景。

2009 年的什进村，只是保亭县一个不起眼的贫困村。全村有 48 户 200 多人。而这 200 多人一年的平均收入只有 2000 多元，远低于保亭县人均收入。村民住的是低矮破旧的茅草屋，生产生活条件极差，饮食卫生得不到保障，只能用石头在地上简单地立起一个三角灶来做饭，基础设施落后，村里没有其他的娱乐设施，小孩只能在土地上玩耍。产业结构单一，靠传统的种植和养殖，没有其他的收入来源，容易受到灾害的影响。2010 年，保亭县委县政府以"大区（海南呀诺达雨林文化旅游区）+ 小镇（三道镇）+ 旅游村（什进村）度假群落"的创新模式，制定了建设新型旅游村发展规划。

4 月，北京春光集团来到什进村成立了海南三道湾大区小镇旅业有限公司，以农民致富为前提，打造生态农村、旅游农业、文化农民的社会主义"新三农"，以全新的大区小镇新村模式，探索旅游开发带动解决"三农"问题，致力于做好扶贫开发。经过数年的努力，现在的什进村摇身一变成了功能多样、配套设施齐全的布隆赛乡村文化旅游区。

（三）生态支撑，以琼中县为代表的整村推进型

生态支撑，以琼中县什寒村为代表的整村推进型模式。具体做法是：采取"政府 + 公司 + 专业合作社 + 农户"多方参与、全村跟进的开发方式，结合"富美乡村"建设，实现什寒村"产业转型 + 生态保护 + 文化传承 + 环境整治 + 休闲旅游 + 特色农业"的整体提升，打造目的地型民族风情旅游村。琼中县旅游委下属的琼中县旅游总公司负责跟踪指导什寒村旅游扶贫开发、经营管理和商业运作以及搭建资本运作平台，该公司利用什寒村空闲农舍和学校旧址，将其改造成标准化驿站、客栈、民宿、露营地、茶吧，并携手什寒农民合作社对其统一运作管理。员工均从本村聘用，实现了村民就地就业，经营收入 60% 归农户、35% 归投资公司、5% 归村集体，实现多方互利共赢。琼中县奔格内乡村旅游公司开发推出"什寒野生蜂蜜"系列农特产品并实现网上微店线上线下统一定价销售，并将 20% 的销售提成和销量奖励返还村民。

（四）旅游就业，以海南槟榔谷黎苗文化旅游区为代表的景区带动型

槟榔谷旅游区毗邻的两个原始黎族村落为甘什上村和甘什下村。甘什上、下村地处山区，村民多数为黎族同胞。2005 年两个村有 56 户 316 人，人均年收入 700—800 元，只能满足基本生活。这两个村因地理位置偏僻，村民出行极为不便。槟榔谷旅游区在帮扶周边村民的过程中，从"输血式帮扶"升级为"造血式引领"。一是鼓励村民发挥本土优势，大量种植花卉、草药、槟榔、芒果等农作物，企业优先采购花卉用于景区绿化建设，并在景区为村民免费提供店铺进行农产品销售。二是在开发建设方面，旅游区向村民购买村里的茅草、木材等原材料用于工程建设，并根据农户以往的劳工经验，将一些基础工程承包给他们施工，为农民创收提供条件。建设期间甘什上、下村长期从事工程建设人员约 50 人，年均收入约 7 万元。三是在与农民合作用地的过程中，旅游区统一建造小商铺并无偿分配给这些农户自主经营，保证农户的再就业，提高农户主动创业的积极性。如农户实在没有能力或者不愿自主经营，景区代为出租，租费按 1500 元 / 月全部归农户所有，在景区进行商业经营的农户每个商铺月均收入约 5000 元，景区代农户出租年均收入约 1.8 万元。到 2015 年 9 月，旅游区累计出资 300 万元，为甘什上、下村农户共建造小商铺 80 个。四是旅游区在劳动用工方面优先考虑和安置当地村民，并针对性地为甘什上、下村村民量身定制"半天务农＋半天务工"的弹性工作模式，帮助实现村民家门口乐业和务农两不误。目前，景区已安排 2 个村共 38 人到景区就业，其中 37 人为在职员工，年均收入为 31871 元；1 人为半日制职工，其年均收入为 18000 元。在旅游旺季（10 月至次年 3 月）提供 100 个景区就业岗位给本地村民，并确保他们的月收入达到 2800 元以上。同时鼓励未能到景区就业的村民自由选择务工与务农时间，满足村民个性化要求，充分实现景区与农村"就业不离家、失地不失业、收入有保障"的良好合作愿景。

（五）农旅结合，以五指山市雨林茶乡为代表的品牌打造型

五指山市雨林茶乡位于五指山市阿陀岭森林公园旁的红山地区什会村。雨林茶乡项目由五指山妙自然茶业有限公司牵头开发，采取以"公司＋科研机构＋合作社＋农户"多方参与的开发和运营模式，创造特色茶和茶文化品牌，通过农旅融合发展，打造茶叶种植生产、茶乡文化体验、乡村休闲度假、雨林山地养生四大功能于一体的精准化旅游扶贫示范区，实现经济、社会、文化、环境和生态多种效益的统一。近几年来，五指山妙自然茶业公司以"雨林紫鹃"为品牌，研发了紫月茶、紫红茶、紫日茶、紫晒茶、紫炒青等系列紫茶，丰富了海南的茶叶品种，得到了茶叶专家的高度肯定。什会村47户贫困户通过"公司＋农户＋基地"的模式尝到了农旅结合扶贫的甜头。以种植户王某霞、符某娟为例，以前其家人均年收入仅有1200元，2014年、2015年通过茶叶种植、土地出让、农副产品出售、劳务输出等方式，每户年收入至少增加5000元，2016年仅种茶收入每户超过6000元。

三、多方位保障

坚决打赢脱贫攻坚这场硬仗，有力的组织保障是坚强后盾。为全力推进旅游扶贫工作，海南省高位谋划，建立了多方位的旅游扶贫开发保障体系。

（一）加强组织领导

海南省成立海南省旅游扶贫开发领导小组，由省旅游委主任任领导小组组长，并设立海南省旅游扶贫咨询中心，成立海南省旅游扶贫联盟，创新推进"旅游规划和策划扶贫"，统筹协调推进旅游扶贫。省旅游委还对各处室、各直属单位落实旅游扶贫工作进行了明确分工，形成了"主要领导统筹、班子成员具体抓、全体干部总动员"的工作格局，强化旅游扶贫开发责任制，确保全省旅游精准扶贫工作有人管、及时管、管到位。

（二）完善顶层设计

按照全省脱贫攻坚总体部署，从 2016 年起省旅游委组织海南各旅游院校和旅游规划设计单位的专家成立专班，组织编制了《海南省旅游扶贫三年行动实施方案》和《海南省"十三五"旅游扶贫规划纲要》，全面指导开展旅游扶贫工作。根据方案，海南省到 2018 年年底通过重点扶持 45 个旅游扶贫重点村和其他特色村镇发展旅游业，带动 10 万以上贫困人口增收脱贫。

（三）加大政策扶持

为了更好地发挥乡村旅游促进农民增收的带动作用，2017 年海南省对《海南省乡村旅游点等级的划分与评定》进行了重新修订，简化评定标准，对成功创建的一级乡村旅游点，纳入海南旅游电子行程单、全省旅游宣传促销平台、省内外培训交流及旅游产业资金和美丽乡村建设资金扶持对象，加大对乡村旅游点的扶持和培育。同时，各市县加快制定相关配套政策，共同扶持海南省乡村旅游发展，带动农民增收。陵水县先后制定了《陵水黎族自治县入境旅游奖励补贴办法》和《陵水黎族自治县乡村旅游客源开发资金奖励办法（试行）》，进一步推动入境游和乡村旅游点客源市场的开发，以产业发展带动当地居民增收致富；三亚市编制了《三亚市全域旅游（乡村）项目建议书》，进一步梳理了乡村旅游资源特色，通过推进全域旅游建设带动脱贫工作。

（四）凝聚行业力量

为充分发挥海南省旅游行业在扶贫攻坚中的作用，有效推进旅游扶贫工作的开展，海南省制定了《海南省旅游企业帮扶脱贫工程专项活动实施方案》，并组织动员全省大型旅游企业、星级酒店、景区景点、旅游院校等单位与全省旅游扶贫重点村开展结对帮扶，号召全行业通过帮助宣传推介、客源组织、招商引资、送教上门、劳务用工、农副土特产品供应等多种方式，帮助贫困人口脱贫。截至 2018 年 11 月初，全省共开展各类乡村旅游培训班

44 场次，培训乡村从业人员 2400 多人次；2018 年前三季度通过旅游扶贫直接带动贫困户 1427 户 5176 人。

（五）创新帮扶方式

在对全省乡村旅游扶贫重点村旅游资源摸底调查的基础上，海南省指导各市县进行分类施策，切实提高旅游脱贫工作成效。对拥有丰富旅游资源的旅游扶贫重点村，努力打造成独具特色的乡村旅游点，2018 年 48 个贫困村建成乡村旅游点并开展乡村旅游经营，2017 年累计接待游客共计 146.3 万人次；对旅游资源一般，但可以提供旅游周边服务的旅游扶贫重点村，海南省指导帮扶建立旅游下游产品供给平台，通过为周边旅游企业提供土特产品、商品、配套服务等增加收益脱贫致富，2018 年全省乡村旅游重点村中已建成电商服务站 58 个、农副土特产品商店 167 个；对既没有旅游资源又不能提供旅游周边服务的旅游扶贫重点村，引导贫困户到旅游企业就业实现脱贫，2018 年以来全省旅游企业共提供面向贫困户就业岗位 2000 余个，间接带动 3047 户 11896 人脱贫。

（六）强化智力支持

在省委省政府指导下，省旅游委组织旅游专家和相关专业人士，组成旅游扶贫的智力支持机构，指导和帮助旅游扶贫村制订旅游脱贫致富计划，帮助旅游扶贫村进行旅游项目策划，并在开发和实施中加以推进。发挥院校和社会培训机构的作用，开展多层次、多门类的旅游扶贫培训，通过集中授课、交流互动、现场观摩、实地考察等方式，对全省贫困地区乡镇干部、乡村旅游景区（点）、休闲农场、农家乐、乡村酒店、金牌农家乐管理人员进行培训，内容涉及乡村旅游的推广与营销和乡村旅游服务管理，2018 年全省举办各类旅游扶贫培训 42 场，共培训 2179 人。海南省每年举办一期海南乡村旅游与旅游扶贫论坛，通过邀请省内外多名旅游专家、企业家、投资人等，紧紧围绕"全域旅游助力精准扶贫""全域旅游与精准扶贫的机遇与挑战"主题进行深入研讨，为海南省旅游扶贫工作献言献策，共有乡村旅游扶贫干部、帮扶企业 300 多人参加。抓紧研究建立旅游促进农民增收机制，省旅游委委托专家组撰写了《全域旅游带动农民增收的可持续发展机制研究》，为下一步海南省建立健全发展乡村旅游促进农民增收的体制机制打下基础。

（七）搭建网络平台

近年来，海南省在发展全域旅游过程中，借助"互联网＋旅游"等多种形式，通过线上线下措施搭建起帮扶贫困农户增收的平台。充分利用海南省网络宣传资源加强对旅游扶贫的宣传推广，通过腾讯、途牛网、南海网等合作平台，多角度、多维度展示海南乡村旅游；加强海南省旅游门户网站"阳光海南网"旅游扶贫板块建设，通过板块宣传海南省旅游扶贫重点村旅游资源和农副土特产品，同时在"海南易游"手机端APP及"阳光海南网"微信公众号中嵌入乡村旅游扶贫板块，加强对贫困村旅游资源和产品的线上推广；支持一网一店、"爱哪哪旅行网"等旅游电商网络平台积极参与旅游扶贫工作，吸引游客到旅游扶贫重点村旅游，节庆期间各市县共吸引游客40余万人次；进一步推动"海南礼物"旅游商品平台建设，在线销售贫困村产品，2018年已成功开设11家实体店铺和海南礼物淘宝商城等线上商铺，入驻"海南礼物"平台的旅游商品2000余款，一批旅游扶贫商品已陆续上架销售，"海南礼物"线下实体店累计接待进店游客700万人次。

11

"三变"+文化产业 打造乡村旅游示范点

——贵州省六枝特区落别乡牛角村乡村旅游扶贫之路

　　落别乡牛角村地处贵烟路与六六高速公路落别收费站交界处，交通便捷，地理位置优越，既是一个传统的布依民族村寨，也是六枝特区实施"三变"改革的一个缩影。全村总面积 7.8 平方千米，耕地 255.33 公顷，总人口 688 户 3226 人，其中贫困人口 115 户 505 人。近年来，牛角村紧紧依托落别轻工业园、黄果树瀑布源国家级森林公园、大用农业产业园区、浪哨文化创客园和布依民族风情，着力打造"三变"+ 文化产业、"三变"+ 特色产业、"三变"+ 旅游产业、"三变"+ 品牌产业等。全村 688 户农民全部变成股东，农民获得底金分红、薪金分红、收益分红，人均增收达 5300 元以上。

一、主要做法

　　一是以发展"落别樱桃"为引领，让"三变"有"特色"。以国家地理标识产品"落别樱桃"为引领，大力发展凉都红樱桃产业，全村 688 户 3226 人（其中贫困户 115 户 505 人）将 80 公顷土地经营权入股到天宝公司种植凉都红樱桃（车厘子），入股农户占股 16%、公司占股 84%。车厘子未获得收益之前，公司给农户每年每公顷 12000 元底金分红，鼓励农户通过林下套种矮秆作物、中药材等以短养长，同时优先聘用土地入股农户到基地务工，每人每天按工作量领取 70—100 元的薪酬，土地入股农户通过务工月均可增收 1500 元以上。

　　二是以发展"浪哨文化"为核心，让"三变"有"文化"。充分挖掘布依族独特的传统文化，利用布依文化广场、布依民俗博物馆、布依文化体验区等资源，通过引进六枝特区大观文化产业发展有限责任公司作为承接载体，村集体利用财政资金入股，引导群众以自有资金、祖传技艺等入股，发

－256－

展民族文化产业。在浪哨创客文化园的带动下，牛角村文化产业园已入驻有竹编、蜡染、刺绣、木刻、剪纸、民族工艺产品设计、彩绘、陶艺、摄影、民族乐器制作10家文化产业。大观文化产业发展公司投入资金390万元，通过完善设备设施打造浪哨创客文化园，村集体出资50万元入股公司，负责组织相关演艺队伍进行演出，演艺队伍以艺术技艺入股公司，公司和村集体按照86：14股比进行利润分红（其中村集体的14%分为三块：村级积累占10%，演艺队伍占1.36%，村公益基金占2.64%），公司每年固定从总利润中提取5%作为再投资备用金，剩余利润双方按股比进行分红。另外，牛角村引导群众以技能、祖传技艺等入股到六枝特区合怡兴民族手工艺品农民专业合作社发展刺绣、蜡染产业或表演民族舞蹈，主要是22名农户以技能入股合作社发展刺绣、蜡染产业，合作社向农户发放采购订单，明确具体的物料名称、规格型号、颜色、数量、单价及交货时间等相关事项，农户占股20%，合作社占股80%，双方根据合作社经营效益实行股比分红；10名农户以民族舞蹈表演入股，农户占股20%，合作社占股80%，合作社按表演场次给入股农户分红。此外，合作社还鼓励群众学习剪纸、彩绘、陶艺、姊妹箫制作、吹奏、油团制作等技能，学会后以技艺入股参与文化产业发展。

二、取得的成效

一是助推乡村旅游业发展。充分发挥"落别樱桃"的品牌效应，将赏樱桃花、摘樱桃果与布依村寨旅游融为一体，以"凉都红樱桃布依文化旅游节"为中心，以山地自行车越野赛、布依长桌宴、农特产品展、摄影绘画采风等系列活动为主线，借力布依文化的民族魅力，依托水塘寨湿地公园、螃蟹峡旅游度假休闲系列项目，延长产业链，促进乡村旅游业融合发展。通过六枝特区大观文化产业发展有限责任公司组织文化演出活动，提高入股农户和企业收益。2017年樱桃节期间，吸引游客12余万人，旅游收入达5500余万元。

二是促进群众脱贫致富。依托每年举办的"凉都红樱桃布依文化旅游节"、"布依六月六"、春节系列民俗活动等活动，不断拓展"三变"＋景区景点、"三变"＋饮食、"三变"＋住宿、"三变"＋停车场等新模式，创新活动载体和内容，有效提高群众收入。2017年，牛角村农户人均增收达5300

元以上，村集体经济累计达 78 万余元。

三是有效挖掘继承民族文化。布依民族传统文化的内容博大精深，包含着丰富的历史智慧和时代精神。大观文化公司对布依民族传统文化进行了深入挖掘和保护，并为牛角村 10 余名布依农户提供民族舞蹈表演的机会，合作社还鼓励社员学习剪纸、彩绘、陶艺、姊妹箫制作、吹奏、油团制作等技能，学会后又以技艺入股参与文化产业发展，从而让布依文化在发展中传承，在传承中提升。

三、几点重要启示

一是乡村旅游脱贫须"三变"改革强动力。要用好用活上级有关政策，同时有针对性地制定相关政策，推进农村产权制度、农村经营体制等改革，充分发挥地方特色文化、民族风情，盘活茶园、山林、土地、房屋等沉睡资源，优化农村产业结构。同时，积极创新经营管理模式，建立合作社与农民的利益共同体，从而实现农村资源"活"起来、农村要素"动"起来、老百姓"富"起来。

二是乡村旅游脱贫须文化产业配套增活力。做强旅游业配套服务，是乡村旅游脱贫的重要要求。要以旅游点为中心，围绕"吃、住、行、娱、购、游"等要素增加供给，精心布局配套服务设施，加快建设和完善交通、通信等配套基础设施，夯实乡村旅游发展基础。

三是农户增收致富须公司引领保障出效率。牛角文化产业园高度重视民族文化产业工作，依托公司带动农户民族文化产业发展，使家庭式的民族文化产业走向市场，让农户增收致富的利益得到保障。目前，在浪哨创客文化园的带动下，牛角村文化产业园已入驻竹编、蜡染、刺绣、木刻、剪纸、民族工艺产品设计、彩绘、陶艺、摄影、民族乐器制作等文化产业，现已成为发扬传承民族文化和带动农民增收的重要窗口。

12

产业扶贫利益联结机制
走出致富增收新路子

——云南省马关县产业扶贫攻坚经验探觅

2016 年 4 月，习近平总书记在安徽考察时指出："要脱贫也要致富，产业扶贫至关重要，产业要适应发展需要，因地制宜、创新完善。"同年 7 月，习近平总书记在宁夏考察时强调，发展产业是实现脱贫的根本之策，把培育产业作为推动脱贫攻坚的根本出路。为切实做好产业扶贫这一根本脱贫大计，马关县紧紧围绕贫困群众持续稳定增收这条主线，按照"因地制宜、突出特色、典型带动、整村推进"的总体思路，通过"政策撬动、科技带动、龙头拉动、园区舞动"等举措，以政策激发活力，以企业带动产业，以产业助推企业，积极建立新型经营主体与建档立卡贫困户利益联结机制，规划建设高原特色现代农业产业化园区，筑巢引凤，增强发展后劲，为有效实现农民脱贫致富、稳定增收提供了有益探索。

一、背景情况

文山州马关县是全国扶贫开发重点县、是云南省 27 个深度贫困县之一。受历史、环境等条件的影响，云南省文山州马关县产业发展基础差、底子薄，企业规模小、品牌影响力弱、市场竞争力不强等问题较为突出。近年来，马关县认真贯彻落实中央、省委、州委关于脱贫攻坚工作系列决策部署，把产业扶贫作为脱贫攻坚根本之策，因地制宜、因势利导，引导广大干部群众大力弘扬"等不是办法，干才有希望"的"西畴精神"，坚持自己的产业自己创，走出了一条发展高原特色农业，促进群众增收致富的新路子。

二、主要做法

（一）政策撬动，补齐短板

马关县把政策靶向瞄准建档立卡贫困户，出台了《马关县建档立卡贫困户产业扶持项目管理办法（试行）》，对发展传统特色产业给予2000元/户的扶持补助，鼓励贫困群众积极发展传统产业增收致富。在发展好传统产业的基础上，马关县又出台了《马关县巴西菇产业扶贫办法（试行）》《马关县贵龙5号刺梨及新贵1号李子产业发展专项扶持办法(试行)》等扶持政策，鼓励和引导贫困群众因地制宜发展巴西菇、刺梨、李子等特色产业。同时，还出台了《马关县鼓励支持各类市场经营主体参与脱贫攻坚工作实施办法》，鼓励和支持新型经营主体参与帮助贫困群众发展产业。2018—2020年三年行动项目库产业扶贫总项目508个，规划资金6.37亿元。2019年，全县整合财政涉农资金7.31亿元，其中投入产业扶贫资金2.31亿元，占年度整合资金的31.56%，实施特色产业发展、乡村旅游、扶贫小额信贷、扶贫车间、村集体经济及产业基础设施等项目99个。这些政策的实施，不仅解决了建档立卡贫困户发展资金短缺的难题，也激发了社会力量参与扶贫的热情。

（二）统筹联动，提升效益

马关县在积极培育发展新兴产业和巩固提升传统特色种养业的同时，还注重提升发展其他产业的质量和效益，做到了有的放矢、同抓共管，确保贫困群众多一份收入。认真贯彻落实生态扶贫政策，大力发展林业经济，2018年实现林业总产值9.6亿元，兑现47026.67公顷生态公益林管护资金，惠及农户3.8万余户16万余人，户均增加收入1800元，聘请建档立卡贫困户1963人担任生态公益护林员，在强化森林管护的同时，增加了贫困户收益；积极兑现森林生态效益补偿金1160万元、退耕还林补贴640万元；探索发展电子商务业，加快实施电子商务进农村工程，整合利用农村现有乡镇商贸中心、配送中心等流通网络资源，建立乡（镇）、村级电子商务物流配送站。目前全县有物流企业和经营户25家，冷链物流中心项目开工建设，仓储面积 3.5 万平方米，从业人员 800 余人；壮大乡村旅游业，深入发掘壮、苗、傣等民族民俗资源，认真开展民族特色旅游村建设，建成马洒、老懂寨等 6 个民族特色旅游村。培育旅游扶贫示范村 3 个，扶持旅游扶贫示范户 9 户，积极打造农家乐、民族观光农业、民族民俗等旅游产品。2019 年以来接待游客达 24.8 万人次，实现旅游收入 2700 万元，带动贫困户 300 余户 1000 余人。

（三）龙头拉动，促进增收

针对过去企业规模小、品牌影响弱、市场竞争力不强的实际，马关县大力培育以龙头企业、专业合作社、家庭农场、种养殖大户为主的新型农业经营主体。通过政策引导、服务推动、产业带动，全县农业产业化经营主体快速发展。例如，引进马关县蜀丰食品有限公司，大力发展生猪、土鸡、包心菜、南瓜等传统绿色产业，采取"公司＋合作社＋基地＋农户""公司＋合作社＋家庭农场""公司＋档卡户"3 种运营模式，发展建档立卡贫困社员 400 多户，辐射带动 600 余户；引进文山贵翔农业科技有限公司，通过与农户签订订单，大力发展"贵龙 5 号"刺梨、"新贵 1 号"优质李子种植，共种植刺梨 3066.67 公顷，李子 1933.33 公顷，带动农户 15581 户，其中建档立卡贫困户 6678 户，惠及贫困群众 7.24 万人。同时，积极培育本土新型主体，如马关鑫浩粮贸有限公司发展优质水稻种植基地 1333.33 公顷，文山天用食品有限公司发展榨菜生产蔬菜基地 93.33 公顷，带动农户 3550 户。其中，建档立卡贫困户 420 户，吸纳就业 180 人，其中建档立卡贫困户 88 人。截至 2019 年第三季度，全县参与带贫的企业、合作社等新型经营主体共 147 个（企业 22 个、合作社 124 个、家庭农场 1 个），与 21398 户贫困户建立了利益联结机制，预计实现产值 1.6 亿元。

（四）园区舞动，增强后劲

按照"节约土地、聚集发展、工业倍增、经济跨越"的总目标，在马关边境贸易加工园区的核心地段，规划 2.86 平方千米建设马关南山高原特色现代农业产业化园区，园区范围内主要布局新型轻工及农特产品加工区、现代物流和居住配套服务区三大功能区。项目于 2017 年 4 月开工建设，预计总投资 20 亿元，力争通过五年的建设发展，把南山高原特色现代农业产业化园区打造成为全州乃至全省农业产业化聚集发展示范区、高原特色农业加工转型升级示范区、中越边境特色农产品集散区及沿边经济带"产城融合"发展示范区。项目建成后，可容纳 80 家企业入驻，预计可带动流动就业 5000 人以上，每年可创造园区产值 200 亿元，预计可实现工业增加值 80 亿元。同时，马关县采取边筑巢、边引凤的方式，出台了《南山高原特色农业产业化园区招商引资优惠政策（试行）》办法，在用地、税收、资金等方面给予优惠，吸引更多的客商关注马关、投资马关，助力脱贫攻坚。2019 年年底，天用食品、鑫浩粮贸、文山贵翔农业科技有限公司 3 家企业已顺利进驻并投产运营。

三、经验和启示

（一）产业扶贫是脱贫攻坚的根本出路

要打好脱贫攻坚战，产业扶贫是"重头戏"，也是持续增收的有效途径。马关县对贫困人口"对症下药""按需点菜"，紧紧围绕资源优势和技术优势，创新产业扶贫模式，切实实现由"输血"到"造血"的转变，进一步增强了群众脱贫致富的信心。

（二）政府投入是产业扶贫的有力保障

马关县始终坚持政府投入在扶贫开发中的主体和主导作用，发挥扶持资金的引导作用，通过出台多项产业扶贫办法，吸引社会资金参与扶贫开发，不仅解决了建档立卡贫困户发展资金短缺的难题，也激发了社会力量参与扶贫的热情，助推马关产业遍地开花。

（三）企业带动是产业扶贫的助推器

加大产业带动扶贫工作，关键是要激发企业到贫困地区投资的积极性，让企业愿意来、留得住。马关县大力培育以龙头企业、专业合作社、家庭农场、种养殖大户为主的新型农业经营主体，通过推行"龙头企业＋合作社＋基地＋贫困户"等合作经营模式，以企业带动产业，产业拉动就业，让贫困群众家门口打工就近就业，实现了"一人就业，全家脱贫"。

（四）新型产业是产业发展的源头活水

加大资金投入，积极规划建设南山高原特色现代农业产业化园区，不断探索建设新型轻工及农特产品加工区、现代物流和居住配套服务区三大功能区，积极引进、培育发展新型产业，引来产业发展活水，增强产业发展后劲。

13

创新铺开增收路　实干摘取丰收果

——西藏自治区改则县抢古村"六统一"牧区改革的实践经验

2015 年，物玛乡抢古村作为牧区改革试点；2017 年，率先实现了整村脱贫。该村基层党支部书记被国家授予"改革先锋""全国诚实守信模范"和"最美奋斗者"等荣誉称号。抢古村缘何发生如此大的变化？该村脱贫解困的突破口在哪里？为此，调研组基于调研材料、干部访谈、入户调查和案例分析，简要梳理了抢古村积极探索高海拔、深度贫困地区农村改革的成功路径，探讨了因地制宜以集体经济统一经营为主要特征的"六统一"牧区改革新模式，为推进新时代高海拔地区探索牧业现代化精准施策提供政策依据和决策支持。

一、改则县抢古村牧区发展的地理特点

（一）发展基础的薄弱性

改则县位于西藏阿里地区东部，全县面积为 13.56 万平方千米，是阿里地区国土面积最大的纯牧业县。全县平均海拔 4700 米，氧气稀薄，气候干燥、寒冷，是全区 44 个深度贫困县之一，48 个贫困村（居）中有 46 个深度贫困村（居）。2015 年年底，全县共有建档立卡贫困户 1940 户 7896 人，贫困发生率为 35.62%，是西藏乃至全国生产生活和工作条件最为艰苦的地区之一。

抢古村位于改则县西部物玛乡，平均海拔 4500 米，距改则县城 50 千米，下辖 4 个村民小组。2019 年农牧民人口 71 户 288 人，主导产业为牧业。2015 年年底精准识别建档立卡贫困户 21 户 80 人，贫困发生率 19.59%，经

2019 年第五次动态调整后建档立卡贫困户为 13 户 49 人。

（二）探索前行的挑战性

1984 年"撤社建乡"，农业生产承包责任制的推行，曾为高原牧业的发展带来了勃勃生机。但在"草场划分归户使用和管理，牲畜私有私养自主经营"的思想指导下，包括抢古村在内的改则县牧户以家庭为单位，极度分散地从事着牧业生产活动。政府的牧业科技推广、企业的畜产品加工等工作也由于面对的是相隔千里、经营相当分散的以家庭为单位的生产方式，而难以有效开展工作，而牧户家庭又由于受自身人力、物力、财力、智力等因素的制约，很难在牧业现代化领域有所作为。

（三）深化改革的必要性

从目前情况看，深化牧区改革是进一步完善高原牧业承包责任制，既是解决改则"三牧"（牧区、牧业、牧民）问题的客观要求，也是促使高原牧区可持续发展的必然选择。改则县按照"定位—规划—引导"的思想路线，坚持"引领—示范—推动"来加强党的领导，在具体工作中，县委、县政府紧密结合深度贫困县的具体实际，把全心全意为人民服务作为"党建＋扶贫"的契合点，创造性地提出"12580"（围绕 1 个目标，突出 2 个着力点，落实 5 个知道，实施 8 大行动，确保问题 0 发生）的工作机制，为包括抢古村在内的全县 49 个村居的牧区改革为主的脱贫攻坚工作的深入开展打开了新局面。

二、改则县抢古村牧区改革的探索实践

（一）抢古村"六统一"模式的主要内容

以集体经济为主要特征的牧区改革可持续发展模式，是在改则县人地资源矛盾突出、传统独立放牧生产效率低下、牧民市场化意识及能力薄弱和增收难度大等现实背景中进行的。2015 年物玛乡抢古村作为牧区改革试点，整合全村各类零散牧业合作组织，组建了"抢古村牧民集体经济合作社"。

抢古村牧民集体经济合作社以群众自愿为主，鼓励引导群众以牲畜入股、劳动力入股、联户放牧、草场流转的方式参与合作社运营。合作社按照"劳动力统一安排、草场统一管理、畜产品统一购销、经营收入统一分配、无劳动力和孤寡老人统一供养、在校生统一记分"（以下简称"六统一"）。

2018年，合作社入社成员68户274人，其中，参与分红231人（3户17人易地搬迁，8人在地区就业，18人自主创业）；共创收556.76万元（其中牦牛养殖基地、象雄半细毛绵羊等牧业收入272.44万元，施工队收入246.6万元，集体茶馆、商店等收入37.72万元）。经营范围有1个施工队、1个洗沙场、1个牦牛养殖基地、3个集体茶馆、2个集体商店、1个农机修理厂、1个象雄半细毛绵羊示范推广基地。

（二）抢古村"六统一"模式的运作机制

1. 积极探索以集体经营为抓手的工作推进机制

2015年，物玛乡抢古村列为牧区改革试点，试点工作以规范合作社发展、提高合作社效益、降低牧民生产成本、帮助群众增收致富为切入点，组建了"抢古村牧民集体经济合作社"，并吸收了全村71户256人为合作社成员。建立健全了《合作社管理办法》《合作社参股社员工分制、计分标准》《合作社社员入社申请登记》等规章制度，明确了组织形式、社员义务、权利等，进一步规范内部运营管理机制，加强专合社管理人才培养，提升组织化管理水平，确保专业合作社发挥作用。

2. 积极探索以模式创新为重点的产业发展机制

合作社以群众自愿为主，采取政府引导、村"两委"班子讨论、召开村民大会通过的方式，鼓励引导群众参与合作社运营。合作社按照"六个统一"运作模式开展工作，促使传统粗放的牧业生产方式向科学集约化、规模化转变。同时，为便于管理和沟通，村"两委"班子根据集体经济合作社经营范围，设立多个党小组，充分发挥党员的先锋模范作用，实现党员与群众同劳动，共同收获劳动的喜悦和丰硕成果，进一步密切党群和干群关系。

3. 积极探索以利益联结为核心的增收带动机制

合作社以牧业产业化为基础，发展多主体的经营模式，搭建人人参与改革，共享改革成果的平台实现牧业增效、牧民增收。本着"以社员服务为宗旨、以激发劳动热情为根本、以提高效益为目标"的原则，对年终总收入进行分配，即收入82%分红给社员，4%用于扶持无劳力和孤残老人，6%作为合作社管理人员的基本报酬，其余8%留作合作社的风险资金和周转资金。同时，村委会严格落实村务公开制度，对集体经济所有账目进行公示，大大提高了村民对"两委"班子的信任度，为推进改革工作打下了坚实基础。

4.积极探索以分户施策为手段的入股合作机制

合作社通过召开社员大会，在充分征求广大群众的意见和建议后，确定抢古村牲畜入股人均14只（绵羊单位），其中个人股份占40%，村集体股份占60%。同时，充分利用了无畜户、个体户、搬迁户的闲置草场，避免了资源浪费、草场失管、失护现象。按照依法、自愿、有偿原则，积极推行草场流转，抢古村草场流转每公顷按22.5元计算，全村共流转草场2133.33公顷，并签订了草场租赁合同。

5.积极探索以增强内生动力为源泉的良性激励机制

提倡多劳多得的理念，合作社实行"劳动力统一安排"和劳动计工分机制，按不同工种设定计分标准：放羊者计16分、放牛者计9分、母羊挤奶计6分、母牛挤奶计6分、施工队工作17分、屠宰一只绵山羊2分、屠宰一头牛10分；每位在校生统一计100分，对未上学或无故不上学的适龄儿童既不参与分红，又不安排参加一切劳动。这不但有效激发了群众参与集体创收的内生动力，而且在发展教育、提高村民素质方面起到了积极作用。

6.积极探索以整合资金为主的多元投入机制

创新涉农项目资金使用方式。一是坚持以规划统筹地点，以地点统筹项目，以项目统筹资金的原则，建立了从规划编制、项目申报到资金使用的全程整合机制，改革试验区确立以来，整合农牧、水利、扶贫等涉农项目资金整合328余万元，用于标准化牛圈、羊圈、人工种草等牧业基础设施项目建设。二是完善牧区金融服务，由县政府与金融部门沟通协调，以地方财政出资担保，提高合作社贷款额度。截至2020年，抢古村集体经济合作社成功贷款210万元。三是充分发挥民间资本的作用，抢古村集体经济合作社整合草原生态保护补助资金30万元，新建了洗沙场，2018年洗沙场创收40万元。

（三）抢古村"六统一"模式的初步成效

1. 村居党建得到夯实

抢古村由党组织牵头，培养党员致富帮扶先锋，带动贫困户干事创业、脱贫致富成效显著。先锋模范作用明显加强，基层党组织领导干部权威进一步树立，提升了基层党组织领导治理能力，夯实了基层党组织的战斗堡垒作用。抢古村基层党支部书记在 2018 年被国家授予"改革先锋"荣誉称号，还荣获了"全国诚实守信模范"和"最美奋斗者"荣誉称号。

2. 经济收入明显提高

通过改革工作不断推进，2017 年抢古村率先整村脱贫。2018 年，抢古村入社牧民人均纯可支配收入 15547 元（不含任何政策性补贴），比 2016 年、2017 年分别增长了 18.7% 和 5.7%，良好的收益带动了牧民群众的积极性和主动性。2019 年，抢古村经过四年的脱贫攻坚工作，实现脱贫 13 户 49 人，贫困发生率降到 0。

3. 经营规模不断扩大

在抢古村"六统一"模式的示范引领下，改则县实现了所有村（居）牧区改革全覆盖。截至 2020 年 3 月，改则县确立涉及家庭牧场、专业合作社、帮扶牧场、联户放牧等领域的改革试验点 49 个，实现全县 6 乡 1 镇 49 个村（居）全覆盖，实现草场流转 20.40 万公顷，完成牲畜流转 15131 只（绵羊单位），参与总人数达 14889 人，带动贫困群众 926 户 3600 人，占建档立卡贫困户的 46.8%。

4. 专业经营不断增强

随着牧区改革不断推进，养殖基地有牦牛 314 头；象雄半细毛绵羊新品种示范推广项目实行后，象雄半细毛绵羊数量由 2016 年的 200 只增至 2020 年的 1362 只；村集体商店由 2016 年 40 万元周转资金扩大到 70 万元；人工种草面积达到 46.67 公顷。

5. 富余劳动力得到解放

2018 年，抢古村 78 个劳动力从单纯的牧业生产中解脱出来，就近就便从事建筑工程领域和服务业等行业工作，实现了单一收入向多元化收入的突破，转移劳动力创收达 127.79 万元。

6．传统观念发生变革

实施按劳分配的原则，进一步激发了广大牧民群众的劳动热情，增强了创收意识，从根本上改变了"等、靠、要"的思想，实现了平等、互惠、互利的和谐局面。按照"收入82%进行分红"的要求，2018年，入股社员通过劳动所得，户均分红36823.2元，最高分红97892元，最低分红19275.5元。

7．集体保障机制显露雏形

按照"六个统一"的运营模式，实行孤寡老人统一供养、在校生统一计分措施，2018年，为全村的21名孤寡老人每人分红6088元，为66名在校学生每人分红1600元，切实做到了"老有所养，幼有所教"。

8．草场流转实现"双赢"

通过草场流转，明确草场使用、维护、建设责任，保证闲置草场得到有效利用，大大提高了牧业产能，增加了被流转户的现金收入。目前，全村草场流转金额达到47935元，平均每户每年能获得3195.67元，最高可得流转金8291.31元，最低可得1114.98元。

三、改则县抢古村牧区改革的经验启示

（一）党的领导是推动改革的根本保证

这一探索创新的可持续发展模式以党组织的坚强领导为保障，实现了改则县作为一个藏区纯牧业县社会治理能力现代化、生产方式现代化、牧民发展理念现代化的积极转变。正是西藏改革开放中坚持"依法治藏、富民兴藏、长期建藏、凝聚人心、夯实基础"的集中体现。

（二）专业分工是推动改革的动力源泉

以集体经济为主要特征的牧区改革可持续发展模式，激活了牧区发展的动力机制，增强了牧区畜牧业生产抵御风险机制，提高了牧民收入水平和参与市场化的能力，深化了纯牧业专业分工的程度，实现了牧民从传统游牧到定点畜牧务工这一生产方式的现代化转型。

（三）提质增效是推动改革的主要目标

在实际运行中，集体经济通过利益共建共享，实现了经济、社会、政治等方面多重功能的内聚。这是一种"低成本、高效率"的现代化模式的探索。这种探索是符合高原特色、牧区特点的，走出了一条牧业增效、牧民致富、牧区稳定的改革新路子。

（四）顺应市场是推动改革的基本遵循

改则县深化牧区改革以整合规范发展集体经济合作社为特征，优化配置各类资源，主动适应市场需求，积极推动传统牧业向集约化、规范化经营的新型牧业经营模式转变，符合社会主义市场经济基本规律，引领牧区改革向纵深发展、高质量发展。

（五）健全制度是推动改革的行动指南

"没有规矩不成方圆"。通过不断探索建立、健全制度，让广大群众重新认识到了集体经济合作社是一种极富外部性的组织共同体，合作社给社员、社会、政府和市场产生的外部性，为改则县实现牧业高质量发展，实现社会治理能力和治理体系现代化奠定了良好的基础。

14

种下黄金叶　走上致富路

——陕西省旬阳县的烟草脱贫路

发展产业、增收致富是摆脱贫困的治本之策。脱贫攻坚以来，旬阳县在传统的烟草产业优势上，创新"合作社＋烟草＋贫困户"的带贫益贫模式，分类把更多的贫困户镶嵌在主导产业链条上，实现产业发展与增收脱贫双赢，走出了一条产业助力脱贫攻坚的新路子。

一、"烟草扶贫"的新成效

旬阳县已有40年的烟草种植历史，烟草产业是县域最成熟的农业主导产业，是实现地方财政收入增长和农民群众增收的重要支柱。但近年来，传统的以家庭为主体的种烟群体在缩小，种烟规模在下滑。脱贫攻坚以来，旬阳县坚持把发展产业增收脱贫和烟草产业重振两个目标相结合，按照"政府统筹、部门配合、镇村实施、新型主体引领、贫困户全面参与"的工作思路，探索培育"烟草扶贫"带贫益贫模式助力脱贫攻坚，实现贫困户稳定增收。2019年，全县种植烤烟4400公顷，收购烟叶14.48万担，实现产值1.69亿元，创税3727万元。全县共有12933户贫困户参与烟草种植及生产，占全县贫困户总量的31.2%。其中2478户贫困户种植烤烟1349.87公顷，实现产值6000余万元，户均增收2.42万元左右，10455户贫困劳动力参与烟草生产劳动，户均实现增收2000—4000元。

二、"烟草扶贫"的新思路

经过认真比较分析，旬阳县在传统烟草产业的优势基础上，研究提出了"老产业＋新机制"的烟草扶贫思路，鼓励在基本框架下因地制宜，主动探索。积极鼓励通过合作社和大户带动，把贫困户镶嵌在烟草产业链上共同生产、共同发展。各镇村积极实践，百花齐放，探索出了多种产业带贫益贫的好方法，让更多的贫困群众搭上"致富快车"。

（一）"产业＋有能贫困户"（独立经营型）

为了激励和帮助贫困户发展烤烟生产，县上制定出台了"烟草扶贫"实施方案和扶持补贴办法，落实土地流转、烤房配套、技术指导及享受烤烟扶持和产业奖补等各项政策，落实镇村各项帮扶举措，为具备烤烟生产技能和发展愿望的有能有劳贫困户提供良好的产业发展条件和环境，激发动力，破除阻力，让有能有劳贫困户自主经营、自主发展，参与烤烟产业脱贫致富。2019 年，全县培育"产业＋有能户"379 户，种植烤烟 653.87 公顷，实现产值 2906 万余元，户均增收 2 万余元。

（二）"合作社＋有能贫困户"（强强联合型）

镇村将有能有劳却因资金不足、风险抵御能力弱等原因发展烟草生产有困难的贫困户组织发动起来，根据各自出资（含土地资源、劳动力等）比例，按照风险共担、利益共享、收益分成的原则，成立烟草专业合作社，抱团发展。合作社成员除享受烟草生产、投资收益外，享受县上配套的烟草合作社专项奖励、补贴收益。2019 年，全县"烟草合作社＋有能户"181 户，种植烤烟 253.87 公顷，实现产值 1128 万元，户均增收 2 万余元。

（三）"党支部＋合作社＋弱能贫困户"（合作带动型）

由各村党支部牵头组织成立烟草专业合作社，吸纳本村弱能贫困户入社，村社班子成员双向任职或者聘请务烟能人任职，形成支部引领、干部（能人）领办、合作社运作、群众参与的合作发展模式。主要有两种形式，一种是弱能贫困户加入服务型合作组织，在村社引领下，以互助资金协会资金配额、土地经营权等形式入股，通过获取入股分红、土地流转金分红增加收入；同时弱能贫困户在烟草生产季节有组织地参与烟草生产劳务服务获取工资报酬，也可从事其他劳务服务获取劳务报酬，增加收入。另一种是村党支部将弱能户组织起来指导弱能户种植烤烟，采取种烤分离、自种代烤的方式，贫困户将鲜烟叶按照协议价格交售给合作社或者合作社将烟叶销售抵扣代烤费用后获取收益。2019年，全县"党支部＋合作社＋弱能户"发展烟草合作社72个，带动弱能贫困户1651户，种植烤烟373.67公顷，实现产值1660万元，户均增收4400余元；488户贫困户劳动力参与烟草生产劳动，户均实现增收2700余元。

（四）"产业大户＋弱能贫困户"（以强带弱型）

由镇村组织发动，将居住相近相邻的烤烟种植大户与弱能户组织结对，实现共谋发展。对于发展烤烟的弱能户，经双方协议，烤烟种植期间，种烟大户为弱能户提供技术指导，烘烤期间，大户有偿为弱能户代为烘烤烟叶，贫困户通过出售烤烟获取收入；对于没有发展烤烟的弱能贫困户，可为种烟大户提供劳务支持，获取劳动报酬，以此带动弱能贫困户实现产业（劳务）增收。2019年，全县"种烟大户＋弱能户"带动弱能贫困户267户，种植烤烟68.47公顷，实现产值306万元，户均增收4800余元。

三、"烟草扶贫"的新机制

2020年，旬阳县在原有烤烟生产的基础上，再次扩大种植面积，计划种植烤烟8000公顷，收购烟叶21.6万担以上，实现产值2.5亿元以上。为此，结合县情实际，重新制定了《烤烟扶贫产业发展实施方案》及《烤烟产业发展目标绩效考核奖励办法》，建立起县、镇、烟草公司三位一体的考核模式推进"烤烟扶贫"工作。

（一）完善机构，强化组织领导

一是成立烤烟产业发展领导小组。由县长任组长，县委、人大、政府、政协领导分别担任副组长，相关部门主要负责同志为成员，全面统筹协调全县烤烟产业发展。

二是成立战区烤烟产业工作队。各务烟镇成立烤烟产业工作队，由包联的县级领导任工作队长，镇党委书记任责任队长，镇长、分管领导、联村干部、烟站全体技术人员为成员；各贫困村成立以驻村工作队队长任组长，第一书记、驻村队员、村"两委"班子成员、包户干部为成员的烤烟产业工作队；非贫困村成立以党支部书记任组长，联村干部、村两委班子成员为成员的村级烤烟产业工作队。同时，充分发挥部门职能作用，做好烤烟产业服务工作；抢抓时令，创新措施压茬推进落实。继续发挥政策帮扶和社会力量作用，在项目、资金、技术等方面给予倾斜支持，做好"支部＋合作社＋烤烟＋贫困户"脱贫增收和集体经济的发展壮大工作。探索解决"职业烟农＋专业务工队伍"的问题，充分发挥村级劳务公司作用，解决合作社劳务用工。

（二）严格考核，确保取得实效

一是根据《旬阳县烤烟产业发展目标绩效考核奖励办法》，对烤烟面积落实、产量、产值、生产过程进行严格考核，重点考核产量和产值。同时，把烤烟产业纳入年度目标责任考核总盘子，实行增幅和增量双向加分。

二是加大奖励激励力度。县镇烟叶特产税收分成按照4∶6的比例执行（县留40％，镇留60％），超过保底考核任务的烟税全额返还各务烟镇。各镇分别制定奖励激励办法，超收部分适当倾斜奖励村组，用于村级经费列支和公益建设，提高村组干部的积极性。同时，县烟草局向各烟站下达烤烟生产任务要与县委、县政府对镇目标考核的任务一致，不得私自变更任务指标，严防"两张皮"现象。

在强有力的推动下，截至2020年，全县19个镇228个村，共落实烤烟面积5561.87公顷，其中1863户职业烟农种植烤烟3997.87公顷，54个家庭农场种植烤烟272.73公顷，449个生产型合作社种植烤烟284.67公顷，151个村集体经济组织种植烤烟1006.60公顷。

15

扶贫先扶志　精神脱贫为
脱贫攻坚保驾护航

——宁夏回族自治区同心县的精神扶贫路

同心县地处宁夏中部干旱带核心区，是革命老区、民族地区、贫困地区，是国务院 1983 年确定的扶贫开发重点县之一，是 2011 年以来国家扶贫开发六盘山集中连片特殊困难地区 61 个核心贫困县之一，也是自治区确定的"五县一片区"深度贫困县之一，曾被联合国粮食开发署划定为最不适宜人类居住的地方之一。全县总面积 4662 平方千米，辖 7 镇 4 乡 1 个开发区、142 个行政村、5 个居委会。2018 年全县总人口 37.7 万人，其中农业人口 26.8 万人，占 71.3%。

宁夏大学第三方评估团队多次走进同心县，进行实地调研考察评估，过程中发现当地贫困群众由于长期受当地自然社会环境影响，"等、靠、要"思想严重，内生发展动力不足。贫困群众既是扶贫的对象，更是脱贫的主体，打赢脱贫攻坚战，归根结底要靠发挥贫困群众自力更生、艰苦奋斗、勤劳致富的主体作用。只有持续激发农民群众内生动力，树立"宁愿苦干、不愿苦熬"的观念，让他们依靠自己的辛勤劳动实现脱贫，体会通过自身努力实现脱贫致富的获得感，才能从真正意义上拔掉穷根。同心县委、县政府为解决此类问题，提升贫困群众自身发展能力，减少脱贫农户的返贫情况，发挥精神脱贫的保驾护航作用，走一条以精神脱贫为突破口的脱贫攻坚道路。

一、进行宣传引导，激发农户自身发展动力

一是加强政策宣传。同心县通过政府门户网站、党政信息网、广播电视台、"同心发布"等媒体开设了脱贫攻坚的专栏专题，通过解读中央及区

市县脱贫攻坚的决策部署、政策举措，大力宣传同心县打好脱贫攻坚"六场硬仗"和实施精神扶贫"十大行动"的主要做法，宣传扶贫工作先进典型等。与中央和区内外媒体合作，集中展示了同心县 70 年来经济社会发展取得的成就，集中总结、宣传脱贫攻坚先进做法，向同心县的贫困群众讲好同心故事。2019 年以来，中央及区内外媒体宣传报道同心县的脱贫攻坚 545 条(次)，其中中央媒体 86 条（次）、省级媒体 238 条（次）、市级媒体 221 条（次），在县广播电视台报道脱贫攻坚新闻 116 条（次）。同时坚持县内各类宣传阵地同时发声、网上网下同步发力，结合"全国网络媒体宁夏行"主题采访活动，创作推出一批展示同心县 70 年成就和脱贫攻坚成果的图表图解、微视频等融媒体产品，增强网上宣传传播力影响力。

二是营造浓厚的脱贫氛围。在县主要交通干道、街道、村委会、村民集中居住点等地，通过 LED 电子屏、宣传栏、广告牌等载体悬挂或制作固定标语；在广场、车站、商场、乡村人群密集场所等电子屏滚动播放和悬挂精神脱贫宣传标语；开通"大喇叭"、编印"明白纸"、开设宣传栏、入户宣讲等形式，将脱贫攻坚政策"送"到群众家中、送到田间地头，形成"扶真贫，真扶贫""扶贫先扶志""富口袋必先富脑袋"的舆论氛围。

三是开展多种形式宣讲。依托新时代农民（市民）讲习所、新时代文明实践所（站）等，组织县乡干部、驻村第一书记、致富带头人和脱贫光荣户等，围绕党的十九大精神及乡村振兴战略、扶贫政策、扫黑除恶、移风易俗等内容，开展对象化、分众化、互动化宣讲 1700 余场次，举办"我的扶贫故事""我的脱贫故事""三先开路话脱贫"等巡回宣讲 90 余场次，增强干部群众对扶贫政策、法律法规的知晓率，积极营造"脱贫光荣""光荣脱贫"的浓厚环境。

二、授人以渔，提升农户自身发展能力

一是加强技能培训，通过定期与不定期培训相结合的方式，根据群众的意愿和能力进行精准培训，提升农户的发展能力，促进农户增收。同心县实施"精准扶贫"政策以来，举办建档立卡户职业技能培训 66 期 3265 人次，建档立卡户机动车驾驶培训 25 期 1232 人次，城乡劳动力职业技能培训 35 期 1751 人次，创业能力培训 9 期 300 人次，培训后当期实现自主创业人数

100 余人次，着力提升建档立卡户和边缘户的脱贫致富能力。举办"脱贫攻坚妇女培训班"167 场次，培训妇女 3879 名，进一步坚定贫困村妇女脱贫攻坚信心。落实"421"奖补机制（脱贫后第一年奖补 4000 元、第二年不返贫奖补 2000 元、第三年不返贫奖补 1000 元），评选表彰脱贫光荣户 46 户。

二是推进新时代文明实践中心试点建设工作，确定试点乡镇 4 个、试点村（社区）12 个，组建 13 支志愿服务队，采取"4+X+1"模式开展志愿服务活动（"4"为固定项目，即升国旗、唱爱国歌曲、文明实践承诺、学习《村规民约》；"X"为自选项目，常态化活动与集中活动相结合，开展理论宣讲、脱贫攻坚政策宣传、农民技术培训、扫黑除恶、移风易俗等文明实践；"1"为爱心慈善超市）。开展新时代文明实践集中示范活动 12 场次，开展各类志愿服务活动 130 余场次 5.2 万小时。创新"文明实践＋基地＋竞技"的模式，在枸杞基地开展"脱贫路上话小康"枸杞采摘大赛，在养殖园区开展"养殖路上话脱贫""估牛"大赛，激励群众提振脱贫信心，引导贫困群众克服"等靠要"思想，形成脱贫光荣、光荣脱贫的良好氛围。

三是围绕庆祝中华人民共和国成立 70 周年，通过"我和我的祖国"群众性主题宣传教育活动，开展群众喜闻乐见的文体活动，培育健康情趣，巩固基层意识形态阵地。先后举办庆祝建党 98 周年等系列广场文艺演出 11 场次。与宁夏回族自治区党委组织部、宣传部合作开展大型现代眉户剧《丁香花开》巡演活动 5 场次，扎实开展"深入生活、扎根人民"文艺扶智助力脱贫活动，开展了"我和我的祖国"全民诗歌朗诵活动 77 场次、文化惠民基层演出 117 场次。举办纪念改革开放 40 周年同心县脱贫攻坚成就展，展现同心县脱贫攻坚取得的显著成效，坚定广大干部群众脱贫攻坚信心，参观人数达 5.3 万余人次。

三、党建引领，加强干部脱贫攻坚能力

一是运用"学习强国"APP、中心组理论学习、"三会一课"主题党日等学习载体，持续深入学习贯彻习近平新时代中国特色社会主义思想和习近平总书记关于脱贫攻坚重要论述，教育引导党员干部真学真信真懂真用，树牢"四个意识"，坚定"四个自信"，做到"两个维护"。2019 年以来，同心县先后举办县委中心组理论学习 15 次，集体交流研讨 5 次，邀请自治区党校、自治区扶贫办教授专题开展脱贫攻坚讲座 2 场。

二是充分发挥同心县委党校主渠道作用，先后举办全县第一书记、工作队员及非贫困村驻村干部、村"两委"班子培训班，对 303 名贫困村驻村干部和 122 名非贫困村驻村干部进行全覆盖培训，引导广大党员干部系统学、跟进学、联系实际学，推动各级党组织主动谋划发展、积极推动脱贫摘帽工作。

三是同心县先后与福建永春县、银川闽宁镇联合举办脱贫攻坚专题培训班，培训扶贫干部 81 人，切实增强基层干部扶贫能力和水平。

四、移风易俗，凝聚脱贫攻坚精神力

一是加强公民思想道德建设，深入开展"传承红色基因汇聚攻坚力量""十万家庭学礼仪"等活动，厚植厚培家国情怀，形成人人践行社会主义核心价值观、争当时代新人的生动画面。坚持示范带动，2018 年评选"道德模范"16 人、十星级民风建设模范户 27 人，引导全社会崇德向善、见贤思齐。聘请 134 名县级领导干部、乡镇（管委会）党委书记、村党支部书记为中小学名誉校长，37 名退休老干部为校外思想政治辅导员，在全县各中小学开展思想政治教育"开学第一课"300 余场次，形成党政齐抓共管的思政教育格局。

二是针对"天价彩礼""高额人情"等陈规陋习，常态开展"推动移风易俗、树立文明乡风、建设尚俭同心"活动，督促指导各村修订村规民约、红白理事会章程，对作用发挥不明显的 15 个村红白理事会进行了调整，进一步提高群众自治水平和乡村治理能力。

三是将红白理事会成员纳入乡村志愿服务队，分乡镇对红白理事会会长及成员、农村媒人、职业婚介人进行了培训，进一步提高法律水平和业务能力。持续开展移风易俗"过筛子"活动，通过入户宣传、文艺演出、移风易俗微电影展播等形式，加大婚事新办、丧事简办的宣传，教育群众树立健康文明婚俗丧葬新风。春节期间，组织书协会员"送春联下乡"，共送出移风易俗主题对联 1000 余副、灯笼 4000 余个、剪纸 200 余幅、拍摄全家福 300 余张、发放移风易俗宣传挂历 3 万余份。

四是举办相亲交友会 4 届、集体婚礼 2 届。开展移风易俗示范户、优秀红白理事会评选活动，评选表彰 2018 年度"优秀红白理事会"12 个、"移风易俗光荣户"16 户，引导群众移风易俗、勤俭节约、文明办事。

五是严格执行《关于规范党员领导干部操办婚丧喜庆事宜暂行规定》。2019 年以来，同心县纪委监委对大操大办婚庆事宜 1 名党员干部给予党纪政务处分，对相关责任人进行了问责，教育引导全县党员干部时刻严守纪律要求，树立正确的崇廉尚俭观。

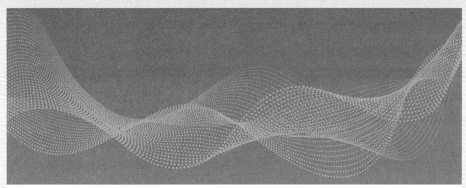

第五篇

一种好模式

01

规划引导夯基础　增强实力促脱贫

——重庆市武隆县火炉镇保峰村的十年大变

2017年精准扶贫工作成效第三方评估任务由中国科学院地理科学与资源研究所承担，评估专家组组长刘彦随研究员等一行20人，赴重庆市武隆县火炉镇保峰村进行了实地调研和农户调查。十年前方圆有名的贫困村，2016年率先实现了整村脱贫；昔日最贫困的王坤家也从草屋搬进新房，成为脱贫户。保峰村缘何发生如此大的变化？该村脱贫解困的突破口在哪里？为此，调研组基于干部访谈、入户调查和案例分析，简要梳理了保峰村扶贫开发的历史转折和脱贫致富的成功经验，探讨了因村因户帮扶政策创新的建议，为推进全国脱贫攻坚、精准施策提供参考。

一、山区贫困村的命运转折

（一）生态优美的贫困村

保峰村位于武隆县火炉镇西南部，地处万峰林海的腹心地带，属于丘陵中山区，溪沟纵横，辖区面积8.95平方千米，森林覆盖率63.9%。2007年，全村辖9社，507户1870人，其中贫困户112户361人。生态优美的保峰村，人均耕地达0.156公顷，但贫困发生率高达22%，成为武隆山区典型的贫困村。

（二）帮扶带来了新转机

2007年，保峰村成为时任重庆市委书记的帮扶对象。据时任火炉镇镇长、现任县委办公室主任的刘同志介绍，市委书记带领市办公厅有关干部首先深入农村基层，系统调查农村基础条件和农户生产生活状况，逐户查找贫困原因，了解实情后研究制定了详细的帮扶规划，当时还选派了乡镇干部黄同志担任保峰村书记，就是现在的精准扶贫第一书记；选派了市委办公厅黄某、谢某两位年轻干部到村挂职帮扶，就是现在的驻村工作队；率先成立了互助基金会；制订并实施了修山路、建学校、兴产业的计划方案，从此带来了保峰村发展的新转机，开启了整域扶贫开发的新征程。

二、贫困村的脱贫致富路

据现任村支书王书记介绍："保峰村脱贫致富的突破口就是 2007 年制定的帮扶详细规划，我们的基本经验就是利用扶贫好政策、一张蓝图干到底。"从健全村委干部、识别贫困家族，到改造泥巴路、兴建学校、组建互助基金会，事事落实、环环紧扣，下大力气打破封闭落后的局面，夯实转型发展的基础。在国家精准扶贫政策惠及和当地政府持续支持下，保峰村率先制定了精准扶贫总体规划，探索出一种规划引导夯基础、增强实力促脱贫的好模式。近十年全村共筹集资金 2642 万元，推进基础设施建设 18 项，发展特色产业 5 个，首先解决了全村 1925 人安全饮水难、出行难、用电难、看病难的问题，重点资助了 82 名家庭困难的学生完成学业，积极帮助 195 户农户告别了危房。如今贫困村率先摘帽、贫困户住进新房，呈现出一片安居乐业、欢悦祥和的新村景、新风貌。

保峰村坚持规划先行、一张蓝图干到底，其十年变化归结为以下几个方面：

（一）出行难题率先破解

十年前的保峰村没有一条像样的公路，甚至有 2 个农业社不通公路。原有的 20 多千米泥石路，晴通雨阻，百姓出行困难，偏远一点的农户赶场往往要走四五个小时。2007 年，在重庆市委办公厅的大力支持下，新建公路 9 条、硬化 24 千米、改扩建 38.6 千米，新建人行道路 31.8 千米，惠及 9 个农业社，解决了全村人出行难的问题。

（二）用水问题全面解决

2007 年，全村有 1600 余人和 2000 余头牲畜饮水问题得不到有效解决，人畜饮水基本上靠自挖井水和天落水，小型水利设施年久失修，40 公顷田地得不到有效灌溉。在县水务集团等帮扶单位的支持下，新修、整治人畜饮水池 15 口，整治山坪塘 10 口、小农堰 14 条，新建沟渠 8 千米，彻底解决了饮水难与灌溉难的问题。

（三）组织建设推进有力

重视把后进整顿与扶贫攻坚相结合，以抓村委建设为切入点。健全了村务、财务公开制度，完善了重大项目、重要事项等民主决策制度，增强了村委凝聚力和向心力。坚持"村民议定"原则，村委组织筹措资金，发展"脱贫互助会"。目前会员已超过 100 人，为贫困农户发展产业提供互助资金支持 100 多万元，为全村整体脱贫提供了资金保障。

（四）农民收入稳步增长

2007 年，保峰村年人均纯收入 2100 元，低于全县平均水平 357 元，是武隆县"十一五"扶贫规划确定的一类贫困村。近年来，通过实施贫困户技能培训，油茶种植与特色养殖业发展取得明显成效。2015 年，全村人均纯收入达到 5738 元，比 2007 年翻了一番。贫困户王某，十年前穷困潦倒、居住危房，全家年收入不足 3500 元，如今凭借木匠手艺，年打工收入 9900 余元。家里盖了新房，添置了冰箱、洗衣机等家用电器，实现了稳定脱贫。

（五）人居环境有效改善

过去保峰村的住房质量差、设施简陋，85% 的农户住房为土木结构，C、D 级危房 30 户。十年来，通过高山生态扶贫搬迁 135 户，C、D 级危房改造 30 户，实施农房风貌改造 30 户，实现所有农户有稳定的安全住房。推进洁美乡村建设，加强农村环境综合整治，农村生活垃圾和生活污水集中处理，村庄人居环境发生了巨大变化。

（六）公共服务保障到位

保峰村重视发展教育，通过改善村小办学条件，实现适龄儿童全部入学，无辍学情况，职业教育比例达到 89.4%。新建便民服务中心 240 平方米，新修篮球场及配套休闲娱乐设施，配有便民超市、图书室、卫生室、活动室。村级卫生室进行了标准化建设，配备乡村医生 1 名，合作医疗参保率95%，农村社会养老保险参保率为 100%，符合低保条件者应保尽保，所有农户意外伤害保险和大病医疗救助全覆盖。

（七）顺势发展新型产业

立足山地资源与气候条件，发掘林业资源价值，发展森林人家、林家乐等新型特色产业。目前已建成森林人家 3 家，林家乐 11 家，年均接待游客 3 万人次。通过举办武陵山知青文化节、刨猪乐民俗文化节、万峰林海骑行等特色活动，丰富本土文化、林业产业与生态旅游内涵，形成林业旅游带动农业、餐饮业、休闲疗养产业发展的良好局面。

三、保峰村精准脱贫的经验启示

保峰村扶贫开发取得了显著成效，改变了贫困村貌，率先实现了整村脱贫与转型发展。其主要经验和启示包括以下 3 个方面。

（一）问题诊断、规划先行

在当时上级帮扶领导的协调与指导下，保峰村首先摸清贫困村、贫困户家底，做好扶贫详细规划，做到问题诊断准确、帮扶对象精准。当前我国一些贫困县存在因村因户帮扶不精准、群众满意度不高等突出问题，解决问题的关键在于明晰问题、从源头抓起，推进帮扶工作"回头看"、找差距、对焦距，探索出真正符合乡村实际需求的因贫施策帮扶之路。

（二）加强领导、创新机制

保峰村率先实施驻村书记负责制，在上级党委领导与指导下，驻村书记与原村"两委"紧密合作，创新扶贫协同工作机制，创建了党建扶贫示范基地，形成了强有力的党支部、扶贫工作队、专业合作社党建"多位一体"的组织保障。全村一盘棋、劲往一处使，优先实施基础设施扶贫，以修路、筑渠、建房为突破口，2018 年以来推进创建全域旅游、股份合作新模式，创建旅游观光园区，加快补齐致贫要素短板，切实解决贫困村出行难、就医难、上学难，以及就业难、收入少等问题，这在国内贫困村发展中具有原创性和典型代表性。

（三）培育产业、内生发展

依托自然资源与生态优势，保峰村以文化和旅游为媒介，促进林旅结合、三产融合，着力培育特色产业，发展林业旅游和休闲度假产业，组建特色产业专业合作社 11 个。通过成立脱贫互助会解决发展资金与外销问题，村民们精诚合作、凝聚力量办成事。全国有 832 个贫困县、12.8 万个贫困村，各有所长、各具特色。因此，重视加强产业扶贫、就业扶贫，推进创建贫困户广泛参与、贫困村内生发展的新机制、新模式的意义重大、势在必行。

02

建设美丽乡村　助推脱贫攻坚

——河北省馆陶县"粮画小镇"特色扶贫模式

"粮画小镇"是以贫困村开发为载体，美丽乡村建设为切入点，发展粮画产业为主导，带动村庄旅游业与村民手工业发展的特色扶贫模式。"粮画小镇"荣获"2015 中国十大最美乡村"，是河北省首个以美丽乡村为载体的 4A 级旅游景区，入选全国乡村旅游重点村和全国乡村旅游发展典型案例，其中以邯郸市馆陶县寿东村最具代表性。

一、寿东村"粮画小镇"建设背景

寿东村位于县城以西 3 千米，位于 309 国道南侧，曾是一个典型的省级贫困村，村子里垃圾遍地，污水横流，没有任何致富产业。2014 年该村人均收入不足 3000 元，共有贫困户 38 户 95 人。人口多、资源贫瘠是这个村子的村情。区位条件虽优，却是一个被外界称为"拿着金饭碗讨饭"的穷乱村。

2014 年 3 月，经县委、县政府牵线搭桥，引入粮食画产业，确定寿东村为全县第一批贫困村建设美丽乡村试点村，规划建设独具特色的"粮画小镇"。按照"旅游＋手工业"双业带动、"产业＋美丽乡村"双轮驱动的理念，形成扶贫产业发展的新模式，以创新模式助推脱贫攻坚，帮助贫困户全部脱贫，全村生活质量率先达到小康水平。

二、建设方式与运行管理机制

（一）搭建平台，夯实脱贫基础

2014 年以前，寿东村是典型的农业村，主要种植小麦、玉米、果树等传统农作物。2014年年初，美丽乡村建设工作集中推进后，通过政府牵线搭桥，使寿东村成为全县第一批贫困村建设美丽乡村试点村，引入粮食画产业，发展以粮画产业为主导，集"加工制作、交流展示、观光体验"于一体的全国最大粮画制作基地，生产、生活、生态融合发展的特色村庄。积极兴建美丽乡村，把"产业＋美丽乡村"连带建设作为贫困村脱贫的发展模式。

为进一步扩大"粮画小镇"扶贫产业带动能力，该镇按照"一镇四社区"的模式，以寿东村为中心，将寿南村、寿北村、法寺村纳入进来共同建设，目标是建设总面积3.7平方千米，投资20亿元的"万人小镇"、世界粮画之都、国际化小镇。

目前，馆陶县共规划了10个该模式的联村建设，按照"旅游业＋手工业"双业带动、"产业＋美丽乡村"双轮驱动的理念，形成扶贫产业发展的新模式，大力抓招商、抓产业，以平台建设积极促进其他辐射产业的发展，以此带动一批贫困村脱贫致富，全面提升村域经济发展水平。

（二）抓实产业，拓展群众收入渠道

1.扶持发展粮画产业

粮画产业是美丽社区建设的拳头产业。作为粮画产业的发源地，寿东村已形成集研发、制作、销售为一体的龙头产业；海增粮艺、凤海粮艺、献巧粮画体验坊等一批粮画企业，每年带动100余名粮画姑娘就业。

在为贫困户安置就业的同时，把家庭手工业作为贫困户联结股份合作企业的红利纽带。比如，将扶贫资金入股海增粮艺，贫困户每年可得到分红；海增粮艺定期举办免费技术培训班培训贫困户，招收贫困户和其他家庭妇女就业，实现了"入股分红金、打工挣薪金"。

2.打造精品旅游产业

寿东村经过连续五年的精心打造，共打造粮画制作观摩馆、咖啡屋、臭豆腐坊、豆腐坊、电影室、葫芦画、麦秸画、农家院等20余处旅游观摩景点。以精品、创新为抓手，让旅游业成为美丽社区建设的支撑产业，全村累计共接待游客500余万人次，销售收入近千万元。

同时，免费为贫困户提供旅游小屋（旅游摊点），扶持贫困户开办杂粮煎饼、"蒸蒸铁骨"等农家乐，助其如期实现了脱贫致富，仅2019年春节游期间每家就增加了近 10 万元收入。更有一些村民借助旅游平台重新做起老本行，在街上摆起了吊炉烧饼摊，每天排队购买的游客络绎不绝。由于旅游业的发展需要一定的公益岗位来维护，寿东村吸纳了本村和临近村近 20 名留守妇女和困难群众到公益岗位上就业，如导游、保洁员、保安员等。

（三）创新思维，加强村支部引导作用

1. 集体带动产业发展

寿东村村支部充分利用旅游产业，成立村级经济合作组织"农宅旅游合作社"，积极争取上级扶贫资金 21.6 万元投资建设"共产主义庄园"；投入资金 33 万元，发展绿色无污染的光伏发电项目，带动贫困户 21 户人均可增收 500 元；投资建设光伏发电站，利用 33 万元财政扶贫资金撬动企业资金 320 万元，建成一处 292 千瓦的光伏电站，年收益 7 万余元，带动贫困户 30 户，每户年分红 1100 元，其余收益用于村公益事业；引进德帆箱包企业，带动了该村及周边村 500 余人就业；成立果树种植有限公司，果树种植入股贫困户 83 户，年分红 600 元，到基地打工贫困人口 35 人，每人每年工资收入 1.7 万元。总之，结合贫困户自身条件，通过实施危房改造、建设美丽宜居示范村等，让困难群众得到实惠，为困难群众拓宽致富门路，实现了美丽社区建设与精准脱贫的有机结合。

2. 倡导尊老敬老风尚

村里老人是最美的乡愁符号。不能把老人当作包袱，老人是"活地图"，是"活的村史馆"。馆陶县率先在寿东村推行"孝老卡"活动，子女把赡养费交到村委会，由村委会集中发放到老人手中。此项工作在全县贫困村得到广泛推广。2019 年年初，寿东村邀请县帮扶企业金隅太行水泥公司负责人到该村参加孝老卡发放仪式，并为率先办卡的 12 户老人发放现金奖励 100 元，发放养老金 36200 元，受到村民的一致好评。

举办"夕阳红小食堂"活动。每周日，寿东村"粮画小镇"80 岁以上的老人齐聚"夕阳红小食堂"，在馆陶县弘孝协会和"粮画小镇"志愿者的带领下唱红歌，做手指操，办饺子宴，大家齐动手，其乐融融。每周盼着这一天跟大家伙见见面，聊聊天，越活越年轻，是老人们普遍的心声。

3. 移风易俗，乡风文明

制定村规民约。通过召开村民代表大会共同商定村规民约，并整理成册，每家每户分发村规民约。

成立红白事理事会。规定红白理事会章程和工作制度，明确制定宴请桌数、费用和烟、酒标准。此项规定得到寿东村广大村民一致好评，消除了陋习风气，体现了村内发展的良好态势，在馆陶县其他村得到大力推广。

设立"美丽管家"。由电工、村医、小卖部的经营者等组成。他们最容易与村民沟通，也最能影响村民。此外，还开展了"魅力女性""美丽家庭""最美乡村人"等一系列评选活动，用榜样的力量影响小镇的每一个人。

4. 清洁村庄，生态宜居

以影响农村人居环境的突出问题为重点，以"五清三建一改"为任务目标，在全镇范围内集中组织开展"农村人居环境整治村庄清洁"行动，推进村容村貌提升。"五清"指清理农村生活垃圾、清理村内塘沟、清理畜禽养殖粪污等农业生产废弃物、清理残垣断壁、清理杂物；"三建"指建设小菜园、小游园、小果园；"一改"为改变影响农村人居环境的不良习惯。

目前，全镇清理闲散宅基地40余处，家家户户开展"美丽庭院，扮靓小镇"评选活动，通过广泛宣传，使更多的家庭积极主动参与到美丽庭院创建活动中，打造一批"布局美、绿化美、居室美、家风美、特色美"的美丽庭院示范户，进一步改善小镇家庭生活环境，提高广大妇女文明素养和家庭文明程度，提高小镇生态宜居，乡风文明程度，助推乡村振兴建设。通过树立先进典型，大力宣传在创建过程中涌现出来的先进事迹，充分发挥"美丽庭院"创建工作在共建美丽小镇中的示范带动作用。

三、取得的成效

1. 带动贫困户增收

2014年以来，寿东村粮画加工业带动村内及周边村301户贫困家庭脱贫，入股贫困户94户，入股一年可分红1200元，参加粮画加工的贫困家庭成员工资收入每年每人约2万元。

2. 带动贫困户脱贫

粮画小镇成立景区以来，设立数个公益岗位，建设3家客栈、6家民宿、

3家民俗馆、9家农家餐厅、2家农家粮画体验小屋、25家手工画制作坊、5家农特产品加工坊，带动贫困人口就业47人，年人均增收1.2万元。2019年春节期间，"粮画小镇"迎来客流新高峰，国内外100多万游客走进小镇休闲旅游，每个旅游摊点平均收入3万余元。吸引全国上千批次团体前来考察交流。寿东村的38户贫困户也搭乘美丽乡村建设的快车全部实现稳定脱贫，达到小康水平。

3.带来村庄蝶变再塑

通过精准扶贫和美丽乡村建设的完美结合，寿东村实现了经济发展、环境美丽、生活富裕、安居乐业的良好局面。"粮画小镇"已经俨然成为一座名副其实的粮画之都、大众向往的旅游目的地。"小镇"人气有了，商气旺了，精气神也不一样了。昔日的贫困村"蝶变"成为"全国文明村镇"、"中国十大最美乡村""中国十佳产业兴旺村"、河北省首个以美丽乡村为载体的国家4A级旅游景区。

四、经验和启示

穷则思变，思则能变。馆陶县依托美丽乡村发展"特色小镇"的做法，经历了从不认识到认识，到再认识的过程，并锤炼出了从迷茫到迷恋的探索创新精神，把不可能变成可能的挑战拼搏精神，夙兴夜寐、激情工作的忘我奉献精神，是最宝贵的经验。"特色小镇"对扶贫工作的意义在于，不仅有力带动了产业发展这个根本问题，也体现了与扶志、扶智相结合，增强了贫困地区群众的自信，激发了贫困群众内生动力。不仅为脱贫攻坚提供了基本保障，而且提供了就业和创业平台。同时，为全国类似地区助推脱贫攻坚、加快城乡融合发展，探索了一条可借鉴、可复制的脱贫攻坚新路子。

（一）脱贫攻坚需要特色的主导产业

乡村振兴的主要矛盾是产业。"特色小镇"建设的首要任务是明确产业基础和发展方向，否则走不出"两年过后又回到原点"的怪圈。做强产业，是馆陶县美丽乡村"特色小镇"的一个突出特点。在实践中总结了"先富后美，不富不美，富而美""产业加美丽、美丽助产业、产业更美丽""让产业插上美丽的翅膀"等一系列个性化理念。做强产业主要有两条路径：一条是"一村一品"；一条是"一产多村"。"一村一品"，譬如"粮画小镇""教育小镇"。"一产多村"，譬如蛋鸡、养鸭、黄瓜、黑小麦、晚秋黄梨、轴承这些大产业，成为更多美丽乡村"特色小镇"的产业基础。2014年以来，馆陶县有4000余户通过富民大产业摆脱了贫困。

（二）脱贫攻坚需要持之以恒的定力

乡村振兴是一个艰巨的系统工程。面对脱贫攻坚这一重大课题，必须考虑可持续发展问题，必须有功成不必在我的定力。做"特色小镇"，不只是城市周边或者城乡接合部，更应该把视角延伸到广阔的乡村大地，乡村同样可以做"特色小镇"。做以美丽乡村为载体的"特色小镇"更加复杂，产业培育、建设运营、资金回报周期更长，需要用做事业的心态去经营"小镇"。

（三）脱贫攻坚需要夯实党建基础

围绕建设美丽乡村"特色小镇"，馆陶县提出"让农民过上城里人的生活，过上让城里人羡慕的生活"的目标，把加强基层党建作为核心和保障。探索推行"三位一体"的党建新模式，即以加强基层党建为核心，统筹抓好基层政权建设和社会组织建设。具体讲，创新实施"四问＋关爱"党建模式（我是谁、咱信谁、为了谁、处置谁加党员关爱行动）和"职业党代表制"（由优秀且乐于奉献的共产党员走村入户，专门从事党的理论传播工作）；把基层政权的触角延伸到村民小组，赋予"美丽管家"新的职责。此外，还组织成立了乡贤会、美丽导师团、学生会、外联办、商会等社区社会组织，激发了党员干部的干事热情，催燃了群众参与发展的内动力。

（四）脱贫攻坚需要专业人才队伍

人才是乡村建设迫切的现实需要。在脱贫攻坚过程中，最纠结的不是钱，而是人，是缺少懂农业、爱农村、爱农民的队伍。馆陶县在实践中探索成立"美丽乡村大学",面向社会招生,为乡村建设输送专业人才。

　　基于馆陶县脱贫攻坚以来的实践,可以得出这样一个结论:"特色小镇"既是乡村振兴战略的有效抓手,也是助推脱贫攻坚的重要突破口。引进粮画企业,不仅是引进一个产业,也是引进一个文化卖点,这个文化卖点带动了乡村旅游业发展,从而实现了旅游扶贫,使寿东村由一个省级贫困村蝶变为最美乡村。原先的乡怨、乡忧,变成了现在的乡约、乡愁。

　　相信有了这么一批"特色小镇",馆陶县经济会发展得更快,脱贫之路会走得更稳。

03

"六环联动" 啃下"硬骨头" 搬出"新生活"

——山西省临县易地搬迁"六环联动"模式

"感谢党、感谢政府，俺做梦也没有想到能从穷山沟搬到县城，住上水暖电齐全的新楼房！"临县石白头乡段贤村 78 岁的王老高兴得合不拢嘴。

"住新房，种大棚，还能得分红，和以往的条件相比，现在真的是一个天上一个地下，变化太大了。"临县白文镇曜头村搬迁户刘某对参加全市易地扶贫搬迁现场推进会的观摩人员讲述新生活时充满了自豪。

人们不禁要问："村民是如何挪出穷窝过上新生活？千年一瞬的沧桑巨变，奥秘何在？在这里祖祖辈辈生存了数千年的人是怎么脱贫的？"

长期以来，临县因自然环境恶劣，成为典型的"一方水土养不好一方人"地区。临县是黄河沿岸的一个山区小县，在 2000 多平方千米的土地上，人们长期以来一直以农业耕作为主，过度的耕作和放牧导致了严重的生态破坏，高山丘陵长期被雨水肆意侵蚀，遍地沟壑纵横。每逢冬春时节，风一刮到处都是灰尘，连联合国的官员到此实地考察后都感叹说，这样的地方不适合人类生存。

山西有句老话"山西脱贫看吕梁，吕梁脱贫看临县。"临县是首批国定贫困县，既是山西省确定的 10 个深度贫困县之一，也是吕梁山集中连片特困地区贫困人口最多、攻坚任务最重的贫困县。截至 2019 年年底，全县建档立卡贫困村 447 个，占山西省（7993 个）的 6%，占吕梁市（1439 个）的 31%；建档立卡贫困人口 80916 户 207549 人，占山西省（258 万）的 8%，吕梁市（59 万）的 35%。贫困人口又大多分布在山庄窝铺和黄土沟壑区，自然灾害易发多发，农民靠天吃饭，脱贫成本高、难度大、见效慢，是多年扶贫工作中的"硬骨头"和"老大难"。

一、"六环联动"，聚焦聚力易地扶贫搬迁

脱贫攻坚战打响以来，易地扶贫搬迁成为临县脱贫攻坚的重要抓手。但是，在实施初期，工作并不顺利，大多数人不愿意搬迁，担心搬迁后一时找不到就业门路，收入来源没有保障。为消除搬迁群众的后顾之忧，临县县委、县政府认真贯彻习近平总书记关于解决好"人钱地房树村稳"的重要指示，坚持精准识别对象、新区安置配套、产业就业保障、社区治理跟进、旧村拆除复垦、生态修复整治"六环联动"，基本实现了"户户有产业、人人有保障"，使搬迁群众"搬得出、稳得住、能致富"。

（一）精准识别对象

习近平总书记强调，把握精准是要义，脱贫攻坚贵在精准。为实现精准搬迁目标，临县严格执行"农户申请、村委初审、乡镇审核、县级审批、签订协议"五个环节，确保搬迁程序的合法性和真实性，把真正需要搬迁的贫困村和建档立卡户全部纳入项目实施范围，做到搬迁对象不漏一户、不漏一人。经过摸底调查，临县县委、县政府编制了《全县"十三五"易地扶贫搬迁总体规划》，重点实施"一城五镇"易地移民搬迁计划（一城指"城庄—县城—三交"城镇带走廊；五镇指克虎、兔坂、刘家会、林家坪、白文五个中心镇）。据统计，"十三五"期间，全县累计搬迁 14015 户 41498 人，其中建档立卡贫困人口 7969 户 23588 人，同步搬迁人口 6046 户 17910 人。涉及整村搬迁村 168 个、非整村搬迁村 116 个，占全省搬迁总人口的 9%。共建成 18 个集中安置点，其中城区 10 个、乡镇 8 个。

（二）新区安置配套

习近平总书记强调，要根据当地资源条件和环境承载能力，科学确定安置点，尽量搬迁到县城和交通便利的乡镇及中心村，促进就近就地转移。临县统筹考虑水土资源条件、城镇化进程及搬迁对象意愿，以集中安置、政府统建为主，充分考虑安置点的承载能力和就业容量，采取乡镇政府所在地

集中新建住房安置、在县城周边依托已有配套设施安置和货币安置的多元安置方式，安置点选择注重城市和小城镇建设、产业园区建设、农业示范园区建设、美丽乡村建设、旅游景区景点建设"五个结合"。配套完善水、电、路、网等基础设施工程，配套建设文化室、卫生室、爱心超市等公共服务设施，配套实施绿化、亮化、硬化等附属工程。例如，城庄镇整村移民搬迁项目依山临水、背风向阳，共规划建设163个院落，全部为晋西北黄土高原窑洞式民居。为了让搬迁群众住得舒心，配套建设社区组织活动场所、村史馆、幼儿园、便民服务中心等，还实行集中供水、供热、供气，小区全部硬化、绿化、亮化，达到了搬迁户"拎包入住"的标准。时任山西省委书记深入城庄镇走访调研，对这里依山就势、错落有致、体现晋西民居风格的整体建筑风貌给予了高度评价，指示在全省示范推广。

（三）产业就业保障

1. 强化产业培育，让搬迁农户家家有产业

习近平总书记强调，搬迁安置要同发展产业、安排就业紧密结合，让搬迁群众能住下、可就业、可发展。临县在实施易地移民搬迁的同时，出台了《临县易地扶贫搬迁集中安置点后续产业发展实施方案》等一系列政策，聘请山西现代循环经济研究院制定了《临县易地扶贫搬迁后续产业发展规划》，进一步明确了搬迁安置点后续帮扶措施、帮扶责任人、配套支持政策、产业发展重点等，特别是在城区安置点，探索出了"一基地、多园区"的产业扶持模式，建立了贫困劳力驾驶员培训基地、农特亨、慧淘等创业就业园区。在城南集中安置点建了一个"五位一体化"扶贫创业园，为城南易地扶贫搬迁安置小区的2000多名贫困劳力创造了更多的就业岗位。在整村搬迁村发展种养加产业，采取"公司＋合作社"等模式，通过流转、托管、折股量化等办法，集中原来分散的土地或其他资源，利用保留的集体公共用房，因地制宜发展一批标准化、规模化特色种养加产业，培育一批"短平快"增收小产业。例如，"五和居"移民搬迁村是临县第一个整村搬迁试点村，为确保搬迁户搬得出、稳得住、能致富，实施"易地搬迁＋产业发展"脱贫路径，配套建设2.67公顷恒温大棚引进栽培草莓、葡萄等。此外还引导贫困户加入周边村特色种养合作社，使贫困户通过"带资入社"模式，

每年获得 4000 元保底收益。2019 年 1 月 27 日，时任中共中央政治局委员、国务院扶贫开发领导小组组长深入临县"五和居"社区易地搬迁安置点走访调研，对易地扶贫整村搬迁取得的成效给予充分肯定。

2. 强化就业帮扶，让搬迁农户户户能就业

习近平总书记强调，就业扶贫要解决劳务组织化程度低的问题，要加强易地扶贫搬迁就业安置工作，想方设法为搬迁人口创造就业机会，保障他们有稳定收入。临县紧紧围绕搬迁群众生计方式的非农化转变，搭建就业平台，开展技能培训，以岗位促就业，确保有劳动能力家庭实现一人以上稳定就业。

（1）技能培训提能增技。临县本着"授人以鱼，不如授人以渔"的脱贫攻坚理念，对未就业的易地扶贫搬迁劳动力开展中式烹调师、焊工、电工、保育员、育婴师、家政服务、电子商务等职业培训，实现一人掌握多项技能，拓宽了搬迁群众就业渠道。例如，临县白文职业技校被吕梁市政府确定为"吕梁山护工护理"定点培训基地，在县委、县政府及市、县人社局的帮助和支持下，大力开展"吕梁山护工"培训就业工作，打响了"诚信、勤劳、专业"的临县劳务品牌。

（2）扶贫车间促进搬迁群众就地就业。采取"企业＋车间＋贫困户""企业＋订单＋贫困户""合作社＋基地＋贫困户""互联网＋"等模式，在建成的 18 个集中安置点配套建设了红枣加工、光伏发电、养殖、电子产品加工等扶贫车间，让广大搬迁群众在家门口实现就业增收。

（3）劳务输出促进群众转移就业。根据搬迁群众意愿和能力，强化针对性信息服务，鼓励支持本地人力资源公司、职业中介组织建立省内外和市县间就业扶贫对接机制，开展劳务合作。其中，临县护工辐射到北京、太原、天津、陕西、离石等地，月工资大多在 3000—5000 元，金牌月嫂的工资超万元，成为享誉全省、叫响全国的特色劳务品牌，良好的社会效益和经济效益得到了党中央、国务院、省委、省政府和市委、市政府的充分肯定和认可。

（4）公益性岗位解决弱势搬迁户的后顾之忧。统筹整合各级各部门力量，创新开发保洁保绿、治安协管、护河护路等扶贫公益岗位，优先就近安置易地搬迁家庭中的留守劳动力、零就业家庭以及残疾劳动力就业。

（四）社区治理跟进

随着大量搬迁户入住社区，搬迁群众的居住方式、生活成本、邻里关系等都发生了很大变化。为加强社区管理和服务，增强搬迁户的归属感，临县不断探索社区治理机制，夯实保障举措，引导搬迁群众尽快融入社区、融入县城、融入新生活。为构建有效的社区治理机制，临县充分发挥党建引领作用，运用提醒谈话、调整召回、宣传表彰、提拔重用等方式，正反向激励引导党员干部履职尽责，为搬迁群众提供便捷的户口迁移、就业、就学、就医、社保等各类公共服务，完善居民急需的社区各类生活服务，确保搬迁群众遇事有人管、困难有人帮，加快搬迁群众的社会融入。

（五）旧村拆除复垦

为消除部分搬迁户"穷窝难舍"的情结，切断搬迁户重回旧地、重返贫穷的"后路"，临县县委、县政府严格执行《中华人民共和国土地管理法》农村村民一户只能拥有一处宅基地的规定，坚持住新房、拆旧屋，严格履行搬迁安置与旧房拆除"双签"协议，实行资金奖补与拆除复垦进度挂钩制度，防止出现住房空置、不搬迁、不拆迁等问题。拆除后的宅基地因地制宜，能复垦为耕地的，优先复垦为耕地，实施土地增减挂钩交易；不具备复垦价值或复垦条件的宅基地，按照"宜林则林、宜草则草"的原则，实施复绿。

（六）生态治理修复

为持续有力地攻坚深度贫困，临县坚持易地搬迁与生态建设有机结合，将整村搬迁的旧村按照"宜林则林"原则，安排退耕还林，布局经济林和林下经济产业，发展光伏项目。深化集体林权制度改革，推进林地三权分置改革、林地流转和资产收益改革，培育新型林业经营主体，把搬迁户纳入林业产业化发展的全过程，使搬迁户稳定脱贫、逐步致富。

二、临县后续易地搬迁巩固措施

为全面巩固易地搬迁成果，持续提升搬迁户的综合实力，实现搬迁户收入的可持续增长，临县坚持"精准扶贫、精准脱贫"的基本方略，制定了一系列巩固措施。

（一）继续完善生活配套设施

统筹兼顾易地搬迁相关事宜，进一步完善相关制度的顶层设计，完善相关配套设施，如饮水、取暖等，做好易地搬迁户就医、子女上学、社会保障等后续服务工作，为易地搬迁户生产生活创造有利条件。

（二）进一步完善配套产业

持续关注易地搬迁户后续产业发展，合理配置并严格管理易地搬迁产业配套项目，及时为农户提供技术支持与指导，防范预期风险，促进农户长效稳定增收。出台招商引资优惠政策，引进劳动密集型企业。结合临县实际情况，对建设"扶贫车间"、吸纳搬迁贫困户就业、带动效果明显的经营主体，在落实国家和省市现有相关政策的基础上，给予倾斜政策支持和财政奖补。出台奖补政策，农业、畜牧、红枣、农经、财政等部门对整村搬迁村优先布局项目、倾斜资金，提高单位土地收益率，提高生产效率。

（三）持续完善培训服务

建立并动态完善就业扶贫基础台账，鼓励"订单式"、定向培训，加大"吕梁山护工"培训力度，做好组织管理、就业推介、跟踪服务、考核验收等工作，推广"精准培训＋劳务输出＋跟踪服务"模式，拓展家政护工服务市场。

（四）深入完善社区治理服务

健全公共文化服务体系，建设符合标准的居委会、治安管理室、文化室、卫生室、邮政网点等公共服务设施，形成公共服务与管理一体化的社区综合体。大力弘扬"吕梁精神"，持续深化"传承好家风、争当文明户"评选活动，丰富搬迁群众的文化生活。

易地扶贫搬迁是脱贫攻坚的重中之重，是解决"一方水土养不活一方人"的根本措施，是帮助贫困群众挪穷窝、斩穷根的关键之举。如今的临县，用"六环联动"破解了易地扶贫搬迁的难题，4.1万名搬迁户全部喜迁新居。从临县的实践来看，易地扶贫搬迁不仅要规划支柱产业，还要注重基层党的建设，使移民融入社区生活；不仅要完善教育、医疗、社会保障等公共服务网络，还要激发群众的活力，实现安居与乐业并重；不仅要搬出穷窝窝，搬到幸福地，还要修复生态环境，推动扶贫攻坚进程。通过易地扶贫搬迁，老百姓解开了贫困的枷锁，拿出了自我革新的勇气，找到了增收致富的道路，为推动扶贫攻坚进程增添了新动力，决战脱贫攻坚、决胜全面小康不再是梦想。

04

撑好养老托残"幸福伞"
牢筑脱贫攻坚"兜底网"

——安徽省泗县社会保障兜底脱贫的探索与实践

泗县是安徽省的东北门户，与江苏省徐州、宿迁接壤，是安徽省 23 个贫困革命老区县之一，是国家扶贫工作重点县。脱贫攻坚以来，贫困人口大幅减少，贫困发生率大幅下降，于 2019 年 4 月顺利实现了脱贫摘帽，农村居民人均可支配收入大幅增加，农村生产生活条件大幅改善，乡村治理能力大幅提升。

一、养老托残县乡"三合一"、村级"五合一"模式提出背景

泗县养老状况有三个特点：一是老年人、残疾人底数较大。全县现有老年人口 15.02 万人，其中五保老人 4495 人，残疾人 2.9 万人。二是留守老人养老难。在青壮年劳动力大量外出务工的背景下，留守老人、独居老人、失能和半失能老人养老难、看病难问题比较突出，"五保"老人和困难残疾人的照料问题值得关注。三是"五保"老人、困难残疾人看病难。"五保"老人虽然由敬老院集中供养，但仍存在看病不方便等问题；困难残疾人分散生活在农村，存在家中无人照顾和看病难、脱贫难的状况。

为实现贫困户高质量稳定脱贫，解决"五保"老人、留守老人和困难残疾人养老难看病难问题，针对农村重病重残和分散供养五保户等较多的情况，积极探索"县为龙头、乡镇主体、村为补充"集中供养护理模式，创造性地推行泗县县乡养老、托残、医疗服务"三合一"、村级养老、托残、医疗、五保、老年房"五合一"及村级日间照料服务站运营模式，有效解决了

农村养老托残、独居老人、无房老人生活困难的现实问题，有效盘活了村级存量闲置资产，把众多家庭劳动力从照顾五保、重残、独居老人中解放出来，探索出了一条为农村特困人员综合提供养老、托残、医疗、照料等公共服务的新路径。

二、养老托残县乡"三合一"、村级"五合一"模式的做法

（一）攻克难点，全力打造县乡"三合一"服务阵地

依托县医院和乡镇卫生院，在县乡两级养老机构现有服务基础上，增设标准化卫生室，增加托养残疾人床位，实行养老、托残、医疗服务"三合一"，让老人在养老机构里就能享受到高质量的医疗卫生服务。县社会福利院和16个乡镇敬老院，统一配备必要的医疗设备、药品，派驻医务人员全时段全方位提供医疗卫生服务。目前，16个乡镇敬老院将闲置床位改造提升为护理床位，共增加护理床位460张，全县生活不能自理特困人员1210人，集中供养620人，集中供养率达51.2%。

（二）因地制宜，全面加强"五合一"村级分院建设

为化解农村部分重残老人、"五保"人员和独居老人的恋乡情结，不愿集中至县、乡养老机构供养难题，泗县结合实际，充分利用村级现有闲置校舍、村部、卫生室和农户空房等基础设施进行改造提升，打造成乡镇敬老院村级分院（村残疾人托养中心），形成养老、托残、医疗、"五保"、老年房"五合一"服务模式。设置村级幸福食堂，为农村有一定自理能力的"五保"老人、残疾人、独居老人、无房老人和特困社会老年人提供日间就餐、照护、医疗护理等服务。目前，全县24个村级分院和187个村级养老服务站已开始运营，入住村级分院的"五保"老人、残疾人、特困户等269人，正在运营的幸福食堂服务对象132人，待30个幸福食堂打造完成后，预计服务对象可达400人左右。

（三）建章立制，全方位构建养老托残服务体系

依托县乡集中养老托残"三合一"、村级集中养老托残"五合一"、村级服务站日间照料（幸福食堂），构建以县社会福利院和县残疾人托养中心为龙头，乡镇敬老院（乡镇残疾人托养中心）和乡镇卫生院为主体，村级敬老院分院和村级养老托残服务站为补充的三级养老托残服务体系，出台《关于加强全县重度残疾人托养和农村集中养老服务的意见》，明确了周督查月考核机制，加大民生保障投入，将全县公办养老机构管理人员、护理人员和儿童集中供养机构护理人员工资标准提高到2300元/人/月；卧床不起的全失能老人（残疾人）护工工资标准按照3000元/人/月标准发放；集中供养失能人员生活补贴按照轻、中、重度由每人每月100元、200元、300元提高到每人每月300元、500元、1000元，计划2020年实现全县重度残疾人和困难老人应托尽托、应养尽养，实现全县特困人员全部托管。

三、养老托残县乡"三合一"、村级"五合一"模式取得的成效

（一）老有所养

针对"五保"老人、重病重残老人较多，供养护理资源分散的情况，泗县整合民政、残联、卫健等资源，盘活存量资产，积极探索集中供养护理新模式，在县乡一级建设养老、托残、医疗服务"三合一"中心17所，在村级建设养老、托残、医疗、"五保"、老年房"五合一"中心24所。通过探索养老托残县乡"三合一"、村级"五合一"创新模式，解决了农村养老难题。

（二）老有所乐

着力打造升级187个村级养老服务站和30个村级幸福食堂，村级养老、托残、医疗、"五保"、老年房"五合一"中心设置了卫生室、养老院、托养

室、康复室等，配备了康复器材、健身器材以及休闲设施，为全县老年人和残疾人提供养老托残"乐园"，目前集中供养总人数为 1065 人。

（三）老有所安

县乡"三合一"、村级"五合一"、村级日间照料服务站运营模式不仅解决农村养老托残、独居老人、无房老人生活困难的现实问题，而且把众多家庭劳动力从照顾"五保"、重残、独居老人中解放出来，家庭生活质量也逐步提高。

四、养老托残县乡"三合一"、村级"五合一"模式的经验启示

养老问题难点在农村，短板也在农村，对于兜底脱贫的贫困户至关重要。着力解决养老难问题，作为各地脱贫攻坚难点的重要抓手，成为巩固脱贫成果的重要规划。从本地养老实际出发，积极探索养老创新模式，成为脱贫攻坚和乡村振兴的有效衔接。

（一）"三合一"模式，破解了乡镇兜底脱贫困境

"三合一"模式不仅改变了残疾人在家无人照顾、看病难、难脱贫的现状，解决了"五保"老人难就医的顾虑，而且使养老机构吸引了更多重度残疾人，社会保障兜底的一批贫困户入住，重病重残的贫困人口难兜底的情况得到有效化解。

（二）"五合一"模式，开辟了村级基本公共服务新途径

村级养老分院，通过公建公营、公建民营、民办公助等灵活多样的经营方式，在保障"五保"老人基本需求的前提下，把服务范围扩大到贫困老年人、贫困重度残疾人，向全社会有养老需求的老人、残疾人开放，尽可能多地吸纳老年人、残疾人入住，从而真正实现社保兜底脱贫的功能。打造乡

镇敬老院村级分院暨残疾人托养中心，同时还与美丽乡村建设、农村三大革命、贫困村出列、村部建设、学校建设、村级卫生室建设等提供村级基本公共服务的部门建设有机融合。"五合一"运营模式不仅解决了村级养老托残的问题，独居老人、无房老人生活困难问题，而且综合提供了农村村级行政、教育、医疗等公共服务的有效形式，探索出一条有效解决村级基本公共服务多、服务难问题的新路径。

05

实施精神脱贫　激发内生动力

——安徽省灵璧县"精神脱贫"模式

推进精准扶贫精准脱贫，消除贫困、改善民生、实现全面小康，是当前一个时期各级党委政府的一项极端重要的任务。在脱贫攻坚过程中，发现贫困群众致贫既有因病、因残等客观原因，也有思想观念守旧、内生动力不足和精神状态不佳等主观原因。习近平总书记曾多次指出，"脱贫致富贵在立志""注重扶贫同扶志、扶智相结合"。为激发贫困群众内生动力，加深非贫困户对脱贫攻坚政策的理解和支持，在全社会营造自强可敬、脱贫光荣的浓厚氛围，灵璧县委县政府提出实施"精神脱贫"，推动实现物质、精神双脱贫。

一、"精神脱贫"模式的提出背景

经深入调研发现，当前在一些贫困地区、贫困群众中存在精神风貌不佳、内生动力不足、风俗习惯落后等不良现象，主要表现为：在乡风乡俗方面，以大操大办为主要问题的不良风俗侵蚀着群众致富的经济基础，孝老爱亲、邻里互助等传统美德有所丢失；在农村环境方面，一些地方村容村貌"脏、乱、差"，沟渠河塘水污染问题严重，直接影响了基层群众的思想生活状态；在贫困户精神面貌方面，随着脱贫攻坚政策的不断涌现，政府对贫困户的扶持力度不断加大，贫困户中不想脱贫、不敢脱贫的比例有增加态势，有些非贫困户出现了以"贫"为荣甚至想争当"贫困户"的思想误区。与此同时，贫困户和非贫困户两个群体之间的关系也出现了不和谐的苗头。

"扶贫先扶志"，要从根本上实现脱贫目标，必须要从思想上淡化"贫困意识"，改变贫困户的精神面貌。针对部分贫困村、贫困群众存在的内生动力不足等"精神"层面的问题，2016年10月，全县扶贫开发领导小组会议上提出了开展"精神脱贫"工作的要求，并确立了"四有"目标，即"有一个文明和谐的村容村风、有一个积极乐观的精神态度、有一个健康卫生的生活方式、有一个干净整洁的家庭环境"。2017年1月，"推动实现物质、精神双脱贫的目标"写入县政府工作报告。灵璧县将"精神脱贫"工作纳入全县脱贫攻坚工作总体规划中，在县扶贫开发领导小组统一领导下开展，在县委宣传部设立"精神脱贫"办公室，并相继出台"精神脱贫"工作实施意见、实施细则和考核评选办法，全面推动"精神脱贫"。2018年6月11日国务院扶贫办以《安徽灵璧"六大行动"推动精神扶贫》为题刊登灵璧县特色做法。

二、"精神脱贫"模式的创新做法

在具体工作中，灵璧县大力实施"宣传教育、志愿帮扶、文化服务、教育培训、环境整治、典型选树"六大行动，推动"精神脱贫"取得实效。

（一）实施文明乡风宣教行动

当前，农村基层存在的大操大办、封建迷信、涉黄涉赌等不良风气，腐蚀了人们的思想，影响了人们的生产生活，阻碍了脱贫攻坚进程。灵璧县把移风易俗工作作为"精神脱贫"工作的重要内容和基础保障，将移风易俗与"精神脱贫"深度融合、协同推进，推动全县各行政村建立"四会一约"，并充分发挥职能作用。目前，全县已有310个行政村全部建立"四会"、形成"一约"，农村红白喜事大操大办、铺张浪费不良风气得到了有效遏制。大力开展"树文明乡风，促精神脱贫"主题宣传教育工作，在贫困村打造主题文化墙和宣传栏，营造浓厚文化氛围，以健康向上、情趣高尚的文化引领群众；着力健全完善乡村广播室管理使用机制，充分发挥乡村广播宣传引导作用，全县所有行政村广播室每天播放中华传统美德、党和国家好政策、脱贫励志故事等正能量信息不少于1小时；通过在传统媒体和网络媒体开设专栏，深入报道"精神脱贫"工作的好做法、好成效及涌现出的"精神脱贫"典型事迹。

（二）实施志愿服务帮扶行动

把扶贫"双包"工作与志愿服务相结合，与贫困群众的技能培训、素质提升相结合，通过开展志愿帮扶活动，教育引导贫困群众树立积极乐观、自立自强、不甘贫困的精神追求。全县各帮扶单位、各行政村均建立了一支以帮扶工作队队员为主的志愿服务队，同时积极发动社会志愿者参与到精神扶贫工作中来，目前，全县共有县乡行政机关志愿服务队83个，社会志愿服务组织13个，5400余名志愿者与农村基层17566户贫困群众建立起了结对帮扶关系。累计组织实施志愿义诊活动700余场次，义务开展种植、养殖技术培训150余场次，免费发放书籍、宣传册2万余份，帮助建立农村文艺队伍21个，13160个贫困家庭在校学生受到了教学培训、心理疏导等志愿帮扶。志愿服务队员每月至少1次深入贫困户开展"四个一"活动，即"送一句问候、讲一篇故事、扫一个房间、聊一会家常"，与贫困群众深入交流谈心，帮助其打理个人生活卫生，改善人居环境，提升精气神。

（三）实施文化服务惠民行动

为解决基层群众日益增长的文化需求，丰富提升群众精神文化生活，县委县政府大力推进实施文化惠民行动。着力健全完善贫困村文化活动室、农家书屋管理使用机制，做到物尽其用；积极协调项目和资金，加强贫困村农民文化广场建设，目前已基本实现贫困村农民文化广场全覆盖；着重加强扶贫脱贫题材文艺作品创作，以群众喜闻乐见的形式宣传扶贫政策和先进典型事迹，编排全省首部大型扶贫题材泗州戏《白芷花开》，在全县73个贫困村巡演。全县20个乡镇（开发区）均成立了一支"精神脱贫"文艺宣传队伍，定期赴各村开展文化娱乐活动，丰富基层群众精神文化生活。

（四）实施教育培训提升行动

全面落实各类助学政策，着力解决因贫辍学问题。全县各中小学校均组建了教育扶贫志愿服务队伍，以乡村少年宫教师为主体，以乡村少年宫为平台，采取"走出去、领进来"的方式，为贫困家庭儿童提供心理辅导、关怀慰问等帮扶工作。人社、农委、民政、工会、科协等部门立足本职，积极深入贫困村、贫困群众中开展多种形式的技能培训、教育教学活动，让贫困群众提升劳动技能、增强致富本领。

（五）实施环境卫生整治行动

农村环境卫生，是农村精神文明建设的重要内容之一，干净整洁的卫生环境能够为百姓的精神面貌带来积极的影响。县委、县政府把"精神脱贫"工作与农村基层"三大革命"工作深入结合，在贫困村改水、改厕、改厨、改圈等工作上给予资金倾斜，着力解决垃圾乱倒、粪便乱堆、禽畜乱跑、柴草乱放、污水乱泼等问题。大力推进改善农村人居环境建设项目，推动贫困村道路、桥涵、污水垃圾处理设施及文化体育广场等基础设施建设。目前，18个乡镇污水处理厂全面建成，垃圾清运处理实行市场化运作，投放垃圾桶6.2万个，垃圾发电厂、填埋厂投入运营，日处理垃圾550吨。按照每500人配备不少于一名保洁员的标准，全县从建档立卡贫困户中选配2290名保洁员，农村环境有显著改善。

（六）实施先进典型选树行动

着力发挥先进典型的精神引领和价值导向作用，全县各地深入开展"五好文明家庭""好公婆""好媳妇""好儿女"等各类创评活动。同时，设立"精神脱贫示范村"和"自强自立示范户""孝老爱亲示范户""邻里守望示范户""美丽家庭示范户"评选项目，在贫困村、贫困群众中选举"精神脱贫"典型。目前，全县先后涌现出"精神脱贫"典型近百个，开展典型宣讲活动近百场，形成了尊重、学习、争当先进典型的良好风尚，用贫困户教育引导贫困户的方式取得明显成效。

三、"精神脱贫"模式的启示

（一）强化保障，确保"精神脱贫"不流于形式

一是强化组织保障。将"精神脱贫"工作纳入全县脱贫攻坚工作总体规划中，在县扶贫开发领导小组统一领导下开展。成立"精神脱贫"办公室，设在县委宣传部。各乡镇、县直有关责任单位把"精神脱贫"工作作为脱贫攻坚工作的重要内容，均成立相应的组织领导机构。

二是强化制度保障。相继出台了"精神脱贫"工作《实施意见》《实施细则》和《考评办法》，从组织领导、推进实施、督查考核等层面形成了一套较为全面系统的工作机制。对"精神脱贫"工作严格实行月调度、季督查、半年考核与年终考核。年终考核分数计入全县扶贫考核总分，占10分比重。

三是强化投入保障。县财政设立"精神脱贫"专项资金，并视"精神脱贫"工作开展情况，逐年适度增加投入金额。专项资金由县"精神脱贫"办公室每年年初制订资金使用计划，按阶段确定资金投向。各乡镇（经济开发区）、县直有关责任单位加大投入力度，为"精神脱贫"工作提供充足的资金保障。

（二）处理好"五种关系"，确保"精神脱贫"长效推进

一是处理好物质脱贫和精神脱贫的关系。县委、县政府坚持把物质脱贫工作摆在主体位置，把"精神脱贫"工作作为物质脱贫工作的基础保障和重要支撑。在具体实施"精神脱贫"工作的过程中，始终秉持着"围绕脱贫攻坚、服务基层群众、提供精神支持"的理念，以"精神脱贫"助推物质脱贫，以物质脱贫带动"精神脱贫"，最终实现"双脱贫"目标。

二是处理好弹性目标和硬性措施的关系。由于"精神脱贫"工作与物质脱贫工作的特性不同，一些目标无法量化，但这并不意味着干好干坏一样。通过先后出台"精神脱贫"工作《实施意见》《实施细则》和《考评办法》，对各部门各乡镇的工作职责做了明确的硬性规定。建立实施"月调度、季督查、半年考评、年终总评"工作机制，持续保持高压态势，确保各项任务扎

实推进、落到实处。

三是处理好全面推进和重点突破的关系。"精神脱贫"工作是一项全新的工作，涉及面广、包含任务多，在全面推进宣传教育、志愿服务、移风易俗、典型选树等工作的同时，注重做好试点和示范工作。首批从全县73个贫困村中遴选了20个贫困村作为"精神脱贫"示范村，在资金、政策上进行大力支持、重点打造，以发挥示范效应，拓展建设成果，以点带面，推动整体工作提升。

四是处理好全县参与和镇村为主的关系。建立分级负责、各方协作、精准到户、责任到人的领导体制和工作机制，构建了责任清晰、各负其责、合力攻坚的责任体系，形成户为单元、乡镇（经济开发区）和村为主体、县直各单位综合施策的县、乡、村齐抓"精神脱贫"工作的格局。

五是处理好贫困群众与一般群众的关系。坚持把贫困群众作为"精神脱贫"工作的主要对象，但并未把贫困群众和一般群众刻意割裂开来，而是注重以人为本、统筹兼顾。在实施精神脱贫"六大行动"的过程中，针对贫困群众和一般群众的客观实际和不同需求，分别设计相应的活动载体，推动共同参与、共同分享，实现整村整乡镇全面推进。如在志愿帮扶工作中，除了把贫困户作为志愿帮扶对象外，同时把非贫困户中生活困难、有帮扶需求的家庭纳入志愿帮扶范畴，有针对性地实施帮扶救助；还全域推进移风易俗和农村"三大革命"工作，实现行政村全覆盖、城乡群众全覆盖，加强公共文化服务设施建设，全体村民共同享有、共同受益。通过加强农村精神文明建设，强化对群众的教育引导，协调好贫困户与非贫困户之间的关系，凝聚脱贫攻坚的强大合力。

06

打响"兴国表嫂"金品牌
创造"就业脱贫"新模范

——江西省兴国县培训品牌助推就业扶贫模式

近年来，随着脱贫攻坚的持续深入，各地结合自身优势狠抓就业扶贫政策落实，涌现了不少脱贫致富的新典型、新做法。苏区时期，兴国县创造了"十个模范"，被誉为模范县。新时期，在打好脱贫攻坚这场硬仗征程中，深入挖掘"兴国表嫂"勤劳、善良、好学的内在品质，按照"培训农民，转移就业，脱贫致富"的总体思路，以"兴国表嫂"为龙头品牌，深入推进就业扶贫。截至目前，累计培训贫困户1.3万人，全县共有5291名贫困劳动力通过帮扶实现稳定就业，贫困劳动力就业呈现出"培训一人，脱贫一户"的喜人景象。

一、龙头品牌带动，培训制度化、体系化

习近平总书记指出，一人就业，全家脱贫，增加就业是最有效、最直接的脱贫方式，要加大扶贫劳务协作，提高培训针对性和劳务输出组织化程度，促进转移就业，鼓励就地就近就业。多年来，兴国县朝着这个目标不断探索，选准"兴国表嫂"家政服务品牌作为就业扶贫龙头，形成了一整套行之有效的工作机制。

一是因需制订培训计划。制订了"兴国表嫂"家政服务员培训计划，建立"县、乡、村"三级服务工作体系，专门组织帮扶工作队深入基层、走村入户，针对贫困女性劳动力全面开展贫困户就业创业和培训需求摸底调查，并梳理汇总、分门别类建立贫困户就业培训管理台账，根据贫困户的自身条件，重点筛选一批勤劳善良、踏实肯干的贫困女劳力进行分类培训，对

交通方便、时间充足的贫困对象实行免餐费、免住宿费、免培训费集中培训；对交通不便、时间不充足的对象，还不定期采取送培训下乡的方式，将家政服务技能培训送到家门口。全县累计培训 39 期 2153 人，其中 2018 年完成了 13 期共培训 711 名农村妇女（含精准扶贫对象 685 人）。

二是量身定制培训课程。采取政府购买服务的形式，"借力"社会培训机构开展各类技能培训，按照培训教材、教学大纲、考核标准、证书发放"四统一"的培训管理模式，聘请县人民医院、县妇幼保健院和家政服务行业的资深专业讲师进行授课，采用理论和实践操作相结合。主要围绕孕产妇护理、婴幼儿护理、老人护理、病人护理、家庭常规保洁、文明礼仪、家电使用常识、采购与记账、相关法律知识等方面进行全方位培训。培训结束后，统一对学员进行考核，成绩合格者颁发相关证书。

三是分类定制培训补助。为了进一步提高参训人员积极性，解决贫困户后顾之忧，减轻经济负担，在免费培训的基础上还对参加培训的贫困户发放培训补贴，家政服务员按 600 元 / 人、康复保健生活护理人才按 1000 元 / 人的标准予以补贴。对实现稳定就业的劳动力，实行在县外务工按照 500 元 / 人 / 年，县内务工按照 300 元 / 人 / 年的标准发放交通补贴，2018 年，全县共计发放交通补贴 1517.86 万元，惠及贫困劳动力 32864 人。

二、精准对接需求，就业专业化、灵活化

兴国县顺应社会形势，掌握市场规律，积极开展"兴国表嫂"就业培训，帮助贫困群众掌握一技之长，增加职业本领，持续稳定增收，彻底拔掉穷根。目前就业空间广阔，市场需求旺盛。

一是注重对接企业需求。充分对接经济开发区和各级企业主体需求，发挥职业培训的平台优势，实行"订单式"培训，培养急需人才。先后与县铁人保洁公司、县人民医院、县第二医院等单位合作，培训企业急需女工近 200 人。潋江镇南门居委会黄某秀，参加"兴国表嫂"月嫂培训班后，凭着出色的理疗技术，被县人民医院理疗科聘用，成为一名受人尊重的"理疗医生"，每天工资 200 元。

二是注重对接市场需求。积极对接市场信息，针对近年来"二孩"政策放开、月嫂等市场火热行情，大力举办家政服务员、月嫂、育婴师等市场

急需岗位培训,"兴国表嫂"品牌培训还专门开设了产妇保健与护理、新生儿护理、母婴护理心理学等课程。均村乡曾某,自2015年开始一直从事月嫂工作,精心护理产妇和新生儿,得到了客户的一致好评,现在月工资可达7000元以上。

三是注重对接岗位需求。积极引进了深圳金阳光家政、上海爱君家政、江西卓恒家政、赣州鸿运家政、赣州卓越月子中心和赣南福婴月子中心等规模化、标准化的家政服务企业,精准对接岗位需求,形成了信息传递、职业介绍、技能培训、政策指导、法律援助等一条龙服务体系,全面促进农村富余妇女劳动力转移就业。截至目前,合作家政公司提供就业岗位信息500余个,成功推荐就业212人,月工资达2500—9000元。学员何某参加月嫂培训后,又参加赣州市家政服务公司进修,2018年6月底就创办了"亲宝贝家政服务有限公司",帮助了100多个"兴国表嫂"培训学员介绍了满意的工作。

三、全程跟踪服务,成效最大化、长效化

兴国县按照"扶上马、送一程"的工作要求,对就业培训成效进行了跟踪式服务,贫困户结业后,制定了工作台账进行跟踪培养,积极推荐就业,及时解决在就业中遇到的各种问题,确保稳定就业增收。

一是稳定就业效益好。2018年,最后一期培训结业后,对受训学员的就业意愿进行了摸底,对她们的就业情况进行了跟踪调查。对73名自愿外出务工的学员,安排在深圳、上海等地就业,对22名既想照顾家庭又想适当从事一些家政服务的学员,安排在县内家政服务公司。学员刘某参训后组建了一支由4名妇女成立的保洁小分队,每天工资达80—100元,过年时一天能挣160元,而且还要提前预约。

二是社会肯定反响好。通过对"兴国表嫂"的有效推广,积极加强与家政服务行业的对接,以赣州卓恒、兴国亲宝贝等家政服务公司为依托,着力开展就业推荐服务。如今,"兴国表嫂"家政服务品牌已为家政服务市场广泛认可,给外界市场树立了一个有"热心、爱心、耐心、责任心"的家政工作人员良好形象,很多外地市场都信任"兴国表嫂"这个培训品牌,与多家外地公司签订合作协议,获得了社会的一致认可。

　　三是素质提升生活好。兴国县还结合"赣南新妇女"运动，积极开展"新时代家庭·家教·家风"家庭教育巡讲活动，以及"好儿女""好媳妇"等评比活动，不仅从专业能力上进行培训，还从思想道德层面进行教育引导，这些学员通过培训学习不仅提高了工资待遇，还在精神风貌、社会地位方面也发生了翻天覆地的改变。学员曹某原来是一个工厂女工，丈夫早逝，生活艰辛，一度患有精神抑郁症，但通过专业技能知识学习和心理疏导培训，不仅顺利获得职业资格证和培训合格证，工资也由最开始的 2000 元 / 月到现在最高可达 12000 元 / 月，精神面貌也得到前所未有的提升，加上她淳朴、勤劳、善良的美好品质和耐心真诚的悉心照料，得到了越来越多的雇主认可，雇主都说她是"三星的月嫂"却有"五星的服务"；此外，随着自身素质的提升和教育方式的转变，她儿子成功考取国家重点大学——中南大学，曹某在接受采访时充满信心地说："大家都说，我从事月嫂工作后变化很大，心态好了，人也年轻了。我觉得我做得还不够，我还要继续加强学习，努力让更多雇主认可我，过上更好的生活。"

07

"互联网+"健康扶贫模式

——河南省汝阳县"互联网+医疗"健康扶贫实践

在我国广大农村地区，"因病致贫""因病返贫"长期成为阻挡贫困家庭脱贫的重要障碍。在我国贫困人口中，"因病致贫""因病返贫"人口占有相当大的比重，解决好因病致贫问题才能抓住扶贫工作的"牛鼻子"。随着我国精准扶贫工作深入推进和医疗制度体系不断完善，一些地方已经探索出了健康扶贫的新模式，汝阳县的"互联网+"健康扶贫模式就是其中的典型代表。

汝阳县地处豫西伏牛山区、北汝河上游，总面积 1332 平方千米，辖 8 镇 5 乡，220 个行政村（社区），总人口 52 万，是国家扶贫开发工作重点县和秦巴片区连片扶贫开发工作重点县，共有贫困村 78 个，建档立卡贫困人口 13759 户 54026 人，因病致贫 3965 户 17201 人，因病致贫率 31.84%。2020 年 2 月，河南省政府宣布汝阳县脱贫摘帽，退出贫困县序列，贫困发生率降至 1.18%，未脱贫人口中因病致贫率降至 15.18%。为确保农村贫困人口"看得上病、看得起病、看得好病"，汝阳县不断深化医疗卫生体制改革，实施分级诊疗，发展以"互联网+医疗"为主的远程诊疗体系，探索出"互联网+"健康扶贫模式，使全县群众享受到"看病不出村、专家在门口"的优质服务，健康扶贫成效显著，值得借鉴和推广。

一、探索过程

汝阳县地势呈"七山二陵一分川"分布，13 个乡镇中，7 个乡镇位于南部偏远山区，最远的靳村乡距离县城 33 千米。山区群众进城看病，只能坐早晚的班车，加上在医院挂号、取药，往返一次至少需要一天的时间。为了解决汝阳群众"看病难"的问题，降低因病致贫返贫比率，汝阳县委、县政府想了很多办法、做了很多探索。

2014 年，河南科技大学开始结对帮扶汝阳县刘店镇红里村，河南科技大学第一附属医院在应用"远程诊疗"技术方面，一直处于全省领先地位。2017 年 3 月，在河南科技大学第一附属医院的帮助下，汝阳率先在刘店镇红里村安装运行了利用视频问诊的第一个"互联网医院"。在卫生室里，村医对一些疑难杂症，通过"互联网医院"预约河南科技大学第一附属医院的在线医生视频问诊，在线医生开出处方并提出后续治疗建议。这种"新鲜、高效、便捷"的诊疗模式使山区群众享受到"看病不出村，专家就在家门口"的医疗服务，吸引了周边乡镇患者慕名问诊，受到广大群众的一致好评。虽然刘店镇红里村位于汝阳和汝州交界处，地理位置偏远，但"互联网医院"运营后，日门诊量却高达 70 余人。

看到远程诊疗的成效后，汝阳县借助"宽带中原示范县"优势，决定将"互联网医院"建设列为"书记工程"。按照"分期分批"原则，在县、乡、村三级医疗机构全面建立、全面推广。2017 年年底，全县共建成"互联网医院"236 个，实现了三级医疗网点全覆盖。

2019 年，为了充分发挥"互联网医院"作用，最大限度地普惠百姓，汝阳县又投资 2300 万元，建成了便捷高效、信息共享的汝阳县"互联网＋健康扶贫"信息平台。该信息平台涵盖了县域居民全生命周期的所有健康数据，对县域 54026 名贫困人口致病原因运用大数据进行了详细的分析统计，制定了"一户一策"的健康扶贫方案，为汝阳打赢脱贫攻坚战作出了突出贡献，受到河南省脱贫攻坚领导小组的通报表彰。

二、创新做法

（一）加强医疗服务体系建设，夯实分级诊疗资源基础

将提升基层医疗服务环境和能力作为解决因病致贫的重要基础，加强远程会诊、信息化建设，推进分级诊疗和双向转诊，带动乡村医疗水平提升。

一是加强基础能力建设。依托成功创建"宽带中原示范县"，全县所有行政村宽带网络覆盖率 100%、4G 网络入村率 95%的网络资源优势，以加

强基层医疗卫生服务体系建设为导向，投入资金3400多万元，在推进村卫生室标准化建设的同时，与河南科技大学第一附属医院建立深度合作关系，共同打造"互联网医院"平台，大力推动"互联网+医疗"体系建设。对全县各村卫生室的网络设施进行重新搭建，对硬件设备进行更新升级，为实施远程诊疗构建了硬件基础。

二是提高操作技能水平。以人才培养为重点，开展教育培训和健康讲座。邀请河南科技大学第一附属医院专家，对全县所有村医进行远程医疗网络的操作培训，促进基层医疗人员对网络医院平台的认识，提高其电脑操作水平，为"互联网医院"平台的推广使用打下坚实的技术基础。

三是注重市县对口帮扶。开展市、县医院对基层医疗机构对口帮扶工作，以专家坐诊日、专家手术日、专家到基层医院患者随访日等特定服务日和特定服务项目为载体，帮助基层医院提高医技能力和管理水平。乡村医生在协助患者和专家沟通的同时，通过从诊断到用药治疗的全过程学习，提高自身医疗技术水平，促进全县基层医疗队伍建设，为基层群众医疗健康奠定服务基础。同时，辖区卫生院指派专人对村医进行一对一指导帮扶，对无村医的村卫生室由县卫健委通过后备人才库调剂或辖区卫生院下派医生轮流坐诊，解决了人员不足的问题。

（二）健全四级远程医疗体系，促进优质医疗资源下沉

整合和优化全县医疗资源配置，探索建立医疗卫生服务一体化管理体制和运行机制，推动优质医疗卫生服务资源向基层下沉，实现基层患者从"一跑几天"到"20分钟拿药"的转变。

一是开展分级分类远程医疗。依托市县乡村四级远程医疗平台，建立远程医疗政策管理、医疗服务和信息技术三个体系，共享区域内优质医疗资源，村医遇到疑难病例，可以通过网络医院平台向县级医院申请会诊，也可以转诊至河科大一附院在线坐诊医生，给予确诊并指导治疗方案，实现网上看病、就地取药，遇到急重患者，接诊医疗单位开展绿色通道及时安排专家会诊。

二是加强县域信息化医联体建设。以信息化医联体为载体，提供连续医疗服务。依托县人民医院、县中医院两家二级医院为龙头成立两个信息化

医疗联合体，居民在联合体内的社区卫生服务站、乡镇卫生院首诊，根据需要可逐级转诊、分级诊疗，形成患者有序流动、医疗资源按需调配、医疗服务一体化的分级诊疗格局。

三是基层群众患者持续受益。通过"互联网医院"平台的推广使用，90%的群众看病就医留在基层，降低了群众的医疗费用，使医保、新农合资金最大限度地发挥作用。特别是"互联网医院"手机 APP 的推广使用，使患者"足不出户"就能享受省、市级专家服务，特别是患有慢性病和需要大病康复治疗的病人，一机在手，就能和专家定期面对面沟通，避免基层群众看病的长途奔波和排队等待。

（三）深化家庭医生签约服务，提高服务基层群众效果

依托"互联网医院"平台，进一步提高家庭医师签约率，为签约患者提供适宜的远程医疗、远程健康监测、远程健康教育、远程用药咨询等服务。

一是建立"1+1+1"服务协作模式。以"互联网医院"平台为纽带，建立县级医院、乡镇卫生院和村卫生室分工协作、各负其责的服务模式。将全县以行政村为单位分成若干服务区，组建由县级医院、乡镇卫生院全科医师、乡村医生等组成的家庭医生服务团队 85 个，乡村医生作为签约服务的第一责任人，直接与居民签订服务协议，在医疗卫生机构及专业公共卫生机构的技术支持下，通过线上线下医生密切合作，县级医院主治医师与乡镇医生进行结对帮扶，每个村卫生室均有县级医院和乡镇卫生院骨干医生进行对口指导，实现线上线下无缝对接。

二是突出对重点群体的优质服务。以慢性病和 65 岁以上老年人、妇女儿童、贫困户、残疾人等人群为重点签约对象，实现"互联网医院"平台对签约人群的优先覆盖、优先服务。签约的农村居民可通过"互联网医院"平台享受坐诊专家的日常定期沟通，在村里完成后续治疗。对需要转诊治疗的病人，可通过"互联网医院"平台提前预约，利用网上"绿色通道"优先转诊至签约的县级医院。另外，将日常管理医疗纳入家庭医生签约的服务内容，引导县级医院向乡镇卫生院转诊病情稳定的慢性病患者，初步建立急慢分治体系。

三是注重宣传扩大效应。通过设立"乡村医生负责制"公示牌、发放"乡

村医生"联系卡及媒体专题报道等方式加大对"互联网医院"平台和签约服务的宣传力度。结合对 65 岁以上老年人和慢性病患者免费体检活动，为签约服务对象提供个人健康信息查询和咨询预约等健康管理服务和签约服务讲座，提高基层群众的知晓率和覆盖率，以此带动家庭签约医生签约率提高。

（四）发挥医疗体制改革效应，基层健康服务成效显著

目前汝阳全县 220 个行政村（社区）卫生所共签约农村人口 42.25 万人，签约率达 98.54%，其中建档立卡贫困户签约率达 100%，因病致贫率降至全省最低。

一是促进了医疗资源双向流动，提高了分级诊疗效果。通过"互联网医院"平台的推广应用，加强了县、乡、村三级医疗机构之间纵向合作，形成县、乡、村三级医疗机构之间的优质医疗资源纵向流动渠道，促进基层医疗机构服务能力提升和优质医疗资源下沉，较好地实现了"基层首诊、双向转诊、急慢分治、上下联动"的分级诊疗要求。待"行走的医院"项目全面实施后，将逐步构建起"国家—省—市—县—乡—村"六级远程医疗网络体系，形成"纵向到底、横向到边"上下贯通的医疗资源共享通道，进一步提升基层医疗机构的服务能力。

二是满足了基层群众就近看病治疗的需求。"互联网医院"平台的推广应用有效改善了城乡医疗资源分配不均现状，满足了基层群众特别是偏远山区群众的医疗需求，使患者可以就近享受市级专家的服务。目前，全县已基本实现了"健康进家庭、小病在乡村、大病到医院、康复回基层、90%病人就医不出县"的目标，极大地缓解了基层山区群众的看病难题。

三是有效减轻了基层农村群众的看病负担。通过"互联网医院"平台的推广使用，90%以上的群众看病就医留在了基层，最大限度地提高了新农合的报销比例，目前医院住院报销比例最高可以达到95.82%。2018 年以来，直接减轻患者就医费用负担 950 余万元，患者自付率降至 4.18%。同时，为巩固家庭医生签约服务效果，进一步降低贫困人员的医疗负担，汝阳县投资320 余万元，为全县 4781 名贫困高血压患者实施免费送药。

四是提升了基层医疗机构的服务能力和水平。"互联网医院"平台除了直接方便群众外，也推动了汝阳基层卫生所诊疗水平的提升。基层医生在协

助患者和专家沟通的同时，通过从诊断到用药治疗的全过程学习，提高了自身的医疗技术水平，有效促进了全县基层医疗队伍建设，为更好服务基层群众医疗健康奠定了基础。

三、主要成效

（一）促进了医疗资源双向流动，提高了分级诊疗效果

通过"互联网医院"平台的推广应用，加强了县、乡、村三级医疗机构之间纵向合作，形成县、乡、村三级医疗机构之间的优质医疗资源纵向流动渠道，促进基层医疗机构服务能力提升和优质医疗资源下沉。在新冠肺炎疫情防控中，"互联网医院"视频平台加速了疫情防控知识下沉，拓展了线上服务空间，缓解了线下诊疗的压力，有效避免了交叉感染。目前，汝阳县群众患病县外就诊率由 16.3% 下降到 8.5%，县域内就诊率达到 91.5%。

（二）满足了基层群众就近看病治疗的需求

"互联网医院"平台的推广应用有效改善了城乡医疗资源分配不均的现状，满足了基层群众特别是偏远山区群众的医疗需求，使患者可以就近享受省、市级专家的服务，特别是患有慢性病和需要大病康复治疗的病人，通过远程诊疗就能和专家定期面对面沟通，在村里完成后续治疗，避免了基层群众看病长途奔波和排队等待的情况发生。

（三）有效减轻了基层农村群众的看病负担

通过"互联网医院"平台的推广使用，90% 以上的群众看病就医留在了基层，最大限度提高了新农合的报销比例，目前在乡卫生所住院报销比例可以达到 90%，县级医院住院报销比例最高可以达到 83%。据不完全统计，2018 年以来仅就医费用就直接减轻患者负担 1950 余万元，全县因病致贫返贫率下降了 24.95%。

（四）提升了基层医疗机构服务能力和水平

"互联网医院"平台除了直接方便群众外，也推动了汝阳基层卫生所诊疗水平的提升。基层医生在协助患者和专家沟通的同时，通过从诊断到用药治疗的全过程学习，提高了自身的医疗技术水平，有效地促进了全县基层医疗队伍建设，为更好地服务基层群众医疗健康奠定了基础。

08

"六个一"模式提升产业精准扶贫效能

——华中农业大学发展"六个一"模式
精准帮扶建始县产业

　　湖北省恩施州建始县地处集中连片特困地区——武陵山区，是国家新阶段扶贫开发工作重点县。根据国务院扶贫办、中组部、教育部等 8 部委《关于做好新一轮中央、国家机关和有关单位定点扶贫工作的通知》和教育部《关于做好新时期直属高校定点帮扶工作的意见》文件精神，华中农业大学于 2012 年 11 月开始参与定点扶贫建始县。为完成定点扶贫任务，该校与建始县人民政府联合制定《华中农业大学定点扶贫建始县工作规划（2013—2020 年）》，在促进高校与地方优势融合中，逐步探索出具有农业高校特色的"六个一"产业精准扶贫模式，即"围绕一个特色产业，组建一个教授团队，设立一个攻关项目，支持一个龙头企业，带动一批专业合作社，助推一方百姓脱贫致富"。

一、"六个一"产业精准扶贫模式的主要思路

　　因地制宜，瞄准有带动和辐射作用的产业，组建相关应用学科教授团队，设立产业攻关项目，搭建教授团队和"靶向产业"之间的联系，为"靶向"产业注入科技元素，助推产业发展。

　　培育产业龙头企业，以龙头企业带动专业合作社，以专业合作社吸纳贫困人口。既以龙头企业示范引领实现扩大产业规模，建立产业品牌，提升产业效益的综合目的，又以专业合作社吸纳贫困人口进入产业链条，将产业发展受益面向在册贫困人口覆盖，实现助推一方百姓脱贫致富的目标。

　　"六个一"产业精准扶贫模式诸要素中，明确"靶向"产业是基础，组建专家团队是核心，设立产业攻关项目是保障，支持龙头企业发展是关键，

带动一批专业合作社是有效途径，助推一方百姓脱贫致富是目标。

二、"六个一"产业精准扶贫模式的典型做法

（一）深入调研磋商，精准选择扶贫产业

该校党委高度重视产业扶贫工作，认真做好顶层设计，制定产业帮扶指导"八年规划"，一届接棒一届，坚持一张蓝图干到底，瞄准靶心，精准发力，充分挖掘学校科教优质资源，助力建始县产业发展。针对建始县山区农业资源特点，以建始县优势特色农业资源的综合开发利用为扶贫攻坚的主要方向，因地制宜发展特色产业。校县双方共同组织技术力量，经过十余次实地调研和多轮校地磋商，最终选取贫困人口覆盖面广的魔芋、景阳鸡、猕猴桃、高山蔬菜、枸杞、茶叶、冷水鱼、饲料油菜、甜柿、马铃薯10个优质特色资源培育特色产业，实施产业精准培植。

（二）组建教授团队，全方位服务产业发展

为培植特色产业，该校先后组建了42支科技服务团队。科技服务团队实行首席教授负责制，在育种（种苗）、生产（养殖）、采收加工、病虫害防治、营养（肥料、饲料）等产业环节配备团队成员，并要求团队成员具备丰富的实践经验，甘于奉献，善于做群众工作。该校要求科技服务团队每年指定一名老师作为联络员派驻建始县，实地调查了解产业状况，实时提供科技支撑；要求科技服务团队深入田间地头、工厂车间，开展技术咨询服务和现场示范；要求科技服务团队开展以先进适用技术为主的培训工作，为当地培养一批以特色产业人才、农业局和乡镇服务中心技术人员、专业合作社带头人、种植大户为主体的致富"领头雁"。定点扶贫以来，科技服务团队开展农村创业致富带头人、专业技术人员、贫困户培训21400余人次。科技服务团队编写了《建始猕猴桃实用栽培技术》《山区规模化生态土鸡养殖手册》《高山蔬菜实用栽培技术》《建始猕猴桃有机种植技术》《建始猕猴桃秋季田间管理》等技术资料近20种。

（三）设立攻关项目，提升产业发展效率

针对制约特色产业发展的关键共性问题，该校设立产业攻关项目，开展科技攻关，示范推广新品种、新技术，提升产业发展效率。该校共设立产业攻关项目 53 项，投入项目资金 1114 万元。一方面，解决了景阳鸡疫病等产业发展顽疾，引进了高山蔬菜、玉米、饲料油菜、马铃薯等新品种 40 余个；另一方面，"高山蔬菜高产高效生产新模式""甜柿栽培技术体系""茶叶生产加工技术体系""枸杞种苗规模化繁育技术"等一批适用技术得以推广。

（四）培育龙头企业，打造产业领航员

围绕特色产业，依托科技服务团队支持小微企业做实做大做强，培育农业产业龙头企业。该校先后与湖北花果山实业有限公司、恩施炜丰茶业有限公司、建始祥丰农牧有限公司等企业签订科技帮扶协议，建立了建始祥丰农牧公司院士工作站等 9 个企业技术创新平台，先后选派博士服务团 7 批、科技特派员 31 人次、"三区"科技人才计划 50 人次，积极打造产业发展领航员。在该校的科技支撑下，定点帮扶企业累计申请专利 10 项，获批科技项目 7 项。

（五）组建专业合作社，辐射贫困人口脱贫致富

该校积极协助建始县组建专业合作社等新型经营主体，以龙头企业、产业基地覆盖专业合作社，以专业合作社覆盖贫困人口，实施"龙头企业＋基地＋专业合作社＋贫困农户"精准扶贫方式。经过努力，魔芋、景阳鸡、茶叶、高山蔬菜等产业龙头企业实现了与多家专业合作社共建基地、订单生产和定向收购的产销协同。各专业合作社有针对性地吸纳贫困人口进入产业链条，将产业发展受益面向在册贫困人口覆盖，辐射带动贫困户或贫困人口提高收入，实现"发展生产脱贫一批"。如：该校高山蔬菜科技服务团队重点支持的湖北鑫地源农业开发有限公司带动果蔬专业合作社 9 个、家庭农场 20 个，产业发展受益面覆盖 2866 户。

三、"六个一"产业精准扶贫模式的实施成效

(一)龙头企业渐行渐强,有力支撑"发展生产脱贫一批"

在与该校科技服务团队的合作中,企业切切实实尝到了科技元素的甜头,逐渐实现了由"要我创新"向"我要创新"的观念转变,由特色资源驱动向创新能力驱动的驱动模式转变,科技创新的支撑引领作用日益显现,企业发展步入快车道。近年来,建始县技术发明专利申报数居全州前列,科研项目数量持续增加,高新技术企业数量和 GDP 增加值列恩施州第二位。

(二)农业产业化发展态势良好,农民增产增收效益显著

定点扶贫建始县以来,该校实施"六个一"产业精准扶贫,在校县共同努力下,促成了魔芋、猕猴桃、茶叶、高山蔬菜、马铃薯 5 个过亿元的产业,产业发展累计带动 116524 人脱贫。2019 年,精准扶贫产业总产值达 18.95 亿元。2020 年 4 月 13 日,湖北省扶贫办发布了《湖北省 2019 年贫困县退出公示》,建始县名列其中。

《人民日报》曾发布长篇通讯,报道了该校教授团队在建始县开展定点扶贫的感人事迹。新华社、焦点访谈等媒体和节目对该校定点扶贫工作也进行了报道。

"六个一"产业精准扶贫模式入选教育部首批精准扶贫精准脱贫"十大典型项目"。该校先后在 2015 年中央定点扶贫工作会议、2016 年教育部直属高校定点扶贫集中调研活动、2017 年教育部直属单位扶贫推进会、2019 年教育部直属系统扶贫工作推进会上作典型发言。2018 年,时任教育部党组书记、部长来到恩施州建始县红岩寺镇该校猕猴桃示范基地调研,并充分肯定了该校定点扶贫工作成效。

四、"六个一"产业精准扶贫模式的启示

打赢脱贫攻坚战消除绝对贫困后,如何解决相对贫困并与乡村振兴战

略衔接的问题凸显，产业发展仍将是脱贫地区提高内生动力、获得持续脱贫能力的重要途径。华中农业大学"六个一"产业精准扶贫模式注重扶贫工作系统性和可持续性，在八年的实践中取得了如下四点经验：

（1）因地制宜，有选择性地扶持贫困人口覆盖面广的特色产业；

（2）以项目为纽带，将专家、科技与贫困县特色资源、特色产业及本土企业联系起来，调动多方参与扶贫攻坚的积极性；

（3）牵住产业扶贫的"牛鼻子"，发挥龙头企业拉动作用，以龙头企业示范引领传统生产方式的突破和产业发展"瓶颈"的破解；

（4）发挥专业合作社网状聚合作用，以专业合作社将贫困人口纳入产业链中，防止贫困人口游离于产业受益面之外。

我国大多数贫困县是山丘地貌、地处偏远、土地零碎，与湖北省恩施市建始县类似，受地形限制，农业产业难以规模化、机械化，生产技术参差不齐；因贫困人口分散，产业难以组织。"六个一"产业精准扶贫模式的成功经验正在于可以有效破解山区贫困县农业产业发展和贫困人口脱贫致富的诸多限制因素，因此具备了较强的可复制性。湖北省武陵山片区、秦巴山片区、大别山片区、幕阜山区等集中连片贫困区乃至全国其他贫困区域，可以选择若干特色农业产业，按照"六个一"产业精准扶贫模式，实施产业精准扶贫，造福一方百姓。

09

"八个"精准见成效　深山苗寨焕新颜

——精准扶贫首倡地湖南省花垣县
十八洞村精准扶贫模式

十八洞村位于花垣县双龙镇西南部，属武陵山区，因村内有众多天然溶洞而得名。全村辖 6 个村民小组，共 225 户 939 人，其中，建档立卡贫困户 136 户 533 人，是典型的山区苗族聚居贫困村。苗歌"三沟两岔穷疙瘩，每天红薯苞谷粑；要想吃顿大米饭，除非生病有娃娃"，真实反映了十八洞村精准扶贫之前的贫困状况。

2013 年 11 月 3 日，习近平总书记在十八洞村首次提出"精准扶贫"。近 7 年来，十八洞村牢记总书记的嘱托，在县委驻村工作队和村支"两委"班子的带领下，紧紧围绕"八个精准"，积极探索可复制、可借鉴的精准扶贫精准脱贫模式，先后荣获"全国先进基层党组织""全国少数民族特色村寨""全国乡村旅游示范村""全国文明村""全国乡村治理示范村""全省脱贫攻坚示范村"等殊荣。2017 年 2 月，全村 136 户 533 名贫困人口全部脱贫，全村人均纯收入由 2013 年的 1668 元增加到 2019 年的 14668 元，村集体经济从 2013 年的 0 元发展到 2019 年的 126.4 万元，33 名大龄青年如愿脱单，村容村貌焕然一新，致富产业逐步成型，村民幸福指数显著提升。

一、精准规划定方向

十八洞村以"人与自然和谐相处、建设与原生态协调统一、建筑与民族特色完美结合"为基本原则，从村域整体发展、扶贫脱贫项目实施以及农户个体脱贫等多个层面制定了系列规划，为精准扶贫精准脱贫指明方向、统筹布局。精准扶贫工作开展之初，县委驻村工作队严格遵循习近平总书记提出的"可复制、可推广"原则，分组深入村寨和田间地头，入村串户倾听群众呼声，编制了《十八洞村精准扶贫规划（2014—2016 年）》，提出了"天更蓝、山更绿、水更清、村更古、民更富、心更齐"的总体发展目标，统筹谋划精准扶贫、精准脱贫工作。之后，在国家旅游局的支持下，由旅游发展股份有限公司义务为全村编制了乡村旅游规划，并在此基础上，由省住建厅牵头，形成了《十八洞村村庄和乡村旅游发展规划（2018—2035 年）》，绘制了未来村域发展蓝图。此外，在村域整体发展规划的统领下，十八洞村结合"五个一批"制定了一系列相互支撑的扶贫脱贫项目规划，并根据每户贫困户的致贫原因、实际困难，将贫困户落实到具体的扶贫项目中，为贫困户制定了个体脱贫规划。

二、精准识贫挖穷根

扶贫工作队驻村帮扶以来，把"找准要扶之人"作为精准扶贫最基础的工作，推行"七步法＋九不评"的工作模式，实事求是精准识别贫困户，确保"不漏一户一人，不错一户一人"。2014 年 1 月，花垣县委驻十八洞村精准扶贫工作队和村"两委"认真入户调查并结合实际制订了《十八洞村精准扶贫贫困户识别工作做法》，确定"十八洞村贫困农户识别九个不评"标准，并按照"户主申请→投票识别→三级会审→公告公示→乡镇审核→县级审批→入户登记"七步程序，把识别的权力交给广大群众，及时张榜公布结果，对识别工作实行全程民主评议与监督，确保识别公开、公平、公正，全村共准确识别出建档立卡贫困户 136 户 533 人，占全村总人口的 56.8%。

三、精准选人强组织

为有效推进精准扶贫工作，十八洞村以驻村帮扶工作队、村"两委"建设为载体，强化组织建设，创新基层治理模式。一是精选干部驻村。县委选派农村工作经验丰富、会说苗语、懂苗族风俗习惯的 5 名年轻党员干部长期驻村，全力支持"两委"班子开展工作；选派工作能力强、作风正派、乐于扎根苗区工作的党员干部任第一支书；在村"两委"换届选举中推行"两述两评"制度，外出打洋工的龙某伍、聪明能干的施某兰在 2014 年当选村主任，种植能手龙某隆、致富能人隆某足等讲政治、有文化、"双带"能力强、群众信任的能人选进了班子。二是推行六制工作法。积极推行承诺兑现制、坐班服务制、代访代办制、结对帮扶制、群众评议制、绩效考核制。村支部和村委会承诺,一年做二至三件实事;村主要干部轮流坐班,接待村民来访、调处民间纠纷;村里设立代访代办站,对村民信访和民生事项,一站式受理、一条龙服务、一揽子解决;村主要干部每人至少结对帮扶一个贫困户,并实行精准扶贫,算清细账到户、选择产业到户、建立台账到户;每个村推选党员和村民代表20—30名,全程参与村里的重要民生事项评议;村干部的报酬,根据年终考核情况设定。三是推行"互助五兴"。通过加强村党支部建设,率先探索示范学习互助兴思想、生产互助兴产业、乡风互助兴文明、邻里互助兴和谐、绿色互助兴家园的"互助五兴"基层治理新模式,组建了41个互助小组,即党员干部带头,每名党员干部至少联系5户一般农户,实现互助兴思想、兴产业、兴文明、兴和谐、兴家园。

四、精准扶志激内力

脱贫攻坚以来,十八洞村充分发挥党员干部带动作用,全面调动群众的积极性、主动性、创造性,充分激发内生动力,走出了一条统一思想、凝聚人心、扶志启智、全民参与的精准扶贫之路。一是提出"三用"原则。即用精神武装头脑、用文化凝聚人心、用道德规范行为,树立"投入有限、民力无穷、自力更生、建设家园"的十八洞精神。二是推行"思想道德建设星级化管理模式"。定期以组为单位,从遵纪守法、支持公益、家庭美德、个人品德、社会公德、职业道德等六个方面进行量化分值,实行全民公投,确定思想道德星级农户并张榜公布,同时在每年"11·3"精准扶贫日全村大会上公开表彰。三是实行"依法和依德治村双结合"。开设道德讲堂,开展歌咏、舞蹈、小品、苗鼓等丰富多彩的文化活动,树立身边榜样,统一群众思想,激励群众自力更生、建设家园。四是扩宽村民视野,增强村民脱贫致富信心。组织村干部、村民代表、党员代表到四川省成都市、蒲江县,湖北省武汉市,省内张家界市、永顺县、怀化市、保靖县等地参观猕猴桃产业基地和新农村建设,开阔村民视野,转变村民观念。五是创新相亲扶贫模式,实施精准扶贫"脱单计划",成功举办了五次以"相约十八洞,牵手奔小康"为主题的十八洞村鹊桥会,33名大龄男青年成功脱单,进一步坚定了群众脱贫致富的信心和决心。

五、精准发展促致富

十八洞村始终贯彻落实习近平总书记"把种什么、养什么、从哪里增收想明白"① 的重要指示，根据本地实际和资源禀赋，重点发展种植、苗绣、乡村游、山泉水等扶贫产业，积极探索产业致富路。一是发展民族文化乡村游。利用得天独厚的自然景观优势、特色民俗民风和特色建筑，将十八洞村打造成为乡村旅游胜地和群众路线教育实践基地。二是生产山泉水。2017年与步步高合作建设十八洞村山泉水厂，每年按"50+1"形式给村集体分红，即每年给村集体保底分红 50 万元，每生产一瓶水再拿出 1 分钱注入村扶贫基金，同时解决 30 多个村民在家门口就业，实现共享发展、互利共赢。三是发展特色种植业。根据十八洞村人多地少、无集中连片土地发展致富产业的实际，以"跳出去发展十八洞产业"的"飞地经济"模式，在湘西国家农业科技园区建设 66.67 公顷精品猕猴桃基地，现已完成有机产品认证并被授予"出口示范基地"，2018 年十八洞村民获得分红 88.5 万元。四是发展苗绣加工。组建苗绣合作社，发展订单苗绣，让留守妇女在"家门口"就业，2017 年实现产值 26 万元。同时，加大村民劳动技能培训，年培训 200 人次以上，并积极与深圳市、广州市劳动力市场对接，确保全村 200 余劳力在外稳定务工就业，增加劳务创收。

六、精准建设美环境

基于"统一规划、保持原貌、节俭适用、协调美观"的建设总原则，以"鸟儿回来了、鱼儿回来了、虫儿回来了、打工的人儿回来了、外面的人来了"为目标，十八洞村大力推行乡村振兴战略，致力于打造"中国最美农村"。一是加强基础设施建设。积极推进水、电、路、房、通信、环境治理等"六到户"工程，全村 225 户房前屋后铺上了青石板，家家通上了自来水，户户用上了放心电，无线网络覆盖全村。二是致力改善人居环境。全面推行

---

① 《总书记带领我们"精准脱贫"》，《人民日报》2018 年 10 月 15 日。

危房改造、改厨、改厕、改浴、改圈等"五改"工程，对全村 225 户特色民居进行了田园化升级改造。三是突出民族文化建设。积极举办"苗族赶秋"、苗歌赛、苗鼓表演等活动，鼓励苗绣、苗族巴代、苗医药发展，大力挖掘和发扬民族文化资源。

七、精准保障优服务

为进一步巩固脱贫攻坚成果，方便群众生活，十八洞村在加强村级电商服务站、村级金融服务站、村级游客服务中心等公共服务设施建设的同时，重点解决了教育、医疗以及社会保障三大难题。一是解决"读书难"问题。针对村内竹子小学隔年招生、复式教学以及排谷美小学设施简陋的实际情况，积极探索适合山区实际的教育机制，在不撤并原有教学点基础上，建立健全教师交流和支教机制，实行村小分级分班教学，教室、食堂、厕所和运动场地等得到全面升级改造。二是解决"看病难"问题。升级改造村级卫生室，配齐配全村卫生室设施设备和药品器械，用村集体经济为全村农户参与新型农村合作医疗保险和大病医疗保险，并实行大病慢性病签约服务全覆盖。三是解决"保障难"的问题。认真做好弱势群体、孤寡老人、困难户的救济救助工作，将家庭特别贫困人员纳入低保户，为他们提供基本生产生活保障。

八、精准创新全机制

为促进扶贫产业可持续发展，真正通过产业带动农民增收脱贫，实现"造血式"扶贫，十八洞村积极探索新模式、新机制。一是建立农民专业合作社。支持十八洞村组建农民专业合作经济组织，走依托农民专业合作社发展的路子。组建了苗绣合作社，让农村妇女实现了在家就能就业，在家就能增收致富；重点支持十八洞村农旅农民专业合作社，全村所有农户用自家承包的责任田入股，共同发展黄桃、农耕文化体验、果桑等产业。二是探索股份合作扶贫。与花垣县苗汉子合作社合作，在湘西国家农业科技园区花垣核心区建设 66.67 公顷精品猕猴桃基地，实行股份合作开展产业扶贫，苗汉子合作社出资入股占 51%，村贫困户以政策扶持资金入股占 27%，其余村民多方筹集资金占 10%，村级集体经济申请专项资金占 12% 的股份。基地由苗汉子合作社统一集中管理运作，优先本村村民有偿务工劳作。三是畅通小额信贷发放机制。借助财政扶贫资金作担保金的契机，针对有发展意愿但苦于没有发展资金的农户，由农村商业银行进行评级授信，根据授信信用等级发放 3 万—5 万元的小额贴息贷款，提高农民的自我发展能力。

10

日出江华红胜火 "四进"产业结硕果

——湖南省江华瑶族自治县产业扶贫"四进"模式

近年来，江华县委、县政府认真学习贯彻习近平总书记关于扶贫工作的重要论述，坚持把因地制宜、培育产业、解决就业作为推动脱贫攻坚的根本出路，探索了"规模企业进园区、小微企业进乡村、农业产业进基地、旅游产业进全域"的产业扶贫"四进"模式，构建了完整的产业链、产业体系，创造了产业扶贫的"江华模式"。

一、模式提出及其背景

江华瑶族自治县地处湘、粤、桂三省交界处，辖16个乡镇，是湖南省唯一的瑶族自治县、国家级贫困县、革命老区县、省际边界县。打赢脱贫攻坚战，根本在于强产业、关键在于稳就业。因此，近年来江华瑶族自治县切实落实习近平总书记提出的"五个一批"脱贫措施，着力推进基础设施建设，着力落实教育、医疗、低保、住房等保障政策及生态脱贫政策，确保特困人口、贫困妇女及部分林农这些"难中之难"稳定增收。此外，把主要的精力聚焦在产业扶贫与就业扶贫上，确保贫困人口稳定就业增收。首先是抓好新型工业化，通过建好工业园区，引入规模企业，创造岗位，帮助贫困劳动力转移就业；其次是发展现代农业与旅游业，增强贫困群众的发展能力。但是在实践过程中，规模企业岗位有限并且要求劳动力素质较高，农业产业与旅游业见效慢、风险大。而江华瑶族自治县贫困劳动力约4万，除了劳务输出、转移就业、农业旅游业常年用工和季节性用工外，约有1.5万人成为剩余劳动力。这部分劳动力因为以下因素，就业无门、增收无路：一是因照顾老人、小孩的需要不能外出务工；二是20世纪四五十年代人员年龄偏大，难有企业招用；三是受教育程度低，缺乏专业技能，难以适应复杂劳动。这部分人成为"木桶"上最短的那一块，成为脱贫攻坚的重中之重，如果这个缺口不补上，整体脱贫效果就难以实现。为此，该县立足资源禀赋，深入调研分析，找到了引进小微企业进村办厂，把"扶贫车间"办进村里家里，力促贫困群众在家门口稳定就业增收的新路子。

二、创新管理方式和机制

（一）坚持产业为王，以产业发展论英雄

产业是县域经济的基础，是脱贫的根本之策。江华瑶族自治县认识到，要摆脱贫困，首先要打破产业发展"瓶颈"。

一是谋定思路抓产业。明确"生态立县、开放兴县、产业强县、民营活县"的发展战略，坚定"服务是第一工作、招商是第一菜单、项目是第一抓手、园区是第一载体、产业是第一支撑"的工作思路，树立"抓产业就是抓脱贫抓发展，抓好项目、大项目就是抓高质量脱贫高质量发展"的理念。

二是明确责任抓产业。每名县级领导都有招商任务，都要担任项目指挥长或副指挥长，完成情况纳入执行力考核。制定了《"四个三"产业扶贫实施意见》，要求每个行政村要么每年新增流转土地20公顷以上，要么新增能安置30人以上的小微企业、乡村旅游或农产品精深加工等产业项目，将此作为脱贫攻坚和乡村振兴工作的重要考核指标，与联点县级领导、后盾单位、乡镇干部、村干部的年终绩效挂钩。

三是创优服务抓产业。江华县发展产业，基础设施是最大的短板，硬件不足服务补。该县把讲回报讲价钱的"保姆式"服务升级为积极主动无私的"母亲式"服务，实行指挥长负责制、全程代办制、限时办结制、企业评议制、小微企业驻村负责制等制度，实现了"企业投资有多快、服务就有多快、办理审批就有多快""不见面审批、不出门办事"，为企业的发展赢得了宝贵的时间和空间。

（二）坚持因地制宜，创新产业扶贫"四种模式"

根据宜工则工、宜农则农、宜旅则旅的原则，提出了"规模企业进园

区、小微企业进乡村、农业产业进基地、旅游产业进全域"的"四进"产业扶贫模式。

1.规模企业进园区

把园区作为推动脱贫攻坚的主战场和实验区，要求全县各级各部门服务于园区建设，成功创建省级高新技术产业园区，培育了电子信息、新型能源、新材料、电机等七大产业。出台了购房补贴、住房公积金补贴、定向培训等激励政策，鼓励、发动有一定技能的青壮年到高新区就业。目前，新进园区的企业还有 3000 多个岗位虚位以待，正在大量招工。

2.小微企业进乡村

针对不同类型的企业，该县探索创新了四种小微企业发展模式，即：

一是复杂工序在园区，简单生产在村里。如今年投产的江华龙德晟机电科技有限公司，研发、设计、开模等工序在园区完成，高新区总厂现有员工 230 人，正在向全县布局小微企业，分散到沱江镇山口铺村、大圩镇、小圩镇、水口镇、码市镇、大锡乡等地，现有员工 350 余人，其中码市镇已投产，其余分厂都计划招工 100 人以上，2019 年 6 月初可陆续投产。公司全部投产后，可安排劳动力 1000 余人，年产值 5 亿元以上。又如江华鼎维塑业有限公司，将总部放在园区，将生产车间分散到沱江镇茫海洲村、涔天河镇鹧鸪坝村、会合社区等，年产值 2000 万元，现有员工 227 人，其中建档立卡贫困对象 75 人，一般贫困对象年均务工收入 1.8 万元以上。

二是车间在村里，生产在家里。该县的"扶贫车间"生产涵盖了电子、塑料包装、皮具、铝制品、木材加工、农产品加工、食用菌、制香、服装及鞋业等行业。利用家厂结合的方式，把生产工序化整为零，送车间到村、送岗位到户、送技能到人，帮助贫困群众就业增收。如豪杰电子有限公司，该公司入驻大圩镇崇江安置小区、大锡乡及水镇易地搬迁安置点，主要经营耳机的组装和包装，实现年产值 500 万元。公司就近聘用易地扶贫搬迁贫困人口 70 余人，人均月务工收入达 2000 元以上，让易地扶贫搬迁户"楼上住家，楼下就业"。

三是培训在公司，生产在家里。如艾丽衍纸公司，在白芒营镇车下村、东田村移民安置点、河路口村等地，引导 500 名贫困户通过公司培训，在家里制作组件，由公司提供制作原材料，收回组建装成产品，使一般贫困对象此项月均务工收入 500 元以上。

四是回乡创业，家庭作坊。如建成河路口镇船岭脚村、桥市乡大鱼塘村、白芒营镇云田村、涛圩镇大方坪村等一批小微制香工厂集中的特色产业村，制香行业年产值近 3 亿元，从业人员 3000 余人，人均年务工收入 1.5 万元以上。如常年在外务工的大路铺镇李某华，在掌握技术和市场后，回乡创办华源纸制品厂，在大路铺镇、白芒营镇、桥市镇、涔天河镇、沱江镇开设 8 个小微企业，进行纸制品加工生产，可集中生产制作也可拿回家制作，就业人数 217 人，其中贫困人口 52 人，最高月收入可达 3100 元，人均月务工收入达到 1400 元。

3.农业产业进基地

农业产业风险较大，依靠贫困群众自身发展脱贫的难度不小，而通过土地流转引进龙头企业或能人大户带动贫困群众增收的成效更好。把引进和培育新型农业经营主体作为深入推进农业供给侧结构性改革的关键，做强江华品牌，根据贫困户的不同情况，因户施策，通过直接帮扶、委托帮扶、入股分红、土地流转等方式，帮助贫困人口与企业、农民合作社、家庭农场等经济组织建立利益联结机制，通过多种帮扶方式，让贫困户增加收入，实现脱贫。

4.旅游产业进全域

依托秦岩、瑶族文化园、香草源和井头湾 4 个 3A 级旅游景区，以及九龙井、豸山公园、烈士公园、规划展示馆、绿健生态旅游休闲园等旅游景区景点，以丰富的生态资源和特色民族文化资源，按照"景区带村、能人带户、公司＋农户、合作社＋农户"模式探索和推进"旅游＋精准扶贫"，一批乡村旅游新业态纷纷涌现。正在建设的景区景点及乡村旅游区点还有水口水街、神州瑶族文化博览园、桐冲口千年瑶寨、涔天河村擎天漂流、铜山岭生态农业园、天堂瑶寨生态文化旅游度假景区等。

三、扶贫模式成效及启示

（一）成效

1.规模企业进园区

江华高新技术产业开发区（以下简称"高新区"）是 2006 年 5 月经省人民政府批准、国家发改委核准的省级开发区，2018 年 1 月经省人民政府批准转型为永州市第一家省级高新区。规划面积 28 平方千米,已开发面积 11 平方千米,分为生态科技工业园、循环经济产业园、瑶族文化旅游产业园、上市企业孵化园、商贸物流配套园五个功能区。2018 年,高新区共实现规模工业总产值 158 亿元,其中高新技术产业产值占比达到 65%,税收 6.2 亿元,进出口总额 4 亿美元,连续 5 年获得全市推进新型工业化工作先进称号,先后被评为省级新型工业化产业示范基地、省级民族团结进步模范集体、省级同心园区、省级发展开放型经济优秀园区、省级平安园区、全省真抓实干成效明显园区,在全省 144 个省级以上园区综合评价中排名第 20 位,正逐渐成为湘南区域高新产业聚焦地。

高新区不断优化投资环境,创新招商方式,通过领导招商、以商招商、资本招商,共引进项目 200 余个,吸纳资金 220 多亿元,落户了中国五矿集团、中国稀土控股、中国风电、安徽海螺集团、山东正海集团、温氏集团等 19 家上市公司(含新三板),培育了九恒数码、绿宝石储能、飞信达电子、晟瑞电子等规模工业企业 100 家、高新技术企业 21 家。

高新区通过转型发展,创新驱动,发展后劲不断增强。园区成立了永州市第一家省级科技企业孵化器、第一家县级海关工作站、第一家外贸"两仓",依托天宇孵化园公司对接企业上市服务,已孵化"毕业"企业 50 多个。拥有科技创新服务机构共 16 个,其中省级以上研发机构 1 个,投融资平台服务公司 6 个,产学研合作机构 5 个,科研机构 2 个,科技企业孵化器 2 个。已建成 2 个博士后流动科研站,正在规划建设特色创业小镇。园区从业人员约 1.6 万人,其中大专以上学历人数约 1700 多人。

2. 小微企业进乡村

通过小微企业进乡村,进一步激发了县域经济活力,提高了群众收入,实现了经济效益和社会效益双丰收。截至 2019 年年底,实现产值 13 亿元,共吸纳 11000 余名留守劳动力在家门口就业,其中贫困人口 3724 名,发放工人工资 2.25 亿元,包括贫困人口工资 7000 万元,人年均务工增收近 2 万元,大部分在厂里务工的贫困户均能当年脱贫。

一是实现贫困群众"家门口"就业,达到"挣钱顾家两不误"的目的;二是有效克服贫困户"等靠要"思想,激发通过劳动致富的内生动力,提振脱贫摘帽的信心和志气;三是实现了劳动力转移,为留守妇女、单身青年、待业青年的增收、脱单、学习提供了平台,促进乡风文明,助推社会和谐;

四是有效解决企业招工困难的问题，也免去企业建设宿舍楼、食堂等基础设施的压力，降低运营成本；五是加快推进农村第一、第二、第三产业融合，既让贫困村通过收取闲置厂房的租金，提高了村级集体收入，又培养了一批"小老板"和致富带头人，为农村经济发展注入新活力；六是将易地扶贫搬迁与小微企业相结合，将安置房一楼设计建设成标准厂房，引进小微企业，让贫困群众"楼上住家、楼下就业"，实现"搬得出、稳得住、能致富"。目前，全县共建成 8 个易地扶贫搬迁安置点，共建房 175 栋 30 万平方米，安置贫困群众 2406 户 10126 人，其中一楼均为架空层，面积达 3 万平方米，引进小微企业 36 家，提供就业岗位 1418 个，吸纳 1351 名群众就业，其中贫困人口 872 人。

3. 农业产业进基地

2016 年以来，要求每个有条件的村每年新增流转荒山坡地 20 公顷以上。目前共发展水果种植 10000 公顷，茶叶种植 3333 公顷，药材种植 10000 公顷，油茶种植 12000 公顷，生猪养殖 60 万头，食用菌栽培 6500 万袋，成功创建牛牯岭苦茶综合产业园、水云柑橘产业园等 5 个省级特色产业园以及益崧茶叶特色产业园、温氏乳业特色产业园等 6 个市级特色产业园，荣获湖南省优质粮油产品生产基地、优质特色农产品供给基地、优质商品猪生产基地。引进和培育国家级龙头企业 1 家，省级龙头企业 4 家，市级龙头企业 16 家。发展合作社 404 家，家庭农场 131 家。依托龙头企业和特色产业，加快构建"神州瑶都"区域公用品牌和产品品牌的"双品牌"经营体系，提升农产品附加值。完成农产品"三品一标"认证面积 11840 公顷，认证产品 112 个，其中国家农产品地理标志产品 2 个，有机食品 8 个，绿色食品 32 个，无公害农产品 70 个。

4. 旅游产业进全域

全县 20 个贫困村列入全国乡村旅游扶贫重点村，建成桐冲口景区、井头湾景区、秦岩景区等 6 个 3A 级景区，酒店（三星以上标准酒店 8 家）、农家乐、民宿酒店等有客房 6750 余间，可同时接待 1.1 万人住宿。带动 700 余户近 3000 名贫困人口通过旅游扶贫实现增收。

（二）启示

要把产业扶贫做好，必须兼顾经济效益和社会效益，需要政府、企业、群众齐心协力、共建共享。

首先是政府引导，政策支持。该县出台了《食用菌产业扶贫工作方案》《小微企业进村扶贫方案》《关于加快江华县制香产业发展的意见》等政策文件，从市场准入、要素配置、财税支持、企业信贷、科技创新、人才培养等多方面给予支持，解决小微企业进村办厂的后顾之忧。一是不需开税票的税费全免，不查不补。二是建立进村办厂补贴制度，给予企业岗位补贴、厂房装修补贴、社保补贴、物流补贴、培训补贴等。2017年8月"四个三"产业政策出台以来，共投入各类扶持资金1314.8万元，其中制造类小微企业拨付687.2万元（县财政拨付），制香厂拨付32.6万元（县财政拨付），食用菌加工厂拨付595万元（从涉农整合资金中拨付）。

其次是企业主体，市场运作。产业扶贫根本来说还是办企业、创岗位，只有企业赚钱，群众才能得实惠。为了防止"捡到篮子都是菜"、应付式招商、盆景化培育，该县制定了六项小微企业引进标准：市场空间相对较大，较成熟的产业；产业适应面较广；符合江华县资源禀赋；环保安全；劳动力吸纳能力较强；就业门槛较低。不符合条件的一律不引进。同时，将招商重点放在各村外出务工的老板、能人上。这部分群体有市场、技术、资金，在本地拥有一定威望，项目成功的概率较大。企业入驻后，厘清市场与政府的界限，明确政府对企业是支持扶持不是大包大揽，是监管服务不是指挥管理，严格按照法律法规和相关政策履行职责，坚决做到不越线、不越权。如针对企业发展中常见的贷款、用工等问题，支持企业通过市场化手段解决，不下行政命令，不设人为壁垒，让企业在公平公正的市场环境下竞争、发展。截至2019年3月，全县460家小微企业中，64%的小微企业赢利，21%的小微企业微利，10%的小微企业保本经营，5%的亏本小微企业正在准备腾退厂房让其他企业来经营，全县没有闲置、浪费厂房。

再次是镇村配合，加强管理。明确乡（镇）、村是发展小微企业的主体，鼓励乡（镇）、村充分利用本乡（镇）、村集体的老厂房、新旧村部、学校旧址等场地进行修整，完善道路交通、水电和消防等基础设施，并负责组织贫困人口到本乡（镇）或本村小微企业务工实现就业增收。推动小微企业良性发展方面，坚持优胜劣汰，通过建立定期联系、走访制度，运行动态监管，及时掌握各小微企业就业、工资、经营状况等情况，对从事夕阳产业、赢利困难的小微企业，坚决停止补贴、淘汰出局。

最后是扶贫扶志，勤劳致富。教育引导不如带动示范，带动示范不如送岗上门。通过小微企业进村，把力所能及的岗位送到贫困群众家门口，让群众实实在在地看得到、摸得到、做得到"劳动脱贫、劳动致富"，自觉摒弃"等靠要"的思想和打牌喝酒等不良风气，实现了"要我干"到"我要干"的转变。

11

让好风景有好"钱景"

——广西壮族自治区龙胜各族自治县旅游扶贫模式

龙胜各族自治县位于广西壮族自治区北部，是湘西南、黔东南与四川进入广西的咽喉之地与物资集散地，是我国中南地区最早成立的少数民族自治县，是红军长征经过的革命老区，是国家扶贫开发工作重点县和滇桂黔石漠化片区县。全县辖4乡6镇119个行政村，主要有苗、瑶、侗、壮、汉等五个民族，总人口17.2万，其中少数民族人口占80%。全县总面积2538平方千米，其中山地面积占87.2%，森林覆盖率超过80%，是一个"九山半水半分田"的典型山区县。经2015年年底精准识别及动态调整，全县有贫困村59个，建档立卡贫困户11502户45147人，贫困发生率为28.69%。脱贫攻坚工作开展以来，龙胜各族自治县坚持把脱贫攻坚作为最大的政治责任、最大的民生工程和最大的发展机遇，按照"精准扶贫、不落一人"的总要求，依托全球重要农业文化遗产地丰富的生态资源、多彩的民族文化，紧紧围绕"生态立县、绿色崛起"的发展理念，突出"巩固脱贫攻坚成果、推进乡村振兴"两大抓手，真抓实干、勠力同心，走出了一条生态、旅游、扶贫"三位一体"的发展之路。

全县农村居民人均可支配收入从2015年的8666元增加到2019年的13672元，年均增长率超过10%，共实现52个贫困村脱贫摘帽，减贫人口44733人，贫困发生率下降至2019年年底的0.26%，2018年实现贫困县脱贫摘帽。

一、高位谋划，一张蓝图绘到底

实施精准扶贫工作以来，龙胜各族自治县坚持把旅游扶贫放到全县大局中谋划和推进，让旅游扶贫成为各级各部门坚决打赢脱贫攻坚战的共识。

一是在组织领导上突出"一把手"。成立了以县委书记、县长为主任的旅游工作委员会，重点推进创建全国全域旅游示范区、龙脊梯田景区创国家5A级景区、创建自治区旅游服务业标准化示范单位等工作。建立了县委、人大、政府、政协定期研究旅游发展会议机制和各部门定期研究解决旅游发展的联席会议制度。在乡镇一级党委成立旅游工作领导小组，村一级基本覆盖由村支委成员、基层党员牵头的旅游发展合作社或者旅游协会，形成县乡村三级联动的旅游发展组织体系。

二是在目标定位上突出"第一位"。坚持"生态立县·绿色崛起"的发展总基调，把旅游业作为龙胜各族自治县的战略性支柱产业、核心产业、品牌产业和生命产业来发展，把"生态、旅游、扶贫"三位一体作为全县工作核心，以重大旅游项目为突破口，以"精品旅游＋精品农业"为目标，按照"全县大景区"来建设，按照"全域大旅游"来发展。深挖优势、突出特色，充分依托独特的资源优势和人文优势，在县级层面着重打造"世界梯田原乡""多民族生态博物馆""中国红玉之乡""有机食品大园区""康寿养生胜地"五个特色旅游品牌。在此基础上，重点推进了生态旅游扶贫大环线、龙脊景区大循环路、龙脊创5A工程、桂三高速公路、温泉二期改造、县城至温泉骑行绿道、全县民族村寨防火工程等36个重大项目。目前，桂三高速公路已于2017年10月实现通车；龙胜生态旅游扶贫大环线已经基本贯通；龙脊景区大循环线已经可以用于应急通行；县城至温泉骑行绿道已经完成设计，大大夯实了龙胜旅游品牌的发展基础。

三是在管理体系上突出"一盘棋"。编制了《龙胜各族自治县全域旅游发展规划》和《龙胜各族自治县旅游三年行动计划》。成立龙脊国家湿地公园管理处、龙胜温泉国家森林公园管理处、龙胜南山自然保护区管理处等机构，强化重点旅游片区的开发和管理，融合生态、产业、国土、城镇等规划。将旅游资源管理、规划与开发权限上收到县政府，实行全县上下一盘棋，杜绝低门槛进入、低水平建设、重复建设和同质化竞争。

四是在项目建设上突出"两促进"。通过出台加快龙胜旅游项目建设的若干意见，紧紧抓住创建广西特色旅游名县和创建国家全域旅游示范区这一重要抓手，大力推进旅游项目建设。2015年以来，县财政投入旅游项目资金5.6亿元，拉动旅游业社会总投资达52亿元，实施了龙脊创5A工程、平等侗族红色旅游小镇、温泉二期改造等16个重大项目和龙脊古壮寨电瓶车道、传统古村落和特色村寨保护等公共服务基础设施项目。通过实施旅游项目建设有效促进农村基础设施建设，改善落后的农村面貌，助力脱贫攻坚。

二、文化引领，多彩民俗展风情

龙胜各族自治县是全国仅有的两个各族自治县之一，这里有保存完好的苗族、瑶族、侗族、壮族的原生态文化，各民族的建筑、服饰、节庆、习俗、医药、美食各具特色，是一个没有围墙的多民族生态博物馆。县域内有16个中国少数民族特色村寨和30个中国传统古村落。全县有民族节庆近百个，被誉为"百节之县"，是中国品牌节庆示范基地。

近年来，龙胜县突出民族文化特色，着力打造"多民族生态博物馆"品牌，因地制宜开发民族文化、民族节庆、民族美食等旅游产品，成效明显。龙脊梯田文化节历经8年的打造，规模宏大、声名远播，形成了全县各族群众自觉参与、游客逐年攀升的良好局面；黄洛瑶寨以长发为主的民族演艺如火如荼；各民族村寨展示民族文化的积极性空前高涨，民族节庆推陈出新，月月有节庆。通过公开征集设计、聘请专家指导、广泛征求意见，在保持原有民族特色的基础上，设计制作了龙胜县五个民族的民族服饰，实施了系列推进民族服饰工程的措施和行动。

经广西壮族自治区人大常委会通过《龙胜各族自治县自治条例》将苗族跳香节、瑶族晒衣节、侗族侗年节列为法定节假日，以传承培育文化旅游业态。金竹壮寨等23个传统村落成为乡村旅游点；黄洛瑶寨等8个民族村寨常年开展民俗演出项目；瑶族"长发节"等传统节庆达87个；红瑶长发养护品牌连锁店达200多家。

依托"全球重要农业文化遗产"国际品牌效应，龙胜县推出布尼花海梯田、古壮寨彩色梯田、小岩底星空梯田等差异化旅游产品。推出张家苗寨插秧摸鱼、民合苗寨瓜果采摘等农耕体验活动，形成了梯田观光游、农耕体验游的独特品牌。着力推动建设各具特色的龙脊黄洛长发村、泗水三门瑶医村、龙脊马海辣椒村、大柳长寿村等，打造出了各自独特的文化旅游品牌，有效带动贫困群众脱贫。大寨村每年举办晒衣节，"红衣晒红半边天"的独特风景，吸引上万游客参观体验，可为村民创造收益100多万元。

黄洛红瑶群众的长发表演，经过旅游部门多次的提升打磨，成就了今天的"天下第一长发村"旅游品牌。2019年国庆期间，最忙的时候一天连着表演了18场，当月参加歌舞场表演的大嫂们每人分得6000多元，村里的长发女子几乎都加入了舞蹈队。此外，头巾、腰带、耳环等配饰的出售和整套服装的租售，让每户一年有数万元的创收。就连传统的米汤长发洗护产品也走出寨门，"潘红妹牌"在全国有100多家加盟店。2019年，黄洛瑶寨83户人家共接待游客15万人次，全屯实现旅游歌舞表演收入500余万元，销售工艺品收入200余万元，每户歌舞表演分红约2万元，仅旅游这一项给黄洛人民带来每年每户6万余元的收入，当地农民成了"扛着犁耙种田地，唱着山歌搞旅游"的"两栖农民"。

正月鼓楼节、二月祭萨节、三月长发节、四月开耕节、五月梳秧节、六月晒衣节、七月辣椒节、八月秋收节、九月鱼宴节、十月盘王节……浓郁的龙胜民族风情令游客沉醉，让当地越来越多的贫困群众吃上了文化旅游饭。

三、村寨联盟，各族群众同致富

龙脊梯田大寨金坑景区远近闻名。可在十多年前，由于偏僻封闭，这里还是名副其实的穷山沟，"半边铁锅半边屋，半边床板半边窝"是当地群众生活的真实写照。不少人需要救济资助，甚至有卖血贴补家用的现象。"金坑"这一让人有着丰富财富遐想的名字，当年却成为贫穷的代名词。

1994年，中央电视台拍摄的一部希望工程纪录片就选在金坑。不曾想，当这部名为《龙脊》的纪录片播出后，在全国乃至世界引起了强烈的反响，轰动一时。当然，"养在深闺"的美丽梯田风光也被揭开神秘的面纱，引来不少中外游客。

在政府推动下，2003年大寨村的公路修通，景区成立。伴随龙脊梯田名气的提升，前来旅游的游客越来越多。然而，由于景区处于开发初级阶段，管理粗放，接待能力差，游客来了也没有地方住，基本都是一日游，老百姓也只能靠帮游客当挑夫获得微薄收入。

"不能让群众捧着金饭碗到处讨饭吃。要让乡亲们坐在家里当老板，不要在门口当挑夫。"为了让更多的贫困群众享受到旅游发展带来的红利，龙胜县出台了系列免息贴息贷款政策，鼓励当地群众大力发展农家旅馆，通过鼓励景区群众把民房开发成为民宿，实现农民变老板。如今，大寨村280户就有166家旅馆，每家旅馆年收入在20万元以上。

有了"真金白银"进账，一些人的心思只放在酒店管理上，梯田管护就不那么用心了，荒掉的梯田越来越多。"游客是来看梯田的，梯田荒了，再多的酒店旅馆谁来住？"县委看到了问题的症结，果断成立龙脊风景名胜管理局，并发动群众与龙脊公司签订协议，村民以自家农田入股，龙脊公司负责景区的管理和运营，村民负责梯田景观的维护与管护，龙脊景区每年按门票收入的7%作为分红返还村民，另外景区索道公司按索道门票收入的4%提取分红给当地的村民。这样，景区里的村民就变成了旅游公司的股民，村民积极性被充分调动起来，认真把梯田管护好，让梯田一年四季都有不同的美景。景区和村里商定，村民改以"种田入股"的方式运作，鼓励大家把闲置的土地租给有能力的人种，年底按劳分配。全村村民统一认识，统一灌溉，统一耕种，统一收割，形成四季梯田壮丽景观，颠覆了"冬天是淡季"的传统认知。保护梯田之举，迅速拉抬人气、提高收益，景区发给村里的"年终奖"年年攀升，产业扶贫实现可持续发展。

针对没有资金或者没有经营能力的贫困户，采取"政府＋企业＋农民"的模式，通过政府主导，引进企业投资将农民房屋改造成民宿，由企业经营管理，贫困户通过收租金分享民宿收益。有了政府的支持，景区内经营旅馆、饭店的贫困群众也逐渐增多。贫困户潘某贵将自家民房租给别人经营民宿，一年租金就有8万多元，同时他在民宿里务工，每年也有3万多元收入。

2015年以来，全县整合各级资金共计投入1.5亿元，在全县范围内创建30个民族村寨、11个特色旅游村、1000个星级农家乐和家庭旅馆，为龙胜旅游扶贫作出示范。重点推进帮扶龙脊镇金江村、马堤乡张家村、龙胜镇都坪村、泗水乡周家村、平等镇广南村、乐江乡宝赠村、江底乡矮岭村等8个重点贫困村进行乡村旅游开发和项目建设，目前有6个村已开门纳客，见到脱贫成效。以大寨村和平安村为示范的旅游村寨，用农田入股参与旅游开发的扶贫模式，效果凸显，旅游收益相当可观。

2019年，龙脊梯田景区大寨村接待人数达280万人次，旅游综合收入超18.6亿元，带动大寨村的47户贫困户人均增收6000元，年终旅游分红720万元，贫困户潘某芳一家分得5.7万元，成为大寨村连续三年领得最多年终奖的人，顺利摘掉了贫困帽。泗水乡周家村花海梯田边建设边接待游客 13 万人，实现旅游收入 1120 万元，人均收入达到 5923 元，脱贫 112 人，人均增收 1100 元。在全面实施乡村旅游发展工程中，龙胜县依托龙脊梯田核心景区资源，建设 8 个特色鲜明的旅游示范村，带动 8100 多户农户实现旅游业转型发展。

四、景区辐射，全域旅游春满园

不让一个人在全面建成小康路上掉队，是打赢脱贫攻坚战的硬任务。龙胜县坚持"全县一盘棋"共享发展理念，千方百计调动贫困群众投身于旅游业的积极性。

除了龙脊梯田，龙胜县还有南山草场、矮岭温泉、布尼花海梯田和丰富的红色文化旅游资源。如何让全县丰富的旅游资源和众多的贫困村寨也搭上旅游发展的"快车道"，让更多的贫困群众享受到旅游产业带来的红利。龙胜县通过积极推进全域旅游建设，以旅游引领乡村振兴，把全县作为一个大景区，以串联 10 个乡镇 80% 行政村的"生态、旅游、扶贫大环线"为基础，布局公共服务设施，建设景区景点，发展联动产业。每个乡镇打造一个景区，每个片区发展一种产业，有效激发了群众发展旅游的内生动力。

为充分发挥乡村资源优势，开发建设一系列特色村落，开发生态文化乡村旅游精品线路，全县在主要乡村旅游公路沿线建设生态旅游长廊，打造了一条长达 300 千米的连接全县所有乡镇和 80% 行政村（其中 41 个贫困村）的生态旅游扶贫大环线。通过开发农旅结合、生态休闲、文化体验、自驾露营等特色乡村旅游产品，吸引自驾游、探险游、背包族等新业态游客。2015年以来，龙胜县整合各部门资金 5 亿多元，拉动社会资金 32 亿元，用于创建特色旅游品牌和改善旅游基础设施建设，大大提升了全县旅游沿线各乡镇、民族村屯的水电路等基础建设，改善了乡村面貌。

通过"全域式发展"，龙脊梯田至温泉百里旅游沿线打造了 20 多个乡村旅游扶贫示范点，惠及贫困人口 2600 多户 8000 多人，很多群众成为"拿起锄头种田、穿上服装演出、演出结束经商"的"多栖农民"。泗水乡周家村红色旅游瑶寨、伟江乡洋湾村风情苗寨、平等镇广南村水木侗寨、瓢里镇瓢里村渔歌壮寨等如雨后春笋般涌现。

旅游业的繁荣，衍生出巨大的共享消费市场。龙胜鼓励农民大力发展服务业和绿色种养加工业，积极引导贫困户发展中草药材、富硒生态水果、高山蔬菜、油茶、特色养殖、乡村旅游等主导产业，实现98%以上的贫困农户均有一项以上产业覆盖。据统计，全县获得"旅游＋农业＋就业"三重收入的达2万多人，"旅游＋农业＋就业"创收模式多点"开花"，让更多贫困群众尝到甜头。

2015年以来，龙胜县启动和新建金竹壮寨民宿、三门红玉特色小镇、布尼梯田景区、南山云中草原景区、瓢里特色小镇、小寨梯田、平等鼓楼特色小镇、平野河谷等景区景点，旅游带动扶贫模式初显成效。

三门镇依托"中国红玉之乡"，开发的龙胜红玉旅游产品成为贫困群众增收的新渠道。截至2020年5月经营红玉制品的店面已达600多家，从事玉石加工、销售的人数达8000多人。每年慕名前来龙胜县购买红玉产品的游客已经超过60万人，交易额超过10亿元，直接带动2300人脱贫。

龙脊镇金江村在后援单位的帮扶下发展旅游民宿，以"共享经济"模式扶持部分贫困或低收入家庭也取得成功。这得益于政府派员驻村帮扶民宿建设，企业提供互联网订房平台，合作社分红保障全村共享民宿收益，专家学者免费为村民支招。金江村江边几栋原汁原味的干栏式建筑农家民宿经过改造，在共享住宿平台上线后，迅速引起各地背包客的青睐，每逢节假日几乎都被预订一空。金竹壮寨37家民宿采取"政府＋企业＋贫困户"的发展模式，带动37户贫困户年增收2万元。通过推进旅游大环线精品旅游线路建设，辐射带动全县80%的村寨，35%以上的贫困人口依托旅游实现脱贫。

脱贫攻坚以来，龙胜县凭借一股精气神，依托良好生态和民族文化、农耕文化等独特旅游资源优势，走出了一条可持续发展的旅游扶贫之路。2019年，龙胜县接待国内外游客人数995.4万人次，同比增长15.7%，实现旅游总消费137.79亿元，同比增长31.1%。经过多年的培育与发展，旅游规模不断壮大，产业不断完善，品质不断提升。事实证明，龙胜县旅游扶贫模式既是"造血式"扶贫，也是物质和精神"双扶贫"，是形式最灵活、返贫率最低、受益面最广、拉动性最强、扶贫效果最好的扶贫方式。旅游扶贫让龙胜的"绿水青山"真正变成了"金山银山"，让龙胜的好风景变成了农民脱贫致富奔小康的好"钱景"。

12

"小块并大块"助力脱贫攻坚

——广西壮族自治区龙州县耕地整治模式

崇左市龙州县地处祖国西南边陲，是邓小平同志领导和发动著名的龙州起义的地方，是革命老区、民族地区、边疆地区、贫困地区。全县辖12个乡镇127个行政村（社区），总人口27万人，其中壮族人口占95%，是国家扶贫开发工作重点县。全县总面积2317.8平方千米，其中耕地面积50000公顷，石山面积123333公顷，属典型大石山区；主要经济作物为甘蔗，种植面积39000公顷，占耕地总面积的78%。为突破耕地零散、产出率低等农业发展瓶颈，龙州县根据实际情况，助推当地农民开展"小块并大块"，围绕"农民收入倍增计划"，创新实施"小块并大块，分钱不分田"耕地整治的"龙州模式"，推进"双高"糖料蔗种植、甘蔗高效节水灌溉工程，发展蔗糖循环经济主导产业，以改革推进土地流转、促进现代农业发展、实现农民增收，有力地促进了全县经济社会持续快速发展。

一、创新实施"小块并大块"耕地整治

龙州县地处喀斯特岩溶地貌地区，耕地少，且被石头间隔得七零八碎，素有"八山一水一分地"的说法。20世纪80年代初，龙州县与全国各地一样实行家庭联产承包责任制，根据地力、灌溉、远近等因素，将本就零碎的耕地再分割成若干小块，人均分配承包到户，激发农民生产积极性，有效促进了农村生产力发展。但随着市场经济的深入发展和农村城镇化建设的加快推进，农户承包耕地"面积小、地块多、分布散、机耕难、效益低"等问题凸显，已不适应农业规模化、集约化、产业化的发展要求。改变耕地零散、过度分割、各自为"种"的落后经营状况，提高农业生产效益，成为广大农民群众的迫切愿望。为突破耕地零散、产出率低等农业发展瓶颈，近年来，

龙州县围绕"农民收入倍增计划"，突出"五个强化"，重抓"六个倍增"，创新实施"小块并大块"耕地整治（以下简称"并地"），即政府引导和帮助农户将分散的责任田集中整合后，重新分配土地经营权，促进土地、资金、技术等生产要素优化组合，以实现农业增效、农民增收、农村繁荣的目标。

1996 年，上龙乡上龙村弄农屯黄某伟等五户农民首开先河，把原本被石头隔离得零零碎碎、高低不平、大小不一的劣质耕地进行平整并块互换，拉开了"小块并大块"耕地整治模式的序幕。次年，这五户农民土地每公顷收入超过 15000 元，别的农户因土地过于分散，每公顷收入仅 7500 元。1999 年，弄农屯以群众自愿为前提，将原本零星分散的耕地整理连片，重新按原有承包面积连片划分，用拖拉机深耕，种植的黑皮果蔗平均每公顷产量达 120 吨，每公顷增收 45000 元，经济效益显著提高。之后，板卜屯、板塘屯等周边村屯纷纷效仿，掀起了"并地"热潮。实践证明，"并地"符合龙州县实际，是推进农业规模化、集约化、产业化发展的重大举措。

二、"小块并大块"耕地整治快速推进

（一）强化农民主体，村民自发民主推进

一是自发自愿。各自然屯在计划"并地"前，先由屯（队）长对"并地"的时间、区域、群众意愿等进行初步调查，特别是把群众意愿放在首位，确保"并地"工作获得广泛的群众基础。

二是民主议定。召开村民大会，讨论"并地"方案、成立工作小组等事宜，并在获得 2/3 以上村民同意后实施。

三是自主实施。由村民组成工作组，核实原地块的地类和面积，张榜公示，待村民无异议后，自行组织实施。

四是确权登记。"并地"完成后，按农户人口、"并地"后耕地面积，造册登记签字确认，再由农户向政府申请换发新的土地承包经营证。

龙州县全县共 12 个乡镇，127 个行政村、社区，完成确权地块数 730170 块，确权面积 41982.87 公顷，其中核实开荒地面积 7569.33 公顷。

（二）强化企业参与，探索创新整治模式

一是大户承包经营构建家庭农场模式。如朔龙农业综合开发公司（个体老板）在政府不给予扶持的情况下，在上降乡里成村实施土地流转，承包33.33公顷耕地，建成了水肥一体化甘蔗高效节水灌溉基地。该模式项目建设周期短、见效快，典型示范性强。

二是"并户联营"构建农民专业合作社经营模式。如逐卜乡弄岗村那坎屯72户农民，将小块土地并成一块面积达33.33公顷的甘蔗地，交由该屯成立的农民专业合作社进行机械化耕作和水、肥、药一体化管理，农户按照土地投入比例，每年每公顷保底75吨，超过75吨则按六四分成，农户六成，专业种植户四成。该模式可实现农户与农民专业合作社收益共享、风险共担。

三是"公司＋基地＋农户"新型农场模式。即农业开发公司承包农户土地，农户进行土地流转，政府在水源建设等方面给予企业支持和补助。如大塘公司在上龙乡荒田等村屯租地进行农业综合开发，该模式可确保农户有稳定的租金收益和劳务收益。

四是实施土地整理项目模式。即利用国家和自治区实施的土地整治项目进行并地，由农民自主经营。如武德乡板想村在并地后投入2232.4万元建设水利设施，依托绿施水库渠灌，由农民进行规模化和机械化经营。项目开展以来，已实施9个农田整治项目，完成总投资约1.423亿元，完成土地整治2954.23公顷，新增耕地面积66.54公顷。

（三）强化规范管理，依法确权维护民利

一是稳妥推进农村产权确权登记颁证，保障农民财产权利。建立龙州县"小块并大块"耕地整治信息管理平台，在保持现有土地承包关系稳定的前提下，以"突出重点、积极稳妥，先易后难、逐步推开，尊重历史、依法依规"为原则，按照"申请、确权、公示、登记、颁证、备案管理"程序，由乡镇政府收集、整理1995年以来相关的土地承包材料和"并地"后新的土地权属信息，张榜公示，经县农业部门再次审核后，由县政府发放新的土

地承包经营证。

二是做好农村产权交易试点工作,规范农村产权流转交易市场。2014年2月17日,龙州县成立了广西壮族自治区边境市县第一家综合性农村产权交易所——龙州县农村综合产权交易所,积极搭建农村综合产权交易、产权托管和产权融资三大服务平台,逐步将13类农村产权纳入经营交易范围,健全完善产权托管、交易鉴证、产权抵押、委托评估、司法确认等基本功能,优化资源配置,盘活各类农村产权,增加农民收入。

三、"小块并大块"耕地整治成效显著

(一)集约节约资源,耕地质量效益倍增

耕地"增量"。"并地"后,通过对原地块间未利用地进行整治,合理设置机耕路,田埂大量减少,既保住了耕地的"量",又有效增加耕地面积5%—8%,促进了土地资源的节约集约利用。

(二)生产规模扩大,农业生产效益倍增

一是蔗糖循环经济加快发展。龙州县以"并地"为基础,通过发展蔗糖循环经济,推行清洁生产,改造传统产业,淘汰落后产能,建成了1家年产9.5万吨的蔗渣漂白纸浆厂、2家年产10万吨的高档生活用纸企业、1家生物有机肥厂(利用糖厂滤泥进行加工生产)和1家编织袋厂,有力地促进了产业转型升级。

二是农业生产组织化程度进一步提升。在"并地"过程中,龙州县通过制定出台扶持政策、整合项目资金等办法,大力培育种养大户、家庭农场、农民专业合作社和龙头企业等新型农业经营主体,全县发展了127个农民种植专业合作社,1/3以上的农民加入其中,辐射带动了35%的农户。新型农村合作经济组织把分散的农村土地、人力、资金、管理等要素进行整合,优化了农业生产的各种资源配置,实现了一家一户的小农经济与外部大市场的成功对接,催生了一批农民"土专家"、农民经纪人、农民企业家。农业生产的现代转型,促进了品牌农业、现代农业、优势特色农业的快速发展。

三是企业效益明显提高。在土地"并地"流转前，因缺乏科学管护，甘蔗每公顷产量为45—60吨。流转后，公司采用机械深耕深松深耙、大行距种植、地膜覆盖、水肥一体滴灌、测土配方施肥等科学栽培技术，实施甘蔗高效节水灌溉，不断提高甘蔗单产，甘蔗每公顷产量可达120吨以上，增产45—60吨。由于前期投入大，企业头三年基本达到收支平衡，第四年开始赢利，有可观效益。

（三）劳力转移就业，农民人均收入倍增

"并地"后，有效增加耕地面积5%—8%，目前全县"并地"17533.33公顷，耕地面积增加906.67公顷，以种植甘蔗每公顷产量120吨计算，全县项目区增加10.8万吨甘蔗，总产值共计4752万元，全县项目区内人均增收约720元。同时，"并地"后，实施规模化、集约化、机械化生产，农业效益进一步提高，产值进一步增加。以种植甘蔗为例，"并地"后比"并地"前甘蔗单产增加，全县甘蔗增产36万吨，总产值共计16000万元，全县项目区内人均增收约2400元。两项合计农民增收3100多元。此外，生产力大幅提高，农村劳动力的需求骤减，使农民得以摆脱土地束缚，从事第二、第三产业，实现转移就业，增加收入。

四、"小块并大块"助力"双高"糖料蔗种植

"小块并大块"工作的完成，使"双高"（指产量高、含糖量高）基地建设可以更好地整合资源，有效转变蔗糖生产增长方式，提高单产、糖分，降本增效，加快实现"双高"基地经营规模化、水利现代化、种植良种化、生产机械化，加快推进蔗糖一体化进程，大幅降低蔗糖生产成本，提升蔗糖业的发展后劲和市场竞争力。

2014—2018年，龙州县共实施"双高"基地建设590个片区19526.67公顷，已完工567个片区18391.33公顷；已经验收合格493个片区16066.67公顷。率先完成全市甘蔗"双高"基地建设任务。

（一）"双高"基地建设辐射影响

龙州县把甘蔗种植作为增加群众收入、助力脱贫攻坚产业发展的重要产业。"双高"糖料蔗基地建设以"整屯推进""跨屯并地"的模式开展，主要特点是土地整治和农田水利、道路等建设统一由合作社实施，土地平整后按各户面积比例重新分地，甘蔗生产以各户自主经营管理为主。"双高"基地建设为实施现代化管理提供了可能性，"双高"糖料蔗基地的建成，一是实现了甘蔗产业经营规模化、种植良种化、生产机械化、水利现代化发展，提高了甘蔗单产，增加了农民收入。二是解决了多屯耕地交叉并地难问题，为全县加快推进土地"小块并大块"和"双高"糖料蔗基地建设提供了参考和借鉴。积极引导农户集体参与"双高"基地建设，实现制糖企业与糖料蔗种植一体化的发展，规模化水平和技术水平得到显著提升，生产经营方式发生了质的变化。

（二）"双高"基地建设带动贫困户增收

从"小块并大块"到发展"双高"基地建设，增加耕地面积、可实行机械化生产，提高效益。2018年年底全县发展甘蔗种植的贫困户共11516户，全县"5+2"[①]覆盖率达93.3%。2019年年底全县发展甘蔗种植的贫困户共11307户，全县"5+2"覆盖率达94.53%。

---

① "5+2"即5个特色产业和2个自选产品。5个特色产业为柑橘、鸡、百香果、乡村旅游、休闲农业；2个自选产业为花卉苗木和牛。

13

以"四动四全"为抓手
合力提升贫困户收入

——海南省大力推行消费扶贫新模式

海南省创新工作思路，以"四动四全"为抓手，积极探索消费扶贫新模式，努力实现社会扶贫从"输血式"扶贫向"造血式"扶贫转变、从单向受益扶贫向双向受益扶贫转变、从不可持续扶贫向可持续扶贫转变，并使社会扶贫、产业扶贫、精神扶贫等有机结合起来，取得了阶段性成果。自全面启动消费扶贫活动以来，仅仅半年时间，全省消费扶贫销售总额累计达到 7011.32 万元，其中线上销售 978.44 万元、线下销售 6032.88 万元，受益贫困户数 8.24 万户次。海南省创新消费扶贫活动在社会各界引起广泛关注，探索推动消费扶贫的做法被国扶办《信息简报》（2019 年第 25 期）转发。

一、党政强力推动，做到全保障

海南省把开展消费扶贫活动作为当前和今后一个时期打赢脱贫攻坚战的一项重大任务，充分发挥政府在资源要素配置中的重要作用，充分发挥体制和组织优势，各级党政部门齐上阵，迅速打开了消费扶贫新局面。省打赢脱贫攻坚战指挥部召开 2018 年全省消费扶贫大会，全面部署消费扶贫工作。

一是各级各部门组织开展形式多样、群众喜闻乐见的线上线下消费扶贫活动，发动党员干部参与消费扶贫。比如，省委党校在学员食堂举办扶贫爱心集市活动，并明确每年以不低于 20% 的采购量采购贫困户农产品；省供销合作联社在供销系统超市、供销点设立扶贫农产品专区专柜，在市县、乡镇定期组织消费扶贫专场集市；省教育厅发动全省学校与贫困村建立长期合作关系，等等。同时，研究制定相关激励办法，鼓励单位或个人以单位长期定向认购、单位临时团购、订单式生产认购、个人爱心认购、参与贫困地区"共享农庄"、协助购销对接、自驾车"后备箱"公益旅游认购、商超及电子商务助销、旅游带销等模式参与消费扶贫。

二是充分发挥帮扶责任人和驻村第一书记的作用，把开展消费扶贫活动作为他们履职的规定动作和重要工作，要求他们积极对接产销两头，千方百计保障贫困户农产品的稳定供应，避免出现没东西可卖的情形；帮助贫困户在海南爱心扶贫网发布产品信息，核实产品质量和信息，确保货真价实、真实可信；做好产品宣传，让更多人了解贫困户的产品；对接物流、电商等，打通消费扶贫"最后一公里"。有了帮扶责任人和驻村第一书记等扶贫干部对贫困户农产品的质量背书以及宣传推介，目前贫困户农产品的销售形势良好，有的品种还经常售罄。

二、各方积极联动，做到全覆盖

通过省委、省政府的高位推动，加上海南爱心扶贫网上线后媒体的大力推广，海南省全社会参与消费扶贫的热情和积极性逐渐被激发出来，形成领导带头、党员紧跟、大众踊跃参与的生动局面。

一是现职省级领导干部带头"以购代捐"。制定实施《关于在省级领导干部中开展"以购代捐"消费扶贫活动方案》，包括省委书记在内的所有现职省级领导干部都参与到消费扶贫活动中，从2018年10月开始到2020年12月，每人每月拿出200—300元的资金，通过爱心扶贫网及其他渠道，从本人的抓农村党建促脱贫攻坚联系点或其他贫困村直接购买时令瓜菜、水果、肉蛋、米油等农副产品。

二是各市县、各单位主动参与。各市县、各单位对开展消费扶贫十分重视，主要领导亲自动员部署、提出具体要求。有的厅局长亲自带队下乡采购，在定点帮扶村当起现场推销员，如省农业农村厅在万宁市北大镇举办扶贫日现场认购农产品活动，厅长现场推销。

三是广大党员干部自愿参与。海南省消费扶贫活动不搞强行摊派、不搞行政命令、不层层设指标，只对单位和组织提要求，对个人进行号召和倡议。广大党员干部积极响应，在海南爱心扶贫网注册账号，踊跃参与消费扶贫活动，争做消费扶贫达人。

四是社会各界纷纷响应。通过报纸、广播、电视、微信公众号等媒介，向全社会发出《消费有情爱心无价海南消费扶贫爱心行动倡议书》，号召社会各界参与消费扶贫。同时，定期在报纸发布"海南爱心扶贫网订单排行榜"等，对积极参与消费扶贫的单位和个人进行表彰。目前，海南省社会各界纷纷响应政府号召，一些企业、大型超市主动和贫困村建立了产销合作关系，长期订购贫困户的农产品。

三、网络高效互动，做到全服务

通过认真策划和多方准备，精心打造海南省爱心扶贫网，把它作为开展消费扶贫最重要的载体和抓手，为广大消费者和贫困户搭建起便捷高效的交易平台。贫困户农产品的上架、销售、配送、售后服务都可以在爱心扶贫网实现。为实现网络高效互动，要求各相关单位围绕爱心服务网，提供全方位的服务。网站运营部门不断完善网站功能设置，精心做好产品组织、上架、销售、配送、售后等服务工作，提升用户体验感，并同步上线手机客户端、微信公众号，方便消费者随时随地购物。

各级扶贫部门对帮扶责任人和驻村第一书记开展业务培训，帮助其指导贫困户报送上架农产品。截至2019年年底，全省各市县报送并经过审核上架的农产品种类达403种，主要品种为贫困户自家或扶贫合作社生产的农产品，如蛋类、蜂蜜、番石榴、百香果、大米等，产品总量26.69万件。

农业农村部门做好贫困户农产品的信息汇总、资源调度等工作，同时根据消费扶贫的推进情况，协助各市县指导贫困户调整产业结构，丰富品种、增加产量、提升质量，打造具有海南特色的品牌特产。商务和交通部门完善农村物流体系建设，做好农产品销售、流通环节的各项工作。市场监管部门强化质量安全督查和检验检疫检测，完善农产品追溯机制，依法加强市场管控，严厉打击借消费扶贫之名以假乱真、以次充好、扰乱市场等行为。宣传部门组织各类媒体加大消费扶贫宣传力度，营造声势、扩大影响。如国家扶贫日期间，在《海南日报》、南海网微信公众号开设消费扶贫专栏，在海南广播电视总台播出消费扶贫宣传海报，开辟专栏制作播发专题节目42个，跟踪消费扶贫活动电视新闻报道137次；海口、三亚等主要城市通过楼宇灯光广告、大型LED电子显示屏等滚动播放消费扶贫宣传口号；各地区、各单位的门户网站及两微一端等平台均设置了"海南爱心扶贫网"链接，最大限度、最广范围地激励引导广大党员干部和社会各界爱心人士使用爱心扶贫网。

四、贫困群众自觉主动，做到全参与

贫困群众既是消费扶贫的帮扶对象，也是消费扶贫产品的供应者。海南省积极主动做好引导工作，激发贫困群众内生动力，鼓励贫困群众用自己的辛勤劳动为消费扶贫提供优质的农副产品和服务，实现脱贫致富。

一是深化产业帮扶，积极引导贫困户发展特色产业。《海南省打赢脱贫攻坚战三年行动计划》明确要求千方百计提高贫困户的产业覆盖率，2019年达到100%。目前，消费扶贫开始倒逼全省各市县认真思考如何切实解决目前困扰产业升级的现实问题，如何通过消费扶贫带动，提高贫困群众的产品、商品意识和组织生产能力，根据市场和爱心人士的需求，组织贫困群众大力发展或参与发展经济效益高、市场前景好、受消费者欢迎的特色产业，争取每个贫困户都有自己的特色产品。

二是加强培训指导，提升贫困户参与消费扶贫的能力。根据贫困户的需求组织好各种技术培训，争取让每个贫困户都有一技之长，特别是提高贫困户参与品牌化、标准化、规模化生产的能力，达到"授人以鱼，不如授人以渔"的效果。

三是创新营销方式，畅通供销渠道，为贫困群众参与消费扶贫活动创造条件。全省各市县、各有关部门用改革创新的思路和办法帮助贫困群众解决在参与消费扶贫活动过程遇到的困难，把贫困群众的供应和消费者的需求更直接、更便捷地对接起来，结成更紧密的利益共同体。比如，针对贫困群众的农产品中活体比较多，不方便直接邮购的问题，一方面，采取定点定时宰杀、冰冻、包装，然后由物流企业统一配送的方式；另一方面，安排专门的时间、专门的场所进行线下就近销售，如在供销社或农贸市场设置贫困户产品日常专柜，统一收购、宰杀后进行销售；组织贫困户农产品展销节、年货节等，消费者购买后提供宰杀、配送服务等。

"四动四全"是海南省实践探索消费扶贫的机制和模式，是扶贫工作的一项创新，虽然在推进的过程中还存在一些问题需要解决，比如，有些贫困户产量跟不上、品控做不好、服务不够周到，甚至还有违反诚信原则、弄虚作假、浑水摸鱼的情况发生等，但是从长远来看，消费扶贫大有作为。下一步，海南省将严格按照市场规律和法治原则解决消费扶贫过程中遇到的各种问题，不断完善"四动四全"模式，为全国消费扶贫工作贡献海南经验和智慧。

14

走心入脑扶志　授渔解惑扶智

——海南省脱贫致富电视夜校模式的探索与实践

夜幕降临，村委会里停满农用车、电动车，学习室里座无虚席，放下锄头的农民又返"课堂"，对着电视边听边记、边学边思……每周一晚上，海南脱贫致富电视夜校（以下简称"电视夜校"）在全省开课，帮扶干部、群众集中在一起学习讨论。电视夜校，成了海南乡村一道亮丽的风景。

一、"电视夜校"的创办

2016 年海南全省建档立卡贫困户 10.6 万户，贫困人口 47.7 万。贫困人口总量不大，但脱贫任务仍然艰巨，主要原因有：一是自然条件优越，生存压力小，"山上的野果充饥""溪中的小鱼下酒"，不用太大的付出，就能"生活得很舒适"；二是有些贫困户认识不到位，少数群众还以争当贫困户为荣、出现不愿脱贫和脱贫户申请返贫的现象，"等、靠、要"思想严重；三是有些贫困户虽有较强的脱贫愿望，但缺乏对扶贫政策的了解，缺乏技术与资金的支持，脱贫能力不强；四是有些帮扶干部，政策不熟、能力不强、办法不多、措施不实等。针对贫困群众"受穷不急、信心难立、脱贫无方"等问题，省委省政府决定，整合广播电视、远程教育站点、互联网、移动终端等各种资源，发挥媒体快捷、直观、群众喜闻乐见、教育面广等优势，自 2016 年 11 月起，开办电视夜校。

电视夜校采用"电视＋夜校＋服务热线"的模式，即：每周一晚上八点至九点由海南电视台播出一个专题，专题之后由帮扶干部组织讨论或延续学习半小时以上，技术性的问题由夜校组织专家到田间地头解决，开通961017 服务热线，解决群众关切的问题。

二、实践与做法

（一）省领导高位推动，相关部门密切配合

办好电视夜校，写进了中共海南省委七届全会的报告及其他的重要文件中。省委、省政府成立了脱贫致富电视夜校工作推进小组，由省委副书记、副省长任组长，省委组织部为牵头单位。省委组织部、省委宣传部等五个单位为副组长单位，省旅游委、省财政厅等14个省职能部门为成员单位，海南广播电视大学和海南广播电视总台为承办单位。在海南广播电视大学设立电视夜校办公室，负责日常工作以及选题策划、选教师、教学设计与田间地头的技术培训等工作；省广播电视总台负责专题节目；省农业厅、教育厅等单位参与授课和接听热线咨询电话和工单办理。各部门各司其职，密切配合。

（二）党建引领，"五级书记"齐抓

从省到村都由党组织负责人担纲，电视夜校有了强大的"发动机"。省委组织部负责电视夜校的组织领导和监督考核指导工作，将电视夜校工作列入各级党委的年度考核和党建述职的重要内容，各市县（区）将"夜校办"设在组织部，乡镇党委书记或副书记担任分校校长，村党支部书记或驻村第一书记担任教学班负责人。市县乡镇主要领导带头到教学点听课与讨论，基层干部们以多种多样的课后活动帮助贫困户巩固学习成果。如陵水县文罗镇新华村驻村第一书记陈某曾在每一期节目后组织大家参加"课后小考"加深贫困户对扶贫政策的理解和需求。昌江县七差镇为行政村配置了高清投影，为各村配备了卫星接收天线，做到有线、无线收看"双保险"。

（三）制作针对性强、接地气的教学资源，确保教学质量

电视夜校的五类教师主讲五类专题，即：领导干部讲政策，院校专家讲产业，农科人员讲技术，帮扶干部讲办法，致富典型讲经验。电视夜校专家

团队大多具有高级职称，策划能力强，熟悉海南农村生活、熟悉成人教育与技术培训。紧紧围绕"一教二帮"的教学宗旨和受众需求，突出"身边人讲身边事""身边的技术人员解决实际问题"，确保学有所悟、学有所获，有效解决了"看不懂"问题；用方言俚语解读和引导，设置有奖问答，调动现场气氛，增加趣味性，解决了"看不长、没兴趣、效果差"问题。

（四）新技术配套管理，保障教学目标的实现

设立"961017"脱贫致富服务热线帮助群众解决实际问题，为农民群众搭起了直通政府职能部门的桥梁。通过"钉钉"管理系统对教学工作进行实时管理。省委督查室负责全省电视夜校的督查工作，各市县成立巡回督查组对农村教学班开展督查。对工作不到位的相关责任人进行严厉通报问责，对考核成绩好的单位、个人进行表彰。

三、主要成效

截至 2019 年 8 月底，电视夜校已播出节目 146 期，平均每期参学人数 68 万，全省 900 多万人口中，有 500 万余人参加过学习。创办两年多来，电视夜校的主要成效有：

（一）进一步增强了基层党组织的战斗力

帮钱帮物，不如建个好支部。电视夜校不仅为贫困群众提供了学习的平台，还为基层干部提供了与贫困群众同上课、同学习、同讨论的平台，提升了利用帮扶政策的水平，密切了干群关系，增强了基层党组织战斗力。如：定安县、白沙县部分偏远村山路崎岖，第一书记和村"两委"干部或租用三轮车或用私家车组建"夜校专用车队"接送路程较远的贫困群众，既方便组织学习，又密切了干群关系。

（二）增强了贫困群众脱贫致富的信心，激励了脱贫致富的勇气

习近平总书记指出，"没有内在动力，仅靠外部帮扶，帮扶再多，你不愿意'飞'，也不能从根本上解决问题。"[1]电视夜校普及扶贫知识宣讲扶贫政策，增强脱贫致富积极性，作用明显。临高县临城镇头星村委会的贫困户林某说："电视夜校给了我一个学习的机会，让我的思想有了很大的变化。致富有千条万条路，只要勤劳就有路。天上不会掉馅饼，躺着好日子也不会自动送上门。"帮扶干部、省交通运输厅巡视员周某感慨地说："从'要我脱贫'到'我要脱贫'，从'穷了咋办'到'我有办法'，电视夜校帮助贫困户迎来了新生。"

（三）拓宽贫困群众脱贫致富的渠道和平台，提升了脱贫致富的能力

电视夜校传授实用技术、介绍销售信息、就业需求，还在白沙黎族自治县等地开展线下贫困群众务工招聘专场、开展贫困户产品线下义卖活动，在昌江黎族自治县等地开展相亲活动，当起"电视红娘"。海口市三江镇江源村委会潘某发，通过学习成了"养猪大户"，收入翻了几番，一家7口人住上了新房。他自信地说："有了电视夜校和961017热线，养猪的技术提高了，收入增加了，饲料费再贵也不怕！"

（四）提升群众对帮扶工作的满意度，培养群众的诚信与感恩思想

通过"961017"服务热线数据分析和实地走访了解群众的需求，给贫困群众提供菜单式帮助，精准帮扶到家到人。缺资金拨打热线小额信贷员上门服务；缺技术拨打热线专家立赴现场解决难题。群众对帮扶工作满意度大幅提升，发自内心地感谢党和政府。陵水县县委宣传部干事万某说："电视

---

[1] 《在深度贫困地区脱贫攻坚座谈会上的讲话》，人民出版社2017年版，第16页。

夜校让贫困户感受干部的生活、党做的工作，贫困户不是一味地去埋怨，而是感恩。"

电视夜校这一扶贫新模式受到了国务院扶贫办的肯定，得到了中央电视台、人民日报、光明日报等中央媒体和省内媒体的关注和报道，夜校节目被国家新闻出版广电总局评选为"2017年度广播电视创新创优节目"，主创人员两次受联合国粮食及农业组织邀请，在"互联网＋农民田间学校扶贫"、中国 FAO（联合国粮食及农业组织，Food and Agriculture Organization of the United Nations）主题研讨会上分享经验，得到联合国粮农组织亚太办项目官员与参会人员的称赞。2018年10月，海南省脱贫致富电视夜校工作推进小组办公室荣获全国脱贫攻坚奖组织创新奖。

四、几点启示

把最强的组织优势和最佳的学习方式、优质的学习资源，用在了最需要的人群上，并以党组织的强大组织优势组织实施，对于探索农村基层建设，丰富农民教育思想，提升农民整体素质具有十分重要的时代意义。

（一）为基层党组织建设提供了新思路、新模式

电视夜校把过去散失了的、有点弱化了的村集体组织能力强化起来了，有效推动了全面从严治党向基层延伸，激活了党组织的"神经末梢"和"微细胞"，焕发了村"两委"干部的精气神，提升了自豪感和自信心。增强了基层老百姓的凝聚力、纪律性，改变了恶习，让老百姓越来越信任党和政府。

（二）形成了转变干部作风的新途径、新共识

科学高效的组织模式和层层压实责任的管理方式，真正把干部的联系服务工作做到群众的"家门口"，做到群众的"心坎上"，倒逼基层干部工作作风的转变，提升了为民服务的新境界、新方法，电视夜校搭建了发展和培养干部的平台。

（三）开启新时代农民教育的新探索、新机制

时任海南省委副书记在脱贫致富电视夜校工作推进会上说："能把这些贫困群众组织起来学习，本身就是一场革命。"电视夜校是一种从教化到自觉习惯的常态化学习，系列精准、科学、高效的教育和管理措施，是提升农民素质的好帮手。创新教学模式，丰富教学内容，让精神扶贫落细落实，让文明新风入脑入心，并转化为过上美好生活的新动力。脱贫致富需要学习，乡村振兴更需要学习。海南脱贫致富电视夜校，为新时代农民教育提供了可借鉴、可参考的生动范例。

15

"团购众扶"拓新路　消费扶贫助攻坚

——重庆市江津区"团购众扶"消费扶贫模式

为了解决贫困人口在产业发展过程中，可能存在的市场风险大、市场竞争力弱和丰收不增收等问题，国务院扶贫办等 16 个中央部委 2016 年 11 月联合印发的《关于促进电商精准扶贫的指导意见》明确提出了"动员社会各界开展消费扶贫活动"，2019 年 1 月初公开发布的《国务院办公厅关于深入开展消费扶贫助力打赢脱贫攻坚战的指导意见》对消费扶贫进行了安排部署。消费扶贫作为重要的扶贫方式，激励社会力量通过各种平台，购买消费贫困地区或贫困人口的产品和服务，有效激发了贫困地区和贫困人口的内生动力，促进产品市场"消化"，帮助贫困人口增收脱贫。但是，消费扶贫实施的过程中仍存在生产经营分散、商品供应量不足、供应链滞后、品牌效应不高和扶贫持续性不强等问题，针对这些问题，各地政府、社会力量结合当地实际情况纷纷开展了不同类型的消费扶贫模式实践探索，并取得了一定的成效。在赴重庆市江津区进行实地调研和农户调查途中，发现江津区的"团购众扶"消费扶贫模式开展得较为成功，获得了当地群众的一致好评。因此，扶贫成效第三方评估调查组基于干部访谈、入户调查和案例分析，简要梳理了江津区"团购众扶"消费扶贫模式，探讨消费扶贫模式创新的建议，为推进我国消费扶贫的开展提供参考。

江津区位于重庆市西南部，以地处长江要津而得名，是中国长寿之乡、花椒之乡、柑橘之乡、富硒美食之乡，中国生态硒城。2018 年以来，江津区因地制宜开展了"团购众扶"消费扶贫，积极探索扶贫产品与帮扶集团等社会帮扶力量产销对接模式，拓宽农产品销售渠道，建立稳固的利益联结机制，让贫困户分享产业发展红利，推动扶贫产业发展。全区各级各部门、社会帮扶力量开展"以购代捐""以买代帮"等活动，形成了摸清"家底清单"、发好"推广传单"、下好"产品订单"、记好"消费清单"的消费扶贫"团购众扶"模式。2018 年以来，全区团购金额达 2400 万元，贫困户平均每户每年增收 2600 元，为如期高质量打赢脱贫攻坚战奠定了坚实基础。具体做法和成效如下：

一、创新管理方式与机制

（一）摸清"家底清单"，实施动态监测

一是责任到户清家底。江津区扶贫开发领导小组组建 20 个区级扶贫集团，对 15 个贫困村和 5 个困难村实行"分片包干"制，各镇（街道）机关干部、村（社区）干部、驻村工作队员等帮扶干部实行"分组包户"制，对各村的贫困户、种植养殖大户、农民专业合作社、扶贫项目等开展"一月一摸排"，全面摸清贫困村、贫困户种植养殖的品种、规模、产量等情况，并动态建立区、镇、村"三级"台账。

二是责任到片强指挥。各扶贫集团分别由 38 位区级领导牵头，充分调研责任片区内贫困村、贫困户农产品供求信息，征求基层干部、贫困群众的产业发展意愿和建议，全面摸清各责任片区内主要农产品周期、上市的批次数量、预期价格，以及现有物流方式和配送途径。

三是责任到案建机制。针对各片区出现的各类农产品滞销情况，区扶贫开发领导小组及时组织区农业农村委、区商务委等部门进行案例分析，深度解剖问题成因、系统短板、设施缺项及机制漏洞，建立完善联席会议制、问题清单移交制、每月摸排制等制度，确保各责任片区消费扶贫相关信息"底子清、问题明、机制齐"。2018 年以来，全区共召开联席会 9 次，建立问题台账 34 个，先后走访农业龙头企业、专业合作社、种植养殖大户等经营主体 6000 余户万余次，贫困户 8400 余户 7.5 万余次，梳理出各类农产品的台账清单，并适时进行动态调整，确保信息准确通畅。

（二）发好"推广传单"，打造品牌效应

一是聚合力添动力，建机构组团队。根据各扶贫集团对产业消费扶贫相关调研信息研判结果，成立由分管副区长为组长，区发展改革委、区财政

局、江津区市场监管局等23个部门为成员的消费扶贫领导小组，组建综合协调、政府采购政策、对口帮扶开州、消费扶贫专柜、扶贫产品认定及品牌创建5个专项小组，抽调区农业农村委、区商务委等8个部门行业专家库成员，组建农技、农艺、畜牧、水产4个产业扶贫专家团队。

二是整资源统平台，调规划优服务。消费扶贫领导小组对农业、商贸、旅游、经信等部门现有农产品电商资源和渠道进行全面优化整合，统一制定消费扶贫工作平台宣传推广方案。各专家团队采取"分片分镇调规，因村因户施策"方式，综合研判各片区农产品类型、上市周期、价格趋势等实际情况，全面调整优化产业规划，并向领导小组和各部门提供决策咨询和技术指导等相关服务，确保各部门"合力向心、资源到位、技术匹配"。目前，全区15个贫困村和5个困难村的产业发展规划已优化调整到位，紫荆花椒、硐寨柚子、关胜梨子等"一村一品"产业初具规模。

三是抓组织强参与，办节庆促消费。区扶贫开发领导小组每年组织全区贫困村（困难村）出产的特色富硒农产品积极参加"中国农民丰收节""西部农交会"等大型活动进行推广销售；各扶贫集团突出贫困村（困难村）农产品"富硒绿色＋扶贫公益"宣传主题，全力协助责任片区举办"嘉平有礼京东众筹""中山千米长宴""石蟆橄榄节""猫山采茶节"等农产品推广促销活动，全方位、多渠道发好"推广传单"。

（三）记好"消费清单"，完善供应链条

一是强基固本，打通关节。为进一步打通消费扶贫"产、接、收、储、送"五大关节，各贫困村（困难村）驻村工作队第一书记按照产业规划和专家团队建议，针对自身薄弱环节，积极联系相关区级部门，组织各村申报项目补齐短板。2018年以来，全区脱贫攻坚项目库共实施各村项目150个，其中基础设施类63个、种植养殖及其他产业类87个。

二是补齐短板，畅通渠道。以农商互联为抓手，推进公益性农产品市场体系建设，推动培育特色商贸小镇和商贸古镇，促进形成以乡镇为中心的农村流通服务网络。支持完善农产品产地化配套设施，延伸农产品价值链。根据江津区产品特点，围绕江津富硒花椒等建设了一批具有冷藏功能的产地加工集配中心等冷链设施，提升预冷和储藏保鲜能力，补齐"最后一公里"

冷链物流短板，延长农产品货架期，提高错峰销售能力，帮助贫困地区农民增收。

三是深度绑定强化帮扶。为将消费扶贫工作落到实处，区扶贫开发领导小组实行"消费清单"绩效制，将各扶贫集团团购金额、促销订单数量与帮扶成效直接挂钩，确保帮扶责任"深度绑定"，考核成绩"清单为证"。2018年以来，全区团购金额达2400万元，每个贫困户年增收2600余元，共协助贫困村（困难村）举办农展会、电商促销、农超对接等各类农产品推广促销活动300余场，为如期高质量打赢脱贫攻坚战奠定了坚实基础。

（四）下好"产品订单"，开展多元销售

一是线上整合集中销售。全面整合益农信息社、一江善品、邮乐购等电商平台，汇集全区贫困户的农产品集中线上销售。各电商平台对全区贫困村（困难村）的农产品积极开展推广活动，分时段对贫困村（困难村）、贫困户的农产品开展预售，收集预售订单后开出"产品订单"，有效解决了贫困村（困难村）、贫困户农产品卖难问题。

二是线下联动定向直供。在线下，为进一步破解各片区农产品"酒香巷子深"难题，区扶贫开发领导小组组织各区级扶贫集团拓宽思路，通过责任片区农产品定向直供、组织干部职工自发团购、鼓励工会到贫困村（困难村）开展工会活动等措施，为片区建立完善订单销售渠道，示范带动作用明显。

三是牵线搭桥代理销售。各驻村工作队、贫困户帮扶干部充分发挥"代理人"和"经纪人"作用，通过积极联系扶贫集团各成员单位及其他社会帮扶力量，通过"认领认购"方式开展消费扶贫，做到"对接精准，订单精准"。2018年以来，各驻村工作队、贫困户帮扶干部共联系区级部门、企事业单位200余家，已在线上线下代理销售各类农产品1100余万元。

二、典型案例：四面村"百万订单"
背后的故事

四面村位于江津区南部山区最边缘，辖区面积12.37平方千米，耕地面积283.53公顷，林地面积1593.73公顷。2019年，全村辖7个村民小组，

772 户 2732 人，其中，建档立卡贫困户 55 户 213 人，是江津区 15 个市级贫困村之一。四面村由于地理位置偏远，运输不便，再加上产品销售渠道较窄，导致农产品"走不出去"，农产品滞销情况较为严重。2018 年以来，作为江津区"团购众扶"消费扶贫试点之一，四面村积极发展产业的同时，主动出击联系需求方，实现产销对接，依托专业合作社，让贫困户分享产业发展红利，形成关系稳固的利益联结机制，通过强化市场导向、发展订单农业、筹备扶贫协会、搭建供需平台、打造品牌效应和提供增值服务，探索出了一条"团购众扶"的消费扶贫之路。2018 年 12 月至 2020 年 4 月，累计实现消费扶贫 174 万元。2019 年，四面村及周边村有销售需求的贫困户等四类贫困对象 480 余人，通过"团购众扶"消费扶贫实现人均增收 3300 元左右。

（一）强化市场导向，发展订单农业

按照江津区大力开展"团购众扶"消费扶贫的要求，四面村把为群众现有农产品打开销路作为脱贫攻坚的第一要务。

一是摸清"家底清单"。在四屏镇党委、政府统筹调度下，四面村通过深摸细研，充分论证村产销问题，摸清"家底清单"，制定方案和组织协调。村委会组织贫困户提供农产品，农业企业负责签订协议、代工、运输和资金管理，提升了农产品销售背后所需的"软实力"。

二是打通市场壁垒。结合四面村实际情况，通过发展订单农业，打通贫困户农产品与市场间的壁垒，帮助贫困户增收，实现从"输血"向"造血"的转变。

三是拓展产品销路。四面村积极与成员单位沟通合作，以此为突破口，打开四面村贫困群众农产品销售的新路子，如成员单位江津中学 2019 年下订单购买了四面村 11.8 万元的农产品。

（二）筹备扶贫协会，搭建供需平台

一是组协会，建好联结机制。四面村在驻村工作队的帮助下筹备成立了四面村扶贫开发协会，组织全村所有贫困户加入该协会，会员向全村普通农户和周边村延伸，并与供需双方建立紧密的利益联结机制。

二是搭平台，发好推广传单。四面村致力于搭建供需平台，确保对接畅通，根据市场需求推动贫困户农产品参与农展会、网上销售，与扶贫销售点、农超、批发市场等各类平台按照市场规律进行产销对接，不断寻找新的销售渠道。

三是建台账，记好消费清单。该村对贫困户的农产品进行每月一摸排并形成台账，多渠道寻找需求方并按需制定团购方案，组织贫困户积极提供需售农产品，农业龙头企业按照要求加工、包装、运输，并将扣除成本后的销售利润全部返还给贫困户。自 2018 年 12 月开展活动以来，东风小康控股集团、四面山旅投司、江津中学、南方新华等单位积极参与"团购众扶"消费扶贫活动，共购买土猪 128 头、土鸡 79 只、大米 20 万斤、竹笋 380 份等，消费金额达 174 万元。东风小康控投集团仅 2019 年中秋大米订单就达 58.5 万元，并达成团购意向协议 200 万元。

（三）打造品牌效应，提供增值服务

一是结合扶贫文创，延伸产品范围。四面村坚持消费扶贫与文化创意相结合，将简单的销售向产品研发、艺术创意、生产环节推进，把贫困户的农产品范围延伸至土特产、手工艺品生产等领域。

二是实施品牌计划，加大产品生产。积极组织发动贫困户结合自身实际加大土鸡、生态鱼、蜂蜜等农产品生产，如利用四面村丰富森林资源，搭建简易围栏和竹制鸡舍，引入深山的泉水，用黄谷、玉米、中草药饲养本地小脚土鸡，积极创建"四屏森林泉水鸡"品牌并统购统销。目前，该村已实施农产品品牌创建计划，对相关农产品制作了精美的农产品包装，提高农产品品牌影响力，如"四面土鸡蛋"、高山富硒"四面香米"，切切实实让贫困群众增收致富。

三是完善多元供应，助推产品增值。对已购买农产品的客户，通过混合销售的方式提供多元化的产品，以满足客户需求。通过加工环节提高附加值，将收购的新谷加工成大米进行真空包装、竹笋水煮晒干后进行精美包装，红薯加工成粉条，产生 10% 至 30% 销售利润全额归还给贫困户及村民。实现服务外包，按照客户需求将加工环节服务外包给农业企业加工和个性化包装，全程按市场价结算。

三、启示及建议

重庆市江津区"团购众扶"消费扶贫模式取得了显著成效，有效激发了贫困地区和贫困人口的内生动力，激活了贫困地区的产品活力，拓宽了产品销售渠道，助推贫困人口增收脱贫。其主要启示与建议如下：

（一）汇聚合力，整合资源

江津区通过汇聚政府部门、专家技术人员和社会力量，建构消费扶贫团队，在摸清"家底清单"，实时动态监测的基础上，整合贫困户种养殖的品种、规模，因地制宜优化产业规划，发展富硒特色产业，解决了当前消费扶贫存在的生产经营分散、供应量不足问题。建议将"团购众扶"消费扶贫试点与建立长效机制充分结合起来，根据区域资源禀赋，合理确定主导产业，提高产业的可持续性，不断提升贫困主体的参与能力，激发内生动力。

（二）党建引领，创新机制

江津区扶贫开发领导小组以"消费清单"考核绩效，实行区级领导牵头，区级扶贫集团"分片包干"负责制，各镇（街道）机关干部、村（社区）干部、驻村工作队员等帮扶干部"分组包户"制，创新扶贫协同工作机制，助推贫困村、贫困户农产品与帮扶集团等社会帮扶力量产销有效对接，解决了消费扶贫模式的可持续问题，在国内具有典型示范性。

（三）市场导向，订单产业

江津区以市场为导向，搭建网络平台，实现线上线下联动，发展订单农业，打通了贫困户农副产品与市场间的壁垒，帮助贫困户增收，实现从"输血"向"造血"的转变。同时进一步打通消费扶贫"产、接、收、储、送"五大关节，构建完善农产品产地化配套设施供应链，延伸农产品价值链，补齐冷链物流短板，延长农产品货架期，提高错峰销售能力，增强市场竞争力，切实解决了贫困地区农产品流通渠道不畅通问题和供应链滞后问题。坚持市场导向，遵循市场和产业发展规律，因地制宜发展订单产业，持续优化产业供应链，扩大贫困劳动力就业渠道。

（四）文化植入，品牌提升

江津区坚持消费扶贫与文化创意相结合，将简单的销售向产品研发、艺术创意、生产环节推进，把贫困户的农副产品范围延伸至土特产、手工艺品生产等领域，通过混合销售的方式提供多元化的产品，并通过加工环节提高附加值，以满足客户需求。依托富硒资源与生态优势，发展生态绿色产品，向贫困户提供全产业链服务，提升产品附加值，着力培育"文旅—富硒资源"特色产业。

16

"三支撑、两创新"立足旅游促脱贫

——四川省黑水县旅游扶贫实践模式

黑水县位于四川省西北部，阿坝藏族羌族自治州腹心地带，面积4356平方千米，距成都市280千米，平均海拔3544米。近年来，黑水县深入践行"五大发展理念"，把生态产业作为绿色发展的必由之路，依托"冰川、彩林"两大核心旅游资源，以"三态"融合为引领，"三微"互动为切入点，抢抓旅游扶贫机遇，融汇旅游要素，整合旅游资源，强化旅游引领，不断推动产业融合，鲜明的冰川彩林国际旅游目的地形象正在形成，民族地区旅游发展的"黑水样本"正在构建。

一、理清发展思路、变思路为规划

秉持"绿水青山就是金山银山"的发展理念，立足自然资源和文化资源禀赋，黑水县提出了以生态效益农业和生态旅游产业为主的"沟域经济"发展模式，围绕"优势更优、特色更特、做强一季、带活全域"的旅游发展思路和"圣洁冰川·多彩黑水"旅游定位，以微景观、微田园、微环境"三微"联动，业态、文态、生态"三态"融合为抓手，构建"以点连线，以线连片"的"串珠式"发展格局，大力发展乡村旅游。

坚持规划引领，本着上接"天气"、下接"地气"、中接"人气"的原则，编制完成《沟域经济总体规划》《新村建设总体规划》《全域旅游发展规划》《产业扶贫专项规划》《黑水县小黑水河和毛尔盖河流域乡村振兴及生态示范区建设总体规划（2017—2035年）》，充分利用成都理工大学省内定点帮扶黑水县的智力优势，帮助编制《冰川彩林国际旅游目的地发展规划》，与其他规划紧密衔接，形成相互支撑的规划体系，推动旅游产业发展驶入"快车道"。今年是"十三五"收官之年，脱贫攻坚决战决胜之年，全县预计接待游客 176 万人次，比 2015 年"十二五"收官时增加 51 万人次，增长 28.9%，年均增长 5.78%；预计实现旅游总收入 13.98 亿元，比 2015 年增加 2.45 亿元，增长 17.52%，年均增长 3.5%，旅游产业助推黑水县稳定脱贫。

二、坚持"三支撑"，助推脱贫攻坚

立足黑水县沟域经济发展理念，奶子沟积极发展"旅游+""+旅游"，推动形成"产业围绕旅游转、产品围绕旅游造、结构围绕旅游调"发展格局，助推建档立卡户增收致富。

（一）以文化为支撑，厚植特色文化底蕴

黑水县文化底蕴厚重，是革命老区和民族地区，具有厚重的红色文化和独特的民俗文化。在全域旅游发展过程中，黑水县始终将繁荣兴盛民族文化与旅游产业发展同部署、同安排、同推进，不断提升旅游品质和内涵，促进文旅融合发展。

一是突出文化传承，实现民俗文化与乡村旅游融合发展。立足资源优势，打造特色民族文化精品，统筹推进民俗文化与乡村旅游相生相融。坚持"文化搭台、旅游点题、经济唱戏"的思维，重点策划推出"冰山彩林旅游季""冰雪节"等精品节庆活动，加强对民族符号、民族服饰的挖掘和使用力度，不断创作推广特色 Logo 和歌曲，建立旅游宣传队，并依托"卡斯达温"艺术团和非物质文化传习所，加大民族文化传承、保护、开发力度，从"文态"上持续挖掘黑水县本土文化，促进"旅游+民俗"的高度融合。

二是创新融合发展，实现红色文化与乡村旅游融合发展。黑水县立足差异化旅游发展战略，按照精品环线景观的发展理念，在县域内，以达古冰川、色尔古藏寨、卡龙沟、三奥雪山为核心，分区域打造红色文化景点。以红军长征途中翻越的"昌德雪山"为背景，以"红色昌德"为旅游发展定位的脱贫村——昌德村，大力实施旅游扶贫，建成了"红军文化"广场，辐射带动周边群众发展红色文化乡村旅游，主打红色微景观、红军餐、红色特色

民宿等项目，已成为红色教育基地，2019 年实现收入 68 万余元。全国重点文物保护单位——芦花会议会址，作为黑水县红色文化的代表，吸引了省内外众多游客，已成为黑水县红色文化旅游重地。

（二）以产业为支撑，构建"旅游 +""+ 旅游"模式

围绕脱贫奔康目标，聚焦"吃、住、行、游、购、娱"和"商、养、学、闲、情、奇"旅游新旧六要素，依托无污染的农业生产环境和丰富的旅游文化资源，通过发展"旅游 + 农业""文化 + 旅游"的发展模式，丰富旅游产品，拓展百姓增收路径。

一是突出特色差异，实现生态农业与乡村旅游融合发展。根据黑水县六大沟域经济布局和发展，积极加快土地流转，培育大户，结合有利的自然和气候条件，大力发展黑水蜂蜜、早实核桃、生态蔬菜等多种特色农业园区，注重推进生态观光农业，做到农旅结合。如沙石多乡紧扣沟域经济和六大产业布局，坚持"一三互动，农旅相融"，组建双孢菇、凤尾鸡等多个种养业合作社。着眼"在彩林之中建农居，在农居周边建田园"，积极推广发展庭院经济，鼓励群众在门前屋后种植生态蔬菜，并将生态农特产品转化为旅游商品，有效提升农牧产品附加值。

二是突出电商销售优势，实现互联网与乡村旅游融合发展。为拓宽农牧产品销售渠道，增加群众收入，让游客买到黑水生态农特产品，紧密切合"互联网 +"战略，建立了农特产品销售电商平台，以"农户 + 专业合作社"的模式，"线上 + 线下"模式拓宽村民农产品销售渠道，提高村民收入、帮助村民改变观念，树立互联网意识。

三是突出美食文化，实现特色美食与乡村旅游融合发展。紧扣"康养"目标定位，将黑水土豆宴、特色藏餐、生态蔬菜、凤尾鸡、藏香猪等特色品牌相融合，突出绿色、有机、营养发展美食康养，让游客吃上生态、绿色食品，从舌尖上了解黑水。如 2019 年彩林节期间在羊茸哈德通过土豆宴展示菜品，游客可现场品尝土豆宴。羊茸村为进一步丰富旅游业态，以生态农产品为食材，成功打造"美食一条街"，既为广大游客提供了生态、健康的美食，又为黑水县乡村旅游打造了"康养羊茸"金字名片。

（三）以产品为支撑，丰富旅游新业态

以"三态"（生态、文态、业态）融合为引领，"三微"（微景观、微田园、微环境）打造为切入点，按"一村一品"的原则打造一批集休闲观光、森林探险、康养度假等为一体的新兴旅游业态。

一是巧做生态加法，筑牢生态保护屏障。黑水县县委、县政府将全域旅游、"三微三态"与旅游扶贫、生态扶贫相结合，坚持"差异化"发展理念，加大优势资源挖掘、整合、包装力度，加码横向生态保护补偿，加速绿色发展。如沙石多乡杨柳秋村蜕变的法宝，就是巧做生态加法，即"生态＋保护"，在不继续破坏原有生态环境和河道结构的情况下，投入 900 余万元，下足功夫开展沙场治理工作，挡水成湖、填湖成岛，对沙场进行保护性治理、保护性开发。"生态＋文化"，生态修复的基础之上，融入中国古代园林艺术，在保持山水景观原貌原态的同时，加入枯木、石桥、观景台、湖心岛等文化新元素，进一步丰富微景观内容，增加看点。错落有致间将山水文化、景观文化融为一体。"生态＋民俗"，在自然景观中融入黑水本土非物质文化遗产卡斯达温、藏族民族服饰等民俗文化，在湖心岛、枯木等地刻画传统民族字符，用色彩表现民俗，让群众在领略自然风光的同时了解民俗文化。"生态＋产业"，建立接待服务中心，集旅游接待、餐饮、休闲娱乐、农特产品营销于一体，可以让游客实现吃、游、憩、购；同时，景点接待服务中心可向周围农户进行辐射，带动附近村民发展特色餐饮、传统民宿、民俗体验等，实现以点带面、整村推进的整体发展规划。

二是突出彩林效应，构建富民机制。坚持以旅游扶贫统揽乡村旅游建设为统领，以"圣洁冰川·多彩黑水"为旅游发展支柱，在沙石多乡等彩林核心区域，稳步推动"支部＋公司＋农户"等旅游发展模式向好向前。如羊茸哈德，按照"沟域经济"总体布局，立足生态资源和彩林景观优势，因地制宜大力发展生态文化旅游业和生态效益农业。坚持走特色化、差异化的发展路子，确立了"康养羊茸"发展定位，大力推动旅游基础设施建设，积极培育休闲观光、森林探险、康养度假等新兴旅游业态，注重产业引导、市场主导，强化设施配套，坚持开发与保护并重，发展现代旅游产品，强化特色产业带动，分步推进"民俗文化体验＋生态旅游＋产业发展"和"文化

聚集＋康养度假＋生活驿站"两种模式，增强旅游"造血"功能。成功创建国家 3A 级景区，获评"四川省首批森林小镇""四川省百强村"等称号。

三、坚持"两创新"，助力脱贫攻坚

按照"一村一品"的原则，分别采取"色彩＋藏寨""红色文化＋藏寨""康养＋藏寨"的方式成功打造了七彩甲足、红色昌德、康养羊茸、吉祥营地、雅麦湖等 17 个个性化景观节点，大幅提升了黑水县旅游知名度。发展旅游产业，实现旅游富民，选择适合自身的经营模式和构建利益联结机制是最大关键。根据沙石多乡贫困现状，坚持以精准脱贫统揽经济社会发展全局，积极探索构建旅游产业与贫困户收益紧密相连的经营管理模式和利益机制，增强贫困群众"造血功能"。

（一）创新两项机制，夯实发展保障

一是建立产权量化增收机制。黑水县旅游接待服务实施（如接待服务中心、生态停车场、旅游厕所等）均为县委县政府统一规划设计，投入资金建设，通过资产评估后以村集体资产方式整体移交村"两委"运行，村"两委"在乡党委、政府的监督管理下，通过对外承包的方式进行运营，即：县投入、乡管理、村运行、农户经营，最终形成大户带动经营模式。洛哩措和甲足就是这种发展模式，承包户自主经营、自负盈亏，每年向村集体上缴租金 8 万元通过租金收益方式，增加了村集体经济收入，并持续用力加大生态环境保护力度，带动更多的贫困群众发展生态旅游服务业，实现增收致富的目标。

二是建立稳定就业增收机制。按照森林管护与野生动物保护、林区地灾监测、林区道路维护、村寨绿化和环境卫生整治、景点林区旅游秩序和环境卫生维护"五个结合"，深化拓展巡山巡查、瞭望观察、地灾监测、林区道路管护、人工造林后期管护、卡点值守检查、河道监管七类管护岗位职责，对生态资源合作社进行"三职合一"管理。"三职"即生态管护职责、景点监督职责、导游讲解职责，"合一"是指三项工作职能集于管护人员一身，管护人由贫困户担任。既实现资源、资产向资金的转化，又达到贫困群众如期脱贫，全村群众共同奔康致富的目标。2019 年兑现集体与个人公益林生态效益补偿 8287.93 公顷、183.37 万元，覆盖建档立卡贫困户 2880 户；兑现草原生态补助奖励 140933.33 公顷、773.5 万元，覆盖建档立卡贫困户 2880 户。

（二）创新经营模式，提升发展动力

一是"支部＋合作社＋农户"经营模式。为了规范管理，使旅游发展走上健康发展的道路，2017 年昌德村成立了黑水县红色昌德乡村旅游农民专业合作社，农户（含建档立卡户）以户为单位加入合作社中，依托合作社，走集体经济道路，形成了"支部＋合作社＋农户"的经营模式，促使更多的群众通过抱团的方式发展乡村旅游业。由合作社制定规章制度、规范服务标准，避免恶性竞争。昌德村的服务接待群体主要是干部学院的学员和游客。长征干部学院同合作社签订住宿协议，由合作社统一分配住宿。通过合作社拟定的规章制度，培训班的住宿优先安排，使全村同各级干部学院形成长期合作关系，保证一年四季都有收入，稳定增收有保障。在此基础上，还积极同各旅行社签订协议，接待游客团队。

二是"支部＋公司＋农户"经营模式。为合理规划旅游发展，羊茸村成立了羊茸哈德旅游服务有限公司，公司采用股份制，即农户以房屋、资金等资源入股。村支部、旅游公司和农户之间建立合作关系，形成"支部＋旅游公司＋农户"的经营模式，各负其责，风险共担。对符合条件的 26 户民宿接待户进行统一管理、实现利益统一分配，有效解决了乡村旅游经营管理薄弱的难题。为实现农户与公司双赢，切实助农增收。旅游公司制定了分红制度，旅游公司将每年总利润的 2% 作为全村公共基础设施维护费，3% 按户进行平分，剩余 95% 按全村农户入股的占比进行分红。村民罗某是沙石多乡昌德村人，家中有 4 口人，因病和自身发展动力不足于 2014 年识别为低保贫困户，2016 年脱贫。该户仅通过参与旅游接待和销售农产品，2019 年人均月收入达 3140 元。

通过近几年的经营发展，黑水县"三微三态"建设已形成了"以点连线，以线连篇"的"串珠式"发展格局。2016—2019 年，奶子沟接待游客从 65.4 万人次上升至 112.4 万人次，旅游业已成为当地居民最主要的收入来源。2016—2019 年，黑水县培育民宿达标户 261 户，通过发展旅游业农牧民人均增收 1800 元，旅游扶贫工作助推全县脱贫攻坚。贫困村从 2014 年的 64 个减少至 4 个，贫困人口从 2909 户 9976 人减少至 290 户 971 人，贫困发生率从 18.7%下降至 1.8%。下一步将提炼、移植沙石多乡沟域开发经验，全面启动小黑水河和毛尔盖河流域旅游深度开发。强化旅游基础设施、综合服务站点建设，更好地巩固取得的脱贫攻坚成果。

17

就业有"助" 创业有"路"

——四川省九寨沟县创新就业扶贫新模式

　　九寨沟县是国家级深度贫困县，也是四川省 88 个贫困县、藏区 32 个贫困县之一，脱贫攻坚的任务非常繁重。2017 年又遭遇了"8·8"九寨沟 7.0 级特大地震，是全国唯一因为自然灾害推迟摘帽的县。面对灾后重建、脱贫攻坚的双重任务和严峻考验，九寨沟县把就业作为最大的民生，以政府引导、部门联动、城乡统筹、市场运作等方式最大限度释放就业活力，通过抓产业、兴培训、促转移、推双创、强保障，探索创新九寨就业新模式，实现第一、第二、第三产业同步发力推进就业工作，让就业有"助"，创业有"路"，助力群众就业增收奔小康。

一、基本情况

　　九寨沟县位于四川省北部，阿坝藏族羌族自治州东北部，全县面积 5286 平方千米，辖 17 个乡镇、120 个村 10 个社区，全县常住人口 8.13 万人，农村劳动力 2.8 万余人，贫困劳动力 3131 人。震前，旅游业是九寨沟县绝对的支柱型产业，全县 8.13 万人口中有 6 万人从事旅游相关行业。"8·8"地震灾害对九寨沟县造成严重影响，导致 1.7 万人失业，"灾后重建，就业先行"。为贯彻落实党中央、国务院和省委、省政府关于灾后重建的决策部署，帮助贫困群众端牢就业"饭碗"，实现脱贫奔康，九寨沟县制定出台了《九寨沟县青年（大学生）创业园区实施办法》《九寨沟县鼓励支持农村发展创新创业实施方案》《九寨沟县全面推进创新创业实施方案》《九寨沟县"8·8"地震灾后恢复重建委员会办公室关于促进本地城乡务工人员参与灾后重建、助推脱贫奔小康的实施方案》《九寨沟县灾后就业困难认定办法》《九寨沟县开发灾后就业困难人员公益性岗位实现脱贫奔康实施方案》《九寨沟县关于疫情期间促进本地城乡务工人员参与项目建设的实施方案》等一系列就业创业相关政策，首次在全国地震灾区灾后重建中运用"省统筹指导、灾区州县作为主体、灾区群众广泛参与"的新模式，用不到两年时间完成重建项目和投资"双90%"任务，基本完成重建任务，跑出重建"九寨速度"，成为推动经济社会发展的核心引擎。2019年全县农村居民人均可支配收入达14217元，同比增长10.5%，增速居全州第一，群众生产生活发生了翻天覆地的变化。2019年4月，九寨沟县顺利实现脱贫摘帽，成功退出贫困县序列。

二、主要成效

2015年以来，九寨沟县劳务转移8万余人次，返乡下乡创业520人，累计实现劳务收入21.5亿元。2019年12月24日，四川省劳务开发暨农民工工作领导小组下发《关于公布四川省返乡下乡创业工作先进市、县（市、区）名单的通知》，并公布获评先进市、县（市、区）名单。九寨沟县作为阿坝州唯一上榜县，被评为四川省返乡下乡创业工作先进县。

（一）通过搭建创业平台，不断拓宽群众创业空间

采取"农业＋创业""飞地＋创业""全域旅游＋创业""扶贫＋创业"等创业"四＋"模式，增强返乡创业内生动力。一是紧密结合返乡创业与产业发展，打造九绵文化旅游产业园、嘉善—庆元—九寨沟"飞地"产业园、平湖—九寨沟"飞地"科创园，建立120个村级集体经济合作社，创建九寨天堂、九寨沟县罗依农业科技有限公司、九寨沟县鑫海种植专业合作社为"省级就业扶贫基地"，永和乡斜坡村为"省级就业扶贫示范村"；地方财政投资20万元将白河乡太平村打造为"县级就业扶贫示范村"，有效促进返乡农民工就近就业3400人次。二是近年来，得益于"互联网＋"的发展普及，以荣获"2017国家级电子商务进农村综合示范县项目"为契机，在17个乡镇建立电商扶贫服务点，带动43名返乡大学生就业，拓宽农产品销售渠道，为农民增收提供新引擎。三是在九寨沟天堂口民俗文化村建立九寨沟县青年（大学生）就业创业园区，发放大学生创业补贴资金46万元，带动就业123人，形成鼓励和扶持青年（大学生）就业创业的浓厚氛围，吸引优秀大学生返乡创业。

（二）通过实施多产共融促进就业、灾后重建促就业、就业促进技能再改造行动，提升农民工就业创业能力

统筹开展各类就业创业培训、围绕重建项目转移就业、公益性岗位托底安置返乡农民工就业等方式，制定《九寨沟县 2018 年度灾后系列培训、助推脱贫奔康实施方案》，整合科农、文旅、扶贫等部门培训资源，结合灾后重建、景区开园市场用工需求，大力推行学徒制、送外培训等模式，开展培训"四送"活动（即培训送到乡、送到村、送到企业、送到工地），建立农民工创业培训台账，创新培训管理，就业切实提升老百姓就业技能。同时，增强创业培训实效性，2015—2019 年，培训返乡农民工 8425 人次，其中开展创业培训 3886 人次，培训就业率达 75%。

（三）通过落实政策扶持，进一步激发群众返乡创业活力

一是积极推进返乡下乡创业政策，各部门出台系列政策措施，通过"筑巢引凤"，实施"回家工程"，发展"归雁经济"，营造浓厚的返乡创业氛围，用足用活创业担保贷款政策。相继与信用联社、邮政储蓄签订协议，设立创业担保贷款基金，鼓励和引导回乡农民工投身乡村旅游、农旅产业发展、电子商务、加工销售、特色种养殖等项目，创办民营企业、合作社等经营实体，2015 年以来，累计为 53 名返乡创业人员发放创业担保贷款 4030 万元。二是着力创业促就业，实现创业带动就业双赢目标。帮助 150 名高校毕业生成功创业，发放创业补贴 150 万元，带动 201 名高校毕业生实现就业；建立见习基地 11 个，促进 105 名高校毕业生就业。三是鼓励返乡创业企业吸纳贫困劳动力就业，为九寨沟县大顺果蔬种植专业合作社、九寨沟县鑫源种植专业合作社、九寨沟泰安保安服务有限责任公司、四川九寨国家森林公园神仙池旅游发展有限公司等 10 家企业（合作社）兑现吸纳就业奖补 19.9 万元；鼓励贫困劳动力自主创业，成功为 30 名贫困劳动力发放自主创业补贴 30 万元。

（四）通过突出典型引领，不断激励群众就业创业活力

九寨沟县以罗依乡川玖集团、鑫海合作社、阿布鲁孜三个返乡农民工创办企业为典型，积极宣传，引导返乡农民工创业。在返乡创业浪潮中，九寨沟县返乡创业优秀农民工曾荣获"四川省返乡创业明星""阿坝州民营企业家""阿坝州农民工返乡创业大赛一等奖""阿坝州第一届农民工原创文艺作品大赛二等奖"等称号和奖项。对有突出贡献的返乡创业人士，包括优秀民营企业9户、优秀民营企业家6人、优秀个体工商户12户及优秀农民专业合作社4户进行了通报表扬，并组织经验交流座谈。先后举办"万人就业促进计划现场会""全州就业扶贫现场会"等，为促进农民工等返乡下乡创业提供全方位服务。

三、经验与启示

（一）紧扣"一核心"，构建就业新体系

九寨沟县始终把稳就业作为"六稳"的首要任务，摆在突出位置，坚持县委书记亲自抓、县长带头干，以问题为导向，坚持转移就业、公益性岗位安置、项目建设带动、产业发展、政策兜底五大方向同步发力，制定并出台了一系列就业创业优惠政策，形成了以中央、省、州部署为重点，县委、政府领导决策为核心，"一盘棋"统筹各乡镇、部门、企业就业工作，实现了上下协作、协同发力、共同推进的"大就业"服务体系。

（二）夯实"两基础"，打造就业新平台

一是夯实就业大数据基础平台。为29293名农村劳动力建立实名制登记数据库，确保全县受灾群众基础信息、就业培训、转移就业、自主创业、公益性岗位安置"一库五个名单"数据精准，建立健全"三清单三台账"，并实行动态制管理。建立县、乡、村、企业四联信息共享机制，确保"县有联络员、乡有保障员、村有协理员、企业有信息员"，收集发布空岗信息3

万条，逐步形成了就业信息互通的大格局。

二是夯实公共就业一体化服务基础平台。总投资 2756 万元，打造了 52 个县、乡、村三级基层劳动就业和社会保障公共服务设施平台，建成了 1 个公共实训基地。依托公共服务平台提升，实现机构名称、基础台账、规章制度、工作流程、服务标准"五统一"，做到机构、人员、经费、场地、制度、工作"六到位"。按照"数据向上集中，服务向下延伸"的工作理念，将就业资源再整合、就业服务再下沉、网上经办再前移，充分发挥基建促就业的功能，下延就业服务 5 项，切实打通服务群众"最后一公里"。

（三）实施"三行动"，力促就业新突破

一是实施多产共融促就业行动。围绕产业调整发展，增强就业吸纳能力，将单一旅游业带动就业体系转化为多产融合发展带动就业体系，增强就业内生动力。着力壮大农业产业带动就业，着力发展飞地园区带动就业，着力全域旅游发展带动就业，着力扶贫协作带动就业。开展各类招聘送岗活动 53 场次，外送劳动力 3341 人次，其中贫困劳动力 590 人次。二是实施灾后重建促就业行动，围绕重建项目转移就业。坚持把鼓励引导建设施工企业同等条件下优先使用本地返乡农民工作为就业输出重点，相继出台了《九寨沟县关于疫情期间促进本地城乡务工人员参与项目建设的实施方案》《九寨沟县促进本地用工奖励补贴实施方案》，拨付 100 万元专项资金，帮助农民工就近就地就业。引导施工项目、企业优先使用本地返乡农民工 1.3 万人次。公益性岗位托底安置返乡农民工就业。围绕灾后重建、疫情防控、公共服务等开发村级卫生保洁员、劳动保障协理员、防疫员等公益性岗位 4745 个，兜底安置就业困难人员、因疫情无法返岗农民工就近就业。三是实施就业促进技能再造行动。整合科农、文旅、扶贫等部门培训资源，有效解决技能培训重复化、分散化和实效弱等问题。组织系列培训行动 53 期、培训 2440 人，其中培训贫困劳动力 700 人，最大限度实现"以训促就"。结合市场用工需求，大力推行学徒制、实用性、送外培训等模式，开展培训"四送"活动，推进就业培训精准服务。

（四）落实"三保障"，助力就业新成效

一是聚焦党建引领保障。夯实党组织抓实就业核心作用，围绕灾后重建、调整产业结构促就业脱贫奔康，组建一批流动党支部、临时党支部、企业党支部，充分发挥基层党组织引领群众就业增收的桥梁作用。分别在成都、平湖、嘉善建立 3 个服务站和 2 个临时党支部，深化"服务站 + 务工基地 + 党建引领"，选派优秀农民工党员负责服务站具体事务，以"化解矛盾、带动就业、稳定就业、跟踪服务"为落脚点，充分发挥党组织示范引领，"桥头堡"和"信息站"的服务作用。

二是聚焦工作机制保障。建立完善县、乡、村、企业工作推进联席协商会议制度，定期或不定期召开会议 26 场次，积极研究灾后就业的对策及措施，坚持以问题为导向，补齐短板，破解难题，加强各单位信息沟通和相互协作，及时总结工作成效，推广先进做法和经验。强化奖补并施，通过建立稳定就业补贴、民营企业奖补、表现突出务工人员奖励三项奖补机制，激励企业示范带动就业，增强就业者荣誉感促就业。以促进工作落实为重心，人社部门牵头纪委、目标办等相关部门及乡镇建立了灾后就业工作"月报告、季督办、年问效"机制，定期组织纪委、人社等部门对全县 17 个乡镇和项目业主部门就如何促进本地城乡务工人员参与脱贫奔康、灾后重建促进就业进行全覆盖"拉网式"摸排督办，全面推动就业工作生效。

三是聚焦农民工服务保障。整合组织、人社、教育、交通、住建、卫健、工青妇等资源，建立联席会议制度，实行"一月一调度、一季一研究、一年一考评"制度，确保服务保障落到实处。抓实劳动保障服务，制定并出台了《九寨沟县农民工服务保障实施方案》，整合公安、法院和信访等力量，开辟农民工维权绿色通道。2019 年 1 月以来，累计开通"农民工返乡专车"30辆，运送农民工 1270 余人次，对建筑工地开展联合大检查 130 次，涉及劳动者 15780 人，收缴农民工保证金 4479 万元，开展座谈慰问及送文化活动 25 场次，发放慰问信 1 万份，"两节"期间服务农民工 1 万余人。

18

脱贫攻坚及后续巩固"五五"模式

——贵州省印江土家族苗族自治县脱贫攻坚模式探寻

　　脱贫攻坚战打响以来，地处武陵山集中连片贫困地区腹地的贵州省铜仁市印江土家族苗族自治县，集全县之智，举全县之力，尽锐出战、真抓实干。其顶层设计科学、脱贫举措精准、脱贫成效显著、后续巩固有力、群众内生动力充足，具备脱贫攻坚多重特点亮点，呈现出城乡协调发展、人民安居乐业的祥和景象，成为全国、全省脱贫攻坚战的一个缩影和典型，其实际做法和具体经验构成了脱贫攻坚的"印江模式"，引起人们极大关注。

　　印江自治县位于贵州省东北部、铜仁市西部，地处世界自然遗产地——梵净山西麓，全县面积1969平方千米，辖17个乡镇（街道）、365个村、9个居委会（社区），总人口45.45万人，以土家族、苗族为主的少数民族占总人口的71.15%。印江自治县历史悠久、文化厚重，唐武德三年建县，是红二、六军团会师地，是全国4个土家族苗族自治县之一。印江自治县地处武陵山集中连片特困地区，1986年被确定为省级贫困县，1994年被确定为国家"八七"扶贫攻坚计划重点县，2001年被确定为国家新阶段扶贫开发重点县。2014年，全县共识别贫困村203个（深度贫困村28个），建档立卡贫困群众25877户101159人，贫困发生率为25.08%。

　　作为贵州省11个少数民族自治县之一，长期以来，印江县受地理和自然条件制约，农村基础设施滞后、自然灾害频发、村寨偏僻边远，贫困面较大、贫困程度较深。2014年，全县大多数贫困村未通硬化路、未安装自来水，多数村没有产业覆盖、没有实施亮化工程、没有垃圾收集处理设施。"晴天一身灰、雨天一身泥"是当时生产生活状况的真实写照，教育、医疗、就业等基本公共服务严重滞后，10万余人生活在贫困之中。面对这样的状况，印江自治县委、县政府坚决扛起脱贫攻坚政治责任，始终坚持以习近平新时代中国特色社会主义思想为指导，深入贯彻落实习近平总书记关于扶贫工作的重要论述，坚持把脱贫攻坚作为首要政治任务、头等大事和第一民生工程，坚决贯彻落实党中央、省委、市委脱贫攻坚决策部署，坚持以脱贫攻坚为统揽，坚持"一切围绕扶贫干、一切围绕扶贫转、一切围绕脱贫算"，聚焦"六个精准""五个一批"，紧盯"一达标两不愁三保障"和"三率一度"标准，用好"五步工作法"，严格按照"七个极"工作总要求、"三真三因三定"工作原则和"76554"工作方法，全力推进"四场硬仗"，持续发起"春风行动""夏秋攻势""百日攻坚""暖冬行动"，脱贫攻坚和经济社会发展取得了明显成效。2014—2019 年，该县生产总值由 58.91 亿元增长至 113.46亿元，年均增长 11.3%；农村居民人均可支配收入由 6037 元增长至 9843 元，年均增长 10.3%；财政总收入由 4.93 亿元增长至 6.74 亿元，年均增长 6.5%。2018 年，在贵州省 51 个未出列县中成效考核等次为"好"，以零漏评、零错退、群众认可度 99.33% 的成绩，排全省第二名。2019 年 3 月顺利通过了贵州省 2018 年贫困县退出第三方专项评估检查，4 月贵州省人民政府正式批准该县退出贫困县序列，7 月代表省委、省政府接受国务院贫困县退出第三方抽查评估验收，实现了精彩出列。2019 年年底，该县所有建档立卡贫困人口全部脱贫、贫困村全部出列，贫困发生率为零。

除了拥有中国书法之乡、中国绿茶之乡、中国长寿之乡三张名片之外，在脱贫攻坚多次考核评估中成绩斐然，更让印江自治县令人刮目相看。印江何以多次顺利通过考核评估？脱贫成效考核何以在全省名列前茅，实现脱贫攻坚统揽经济社会发展全局多重效应？经过深入调研梳理，将其核心内容归纳为印江脱贫攻坚及后续巩固"五五"模式，即作战机制上科学构建五大体系、措施精准上系统打好五大战役、合力攻坚上全力实施五大扶贫、后续巩固上认真落实五大举措、脱贫成效上喜获丰收五大硕果，形成了一张立体交叉，全方位、全覆盖，密实度、精准度极高的脱贫攻坚民生网格和民心网络。

一、攻坚机制上科学构建五大体系

（一）构建高效立体化的作战指挥体系

该县全面落实脱贫攻坚责任制，成立了以县委书记和县长为"双组长"的扶贫开发领导小组，强化对全县脱贫攻坚工作的总协调、总指挥、总调度。建立县、乡、村、组"四级作战指挥体系",成立县脱贫攻坚总指挥部和"组组通"项目、易地扶贫搬迁等 15 个工作组,下设 17 个乡镇(街道)作战部,明确 31 名县领导担任乡镇(街道)脱贫攻坚作战部指挥长或副指挥长,组建 365 个村攻坚队、3103 个组"尖刀班",实行指挥长包片、攻坚队长(局长)包村、尖刀班长包组、帮扶干部包户的"四包工作机制",层层压紧压实责任,有效解决"谁指挥、指挥谁""落实什么、怎么落实"的问题,确保了政令畅通、指挥高效。全面贯彻落实"五步工作法",坚持问题导向和目标导向,不断优化政策设计,全面推进脱贫攻坚各项工作落细落小落实。

(二)构建最严密的督战指导体系

建立市、县、乡"三级督导体系",坚持综合督查与专项检查、明察与暗访相结合,充分发挥督查"利剑"和考核"指挥棒"作用,对脱贫攻坚工作不力、作风漂浮的严肃追责问责。坚持五级书记抓脱贫攻坚,市委书记、市长多次到印江指导脱贫攻坚工作,市四家班子三次集体率队全员到印江县开展交叉检查,市驻印江脱贫攻坚督导组组长多次到印江县蹲点督导,县委书记、县长遍访贫困村,县四家班子包保联系乡镇(街道),乡、村两级书记严格落实包保责任。坚持问题导向,采取查缺补漏、亡羊补牢、取长补短、勤能补拙、合力补位、将功补过、激励补赏"七个补"方法路径,逐项销号、全面整改。建立脱贫攻坚"三按月、三按季"动力赶超现场验靶机制,县总指挥部按月下达任务清单、按月督查工作落实、按月调度工作推进和按季考核、按季排名、按季奖惩。强化乡镇(街道)作战部"一周一调度"、村攻坚队"一天一研判"工作机制,以最硬的工作作风,全力推进责任落实、政策落实、工作落实。

(三)构建全覆盖的结对帮扶体系

按照"党群部门帮弱村、政法部门帮乱村、经济部门帮穷村、科技部门帮产业村"的原则,建立因村派人、因需选人的"双向选择"机制,做到精准选派,确保尽锐出战、真抓实干。2014 年以来,该县累计选派驻村干部 7838 人次、结对帮扶干部 38178 人次,实现驻村干部和结队帮扶工作全覆盖。选派 28 名副科级干部担任 28 个深度贫困村党支部书记（12 名挂任乡镇党委副书记），累计选派 625 名县直部门副科级干部或副科级后备干部到村任第一书记，明确 91 名县直部门负责人实行"局长包村"，分别包保一个贫困程度较深的贫困村，白天当"村长"，晚上当"局长"。全县第一书记、驻村干部实行组织、工资、考核、管理"四个划转"到乡镇（街道），万名党员干部舍小家顾大家，奔赴脱贫攻坚一线，千方百计为群众增收致富想办法、出主意。有的扎根村里，亲人故去也没能见最后一面；有的身怀六甲，仍然奔忙在脱贫一线；有的轻伤不下火线，即使躺在了病床上，心中也仍然牵挂着贫困群众……涌现出了心系群众牺牲在脱贫攻坚一线的峨岭街道川岩村原党支部张书记、"诗意假条"冉某等先进典型，书写了一个个干群同心、决战贫困的感人故事。广大脱贫攻坚干部用心用情用力帮扶，用"辛苦指数"换来了群众的"幸福指数"。2019 年 7 月，国务院第三方评估团在印江县评估时高度赞赏印江脱贫攻坚"因为真实，所以感动"。

（四）构建奖惩分明的一线激励工作体系

该县研究出台《坚决打赢科学治贫精准扶贫有效脱贫攻坚战决定》及"1+12"实施方案、脱贫攻坚"1+22"行动方案、整县摘帽"1+10"实施方案、巩固提升"1+8"实施方案，连续实施了"春风行动""夏秋决战""冬季充电""暖冬行动"等工作，全力推进脱贫攻坚各项工作。制定出台《脱贫攻坚问责办法》《脱贫攻坚成效考核奖惩办法》《脱贫攻坚一线干部激励关怀办法》等"严管厚爱"文件，最大限度激发干事创业动力。坚持把扶贫工作成效与干部任用结合起来，坚持"精锐在一线聚集、作风在一线转变、工作在一线检验、干部在一线选用"的"一线"工作法，切实把脱贫攻坚一线作为锤炼干部的"大熔炉"、检验干部的"大考场"、选拔干部的"赛马场"，提拔使用脱贫攻坚一线干部 223 名。

（五）构建统筹聚焦的资金保障体系

按照"整合使用、渠道不乱、用途不变、各司其职、各计其功"的原则，整合财政涉农资金、基础设施建设、产业发展等资金，形成"多个渠道引水、一个龙头放水"的扶贫资金投入格局。2014—2019 年，投入各类资金 79.9 亿元，全力保障脱贫攻坚。坚持"精准滴灌"，分类统筹资金使用方向，扶贫资金安排到村到户，做好各个时段脱贫补短板工作，确保每一分钱都用在刀刃上，交上合格和满意答卷。严格资金监管，实行扶贫项目资金公示公告制度，做到"四不准一公开"，对资金使用情况全程监管，严格扶贫资金支出预算管理。

二、攻坚措施上全力打好五大战役

（一）全力打好精准管理攻坚战

按照习近平总书记扶贫开发"贵在精准，重在精准，成败之举在于精准"[1]的重要指示，始终把"精准"贯穿于脱贫攻坚工作全过程。精准识别"找对象"。坚持不定总量、不分指标、不下任务，突出"组内最穷、村级统筹、乡镇把关、群众公认、严格程序、还权于民"的原则，严格按照"一申请一比对两评议两公示一公告"的精准识别程序，逐村、逐组、逐户开展大走访、大排查、大研判，做到整户识别、户户过关、不漏一人。精准帮扶"定措施"。通过开展深入走访调研，充分运用信息核查结果，逐户精准分析、梳理和研判致贫原因，按照"缺什么、补什么"的原则，明确帮扶单位和帮扶责任人，按照"五个一批""六个精准"要求，制定帮扶措施，对症下药、精准施策、靶向治疗。统一印制"四卡合一"公示牌，规范建立"一户一档""一户一袋"，做到墙上挂的、袋里装的、嘴上说的、系统录的、客观有的"五个一致"，确保脱贫轨迹清晰、脱贫成效真实。精准退出"摘穷帽"。严格按照国家贫困退出标准，聚焦"一达标两不愁三保障"，强化脱贫退出程序把关和指标量化，采用一看屋里摆的、二看身上穿的、三看柜里装的、四看床上铺的、五看锅里煮的"五个看"检验脱贫成效，对符合脱贫标准的按程序有序退出，确保贫困退出标准具体、程序公正公开，不错退一户一人。

---

[1]《以习近平同志为核心的党中央治国理政新理念新思路新战略》，人民出版社 2017 年版，第 105 页。

（二）全力打好基础设施建设攻坚战

农村公路"组组通"。按照"不通则搬、不搬则通、一组一路"的原则，投入 20.69 亿元，建成农村公路 3011 千米，惠及群众 39.2 万人，创建农村公路"建管养运一体化"示范县，实现村村通沥青（水泥）路、组组通水泥路、户户有联户路。安全饮水"户户用"。整合资金 3.51 亿元，实施农村饮水安全巩固提升工程，完成农村饮水安全建设项目 200 个，惠及 10.6 万户40.34 万人，实现农村饮水安全全覆盖。人居环境"家家美"。按照"户为单位、整组推进、应改则改"的原则，投入 3.93 亿元，实施"四改一化一维"4.75 万户，完成联户路 1683 千米；采购垃圾收运车 53 台，修建垃圾池602 个、垃圾转运站 18 座；安装路灯 6.49 万盏，实现所有村全部安装路灯。电力通信"处处有"。投入 5.68 亿元，实施农网改造 14 万户，统筹推进城乡智能电网建设；投入 6980 万元，实施农村通信保障工程，增设信号塔 749座，实现所有村通信网络全覆盖；完成广电云"户户用"3.47 万户，新增广电"村村通"1.15 万户，实现广电云"村村通""户户用"。

（三）全力打好产业就业扶贫攻坚战

在产业就业上下功夫，按照"五个一批"路径推动实现全县贫困人口全面脱贫。

产业扶贫"调结构"。以农业供给侧结构性改革为主线，牢牢把握农村产业革命"八要素"，按照"一县一业、一乡一特、一村一品"的要求，科学谋划"2+N"产业布局，全力打响"梵净山珍·健康养生"品牌。2014年至 2019 年，投入 5.94 亿元，全力推进农业产业发展。全县累计发展茶园18380 公顷、食用菌 4.8 亿棒、精品水果 8700 公顷、中药材 5466.67 公顷。大力引进和培育农业龙头企业，引进劲嘉集团、同发集团等农业龙头企业93 家，成立农民专业合作社 980 个，带动 1.4 万户 5.3 万名贫困群众增收。创新利益联结机制，按照"龙头企业＋合作社＋农户"的组织方式，采取"6211"或"721"分红模式，将扶贫项目与贫困户的利益紧密联结，确保贫困群众稳定增收。

电商扶贫"扩销路"。借助农村淘宝、贵农网、黔邮乡情等平台，大力发展农村电子商务，成立全省第一家农村淘宝运营中心，发展网店238家，开通各类村级电商服务站186个，实现县乡村三级物流配送中心和电商服务站无缝对接。2015—2019年，累计实现电商交易额13.5亿元，其中网络零售额1.9亿元。累计带动就业6200余人，带动建档立卡贫困户就业2500余人。成功创建"全国电子商务进农村综合示范县""全省电商扶贫示范县""全国农民工返乡创业就业示范县"。

旅游扶贫"带农户"。坚持把旅游扶贫作为群众增收的重要途径，投入2.3亿元建设梵净山西线、大圣墩景区、团龙、云上居等乡村旅游点，大力实施旅游项目建设、景区带动、乡村旅游、"旅游+"融合发展等扶贫工程，带动贫困人口5174人脱贫。

就业扶贫"稳收入"。以实现"一人就业、全家脱贫"为目标，坚持"因人施培、因产施培、因岗定培"的原则，结合市场需求、培训意愿、产业发展等因素，采取点对点、菜单式对贫困群众进行实用技术培训，促进贫困群众增加就业、自主创业。

（四）全力打好易地扶贫搬迁攻坚战

严格按照"六个坚持""五个三""五个体系"建设要求，全力推进易地扶贫搬迁工程，统筹做好后续扶持工作。

实现群众"搬得出"。坚持"以岗定搬、以产定搬、通不了就搬"的原则，对居住在最偏远的、"一方水土养不起一方人"的贫困群众实行优先搬迁。2016年以来，完成贫困群众搬迁2.6万人，其中县内安置1.5万人，跨区域搬迁至铜仁主城区碧江区和万山区1.1万人，更加方便群众就业、就学、就医。

实现群众"稳得住"。坚持用最好的地段建设搬迁安置房，投入11.24亿元，建成安置房35.7万平方米，安置搬迁群众1.78万人（非贫困户2860人）。严格控制建设标准，科学设计安置房户型，不让搬迁群众负债。全面落实搬迁群众与搬入地居民同等享受教育、医疗等公共服务政策，搬迁群众参保率达100%，随迁子女入学问题全部解决。

实现群众"能致富"。成立易地扶贫搬迁党工委，组建就业服务工作站，统筹推进基本公共服务、培训和就业服务、文化服务、社区治理、基层党建

"五个体系"建设。对有劳动能力的搬迁群众开展劳动技能培训 2572 人次，做到"应培尽培"。通过开展专项招聘、送岗上门等就业服务，帮助 9633 人稳定就业，确保有劳动力的搬迁家庭至少一户一人就业，实现一步住进新房子、快步过上好日子。

（五）全力打好住房教育医疗"三保障"攻坚战

把住房、教育、医疗作为重要的民生保障，着力保障和改善民生，全力提升群众幸福感、获得感。

全力确保住有所居。全面开展农村住房拉网式大排查，实现危房改造对象、信息、属性、等级认定精准，确保不漏一户一人。2014 年以来，投入 3.67 亿元，完成危房改造 3.28 万户，完成农村住房安全性评估鉴定 2.85 万户，全面消除住房安全隐患；投入 1700 万元，完成农村老旧住房透风漏雨治理 1025 户，让群众住上安全房。

全力确保学有所教。始终把教育摆在优先发展的战略地位，坚持"小财政办大教育、穷财政办美教育"。2014 年以来，投入 6.95 亿元加快教育基础设施建设，投入 1.01 亿元实施教育信息化和教育装备工程，教育教学质量稳步提升。按照"精准资助、应助尽助"原则，全面落实国家"两免一补"政策，实施建档立卡贫困学生教育扶贫资助和农村义务教育学生营养改善计划，兑现教育资助 6.65 亿元，受益贫困家庭学生 143.8 万人次。

全力确保病有所医。全面落实健康扶贫政策，推行县域内"先诊疗后付费"和"一站式"即时结报制度，充分发挥"三重医疗保障"综合功能，切实减轻群众就医压力。贫困人口参保率 100%，兑现参保资助金 100%。全面落实家庭医生签约服务，实现建档立卡贫困户应签尽签。投入 200 多万元实施村卫生室修缮工程，配备村医 381 人，实现村村有卫生室、有村医坐诊。2014 年以来，建档立卡贫困人口门诊及住院 68.52 万余人次，兑现医疗保障救助资金 3.2 亿元。

全力确保困有所济。加强农村低保与扶贫开发政策有效衔接，对重病、重残、无劳动力等建档立卡贫困户纳入社会保障兜底，做到应扶尽扶、应保尽保。2014 年以来，发放社会保障兜底资金 6.06 亿元。

三、合力攻坚中全力实施五大扶贫

（一）党建扶贫稳基座

坚持把抓基层打基础作为长远之计和固本之举，大力推进"民心党建"助推脱贫攻坚三年行动，充分发挥基层党组织在脱贫攻坚中的示范引领作用。创新实施党建帮扶"八定"和驻村干部"四个划转"，推行驻村干部"双线四精准管理"，压紧压实帮扶责任。创新"党建+"模式，鼓励发展农民合作社、专业协会、家庭农场等经济组织，探索"支部+专业合作社+基地+贫困户"模式，实现合作社、贫困户、村集体三赢，壮大"产业党建"，提升村级集体经济能力。建立"党员一帮一"帮扶机制，采取"党员大户+贫困户"的结对方式，积极动员有带富能力的党员抓住产业发展，带动帮助贫困户脱贫增收致富。以"民心党建"为抓手，探索"一核二线三元"标准管控体系，被评为贵州省2017年全面深化改革优秀案例。创新开展村级后备干部招募工作，在原村原籍大中专毕业生、退役军人中招录183名作为村级后备干部。推行"一线工作法"，提拔使用脱贫攻坚一线干部223名，比例达92.86%。2019年，全县44名共产党员和23个党组织获省、市脱贫攻坚表彰。

（二）春晖扶贫聚合力

以血脉亲情、故土乡情、扶贫友情为纽带，深化春晖行动，有效凝聚春晖使者，服务家乡发展，助力脱贫攻坚。通过走最广泛的群众路线，使全县脱贫攻坚"人人会干""人人愿干""人人能干"，并从中体现各自社会价值，增强爱我家乡、建设家乡的自豪感、荣誉感。探索建立了春晖扶贫三级组织、运行机制、管理制度，县级成立1个春晖总社和6个驻外联络处，建成17个乡镇（街道）春晖联社，成立了271个新时代村级春晖社，礼聘春晖使者6800余人，凝聚春晖社员1.2万余人。建立健全春晖使者沟通机制、作用发挥机制和激励机制，有效汇聚春晖人士智慧和力量。搭建春晖使者参与村级事务平台，推行重大事务决策必须征求春晖使者意见、重要会议邀请春晖使者列席、春晖使者所提建议意见定期研究解决的"三个必须"工作机制。目前，全县实施春晖扶贫项目 491 个，募集春晖资金 4300 多万元，春晖助学一对一资助 759 人，实现"圆梦微心愿"26525 个，实施"春晖家园计划"7 个，惠及贫困群众 1.73 万人。印江县深化春晖扶贫荣获贵州省全面深化改革优秀案例、铜仁市改革创新奖。

（三）绿色扶贫促增收

产业发展上，立足当前、着眼长远，让青山更青、绿水更绿，金山银山挂枝头，系统构建"2+N"绿色产业格局。在倾力做好旅游扶贫、大力发展山地特色农业产业的同时，创新"电商驿站+"，推进农村电商扶贫。以实施"全国电子商务进农村综合示范县"为契机，聚焦"人才、平台、物流"关键要素，在 17 个乡镇、（街道）365 个行政村规划建设 160 个"电商驿站"，全力布局电商驿站"基础网"；量身打造"梵净云商"平台，抢抓国家消费扶贫政策机遇，开设消费扶贫板块，将县内资质齐全且具有一定影响力的产品上线经营，全力创建电商驿站"营销网"；紧扣提速降费，通过市场化运作方式，创新构建农村电商驿站物流配送体系，开通电商驿站"直通车"，全县规划 8 条闭合型快递物流配送路线，成立农村淘宝运营中心，培育电商企业 32 家，网商网店 212 家，实现县乡村三级物流配送中心和电商服务站无缝对接。与对口帮扶的中煤集团、苏州市吴江区、贵阳市云岩区签订了农产品战略合作协议，与中央电视台财经频道合作开展了电商扶贫视频展播，有力助推了"印货出山"。全省农村电商一体化运营体系建设培训班在印江县召开，省商务厅在全省推广印江"电商驿站+"经验。印江"电商驿站+"被评为贵州省全面深化改革优秀案例。

（四）文军扶贫聚人心

按照"扶贫同扶志扶智"相结合的要求，坚持以问题为导向、以整合为手段、以活动为载体，通过营造一个氛围、建好两个阵地、抓好三支队伍、开展五大教育、评选五类典型的"12355"文化志智双扶模式，助推 100 个以上贫困村、1000 户以上贫困户、10000 名以上贫困群众改变落后思想、激发内生动力、增强致富本领、提高认可度，形成"村整洁、户干净、人精神、身勤劳、心感恩"的农村新风尚，为全县脱贫攻坚提供有力的思想保证、精神动力和文化支撑。在全国创作唱响了第一支《脱贫攻坚战歌》，唱出了脱贫攻坚志在必胜的坚定信心和火热情怀；在全国编辑出版第一部解剖一个乡镇脱贫攻坚的纪实文学集《决战沙子坡》，引起社会强烈反响。组织县乡文艺骨干、青年学生、村居文艺爱好者组建文艺宣传队伍，深入各乡镇（街道）、贫困村开展"三下乡"、送春联等活动，通过文艺方式宣讲党的好政策，激发脱贫攻坚强大精神力量。共开展教育宣讲活动 2000 余场，农技人员培训达 3 万人以上，解决技术难题和产业项目 103 个，文化"三下乡"演出 200 余场次。涌现出了主动脱贫、残疾人致富带头"牛人"王某权等群众先进典型 360 个，营造了自强不自卑、期待不等待、依靠不依赖、包干不包办、苦干不苦熬、借力不省力"六个不"浓厚氛围。

（五）法治扶贫正民风

推进法治扶贫，深化乡村治理。针对脱贫攻坚领域存在的争当贫困户、争要扶贫政策等"十种乱象"，综合运用法治、自治、德治等措施，依法给予教育、训诫、治安处罚和刑事打击，用法律武器为脱贫攻坚保驾护航。扎实开展扫黑除恶专项斗争，坚决打击脱贫攻坚中寻衅滋事、不赡养老人等违法违规行为，大力营造崇德向善、明礼知耻和争贫可耻、脱贫光荣的浓厚氛围。全县共依法打击"十种乱象"案件 159 起，教育、训诫 396 人，行政拘留 162 人。法治扶贫经验在人民网、《贵州日报》等媒体刊发。个别乡镇以"乡村振兴、乡风文明、乡亲满意""基础设施攻坚行动、产业就业致富行动、基层组织提升行动……"等"三计划九行动"为载体，在全省率先构建基于党组织引领下的基层社会治理体系助推和巩固脱贫攻坚，收到了良好实效。

四、后续巩固中认真落实五大举措

严格按照"四个不摘"的要求，坚持"指挥体系不变、定点包村不变、帮扶单位不变、驻村队伍不变、结对帮扶不变、督查指导不变"原则，持续加强组织领导、持续压实攻坚责任、持续强化统筹调度。确保攻坚力度不减、靶心不散、频道不换，不获全胜、决不收兵，全力巩固提升脱贫成果。

（一）注重"造血"能力，持续深化产业革命和就业扶贫

聚焦产业"八要素"，深入推进产业扶贫，以农业供给侧结构性改革为主线，践行"五步工作法"，落实产业发展"八要素"，围绕"2+N"产业布局，持续做大做强生态茶和食用菌两个主导产业，做优做特生态畜牧业、精品水果、中药材等优势产业。组建生态茶、食用菌等10个产业专班。2019年，完成新植和改造茶园1866.67公顷，发展食用菌1.5亿棒、精品水果533.33公顷、中药材666.67公顷、订单辣椒2200公顷，累计蔬菜种植18000公顷，完成玉米调减586.67公顷。大力引进和培育农业龙头企业，引进劲嘉集团、同发集团等农业龙头企业93家，成立农民专业合作社980个。"2+N"产业累计带动2.1万户8.04万名贫困人口增收。同时强化就业扶贫，稳定稳固群众收入。出台县农民全员培训助推脱贫攻坚三年行动方案，坚持"因人施培、因产施培、因岗定培"，采取点对点、菜单式对贫困群众开展实用技术培训，促进贫困群众就业创业。在县城区易地扶贫搬迁安置点设立扶贫"微工厂"。开通往返易地扶贫搬迁安置点、学校和工业园区之间"扶贫直通车"，实现易地扶贫搬迁群众就业零成本。2019年，开展贫困劳动力培训5391人次，开发公益性岗位解决贫困劳动力和就业困难人员就业1905人，实现建档立卡贫困劳动力就业创业41778人。

（二）注重拔除穷根，持续深化易地搬迁后续扶持

建立健全易地扶贫搬迁公共服务保障体系、文化服务体系、培训和就业体系、社区治理体系、基层党建体系等"五个体系"建设。制定了易地扶贫搬迁后续扶持实施方案，成立了移民党工委，增设5个社区，安置点全部纳入社区管理，形成"县级移民党工委—街道办事处—社区居委会—网格—楼栋"的管理架构。落实了20名就业协管员常驻安置点为搬迁群众提供就业服务，通过就业培训、建设扶贫微工厂和引导搬迁群众到县经开区、县城区工商企业、提供公益性岗位、外出务工就业等措施，已就业9633人，实现了每户移民家庭至少1人就业，确保搬得出、稳得住。

（三）注重借力发展，持续深化东西部扶贫协作

该县用好用活帮扶资源，抢抓苏州市吴江区东西部扶贫协作机遇，以资金帮扶、产业协作、劳务协作等六个方面重点为抓手，全力推动"两江"扶贫协作。2019年以来，两地党政主要领导实现互访6次，召开党政联席会议3次、专题部署会7次，两地各领域互访交流达103批963余人次，达成70余项合作协议。共争取东西部扶贫协作财政帮扶资金8791.33万元，其中2019年争取到4850万元、安排实施项目29个。加强劳务协作，举办东西部扶贫协作专场招聘会3次，提供就业岗位近5300个；举办培训班培训贫困人口2214人，实现贫困人口就近就业942人。

（四）注重民生保障，持续深化"两不愁三保障"

一是继续落实学有所教。认真落实控辍保学和教育资助，确保贫困学生应资尽资和义务教育有保障。2019年兑现各项资助金9735.56万元，惠及学生12.3万人次。

二是继续落实病有所医。充分发挥"三重医疗保障"综合功能，切实减轻群众就医压力。2019年来，建档立卡贫困人口门诊及住院22.22万余人次，兑现救助资金1.34亿元。

三是继续落实住有所居。对全县农村住房实行动态监测，以农村危房改造和住房保障验收为契机，全面开展农村住房拉网式大排查，全力整治农村危房，完成28563户住房安全评定报告。

四是继续落实困有所济。加强农村低保与扶贫开发政策有效衔接，对重病、重残等建档立卡贫困户纳入社会保障兜底，做到应保尽保。2019年来，发放社会保障兜底资金1.37亿元。

五是抓实安全饮水建管养护。2019年来，投入212万元用于农村饮水工程维修养护和水质保障，持续开展全县农村饮水安全巡回排查工作，及时补齐饮水安全短板。同时着力以基层治理体系构建推进通组公路和饮用水管护常态化，保护来之不易的脱贫攻坚建设成果。

（五）注重后续巩固，持续深化防贫预警监测

制定《印江自治县防贫预警监测工作方案》，加强对"脱贫不稳定的贫困人口"和"建档立卡之外的边缘人口"的摸底监测、动态预警管理，重点监测人均纯收入、安全饮水、义务教育、基本医疗、安全住房等"一达标两不愁三保障"核心要素。对有致贫、返贫风险的人口，通过采取低保与救助、三重医疗保障、教育优先与控辍保学等政策，夯实政策"保障网"；落实"顶梁柱"健康扶贫、"宝护计划"公益、中国社会扶贫网"爱心需求"等社会组织扶助政策，拓宽社会"扶助网"；利用"扶贫日"公募资金落实防贫保险项目，筑牢保险"救助网"。通过这三张网，及时因户施策、补齐短板，全方位构筑起因病、因灾等致贫、返贫的防线，形成了稳定长效的防贫预警监测机制。新华社《高管信息》、人民网、《经济日报》、《中国扶贫网》等媒体相继刊发了《印江县织好"三张网"筑牢致贫返贫防线》，大力推广印江脱贫攻坚典型经验。

五、脱贫成效中收获五大硕果

（一）路水网讯全面完善，基础设施翻天覆地变化

通过项目化推进，实现农村公路"组组通"，安全饮水"户户用"，人居环境"家家美"，电力通信"处处有"，广电云"村村通""户户用"，水电路信房寨等农村基础设施发生了祖祖辈辈难以想象的、翻天覆地的变化。山里乡亲告别了坎坷泥泞，迈向乡村振兴。

（二）城乡产业遍地开花，县域经济得到整体优化

把发展产业作为巩固脱贫成果的重中之重，纵深推进农村产业革命，牢牢把握产业革命"八要素"，围绕"2+N"产业发展规划，扎实抓好农村产业结构调整，精准选好特色优势产业，因地制宜推广"龙头企业+合作社+农户"的组织方式，加强产销对接合作，畅通产品销售渠道，着力完善提升

农民专业合作社，健全完善利益联结机制，推动群众持续稳定增收。在实现"户户有增收项目、人人有脱贫门路"的同时，县域经济实现历史性突破。

（三）贫困人口全部脱贫，村容村貌日新月异美化

2019 年年底，全县所有建档立卡贫困人口全部脱贫、贫困村全部出列。如今，印江县村村寨寨隐于崇山峻岭和河谷坝田之间，人民安居乐业。在脱贫攻坚期间，群众在干部的带领下，逐步养成了爱卫生、美化家园的习惯，大路小路、房前屋后、屋里屋外、楼上楼下、床上床下干净整洁，朝着"产业兴旺、生态宜居、乡风文明、治理有效、生活富裕"的乡村振兴目标迈进。曾经的贫穷面貌一去不复返了，呈现在人们面前的，是环境优美、空气清新，令城里人都羡慕的乡村生活。

（四）国民素质普遍提高，党群干群关系空前深化

"路越修越远，党心民心越拉越近"。通过不断逐户走访、吃"连心饭"，召开院坝会、火塘会、小组会，老百姓更加懂得如何表达诉求，如何发扬民主做好群众监督，待客接物礼貌更加讲究。通过党建扶贫、春晖扶贫、电商扶贫、文军扶贫、法治扶贫各项行动开展以及脱贫攻坚春季攻势、夏秋决战、冬季充电和暖冬行动等一波接着一波、一浪盖过一浪，不仅干部深受教育，许多老百姓也在转变观念，从争当贫困户、争要贫困政策转变为忆家史感亲恩、忆国史感党恩。干部群众手拉手、心连心、难舍难离，一封封感谢信、一颗颗红手印，印证着脱贫攻坚期间党群干群关系空前拉近。

（五）干部能力极大提升，基层组织提速巩固强化

脱贫攻坚期间，通过扎实开展软弱涣散党组织整顿，把政治素质好、"双带"能力强的能人选拔进了村党支部班子。通过充分发挥基层党组织在脱贫攻坚中的示范引领作用，真正把基层党组织建成了带领群众脱贫致富、帮助群众排忧解难的坚强堡垒。许多基层干部纷纷坦言，脱贫攻坚期间面临空前压力，是遇到麻烦最多、工作量最大、精力投入最多，同时也是解决老

百姓最急最盼问题最多的一段时期。不仅是老百姓获得感最强，干部也深深地觉得付出最多、获得感也最多。无论是挂职干部还是本地干部，都学会了如何开展群众工作，工作作风得到了淬炼，工作能力得到提升，成为他们终生难忘的记忆，也留下了深深的脱贫攻坚时代烙印。

19

"三重三稳"抓好扶贫产业

——陕西省旬阳县"2+3+X"产业扶贫新模式

近年来，旬阳县牢固树立和全面践行"绿水青山就是金山银山"理念，按照"重绿水青山，稳步实现扶贫产业转型；重科技投入，稳健推进扶贫产业升级；重精准到户，稳定持续促进贫困群众增收"的总体思路，大力发展特色产业，形成"2+3+X"扶贫产业发展模式，确保贫困群众稳定增收。

一、重绿水青山，稳步实现扶贫产业转型

旬阳县地处秦巴山区集中连片特困地区，也是革命老区县，"八山一水一分田"是县域土地情况的真实写照，"十年九灾"是当地气候条件和发展历程的真实反映。脱贫攻坚战打响以来，新一届旬阳县委、县政府坚持按照"三个立足"深入调研，科学谋划，因地制宜推进产业转型，逐步形成"2+3+X"长中短结合的特色扶贫产业发展模式，即：长抓油用牡丹、拐枣两项产业，中抓烤烟、生猪、魔芋三项产业，短抓特色林果、中药材、富硒蔬菜等产业。

一是立足独特的生物资源禀赋，稳步实现扶贫产业转型。汉江在旬阳县境内流长 84 千米，县域林木广袤，山明水秀。特别是生物资源多样，其中野生拐枣发展历史悠久，仅百年以上古树就有 100 多棵，位于松树湾村的"拐枣王"树龄达 500 年以上。全国普查的 9 个牡丹野生种群，在旬阳县境内就发现了 2 个，旬阳县是牡丹宜生中心区。当地群众把绿水青山视作"金山银山"，自古就有栽植拐枣、牡丹、特色林果的耕作传统。

二是立足特殊的功能定位，稳步实现扶贫产业转型。旬阳县是国家南水北调中线工程重要水源涵养区，被划定为秦巴生物多样性生态功能区。20世纪 80 年代，以铅、锌、汞等矿产开采为主的"石头经济"支撑着县域经

济发展，由此也造成了一定的生态环境破坏；以烟草、黄姜、畜牧等为主的农业生产维系着农民收入，随着市场供需关系的变化、群众增收日益艰难。近年来，因国家产业政策调整和生态环保等限制，原有的产业已经与当前发展不相适应，必须选择符合产业政策的生态环保型产业，作为富民强县的主导产业。

三是立足广阔的市场需求，稳步实现扶贫产业转型。发展产业不跟风，紧紧围绕市场需求，确保"卖得出、卖得好"。既放眼国内国际大市场需求，又紧盯市民消费"菜篮子""果盘子""粮袋子"的小市场需求，把山珍变产业，把产业变产品，把产品变商品。为推进扶贫产业发展，县委、县政府出台了产业发展奖补政策，每年整合捆绑 1 亿元以上资金扶持产业建设。截至 2019 年，建设拐枣基地 20000 公顷，占全国总产量的 81.82%，规模位居全国第一；建设油用牡丹基地 6000 公顷，发展规模位于全省第一；发展魔芋 4666.67 公顷，中药材 4800 公顷，蔬菜 6666.67 公顷，牲畜出栏 230 万头（只），发展优质烤烟 6000 公顷。

二、重科技投入，稳健推进扶贫产业升级

坚持以产业高附加值、企业高效益、市场高端产品为发展目标，不断加大科技投入，用现代经营理念稳步推进扶贫产业升级。

一是坚持科技引领，强化技术带动。按照"一项主导产业、一所科研院校合作、一帮专家教授研究、一批高新企业参与、一支技术队伍服务"的"五个一"产业科技发展要求，以高科技引领产业高质量发展。采取"走出去""请进来"的办法，与韩国庆熙大学签订了拐枣全产业链开发协议，聘请知名教授为拐枣产业开发顾问。建立了全国第一个拐枣研发中心，为正科级规格，招录硕士研究生 6 名，县财政每年预算 100 万元经费用于拐枣科研开发。先后邀请多名专家开展专题讲座；与西南大学签署了油用牡丹科技研发协议，联合研发油用牡丹从种植到加工技术。截至 2019 年，参与制定的全国首例拐枣标准化栽培技术规程已经完成，拐枣从果梗到籽粒的营养成分完成分析。吕河太极缘公司联合专业院校，制定了全国首例拐枣浓缩汁和拐枣功能饮料标准，城关金茂生态农业公司率先获得了中国拐枣工业产品生产许可证。

二是建立营销网络，扩大销售渠道。按照"培育大龙头、带动大产业"的思路，采取引进一批、培育一批、改造一批的办法，着力培育壮大龙头加工企业。建设年产5000吨牡丹籽油加工厂及牡丹花茶、牡丹化妆品、牡丹饮料等系列产品研发加工生产线，每天可以"吃干榨尽"100吨牡丹籽。北京强佑集团投资28亿元建设的10000公顷油用牡丹综合开发项目进入实施阶段。通过强强联合，引进九州集团与太极缘公司开展股权合作，促进企业做大做强。全县发展拐枣深加工企业4家，生产的拐枣浓缩果汁、拐枣饮料、拐枣解酒口服液、拐枣降糖口服液、拐枣醋、拐枣酒等系列产品，已在国内市场独具名气。魔芋休闲食品、腊肉干、小磨香油、优质大米、土鸡（蛋）等一批产品走向全国市场。推进"互联网＋农业"，产品入驻京东、天猫等商城，线上线下同步销售。全县建立市级以上龙头企业达到25家，年主营收入100万元以上的农产品加工企业达30家，2018年全县农业加工企业实现总收入19.73亿元、利润1.45亿元，形成了以市场为导向，以资源为基础，以龙头企业为核心，以市场流通为依托的农产品加工产业化经营网络。

三是打造地域品牌，增强竞争优势。把品牌作为产品的卖点，转化为市场优势，坚持从生产安全优质的农产品做起，大力推广拐枣套种油用牡丹、林下种植魔芋、稻田养鱼、南羊山中药材等生态循环农业，控制农药化肥使用，筑牢生态优质产品基础。完成了无公害整县环评，通过了省级农产品质量安全县认定，先后认定无公害农产品21个，有机和绿色农产品3个。加大特色农产品品牌宣传推介力度，旬阳拐枣和狮头柑通过国家地理标志认证，拐枣被评为"2017最受消费者喜爱的中国农产品区域公用品牌"。特色农产品频频亮相央视及网络主流媒体，《旬阳小拐枣大产业》在中央电视台新闻频道作为扶贫典型报道，旬阳拐枣在中央电视台《万家邀明月　一起盼中秋》节目中展示亮相。县委书记、县长坚持为扶贫产品推销代言，发挥互联网络优势，加大优质特色农产品营销力度。"汉澜拐枣果汁""庆丰源小磨香油"等5个产品通过富硒产品认证，"祝尔慷"系列休闲食品、"康硒拐枣醋""拐枣王"酒被评选为"陕西十大金口碑农产品"，"鑫绿林"土鸡蛋、"隆科绿源富硒大米"等获得"后稷奖"。黄花菜出口泰国、马来西亚、越南等国家，实现外汇634万元人民币，拐枣产品销往韩国、印度等国家，全县依靠品牌拉动产品提效25%以上。

三、重精准到户，稳定持续促进贫困群众增收

坚持以党支部为引领，突出精准到户，紧抓主体带动，实现了有条件贫困户长效产业发展全覆盖，中短产业有选择。

一是精准规划，产业发展到户。按照"一村一品，一户一两业"的思路，围绕全县产业类型，按照每个贫困户发展0.2公顷拐枣或0.13公顷油用牡丹长效产业和一项中短期产业的标准，夯实"一到村四到户"（规划到村，项目计划到户、主体帮带到户、技术培训到户、物资扶持到户）五项推进措施，聚力贫困户产业发展，筑牢贫困户增收脱贫基础。目前，全县贫困户发展种植拐枣5666.67公顷，油用牡丹866.67公顷，烤烟733.33公顷，畜牧养殖6.9万头（只），魔芋533.33公顷，中药材700公顷，蔬菜166.67公顷，林果建园1000公顷，贫困户户均实现栽植0.2公顷特色林果园目标，稳定增收基础逐步夯实。

二是主体帮带，利益联结到户。坚持走"支部+X+贫困户"路子，把龙头企业、农业园区等市场经营主体作为产业脱贫的有效载体，采取土地流转、劳务用工、订单销售等方式让贫困户与市场经营主体结成利益共同体，将贫困户嵌入产业链中实现稳定增收。突出"X"培育，制定了经营主体带动贫困户奖补办法，按照带动帮扶贫困户数量给予资金扶持。同时，引导外乡创业人员回乡兴办实体参与扶贫，先后策划特色产业扶贫项目210个，组织产业扶贫招商会15次，动员返乡能人回乡创业兴办实体85个。2019年，全县305个村（社区）实现了"支部+X+贫困户"模式全覆盖，培育形成"X"载体653个，其中农业园区131个，社区工厂34个，专业合作社215个，小微企业108家，电子商务165家，带动1.2万户3.8万名贫困群众受益。金河口社区党支部扶持致富能人周某国成立国桦生态农业合作社，建成食用菌产业示范基地13.33公顷，带动周边农户分散发展产业基地26.67公顷，吸纳50户无劳动能力的贫困户入股，年收益率保底6%。同时采用"借棒还菇"的形式，将培育成熟的食用菌棒，分发给有劳动能力管理能力的贫困户经营，解决了800余名贫困人口就业，帮扶带动100余户贫困户脱贫致富。

三是村社合一，入股分红到户。以"三变"改革为契机，全县盘活集

体林地、耕地、水域等资源 34 万公顷，分类进行了确权颁证。累计整合捆绑投入财政资金 1.8 亿元，撬动社会资金 9 亿元参与农村产业发展。成立村社合一集体经济合作社 513 个，吸纳 1.8 万户贫困户持股入社，户年均分红 0.19 万元。全县村集体经济收入由 2015 年的 525 万元，增加到 2019 年的 2158 万元，净增 1633 万元，为更好地组织带领贫困群众脱贫致富奠定了坚实基础。秦家塔村集体经济合作社，吸纳合作社成员 223 户，村集体筹措资金 3 万元帮扶 30 户特困户入股，享受分红收益，2018 年入股群众人均分红超过千元，合作社从收益中拿出 5 万元作为村级集体经济积累。

20

后续扶持创新路　打好搬迁"组合拳"

——陕西省汉阴县易地扶贫搬迁后续扶持"138"模式

　　汉阴县地处陕西省南部，是国家扶贫开发工作重点县、秦巴山区国家连片特困地区覆盖县和革命老区县。全县总面积 1365 平方千米，辖 10 个镇 141 个行政村，总人口 31.3 万，其中农业人口 26.3 万人，占总人口的83.9%。2014 年建档立卡贫困人口 26811 户 74615 人、建档立卡贫困村 77 个。2017 年扶贫对象核实和数据清洗后，全县还有贫困人口 18127 户 49770 人。"十三五"以来，汉阴县把易地扶贫搬迁作为脱贫攻坚的重要抓手，坚持"社区建设规划、公共配套规划、产业发展规划"相结合，以深化精准搬迁、精细管理、精确施策"三精"管理为重点，因地制宜，统筹谋划，建成易地扶贫搬迁集中安置社区 20 个，使 5081 户 17940 名贫困群众挪出了"穷窝"。但随之而来的管理与服务、产业与就业、适应与融入、维权与保障等问题日益凸显。为此，汉阴县对症开方，在后续扶持方面探索创新"138"模式，"138"模式即一个支部统领、三大载体支撑、八个中心服务，做到后续帮扶产业、就业、服务"三个全覆盖"，破解服务发展难题，打出搬迁"组合拳"，实现了搬得出、稳得住、能致富目标。

一、强化党建引领，建好一个支部

　　一是完善社区党组织。根据易地扶贫搬迁社区的党员数量，采取新设、融合、挂靠等方式，分类设置党小组、党支部、党总支等基层组织，成立了社区党支部 7 个、党小组 8 个。采取下派书记、挂靠周边等方式，择优选派 7 名乡镇干部担任社区党组织负责人，牵头抓好搬迁社区各项工作的组织协调。

　　二是壮大党员队伍。将 142 名搬迁党员组织关系从原居住地迁转到搬迁社区党支部，实施"双培双带"，激励搬迁党员充分发挥先锋模范作用，从优秀返乡大学毕业生、退伍军人、种养能手、务工经商能手中培养入党积极分子25名，充实新鲜血液，注入新动力。

三是发挥政治优势。以社区党组织为统领，使社区管委会、社区工厂、农业园区、"八服务中心"以及各类群团自治组织均置于党组织领导之下，确保社区党组织成为贯彻党的决策、执行党的路线、引领社区发展的坚强战斗堡垒，促进搬迁社区后续扶持工作规范有序运行。

二、强化发展支撑，建优三个载体

一是建好社区居委会，搭建管理服务载体。根据搬迁社区规模大小和相间距离，按照400户以上重新设置社区，300—400户成立管委会，300户以下挂靠，规范设置4个搬迁社区居委会、2个融合型社区管委会及8个挂靠居（村）民小组。依据社区覆盖人口户数，对单独新设或融合设置的社区居委会明确5名左右干部职数，对大型搬迁社区挂靠的村各增加1—2名干部职数，专职负责社区管理工作。推行社区网格化管理，根据社区人口数量、楼院分布状况合理划分网格，将党建、物业、就业、平安建设等服务与管理工作融入网格中，从每个楼（院）选出一名楼（院）长作为网格长，负责协助做好与搬迁户的联系沟通，协调邻里关系，共推选网格长182名，破解了搬迁地与户籍地管理的难题，实现"人在网中走、事在格中办"。

二是建好社区工厂，落实就近就业载体。坚持"政府建设社区工厂、客商进驻带资携技、社区组织技能培训、厂社融合就近就业"原则，统筹整合各类资金5790万元，在100户以上的搬迁社区建成13个标准化厂房、17个加工型厂房和车间，引进毛绒玩具、电子元件、藤编、体育用品等劳动密集型企业，社区免费同步推行"菜单式""订单式"就业技能培训，力促搬迁群众实现即训即用、人岗相适、不少不闲、良性循环。2020年4月，100户以上的搬迁社区已建成新社区工厂34家，1980名群众实现就近就地就业。在20个易地搬迁安置区成立劳务公司，针对无法外出、弱劳动力、半劳动力和具备一定劳动条件的60岁以上的老人等四类在家劳动力群体，按照统一组织、统一管理、统一薪酬、统一结算的运行模式，就近组织四类劳动力到村内、镇内、县内的社区工厂、工业园区、农业园区，茶叶、蚕桑、猕猴桃产业基地务工，增加工资性收入。积极开展就业援助，开发公益专岗369个，确保"零就业"家庭至少有1人就业。

三是建好农业园区，壮大产业增收载体。在发展路径上，按照"加入一个组织、发展一项产业、奖补一笔资金"的"三个一"产业扶贫模式，在搬迁社区组建产业合作社，就近流转集约土地，组织动员搬迁贫困群众将户均5000元产业奖补资金和3000元搬迁入住后续扶持发展资金作为股金入股合作社发展产业，实现带资入社变股民，资本合作兴产业。在建园规模上，以户均年增收1万元为标准倒算发展规模，在300户以上的安置社区附近建设一个66.67公顷以上的农业产业园，在300户至100户的安置社区附近建设一个不低于33.33公顷的农业产业园，在100户以下安置社区建设不低于6.67公顷的农业产业园。在利益联结上，按照"党支部+产业专业合作社+易地扶贫搬迁户"的模式，通过统一划地到户、分工分业、委托代管、返租倒包、园内务工等方式，让外出务工无技、本地就业无岗、迁入务农无地的搬迁群众就近务工务农，实现有土安置、以土兴业，多渠道增加收入，确保把搬迁贫困群众真正镶嵌到产业链上。截至2020年4月，20个易地搬迁安置区全部建有农业园区，5091户搬迁群众全部带资入社，发展茶叶、蚕桑、蔬菜、猕猴桃等产业1045.33公顷。

三、强化管理服务，建设八个中心

围绕满足搬迁群众入住后的"学、医、养、人、钱、业"等服务需求，统筹人社、民政、教育、卫生等各类政策资源，投入资金1600余万元，落实公益岗位80个，加快推进"八个服务中心（5+3X）"建设。其中，"5"即便民服务中心、物业管理中心、平价购物中心、老人日间照料中心、儿童托管中心，"3X"即各社区因地制宜成立民事矛盾调解中心、文体活动服务中心、红白理事服务中心等。便民服务中心为搬迁群众办理农村合作医疗、城乡居民养老保险、低保、残疾补贴等社会保障事务和户口迁入、就业务工、不动产登记等政策咨询服务；物业管理中心管理维护社区水、电、房等公共设施，提供治安防控、卫生保洁、绿化、生活秩序等服务；平价购物中心为社区群众提供价格合理的商品；老人日间照料中心为社区内的老年人提供生活照顾、休闲娱乐、精神慰藉、紧急援助等日间托养服务；儿童托管中心解决留守儿童和务工群众子女放学及假期无人辅导监管问题；民事矛盾调解中心化解各类社会矛盾纠纷；文体活动服务中心开展各类文体活动；红白理事服务中心提供婚事嫁娶服务信息，引导群众从简办理红白喜事。通过八大服务中心的有效运行，确保搬迁社区有序管理，满足搬迁群众日常生产生活需求，真正把精细化管理、规范化服务、人文化关怀落到了实处。全县20个集中安置社区"八中心"已全面启动建设，14个社区的"八中心"已建成运行，群众反响良好。同时，在健全社区配套设施的基础上，大力开展社区环境美化行动，构建了有效融入、共建共享的治理格局。

四、强化机制保障，完善政策配套

一是党建组织体系。建立和完善组织构架，建立以党组织为统领、社区管委会为主导、群众自治组织为基础、群团组织和八个中心服务组织为纽带、经济实体组织（社区工厂、产业合作社）为支撑的安置社区组织体系，完善"支部+X+贫困户"长效机制，对条件成熟、符合要求的社区党支部按5万元标准给予党建经费支持。

二是产业支持体系。扎实做好搬迁社区农业产业园建设和省市级园区申报工作，积极争取协调资金支持。突出抓好新社区工厂建设，按照400户以上8人、400户以下5人落实公益性岗位，实现了有土安置和有业安置同推进。

三是就业创业支持体系。紧盯有劳动力家庭一户一人稳定就业的要求，全面集成搬迁社区创业就业各项政策，整合各类资源精准培训，提高劳务输出组织化程度，落实落细"三单一卡"等人岗对接工作措施，实现一个不少地培训、一个不闲地就业。

四是社区治理体系。纵向形成"社区党支部+三个载体+服务平台+楼（院）长+中心户长"，横向形成"管委会+社区工厂+农业专业合作社+八中心+群团组织"的社区联动治理格局。

五是公共服务体系。完善教育就学服务，按照就近入学原则，合理划分学区范围，确保搬迁群众义务教育有保障，阻断贫困的代际传播；完善医疗卫生服务，结合搬迁社区附近原有医疗卫生资源，科学合理设置医疗卫生服务机构，全面落实基本医疗和公共卫生服务。

六是文化建设体系。以创建"五新"社区为载体，深入推进"诚孝俭勤"和新民风建设，充分发挥"一约四会"（村规民约；红白理事会、村民议事会、禁毒禁赌会、道德评议会）作用，积极开展"文化下乡""文化扶贫"等活动，大力整治忤逆不孝、大操大办、好逸恶劳等歪风邪气，培育文明社风，涵养淳正民风。

七是权益保障体系。按照"原地管理林和地、现地管理人和房"的原则，衔接好搬迁群众农民和城镇居民"两个身份"、迁出地和安置地"两地权益"，确保搬迁群众原有财产权益不变的基础上，同步享有与迁入地居民同等的医保、养老、救助、残疾补贴等政策保障，不断增强搬迁群众的安全感、归属感、获得感，打好易地搬迁后续帮扶的"组合拳"。

五、实施套餐扶贫，巩固搬迁成果

一是实施"3+X"套餐扶贫。"3"即落实一套安置房、明确一个增收渠道、扶持一笔发展资金（3000元1户），对按期入住后的群众落实搬迁入住后续产业扶持资金3000元。"X"即根据搬迁家庭群众自身状况，有针对性地供应健康扶贫、教育扶贫、养老保险、低保、残疾人补贴、临时救助等个性化扶贫政策，按需保障，通过套餐扶贫，打好后续扶持"组合拳"。

二是加快推进土地腾退。创新以腾促装"433"政策，即：将人均1万元腾退奖补，按腾退协议签订、腾退实施、复垦验收分三次分别兑付4000元、3000元、3000元，用于搬迁装修、购买家具及后期生活过渡，有效解决搬迁户入住装修资金不足的问题，做到了以腾促装、以装促住。加强保障权益，对腾退复垦后形成的耕地，进行土地确权，保障搬迁群众后续扶持发展。

21

量身定做扶贫保　脱贫路上零风险

——宁夏回族自治区盐池县扶贫保险模式"扶贫保"

盐池县位于宁夏回族自治区东部，地处陕、甘、宁、内蒙古四省区七县交界处，属于老、少、边、穷地区，全县辖 8 个乡镇、1 个街道办，有102 个村、17 个社区，面积 8522.2 平方千米，总人口 17.2 万，其中农业人口 14.3 万人。2014 年精准识别贫困村 74 个，贫困人口 11203 户 32998 人。2017 年在宁夏回族自治区率先退出贫困县序列，并荣获全国脱贫攻坚组织创新奖。近年来，老区盐池充分发挥"中国滩羊之乡""中国甘草之乡"的品牌优势，大力发展以绿色高端滩羊产业为主导，黄花、牧草、小杂粮、中药材为辅助的现代农业产业体系，为全县贫困群众脱贫致富奠定了坚实基础。为有效防止"因病、因灾、因市场波动致贫返贫"的现象发生，确保贫困群众脱贫路上零风险，当地立足资源禀赋、生态脆弱、干旱少雨等实际情况，充分发挥保险服务脱贫攻坚的保障作用，开发了健康保险、农业保险等"扶贫保"产品，走出了保险业助推脱贫富民的盐池之路。

一、创新突破，量身定做"扶贫保"产品

扶贫保险作为金融扶贫的重要组成部分，对防范和化解脱贫攻坚过程中的风险具有不可替代的作用。盐池县建档立卡贫困人口中，因病因灾致贫率高达 38.6%，是脱贫攻坚路上的最大"拦路虎"。为此，盐池县与驻地保险机构合作探索推行"2+X"菜单式扶贫保模式（"2"就是指建档立卡贫困户大病医疗补充保险和家庭综合意外伤害保险，"X"就是指特色农业保、羊肉价格保、金融信贷保等系列扶贫保险），特别是 2018 年，盐池县所有农户扶贫保执行一个标准"普惠"政策，两个人身保险全部由财政补贴，对"X"扶贫保险中产业保险群众自筹部分，由财政补贴 40%，构建了县贫困群众

风险保障体系，增强了建档立卡贫困户脱贫攻坚内生动力，让每一名贫困群众在小康路上不掉队，为群众发展产业保驾护航，确保群众脱贫路上"零风险"。

（一）实施综合医疗保，解决贫困群众因病因灾致贫问题

针对因病因灾致贫比重大的问题，专门设立大病医疗补充保险和家庭综合意外伤害保险两个基本险种，为贫困户构筑健康"防火墙"，防止出现"辛苦脱贫奔小康，一场病痛全泡汤"的情况。

一是大病医疗补充保险，保费收取标准为 45 元 / 人 / 年，大病医疗补充保险不设起付线，年度最高报销额度为 10 万元。

二是家庭综合意外伤害保险。将保险费由 100 元 / 户 / 年调整为 25 元 / 人 / 年；将保险责任由每户 9.9 万元调整为意外伤害身亡、伤残 30000 元 / 人，意外伤害医疗 3000 元 / 人。

通过与健康扶贫相结合，形成了"四报销四救助"体系（基本医保报销、大病医疗保险报销、大病补充医疗保险报销、家庭综合意外伤害保险报销，民政医疗救助、卫生发展基金救助、财政医疗救助、慈善基金救助），形成因病、因意外伤害致贫八道保障网，对在县内住院治疗的建档立卡贫困人口，通过城乡居民基本医疗保险政策倾斜、医疗优惠减免和救助等措施，将建档立卡贫困户年内住院个人合规医疗费用支出控制在 10% 以下或当年住院自付费用累计不超过 5000 元，解决了贫困群众"一场大病就返贫"的问题。

（二）实施养殖业扶贫保，解决农户产业受市场波动、疫病疫情影响大的问题

虽然"盐池滩羊"是国字号品牌，但受市场价格波动以及建档立卡贫困户缺技术、不会管理、不会经营等因素影响，养殖户养殖效益一度较为低下，严重挫伤了建档立卡贫困户养羊的信心，为此，盐池县为养殖户量身定做了滩羊保险系列产品，开发了滩羊肉价格指数保险，降低市场价格波动所造成的养殖收益损失，通过基础母羊、种公羊养殖保险，减少疫病疫情造成的羊只死亡损失，提升了群众养殖的积极性。

一是滩羊收益保险。每只保费 40 元，保险合同约定滩羊肉每千克 54 元（滩羊肉成本价为每千克 34 元），当市场价格下跌导致滩羊肉的销售收入低于每千克 54 元时，保险机构按照保险合同约定负责赔偿。2019 年全年滩羊肉价格始终保持在每千克 50 元以上，最高时达到了每千克 60 元，是 2015 年的两倍。

二是基础母羊、种公羊养殖保险。基础母羊每只保费 36 元，保险金额每只 600 元，主要承担因自然灾害、意外事故、疫病造成牲畜死亡，保险公司负责赔偿。通过扶贫保险的实施，实现了滩羊养殖零风险，建档立卡贫困户增强了养殖信心，也敢大胆贷款购羊养羊，真正实现产融保结合脱贫致富的目标。盐池滩羊肉先后成功入选 G20 杭州峰会、2017 年金砖国家厦门峰会、上合青岛峰会专供食材，其品牌价值达 68 亿元，滩羊产业实现了贫困村全覆盖，辐射带动 80% 以上的贫困户，全县滩羊饲养量达到了 300 万只以上，已成为贫困群众脱贫致富的主导产业，对贫困群众增收贡献率达80% 以上。

（三）实施种植业扶贫保，解决农户种植业受自然灾害损失大的问题

针对种植业受干旱、冰雹、霜冻等自然灾害影响的问题，盐池县探索保险与特色产业发展相结合的模式，根据贫困群众农业生产实际需要，推出了黄花种植、玉米收入、马铃薯收入和荞麦产量保险，将传统种植业保险的"保灾害"延伸到保"价格下跌和产量降低"的综合责任，建档立卡贫困户的粮食生产效益牢牢被兜住。如近年来，盐池县利用独特地理和气候优势引导群众大力发展黄花菜，成为带动当地贫困户增收的"致富菜"。过去受连阴雨的影响，建档立卡贫困户采摘、晾晒出了些问题，贫困户吃了亏，种植积极性受到了打击，种植信心受到了挫伤。而探索开发黄花种植保险：每公顷收费 900 元，主要承担因自然灾害及晾晒期间连阴雨造成的黄花菜损失，保险金额为每公顷 15000 元，为农户的"致富菜"提供了保险的呵护。

2020 年 7 月，盐池县黄花菜种植面积累计达到 5400 公顷，每公顷平均产值 45000 元以上，辐射带动了全县 3950 户农民种植黄花菜，黄花菜已成为当地群众脱贫增收的主导产业。荞麦是盐池县种植规模最大、分布最广的

传统农作物，涉及家家户户的稳定增收。为此，专门设立了荞麦产量保险，每公顷保费 192 元，保险责任为每公顷 960 千克。主要承担因灾害损失造成荞麦产量减少，导致各品种的实际产量低于保险合同约定的前三年平均产量时，保险公司按照合同约定负责赔偿。

（四）实施金融信贷保，解决贫困群众贷款风险大的问题

从政府引导互助资金社员参保开始，逐步探索扶贫小额信贷家庭综合意外伤害险、金融信贷大额险、互助资金信贷险（特别是取消了 90 天疾病观察期，采取"一带一"参保模式，实行主借款人 1.8‰ 费率，主要承担意外死亡、疾病死亡、高残；附带家属 0.5‰，主要承担意外死亡、伤残）。扶贫小额信贷险由 2017 年的 2.5‰ 费率调整为 1.8‰，降低了贫困群众的借贷负担，实现信贷保购买全覆盖，确保了建档立卡贫困户如期贷上款，也让金融机构吃上了"定心丸"。如青山乡杨成沟村贫困户侯某，2018 年 5 月因胰头恶性肿瘤在宁夏人民医院就诊治疗，共花费医疗费 18.22 万元，花费巨大，对这个原本家庭条件就不宽裕的贫困户来说，无疑是雪上加霜，中国人寿保险公司在接到报案后，第一时间收集资料，开通绿色通道。在基本医疗和大病保险报销共计 12.39 万元，剩余金额为 5.83 万元，扣除应个人承担的费用后，中国人寿按照大病补充医疗保险赔付 4.39 万元，累计报销 16.78 万元，极大地减轻了被保险人的经济负担。

二、建立健全机制，确保扶贫保险健康发展

为了确保扶贫保险健康发展，盐池县委、县政府正确引导，保险公司积极跟进，贫困群众积极参与，形成了合理的资金投入机制、有效的风险防范机制和高效的投保服务机制，确保了扶贫保险顺利推进。

（一）建立资金投入引导机制

为了顺利推广实施"扶贫保"，提高贫困户参保的积极性，考虑到建档立卡贫困户经济承担实际，盐池县委、县政府加大财政投入力度，建档立卡

贫困户保费由政府买单。2018 年，全年所有建档立卡贫困户扶贫保费投入1752 万元，受理保险赔付 808 万元，其中中国人寿保险公司保费收入 410万元，受理保险赔付 169 万元；人保财险公司保费收入 1342 万元，理赔 639万元（部分保险因一年的赔付期尚未到期，赔偿金额无法预计，将根据实际情况，随时发生、随时理赔）。

（二）建立风险分散补偿机制

盐池县坚持"保本、微利、风险共担"的原则，积极探索建立政府、保险双方风险补偿合作机制，科学设置投保额和赔付额，但在实际过程中，参与盐池县"扶贫保"的两家保险公司，以人保财险公司为例，2016 年保费收入仅 703 万元，理赔了 1254 万元，亏损达 500 余万元。为了进一步降低保险机构承保风险，调动保险公司积极性，增强风险防控能力。2017 年，特别设立了 1000 万元"扶贫保"风险分散补偿金，建立盈亏互补机制（保险公司在一个保险周期内亏损的情况下，亏损部分由风险分散补偿金承担60%，保险公司承担 40%，在赢利的情况下，赢利部分 60% 返回风险补偿金，周转使用的互补机制），在确保建档立卡户脱贫路上不掉队的同时，也保证了保险公司的投保积极性和理赔及时性。

（三）建立高效投保服务机制

盐池县委、县政府每年出台扶贫保险实施方案，把扶贫保险作为脱贫攻坚的一项主要措施，明确各级各部门工作职责，加大县乡村各级干部培训力度，提高干部认识和服务意识。在承保服务方面，保险公司在每个村聘请专兼职协保员，专门成立了扶贫保工作组，通过印发宣传册、召开座谈会、宣传典型案例、利用现代网络媒体等方式，对每个村、每个组都进行了专场培训。在理赔服务方面，对"2+X"扶贫保险中的大病医疗保险实行"一站式"服务，因病致贫和未脱贫建档立卡贫困户人员住院兜底由宁夏回族自治区"一站式"结算系统直接核算；宁夏回族自治区"一站式"结算系统以外的所有建档立卡贫困户在县内住院治疗费用由县内各医疗机构进行"一站式"结算；在县外住院治疗费用由县人力资源和社会保障服务中心进行"一站式"

结算，方便办理投保、赔付业务。该县全面优化了理赔程序，简易案件 5 个
工作日必须结案，案件结束后，次月按照发案件数 5% 进行回访，倾听农户
的心声，了解他们的需求，改进自己的工作。为了保证滩羊肉价格及时准确
发布，将过去由农调队单一测定方式，调整为由物价主管部门发改局牵头，
农牧局、扶贫办、滩羊养殖协会配合指导，每季度发布一次滩羊肉价格，以
便更好地为农户做好理赔服务。

　　盐池县扶贫保工作在宁夏全区推广，并受到中央深化改革领导小组的
充分肯定，向全国推荐交流。"2+X"扶贫保由 2016 年建档立卡贫困户不愿
投保变为 2018 年以来抢着投保。

三、启示与建议

　　在创新推进"扶贫保"工作过程中，盐池县取得了显著成绩，从中也
得到了一些启示。

（一）必须坚持政府引导

　　建议改革政策性保险保费分摊机制，发挥政府主导作用，引进市场机
制，设立风险补偿基金。逐步提高中央、自治区补贴标准，合理确定市、县
财政补贴标准，减轻贫困县财政负担。

（二）必须做到因地制宜

　　针对贫困地区和贫困农户的不同致贫原因、不同脱贫需求，要做到因
地制宜、因人而异，分类开发、量身定制群众急需、乐于接受的保险产品和
提供优质服务。

（三）必须注重发动群众

　　"扶贫保"的目的是降低群众脱贫风险，因此必须尊重群众意愿，要把
扶贫扶智教育、送金融保险知识下乡等活动结合起来，让群众树立保险意

识、履行保险责任，还要防止政府全盘买单养懒汉。

（四）必须依靠改革创新

建立工作联动机制，加强政策互动、工作联动和信息共享是推行"扶贫保"的有力举措。各级政府和保险机构应加强保险产品与服务创新，满足贫困农户多样化、个性化的保险需求。

（五）必须强化多方配合

"扶贫保"工作量大、任务重，在实践中面临的新情况、新问题多，不是单靠保险公司、金融机构就能做好的事情。必须做到多种主体联合共建、涉农部门合力推进，形成集政策扶持、农户坚持、社会支持于一体的共赢模式。

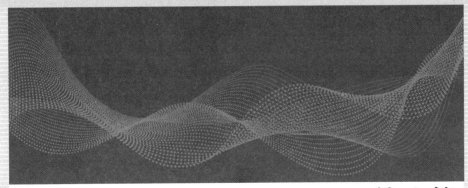

第六篇
一项好政策

01

分好光伏收益"蛋糕"
助力实现稳定增收

——河北省怀安县光伏收益分配与公益岗位管理政策落实

张家口市怀安县属燕山—太行山集中连片特困地区,贫困程度深,是国家级贫困县。为了实现脱贫,怀安县大力发展光伏产业,建成村级光伏扶贫电站115个、集中式扶贫电站3个、村委会屋顶分布式光伏扶贫电站188个,总装机容量10万千瓦,年收益约5000万元。村级光伏扶贫电站(115个)全部采取财政全额投资方式,净收益的60%由县级统筹,用于贫困村的建档立卡贫困户公益岗位和生活补助;净收益的40%归村集体,用于安排公益岗位、开展生活补助、支付土地租金、发展小型公益事业等。集中式光伏电站所挣扶贫收益全部由县级统筹,用于非贫困村建档立卡贫困户。实行公益岗位网格化差异化管理,实现贫困户光伏收益最大化,成为贫困群众增收的"铁杆庄稼",努力走好"阳光"脱贫路的主要途径。

一、怀安县光伏产业背景与概况

怀安县辖4镇7乡273个行政村,于2011年列入国家新一轮扶贫开发工作重点县,是国务院办公厅、工信部、农业农村部定点帮扶县。2019年,全县总人口24.6万,建档立卡贫困人口20124户36994人,其中已脱贫19978户36673人,剩余未脱贫146户321人,贫困发生率降至0.19%。2019年怀安县退出贫困县序列。

光伏扶贫是资产收益扶贫的有效方式,也是产业扶贫的有效途径。国家《关于实施光伏发电扶贫工作的意见》出台后,河北省政府利用张家口市处于国家二类光资源富集地区、有发展分布式光伏项目优势的特点,实施光伏产业扶贫政策，增加贫困村造血机能。怀安县紧紧抓住政策机遇，充分发挥年 1200—1400 小时的光照资源优势，着力抓好光伏电站项目建设、运营维护、收益分配等关键环节，严把工作要求，大力整合财政涉农资金，强化资金保障，科学谋划，积极协调，把建设光伏扶贫电站作为贫困人口脱贫的重要途径，打造贫困群众脱贫致富的"铁杆庄稼"，全力解决电站项目建设过程中的各类难题，同时，不断总结经验，完善电站管护办法，确保电站正常运行，实现利益最大化。怀安县在每个贫困村建立一座 300kW 的村级光伏扶贫电站，实现年收益 5000 多万元。如何确保扶贫电站收益最大化，以及如何科学规范分配光伏收益成为怀安县面临的主要难题。怀安县积极探索试点，加强顶层设计，细化制度落实，形成兼顾公平与效率的光伏收益分配政策，实行网格化管理公益岗位，巩固长效收益机制，促进脱贫增收，得到了贫困群众的广泛认可。

二、光伏扶贫政策工作实施

（一）严把政策要求，科学合理建设扶贫电站

怀安县成立光伏产业扶贫领导小组，按照国家政策要求，因地制宜、专班推进。一是认真谋划，合理投入。严把"村级光伏扶贫电站不允许政府负债建设、不允许企业投资入股"的要求，大力整合财政涉农资金，115 个村级光伏扶贫电站全部采取财政全额投资方式，确保贫困户光伏收益最大化。同时，根据该县整合资金实际情况，按比例分三年支付工程款，减轻资金投入压力。二是灵活方式，科学选址。以光照充足、入网便利、施工简单、管理方便为前提，采取两种模式："单村单建"模式，86 个村单独建设村级电站；"多村联建"模式，29 个村联建电站 12 个。同时建成集中式扶贫电站 3 个、村委会屋顶分布式光伏扶贫电站 188 个。三是建好平台，精准发力。为确保村级光伏扶贫电站建设符合国家规范和技术要求，实行一个建管主体，县政府授权委托国有独资企业琪泰集团作为项目实施主体，负责光伏电站建设、电费结算、收益拨付、手续办理、后期管理等工作。工程建设中，科学设定招标技术参数，鼓励企业采用"领跑者"技术指标的先进技术和产品；建立工程例会制度，建设、监理、施工三家单位集体会诊，及时解

决问题；聘请北京鉴衡认证中心，进行专业验收，确保工程质量。

（二）抓好运营维护，确保电站利润最大化

《村级光伏扶贫电站运营维护管理办法》采用"四个二"方式加强运维管理，保证电站运行稳定安全。一是两个团队日常维护。琪泰集团公开招聘电气专业人员，组建专业技术团队，与电力部门联动巡查、定期检修；每村选用1—2名公益岗位人员，负责电站安全看护、组件清洗、除草等工作，实现电站安全、贫困户收益双赢。二是两套系统实时监控。通过公开招标，建设了光伏发电云监控系统、电站视频监控系统，县乡村工作人员手机APP三级联动监控，实时掌握电站发电和设备运行情况，发现问题，及时排除。三是两重保障确保安全。为电站设备购买了商业保险，保费为设备市场现值的2.8‰；聘请专业机构，对光伏组件进行定期检测。四是两项机制全面管理。建立了沟通监督机制，电网公司每月将村级电站发电情况通报县发改局、琪泰集团、各乡镇和村，多方确认，监督管理；建立了领导小组协调机制，对影响电站运行的场外遮挡物及时协调处置，确保管得好、多收益。

（三）实行县级统筹，差异化分配光伏收益

全县光伏扶贫电站总装机容量达到10万千瓦，年收益近5000万元。该县结合实际，制定了《光伏扶贫项目收益分配实施细则》，光伏收益实行差异化分配。一是收益支出差异化。针对村级光伏扶贫电站，净收益的60%由县级统筹，用于贫困村的建档立卡贫困户公益岗位和生活补助；净收益的40%归村集体，用于安排公益岗位、开展生活补助、支付土地租金、发展小型公益事业等。集中式光伏电站所获，扶贫收益全部由县级统筹，用于非贫困村的建档立卡贫困户。二是收益结算差异化。单建电站，实行单独核算；联建电站，实行"合户上网、平均核算"模式；集中式电站，企业按照电费周期缴纳光伏扶贫收益。琪泰集团、供电公司和各乡镇密切配合，确保及时结算拨付光伏收益。三是收益管理差异化。实行"县级专户、乡镇专账、村级专管、村财乡管"，琪泰集团设立光伏扶贫收益结转专户，专账管理、专款专用；各乡镇设立收益分配专账，村级资金由乡镇管理，各村安排专人负

责，发电量、净收益、支出明细定期向村民公示，接受群众监督。

（四）强化协调运转，网格化管理公益岗位

按照国家和省相关政策，坚持"多劳多得、全面兼顾"的原则，制定了《进一步使用好光伏扶贫收益的若干规定》，指导各乡镇和村开展公益岗位网格化管理，切实激发群众内生动力。一是因事设岗。坚持因事设岗，该县各村根据实际情况，对符合五种情形的有一定劳动能力的贫困户，设置卫生保洁、防火护林、护路养路、电站管理等公益岗位；坚持网格管理，每个公益岗位，明确责任区域、工作任务、工作标准，定人定岗定责；坚持动态管理，按照户申请、村评议、乡审核的程序，一年一评，及时进行公示，确保公平公正。二是以考定酬。不同公益岗位制定不同工资标准，分岗位建立考核评价制度，以考定酬、规范管理。由包村乡干部、驻村干部、村干部和公岗监督员组成四方监督小组，对公益岗位实行周检查、月评议、季奖励、一年一调整。公益岗位工资由基础工资和绩效奖励工资两部分组成，基础工资依据履职情况巡查、抽查进行评分，满分获得全额工资；绩效奖励工资，将个人和家庭卫生、出勤和服从安排情况列入其中，由四方监督小组评分确定等次。三是多方挂钩。对于无劳动能力贫困户，生活补助发放同贫困户个人卫生、庭院卫生、精神面貌挂钩，由驻村干部和村干部检查评定，实行每季度 50—100 元的奖励。该县将网格化管理涵盖到护林员、河湖巡查员等各类公益岗位，共设置公益岗位 8968 个。

三、主要工作成效

发展光伏产业，实施"收益分配科学化、工资发放差异化、岗位管理网格化"的三化模式，对促进怀安县贫困村和贫困户脱贫发挥了重要作用。

（一）增加了贫困群众收入

该县利用光伏扶贫电站收益，对有劳动能力的贫困人口设置公益岗位提供劳动报酬，近 9000 的贫困人口实现就近就业。对无劳动能力贫困人口

给予生活补助，贫困户年均增收 2500 多元。

（二）壮大了贫困村集体经济

村级电站净收益的 40% 归村集体所有，由村集体用于安排公益岗位、开展生活补助、支付土地租金、发展小型公益事业等，既增加了贫困户收入，也壮大了村集体经济，村委会可以集中力量办一些与群众生产生活密切相关的公益事业。

（三）美化靓化了村庄环境

通过实行公益岗位网格化管理和差异化分配，扭转了贫困群众"等靠要"思想，有效避免了"一光了之""干多干少一个样""干与不干一个样"等问题。贫困群众生活条件明显改善，积极参与到村庄卫生清理的行列，村庄的庭院环境和以前相比更加干净整洁。

（四）树立了勤劳致富导向

公益岗位工资差异化发放，体现"劳有所得、多劳多得"，树立起自力更生的脱贫导向，有效激发了群众内生动力。公益岗位工资和生活补助与贫困户个人卫生、家庭卫生、精神面貌挂钩，通过有效引导激励，形成积极向上的社会新风尚。

（五）提升了群众满意度

统筹分配光伏收益，使村集体能够有钱办事。根据群众意愿，村集体将光伏收益用于文化活动组织、水利设施维修、道路维修等小型公益事业。全县推广设立"爱心超市"，37 个村设立"孝善养老基金"，127 个村开展了美丽庭院创建示范，创建美丽庭院 11183 个。贫困户和非贫困户都享受到该政策带来的红利，群众满意度进一步提高。

（六）坚定了贫困群众劳动致富的信心

制度化的管理和强有力的约束极大地提高了光伏资金的使用效率，切实保证了资金专款专用、精准使用，真正让贫困群众尝到了光伏产业这块"蛋糕"的甜头，群众通过双手脱贫致富的信心更加坚定。

四、光伏扶贫经验和启示

实行公益岗位设置差异化、工资薪酬差异化、生活补助差异化三个管理方式，可实现光伏收益分配效益最大化，在实施过程中重点要解决好以下三方面的问题：

（一）解决好"分给谁"的问题

一是大部分用于贫困户增收。对于建设村级电站的，扣除发电收益的8%用于运行维修后，将净收益的60%以全县贫困村的贫困人口为基数分配给各乡镇；对于没有建设村级电站的，将集中式光伏扶贫电站的收益以非贫困村的贫困人口为基数分配给各乡镇。由各乡镇根据各贫困村的实际情况，面向贫困户设置公益岗位，开展生活补助。二是部分用于村集体统筹。对115个已建设村级电站的贫困村，将净收益的40%留作贫困村集体收入；对没有建设村级电站的村，将村委会屋顶分布式光伏电站收益留作村集体收入。收入由村集体支配，有助于补齐基础设施建设、基本公共服务等方面的短板。三是部分用于村级电站运行维修。将电站运维费用与发电效率挂钩，村级电站发电收益的8%作为运维费支付给运维单位。明确每个300千瓦的电站年发电量不少于36.5万千瓦时。

（二）解决好"怎么分"的问题

一是公益岗位设置网格化。该县各村因事设岗，为有劳动能力的贫困户提供公益岗位。对每个公益岗位，明确责任区域、工作任务、工作标准，坚持动态管理，确保公平公正。二是工资薪酬科学化。不同公益岗位制定不同工资标准和考评管理制度，以考定酬、差异管理。由包村乡干部、驻村干部、村干部和公益岗位监督员组成四方监督小组，对公益岗位实行定期检查、评议、奖励和调整。公益岗位工资由基础工资和绩效奖励工资组成，基础工资依据履职情况发放；绩效奖励工资，由四方监督小组根据个人和家庭卫生、出勤和服从安排等情况，评分确定等次。三是生活补助差异化。对无劳动能力贫困户根据贫困程度每月固定补助 100—200 元。配套建立激励机制，将生活补助发放与贫困户个人卫生、庭院卫生、精神面貌挂钩，每季度给予 50—100 元的奖励。通过实行网格化管理和差异化分配，扭转贫困群众"等、靠、要"思想，避免"干多干少一个样、干与不干一个样"等问题。

（三）解决好"如何管"的问题

一是统筹收益管理。实行"县级专户、乡镇专账、村级专管、村财乡管"的管理模式，专账管理、专款专用，确保资金流向清晰。二是统筹收益筹集结算。按照预期发电收益测算，村级电站由政府筹集垫付资金，按季度拨付给乡镇、贫困村和贫困户，让乡镇干部有序安排工作，规避欠发薪资的风险。三是加强使用监督。各村定期向村民公示村级电站发电量、净收益，以及公益岗位、奖励补助、公益事业等支出明细，接受群众监督，实现制度化规范管理。

在公益岗位管理过程中，同样存在一些不足和需要改进的地方，主要表现在两个方面：一是保洁岗位人员缺乏。实施公益岗位管理的个别村，由于贫困人口年龄老化，为少数年轻人优先安排了生态护林员，卫生保洁公益岗位人员相对缺乏，加之网格化清扫面积太大，导致清理质量难以保证。特别是在农忙季节，部分卫生保洁员由于农活繁重，不能很好地满足保洁工作高标准、高质量、常态化要求。二是监管上存在盲区。实际工作中，防火护林员和护路养路员基本在村外工作，特别是防火护林员管护面积大、流动性强，村里主要依靠巡查日志对其进行日常检查，监管上存在盲区。

02

坚定不移推进电商发展
带动农户自主脱贫

——山西省隰县电商扶贫的政策与实践

隰县隶属于山西省临汾市，位于晋西吕梁山南麓，临汾市西北边缘。东临汾西县，西连永和县，南与蒲县、大宁县接壤，北与吕梁市的石楼县、交口县毗邻。隰县属典型的黄土高原残塬沟壑区，境内垣面高阔残缺，沟壑纵横交错，山峦连绵，丘陵起伏，地势东北高、西南低。全县总面积1415.3平方千米，辖8个乡镇、91个行政村，2019年总人口10.7万人。

一、隰县梨产业的发展

隰县是传统农业县，自然条件比较差，境内有三川、七垣、八大沟。土地生产力不高，耕地以旱地为主，农业生产水平低、剩余少、积累慢，产量受自然环境条件影响大。长期以来，种植业收入占比较大，其中梨果种植具有历史传统，是农户收入的主要来源之一，因而隰县享有"中国金梨之乡""中国酥梨之乡"的美誉。但梨果产业易受极端天气如春季开花时常受冻害等的影响。由于交通不便，优质梨不能得到优质价，增产不能增收；其他的农产品，农户也主要以销售自产初级产品为主，附加值较低。隰县属于全国扶贫开发工作重点县，也是山西省36个国家级贫困县之一。2014年建档立卡以来，通过贫困人口动态管理，隰县共有建档立卡贫困户7161户20231人，重点贫困村79个，贫困发生率高达25.6%。

为了打赢脱贫攻坚战，与全国人民一道步入小康社会，隰县县委、县政府审时度势，紧紧锁定自己的优势产品，发展梨产业，打出产业品牌。从1984年开始，农业产业重点推梨果产业，即梨和苹果。基于1984年山西省农科院果树研究所培育出的新品种——玉露香梨，隰县在梨果产业上坚持新苗栽植和老树嫁接相结合，主攻"隰县玉露香"，其种植面积由 2008 年的不足 133.33 公顷发展到 2019 年的 15666.67 公顷。同时，和河北农业大学、山西农业大学签订培训合作协议，与山西省农科院联合建立了"隰县玉露香"试验站，推进玉露香梨标准化建设，实现省级标准精细管理。经过 30 余年在全国各地试验论证，隰县所产玉露香梨，皮薄、肉细、汁多、味甜，深受消费者喜爱，被国家梨产业体系专家公认为"中国大美梨"。

二、隰县电商扶贫政策

在发展梨产业的同时，县委、县政府高度关注产品的销售问题。为了解决农户产品销售难、质优价不优的问题，县委、县政府大力发展电商扶贫，实施了一系列政策鼓励电商的发展。在他们看来，互联网上发达地区与贫困地区是在一个起跑线上的，以互联网为基础，发展电商，推进信息化，让农村、农业和农民进入信息化阶段，可以实现"换道跨越"，这才是让贫困地区跟紧时代发展节奏的重要一步，也就是贫困地区发展电商的重要意义。

基于此，从 2015 年开始，隰县就坚定不移地推进电商工作，壮大电商队伍，发展电商产业。

为了鼓励电商发展，助力精准扶贫，确保农村电子商务能够持续健康发展，县委、县政府做了大量工作。2018 年 9 月出台了《隰县电子商务资金扶持奖励办法》。用奖扶资金支持电商扶贫、县电商公共服务中心、电商产业园、县级电商运营中心、电商企业（个人）、乡镇村电商服务站点、产品供应基地、物流企业、行业协会、培训机构等平台的建议。

在项目资金的管理和使用上，突出企业的主体作用，政府通过政策引导、完善机制、提供服务、强化监管，为电商营造良好的发展环境。项目实施最大限度地发挥项目资金的使用效率，提升项目建设的实际效果。通过建立电商产业发展引导基金、以奖代补资金等形式，支持和解决农村电商和电商扶贫中的重点和难点问题。

项目资金主要用于扶持县、乡、村三级物流体系建设，鼓励物流龙头企业整合社会物流资源，搭建县级物流公共服务平台，建设仓储、物流配送、信息中心，配备物流配送车辆和物流配送公共信息交换系统、微信平台，提供车货交易、定位跟踪、通用物流软件托管、政策信息发布等服务，实现县内物流配送网络的信息共享。充分利用乡镇客运站、村级党员群众活动中心、农村商店等现有资源，建设乡镇电商物流服务站，物流服务站与乡镇服务站合作，覆盖率达到 100%，村电商物流服务点覆盖率超过 70%。乡镇、村级站点具备电脑、货柜、电脑桌、醒目招牌、宽带网络接入等设备，有固定的经营场所。

项目资金还用于人才引进、电子商务培训及宣传。在电商培训方面，由政府根据培训规模、培训时间、培训实效等，公开择优采购电商培训机构服务。在人才引进方面，引进电商高端人才和农产品网销运营团队，依据合作协议给予支持。在宣传推广方面，大力拓展宣传渠道、鼓励在县内主要道路入口、商业繁华地段、乡镇主要街道、村落聚集区等地方，以 LED 大屏、灯箱广告、平面广告、墙面广告以及各种宣传横幅、标语等形式进行宣传。在各类媒体上开展电商宣传推广，对影响较大的新闻媒体、政务网站、政务微博、微信公众平台及影响较大的个人微博给予一定补助。鼓励举办电商展会、电商创业大赛、农村电商发展论坛等活动。

为了加快电子商务扶贫步伐，探索精准扶贫的新路径、新模式，推进互联网创新成果与扶贫工作深度融合，加快贫困乡村脱贫攻坚进程，隰县还出台了《关于大力发展电子商务暨电商扶贫专项行动方案》。以全县 7161 户建档立卡贫困户为重点，引导和鼓励第三方电商企业建立电商服务平台，注重农产品上行，促进商品流通，提升贫困人口利用电商创业、就业能力，拓宽贫困户特色优质农副产品销售渠道和贫困人口增收脱贫渠道，让互联网发展成果惠及更多的贫困乡村和贫困人口。2018 年以来，全县贫困村基本普及电子商务应用，实现"两有一能"目标，即县有农村电子商务服务中心，适宜行政村有电子商务服务站，贫困户能通过电子商务销售自产产品和购买生产生活资料。

在推进电商工作时，隰县非常注重处理好政府与市场的关系，坚持政府引导，扶持不干预、服务不包揽，充分发挥市场在农村电商资源配置中的决定性作用，培育发展贫困村电商产业，带动贫困人口就业、增收、脱贫。坚持社会参与、上下联动的原则，整合各类扶贫资源，鼓励引导市场化电子商务平台和电子商务服务商的广泛参与，充分调动贫困群众利用电子商务、参与电子商务产业链的主动性、积极性。坚持鼓励创新、典型引路的原则，及时发现和总结电商在推动精准扶贫、精准脱贫方面的典型模式，总结推广一批可学习、可操作、可复制、可推广的先进典型。坚持因地制宜原则，立足县情，开展电子商务销售示范引领，充分利用"玉露香"原产地电商平台，探索具有隰县特色的农村电子商务发展模式。

为了使电商扶贫各项政策得以有效落实，县政府成立电商扶贫专项行动工作领导组，由时任县长任组长，各部门成员单位领导参与。具体措施，一是整合社会扶贫力量，商务、农业、扶贫、邮政、供销等各部门资源重点向电商扶贫示范试点村倾斜。贫困村整合各级帮扶力量，充分发挥定点扶贫等挂职干部和第一书记、驻村工作队、大学生村官等人才作用，把电商扶贫工作作为重要职责和绩效考核的重要内容。二是健全报送机制。各乡镇、县直各有关部门在每年农产品种植季节将贫困乡村大宗农产品的种植面积、产量、规格、品质、上市季节、主要销售渠道和销售对象等信息及时报送县商务局，并做好有关对接工作，防止发生严重的农产品滞销。各乡镇、县直各相关部门年初将贫困乡村扶贫规划和目标、电商扶贫政策落实、项目推进、资金使用、工作成效、存在问题、意见建议等情况报县商务局，做到信息共享。三是强化宣传引导，充分利用《今日隰县》《隰县在线》和隰县电视台等各种媒体，特别是微博、微信等新媒体，加大对电商扶贫工作的宣传力度，营造电商扶贫的浓厚舆论氛围。及时总结和宣传推广电商扶贫工作中涌现出来的好经验、好典型、好做法，适时召开电商扶贫工作现场会，定期举办电商扶贫论坛，对表现突出的农村电商服务站、电商扶贫企业和个人进行表彰奖励，激发大众参与电商扶贫的热情。

三、隰县电商扶贫的实践

从 2015 年开始，隰县就以防假、促销、保品牌为目标，创建了玉露香梨二维码溯源体系，汇集了全县梨农详细信息与梨果生产等情况，一户一码，一码切入。每一颗玉露香梨（商品果）都贴有二维码，消费者微信扫码即可知道种植户姓名、地址、电话、产量等信息。同时通过电脑版（PC 端）链接到原产地电商平台，网上下单，网上支付，快递送达。二维码的作用，既可以溯源，也方便微信分享朋友圈扩大宣传，还可进入网店购买。近年来，先后在上海环球港、北京农展馆、深圳软件基地举办"扫二维码、发朋友圈、品玉露香、赠一个梨"大型宣传推销活动。在上海环球港活动期间，发出去 17000 个梨，扫码分享传播后，大约有 500 万人知道、了解了隰县玉露香梨，前方在上海搞活动，县里的电话、订单就纷至沓来。在深圳软件园搞了"隰县玉露香梨进入百家互联网企业"活动，通过扫码分享，引起了网上轰动，实现了爆破营销。玉露香梨也因此声名鹊起，价格上扬。

2016 年以后，主要是健全要素、规范运行。依托"隰县在线"门户网站，线上网站和微站，PC 端、移动端 APP 开展销售宣传；与讯唯集团合作，创建丽水电商学院隰县分院，成立隰县电商扶贫培训基地，邀请国内电商行业专家指导，培养出一批农村电商带头人和实用型人才；与移动、联通、电信三大运营商签署战略合作协议，加快全县网络全覆盖；与顺丰速运合作设立物流分拣中心，建立了通村第三方物流公司；引进金融支持体系，解决电商发展资金问题。现在"隰县在线"每日点击量一直排在全国县级平台（城市 114）前 20 位。同时，开通"隰县在线微信公众平台"，让广大农民不受时间和区域限制，拿自己的手机，用自己的微站，推销自己的农特产品，实现电商精准扶贫全覆盖、无盲区，形成了线上线下营销新格局。

到 2017 年，电商要素与运行构架的不断形成与完善，"一码切入、两站运行、三园服务"的农村电商运营格局也逐渐形成。利用空置房产，陆续创建了电商众创园、体验园和服务园。众创园为创业者提供创业平台，让有志于电商创业的农民群众集体办公，互相学习，互相促进。体验园为创业者建立了孵化成长实践基地，为消费者定制认养提供平台，给原产地电商提供可靠网货。服务园为创业者运营管理提供物流服务、孵化中间服务、专业技术服务、投融资对接服务、创业导师服务等。至 2019 年，全县共建立 1191 个电商创业团队，其中农村电商服务站 190 个，省外电商服务站 18 个，专业合作社 96 个，各类公司 45 个，个体户 842 个，淘宝网店 12 家，京东网店 1 家。与建档立卡的 1657 户、4481 名贫困人口签订扶贫对接协议书，形成了紧密的利益链接机制。

从 2017 年 7 月开始"电子商务进农村综合示范县"的创建工作。主要是集中资源，提高效能。重点是融合扶贫攻坚多方资源，聚集要素，创建了农村电商一条街和隰县电子商务进村综合示范公共服务中心，实行街区化运作，园区化管理。苏宁易购扶贫实训店，腾讯为村项目，物流、包装、分拣、冷库、美工、培训全部进街入区，孵化基地、政务窗口、网货展示、众创空间、数据平台、路演中心、法律咨询、运营管理、人才公寓等全部进入中心大楼。

为了推进电商发展，2016年3月，由时任县长亲自带队，组织120多名电商创业人员，其中多半是农民，到浙江丽水市以及遂昌、缙云、松阳等县，进行了为期一周的学习，引爆了全县电商创业热潮。此后，与浙江丽水讯唯电商有限公司合作，设立丽水电商学院隰县分院，用政府购买服务的方式，针对全县电商创业人员开展业务实操培训和孵化，使贫困农民掌握电子商务技能，固化本地电商与外地电商的联系，逐步拓展农产品销售辐射面，为精准脱贫及产业发展发挥作用。成立了隰县电商扶贫培训基地，邀请国内电商行业专家授课指导，多次举办进阶培训、高端研修、外出游学、网上实操等活动，培养出一批农村电商带头人和培训导师，孵化出一批优秀电商企业。截至2020年年初，举办5期电商大讲堂和80余期电商扶贫培训，累计培训人次达45947人，累计受益5.9万人次，贫困户实现就业16436人次。隰县电商培训和孵化基地先后荣获临汾市"市长创新奖"、山西省科技厅认定"省级众创空间"、科技部首批备案"星创天地"等荣誉称号。

现在，隰县每年举办梨花节、采摘节、订货会，参加各类推介展销会，成功推出了"隰县玉露香"品牌，已经畅销全国50多个省市，并出口到美国和加拿大等国家。

四、"好"政策下的"好"结果

隰县电商发展，取得了良好的经济效益，成为一种带动农户自主脱贫的渠道和路径。

首先，电商发展有效解决了农产品滞销难题，提高了农产品的商品化率。"O2O"模式覆盖农村，农产品产销对接，上行加速，以玉露香为主的农产品形成年初订货，年终脱销的常态。山区不利的自然条件导致农产品品种多、产量小、非标准化的特征，对应了互联网多层次、多样化、个性化需求，使这个农产品销售中的"老大难"问题，在电商发展中迎刃而解。2019年，累计农产品上行销售达到4.128亿元，为2700户贫困户销售农产品1085.9万元，农产品"难卖"问题得到有效解决。由于销售问题的有效解决，商品化率明显提高，大大增加了农民收入。玉露香梨价位在电商发展前后形成明显极差，市价由原来的每千克 6 元提升到每千克 20 元，全县年均农民增收 2.1 亿元，人均增收 2625 元。

其次，形成全覆盖的农村电商服务站，与贫困户形成了紧密的利益链接机制。隰县电商扶贫工作，在"扶贫扶智"上形成三个层次的链接机制，即：通过免费培训、快递下乡、订单农业、保护价收购等提供保障性链接机制；通过品牌推广、就业创业提供溢出性链接机制；通过园区建设、服务站覆盖、宽带进村提供服务性链接机制。以"专属渠道＋合作社＋贫困户"模式链接贫困人群，168 个农村电商服务站与 1764 户贫困户签订订单农业、保护价合同等扶贫对接协议书，由贫困户提供产品，服务站负责销售，带动贫困户占全县贫困户的 22%。

再次，电商发展增长了农民本领，提升了农民的素质，改变了农民的生活习惯。过去田园里的"土农民"如今变成了网上的"电商人"。现在，网购网销普及农村，农民思想活跃，观念转变，当代新型农民异军突起。发展农村电商使农村群众深深融入互联网，不再停留在"看"和"听"的水平，而且参与其中，做到"用"互联网，把自己的生产和经营渗透到互联网中，对开阔眼界和提高经营能力有重要作用。网络平台、物流快递、通信信息、储藏包装、共享单车、众创空间、培训基地、服务中心站点等产业的快速性发展和园区化集聚，让群众享受到前所未有的生活便利与生产高效，激发出乡村新活力。

最后，贫困户通过电商顺畅地销售农副产品，打破了传统农副产品营销活动中的地域限制，使贫困山区产品的销售一跃成为全国性甚至全球性的活动，解决了农业中商贸服务的"最后一公里"问题，改变了贫困户与市场相隔离、依靠惯性进行生产的状态。更为重要的是，过去农户生产的农副产品仅仅依靠外来商贩的收购，产品的价值流失在流通环节中，农户是市场价格被动的接受者；现在由于电商的发展，农户第一次参与到价格的形成过程中，第一次有了定价权。使农户真正融入市场经济中，对于他们来讲是"革命性"的变化，意义重大。

现在，隰县的电商发展已经成为山西省电商发展的一面旗帜，在全国也产生了广泛的影响。

03

敦促赡养人、保障被赡养人安全住房

——湖北省巴东县为保障被赡养人安全住房出台新政策

巴东县是武陵山片区的深度贫困县，全县总人口 49.86 万，2014 年年初建档立卡贫困人口 53995 户、172896 人，贫困村 118 个。近几年来，该县深入贯彻习近平总书记关于扶贫工作的重要论述，认真贯彻落实党中央、国务院决策部署，全面打响精准脱贫攻坚战，全县综合贫困发生率已从 2014 年年初的 39.09% 降至 2020 年的 0.34%，如期实现了脱贫"摘帽"。

"扶贫先扶智，治贫先治愚"。不少村民法律知识缺乏、思想精神贫瘠、内生动力不足成为脱贫攻坚的"绊脚石"，法制扶贫是促进基层社会治理、脱贫攻坚不可或缺的重要环节。该县县委、县政府始终将法制扶贫作为脱贫攻坚的重要抓手，发布了《关于督促赡养人保障被赡养人安全住房的通告》（以下简称《通告》）。作为一项创新的地方政策，通告的出台有利于增强认识、增进共识，进一步弘扬孝亲敬老的传统美德，强化家庭成员赡养、扶养老年人的责任意识，教育和惩戒子女居住宽敞明亮的安全住房，而让自己的父母及其他被赡养人长期居住在脏、乱、差等条件简陋危旧房的违法行为，解决"农村不养老"的问题，实现农村人口"两不愁三保障"的目标任务，促进家庭老少和顺。

通告要求，自通告发布之日起，赡养人须立即将被赡养人接入安全住房居住生活，并尊重被赡养人的生活习惯，处理好家庭成员关系，确保老人住得安稳、生活舒心；确因老人旧家难舍、故土难离的子女须保证在其原居住地有安全住房、衣食无忧。对拒不履行的，由司法部门指定法律援助机构代被赡养人向人民法院起诉，人民法院将就地巡回审理，并将审理情况通过报纸、电视、网络等方式向社会公开。对赡养人与被赡养人恶意串通，以让被赡养人居住危旧房为手段，骗取、套取国家资金的，依法予以追缴，构成犯罪的，追究其刑事责任。

通告发出后，全县上下联动、主动作为，积极推动该项工作。宣传部门制作宣传片，通过电视、微信、宣传大篷车等渠道广泛宣传，乡镇、驻村扶贫工作队通过院坝会、屋场会、小组会等形式深入宣传教育，通过对反面典型的宣讲批判，让广大人民群众受到了教育，提高了广大人民群众履行赡养义务的行动自觉，通过法律手段保障了被赡养人的合法权益，社会反响强烈，收效良好，营造了尊老敬老的良好社会风尚。

一、强制执行子女赡养老人

五子女相互推诿难养一母，强制执行伸张正义，严查督办赡养义务。

赡养父母天经地义，可现实生活中，不赡养老人的现象依旧存在。巴东县茶店子镇黄某秀老人年过八旬，育有 6 子，二儿子因意外去世，现有 5 名子女。丈夫去世以后，老人辅助几个儿女成家立业，操劳一生，晚年几个子女却对老人的赡养问题互相推诿，子女们居住楼房，而老母亲长期居住在黑、脏、乱、差条件简陋的危旧房屋中。

2018 年 11 月，伤心欲绝的老人将 5 个子女告上法庭。案件审理中，县法院主持调解未能达成协议，法院遂依法判决由大儿子高某才自 2018 年 11 月起每月支付黄某秀生活费 200 元，小儿子高某选每月支付黄某秀生活费 50 元，且提供安全住房一间供老人居住并承担水电费。三个女儿每年分别为黄某秀购买大米 50 千克、猪肉 15 千克。

判决书生效的当天，小儿子高某选给付老人一年的生活费 600 元，老人搬进了由其提供的土木结构房屋中。三个女儿也为老人送来了大米、腊肉等生活物资。

但为了切实保障老人的合法权益，县法院组织专班，赴现场了解执行结果。经现场查实，小儿子高某选为老人提供的住房系土木结构的房屋，以石板为盖，墙体裂缝，地面坑坑洼洼，凹凸不平为 C 级危房。而高某选一家却居住在离老人不到 30 米的宽敞明亮的两层小洋楼内。于是执行干警给被执行人高某选宣讲政策、普及法律知识，高某选终于认识到自己的错误，在执行干警的监督下，及时为老人腾出了一间安全住房，将老人的被褥等物品搬到自己家中，为老人铺设好床铺，将老人接到自己家中共同生活。

而大儿子高某才更是知错不改，法院判决生效后，拒不履行法院判决，一直谎称已给付了赡养费，经过执行干警与老人核实发现，高某才仅支付黄某秀赡养费 500 元，拖欠母亲的生活费达 8 个半月之久，根本没有按法院判决确定的内容履行赡养义务，只是企图用谎言搪塞执行干警。通过调查核实，高某才长期从事烟叶种植，年收入可观。由于高某才拒不履行法院判决，县法院依法决定对其司法拘留 15 日，并处罚款 5000 元。

法院强制执行不仅保护了这位老母亲的合法权益，更是通过这次活动达到了执行一案、教育一片的效果，引导社会形成尊老敬老的良好社会风尚。

二、惩罚严惩保障尽好孝心

对"自己住平房，老人住危房"的"孝心老赖"开出重磅罚单，督促其清醒认识、尽好孝心。

自己住着两层小楼，十多年拒不履行赡养义务，让 84 岁老父亲长期独自居于危房之内。2019 年 10 月 31 日，依法对巴东县官渡口镇凉水井村村民石某清司法拘留 15 日并处罚款人民币 10000 元。这是巴东县在"执行攻坚、秋风行动"专项执行中，并用司法拘留与罚款手段打击的第二名"孝心老赖"。

在巴东县官渡口镇凉水井村 3 组，有 1 间摇摇欲坠的土木结构瓦房，年久失修，墙面裂缝，四面透风，遇上下雨天，外面下大雨，屋里下小雨。这不是谁家废弃的房屋，也不是谁家的附属屋，房屋内居住的是一位有 2 子 2 女的 84 岁老人石某安。与老人窘迫处境形成鲜明对比的是，在离老人的住房不到 100 米远的地方矗立着一栋两层小洋房，洋房内居住的是石某安的大儿子石某清。

石某安老人育有 2 子 2 女，均已婚配成家，各自居住。多年来，子女之间因琐事生隙，互不往来。对于老人的赡养更是相互推诿，置若罔闻。老人独自居住在四面漏风的危房里，无人照料安养，仅靠养鸡种菜艰难度日。

2006 年 9 月，石某安将石某清、石某龙两兄弟诉至法院，要求其履行赡养义务。经法院主持调解，双方达成调解协议。调解书生效后，石某清一直未主动履行义务，风烛残年的老人向驻村扶贫工作队的干部含泪反映了相关情况。驻村扶贫工作队的干部在做思想工作的过程中，石某清拒不配合，且对工作队干部恶语相向，甚至辱骂威胁。石某安随后申请法院强制执行。

经鉴定，老人居住的房屋属 D 级危房。村"两委"主动将其房屋纳入危房改造项目，并委托建筑工人为其修缮房屋，但在施工中，石某清与其妻子一直阻工，声称不准动用自家石头，并蛮横无理地要求石某安继续留在危房里。

2019 年 10 月 31 日，组织专班赴现场执行。执行中查明，石某清自己居住着宽敞明亮的安全住房，而让自己的八旬老父亲居住在简陋的危旧房屋中，在具有履行能力的情况下，十三年不尽赡养义务，且出言不逊，态度极其恶劣。为维护老人合法权益，彰显法律权威和司法公信力，县法院依法决定对石某清司法拘留 15 日并处罚款人民币 10000 元。

推行"三坚持、三创新"
全力激发贫困群众内生动力

——海南省积极开展"志智双扶"脱贫实践

海南省坚持以习总书记关于扶贫工作的重要论述为指引，深入分析贫困群众内生动力不足的问题根源，从思想引导、教育培训、产业帮扶等方面入手，推行"三坚持、三创新"，全力激发贫困群众内生动力。

一、坚持"扶贫重在扶志"，着力创新思想帮扶机制

针对贫困群众存在的"受穷不急、信心难立、脱贫无方"等问题，海南坚持扶贫与扶志、扶智相结合，创新思想帮扶机制，推动贫困群众从"要我脱贫"到"我要脱贫"。

（一）创新扶贫宣教思路，脱贫致富电视夜校"志智双扶"见实效

海南省创造性创立"电视＋夜校＋961017服务热线"精准扶贫新模式，把贫困群众组织到夜校集中学习，零距离培训和服务贫困群众，帮助贫困群众破解脱贫难题、树立脱贫信心、拓宽脱贫渠道。通过电视夜校，把分散的贫困群众组织到一起集中学习，比在家自学更有效果，课后的集中讨论也使扶贫干部更进一步了解贫困群众的需求，拉近了党群关系。该模式得到国务院领导和国务院扶贫办的充分肯定，电视夜校节目被国家新闻出版广电总局评选为"2017年第一季度广播电视创新创优节目"和"2016—2017年度两岸四地城市品牌栏目"。电视夜校节目以扶志、扶智为目标，每周一期，内

容涵盖扶贫政策知识、产业发展、思想教育、扶贫典型案例、农民工创业就业与农产品产销信息等五大类。电视夜校注重"身边人讲身边事",邀请各地"脱贫明星"讲授经验,对广大贫困群众形成较大触动和启发。除了承担宣教功能,电视夜校还利用平台优势牵线搭桥,为贫困群众解难题、找门路、当红娘。截至 2019 年 8 月底,脱贫致富电视夜校自开办以来已播出146 期,平均每期有 68 万人次收看,收视率排名持续稳居全省第一位。同时开通的"961017"脱贫致富服务热线接听热线电话 57013 个,处理工单40334 个,有效办结率达 99%以上,努力做到事事有回音、件件有着落。

(二)充分发挥帮扶队伍作用,潜移默化化解贫困群众陋习

第一书记、驻村工作队直接面向贫困群众,既是打赢脱贫攻坚战的主力军,也是啃最硬骨头的尖刀班。海南省十分注重调动和发挥他们的积极性,通过他们与贫困群众打成一片、心连一线,进而准确掌握帮扶对象思想上的穷根,施以针对性的心理疏导,从对症上用实功夫、从细微处花真功夫、从抓长久下笨功夫,一步一步稳扎稳打化解贫困群众的心理问题,根除长期形成的思想行为陋习,最终达到根治的效果。如,海南省琼中县农村信用社派驻琼中县湾岭镇岭门村党支部第一书记黄某军,主动为贫困群众贷款提供担保,为贫困群众发展产业提供细心周到服务,经常和贫困群众交流谈心,让村里远近闻名的"最懒酒鬼"王某安华丽变身为养羊大户、致富能手,从"一天三顿酒,父子共一壶"到放下酒杯、拿起鞭子养羊,发展到 40 只羊的规模,一举甩掉贫困帽子;让嗜赌成性,人人嫌弃的赌鬼王某沙远离赌场回归家庭,并且重拾木工手艺扛起家庭责任担当。黄书记还利用职业优势,让村里的贫困群众了解金融扶贫优势,消除顾虑,培养他们的守信和金融意识,两年间,他带着信贷员在全村发放贷款 137 笔、金额 484.5 万元,其中 25 户贫困户全部办理小额贷款,金额达 56 万元。

二、坚持"扶贫既要富口袋,也要富脑袋",着力创新职业培训机制

海南省积极拓宽各类培训渠道,丰富实用型技能培训手段,依托合作

社平台将培训延伸到田间地头，提升贫困群众脱贫致富能力，并实现就近就地就业，从而点燃贫困群众心中希望，激发脱贫致富内生动力。

（一）加强中高职教育，斩断代际传递

大力实施"雨露计划"，市县教育、扶贫等部门联手，充分掌握初中毕业未继续学习人员信息，及时主动上门宣传政策，鼓励引导适龄青年接受职业技术教育。针对农村重男轻女思想严重、女孩得到教育机会少、生活技能贫乏的现实，创办"扶贫巾帼励志中专班"，着力做好适龄女孩的职业技术培训工作。中专班办班近十年来，共招收近万名贫困家庭女学生，对改善贫困女学生上学就业条件、加快全省教育扶贫步伐起到了明显推进作用。2010年，时任中央书记处书记、国家副主席的习近平同志对学校创办"扶贫巾帼励志中专班"的做法作出了重要批示，给予鼓励和倡导。广西、西藏、新疆、贵州和内蒙古等省区纷纷学习海南经验，参照海南模式创办了"扶贫巾帼励志中专班"。

（二）开展点菜式职业培训，让贫困群众端上致富饭碗

过去，海南省开展的职业培训更多的是大呼隆的集体填鸭式培训，这种培训浪费人力、物力不说，效果还差，贫困群众也不买账。为此，海南省变大锅饭为点菜上桌，充分尊重贫困群众的发展意愿，也充分调动了他们的学习积极性。由海南省各市县扶贫办牵头，联合妇联、残联、科技局、农业局等部门，把建筑、驾驶、工程机械操作、面点、家政等培训菜单摆在贫困群众面前，由贫困群众根据自身实际选择培训课程，并主动向合作单位推荐培训成绩优秀的学员，取得了较好的效果。2018年以来，全省各部门累计培训当年未脱贫贫困家庭劳动力33795人，占当年未脱贫贫困劳动力总数的68%，实现贫困劳动力当年转移就业20367人，均超额完成了年初制定的计划任务。

（三）发挥专业合作社作用，将培训办到家门口

合作社作为群众自愿联合起来进行合作生产、经营的组织形式，除了

具备入股分红的功能外，更重要的是发挥带头作用、发挥专业优势，授贫困群众以发展技能，让他们在家门口就能凭自己学到的技术致富。如，东方市黄某祥一直致力于热带兰花的研究和生产工作，在兰花的培育、种植及管理技术方面具有扎实的基础和十分丰富的经验，他创办了迦南兰花种植农民专业合作社，带领周边农户种植兰花，受益农户达787户、3283人，带动贫困户62户、274人实现脱贫。

三、坚持"产业扶贫是稳定脱贫的根本之策"，着力创新产业帮扶机制

做好产业扶贫对打赢脱贫攻坚战具有决定性的意义，是激发贫困群众内生动力的治本之策。海南省把产业扶贫作为"一把手"工程，创新帮扶机制，推动产业扶贫覆盖全部贫困户，使贫困群众从"脱贫没想法"到"致富有门路"。

（一）以"四动四全"为抓手推动消费扶贫，激发贫困群众生产积极性

海南省把开展消费扶贫作为推动全社会力量参与扶贫的切入点和突破口，以及激发贫困群众内生动力的重要手段，以"四动四全"（即：党政强力推动，做到全保障；各方积极联动，做到全覆盖；网络高效互动，做到全服务；贫困户自觉主动，做到全参与）为抓手强力推进。包括省委书记在内的所有现职省级领导干部带头"以购代捐"，每人每月拿出200—300元的资金，通过海南爱心扶贫网及其他渠道购买贫困群众的农副产品，推动解决贫困群众农产品销售难题。在线上，通过打造海南爱心扶贫网，为广大消费者和贫困群众搭建起便捷高效的交易平台，贫困群众农产品的上架、销售、配送、售后服务都可以在爱心扶贫网实现。自2018年10月全面启动消费扶贫活动以来，到2019年3月底，全省消费扶贫销售总额累计达到7011.32万元，其中线上销售978.44万元、线下销售6032.88万元，受益贫困户数8.24万户次。比如，海口市首创推出"夜校集市"，在每次脱贫致富电视夜校开课前组织贫困群众面向帮扶责任人、游客、市民等销售自己生产的农产品；省供销合作联社在供销系统超市、供销点设立扶贫农产品专区专柜，在市县、

乡镇定期组织消费扶贫专场集市；省教育厅发动全省学校与贫困村建立长期合作关系，等等。

（二）探索推广天然橡胶价格（收入）保险，促进贫困胶农主动割胶

天然橡胶是海南省贫困市县农民的主要收入来源，中西部山区几乎家家户户都有橡胶林，但由于近几年来橡胶市场行情持续疲软、低迷，收购价格下跌了 75% 左右，低于成本价，导致"开割就亏"，大量胶农因此弃割弃管，进而致贫、返贫。为调动胶农割胶积极性，实现"多割多赚"，促进贫困群众通过劳动实现脱贫致富，2017 年 6 月，白沙县政府与保险公司和期货公司三方携手，推出天然橡胶"保险＋期货＋扶贫"项目试点。该项目由白沙县政府出资投保，为全县 11 个乡镇的近 2 万吨橡胶全部办理投保。试点取得了预期效果，贫困胶农割胶的积极性不断增强，通过自己的辛勤劳动实现了脱贫。在总结试点经验基础上，海南在全省开展了天然橡胶价格（收入）保险，运用金融保险手段，帮助胶农特别是贫困胶农有效防范和化解胶价波动风险，保障胶农的整体割胶收入（售胶收入＋保险赔款）不低于每千克 12 元这个最低割胶意愿值。截至 2019 年 6 月底，全省共投入财政补贴 5214.09 万元，共计为 4.875 万户次胶农保障胶林 36200 公顷，其中：贫困户胶农 4.34 万户次、参保胶林 27880 公顷，分别占 89.30%、77.02%，提前半年实现了所有已达到开割条件的建档立卡贫困户胶农参保全覆盖目标。

（三）积极推广旅游扶贫模式，让贫困群众从旁观者变为参与者

海南省借助生态环境优势，在做足"海"的文章的同时，充分利用"山"的资源，发挥"山"的优势，在旅游开发上坚持走"蓝绿互融、山海并举"的差异化、特色化发展之路，将旅游扶贫作为重要的民生战略，一大批贫困村、贫困群众成为全域旅游的参与者和受益者，走出了一条贫困地区旅游开发与保护文化多样性相统一的发展新路。实践中，海南省推出了农旅融合、区域联动、大景区带动、农民自营等四种旅游带贫益贫帮扶模式，比如琼海市龙寿洋的农旅互动，保亭县、三亚市的区域联动，琼中县什寒村的农民自

营和企业带动相结合，等等。其中，琼中县什寒村通过发展乡村旅游，从一个深山中的贫困村转变为全国最美乡村之一，农民人均可支配收入从2009年的不足千元，增长到2017年的14000元以上；保亭县槟榔谷景区和呀诺达景区充分发挥接近三亚市的区位优势，与三亚市的景区进行区域联动，深入挖掘当地黎苗风情文化元素，实行景区带村、定点帮扶模式，采取提供就业、设置摊位、物资采购、入股分红、"企业＋农户＋旅游"等方式让贫困群众分享景区发展带来的收益，槟榔谷景区还开辟了惠民一条街，免费提供给贫困群众用于展示和出售本地农特产品。

05

发挥自然资源行业优势
精准助推脱贫攻坚

——四川省盐源县实施土地整治助推脱贫攻坚的实践

《中国农村扶贫开发纲要（2011—2020年）》提出要加强贫困地区的土地整治，在全面建成小康社会的关键时期，把土地整治作为助推行业扶贫、助力精准脱贫、落实国家扶贫开发战略的重要抓手和支撑。自然资源系统发挥资源保障的行业优势，利用土地整治的基础平台和载体作用，持续释放政策红利，在政策、项目、资金等方面全方位发力，精准助推脱贫攻坚。近年来，盐源县抓住机遇，用好用足自然资源支持脱贫攻坚政策，大力开展城乡建设用地增减挂钩和农村土地开发整理，下足绣花功夫，谱写自然资源精准助力脱贫攻坚新华章。

盐源县位于四川省凉山州西南部，是典型的少数民族聚居县，辖区面积8412平方千米，辖30个乡镇、269个村（社区），有彝、汉、蒙、藏等14个常住民族，总人口38.76万。盐源县是国家扶贫开发工作重点县和四川省45个深度贫困县之一，全县共识别出贫困村122个，建档立卡贫困人口15050户、69105人，贫困发生率达19.1%。近年来，盐源县牢牢锁定"同步全面建成小康社会"目标，充分发挥土地整治的支持促进作用和带动作用，不断完善扶持政策，在规划设计时，尽可能将贫困村纳入土地整治项目区范围，并结合制约贫困村农业生产的障碍因素，积极为贫困村进行农田整理及蓄水池、渠道、道路等基础设施建设。截至2019年，全县累计实现122个贫困村退出、14997户、68888人脱贫，贫困发生率下降至0.06%，已于2019年年底脱贫摘帽，脱贫攻坚取得显著成效。

一、城乡建设用地增减挂钩助力脱贫攻坚

（一）改善了贫困户的人居环境

以前住危房的双河乡凤凰山村贫困户袁某洪做梦也没有想到，自己会入住基础设施完善、环境优美的增减挂钩项目集中安置点，住上干净漂亮的小洋楼。盐源县增减挂钩项目实施的统规自建方式（即：政府统一规划安置区，提供统一施工设计图，统一配套道路、排水、排污、绿化、照明路灯等基础设施，农户自己修建住房）。政府对农户原破旧土坯房采取货币补偿，户均拆旧补偿 8.3 万元，对建新农户根据个人征信放贷，最高 10 万元，贷款进行两年贴息。对增减挂钩项目参与农户实行奖励，奖励费 3000 元 / 户，搬家费 1600 元 / 户，过渡费 900—3600 元 / 户，吃水补贴 2000 元 / 户。户均基础设施投入约 20000 元。增减挂钩项目的实施，不仅解决了贫困户住房安全问题，还极大地改善了群众居住条件，完善了基础设施，增强了群众环保意识，有效改善了区域人居环境，提高了群众脱贫奔小康获得感。

（二）挂钩指标收益为脱贫攻坚提供资金支持

增减挂钩项目实施后，农户搬进占地面积较小的集中安置区，原来占地面积较大的旧房宅基地则复垦为耕地，产生的增减挂钩节余指标可流转到用地需求量大的经济发达地区。通过指标流转，经济发达地区拓展了用地空间，贫困地区则释放了土地活力，为脱贫攻坚提供了资金保障，发挥了土地政策助推脱贫的作用。2017—2019 年年底，盐源县共实施挂钩项目 27 个，取得节余指标 138.33 公顷。参与增减挂钩项目农户 2638 户、11871 人，其中标准项目 529 户、2380 人，地灾搬迁结合挂钩项目 64 户、288 人，易地扶贫搬迁结合挂钩项目 2045 户、9203 人。结余挂钩指标跨市州流转后获得资金 2.965 亿元，指标收益全部用于易地扶贫搬迁、彝家新寨、贫困户 D 级危房改造、农村道路建设等扶贫领域，为脱贫攻坚提供了坚实利器。

二、土地整治助推精准扶贫

（一）基本情况

棉桠乡狐狸洞村是盐源县自然资源局对口帮扶村，全村面积 38 平方千米，辖 7 个村民小组、668 户、3162 人，其中精准识别建档立卡贫困户 145 户、753 人。全村耕地面积 800 公顷，其中粮食作物面积 533.33 公顷、经济作物面积 266.67 公顷，人均耕地面积 0.27 公顷。但生产用水困难的耕地 569.33 公顷，占总耕地面积的 74%。狐狸洞村自然条件差，土地利用限制因素多，农业生产效率低下是产生贫困的主要原因。具体表现为：一是土地利用率不高。土地利用粗放，裸露废弃低效用地较多。二是基础设施落后。虽然全村各组均通路，但仅有少部分硬化，雨季道路泥泞不利农用机具通行，严重影响了群众的生产生活。三是水资源特别生产用水极其匮乏。近年来各部门帮助修建的水池仅能解决小部分生产用水，生产用水紧缺成为当地发展农业生产最大的限制因素，也是导致贫困的主要原因之一。盐源县年均降水量 855.2 毫米，但年蒸发量达 2352 毫米，县境冬春干旱，夏秋雨量集中，雨热同季，降水呈现典型时空分布不均现象，属于工程性缺水区。土地整治是破除土地利用限制因素的有效手段。

（二）项目建设内容

盐源县棉桠乡狐狸洞村、清河村土地开发整理项目经四川省国土资源厅《关于 2018 年度省投资土地整理项目的审核批复》（川国土资函〔2017〕677 号）文件批复立项，建设规模 1063.80 公顷，新增耕地 136.47 公顷，投资预算 2377.62 万元。项目于 2019 年 1 月进场施工，2019 年 12 月完工。

土地平整工程包括：坡改梯整理 132.09 公顷，格田整理 15.01 公顷，新增耕地整理 83.87 公顷，水田整理 151.86 公顷，旱地整理 503.45 公顷，砌筑石坎 999 米。

灌溉与排水工程包括：整治排灌渠 3 条，共 657 米；新建排水沟 8 条，共 888 米；整治排洪沟 6 条，共 2824 米；新建涵管 524 米，新建蓄水池 26 口，山坪塘 1 座。

田间道路工程包括：整治田间道路 13 条，共 14860 米；整治生产路 8 条，共 3038 米。

其他工程包括实施土壤改良，采购 262.5 吨有机肥，直接发放项目区群众用于农业生产。

（三）项目实施助推精准扶贫的成效

盐源县棉桠乡狐狸洞村、清河村土地开发整理项目的实施，具有综合的经济、社会和生态效益和可持续发展的潜力。以土地开发整理为抓手，推进了项目区高标准农田建设，严格耕地保护，落实耕地占补平衡。还能极大提升区域农业综合生产能力，推动农业经营方式转型，从根本上解决农业和农村经济发展中的深层次矛盾，助推脱贫攻坚。项目实施后，狐狸洞村支部书记马书记激动地说："过去干旱缺水，我们一直都是靠天吃饭，土地整治后我们的耕地更多、更肥沃了，村里有了山坪塘、蓄水池、灌溉水沟，解决了生产用水问题，今后的苹果、粮食等生产就有希望了；村里的路畅通了，方便耕种、运肥料，收庄稼方便多了，外出买卖也更容易了，脱贫奔康更有底气了。"

1.增加有效耕地面积、提高耕地质量，巩固了贫困户"不愁吃"基础

通过农用地整理和部分宜耕未利用地开发，增加有效耕地面积，提高耕地质量，改善农业生产条件，增加耕地产出。项目建设规模 1063.80 公顷，建成高标准基本农田 266.67 公顷，新增耕地 136.47 公顷，经整治后的耕地质量平均提高 1 个等级、单产平均提高 10%—20%，提高了耕地生产能力。补充耕地按每公顷年均生产粮食 9 吨计算，每年将增加粮食 1228.20 吨。新增耕地为当地发展特色产业奠定基础，有利于苹果、花椒、核桃等经济作物的种植，新增粮食可直接销售或用于禽畜养殖，大大增加了贫困户和其他群众收入，为项目区贫困群众收入达标作出直接贡献，促进精准脱贫。

2.补齐农业基础设施短板，助推农业现代化发展

通过田块的归并平整，对水田进行格田化改造，旱地坡耕地改为梯地，改善了耕作条件，减少了水土流失。通过沟渠路统一规划建设，做到灌水有渠、排洪有沟、进田有路、节制有闸。农田基础设施建设解决了耕作交通不便、农田水利设施缺失、灌排"最后一公里"卡脖子等突出问题，增强了项

目区内农业生产抗灾能力，使原来部分中低产田变成旱涝保收的稳产高产田，光、热、水资源得到合理利用。项目实施大大改善了农业生产条件，促进了小农机等的应用，改变了耕作方式，提高了劳动生产率，降低了农业生产成本，促进了农业规模化经营和农业现代化发展。进而减少农耕人数，节约了人力资源，有利于剩余劳动力从事其他生产或外出务工，增加农民收入。

3.带动农村投入和农民就业，促进了农民增收和农村发展

项目实施扩大了农民就业机会，有利于农村的社会稳定和农村经济的持续发展。据统计，项目区农民参加土地整治工程建设劳务所得和石材等建材销售收入合计超过120万元，增加了农民收入。施工企业增加了当地的税收和消费，促进当地乡村经济的发展。项目规划设计、施工过程中的公众参与，增强了贫困群众的科学观念，提升了农民的自我发展能力，提高了村民文明素质，促进了农村民主化管理和基层治理能力，提高贫困地区农村的乡风文明程度。

4.调整优化土地利用结构布局，提高了土地综合承载能力

通过"田水路林村"统一规划布局，对项目区散乱、闲置、低效利用的土地进行整理，配套完善的基础设施，结合当地易地扶贫搬迁、城乡建设用地增减挂钩等项目的实施，优化了项目区的土地空间布局，提高了土地利用率，增强了农业发展后劲。改善了农村生产和生活条件和人居环境，缓解了资源环境压力，为新型城镇化和乡村经济发展拓展了空间。推动当地可持续发展，促进高质量稳定脱贫，并为乡村振兴打下良好基础。

2016—2020年，盐源县共实施农村土地整治项目10个，项目建设规模10608.47公顷，新增耕地2466.46公顷，建成高标准基本农田7205公顷。惠及群众33048人，其中贫困人口4935人。充分发挥了土地整治的平台和基础性作用，统筹推进精准扶贫、高标准农田建设、农业现代化、新农村建设、生态文明建设等有机融合，发挥了土地整治的综合效应。

三、土地整治助推精准脱贫的思考

（一）脱贫攻坚离不开国土资源的保障，离不开土地综合整治

近年来，自然资源部出台了一系列超常规、含金量高的支持政策，在

乌蒙山片区等扶贫攻坚主战场上，通过实施产业扶贫、土地整治扶贫、易地搬迁扶贫、生态扶贫等不断提高扶贫精准度，啃下了一块又一块脱贫攻坚的"硬骨头"。自然资源部门在多年来的定点扶贫、片区扶贫和行业扶贫实践中，由点到面、由浅入深、梯次延伸，逐步构建了涵盖扶贫用地保障政策、增减挂钩扶贫政策、产业扶贫用地政策、土地整治扶贫政策、地质环境扶贫政策等全方位、多领域的政策体系，总结形成了精准扶贫、精准施策的"订单式"政策供给模式。其中，农村土地整治政策和项目直接作用于农业、农村和农民，精准助推脱贫攻坚效果尤为明显。

（二）进一步加大贫困地区国土综合整治与支持力度

贫困产生的原因虽涉及社会、经济、资源环境等方方面面，但贫困地区多位于自然环境恶劣、资源环境承载力差的区域。土地整治项目安排上，要向贫困地区倾斜，重点支持集中连片特困地区土地整治项目扶贫，安排国家土地整治重大项目助力扶贫攻坚。鼓励地方多渠道筹集资金用于贫困地区土地整治及高标准农田建设，提高耕地质量和产能。通过土地整治项目实施推进贫困地区乡村治理，重视对贫困地区农村软实力的培育，通过群众参与土地整治项目，增强农民的科学观念，提高农民的自我发展能力。大力开展国土综合整治实施精准扶贫，通过农用地整理改善贫困地区生产条件、农村建设用地整理改善贫困地区生活条件、土地复垦改善贫困地区生态环境条件、合理开发利用贫困地区耕地后备资源提升资源利用条件。运用城乡建设用地增减挂钩、废弃工矿地复垦利用等土地政策，对生存条件恶劣地区扶贫对象实行易地扶贫搬迁。不断地适应新形势、新要求，改革创新，有力保障发展、有效保护耕地、有序监管用地，更好地服务和保障经济社会发展。

06

三项临时救助　筑牢致贫返贫防线

——云南省马关县"因病、因学、因灾"临时救助方案及启示

习近平总书记强调：要聚焦特殊贫困人口精准发力，加快织密筑牢民生保障安全网。① 为贯彻落实习近平总书记的指示精神，马关县始终坚持以人民为中心的发展思想，秉持为民、便民、惠民的原则，聚焦特殊困难群体，整合资源、精准发力，出台了《马关县农村贫困家庭医疗临时救助方案》《马关县农村贫困家庭就读高中及以上在校生临时救助方案》和《马关县农村贫困家庭自然灾害及意外事故临时救助方案》，对农村"三类贫困家庭"实施临时救助，切实筑牢贫困家庭"因病、因学、因灾"返贫防线，织密民生保障安全网。

一、背景情况

近年来，马关县狠抓民生兜底保障安全网建设，但部分农村贫困家庭"因病、因学、因灾"导致家庭负担过重，存在返贫致贫风险。为切实解决好贫困家庭的实际困难和问题，马关县及时研究出台了农村贫困家庭医疗、就读高中及以上在校生、自然灾害及意外事故"三项临时救助政策"，有效织密因病、因学、因灾致贫返贫保障安全网。

---

① 《习近平扶贫论述摘编》，中央文献出版社 2018 年版。

二、主要做法

（一）明确救助对象

对因医疗、就学、自然灾害及意外事故造成沉重经济负担，且家庭年人均纯收入低于现行农村最低生活保障标准的农户，及时给予临时救助。

（二）严格救助标准

1. 医疗临时救助

对农村贫困家庭年度内因病产生的费用，经城乡居民基本医疗保险报销、大病保险及各类补充医疗保险赔付后，个人自付费用超过 3000 元的，超过部分按照 30% 的比例给予医疗临时救助，每人每年累计救助不超过 10000 元；对长期在家服药的，每人每年给予 4000 元的医疗临时救助。

2. 在校生临时救助

对农村贫困家庭中就读普通高中、中等职业教育的在校生按照 3000 元 / 生 / 年给予救助；就读高职、专科的在校生按照 4000 元 / 生 / 年给予救助；就读本科及以上的在校生按照 5000 元 / 生 / 年给予救助。同时，建档立卡贫困户在校生，在已享受国家、省、州、县资助的基础上仍可享受救助。

3. 自然灾害及意外事故临时救助

对遭遇突发自然灾害或意外事故造成农村贫困家庭人员死亡的，每死亡 1 人对其家庭一次性救助丧葬费 10000 元；因突发自然灾害造成农村贫困家庭居住房屋完全损毁的，按每人 5000 元的标准给予其家庭一次性建房补助，每户补助金额最高不超 20000 元。

（三）救助情况

截至 2019 年 12 月底，全县共对 2147 户、4204 人农村贫困家庭实施了临时救助，共计金额 568.6 万元，其中：发放医疗临时救助金 294.8 万元，救助 1020 户、1058 人；发放因自然灾害及意外事故临时救助金 181.9 万元，救助 920 户、2871 人；发放在校生临时救助金 91.9 万元，救助 207 户、275 人。

三、经验启示

"小康路上一个都不能掉队。"当前，部分农村家庭因病、因灾、因学致贫，返贫风险依然较大。针对存在的问题，马关县坚持问题导向，结合实际，精准发力，及时研究出台了"三项临时救助政策"，让农村贫困家庭有了"双重保障"，有效织密民生保障安全网，为高质量打赢脱贫攻坚战提供了强有力的保障，确保了全县农村贫困家庭不因病、因学、因灾等问题致贫返贫。

07

劳务公司建设到村　就业扶贫精准到人

——陕西省旬阳县劳务扶贫新政策助力精准扶贫

地处秦巴山区集中连片特困区的旬阳县，是国家扶贫开发重点县和革命老区县。全县 3554 平方千米，辖 21 个镇 305 个村（社区），总人口 46 万人。截至 2020 年 3 月底，全县建档立卡贫困人口 41047 户、127670 人，贫困村 169 个；共有农村劳动力 23 万人，其中贫困劳动力 69318 人。

为高质量打赢脱贫攻坚战，旬阳县加大培训力度，促进转移就业，让贫困群众有稳定的工作岗位，坚持把稳定就业作为贫困群众脱贫致富的重要举措，狠抓就业扶贫。从 2018 年起，在全县推行劳务扶贫服务公司建设到村、就业扶贫服务精准到人的工作机制，着力解决贫困劳动力就业信息不对称、派遣不精准、就业不稳定、服务不到位、管理不规范等问题，初步探索出一条贫困劳动力"登记在册—培训赋能—派遣就业—跟踪管理—增收脱贫"的就业扶贫脱贫之路，实现了"有劳就有技、有技就有业、脱贫不返贫"的目标。

一、将公司建到村里去

组织劳务输出的核心是谁来组织、平台建在哪。为了改变长期以来农民工东奔西跑、盲目求职打工和用工方遍地撒网、多途招工的"随机式""偶遇式"状态，破解就业服务组织化程度低、劳动力闲置多等难题，旬阳县把劳务扶贫服务公司建到村里去，搭建起劳务就业服务平台。

（一）支部搭台，解决"谁来干"的问题

由村"两委"牵头依法注册登记村级劳务扶贫服务公司，村党支部书

记或村委会主任兼任公司负责人，选聘创业就业能人担任公司副经理，聘用专职工作人员。每个公司按不少于 3 人配置成员，在对外经营中全县 858 名公司成员以劳务"经纪人"身份出现，突出为贫困户服务的职能，优先为贫困劳动力找岗位、增收入。

（二）规范运营，解决"怎么干"的问题

为确保村级劳务扶贫公司规范运营，全县统一要求按照"有营业执照、有办公场所、有办公设备、有管理制度、有工作人员、有规范运营"的"六有"标准建设和管理。在工作中按照"建成一个贫困劳动力数据库、签订一份劳务合作框架协议、开具一份劳务输出派遣单、出具一份培训委托书、签订一份劳务合同、接收一份就业回执单、建立一套贫困劳动力就业台账、组建一个就业人员微信群"的"八个一"运转模式组织开展。

截至 2020 年 3 月底，全县 300 个有扶贫任务的村共组建 286 家村级劳务扶贫服务公司，其中 169 个贫困村实现了全覆盖；与县内外 1920 家企业建立劳务合作关系，签订《劳务扶贫合作框架协议书》1698 份；实现 3.6 万余名贫困劳动力有组织转移就业、2.7 万余名从事农业产业就业。

二、把服务精准做到人

村级劳务扶贫服务公司对贫困户劳动力的服务，主要体现在"全员登记、全员培训、全员派遣、全程服务"上。

（一）全员登记不漏一人，确保每个劳动力情况都清楚

以村为单位，将建档立卡贫困户中所有贫困劳动力纳入村级劳务扶贫服务公司服务管理范围，全面摸清家庭人口结构、劳动力现状、技能状况、就业情况、就业意愿等"家底"，根据掌握技能情况，细分为技能型、普通型、辅助型，根据就业意愿情况，划分为外出型、就近型、季节型，根据每个劳动力具体情况确定就业方向和岗位，建立起了翔实的贫困劳动力数据库。尤其是对全县 4.51 万有劳缺技、弱劳辅劳的重点人群在册有数、重点服务。

（二）全员培训不漏一人，确保每个劳动力至少掌握有一项技能

按照"一个平台组织、多种形式办班"的思路，因人施训、因岗定训，使每个贫困劳动力至少掌握一项劳动技能，提高脱贫本领，增强内生动力。

一是一个中心组织。依托旬阳县职业教育中心，成立旬阳县劳务扶贫培训中心，将全县69318名贫困劳动力全部作为受训对象，分期、分批、分层次开展劳务技能培训。

二是多种专业授课。精准对接用工就业需求、方向，将培训类型细分为农业实用技术培训、餐饮烹饪、家政服务、电子商务、手足修复、手工缝纫、建筑工、水电工等门类，贫困劳动力根据用工需求和就业意愿，选择相应参训班次和培训专业，解决过去技能培训学非所用、"大呼隆"、不精准的问题。

三是多个地方办班。为确保精准受训、有效培训，以县劳务扶贫技能培训中心为基地，进行较为专业的技能培训学习，通过考试，成为持证技工；以田间地头和产业合作社为基地，开展拐枣、油用牡丹、烟草、魔芋、养殖等农业产业种养殖技术培训；以县镇企业和社区工厂为基地，通过边学边练边干，开展手工操作、加工维修等技能培训。此外，县劳务扶贫技能培训中心还在输出就业人数较多的企业，委托企业实训办班，通过师傅带工、车间练工、带薪实训等方式，实行定点培训。

四是两种知识兼顾。在技能培训中，既坚持做好技能知识培训，又兼顾法律政策的培训。对出县进厂长期务工的，重点培训维权意识、安全意识、团队意识；对镇内村内零散务工的，重点培训勤劳意识、扶贫政策，从而增强勤劳致富、实干脱贫的意识。

目前，全县县镇两级已累计培训贫困劳动力6.23万人次，其中通过县劳务扶贫技能培训中心，开展职业技能培训1.22万人次；以师傅带工、车间练工、岗前培训、以干带训等模式培训2万人次；全县各村围绕烤烟、拐枣、油用牡丹及林下种养等扶贫产业，开展技术培训470余场次、培训3.3万人次。县劳务扶贫技能培训中心与陕西远元集团合作开展"手足修复师订单培训"，已输送贫困劳动力就业1600余人，年人均增收3万元以上。

（三）全员派遣不漏一人，确保每个劳动力就业有岗位

按照"有劳就有岗、人岗相适应"的原则，公司通过多方征集和岗位开发相结合，确保每名贫困劳动力至少获得2条以上有针对性的就业岗位信息。根据劳动力技能水平、就业意愿、家庭状况和用工单位需求，分类筛选、精准匹配，通过"六个一批"派遣贫困劳动力实现就业。

一是向发达地区派遣一批。借助苏陕扶贫协作机遇，向江苏、上海、浙江等发达地区培养输送782名技能型贫困劳动力，优先派遣到待遇优厚的大中型企业就业，通过边学边干边挣钱，扩大视野、增长本领、积累资本，为返乡创业奠定基础。

二是向在外创业企业派遣一批。充分发挥本地能人在就业扶贫中的带贫作用，通过村级劳务扶贫服务公司平台，组织、派遣2.8万余名贫困劳动力到本地能人在外地创办的企业实现就业。

三是向县镇工商企业派遣一批。对有一技之长、又不宜长期远离家乡务工就业的，派遣到县镇房产开发、餐饮酒店、物流家政、加工维修和社区工厂等工商企业，1.1万余名贫困劳动力实现就地就近就业，既确保贫困劳动力就业，又促进企业发展。以陕西康之宁为代表的县内61家新社区工厂，截至2019年共吸纳2196名劳动力就业，人均月收入在2000元以上，带动710名贫困劳动力稳定就业。

四是向建设项目派遣一批。以县内交通、水利、公共设施等建设项目为承载，派遣2300余名体力型贫困劳动力，让有劳有智的劳动力领着干、带着干。

五是向涉农项目派遣一批。将季节（临时）型、顾家型、有发展农业产业基础的2.7万余名贫困劳动力，派遣到镇内农业园区、村级农民专业合作社、集体经济组织、家庭农场和能人大户劳务就业，实现照顾家庭、务工挣钱两不误。2018年11月，石门镇楼房河村劳务扶贫服务公司了解到本镇双桃园种养合作社有核桃、油用牡丹种植用工需求，双方签订了协议，12月就将首批60名贫困劳动力输送到该合作社务工，人均月工资2500元以上。

六是向公益岗位派遣一批。针对身体状况不太好且需要贴补家用的，开发镇村环卫保洁、生态护林等公益性岗位，派遣4539名贫困劳动力上岗就业。

（四）全程服务不漏一人，确保每个劳动力务工能安心

贫困劳动力就业务工能否安心放心，是稳定就业的关键。旬阳县村级劳务扶贫服务公司通过线下线上双服务，切实解决每个贫困劳动力的后顾之忧。

一是线下服务"面对面"。建立"三留守"关爱机制和包帮服务台账，对每个务工人员都明确一名包帮干部。包帮干部定期上门开展沟通联络、走访慰问，对留守家庭的生产、生活、子女学习等方面进行跟踪服务，帮助解决其生产、生活等方面遇到的实际困难，将家庭生产生活情况和包户帮扶情况通报给在外务工人员，将务工就业情况及时反馈给贫困户家庭，搭建起连接内外的服务桥梁。

二是线上服务"实打实"。通过可视化、便捷化、流程化、标准化的信息系统，运用手机移动智能终端、自助终端，为村级劳务扶贫服务公司、贫困劳动力以及用工企业提供"一站式"服务。建立微信群，把外出务工的贫困劳动力聚在一起，与村劳务扶贫服务公司随时交流沟通在外务工情况、了解村内情况、咨询扶贫政策和劳务信息；遇到劳务纠纷，可以通过微信反映，与聘请的法律顾问在线进行咨询，商讨依法解决矛盾纠纷的办法，维护自己的合法权益。桐木镇松树湾村贫困户刘某某，2019年2月到山西晋城务工，工地因环保问题一直未开工，工头不允许工人返乡或去别处务工，等待近两个月未挣一分钱。刘某某通过村劳务公司微信群咨询法律顾问后，法律顾问帮助他争取到每天70元误工补偿费和往返交通费。

三、用保障激励提成效

（一）全县联动成网络

在规范村级劳务扶贫服务公司的同时，21个镇建起了劳务扶贫工作站、县上建起了劳务扶贫服务中心和劳务扶贫技能培训中心，构建县镇村"211"服务平台和三级保障服务网络体系，运用大数据共享培训资源、就业信息和保障服务，形成统一规范、上下联动的格局，给村级劳务扶贫服务公司的精准服务提供了有力保障。

（二）八条措施保运行

县上出台和实施了降低人力资源许可门槛、支持引进设立分支机构、加强互联共享信息运用、兑现免费职业介绍补贴、兑现季节用工职介补贴、享受就业创业服务补助、享受劳务品牌培育奖励、培训人力资源管理骨干等八条支持措施，保障村级劳务扶贫服务公司健康运行、长远发展。县财政给予配套专项发展资金554万元，给每个村级劳务扶贫服务公司补助经费2万元。同步搭建平台，为创业主体提供登记注册、税收社保缴纳、人力资源服务、财务法务事务代理，以及融资贷款、创业技能提升培训、专家导师指导等精准化服务，鼓励支持有独立创业意愿的贫困户创业脱贫。

（三）考核激励增动力

制定村级劳务扶贫服务公司百分制激励管理办法，按ABCD四类动态分级管理，落实分类激励政策和退出机制。对评定为A、B、C三类的，根据作用发挥、带贫益贫情况分级落实六项奖励措施，给予5万—10万元的项目资金扶持，促其成长为村集体实体企业。目前，已有20家村级劳务扶贫服务公司享受资金支持共计170余万元。对评定为D类的，不享受相关激励政策；对作用发挥差的劳务公司，实行约谈提醒、限期整改、考核扣分，直至吊销《人力资源服务许可证》，清退出人力资源服务行业，从而确保村级劳务扶贫服务公司切实发挥服务作用。

$\mathcal{08}$

为增收助力　政策引领农户发展

——宁夏回族自治区盐池县农户产业就业政策与实践

盐池县位于宁夏回族自治区东部，地处陕、甘、宁、内蒙古四省区七县交界处，属于老少边穷地区，全县辖 8 个乡镇、1 个街道办，有 102 个村、17 个社区，面积 8522.2 平方千米，总人口 17.2 万，其中农业人口 14.3 万人。2014 年精准识别贫困村 74 个，贫困人口 11203 户、32998 人。2017 年盐池县在宁夏率先退出贫困县序列，并荣获全国脱贫攻坚组织创新奖。

盐池县资源丰富，滩羊、黄花菜、小杂粮、牧草、中药材等特色产业发展较好，具有一定的产业基础。在此条件下，如何帮助农户进一步增收，促进农户的产业壮大，提升农户的就业率，就需要符合当地实际的政策进行引导。盐池县委县政府坚持问题导向原则，每年年初召集相关部门、企业、协会以及种养殖户代表深入研究分析产业发展中存在的问题和短板，有针对性地研究出台盐池县滩羊产业发展实施方案等相关政策文件，整合捆绑各级财政、各类项目、金融贷款等扶贫资金，对全县所有农户实行产业政策全覆盖，推动以滩羊为主导，牧草、小杂粮、黄花菜为支柱，适合家庭经营的小品种为补充的"1+4+X"特色优势产业做大做强。

一、围绕特色产业出台创业政策

立足盐池县特色，县委县政府把滩羊作为全县特色农业头号富民产业，从滩羊产业发展标准化生产、质量追溯、品牌宣传、市场营销四个体系等关键环节进行扶持；把黄花菜作为带动群众脱贫致富、加快种植结构调整的特色优势产业来抓，先后出台了黄花菜种植、晒场建设、托盘购置、生产加工、市场开拓等方面扶贫政策，制定了全区唯一的《宁夏露地黄花菜生产技术规程》《黄花菜制干技术规程》等生产标准规范，在全区率先成立了宁夏黄花菜研究院，培育扶持黄花菜新型经营主体33家，注册黄花菜商标10个，成功举办第二届中国（吴忠）黄花菜产业发展论坛暨产销对接大会，并在惠安堡镇开工建设集生活服务、交易洽谈、初级加工、历史文化等为一体的宁夏黄花产业融合发展示范园，吸引全国各地客商前来采购。成立盐池县融盐农产品开发有限公司，以高于市场价收购农户的黄花菜，提高农户收入；加大对小杂粮规范化种植、社会化服务以及产品加工营销等环节的扶持力度，着力打造盐池无公害、绿色小杂粮品牌；对新建"三贮一化"池以及制作玉米、小杂粮等农作物秸秆青黄贮和饲草料加工配送合作社（专业户）贷款利息等给予补助，从整体上解决禁牧封育后饲草料短缺问题，确保以滩羊为主的畜牧业稳步发展和禁牧工作的顺利开展。

整合捆绑各级财政、各类项目、金融贷款等扶贫资金12亿元以上，按照"普惠＋特惠"的原则，对全县建档立卡贫困户实行所有产业政策全覆盖。加大金融扶持政策创业。制定出台《盐池县金融支持企业稳增长促发展实施意见》《盐池县促进工业经济稳增长意见》等一系列金融优惠政策措施。成立中民融盐扶贫担保公司，建立3亿元的扶贫担保基金，对中小企业和新型经营主体减免担保费。支持宁夏银行、黄河农村商业银行和邮储银行等金融机构对各类中小民营企业进行重点倾斜，扩大贴息范围。

二、注重返乡创业政策配套

结合全国第二批新型城镇化开展支持农民工等人员返乡创业试点工作要求，出台了《中共盐池县委办公室、人民政府办公室关于印发〈盐池县关于支持农民工等人员返乡创业实施意见〉的通知》（盐党办发〔2017〕100号）、《盐池县人民政府办公室关于印发盐池县做好当前和今后一段时期就业创业工作实施方案的通知》（盐政办发〔2017〕149号），制定了《盐池县支持农民工等人员返乡创业实施细则》《盐池县支持农民工等人员返乡创业孵化示范基地认定管理办法》《盐池县支持农民工等人员返乡创业引导资金管理办法》《关于落实盐池县结合新型城镇化开展支持农民工等人员返乡创业工作任务分工的通知》《盐池县支持农民工等人员返乡创业工作考核细则》5个优惠政策从返乡创业人员的创业类型、创业地点、创业途径、创业扶持资金管理、创业项目规定等方面进行规范化和提供便利，保障并激活了农民工等返乡创业人员立足一二三产业融合发展的积极性。

三、加强技能培训政策支持

盐池县主动引进区内外师资力量强、社会信誉好、就业率高的培训机构，加大对返乡创业人员创业培训工作力度，提升返乡创业人员创业能力。开展 SYB 创业培训（为有愿望开办中小企业的农户量身定制的培训项目），根据实际增设了创业优惠政策、劳动合同法、金融知识等自编课程。在培训方式上注重把创业培训和创业指导、项目论证、跟踪服务等结合起来，把创业培训和项目库建设、项目推介结合起来，进一步提高参训人员的创业成功率。2013 年至 2020 年，共举办创业培训班 36 期 1110 人，电子商务培训班 10 期 500 人，技能培训班 61 期 2834 人。鼓励建档立卡贫困户劳动力外出务工或自主创业，对取得《职业资格证书》或《专项能力证书》的外出务工的贫困人口，按照每人 2000 元的标准兑现培训就业补贴，共为经培训取得《职业资格证书》且已就业的 2239 名建档立卡贫困人员发放培训就业补贴 442 万元。为 2765 名外出务工的贫困人口发放就业创业补贴 546.3 万元。同时，开展"送培训下乡"活动，采用培训直通车的形式，深入乡镇和行政村就地培训，减轻了返乡创业人员培训成本，进一步提高了广大返乡创业农民工参与培训的积极性，增强了培训效果。

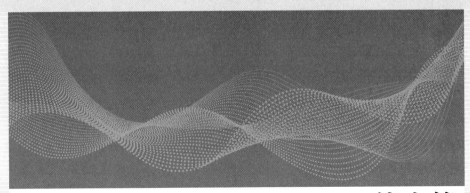

第七篇
一个新视点

01

推动产业融合发展　助力精准脱贫攻坚

——国务院扶贫办定点帮扶河北省怀安县
北庄堡村的做法和思考

河北省张家口市怀安县是国办定点扶贫县。2014年7月起，国务院扶贫办将该县西沙城乡北庄堡村确定为定点帮扶村，连续选派3名挂职干部担任村第一书记，作为推动定点扶贫的重要抓手。五年多以来，在国务院扶贫办领导和各级党委政府的大力支持下，挂职干部倾力推动，全村上下共同努力，充分利用当地资源条件，大力推动一二三产业融合发展，有力促进了贫困户稳定增收，2018年年底实现贫困人口全部脱贫。

一、北庄堡村基本情况

怀安县地处河北省西北部，居冀晋蒙三省区交界处，位于燕山—太行山集中连片特困地区，属于国家级贫困县。北庄堡村位于怀安县县城东南12千米处，总人口366户、863人。其中，贫困户198户、439人，贫困发生率为50.9%。常住人口387人，其中劳动力人口约130人。耕地面积115.60公顷，其中水浇地40公顷，旱地75.60公顷。村民收入来源以种植业和劳务输出为主。定点帮扶以来，驻村干部与群众、乡村干部深入交流，了解村史村情，全面分析致贫原因，科学编制扶贫规划。连续三任驻村干部坚持一张蓝图干到底，一茬接着一茬干，持续挖掘发展潜力，坚定群众脱贫信心，为产业发展打好基础。

（一）致贫原因

北庄堡村是怀安县一个典型的贫困村，长期处于贫困状态，原因如下。

一是自然条件较差。北庄堡村十年九旱，年降水量仅 380 毫米，地表水缺乏，属浅山丘陵区，全村耕地面积 115.60 公顷，人均耕地不足 0.133 公顷。水利基础设施薄弱，耕地有效灌溉面积仅占 35%。

二是产业结构单一。以传统种植业为主，基本上"靠天收"，产量和收入都较低。水浇地主要种植玉米等作物，每公顷毛收入不足 15000 元；旱地主要种植谷黍、向日葵等作物。

三是内生动力不足。全村"空心化"问题严重，常住人口 387 人中劳动力只有 130 人，仅占 33.6%。多数村民文化素质和劳动技能不高，缺乏脱贫致富本领和市场经营头脑。部分村民脱贫致富主动性和积极性不够，种植大户和致富带头人较少。

（二）有利条件

驻村干部在深入分析后发现，北庄堡村有一些产业发展的有利条件，如果充分利用好，就能形成后发优势，不断培养和壮大相关产业，拓展贫困户增收渠道。

一是区位优势较为明显。村庄距张家口市区车程约 1 个小时，距京藏、京新等高速公路出口仅 20 分钟，京张、张呼、张大高铁通车后，从北京到村仅需一个半小时。

二是土地资源类型多样。全村除了耕地以外，还有退耕还林地 133.33 公顷、荒山荒坡地 200 公顷，如果有效利用，还有较大的产业发展空间。

三是光照资源丰富。张家口地区光照资源丰富，属于全国太阳能资源二类地区，同时获批国家级可再生能源示范区，村庄有效太阳能利用时间 1300 小时以上，有发展光伏产业得天独厚的条件。

四是文化资源保存较好。村庄建于明朝永乐年间，迄今有 600 多年历史，是一个传统的古村落，村内古城墙、城堡相对完整。村内累计 800 多孔的碹窑采用"平地起窑、拱形结构"的形式，仅在延安地区和张家口存在，其工艺独特、景致奇异、保存完好，具有较高的历史保护和科研价值。

五是历史机遇弥足珍贵。村庄所在区域面临举办冬奥会、京津冀协同发展等重大机遇，从冬奥会举办地到村仅需 1 个小时，为发展乡村旅游、壮大蔬菜产业等提供了优越的条件。

二、产业扶贫的主要做法

北庄堡村是怀安县乃至河北省贫困村现状的一个缩影。如何利用有利条件，推动农村产业融合发展，带动贫困群众增收致富，对于实现贫困村如期脱贫具有一定参考意义。2014 年 7 月以来，北庄堡村结合村情发展产业，瞄准贫困人口精准施策，探索出了一些经验和做法。

（一）完善道路和水利基础设施，为产业发展创造条件

针对出行困难、水利设施薄弱两个突出短板，积极争取上级资金落实相关建设项目。一方面，建好民生道路。过去的通村公路建设标准较低且年久失修，严重制约了村民出行和农产品对外销售等活动。精准扶贫实施以来，拓宽了道路，铺设了柏油路面，同时全部硬化了村内和主要园区的道路，彻底解决了出行难问题。另一方面，做好水利文章。村庄距南洋河约两千米，但缺乏引水设施，导致灌溉和生活用水困难。在各级党委政府的支持帮助下，驻村干部积极争取资金修建了南洋河抗旱引调水工程，新打机井 2 眼，并对蔬菜园区进行节水改造，完成小流域治理，新增灌溉面积 66.67 公顷，解决了大部分旱地靠天收的问题。

（二）坚持农林牧结合，做强做大第一产业

通过发展农民合作社、引进企业等方式，推进适度规模经营，挖掘农业内部潜力，优化产业结构，充分发挥第一产业对贫困户增收的支撑作用。

一是发展壮大蔬菜产业。北庄堡村原有蔬菜大棚 115 个，带动约 20 户贫困户增收，但是蔬菜产业价格波动大，大棚设施老化。在驻村工作队和村"两委"的共同努力下，积极争取惠农项目，为农户免费更换大棚棚布，保证了蔬菜种植户持续稳定经营，并邀请专家为种植户进行农技培训，深入大棚现场指导，组织成立种植专业合作社统一购苗，积极对接北京华联、大星发等超市进行销售，为蔬菜产业增加了稳定的销售渠道，种植收入每公顷近 15 万元。2019 年新建日光温室暖棚 30 个，引进京冀双怀农科有限公司发展

高品质有机蔬果种植，带动约 20 户农户冬闲时务工增收。

二是引进肉牛养殖企业。北庄堡村玉米种植面积约 20 公顷，但受市场行情及国家农业结构调整的影响，种植效益较低。驻村干部积极引进肉牛养殖企业，带动农户发展青贮玉米订单种植。同时，秸秆过腹还田，免费提供给农户作为肥料，既消化了玉米秸秆，形成种养良性循环，又延长了产业链。

三是积极推动林下经济发展。驻村干部利用退耕还林地和荒山荒坡地，积极引进企业种植山楂、中草药等作物，计划通过土地流转和订单种植相结合的方式，既帮助贫困户提高种植收益，也为乡村旅游打造观光点。

（三）利用优势资源，培养支持第二产业

充分发挥全村光照资源、区位交通优势，积极引进和培育企业，实现第二产业"从无到有"，带动贫困户稳定就业增收。

一是建设村级光伏电站。北庄堡村 300 千瓦村级光伏电站自 2017 年并网发电，每年收益约 30 万元，其中 60% 的收益由县乡统筹设置公益岗位和发放无劳动能力补贴，40% 的收益留存于村集体，用于开展小型公益事业、村级临时用工等。目前，全村利用光伏收益面向贫困户设置公益岗位 68 个，发放无劳动能力补贴 25 份，平均帮助每名贫困人口年增收 3000 余元；同时，在公岗管理上实行差异化分配，鼓励多劳多得、勤劳致富。

二是发展服装加工与生产。村集体将村内闲置校舍改造成服装加工扶贫车间，与江苏服装企业采取"来料加工，计件收费"模式进行合作，由江苏服装企业派发订单，配发原材料，并派技术人员指导，由村集体协助组织生产。扶贫车间帮助 10 名左右村民实现就近就业增收，每月工资达 1500 余元。

三是支持返乡创业。返乡人员回村开办了一座环保防火材料厂，驻村干部到该企业多次调研，并积极联系国内外市场，协调落实相关优惠政策。到目前为止，该企业吸纳约 20 名贫困群众在家门口打工，每人每年增收 2.5 万元。

（四）依托碹窑文化，积极发展第三产业

紧紧抓住张家口承办冬奥会和河北省美丽乡村建设的契机，依托村庄厚重的文化历史资源，打造以碹窑为特色的传统古村落，不断改善村容村貌，带动休闲农业、乡村旅游等第三产业发展。

一是加强传统村落保护。邀请北京建筑大学量身编制了保护规划，成功将北庄堡村列入国家第四批传统村落名录，获得300万元专项资金用于村落保护；协调北京建筑大学在村里挂牌设立社会实践基地，定期开展村落保护讲座等活动。

二是开展美丽乡村建设。邀请国务院发展研究中心专家团队，对村庄进行系统规划保护，提升村庄品质和特色。2016年北庄堡村被正式列入美丽乡村首批建设重点村，实施了民居改造、绿化亮化、环境整治等工程，打造美丽乡村精品村。

三是试点发展乡村旅游。充分利用传统村落保护和美丽乡村建设成果，着力打造以碹窑为主题的乡村旅游试点，建设以展现村庄历史、碹窑文化和农耕文明为核心的村史馆和体验馆，并将村内10孔废旧碹窑改造升级为特色民宿，目前已累计接待游客300余人次，为村集体增收约1.8万元，并带动贫困户出租部分闲置窑洞实现增收。

三、取得的成效

经过五年多的帮扶，北庄堡村富民产业基本成型，村容村貌焕然一新，精准扶贫成效显著，为贫困村脱贫致富探索出一条路子。

（一）农业产业化有效提升

通过一二三产业共同发展、多管齐下，北庄堡村形成了主导产业提供经济支柱、扶贫资金带动精准脱贫、共富机制保证长效发展的新局面，实现了全村经济的良性发展和面貌的迅速提升。传统种植业产业链得到延伸，在玉米价格较低、效益不佳的情况下，通过肉牛养殖消化青贮玉米，产业附

加值明显增加；新增产业充分利用了村庄现有资源优势，提升了村庄发展潜力。农村产业融合发展，拓宽了农民增收渠道，增强了抗风险能力。

（二）贫困户收入明显增加

通过产业扶贫，在提高原有种植收益基础上，全部贫困户通过资产收益增加了收入，部分贫困户通过土地流转获得了财产性收入，还有的通过打工增加了工资性收入。肉牛养殖项目覆盖全部贫困户，2019 年每户享受资产收益 340 元；特色种养补贴项目覆盖全村 76 户贫困户；产业企业可创造约 100 人次的就业岗位。经逐户测算，2019 年全村贫困户人均纯收入达到10939.6 元，实现稳定脱贫目标。

（三）村庄面貌显著改善

通过产业发展，村庄基础设施不断完善，部分外出务工村民回流，同时吸引了外来人员进村投资兴业，村庄重新焕发了生机与活力。配合蔬菜园区、肉牛养殖等项目建设，对全村道路、广场周边进行了绿化亮化，环境得到美化；配备了垃圾清运车辆和设施，聘用公岗对环境卫生定期进行清理，卫生条件得到改善；制定了村规民约，监督村民进行庭院卫生整治，村庄更加宜居；吸引了 10 余名国际友人前来考察，北京建筑大学的一位教授还租用了 6 孔闲置窑洞，正在进行深入研究和改造，将作为休闲居住场所。

（四）基层组织凝聚力增强

在产业发展后，村集体通过牛场土地流转、暖棚出租每年可累计获得租金 13 万元；通过建设村级光伏电站、碹窑民宿和服装加工车间，由村集体运营分红，可获得持续稳定的收入。全村利用集体收入新建了村民活动室，聘请了文艺团体定期举行专场演出，开展了村民文体联谊赛和春节庆祝活动，丰富了村民文化生活；多次组织干部群众外出考察，农闲时举办新型职业农民培训班，增强了群众脱贫致富的信心；驻村干部每季度至少讲授一次党课，增加了村民的凝聚力。产业发展有力地促进了基层组织建设，村党支部荣获河北省"先进基层党组织"称号。

四、有关思考和建议

产业发展要与精准扶贫紧密结合，以市场为导向，结合扶贫对象自身特点和贫困村实际情况，充分发挥市场配置资源的决定性作用和更好发挥政府作用，认真谋划和发展特色产业，创新合作机制，实现产业得到发展、群众增收脱贫的双赢目标。结合北庄堡村产业扶贫的实践，有以下思考和建议。

（一）因村因户制宜，以比较优势谋划产业发展

全国贫困地区存在自然条件有限、产业发展缓慢、内生动力不足等共性问题，但也具有生态环境好、土地等资源丰富的优势，合理利用好这些资源，瞄准市场发展产业，就能把劣势转变为优势。当前开展的光伏扶贫、旅游扶贫、生态补偿扶贫等都是利用这些资源的有效方式。在产业扶贫中，应当因地制宜，精准对接贫困村的比较优势，继续探索荒山荒坡开发、林下经济发展等扶贫模式，培育发展新动能。

（二）创新利益联结机制，通过产业发展培育内生动力

产业扶贫的核心是让企业、合作社等与贫困农户建立紧密的利益联结机制。必须充分发挥财政扶贫等资金的最大效用，通过直接帮扶、委托帮扶、股份合作等方式带动贫困户，增强其脱贫致富的积极性和主动性。同时，也可以通过扶贫资金配套部分、自有资金入股、贫困户土地使用权入股等方式，让贫困户享受到更多利益。在建立利益联结机制时，既要考虑对贫困户的短期脱贫效果，又要考虑长期增收能力；针对当前扶贫工作中贫困户和非贫困户之间可能出现攀比和矛盾的问题，既要重点促进贫困户增收，又要兼顾非贫困户发展。

（三）注重防范风险，提升产业稳定带动能力

发展产业是增强贫困地区自我发展能力的有效方式，但同时要注意防范可能的风险，防止盲目发展、一哄而上、同质化以及市场饱和、产业后续经营困难等问题。因此，一方面，要注意培育和引导产业，充分考虑目标市场、发展规模，防范市场风险；另一方面，要通过建立合作社、引进龙头企业、打造农业产业带和产业园区等方式，延长产业链，形成规模效应，增强抵抗风险的能力。

（四）加强组织建设，为产业发展提供长期保障

当前贫困地区基层组织存在干部队伍老化、缺少外部支持等普遍问题。连续选派机关优秀干部到贫困村任第一书记，是促进产业发展、加强农村基层组织建设的有效途径。目前在产业扶贫中，项目资金争取、企业引进、市场营销等各个方面，主要依靠驻村干部的积极推动。下一步要继续推广驻村工作模式，把产业扶贫作为驻村干部最主要的工作任务，提高带动贫困村脱贫的效果；同时驻村干部也要注重选拔培养具有经营头脑、年纪较轻、精力充沛的村干部后备人员，吸引致富带头人回乡创业，建立"带不走的工作队"，提高基层组织带领群众脱贫致富的能力。

02

传承民族文化　助力精准扶贫

——河北省丰宁满族自治县"非遗＋扶贫"脱贫新视点

承德市丰宁县依托境内丰富的非物质文化遗产资源，政府搭台引导，以满族剪纸、布糊画为龙头，践行县、乡、村三级"非遗＋扶贫"工作体系，积极探索文化扶贫之路并将相关经验在全国推广。

一、基本情况

丰宁县位于河北省北部、承德市西部，全县总面积 8765 平方千米，辖 10 镇、16 乡，309 个行政村，1 个省级经济开发区，2019 年总人口 41 万人，曾先后被列入国家扶贫开发工作重点县、燕山—太行山连片特困地区县，河北省 10 个深度贫困县之一。全县共有 174 个贫困村，系统内建档立卡贫困人口 39630 户、99568 人。

面对贫困面大、贫困程度深、弱劳动能力贫困人口基数大的特点，丰宁以弘扬民族文化为契机，依托境内丰富的非物质文化遗产资源，探索和实践"非遗＋扶贫"的文化扶贫之路，在保护和传承非遗的同时，精准助力脱贫攻坚。

二、发挥文化优势，助力脱贫走新路

深入挖掘和利用县域满蒙文化和民俗文化巨大潜力，发挥其在脱贫致富中的重要作用，在增强群众文化自信的同时，探索出一条文化扶贫新路径，加快全县脱贫摘帽步伐。

（一）摸清底数建台账

抽调专业人员组成工作组，以丰宁满族剪纸、布糊画传承保护为重点，对全县非遗文化产业项目进行全面调查。对发现的 61 个非物质文化遗产项目，建立非遗资料数据库，完善档案管理，编制保护名录。在完善国家、省、市、县四级非遗名录保护体系的同时，与扶贫进行有机融合，积极探索创新"非遗＋扶贫"模式，让贫困户就近就业，致富增收。

（二）争取试点增力量

选取丰宁满族剪纸（人类非物质文化遗产名录）、布糊画（国家非物质文化遗产）、木作技艺（省级非物质文化遗产）、铁编技艺（市级非物质文化遗产）四项地方特色非遗资源龙头，争取国家支持，成功被文化和旅游部、国务院扶贫办确定为全国第一批十个"非遗＋扶贫"试点县和重点支持地区之一。确保先试先行，提升"非遗＋扶贫"成效。

（三）建章立制把方向

结合丰宁自身实际，制定出台《关于推进"非遗＋扶贫"试点工作的实施方案》，政府多次召开专题会议进行研究总结，明确试点工作思路及工作方向。在县城建立"传统工艺工作站"，在乡镇和村建立"非遗扶贫就业工坊"，逐步形成县、乡、村三级"非遗＋扶贫"工作体系，引导广大群众在弘扬和传承民族传统文化的同时，激发贫困户的内生动力，通过参与实施非遗项目实现其自主脱贫致富增收。

三、传承非遗技能，致富增收迈好步

统筹整合就业和文化等培训资源，逐步建立和完善培训体系，在做好非遗保护与文化传承的同时，让贫困群众掌握一技之长，增强自我发展能力。

（一）建工坊，为文化扶贫搭建平台

经过统筹考虑，综合谋划，在全县五个乡镇、八个村建立非遗扶贫就业工坊八处，在龙腾艺术馆、泓瀛阁艺术馆建立布糊画非遗扶贫车间两处。大力发展满族剪纸、布糊画、木作技艺、铁编技艺等传统工艺，实现培育文化产业与推进脱贫攻坚协同进行。

（二）传技能，让群众实现自主增收

组织代表性传承人编写《丰宁满族剪纸技法》《中国民间布糊画技法》等系列培训教材。建立非遗技能培训基地，聘请国家级和省、市级非遗传承人为特邀导师和讲师，围绕剪纸、布糊画、木作、铁编等非遗文化项目开设培训课程，以产学研模式开展非遗技能培训。截至2019年，已开展培训100余次，培训学员近700人，其中贫困人口占30%。

（三）强扶持，使产业能够持续发展

在各非遗扶贫就业工坊建设独立展厅，对学员各个阶段的作品进行展示，以此激发群众学习的积极性。目前学员中80%的人能够独立完成作品，10%的学员可以自己设计花样并带动指导其他学员。举办创意剪纸等技能大赛，进一步推进非物质文化遗产的保护、传承和开发。出台"非遗＋扶贫"绩效评估方案，定期进行跟踪评估，进一步强化非遗助力脱贫攻坚的成效。

四、打造特色品牌，全面小康服好务

立足区位、生态和民族文化优势，坚持民族文化与脱贫攻坚深度融合、联动实施，以全方位的服务加快文化产业发展，打造具有丰宁特色的非遗品牌，助力全面小康。

（一）加大投入，提升产业规模

将"非遗＋扶贫"示范工作经费纳入 2019 年度财政预算，设立非遗扶贫引导资金 100 万元，加快"非遗＋扶贫示范基地"的推广；争取东西部协作扶贫资金 160 万元，用于非遗传承基地工坊和车间的升级改造、学员培训考察、原材料供应、教材印刷、产品研发、市场开发等工作，完善产业链条；将非遗基地、扶贫工坊和就业车间列入扶贫产业补贴范围，对新吸纳的贫困人口每月补贴 300 元，连续补贴 3 个月，鼓励更多群众参与。

（二）强化宣传，创树区域品牌

鼓励和支持丰宁传统工艺产品积极参与世园会、文博会、京津冀非遗大展、河北省民俗文化节等各级各类展会和品牌营销活动，提升产品品牌力和知名度。借助融媒体发展，加大传统工艺产品线下线上的宣传力度，提升曝光率和转化率。与各大文化企业积极研究探讨，开展不同形式合作，提升产品内涵。

（三）深入对接，拓展市场份额

通过举办高级研修班，提高非遗学员操作技能和产品质量，以优质产品打开市场。充分借助民建中央、对口国家部委、东西部协作、"五包一"、"三包一"帮扶单位等帮扶力量，多层面、多角度推进丰宁非遗产品，实现多点营销。加强合作，通过与恭王府、郡王府、北京故宫文创团队、山东济南百花洲传统工艺工作站、县内外旅游景区景点、线上线下电商平台进行深入对接，扩宽非遗扶贫就业工坊生产的传统手工艺产品销售渠道，保障贫困人口每年稳定增收 3000 元。

五、丰宁县扶贫新视点的启示与建议

丰宁县"非遗＋扶贫"的新途径激发了贫困群众脱贫攻坚的内生动力，

推动农民群众实现致富增收，在该地扶贫攻坚过程中取得了显著成效，为助力决胜脱贫攻坚和乡村文化振兴提供强大精神动力和智力支持。丰宁县被国家文旅部确定为河北省唯一的国家"非遗＋扶贫"试点县；全国"非遗＋扶贫"专题培训会在该地召开；联合国教科文组织到丰宁县考察并对"非遗＋扶贫"模式给予了高度评价，典型经验在联合国南太平洋国际培训会议向世界推广。其主要启示与建议如下。

（一）摸清底、建体系

依托县域深厚的历史文化底蕴，传统文化与精准扶贫可以有机结合，走出一条传统文化精准扶贫之路。以非遗传承保护为重点，深入挖掘县域满蒙文化和民俗文化。深化体系建设，形成县、乡、村三级"非遗＋扶贫"工作体系，积极推进传统工艺传承保护与贫困村脱贫致富有机结合。

（二）建平台、传技艺

建设县级非遗扶贫车间 2 处，在 5 个乡镇、8 个村建设了非遗扶贫就业工坊，聘请民间艺术大师、非遗传承人开展非遗技能培训，搭建了"培训＋就业＋产品展示"一体化平台，培训学习是手段，就业增收是目标。通过举办技能大赛等多种形式，鼓励贫困群众积极参与，激发贫困户"内生动力"，以贫困劳动力培训"全覆盖"推动脱贫摘帽进程。着力解决贫困群众内生动力不足的问题和"等、靠、要"思想，教育和引导贫困群众增强主动致富意识，不断提升贫困群众主动脱贫的志气，激发贫困群众自我发展的内生动力，彻底拔除穷根、消除贫困，巩固脱贫成效。

（三）重宣传、保实效

及时总结提炼在提升贫困群众内生动力活动中的好经验、好做法，注重挖掘培树典型，强化引领带动作用；加大宣传力度，营造浓厚氛围，举办剪纸大赛等相关活动，使广大贫困群众激发内生动力。积极宣传"非遗＋扶贫"工作实施成效和好经验、好做法，鼓励和引导社会力量积极参与。各单位按照各自职责分工，制定具体推进方案，明确阶段性目标任务、完成时限和责任人；对工作开展情况适时调度，严格督导考核问效，确保活动取得实效。

（四）打品牌、拓市场

充分发挥区位、旅游和特色文化资源优势，引入设计团队，设计推出适合学、有创意、有市场的新产品，创建非遗区域品牌。借助融媒体平台，加大线上宣传力度，提升产品的曝光率和转化率，坚持拓市场、增效益，强化市场对接。

03

一个战场打赢两场战役

——山西省生态扶贫助力"绿富同兴"

　　"人说山西好风光，地肥水美五谷香，左手一指太行山，右手一指是吕梁"，歌中的山西景色优美、物产丰饶，但在现实中吕梁山片区和太行山片区却是国家确定的两个连片特困区域，深度贫困与生态脆弱相互交织，"穷根"在生态环境脆弱的山西扎得久、扎得深、扎得广。面对生态保护与脱贫发展的两难抉择，2014 年以来，山西省决定以超常举措推进生态扶贫，打造绿水青山，搬掉贫困大山，筑牢致富靠山，在"一个战场上"打赢脱贫攻坚与生态治理"两场战役"，实现增绿又增收的双重目标。

一、多措并举，顶层设计作保障

　　山西壮美，东立千里太行巍峨屏障，西伏吕梁山脉群峰奇秀，九曲黄河万里洪涛；山西贫穷，千沟万壑的黄土高原水土流失严重，贫瘠的黄土地里种不出老百姓的小康希望。地处黄土高原的山西省总面积为 15.63 万平方千米，省内地形多为山地丘陵，山区面积占全省总面积的 80%以上。2014年，山西省共确定 58 个贫困县，其中有 41 个贫困县位于国家和省定限制开发的生态主体功能区，集中分布在吕梁山、太行山和北部高寒冷凉山区，生态环境脆弱，难以发展。历史上，山西人民世世代代在贫瘠的土地上勤劳耕种，但水土流失严重，农作物广种薄收，深度贫困与生态脆弱相互交织、互为因果，始终走不出"贫困陷阱"。在山西，大部分乡镇和村庄分布在崇山峻岭之中，各贫困县大多面临着土地贫瘠、交通不便、生态脆弱的发展困境。

　　恶劣的自然环境和立地条件，使山西省的脱贫攻坚更有难度和挑战性，也使山西省在脱贫攻坚中必须推陈出新、结合实际，协调好经济发展与生态建设之间的关系，用数倍努力打赢脱贫攻坚战。面对精准脱贫与未来乡村振兴的艰巨任务，山西省的根本方法就是要走可持续发展的生态扶贫之路。立足当地资源禀赋优势，把绿水青山转化为金山银山，践行"两山理论"，实施生态扶贫策略，实现资源向资本和财富的转换，才能促进生态资源价值的实现，推动生态修复与经济发展，解决贫困人口的就业增收问题。通过生态产业助力脱贫攻坚，实现产业生态化和生态产业化，帮助广大贫困群体形成"造血"机制，形成良性可持续的增收产业，在建设青山绿水的过程中实现增收脱贫。

为实现精准扶贫和生态保护双重目标，山西省委、省政府做好顶层设计，立足当前农业产业发展现状，因地制宜依据特色优势资源，精准布局规划，统筹协调，制定了山西省生态扶贫"五大项目"，即通过发放奖补，退耕还林脱贫一批；通过造林绿化劳务，生态治理脱贫一批；通过森林管护就业，生态保护脱贫一批；通过经济林提质增效，干果经济林管理脱贫一批；通过特色产业综合增收，绿色产业脱贫一批。首先，通过国家给予资金补助对退耕农户实施生态补偿，实现整体生态利益和退耕农户经济利益的协调平衡。其次，通过组建造林合作社、聘用管护岗位，实施一系列重点生态保护、生态治理和生态修复工程，使贫困人口在生态建设过程中增加收入，实现贫困地区生态建设与精准扶贫相协调。最后，在林果经济、生态农业、生态旅游业、林下经济等领域，把生态产业发展和精准扶贫有效结合起来，实现"造血式扶贫"。总体来看，山西省的生态扶贫"五大项目"是一项超常举措，探索出了生态扶贫的新思路与新方法，走出了一条具有特色的社会、经济、生态共赢之路。

二、创新模式，特色举措谋发展

六年的脱贫攻坚过程中，山西省不断探索生态扶贫新办法，创新举措，先后形成了一系列行之有效的特色模式，为全国扶贫开发工作提供了山西经验。在吕梁，主推退耕还林奖补、造林绿化务工、森林管护就业等措施稳脱贫；在临汾，开拓玉露香梨品牌、实施购买式造林等谋发展；在大同，发展生态旅游、特色林下经济、生态循环农业等促增收；在忻州，推行静乐县全流域生态治理，建设天蓝、水清、民富的新农村。

（一）购买式造林助力惠民增收——大宁县的创新增收模式

"三川十垣沟四千，周围大山包一圈"，山西大宁，地处黄土高原残垣沟壑区，既是国家深度贫困县，也是限制开发的国家生态建设区。而造林合作社的成功组建，让这个生态脆弱和贫困高发叠加的偏僻小县变成了郁郁葱葱、人民生活幸福的脱贫县。

大宁县创新造林模式，率先实行购买式造林。采用传统造林公司承包造林项目存在以下三个方面问题：一是代理成本高，层层外包下来需花费巨额资金。二是林木的成活率与造林公司无直接利益关系，导致造林的成活率、保存率低。考虑到传统造林模式的弊端，大宁县开始实施市场化的购买式造林，即由政府规划设计，成立以建档立卡贫困户为主体的扶贫攻坚造林合作社，经过竞价和议标与乡镇政府签订购买合同，政府购买造林服务。三年后验收合格，造林成功后的林分，经市场交易变现，造林合作社获得经济效益，政府和社会获得生态效益。为保证收益能直接受益于贫困人口，大宁县规定造林任务的承接主体必须是建档立卡贫困户占80%左右的脱贫攻坚造林专业合作社，合作社根据林业部门规划先行投资投劳造林，经专业验收合格后由政府购买，获得的收益按劳分配给社员，如此构建了精准脱贫与生态建设的双促进模式，让贫困人口在家门口、田地里实现了增收。

大宁县的购买式造林项目入选第二届中国优秀扶贫案例产业扶贫项目，截至2019年，大宁县共有37个扶贫攻坚造林专业合作社，有社员2069名，其中建档立卡贫困人员1753名。2017年完成3540公顷购买式造林和管护任务，带动1562户、4699人经济脱贫，占当年贫困人口的33%；2018年完成5440公顷购买式造林和管护任务，带动2088户、6264人经济脱贫，占当年贫困人口的67%。

大宁县通过购买式造林模式助力惠民增收，创新增收模式，荒山绿了、百姓富了，新思路与新布局蹚出了一条绿富同兴的新路子。

（二）生态治理实现绿富同兴——右玉县的生态扶贫样板

山西右玉县地处毛乌素沙漠的天然风口地带，曾经是一片风沙成患、山川贫瘠的不毛之地，新中国成立之初，全县土地沙化面积高达76%。新中国成立以来，右玉历届县委团结带领人民群众坚持植树造林，改善生态环境，使全县林木绿化率由不足0.3%提升到55%以上，90%以上的沙化土地得到有效治理。右玉县的特色生态扶贫实践在实现生态治理的同时也带领广大人民群众实现增收，使右玉县成为山西省首批脱贫摘帽的国家级贫困县之一。

右玉县以"两山理论"为指导打造样板区和先行区，具体而言，生态扶贫政策分为三方面：第一，以生态治理和退耕还林为基础。右玉县成立了多个扶贫攻坚造林合作社，通过造林工程带动贫困人口增收；同时严格落实退耕还林政策，延长上一轮退耕还林期限的同时实施新一轮的退耕还林工程，确保贫困人口享受生态红利。第二，将生态保护与增加就业相结合。依托天保生态林、未成林等管护项目，统筹国电集团绿色发展基金，在右玉县内共聘用建档立卡贫困人口473名成为森林管护人员，人均每年获得管护收入5300元，实现了稳定脱贫。第三，促生态改善与产业共同发展。全力推进林业生态建设"绿化、彩化、财化"，培育以沙棘为主的经济林产业，2017年投入资金2305万元，在9个村推广种植大颗粒人工沙棘300公顷，修复改造退化沙棘林733.33公顷，受益贫困人口216人，全县沙棘种植面积达到17333.33公顷。之后继续加快沙棘提质增效改造，完成低产低效沙棘林改造2666.67公顷，栽植优种沙棘780公顷，成为全国重要的沙棘产业基地。

在实现全域绿化后，右玉县开始瞄准生态旅游、绿色产业，由"扩大绿"向"转化绿"转型。开发杀虎口、二十五湾等独具塞外风光的旅游景区，发展休闲度假、写生基地、家庭旅馆等多种增收途径。同时，从种树向种草转变，从生态林向经济林转变。在白头里乡流转1000公顷土地种植燕麦草和苜蓿，在刘家窑等村流转233.33公顷土地，重点打造冻干小香葱产业，带动2000多农户每年户均增收7000元。

右玉县注重生态治理与脱贫攻坚两手抓，统筹生态生计，注重长远发展，形成新时代右玉脱贫新样板，也随着"迎难而上、艰苦奋斗、久久为功、利在长远"的右玉精神一起实现右玉人民从绿起来到富起来的美好愿望。

（三）绿色优先蓄力可持续发展——吕梁市的生态扶贫实践

吕梁山脉由北自南纵贯山西全境，西临黄河东岸，东接太原盆地。山脉纵跨山西忻州市、朔州市、吕梁市、临汾市四市，山脉连绵起伏，奇峰突立，高峻险陡；但大部分山地岩石裸露，属于梁峁残垣沟壑区，水土流失严重，自然灾害频发，交通条件落后，是国家确定的 14 个连片特困地区之一。为持续有力的攻坚深度贫困区域，吕梁市委、市政府集全市之智、举全市之力、鼓全市之劲，不遗余力地发展生态扶贫，用实际行动践行绿色发展理念。吕梁生态扶贫模式，政府主导是核心，落实议标是关键，技术服务是支撑，验收考核是保障。实施退耕还林奖补、成立造林合作社、聘用森林管护岗位、发展特色林果经济、鼓励生态旅游和生态农业等绿色产业发展，打出一套攻坚深度贫困的"组合拳"，实现全域脱贫摘帽。

方山县位于吕梁山西麓腹地，土地干旱瘠薄，属于山区、老区、贫困区"三区叠加"的深度贫困县。为推进生态扶贫，方山县一是创新工作机制，采取"合作社＋贫困户"模式承包绿化工程。先后铺开吕梁机场周边绿化二期工程、新一轮退耕还林工程、通道绿化提档增景工程、高速通道沿线绿化工程、核桃经济林提质增效等生态建设工程，累计完成投资 4 亿余元，绿化面积 7373.33 公顷，提档增景道路 36.11 千米，栽植各类苗木 1 万余株。两年内成立造林专业合作社 215 个，共有 2 万余名贫困人口在生态建设中增收。二是创新管理办法，技术跟进到位。根据不同地形推广水平带状、鱼鳞坑整地技术，推广容器育苗造林、带土球大苗造林、混交造林等实用技术，保证一次造林、一次成活。三是加强森林管护，实施生态修复。聘用建档立卡贫困人口作为生态护林员，人均增收 8864 元。将整村搬迁的旧村按照"宜林则林"原则实现生态修复，实现人退绿进、人出林入。四是创新光伏模式，提升综合利用效率。在铺设的光伏板下，根据每个电站不同的地域、气候特征，因地制宜规划种植业，组织贫困户种植中药材、豆类等各类农作物，形成长期性的农光互补产业链条，同时实现了节约建设资金、提高土地资源利用率、降低运营成本和风险的三大目标。

岚县位于吕梁地区东北部，农村贫困人口 3.17 万人，占农业人口的 20.6%，生态环境脆弱，基础设施薄弱，是国家扶贫开发工作重点县。为推进生态扶贫，岚县一是创新实践，探索合作社造林脱贫新模式。把贫困劳动力变成造林产业工人，成立 102 个扶贫攻坚造林专业合作社，实施造林工程 18693.33 公顷，带动贫困人口累计增收 5400 万元。二是积极探索，推行合作社管护、林业资产收益新模式。做到群众短期有劳务收入，中期有管护收入，长远有资产收益，实现持续增收稳定脱贫。三是科学决策，大力发展林业产业新模式。通过集体领办、土地流转、企业经营的方式，使土地的所有权、承包权、经营权"三权分置"，实现了资源激活、产业发展、农民增收、荒山增绿、集体经济破零的多重效益，带动贫困户户均增收 5000 元，多措并举实现脱贫与生态互促双赢。

石楼县位于吕梁山西麓，黄河东岸，生态环境承载力低下，经济发展受到限制，2014 年综合贫困发生率为 58.31%，脱贫攻坚任务十分艰巨。为推进生态扶贫，石楼县大力发展林业经济。一是创新实施红枣、核桃提质增效工程，惠及红枣经济林 3333.33 公顷、核桃经济林 3466.67 公顷。在具体实施办法上，加大财政资金投入力度，积极引进社会资本，拓宽融资渠道，为经济林提质增效提供资金保障。将项目资金用于干果经济林整形修剪、高接换种、防病治虫、嫁接改良、购置肥料农药和必要的生产工具上。同时聘请专家，开展多批次的技术培训。二是创新发展槐产业，惠及槐树经济林 33333.33 公顷。举办石楼县第二届槐花节，推出槐花蜜、槐花茶、槐花粥、槐花月饼等一系列槐产品，创立"塬谷石楼"品牌，同时以"部门 + 企业 + 群众"的模式，带动群众参与槐花产业发展。从源头上增强了贫困群众的增收意识，成功将"输血式"扶贫转变为"造血式"扶贫。

在脱贫攻坚的主战场上，吕梁站在了改革创新的前沿，依托五大生态扶贫工程，开辟生态资源转化为脱贫动力的增收新路径，形成了具有吕梁特色的生态扶贫实践模式。

三、绿富同兴，开启未来新篇章

山西省在生态扶贫方面，主推退耕还林奖补、造林绿化务工、森林管护就业、经济林增效和绿色产业增收"五大项目"，在"一个战场"上打赢脱贫攻坚和生态治理"两场战役"。2015 年以来累计建立 10 个林业技术实训基地，平均每年培训林农 3 万人次，每县培养 50—100 人的技术服务队，每年打造干果经济林高效管理示范园 60 个。通过新一轮退耕还林政策实现建档立卡贫困人口户均增收 3000 元，通过组建造林合作社实现建档立卡贫困人口户均增收 5000 元，通过聘用森林管护等岗位实现建档立卡贫困人口户均增收 6000 元。截至 2018 年年底，各项政策累计完成绿化面积412333.33 公顷，累计帮助 52.3 万名贫困人口实现稳定增收 10.5 亿元，生态扶贫之路得到不断拓宽，生态扶贫政策取得良好成效。

打赢脱贫攻坚战后，山西省将持续推进生态扶贫开发，遵循自然规律，强调生态资源的价值转化，形成"开发利用—资源化—再次投入"的良性循环机制。在农业生产和销售、生态资源融合、生态资源开发等方面充分考虑生态与经济的平衡关系，在追求经济效益的同时，给未来发展留够一定的生态资本和空间，维持贫困地区长期发展的后劲，实现乡村振兴。通过生态扶贫的一系列政策助推山西生态转型、绿色崛起，建设美丽新山西。

在生态保护与经济发展的两难抉择中，山西省坚持"两手都要抓，两手都要硬"的工作原则，创新性地开展生态扶贫五项工程，作出了正确实践，取得了良好成效，也为全国的扶贫样板提供了可借鉴的经验之处，带来一定启发。

一是实践证明打赢脱贫攻坚战，必须坚持扶贫开发与生态保护并重。在扶贫攻坚中不仅要实现贫困地区经济发展，还要保护贫困地区脆弱的生态环境。不仅要避免扶贫开发中的环境损害，还要让贫困人口从生态保护中受益，进而从被动保护转为主动保护，实现生态保护与贫困人口脱贫的双赢。

二是要因地制宜，制定切实有效的生态扶贫办法。生态扶贫方式要因地制宜地将绿水青山转化为绿色的金山银山，实现资源向资本和财富的转换，通过形成切实可行的机制，实现可持续减贫和绿色发展的共赢。同时生态扶贫方式要帮助广大贫困群体形成"造血"机制，形成良性可持续的增收产业，实现广大贫困地区和贫困群体的可持续性脱贫。

如今的山西，春季嫩草初露，果树初发新枝；夏季绿意盎然，清溪波动景色明媚；秋季作物丰收，全民忙碌热闹非凡；冬季雪飞龙潜，银装素裹分外妖娆。生态效益不断显现，在天蓝、山绿、水清的同时，老百姓实现了增收致富，生态红利的"金饭碗"带动每一位贫困人口脱贫奔小康，助力未来实现乡村振兴的美好前景，这片黄土地上的人民正昂首阔步，迈入可持续发展的新篇章。

04

留守妇女成为产业扶贫的巾帼力量

——河南省杞县"巧媳妇"创业就业工程

　　精准扶贫与乡村振兴开展以来，河南省各级政府十分重视"三农"问题，实现农村贫困人口稳定脱贫一直是地方工作的重中之重。但由于诸多因素限制，河南省虽为人力资源大省，外出务工却一直是人们增收致富的主要渠道。在河南省许多农村地区由于长期缺乏产业支撑，大量留守妇女没能实现稳定就业，部分人力资源处于"闲置"状态，成为中部农区经济发展一个亟待解决的难题。随着精准扶贫与乡村振兴的实践工作的深入开展，河南省各级地方政府逐渐认识到产业发展作为实现乡村振兴的基础动力，在提升农民收入、带动贫困人口脱贫方面效果显著。只有转变以往的"输血式"扶贫理念，通过兴办特色产业，增强自身"造血"功能，才能激发群众内生发展动力，实现贫困群众的稳定高质量脱贫。杞县"巧媳妇"工程作为创业就业的典型，为我国脱贫攻坚提供了新视点。

　　2020年是打赢脱贫攻坚战的收官之年，脱贫攻坚本来就是一场硬仗，突如其来的新冠肺炎疫情又带来了新的困难和挑战。为化解疫情带来的冲击，动员广大妇女在脱贫攻坚中贡献巾帼力量，让"巧媳妇"工程成为产业扶贫的中坚力量，杞县严格按照市"巧媳妇"工程"一县一品一特色"的总体格局，牢固树立"一切为了脱贫，一切围绕脱贫，一切服从脱贫，一切服务脱贫"的理念，有效采取"妇联搭桥、政府引导、企业领办、留守妇女参与、市场化运作"的模式，积极组织留守妇女致力于居家创业、居家就业，使农村妇女在不耽误农业生产和照顾家庭的同时实现脱贫致富，走出了一条"巧媳妇"产业扶贫路，取得了明显成效。在战"疫"战"贫"工作中，杞县县委统战部积极引导全县59家"巧媳妇"工程基地，推动农村妇女特别是贫困妇女实现居家就近就业妇女人数达到6045人，帮扶贫困户642户，带贫681人，使她们不仅不用离开家就能赚钱养家，而且还有足够的时间去

"照顾妈、照顾娃"。"巧媳妇"工程真正成为杞县战"疫"战"贫"道路上的生力军。

一、项目基本情况

"巧媳妇"工程是河南省服装协会自 2011 年起在全省范围内实施的"巧媳妇千百亿工程",即在全省各乡镇建设千人规模、数百家工厂、每家企业实现产值一亿元以上的服装加工厂,目标是让"三无""四最"人员实现家门口就业。2015 年,河南省妇联为了拓宽就业渠道,帮助广大留守妇女、失地妇女、城镇失业妇女实现就地就近灵活就业,整合社会资源,承接产业转移,采取"龙头企业+巧媳妇""巾帼创业带头人+巧媳妇""专业技术人员+巧媳妇",在有条件的乡镇、街道、家庭建立"巧媳妇"加工基地、加工点,增加妇女收入,有利于促进男女平等与社会和谐。

在杞县县委、县政府统筹规划布局下,杞县妇联与杞县扶贫办等有关部门强化服装服饰加工引领作用,着力培育扶持"巧媳妇+服装加工""巧媳妇+手工制品""巧媳妇+种植养殖""巧媳妇+家政服务""巧媳妇+电子商务"等"巧媳妇"工程,注重增强"造血"功能,逐步实现"巧媳妇"工程产业化,并帮助了近 5000 名广大城乡妇女就近、就地、就势灵活就业。同时,进一步深入挖掘资源优势、产业优势,发挥企业、能人带动作用,把更多适合妇女居家就业的项目纳入"巧媳妇"工程中来,大力推动"巧媳妇"系列工程发展壮大。在"巧媳妇"工程实施中,注重突出服装服饰、手工制品、特色农业、乡村旅游、电子商务等产业领域,紧盯贫困村庄、贫困妇女,促进巧媳妇工程与产业扶贫深度融合,提高"巧媳妇"工程基地扶贫带贫能力,实现贫困群众就业增收。

目前,杞县"巧媳妇"工程多以服装类、手工制品类、电子商务类、种植养殖类等项目为主,就业技术门槛低,就业环境便利。通过采用"基地+贫困妇女"的模式,吸纳建档立卡贫困妇女在"巧媳妇"基地的扶贫加工厂就业,确保扶贫精准到位,帮助贫困家庭增收致富,使农村的留守妇女们在"巧媳妇"基地里,真正实现了"守住家,留住妈,看住娃,乐开花"的幸福梦想。同时,营造了全民创业、万众创新、社会稳定、家庭和谐的良好社会环境。杞县妇联以实施"巧媳妇"基地为抓手,推进巾帼脱贫行动,积极引导服装加工企业开展委托加工、订单生产，组织"女能人"到农村领办加工站点，促进当地妇女就近就业，在打赢脱贫攻坚战中充分发挥妇女"半边天"作用和妇联组织独特作用，为全面建成小康社会贡献巾帼力量。疫情发生以来，杞县妇联积极倡议号召各级"巧媳妇"工程基地，听党话、跟党走，深入疫情防控一线开展爱心捐赠活动，勇担社会责任，凝聚巾帼力量，助力打赢疫情防控阻击战。在做好疫情防控的同时，积极做好复工复产，"巧媳妇"工程成为这场防控战"疫"中一道美丽的风景线。

二、因地制宜抓落实

因地制宜、科学谋划是"巧媳妇"工程助推杞县乡村发展的重要法宝。在杞县，"巧媳妇"工程作为助推脱贫攻坚的有效载体，成为实现乡村振兴与精准扶贫的有力举措，也是提高妇女地位的重要平台。杞县政府通过科学谋划，大力推广"巧媳妇"工程各类扶贫模式，因地制宜选准产业项目，为产业扶贫注入新动能、新活力。杞县政府积极搞好服务，提供政策倾斜支持，抓住提升就业技能这一核心，深入开展技能培训，帮助更多贫困妇女就业。此外，还通过整合各类资源，化解发展瓶颈，积极打造杞县的特色品牌。

目前，杞县各乡镇、村庄根据自身经济发展的不同情况、不同特点，结合各示范企业和示范点的需求，突出"巧媳妇"工程的灵活多样，深入乡、村、社区定期走访"巧媳妇工程"基地企业，本着"授之以渔、自我造血"的原则，引导农村妇女树立自信、自强、自立意识，从"要我脱贫"变为"我要脱贫"。通过家政服务培训、电子微商培训、种植养殖和手工制作等技能培训引领扶贫。同时，组织女企业家、创业女能手、"巧媳妇"基地负责人等召开座谈会，帮助她们理清发展思路、规范经营方式、拓宽经营理念、探索发展经营新模式、新路子、新方法，鼓励她们互相交流经验，做好传、帮、带，当好创业发展领头人，发挥好示范带动作用，并组织带领她们外出参观学习、开阔视野、打开思路、丰富技能，让她们真正成为带领广大农村妇女脱贫致富的"领头雁"。杞县"巧媳妇"工程通过实施因地制宜的扶植政策，引导多样化的产业发展模式，促进了乡村经济的蓬勃发展。

杞县沙沃乡木秀苗业"巧媳妇"育苗基地，育床上的辣椒、西红柿、西瓜、黄瓜苗郁郁葱葱，长势旺盛，10 多名贫困群众正忙着施肥、喷水管理幼苗。基地负责人王某说："今年受疫情影响，用人方面我们优先聘用贫困户，要先稳住这些贫困户的'钱袋子'，你看在这室内劳作，温度很适宜，不冷不热，她们在这儿一边干着活，一边唠着家常，心情很愉快，轻轻松松一天就能挣到七八十块钱。"

杞县傅集镇九象农业"巧媳妇"种植基地占地 20 公顷，主要种植黑小麦、蒲公英、羊肚菌等经济作物，为本村及周边村庄留守妇女提供 40 个就业岗位，带贫 20 户，每户可年增收 5000 元。在基地务工的杞县傅集镇西郑庄村贫困户谢某说："我丈夫因车祸生活不能自理，两个孩子正在读书，家里大事小事都离不开我，疫情期间不能外出，家里又没收入，我天天愁呀！正在走投无路时，九象农业给我提供了就业岗位，在不影响照顾丈夫起居和做家务的同时在九象务工，每个月可拿到（计件）1000 多块钱工资补贴家里，使家庭困境得到缓解。"

三、点面结合强管理

完善管理保障机制、注重点面有机结合，是"巧媳妇"工程能够长久运行的重要保障。为更好地推进实施"巧媳妇"工程，发挥"巧媳妇"工程吸纳就业、助力脱贫攻坚的作用，杞县对"巧媳妇"工程示范基地加强服务管理，在每个基地悬挂标志牌，成立妇女组织，建立"妇女之家"，开展妇女工作。

目前，杞县在非公企业和各行政村已建成"妇女之家"321 个，其中，省级示范"妇女之家"5 个、市星级 2 个、市级 7 个、县级 35 个。同时，每个乡镇都成立了巾帼志愿服务队和留守妇女互助会。各基地根据妇女所需，在"妇女之家"开展法律法规、业务技能、心理健康、家庭教育、妇幼保健等知识培训，开展以比、学、赶、帮、超为主题的各种文体娱乐活动，让广大妇女在创业就业、脱贫致富的同时，不断提高自身素质，丰富精神生活，让她们切实感受到"家"的关怀和妇联组织的温暖。

此外，杞县通过对"巧媳妇"工程示范基地统一配置、统一 Logo、统一标语、分类编号，进一步规范管理，具体采取了以下措施：一是帮助基地完善建设手续，破解持续发展难题；二是根据"巧媳妇"工程基地不同行业特点，组织供需见面会，搭建电商等平台措施，破解基地产品销售难题；三是进一步完善"巧媳妇"工程示范基地资料库建设；四是帮助基地与相关部门、金融企业对接，协调各类政策资金，惠及"巧媳妇"工程项目，破解基地融资难题。

四、创新探索讲成效

积极探索创新，转变发展理念是杞县经济高质量发展的核心动力。目前，杞县已创建了省级"巧媳妇"工程示范点4个、市级7个、县级135个，覆盖了全县300多个行政村，有效带动全县5000多名贫困妇女实现脱贫，人均月收入2000元以上。在下一步工作中，杞县将积极探索，推动创新发展，切实发挥"巧媳妇"工程创业基地作用，解决部分基地品质不高、氛围不浓、带贫能力不足的问题。在全县21个乡镇、1个产业集聚区，都已经设立了"巧媳妇"工程联络员，并组织了相关部门，多次深入各乡镇，对全县留守妇女创业就业情况进行调查摸底，整合资源，因村施策，建立"巧媳妇"工程项目点创业就业网络交流平台，鼓励"巧媳妇"扶贫加工厂市场化自主运营，从扶贫帮扶入手，逐步由脱贫走向创富发展，成为地方可持续发展的主动产业。杞县政府积极探索，创新扶贫模式和理念。

一是发掘更多的爱心企业参与"巧媳妇"工程建设，全县各乡镇要在原有的2个县妇联备案的"巧媳妇"基地的基础上，再打造2个以上高品质的"巧媳妇"工程基地，增加贫困户用工比例，带动贫困户就业15户以上或建档立卡贫困户长期务工人员占就业总数的10%以上，让更多的贫困群众实现在家门口就业的愿望。

二是创新农村巾帼致富带头人培养方式，结合"雨露计划""阳光工程"、新型职业农民、职业技能提升项目等培训政策，积极开展各类"巧媳妇"工程带头人和"巧媳妇"骨干人才培训培养，提高"巧媳妇"工程骨干人才的综合能力素质。

三是加大对"巧媳妇"工程实施过程中涌现出的优秀企业和先进个人的表彰奖励。开展"巧媳妇"工程示范基地评选活动，计划在全县范围内评选出15家建设规范、运营高效、带贫能力突出的"巧媳妇"工程示范基地，打造5个市级"巧媳妇"示范基地，评选宣传带贫、脱贫典型不少于50人。

　　杞县以"巧媳妇"工程为龙头，实现一二三产业融合发展，促进乡村经济振兴，引导留守妇女创业就业。杞县"巧媳妇"工程的发掘、打造、服务与引导，实现了农村广大妇女在家就近就业，切实增加了农民收入，为打赢脱贫攻坚收官战、实现全面建成小康社会作出了积极贡献！

05

"湾子夜话"：新时期农村工作的重要抓手

——湖北省崇阳县"湾子夜话"助力乡村脱贫与振兴

湾子夜话，就是针对白天村民忙于干活而难以集中的实际，利用晚上休息时间，将一个小村湾的村民就近组织起来，采取"面对面"对话的方式做群众思想工作，有效激发自我发展、加快脱贫内生动力的一种新视点、新方法。2019年，崇阳县贫困发生率由2014年的17.3%降至零，被省政府批准退出贫困县行列，被市委、市政府评为"推进乡村振兴战略成绩突出县"。2019年8月21日，中央纪委、国家监委办公厅《纪检监守信息》单篇刊发《湖北崇阳"屋场夜话"助力巡察工作向基层延伸》，向全国推介做法。

一、在艰难中抉择，倒逼一种嵌入式新思维，同群众共振

习近平总书记强调，脱贫攻坚是一项历史性工程，是中国共产党对人民作出的庄严承诺；让全国现有贫困人口全部脱贫，是我们打赢脱贫攻坚战必须翻越的最后一座高山；我们将举全党全国之力，坚决完成脱贫攻坚任务，确保兑现我们的承诺。

崇阳集山区、库区、老区和贫困地区于一体，属幕阜山集中连片特困地区，受区位条件、人才、技术、资金等瓶颈制约，为全省37个贫困县之一，辖8镇4乡有187个行政村，版图面积1968平方千米，总人口51.02万人，其中农业人口37.03万人。2014年全县建档立卡贫困人口19386户、70886人，共47个贫困村。因区位条件不优，基础设施建设薄弱，自然灾害频发，贫困呈现多样性、反复性和复杂性特点，脱贫任务异常艰巨。

崇阳县委、县政府严格按照"精准扶贫，不落一人"的总体要求，举全县之力推进脱贫攻坚，实行县级干部包乡镇、县直单位包村、单位干部职

工包户的工作机制，选派结对帮扶干部7681人，实现19386户建档立卡贫困户结对帮扶全覆盖。但在做群众工作的过程中，按照常规白天进村入户开展工作的办法，困难重重，效率很低，面临着召集难到场、走访难见面、心声难摸准、思想难统一、工作难落实等诸多实际问题。如入户走访，10户有5户家里有人就很不错，在家的大多是老弱病残，贫困户要么下地干活去了，要么到工地务工去了，难以了解真实情况；召开一个村民大会，通知提前下发了，开会前家家打电话，可到会场的人能过半都是好的。扶贫工作存在着"干部这头热，群众这头冷"的现象。

扶贫工作点多、线长、面广，工作量大，且具有很强的系统性、政策性和差异性，群众的思想工作是很难做好的。基层干部不断总结工作经验。首先，崇阳县石城镇根据村民白天忙的实际，组织群众小规模集中召开"夜会"，这种形式取得了不错的效果。县委、县政府在不断总结该镇成功经验的基础上，逐步要求全县推广。铜钟乡、白霓镇等广泛利用夜间村民晚饭后约两个小时的休闲时间，把他们组织起来，同坐一条凳，同喝一壶茶，同抽一样烟，唠唠家常，诉诉困难，谈谈想法，真正把群众当家人、当亲人，手牵手、肩并肩、心贴心、同呼吸、共命运，干群之间一下拉近了距离。这种到群众中去做扶贫工作的方法，得到了广泛认可。崇阳县"湾子夜话"就是在这种背景下产生的。

二、在摸索中前行，创新一种亲民式新视点，与群众同行

"湾子夜话"是做好脱贫攻坚工作的一种新视点、新办法、新模式。崇阳县大力践行党的群众路线，并在"不忘初心，牢记使命"主题教育中逐渐得到完善，坚持把扶贫工作做到群众心坎上，密切联系党群干群关系，激发群众内生动力，为助力脱贫攻坚、全面建成小康社会起到了很好的推动作用。

（一）干部下沉，搭建夜话平台

县直单位主要负责人"1+4"模式驻村（每周1天在单位开展工作、4

天吃住在村扶贫），全县 187 个行政村全脱产驻村队员均达到 3 人以上，保证"湾子夜话"正常开展。

时间上服从群众。遵循当地群众的作息习惯，选择大多数人劳作回家吃了夜饭之后，同时也不能把集中时间拖得过长而影响休息。根据不同季节确定夜话时间，如夏天与冬天，时间明显不同。坚持时间服从质量的原则，压茬进行，长期坚持，重点村湾可多轮次开展活动。具体时间由各乡镇和驻村工作队自行确定。

地点上方便群众。坚持因地制宜、方便群众的原则，每个行政村可以按湾子大小分片组织。根据群众意愿和话题内容，宜分散则分散，宜集中则集中，一切视主题而定，选择合适场地作为活动地点实施。

话题上紧扣群众。每一次活动明确一个主题，避免"眉毛胡子一把抓"。内容都与老百姓切身利益紧密相关，或宣传政策，或听取意见，或反馈结果，或讨论问题，或公开调处矛盾等。

形式上贴近群众。灵活把握好时间早晚、屋里屋外、人多人少、本地异地、话长话短、是听是问、是谈是讲等问题，不拘一格。一改干部"包台唱"的做法，没有台上台下，冬天围着火盆，夏天吃着西瓜，人人都可发言。有事大家商、共同议、公开评，是非曲直在平等对话中见分晓。如哪些人可以评为贫困户享受扶贫政策，都是村民公开评出来的，认可度高。

（二）掌握政策，把握话题导向

这是一个开放式活动平台，群众诉求不一，人多嘴杂，不好驾驭。基层干部必须熟悉情况、掌握政策，并且每次预设一个中心内容，便于掌控局面。

如话政策。宣传党的路线方针政策和各级党委、政府重大决策部署，统一思想、汇聚力量。重点熟悉和宣传精准扶贫、乡村振兴、综治维稳、扫黑除恶、厕所革命、垃圾治理等方面的相关政策及法律法规。

如话发展。围绕本地经济发展和群众增收致富的实际情况，与群众交流本地经济发展现状和扶贫项目建设情况。重点是研究本地产业规模、特色产业发展思路和措施，获得群众在各个扶贫项目上的理解和支持。

如话民生。听取群众生产生活方面的意见建议，帮助群众解决生产生活困难。重点是协调处理好贫困群众帮扶、低保政策问题、住房安全问题、基础设施建设等热点难点问题。

如话和谐。通过组织调解、群众调解等形式，化解矛盾纠纷，促进社会和谐。重点是处理好邻里纠纷、土地纠纷、赡养纠纷等各类矛盾和问题，引导群众树立正确的致富观和价值观。

（三）完善方案，提高活动实效

活动不重数量、重质量，每开展一次就要有一次的效果。没有准备充分的一律不搞，以免适得其反。因此，每一次"湾子夜话"活动都制订周密的工作方案，提前备足"功课"，防止为"夜话"而"夜话"。

方案要"全"。明确时间安排、地点选择、人员计划、阶段推进、效果预期等内容。

方案要"细"。每次活动，"谁主导、谁配合、谁记录、谁答疑"等事项都要考虑进去，把每一个细节都想周全。

方案要"深"。根据活动主题，不仅要提前研究政策法规，而且要洞悉参加人员的思想动态，防止"失控"和"崩盘"的现象出现。

方案要"精"。对参加人精心安排，事先征求当地老党员、乡贤等人的意见，争取支持，还可邀请乡镇党政负责人、驻村单位负责人、"两代表一委员"、社会团体、企业代表等"精干力量"参加。这些人见多识广，说话有分量，并能对解决一些实际问题有一定帮助。

（四）建立机制，确保问题终结

从发现问题到研究问题，再到解决问题，重在做到"后篇文章"，建立"问题五级处理"机制，做问题的终结者。一是对群众所反映的合理诉求问题，能够现场解决的现场解答解决；二是该由村委会解决的问题，由驻村工作队和村"两委"讨论研究解决；三是驻村单位能解决的由驻村单位主要负责人组织单位班子成员在所驻村召开专题会议研究解决；四是驻村单位不能解决的问题提交乡镇，由乡镇组织召开乡镇班子成员或乡镇前线指挥部专题会议研究解决；五是乡镇不能解决的问题应提交县精准扶贫指挥部，指挥部组织召开专题会议研究解决，确实不能解决的，要做好解释工作，争取群众理解。所有问题全部实行销号整改管理，全程跟踪督办，确保件件有落实、事事有结果。对群众反映问题的办理情况，各驻村工作队要在活动开展两周内进行回复，并公示。各乡镇每月要以清单形式向指挥部书面上报群众反映问题的办理情况。自 2018 年以来，全县已开展 4356 场次，参加干部群众 10 万余人次，投入资金达 41500 万元，共解决基础设施、产业发展、民生工程、综治维稳等问题 5771 个。

三、在实践中裂变，产生一种叠加式新效应，赢群众满意

崇阳县发端于脱贫攻坚的"湾子夜话"，在实践运用中渐渐产生系列良好效应，不仅有效转变了干部工作作风，提升了干部工作能力，密切党群干群关系，而且实现了农村工作由难向易的转变和提升，大大提高了群众的认可度、满意度，成为崇阳县当前做好农村工作的重要抓手。

（一）"湾子夜话"成为政策法规的"大讲堂"

"湾子夜话"以自然村湾为单元，全覆盖、多轮次推进，干部群众全员、全程参与，采取点对点宣讲，村民熟知政策、悟透政策、响应政策的能力显著提升。如青山镇编印《精准扶贫夜谈夜访政策百事通》12000 余册，内容涉及精准扶贫、学生假期安全、低保五保、扫黑除恶、禁赌禁毒、综治维稳、厕所革命、垃圾治理、宗教政策、村规民约、移风易俗等热点方面的相关政策、工作要点、操作程序及法律法规。县检察院驻沙坪镇黄茆村工作队、帮扶责任人、村干部与村民一起，对崇阳县产业扶贫、健康扶贫、易地扶贫搬迁、教育扶贫、低保兜底、贫困村集体经济、危房改造、扶贫小额信贷、人身意外伤害保险补偿、就业创业补贴等政策进行了逐一解读，贫困户对其所享受的政策一目了然。

（二）"湾子夜话"成为作风能力的"试金石"

针对自分田到户以来很少开群众大会的历史事实，面对千家万户，涉及千端万绪，既考验干部对各项政策的掌握熟悉程度，又考验干部对群众集体活动的组织能力和场面掌控能力。为应对开好"湾子夜话"的考验，要求驻村干部全脱产驻村，县直机关主要负责人"1+4"模式驻村，把人民群众当亲人，与群众同吃一锅饭、同干一样活、同解一家难，真正做到身沉心沉。如县住建局驻白霓镇浪口村干部刚驻村不久，第一次开"湾子夜话"因政策不熟、情况不明，现场"炸开了锅"，场面尴尬。县住建局孙局长了解此情况后，及时组织干部学透政策、摸透实情，把握重点群众的利益诉求，有的放矢地进行引导，第二次"湾子夜话"由原来的"吵吵闹闹"转变为期望的"心平气顺"，何家渡至夹泽毛家排涝站、丁家垅至西塘水库排洪圳、西塘坎村组公路维修等21个民生问题，在"夜话"中形成共识，顺利得到解决。全县干部能力得到磨炼，作风也实现了转变。

（三）"湾子夜话"成为社情民意的"直通车"

"湾子夜话"畅通社情民意收集渠道，切实帮助群众解决实际困难。对收集的问题，由现场参加干部、村委会、驻村工作队、乡镇、县精准扶贫指挥部五级分流解决。如高枧乡老胡洞村位于崇阳、通城两县交界处，交通不便，人口少且居住分散，由于历史和自然的原因，该村没有移动通信信号，给群众的生产、生活带来了极大不便。二组村民张某在"湾子夜话"中反映："老胡洞村目前只有电信的通信信号，但是我用的是移动的号码，完全没有信号，外面的电话打不进来，我也联系不到其他人，请乡政府和驻村工作队帮忙解决一下。"参与夜话干部当场予以记录，并协调多个部门开展工作，该村移动测量站不久后建成，移动信号已经基本覆盖了该村，永久性基站正在建设中，村民们脸上露出了满意的笑容。

（四）"湾子夜话"成为纠纷矛盾的"调解所"

针对当前农村少数矛盾纠纷难以化解的问题，组织群众围成一个圈子，同坐一条凳子，面对面说话，没有鸿沟，没有顾忌，畅所欲言，是非曲直，家长里短，大家评说。邻里矛盾纠纷，通过大家说、大家评、大家议，重点积案还邀请司法所现场说"法"。"当面锣，对面鼓"进行集中夜话，许多问题迎刃而解，实现矛盾不出村、问题全解决，群众上访率大大下降。如因历史遗留原因，桂花泉镇横山村二组村民无序建房，形成"回"字型湾落，车辆无法通行，环境脏、乱、差现象严重。"湾子夜话"活动开展以来，围绕"路怎么进""排水沟如何引""水塘是否填平""场地是否平整"等议题，走访当地群众20余户，集体"夜议"5次，采用"以镇政府为主导、引导村民参与"的方式，村湾整治工作有序推进，该村村民"老大难"上访问题得到平息。据统计，全县乡镇信访群众到县接访中心来访接待量下降了80%。

（五）"湾子夜话"成为干群关系的"润滑剂"

走进群众中间，开展厨房私话话家常、堂屋漫话话自强、湾子夜话话党恩，干部没有架子，设身处地为群众利益着想。如石城镇白骡村三、四、十组反映生活饮用水供应不足、七组反映农田无水灌溉，县巡察办驻村工作队冒烈日实地调查，及时与县水利局沟通对接，在三、四组各打一口井，十组因人口较多打两口井，解决群众吃水难题，并由驻村工作队出资对七组灌溉排水渠道进行了修复，群众的隔阂消了、心气平了。驻村第一书记金书记感慨地说："以前群众对驻村干部不冷不热，有的敬而远之，现在亲如家人，有的非要拉我们到他们家里吃饭，有的还送来自家地里的菜，让我们备感欣慰！"

（六）"湾子夜话"成为乡村振兴的"加油站"

"湾子夜话"提升了群众的向心力和凝聚力，许多人从开始关注个人利益转为关注村集体的利益，关注当前的乡村振兴。如路口镇板坑村通过开展

"湾子夜话"活动，村民了解到崇阳柃蜜小镇、铜钟坳上村发展很快，求变思想迫切，强烈要求组织前往参观学习，回去后均表示大力支持金沙旅游风景区建设。肖岭村是肖岭乡乡镇污水处理厂的建设地，一些村民在污水处理厂建设征地时"讨价还价"，有的村民连污水管网从门前经过都不愿意，通过"湾子夜话"大家议，肖岭乡污水处理厂征地和管道铺设进展顺利。路口镇泉口村经过"夜话发展"后，很多村民认为"宁可抛荒不可失业"思想不合时宜，崇阳县科农种养专业合作社一下流转80公顷土地，完成固定投资800万元，既盘活了闲置资源，又破解了发展瓶颈，极大地壮大了村级集体经济，惠及全村181名贫困人口增收脱贫。崇阳县乡村振兴有序推进，2019年年底初步成形洪下、茅井、坳上、浪口等22个美丽乡村示范村，以乡村振兴来巩固脱贫成效取得较好效果。

06

从"输血"到"造血"
促进贫困地区内生发展

——重庆市丰都县扶贫产业发展的调查与建议

丰都县脱贫"摘帽"后，为确保贫困群众持续稳定增收，大力发展产业，从"输血式"扶贫向"造血式"扶贫转变，不断推动脱贫攻坚往深里走、往实里做。近年来，产业扶贫处于全市领先水平，贫困户通过产业带动顺利脱贫。丰都县建立了哪些产业扶贫机制，促使发生如此大的变化？为此，调研组通过干部访谈、企业座谈和案例分析，梳理了丰都县产业扶贫的成功经验，提出产业发展带贫益贫政策创新建议，为巩固脱贫攻坚成果、解决相对贫困长效机制构建提供参考。

一、贫困基本情况

丰都县地处三峡库区腹心，公元 90 年建县，面积 2901 平方千米，辖 30 个乡镇（街道），总人口 85 万。三峡大坝蓄水 175 米后，淹没境内土地 30 平方千米，涉及 11 个乡镇动态移民 8.5 万人，其中 95% 以上属后靠移民，旧县城是三峡库区唯一跨江全淹全迁的县城。丰都"四山夹三槽"，自然条件相对较差，发展水平相对较低，是重庆"大农村、大山区、大库区"的代表和缩影。2002 年被确定为国家扶贫开发工作重点县，2011 年被纳入国家武陵山片区扶贫开发试点县，2014 年建档立卡以来，综合贫困发生率从 12.1% 下降到 0.014%，全县农村常住居民人均可支配收入由 8679 元增加到 14518 元，95 个贫困村全部出列，2017 年整县脱贫"摘帽"，现有未脱贫建卡贫困人口 51 户、105 人。

二、产业扶贫转型路

据现任丰都县扶贫开发办公室孙主任介绍，丰都县以前的产业规模小、销售难、效果不明显，真正的产业扶贫转型是在 2017 年。在 2017 年全县开展脱贫稳定性和产业发展情况摸底、清理，正式优化产业扶贫顶层设计，从资金整合、产业选择、市场需求、发展模式进行部署指导，为后来产业扶贫的顺利发展提供了基础保障。丰都县产业扶贫从弱到强，总体上遵循了"问题—结构—过程—模式—路径"的发展思路，可以归纳为以下几个方面。

（一）聚焦致贫原因，精准发现扶贫产业短板

自 2017 年丰都县脱贫"摘帽"后，全县上下深入调研，找准薄弱环节，产业发展层面，主导产业规模小而散，抗自然灾害和市场风险能力弱，主导产品附加值较低，贫困户从主导产业产品中获得的收入增量有限。由于资金出入渠道不统一，比较分散，不能够对产业发展形成有力的支撑，致使产业带贫、益贫效果不明显，贫困户的收入不能够得到有效、稳定、长远的提高。总的来说，地方产业扶贫成熟度还不够，没有形成系统、完整的产业链条，多元化产业扶贫机制没有完全建立。2018—2020 年规划产业扶贫项目 483 个，共需投入财政资金 6.81 亿元，2019 年已经完成 212 个项目，投入资金 5 亿余元，聚焦解决产业发展过程中扶贫产业量小质弱、资金分散、效果不明显、丰收不增收等制约贫困地区稳定发展的难题，有效激发了群众内生动力。

（二）做好顶层设计，科学规划产业结构

精准扶贫初期，产业布局分散、形式单一，缺乏特色，群众参与度低。为了科学规划产业结构，县委县政府协同行业部门，制定了"一心两极三带"生产力空间布局，构建"1+6+X"扶贫产业体系，大力发展山地特色高效农业，让企业、农户在选择产业方面有了主心骨。在沿长江、龙河、渠（碧）溪河三个经济带，重点布局肉牛、鸡、花椒、红心柚、榨菜、乡村旅

游等拳头产业，推动扶贫产业区域化布局、集群化发展。

引进培育龙头企业，加强产业群建设，如国家级龙头企业恒都农业集团、行业标杆企业华裕农科、中国禽蛋行业第一品牌德青源公司、重庆农投集团、温氏集团等，依托龙头企业，强化全产业链扶贫，打造品牌化、现代化农业产业。全县构建起 54 家县级以上农业企业、1900 余家农民合作社、近 1000 个家庭农场的脱贫产业发展生力军，实施全产业链扶贫，实现小农户与大产业的有机融合，带动土地流转 30333.33 公顷，实现 1.5 万户贫困群众稳定脱贫。

（三）立足市场导向，加强技术指导和打通销路关

实施科技扶贫提升行动。为提升产品质量，构建"首席专家＋科技特派员＋产业指导员＋乡村土专家"的科技服务体系，对产业管护、品种培育等关键环节实行"保姆式"服务，扶贫产业良种覆盖率、成活率达 80%以上，新技术入户率和到位率达 95%以上。

实施农业品牌提升行动。累计认证"三品一标"129 个，11 个商标获国家地理标志证明商标，10 个农产品获得重庆名牌农产品称号，"丰都肉牛""恒都"被认定为中国驰名商标，丰都牛肉、丰都红心柚纳入全国农产品区域公用品牌目录，丰都锦橙、丰都红心柚被评为全国名特优新农产品。

实施消费扶贫专项行动。推进本地农特产品"进商圈、进市场、进社区、进园区、进景区、进机关、进学校、进医院、进车站、进加油站"等"十进"活动，凡财政供给单位食堂优先采购本土扶贫产品，鼓励单位职工、超市、民营企业优先采购本土扶贫产品，累计采购额达 1961 万元、带动 2300 户脱贫。精心组织"赶年节""农民丰收节"等大型展销活动，实现本地产品销售额 1.5 亿元。整合东西扶贫协作、定点扶贫、市内帮扶等资源，深入推进"渝货进山东"等行动，2020 年以来，销售花椒 178 吨，累计外销农产品 2100 余万元。

实施电商扶贫专项行动。探索"农村电商经纪人＋贫困户"的电商扶贫新模式，成功创建"全国电子商务进农村综合示范县"。其中恒都康美电商平台 2018 年销售额达 7.5 亿元，成为全国示范教学点。

（四）注重模式创新，设计带贫益贫机制

推行资产收益扶贫机制。在德青源金鸡产业、华裕蛋种鸡产业项目中，由政府投资 3.7 亿元，修建养殖场作为固定资产，每年按固定资产投资额的 8%—10%向企业收取租金，去除还本付息、土地租金后余 1700 万元，安排公益性岗位助推贫困群众就业增收，安排对象重点为易地扶贫搬迁贫困户，已累计安排农村公益岗位 780 余个。

推行代养收益扶贫机制。在温氏肉鸡、农投生猪扶贫项目中，政府分别安排各村 20 万元的村集体经济发展资金，成立专业合作社，统筹涉农整合资金安排给国有企业入股，联合投资建设代养场，并按持股比例分别获得代养收益，用于为贫困户购买临时性服务岗位等扶贫事业，两个项目投产后，每个参与肉鸡代养的贫困户户均可增收 7 万元，参与生猪代养的贫困户户均可增收 10 万元。

推行股权量化分红扶贫机制。2019 年，投入财政资金 3267 万元用于农业企业补助项目，作为农户和企业项目所在地集体经济组织持股，其中，农村集体经济组织 10%，农户持股不低于 40%，农户持股部分对建卡贫困户上浮 15%进行量化，保障贫困户长期稳定受益。

探索"三变"改革扶贫机制。投入财政资金 5260 万元，在全县 4 个村开展"三变"改革试点的基础上，在市级深度贫困乡三建 8 个村、3481 户农户的 1200 公顷土地上实施全域"三变"改革，构建"433"利益联结机制，即企业占 40%、土地入股的农户占 30%，其余 30%按村集体 10%、建档立卡贫困户 10%、所有户籍人口 10%分配，探索了政府主导、企业主体、农民主角的改革方式。

推行易地搬迁后续扶持机制。为全县 50 个易地扶贫搬迁集中安置点安排资金 1.74 亿元用于基础设施建设，安排资金 1.26 亿元用于产业发展。盘活搬迁户土地资源，流转托管土地 85.53 公顷，为搬迁户带来资产收益。按 3 人以下每户 0.0067 公顷、3 人以上每户 0.0133 公顷的标准为搬迁贫困户落实菜园地，确保搬迁户有地可种。通过扶贫车间、劳务输出、产业园区就业等方式，解决就业 2619 人，确保搬迁户有稳定收入来源。

（五）加强资金整合，解决产业发展问题

一是财政资金"应统尽统"。丰都县坚持集中资金办大产业发挥龙头带动作用，近年来，县财政每年统筹整合资金上亿元用于扶贫产业发展，2020年达到2.8亿元。

二是精准投向"落地有声"。出台《丰都县产业扶贫扶持奖补办法》等系列政策文件，将财政资金精准投放到肉牛、红心柚、花椒等十大扶贫主导产业，重点投向种植养殖、后期管护、基础配套等产业发展急需环节。截至2020年，县财政已累计投入6.81亿元发展扶贫主导产业，切实增强扶贫资金绩效。

三是引好金融"源头活水"。紧紧围绕产业链金融服务需求，同步推进普惠与小额信贷特惠金融，既为新型经营主体提供普惠性贷款、带贫贷款贴息、财政奖励，又为参与产业发展的贫困户提供扶贫小额信贷特惠性贷款。截至2019年10月，为恒都、德青源等新型经营主体发放贷款逾54亿元，为9791户贫困户发放扶贫小额信贷4.46亿元，获贷率超过50%，居全市前列。

三、经验与建议

（一）问题诊断、科学规划、精准发展

问题识别与科学诊断是精准设计的前提。只有对当地产业模式进行精准设计，才会发展出适合地方的优良产业。要根据当地情况建立扶贫产业选择的科学论证机制，从论证人员的选择到论证方案的给出都要层层把关，做好顶层设计和产业结构规划，避免产业同质化、销路难问题。扶贫转型当年，丰都首先对全县村产业情况和贫困现状进行摸底、清理，为产业扶贫量体裁衣，优化其顶层设计，进行模式创新和带贫益贫机制设计，为后来产业扶贫的顺利发展提供了保障。

（二）政府主导、多元主体参与、自治发展

以往长期的单一行政主导的扶贫模式造成了地方脱贫的被动局面，资源投放靶向不准造成资源的大量浪费。改变这一难题需要把握好市场需求，引进多方主体参与，社会资本的加入可以更好地整合信息资源，实现农户的精准靶向脱贫。政府指导引进培育龙头企业，市场主体参与构建全产业链扶贫，立足市场导向，实施科技扶贫提升产品质量、农村品牌提升行动、扶贫产品进市场行动，提升群众产业发展效益，充分发挥社会组织参与产业扶贫带动发展。

（三）坚持特色、建立长效机制、内生发展

产业选择要结合当地实情，充分发挥当地的特色优势，将自身特色做大做强，将特色转化成资产，将资产转化为资本，将资本再次投资巩固资产，方可进行持续收益。促进贫困户内生发展动力，"授人以鱼，不如授人以渔"，为有劳动能力和劳动欲望的贫困户提供劳动技能培训和就业培训的机会，通过产业扶贫及时为贫困户就业和产业发展提供帮扶。

（四）探索模式、创新发展

探索适合地方产业发展的模式，制定相关政策保障。在稳定发展的基础上，注重模式创新，推行一系列带贫益贫机制，利益联结分红从外部持续"输血"，帮助贫困户就业和设置公益性岗位实现自身"造血"。

07

草原畜牧业转型升级

——西藏自治区聂荣县走上产业发展新路子

下曲乡嘎确牧民专业经济合作组织地处聂下公路沿线，距县城 14 千米，平均海拔 4700 米，有草场 2800 公顷。该牧场在聂荣县委、县政府的高度重视、大力支持下，以县牧场土地、草场和牲畜资源为依托，以"金牦牛"科技专项工程和富民强县项目为技术支撑，以培训带动贫困群众脱贫为目标，以发展畜产品加工销售业为主、多种经营为辅，不断发展壮大，逐步走出了一条"公司＋合作组织＋牧户＋培训基地＋科研基地"的"五合一"脱贫攻坚产业扶持基地和生态养殖基地发展路子。

一、转型思路

（一）创新方式方法，实施"扶贫基地＋合作组织"的模式

针对聂荣县贫困人口较多、群众增收技能和意识欠缺的实际情况，在充分调研、反复思考的基础上，聂荣县委县政府决定将发展专合组织与扶贫有机结合，分期分批地集中培训全县最贫困的牧民群众，通过建设扶贫基地与发展合作组织的"双驱动"，实现扶贫困与促增收的"二合一"。先后整合各类涉牧资金，在县牧场所在地下曲乡嘎确建设了安居房、人畜安全饮水工程、牦牛育肥基地、奶制品加工销售点等设施，将县牧场建设成为扶贫基地，为专合组织的长远发展提供了便利条件。同时，盘活用好县牧场的草畜资源，按照政府借草借畜、群众劳动入股的发展思路，将县牧场的 2520 公顷可利用草场和 244 头牦牛无偿借给进入合作组织的贫困户，明确提出了三年实现脱贫的目标要求，三年后在原借畜基数上新增的牲畜按照 7∶3 的比例进行分配，将七成的新增牲畜分给成员，剩余三成牲畜留在扶贫基地作为

下一批扶贫对象的扶持资本。

（二）以科技为支撑，提高牧业生产效益

抓住国家加大对牧业投入力度的有利时机，在县牧场实施了牦牛育肥基地、科技富民强县工程、"金牦牛"科技示范工程和"查吾拉牛"扩繁场等项目，充分利用自治区农科院对口帮扶的宝贵机遇，在合作组织应用了以畜种改良、同期发情、人工授精、科学补饲、疫病防治等为主要内容的现代牧业实用技术。自治区农科院畜牧科技专家深入合作组织，面对面地向群众讲解科学养畜知识，手把手地传授现代牧业技术，现场指导牧业生产，加快了牧民思想观念的转变，提高了牧民学科技、用科技、依靠科技发展牧业的能力和水平，促进了畜牧业增产增效，消除了"春育、夏长、秋肥、冬掉膘"的传统牧业生产现象。通过采取改良、疫病防治、补饲和保温等措施后，牲畜死亡率明显降低；每头母牛年均产奶量达到182.5千克左右，远高于未补饲的72千克，且冬季每日也有0.5千克的产奶量；母牛受胎率大幅提高，部分母牛出现一年半两胎的生产性状。

（三）坚持多措并举，为合作组织提供优质服务

嘎确合作组织的牧户，均为特困户，家中基本没有牲畜，有的甚至连床被、粮食等生活必需品都不充足，在参加合作组织之前主要靠吃低保或在县城打短工维持生计。为确保牧户安心立业，聂荣县在扶贫基地建造了15套安居房，并出资34万元购买和配置了床具、厨具、冰箱、电视等生活用品，免费提供给牧民使用。专门安排三名县畜牧兽防专技人员长驻县牧场，开展牲畜疫病防控技术服务和指导工作。县卫生、工商等部门在合作组织登记注册和办理卫生、经营证照方面简化手续、提供便利，帮助合作组织依法、规范经营。为确保合作组织的生产效益，聂荣县为合作组织配置了畜产品加工设备、冷藏车、运输车、"聂"牌包装盒，并投资160余万元在那曲镇建立了聂荣县特色畜产品加工销售点，在聂荣县驻拉萨办事处设立了畜产品展销柜台，全部无偿提供给合作组织使用；抓住一年一度的那曲地区羌塘恰青赛马旅游艺术节、地县畜产品展销会等有利平台，通过采取解决畜产品

出售补贴、运输费、误工补贴等办法，积极组织牧民参会参展，出售牲畜和畜产品，提高畜产品商品率，增加现金收入。

（四）加强思想教育，促进群众转变观念

扶贫先扶智，脱贫先脱懒。刚入驻合作社的牧户身上"等、靠、要"思想依然根深蒂固，靠伸"大拇指"吃饭的现象比较突出。对此，聂荣县先从转变牧民的思想观念入手，为发展壮大牧民合作组织打好思想基础。县委、县政府为入驻合作社的牧户配备了电视机及卫星接收器，鼓励引导牧民每天收看西藏电视台的农牧业栏目，接受新思想、新观念的洗礼。同时，以开展创先争优强基惠民活动、党的群众路线教育实践活动为载体，深入开展以"五不五改五树立"为主要内容的思想教育，即不挥霍财产，不赌博酗酒，不盲目攀比，不赊账欠债，不变卖生产生活资料；改掉好吃懒做的不良习气，改掉小富即安的自满意识，改掉等靠要的依赖思想，改掉脏乱差的生活习惯，改掉传统落后的生产方式；树立勤劳致富的思想观念，树立开拓进取的思想意识，树立自力更生的奋斗精神，树立健康卫生的生活习惯，树立科学高效的生产理念。

（五）建立健全制度，推进合作组织规范化建设

聂荣县坚持"先发展后规范、边发展边规范"的原则，切实加强对嘎确合作组织的管理、指导和服务，深入推进合作组织规范化建设，不断提升合作组织的综合实力和发展层次。组派县、乡干部职工蹲点指导、帮助嘎确合作组织理清思路、定规划；帮助合作组织成立了理事会、监事会等组织机构，办理了登记注册、卫生许可证和营业执照；帮助合作组织制定了"一章、一言、三制、三簿"等规章制度，即合作组织章程，脱贫宣言，卫生管理制度、民主议事制度、财务管理和会计核算制度，成员登记簿、会议记录簿和产品物资购销登记簿。同时，建立健全了责任分工、财务管理、劳动生产、劳动工分记分、红利分配、卫生管理、安全管理等制度，有效促进了合作组织的规范化、科学化运行。

（六）发挥品牌效益，拓宽畜产品销售渠道

以千头万亩工程为契机，由县嘎确牧场奶制品加工厂将全县牧户牲畜产出的奶制品进行统一收购、深加工，集中力量，创造优质畜产品，淘汰家庭式零散销售，汇集全县资源推进"聂"牌品牌战略。加强聂牌商贸责任有限公司对全县畜产品包装的"升级改造"，有效发挥统一管理、统一包装、统一质量、统一品牌的效益，提升聂荣县畜产品在全地区畜产品中的竞争力、知名度和市场满意度，并向国家知识产权局申报"聂荣查吾拉牦牛""聂荣查吾拉牦牛肉""聂荣酸奶""聂荣奶渣""聂荣拉拉""聂荣酥油"6个产品国家地理标志保护产品工作，以招商引资工作为抓手，不断发展壮大聂牌公司生产、经营畜产品种类和数量。

二、主要做法

2016年以来，聂荣县委、县政府认真贯彻落实上级关于加强产业发展的决策部署，立足全县资源禀赋，突出重点、创新思路、认真调研、集思广益，结合脱贫攻坚工作，及时制定了抓住牧业根本和三产重点两个方向，强化县城牧业园区建设和公司化运作两个支撑，突出点、线、面三个结合，打造牧业产业示范、辐射带动、绿色畜产品生产三个基地，实现牧业转型升级、县域牧业园区起步、畜产品产供销一体、服务旅游三产同步推进的"22334"产业发展工作思路，进一步明确了工作方向，突出了重点。

一是2016年建设产业项目2个（聂荣县嘎确牧场牦牛养殖场和聂荣县综合物资商贸中心及乡镇物资超市），投资3156.5万元（自治区产业政策资金1800万元、援藏资金1200万元、县级自筹156.5万元）。

二是整合各类资金3371.54万元对县嘎确牧场进行升级改造，实施生态养殖场、畜产品加工、温室大棚、安居房、垃圾填埋场、粗饲料加工等项目，把嘎确牧场真正打造为"公司+合作组织+扶贫基地+牧户+培训基地+科研基地"的"六合一"脱贫攻坚产业扶持基地和生态养殖基地，平均每年带动40户、100余名贫困户。

三是积极组建西藏那曲地区聂牌商贸责任有限公司，注册资金达2000

万元，全权代管全县产业脱贫工作，打破原有"政府负责"体制，积极探索建立"政府引导、市场运作"的产业脱贫工作格局，走出一条"政府＋企业＋脱贫基地＋贫困户"的产业脱贫新路子。

四是按照"用好现有人才、培养急需人才、发展专业人才"的原则，以县职教中心和全县项目建设点为基地，以自治区农科院对口帮扶为依托，整合培训资金，举办了各类技能培训班 13 期，培训牧民群众 588 人次。同时，先后组织 10 批 400 人次的县、乡、村干部和牧民经纪人、致富带头人前往拉萨、山南和那曲县、班戈县以及聂荣县色庆乡帕玉村参观考察学习先进经验。

五是 2016 年至 2019 年，嘎确牧民专业合作社总收入达到 893645.51 元，畜产品销售总收入达到 893645.51 元，通过举办赛马物资交流会、参加地区赛马节和畜产品展销会，帮助群众创收 185 万元。

六是打造"聂"牌商标，以实施金牦牛科技项目为契机，积极引进推广科学养殖和加工技术，采取畜种改良、疫病防治、补饲和保温等措施，牲畜死亡率明显降低，母牛受胎率大幅提高，部分母牛出现一年半两胎的生产性状，"查吾拉牛"已发展到 183 头，为畜群改良打下了良好基础，提升了合作组织的经济效益。

三、主要成效

（一）促进了群众思想观念转变

牧民群众逐步摒弃了"等、靠、要"的思想，激发了"比、学、赶、帮、超"的进取意识和互助意识，树立起了靠劳动和智慧脱贫致富、创造美好生活的信心和勇气；加深了对党的强牧惠牧富牧政策的掌握和理解，提高了发展意识、创业意识、市场意识和机遇意识，增强了走合作化、产业化、市场化道路的自觉性和主动性。

（二）促进了群众增收致富脱贫

把做大做强合作组织作为推动产业发展的支撑，改变以往对牧民经济合作组织先扶上马再送一程的扶持思路，以自己上马走稳再扶并让其快马加鞭的理念，出台严格准入条件划定和考核办法，严格准入门槛。聂荣县委、县政府决定取缔忽略自身管理、人事混乱、制度不健全、责任及相关工作不明确，经济效益不明显的 5 家合作组织的办社资格，给予 7 家经营不善的合作组织警告处分，安排 11.6 万元对 6 家先进合作组织和 6 名先进致富带头人进行表彰和发放奖金。仅 2016 年合作组织实现创收 1200.54 万元，现金收入达 839.89 万元，人均创收 2061 元。特别是色庆乡帕玉牧民经济合作组织创收 147.0035 万元，成员年人均纯收入和现金收入达到 15155 元和 11353 元，分别是合作组织成立前的 13.27 倍和 21.44 倍。

（三）提高了群众生产技能

通过产学相融交替，群众在生产实践中，闯市场、见世面、学知识、转观念，提升群众科学种养的意识和技能。合作组织的成员在自治区农科院专家的帮扶和指导下，白天对牲畜进行放养，晚上对牲畜特别是母畜和仔畜进行补饲；夏季在温室大棚种植蔬菜、在畜圈种植牧草，冬天对牲畜进行半舍饲圈养；通过科学补饲，提高了牲畜的生产性能，加快了牲畜周转。这些生产技能的掌握，让牧民群众受益终生，有的主动当起了畜牧科技"义务宣传员"，用发生在自己身边的实例向周边牧民群众宣传科学养殖带来的实惠，带动了周边牧民群众转思想、变观念，逐步树立了学科技、用科技的良好风尚。

（四）为大力发展专合组织积累了经验

下曲乡嘎确组织取得了明显的经济效益，切实让牧民群众得到了实惠，为聂荣县发展专合组织积累了经验。在该合作组织的影响带动下，县乡干部群众组建专业合作经济组织的积极性明显高涨，全县牧民专业合作经济组织迅速发展壮大，收到了"拨亮一盏灯、照亮一大片"的预期效果。2019 年，聂荣县牧民专业经济合作组织发展到 131 家，辐射带动了全县建档立卡贫困户。

（五）创新了县牧场的管理经营模式

合作组织经营牧场之前，聂荣县牧场由个人承包，每年向县财政上缴10万元，这种管理和运营模式，仅能使少数人受益，对全县经济发展贡献不大。合作组织经营牧场之后，县牧场土地、草场和牲畜资源得到了科学合理利用，牧场资产不断升值，基础设施得到加强，服务功能逐年完善，已成为全县重要的脱贫基地、科技实验基地，成为全县积极探索传统畜牧业向现代畜牧业转变不可多得的一块试验田，产生了明显的经济效益、扶贫效益和社会效益。

08

新教育励志　新民风育德　新机制增能

——陕西省旬阳县"三新扶志"激发内生动力创新案例

旬阳县针对建档立卡贫困人口开展新教育励志树信心，新民风育德扬正气，新机制增能强动力的"三新扶志"行动，是扶贫扶志工作的一种创新，有效激发了贫困人口脱贫致富内生动力，为打赢脱贫攻坚战、建立稳定脱贫长效机制提供了精神动力支撑。

一、基本背景情况

旬阳县是国家扶贫开发工作重点县、秦巴山片区县和川陕革命根据地老区县。县内山大谷深、耕地稀缺，贫困面广，贫困程度深。2013 年年底，全县总人口 46 万人，建档立卡贫困人口 4.15 万户 12.79 万人。贫困发生率达 32.2%，处于深度贫困状态。

为有效解决部分贫困群众中比较突出的精神贫困问题，2015 年以来，旬阳县委、县政府认真践行习近平总书记关于"扶贫必先扶志""注重扶贫同扶志、扶智相结合"的重要指示精神，相继出台 20 多个文件，积极探索并不断完善扶贫扶志工作方式，实行扶贫扶志工作"三步走"。2015 年，率先试点开展了"群众说、乡贤论、榜上亮"道德评议新教育活动。2017 年开始，大力推进扶贫机制创新，通过改进帮扶方式，形成有劳才有得、多劳多得的正向激励，树立勤劳致富、脱贫光荣的价值取向和政策导向，推动建立稳定脱贫长效机制。旬阳县的扶贫扶志工作逐步形成了系统化的"三新扶志"工作模式：新教育励志树信心，新民风育德扬正气，新机制增能强动力。

"三新扶志"有效地解决了贫困群众因信心不足、动力不强、乡风不正、能力低下而"不想干""不愿干""不敢干""不会干"的问题，为消除精神贫困、打赢脱贫攻坚战，找到了一把激发贫困群众内生动力的"金钥匙"。

二、主要做法

（一）做实做细"户分四类"——为精准实施"三新扶志"摸清底数、夯实基础

旬阳县对建档立卡贫困户劳动力内生动力强弱状况，采取"户分四类"的方式，进行逐户排查、精准分类，把贫困户分为"放心户""摇摆户""缺志户"和"兜底户"四种类型。同时，对其中的"摇摆户"和"缺志户"，又细分为"缺技缺智户、信心缺失户、精神消沉户、自暴自弃户、攀比争闹户"五种小类。"户分四类"为精准开展"三新扶志"夯实了信息基础，明确了工作"靶向"。

（二）实施新教育——采取"三会两榜一奖惩+后续帮教转化"综合教育方式，帮助贫困群众立志向、树信心、增知识

"三会"，即：（1）培训教育会——在村一级建立"新时代文明实践站"，采取不定期培训教育形式，面向村民和贫困人口开展政策与法治道德宣传、技术培训学习等。同时，采取现场会、小组会、院落会等方式，面向贫困群众开展教育活动。（2）脱贫点评会——以村为单位每季度召开一次。组织联村领导、驻村干部、村"两委"负责人和贫困户，由贫困户对照脱贫攻坚任务清单，汇报脱贫致富项目落实情况，参会人员逐一进行点评。（3）道德评议会——以村为单位每季度召开评议对象主要是"缺志户"（精神消沉户、自暴自弃户、攀比争闹户等）。村道德评议委员会由群众推选的本村老党员、老干部、道德模范、县镇"两代表一委员"、村民代表、创业能人等组成。评议会运用乡村熟人社会的群众性教育监督方式帮助教育"缺志户"转变观念、改变陋习，增强脱贫致富自信心、责任感和主体意识。

"两榜"，即"红黑榜"。对脱贫点评会上评出的脱贫攻坚先进典型，在村内"善行义举榜"上张榜表扬；对道德评议会评出的"缺志户"后进典型，在村内"后进榜"上进行适度曝光，接受群众帮助与监督。

"一奖惩"，即实行奖惩挂钩措施。对自强自立、勤劳脱贫的贫困户，

在产业、就业、创业过程实行激励积分管理制，将激励积分与村集体经济分红、爱心超市、扶贫政策支持、社会捐赠资金分配等挂钩，形成多劳多得、少劳少得的利益驱动机制。对"懒汉户"和"缠访闹"严重的贫困户，暂时停止兑付扶贫产业发展优惠到户政策待遇。

"后续帮教转化"，即对上"后进榜"和"停帮"的贫困户，确定专人继续开展"一对一"的尚德励志劝导教育，促进思想转化，使其自我觉醒、自我转化。对于教育劝导后能积极改正的，停止"后进榜"曝光，恢复各项优惠帮扶政策。新教育活动开展以来，旬阳县共开展专题培训 1100 余场次、脱惯点评会 900 余场次、道德评议会 2775 场次，受教育贫困群众达 6.2 万人次。评议出脱贫攻坚先进典型 3897 人次，帮教转化 1837 人次，有 1440户自愿摘掉贫困户"帽子"。

培育新民风——围绕"诚孝俭勤和"开展六大行动，培养贫困群众健康文明生活方式。

"六大行动"，即：（1）移风易俗行动。以整治婚丧嫁娶大操大办为突破口。以村为单位组建红白理事会，把红白事宜操办纳入村规民约重点内容，明确违约责任和处罚办法，破除陈规陋习，减轻群众经济负担。（2）文化传播行动。重点推进"立家规、传家训、树家风"活动。通过讲述家风故事、交流家教经验弘扬家庭美德。发挥文艺社团、农村自乐班作用，推出优秀文化产品，引导群众求真向善。（3）文明创建行动。突出文明村镇、文明家庭、星级文明户等创建活动。以丰富群众文化体育活动为载体，开展道德模范、身力好人、最美人物等评选表彰活动，开展道德讲堂、事迹宣传、典型巡讲等，用先进典型激励群众的精气神，推动乡风文明进步。（4）诚信建设行动。强调弘扬诚实守信优良传统，加强社会诚信建设。完善诚信"红黑榜"发布办法和农户经济评级授信制度，深化信用户、信用村电、信用镇创建活动，崇尚诚实守信。（5）道德评议行动。发挥村规民约、村民议事会、道德评议会、红白理事会、禁毒禁赌会"一约四会"作用，促进贫困群众文明素质的提升。（6）依法治理行动。以乡村调解为重点，探索出了司法、行政、道德"三力联调"新机制。通过"三力联调"方式讲理说法，疏导情绪，及时化解矛盾和纠纷。2018 年年末，共调解各类案件 3665 件，成功率达 98.6%。

建立新机制——构建"党建＋X＋贫困户"的多劳多得增收激励机制，

引导贫困群众靠自己辛勤劳动实现脱贫致富。"党建 +X+ 贫困户"带贫发展模式的基本内涵是：（1）坚持党建引领，将农村基层党建与经济发展紧密结合起来，充分发挥村党支部在产业发展、就业服务、脱贫致富中的引领作用。（2）"X"是产业化龙头企业、农业园区、农民专业合作社、村集体经济组织等各种扶贫经济实体或市场主体。（3）"X+ 贫困户"即由各种扶贫经济实体或市场主体，通过生产要素流转配置、产业覆盖带动、劳务就业岗位、权益收益分配等途径，与贫困户建立稳定的扶贫带贫利益联结机制。

三、实施效果

（一）有力促进了脱贫攻坚进程

广大贫困群众精神动力的增强，直接转化为自立脱贫、勤劳致富行动，加快了全县脱贫攻坚进程。到 2019 年年底，旬阳县累计脱贫退出建档立卡贫困人口 37995 户、121807 人，贫困发生率由 2013 年的 32.2％下降至 1.47％，实现整县脱贫摘帽目标。

（二）逐步形成勤劳致富文明新风

"三新扶志"使贫困群众接受了传统美德和现代文明的洗礼，受到了教育，转变了观念，改变了陈规陋习。如今，旬阳县"诚孝俭勤和"的新民风深入人心，社风民风向善向好，传统美德得到继承和弘扬。广大贫困群众增强了内生动力，焕发了脱贫热情，坚定了通过劳动创造美好生活的心志。

（三）涌现了一批后进变先进的典型

金寨镇寨河社区贫困户吉某，曾经因贫困自暴自弃、酗酒闹事；吕河镇江店社区贫困户周某，曾经经常无理"缠访闹"，3 年上访 238 次。2015 年和 2016 年，社区分别对他们开展了道德评议。经过帮教，2016 年吉某通过种植烤烟实现脱贫；周某通过养鸡、养猪、养羊、从事蔬菜贩运销售，于2018 年实现脱贫。

四、经验与启示

（一）"三新扶志"为在基层落实"扶贫同扶志扶智相结合"提供了一个有效抓手

"三新扶志"在整个工作内容和运行链条中，均体现了扶贫同扶志、扶智相结合、精神扶贫与物质扶贫相结合，促进了立志向、树信心、崇德善、强动力、增知识、提能力、助脱贫等多重效应融合发挥。

（二）"三新扶志"的系统性、综合性，有效克服了扶贫扶志工作的碎片化

"三新扶志"从户分四类、明确靶向，到"三会两榜一奖惩＋后续帮教转化"新教育和六项行动营造"诚孝俭勤和"新民风，再到改进帮扶方式、构建"党建＋X＋贫困户"多劳多得等增收激励机制，这一多维协同的综合措施，有效克服了部分地方扶贫扶志工作碎片化问题，体现出了对脱贫攻坚中的精神贫困问题"下绣花功夫"进行多维度、全方位的综合治理。

（三）"三新扶志"体现了扶贫扶志与建立稳定脱贫长效机制的有机结合

习近平总书记强调："好日子是干出来的。脱贫致富终究要靠贫困群众用自己的辛勤劳动来实现。"[①] 对于有劳动能力的贫困人口而言，实现稳定脱贫，归根结底，一要靠贫困人口有信心、有决心、有志向，有强烈的脱贫致富愿望和持久的内生动力；二要靠贫困人口有知识、有本领、有技能，有实现脱贫致富的自我发展能力；三要靠好的生产门路，有产业支撑平台，有充分就业机会，有可持续的带贫发展机制。"三新扶志"的工作着力点，正是

[①]　中共中央文献研究室编：《习近平关于社会主义经济建设论述摘编》，中央文献出版社 2017 年版，第 229 页。

围绕这三个方面展开，在工作内容上、具体措施上和目标成果上，体现了扶贫扶志与建立稳定脱贫长效机制的有机结合。

（四）"三新扶志"贯彻自治、法治、德治相结合理念，促进乡村治理体系的完善

"三新扶志"工作落实落地，主要在村组，要在村党支部领导下和驻村工作队支持下，由村民唱主角。通过"三新扶志"，旬阳县逐步改进了农村农民教育方式，发挥了基层民主的正能量，提高了乡村治理水平，为打赢脱贫攻坚战提供了强大精神动力和组织保证。

09

"一镇一业、一村一品"的产业发展格局

——陕西省产业扶贫的"绥德实践"

作为国家吕梁地区特困片区县和全国扶贫开发重点县，作为全省旅游产业扶贫重点县，绥德县委、县政府围绕"党建引领全局、脱贫总揽全局"的总体思路，认真贯彻落实中央、省市脱贫攻坚方针政策，全县脱贫攻坚取得阶段性成效，被省委、省政府评选为"2016 年度扶贫绩效考核优秀县区"，荣获榆林市"2016 年度脱贫攻坚先进集体"称号。

精准扶贫脱贫，如何才能扶到点子上？绥德县委、县政府始终把实现稳定脱贫作为工作的核心，切实让产业发展成为农民脱贫致富的依托。在脱贫攻坚的实践中，从自身资源条件出发，把产业扶贫作为保证贫困人口脱贫不返贫的坚实支撑，大力发展以山地苹果、核桃、红枣、芝麻、蜜香瓜、养殖、文化旅游、特色小吃为主的本地优势产业，初步形成"一镇一业、一村一品"的产业发展格局。同时，把实现稳定脱贫作为工作的核心，使资源变资本、资金变股金、农民变股东，促创业、产业、就业，助力"三农"工作迈上新台阶，让精准扶贫、精准脱贫落到实处，为打赢脱贫攻坚战闯出了一条新路。

一、找准着力点，让产业成为脱贫根本

绥德县崔家湾镇张山村贫困户张某依靠该镇绿源生态产业园区的"借鸡还蛋"帮扶模式，2017 年年初养了 260 个仔鸡，每天给绿源生态产业园区提供 15—10 千克土鸡蛋，由园区以保护价回收，一个月收入 4000 多元，实现了稳定增收，致富有了盼头。

崔家湾镇绿源生态产业园区是一家集吃、住、游、娱、购于一体的乡村旅游场所。2016 年起，园区与所在地崔家湾镇赵家洼、张山等村子的贫

困户实行产业结对帮扶，按照"政府补贴、贫困户认领、公司管理、利益共享"的原则，打造"六借六还""两优先"和"一机制"的帮扶模式。

张某就是依靠"六借六还"中的"借鸡还蛋"模式有了稳定收入——这一模式是由绿源生态产业园区对贫困户养殖蛋鸡、肉鸡，按照仔鸡的成本，政府产业补贴一部分，其余由园区垫支，园区统一向贫困户免费配送鸡苗，签订养殖收购协议，鸡蛋、土公鸡由园区以保护价回收，养殖期满退还园区垫付的本金。园区还无偿提供技术服务，并统一给养殖户购买保险。

绿源生态产业园区负责人刘某介绍，"六借六还"除了"借鸡还蛋（鸡）"，还有"借布还物""借仔还猪（肉）""借苗还果""借树还果""借地还林"，就是围绕六个产业帮扶。"两优先"是优先安排贫困户进公司务工，优先安排贫困户接待来园区写生的艺术家、美术学院学生，提供吃、住及其他服务，由公司确定指导价，贫困户按规定收取相关费用。"一机制"是探索建立"企业＋合作社＋贫困户"利益联结机制，以土地经营权流转"获租金"，将扶贫资金入股企业"变股金"，就地打工"挣薪金"，盘活土地等资源入股企业"分现金"，实现"一地生四金"。

目前，绿源生态产业园区已通过"借仔还猪""借鸡还蛋"与17户贫困户达成合同养猪协议、与23户贫困户达成养鸡协议。累计回收黑毛土猪213头、土公鸡430只、土鸡蛋340千克，贫困户增收72万多元。绿源生态产业园区的"六借六还""两优先"和"一机制"的帮扶模式只是绥德县产业扶贫的一个缩影。

产业是增收致富的"摇钱树"。针对贫困户普遍缺资金、缺技术、没能力承担风险等现状，绥德县把精准扶贫工作的着力点放在产业这个"根"上。得天独厚的自然条件，使绥德县不仅成为栽培山地苹果的优生区，还是最好吃的山地苹果生产区。作为传统产业，绥德山地苹果从20世纪50年代就开始栽植。近年来，绥德山地苹果的知名度逐渐提高，被省果业局认定为陕西省优质山地苹果生产基地县，山地苹果远销到俄罗斯、缅甸、泰国、越南、蒙古等国际市场及周边地区。

绥德县义合镇闫家渠村有249户、726人，家家户户有果园，果园面积达113.33公顷，年产量近200万千克，年产值600多万元。经过不断探索、实践，闫家渠村形成了"支部＋合作社"的产业发展模式，推动苹果产业高效发展，带领群众脱贫致富。2016年，闫家渠村苹果产业收入人均达到

7100 元，占农民人均纯收入的 60% 以上。

"农民要致富，必须要有一定的产业为基础。"闫家渠村马书记绍，"今年果树挂果比去年多，按照每千克 4.6 元来卖，个别农户家庭收入 10 万元都不成问题！"

在闫家渠村支部委员会，一排排红色获奖证书"炫耀"着种植优质苹果的"辉煌战绩"："2014 年，绥德金冠苹果荣获第七届洛川国际苹果博览会优质苹果金奖；2014 年，全国博览会'鼎盛果业杯'果王大赛，绥德富士苹果荣获果王大赛一等奖；2014 年，榆林市第三届山地苹果品评会上，绥德寒富、中秋王、富士、金冠苹果都斩获金奖。"马书记欣喜地说。

赵家坬山地有机苹果产业园区位于该县芇园便民服务中心赵家坬村，距离县城 9 千米。2020 年，村委会整合村民土地 466.67 公顷，相邻两镇 7 村土地 266.67 公顷。园区将计划投资 1.2 亿元，打造全省领先、国内一流的 666.67 公顷优质山地有机苹果示范园区。规划建设绥德山地有机苹果区、高品位休闲观光区、规范化畜禽养殖区、高质量农副产品加工区四大板块，建成集种、养、加一体化的休闲观光旅游、美丽乡村田园的现代特色农业示范园区。园区建成投产后，预计年产值达 1.5 亿元，其中苹果产值 9600 万元以上，将带动精准脱贫 378 户、900 人。

近年来，绥德县委、县政府不断推进核桃产业化进程，使其逐步成为贫困人口增收致富的支柱产业之一。

多年来，满堂川镇圪针湾村村民守着青山绿水，却无法致富，不少农民因依靠土地无法保障一家人正常生活开支，不得不外出打工。如何将荒山坡利用起来，让村民有事干、干成事，增加收入？

县镇干部通过多方考察调研，科学分析圪针湾村的土壤、气候、温度、湿度、日照等生产要素，科学论证，敲定利用荒坡地发展核桃种植，并结合绥德县产业扶贫发展思路，为村里制订了核桃产业发展规划，确定建设 666.67 公顷优质核桃示范园。

种植核桃，村民一没经验，二没技术，很多村民处于观望状态。2012 年，村支书曹某带头流转土地，栽植 33.33 公顷核桃。他还发动村组党员干部走村串户，宣传政策；发动村民小组，组织群众种植核桃。666.67 公顷核桃园土地涉及农户众多，村与村的土地相互交错，制约了土地流转和产业规模发展。圪针湾等 7 个村"两委"建立了圪针湾中心党支部。圪针湾中心党支部大胆创新，围绕"园区＋合作＋中心党支部"的模式，按照"统一规划、土地整合、配套跟进"的项目和产业发展思路，履行"组织保证、协调服务、教育管理、引领带动"的职责，发挥中心示范带动作用。曹书记说，围绕"支部引领、产业支撑、抱团发展"的思路，圪针湾"666.67公顷核桃示范园"建设项目成立由支部书记兼合作社法人的农民专业合作社，采取土地流转给合作社或以股份的形式参与到合作社当中来，也可以自行发展园区统一规划发展的产业。

在核桃示范园建设过程中，政府想农民之所想、急农民之所急，帮扶666.67公顷核桃示范园硬化了生产道路、对农民进行技术培训、提供农药、建设灌溉设施、提供苗木和化肥等服务。通过土地"流转、入股、代管"的经营方式。2016年，核桃示范园已流转土地170.67公顷，入股124公顷，代管108公顷，农户直接管理576公顷。2016年年底，户均核桃单产收入达3800元。

据介绍，绥德县核桃产业发展按照"一中心、两园区、多点面"格局安排部署。"一中心"是指形成以满堂川镇为代表的核桃栽植中心，辐射带动薛家河、吉镇、中角、义合、芪园等镇（中心）；"两园区"是指崔家湾镇核桃标准示范园区、名州镇裴家峁创新林果园区；"多点面"是在稳步发展核桃的基础上，逐年建成核桃示范点。目前，该县核桃面积6666.67公顷，涉及全县15个乡镇、160多个村。

绥德县委书记李某说："产业扶贫旨在变'输血'为'造血'，绥德县产业扶贫基本遵循宜农则农、宜林则林、宜养则养，综合施策、精准施策的原则。"

二、抓"三变"、促"三业"、助"三农"

绥德县四十里铺镇高家沟村按照"土地流转、村民入股、共建合作、产业致富"的模式，截至2017年，流转了全村90%的土地，整理土地166.67公顷。按照规划，该村将逐步引入大棚种植以及山地苹果、黄芪、油用牡丹和药用芍药等产业项目，带领村民走出脱贫致富的新路子。

高家沟村距县城27千米，山大沟深，自然条件差，经济发展相对缓慢。全村共有4个自然村，435户、1380人，总耕地面积296.67公顷，其中退耕还林面积 112 公顷。经过调研和学习，在与村民达成共识后，高家沟村相继成立了慧泽种养殖农民专业合作社和盛德利种养殖农民专业合作社，确定了三种发展模式：以发展生态为主要目标、合作社投资、村民土地入股为主的"生态＋合作社＋农户"发展模式；合作社租赁村民土地的发展模式；对既不入股又不租赁的农户，合作社对土地进行治理后按村民原有土地面积，集中连片为其划分土地的模式。

2017 年，高家沟村有 6 个村民小组、240 户农户与合作社签订了合同，合作社占 51% 的股份，村民共占 49% 的股份。前期产业基础设施建设由政府支持、合作社垫资。如果赢利，由合作社分配红利；如果不赢利，村民只赔地不赔钱。此外，合同上还明确了有效期限、股权分配、管理模式，并对入股的村民实行"四优先"——种地优先、雇工优先、项目优先和政策扶持优先。

为帮助村民树立"脱贫先立志、致富靠自己"的意识，高家沟村的驻村工作队——绥德县委办公室邀请榆林市科协、园艺站专家为村民作苹果栽培管理与大棚蔬菜种植的讲座；村"两委"班子和新成立的慧泽、盛德利两个农业合作社的负责人多次带领村民代表前往米脂县高硷村、高西沟村，以及本县的农业园区考察产业发展的利润空间、研究产业种类的适宜程度，村民们树立起了高家沟村产业大发展的信心。土地流转后的高效使用是高家沟村发展产业的关键。该村在现代化农业大棚种植方面拟定三种发展模式：一次性投资模式，买断大棚 15 年的使用权；租赁模式，租赁合作社的大棚进行种植；入股模式，主要针对贫困户，贫困户将政府补贴的 5000 元作为入股股份，按持股比例分红。大棚确定了四种租赁价格，即市场价 3000 元、村民价 2500 元、贫困户价 2000 元、贫困户加贷款价共 1500 元。

目前，高家沟村用于产业发展的土地面积达到 166.67 公顷，其中平整土地 80 公顷，修建日光温室大棚基地 20 公顷，新栽植新品种山地苹果 93.33 公顷、4.2 万株，两个合作社共投入资金 400 余万元。基础设施方面，修通了 7.8 千米通村公路，修建了 520 平方米的村委会办公楼，安装太阳能路灯 60 盏，硬化文化广场 1800 平方米。

由于高家沟村毗邻道教旅游胜地祥云山，该村远期规划以高家沟村为中心，辐射周边丁王家沟、赵家渠、王家墕等 8 个村，依据实地条件建设成为 666.67 公顷高标准山地苹果示范基地、千座标准现代化瓜果蔬菜日光温室大棚、66.67公顷新品种葡萄示范园，将以新型农业发展带动旅游产业建设，打造集中连片、功能齐全、模式新颖的祥云山道教旅游胜地。

资源变资产、资金变股金、农民变股东的"三变"改革由点及面、由浅入深，迅速刷新着绥德县传统农业的组织结构、发展形态，成为绥德山梁沟峁最亮丽的风景线。同时，"三变"改革促进了创业、产业、就业，助力该县"三农"工作迈上新台阶，使精准扶贫、精准脱贫落到实处。

走进位于名州镇裴家峁村的绥德县创新现代农业园区，只见黄土峁梁上，一层层绿色梯田像缎带一般飘动在山上，一座座温室大棚在山间整齐排列，养殖场、采摘果园、农家乐、大型水上游乐园点缀其中。

绥德县创新现代农业园区距县城约5千米，占地面积近166.67公顷，总体规划是以生态农业、设施农业、特色农业开发为主攻方向，以陕北黄土农耕文化、民俗传统文化、饮食娱乐文化等为精装衬托，打造成陕北黄土丘陵沟壑区现代农业综合示范基地，周边县、市城镇居民体验农事、休闲度假的旅游胜地。

2014年，创新现代农业园区被榆林市政府列为市级农业园区，2015年，被省政府列为省级现代农业园区。绥德县农业局杨局长介绍，创新现代农业园区在建设中具备四大优势：一是建设主体是裴家峁村委会，在总投资中，政府投资3000万元用于设施农业、水、电、路、绿化等基础设施建设，村委会投资3000万元用于土地流转和整合，企业和个人投资6000万元用于种植、养殖、农家乐和水上乐园等项目投资；二是园区规划的166.67公顷土地全部流转在村集体下属的创新农业发展有限公司，便于整体规划，统一开发，有利于招商引资；三是园区与市场相互促进，形成了产、储、销一体化的产业链；四是运作模式鲜活，构建了政府引导扶持，集体协调服务，企业投资开发，村民长期受益的良性发展机制。村民的土地既得租金，又参与入股分红，示范带动效益非常突出。园区每年可安排剩余劳动力300多人，其中贫困人口100多人，共计80多户，可向社会提供优质安全的无公害水果、蔬菜、蛋奶2000多吨，经济、社会、生态效益非常明显。

绥德县委、县政府注重发挥农业园区和农业合作社等新型农业经营主体的作用，引导农业园区和合作社先行建设设施大棚等基础设施，吸纳贫困户参与产业经营，实现了产业扶贫"造血"的目的。

2018年以来，绥德县建成现代农业园区59个，其中省级3个、市级7

个、县级 49 个，形成了以省级园区为支撑，市、县级园区为依托的三级园区集群发展格局和种、养、加、销一体化园区建设体系，使产业规模不断扩大，产业引领作用日益凸显，培育起一批具有绥德特色的农业品牌，成为贫困户持续稳定增收的致富产业。

三、八种扶持模式打好组合拳、发力拔穷根

产业扶贫必须落实到扶贫这一本质属性上来。为了打赢脱贫攻坚战役，绥德县全面落实脱贫攻坚各项举措。在组织和机制方面，成立由县委书记、县长负总责，常务副县长分管扶贫的领导机制，每个镇、每个贫困村都有县级领导和部门正职包抓，着力夯实"八办两组"工作职责并制定具体实施方案，实行脱贫攻坚"周调度、月推进、半年考评"制度，确保了脱贫攻坚各项目标任务有序推进，形成全县齐抓共管的大扶贫格局。

在考核和问责方面。绥德县委印发了《绥德县"第一书记"、驻村工作队、包村干部和村"两委"干部管理暂行办法》，进一步明确"四支队伍"职责，切实加强管理。成立由 4 名人大专职委员任组长的四个联合督查组，每个督查组定期要评选出 1 个优秀县直部门、乡镇和 3 个优秀驻村工作队、第一书记，同时，还要评选出至少 1 个较差部门、1 个较差乡镇和至少 3 个较差工作队、3 个较差第一书记。对连续三次考核中被评为较差的镇、部门、驻村工作队和第一书记，启动"三项机制"予以严肃问责。同时，县委制定了脱贫攻坚"五条铁律"，印发了《绥德县脱贫攻坚工作责任追究暂行办法》，进一步严明纪律，加强责任追究，保障全县脱贫攻坚工作顺利推进。

绥德县姬县长介绍，该县坚持把产业扶持作为实现贫困户永久脱贫的有力抓手，制定并出台了产业精准扶贫实施方案和实施细则，先后召开三次全县产业脱贫现场观摩会。重点从点菜式扶持、务工扶持、配股扶持、培训扶持、创业扶持、电商扶持、借还扶持和光伏扶贫八种扶持模式上狠下功夫，形成龙头企业、合作社、中小创新和电商企业共计 600 多家。

机制在于探索，模式在于创新。因地制宜，选对产业，才能栽下"摇钱树"。绥德县石家湾镇前湾村不断完善产业扶贫机制，大力引导企业和农户开展深度合作，推行"企业投资＋基地带动＋合作社技术辅导＋农户"的经营发展模式。通过招商引资，引进榆林市绿丰生态农林发展有限公司投

资建成石家湾镇油用牡丹文化产业示范园区，园区采取"公司＋农户"的合作方式，带动当地贫困户发家致富。

石家湾镇前湾村采取"借苗还籽"模式带动贫困户脱贫致富。"借苗还籽"是由公司向有劳动能力、愿意种植牡丹的贫困户发放牡丹种苗，提供专业技术辅导，并签订牡丹种子回收合同，待开花收籽后，以不低于市场价格进行回收。以此来鼓励周边农户积极发展牡丹种植业，扩大牡丹种植基地规模。同时，对已经将土地流转的有劳动能力的农户，吸收其为牡丹园区工人，这样一来，农民既是种植大户，又是产业工人，既有了土地流转收入、种植收益，又增加了工资收入，极大地带动了贫困户脱贫致富，也为公司后续发展牡丹产业打好稳固基础，实现双赢。而且，种植油用牡丹的效益是种植常规农作物效益的 10 倍以上，且油用牡丹属一次种植多年收益，使贫困户走上了可持续的增收致富之路。

该村还采取"公司＋农户"的模式带动贫困户脱贫致富。由榆林市绿丰生态农林发展有限公司投资 300 余万元，对全村的土地进行流转，重新规划整合。栽植 2—50 年生牡丹 190 万株，牡丹园区的建成，将间接带动 300 多户群众及贫困户通过发展餐饮、住宿、运输及零售业等实现增收致富。同时，该村还利用荒山草坡，种植山地苹果 23.33 公顷，利用现有资源和条件，引导群众发展生猪产业。通过整合土地资源，对村中 123 户危房集中安置搬迁。

2018 年以来，绥德县按照因地制宜培育特色产业、因户施策落实帮扶措施、政策跟进强化精准受益的总思路，把产业扶贫作为保证贫困人口脱贫不返贫的坚实支撑，抓好"产业覆盖、精准帮扶、联结机制"三个关键，支持贫困户发展种植业、养殖业、农副产品加工业、乡村旅游业，支持电商、光伏、冷链、仓储物流等新型扶贫产业，拓展"订单农业"，努力形成"一村一品、一户一业"格局，确保全县有劳动能力的建档立卡贫困户根据自身特长和意愿建起具有稳定收入来源的中长期产业，产业扶贫让 14868 户、36184 名贫困人口受益。绥德县委、县政府带领各镇、村创新性地运用政策，"一镇一业""一村一品"产业扶持真正让群众多年来的脱贫梦想，以看得见、摸得着的形式成为现实。

10

"党建 + 旅游 + 扶贫"融合发展
铸造海岛桃花源

——海南省琼中县红毛镇什寒村的"醉美"变迁

在海南省琼中县的群山深处，隐藏着一个美丽而神秘的村庄。从红毛镇出发，沿蜿蜒曲折、陡峭狭窄的山路攀行 9 千米，便看见一道山门。循着山门而入，地势逐渐平坦，景色宜人、风光旖旎——这便是什寒村，它被人们亲切地誉为"天上什寒"——海南岛上的桃花源。

什寒，这个曾"养在深闺"的偏远、贫穷村庄，经过多年的发展，一举成为"最美中国乡村"，吸引了众多慕名前来的游客。她经历了一场怎样的蜕变之旅？是什么让这座隐藏在大山深处的古寨村落散发出日益迷人的风采？

一、基本背景

琼中黎族苗族自治县位于海南中部山区，地处生态保护核心区。什寒村坐落在黎母山和鹦哥岭之间，海拔近 800 米，是海南省海拔最高的村庄之一。整个村庄分为冲沙、什托、元也和苗村 4 个自然村，居住着黎族、苗族同胞 500 余人。村里与外界相连的只有一条蜿蜒的山路。

由于地处高山盆地，海拔高、温度低、昼夜温差大，橡胶、槟榔等常规作物在什寒村难以种植。村民虽然守着青山绿水，日子却甚为贫苦。2009 年之前，什寒村的人均年收入一直徘徊在 900 元左右，是琼中最偏远、最贫困的村庄。

随着海南国际旅游岛建设步伐的加快，海口至琼中高速公路的建设与贯通，使琼中迎来了前所未有的机遇。为改变什寒村的贫困面貌，近年来，琼中县立足实际、革新理念，积极探索基层党建与乡村旅游结合，提出以基层党支部为核心，依托村级组织活动场所设立"党员驿站"，以"服务群众、服务党员、服务游客"为宗旨，以什寒村作为试点打造"奔格内"乡村自由行旅游品牌，通过实施生态旅游脱贫工程，走出了一条具有琼中特色、符合琼中实际的"党建＋旅游＋扶贫"的新路子，用实际行动完成了一份美丽的答卷。什寒村2013年被评为"最美中国乡村"，2014年被评为"中国最美乡愁旅游村寨"和"全国生态文化村"，2014年被国务院评为"全国民族团结进步模范集体"、被国家农业部评为"最美中国休闲乡村历史古村"。

二、主要做法

（一）筑牢战斗堡垒，圆党员"基层阵地梦"

无论你从哪个方向进入琼中，在国道海榆中线、营万线、乌那线等主要干道上，都能看见一个个由红、黄、蓝三种颜色组成的标识牌——琼中党员驿站。党员驿站所在地飘扬的国旗、闪耀的党徽会清晰、醒目地告诉你，这里就是中国共产党作为执政党最基层的农村党组织所在地，也就是人们习惯所说的村级组织活动场所。

党员驿站是琼中县委以基层党支部为核心，以党员、群众、游客为服务对象，为进山游客提供餐饮、住宿、露营、探险、爬山等旅游服务。2010年，随着中央第二轮村级组织活动场所建设热潮，以及海南国际旅游岛建设步伐的加快，琼中县委在充分调研的基础上，提出要以村级组织活动场所建设为契机，结合推进行政村"村墟"和"山区旅游客栈"建设，要用三年实现琼中农村基层党建"三个台阶——打基础、强服务、创品牌"的跨越。2013年1月25日，省委组织部部务委员和县委书记共同为琼中党员驿站揭牌，标志着琼中党员驿站踏上了品牌化、全覆盖的新征程。

"以前村里根本没有活动场所，要开会商量个事情得到干部家里去，或在村口的大树底下，像打游击一样，很不是滋味。"回忆往事，什寒村原党支部书记直摇头，"很多时候还要怀揣着公章办公，这样我们村干部每次召集党员群众开会的积极性都不高"。也有群众坦言："以前要办事，都要到田间地头找人，有时候还找不着人，来来回回折腾，耽误了事情。"

但这一切，在建起了党员驿站后有了大变化。崭新的两层小楼，并配备有球场、舞台等设施，足以满足平日村里的办公和开展各种活动的需要。"有了活动场所，村干部召集党员群众开会商量事情有固定的地方，党员群众开会勤了，开展活动也多了。"谈起变化，黄某欣慰地说。

创新永无止境，探索永不停歇。为进一步拓展以党员驿站为载体的服务型基层党组织理念，琼中对党员驿站服务内容进行再探索、再梳理、再整合，积极开展"5＋X"系列进村服务活动，"5"即五项常规活动，包括科技进村、文化进村、卫生进村、法律进村、金融进村；"X"即结合具体实际开展的特色活动。

如今夜晚走进什寒，可听到一首首欢快的民族音乐和舞曲声，看到踏歌起舞的黎苗群众。"以前天黑后，男人聚在一起喝酒，女人围着打麻将，孩子没人管，夫妻、婆媳、邻里之间经常因为喝酒、打麻将吵架，现在大家都跟着舞蹈队一起出来跳舞，健康又愉悦。"谈起党员驿站带来的变化，村民脸上洋溢着幸福。

党员驿站"5＋X"功能的拓展，促进了家庭和睦、邻里和谐，拉近了干部群众的距离，更是除掉了许多不文明的乡村土习气，为群众提供了积极向上的交流、沟通、娱乐平台，让他们在富美乡村建设中焕发生机，增强活力。

从此以后，什寒村党支部从涣散走向凝聚，古寨开始展露新颜，时任什寒村党支部书记也因此荣获海南"最美村官"称号。

（二）守护美丽家园，圆远方来客"诗意栖居梦"

正如19世纪德国诗人所说："当人的栖居生活通向远方，在那里，在那遥远的地方，葡萄闪闪发光……"而森林茂密、溪流缠绕的什寒村正是这样一个让人"抵达远方、诗意栖居"的人间仙境。

什寒村地处海南三大河流之一的昌化江流域，五指山北面，区域内的空气每立方米含3万至4万个负氧离子，是名副其实的"天然氧吧"，有着丰富的生态旅游和健康养生资源。

如何既保护生态、守护美丽家园，又合理开发旅游资源、带领村民脱贫致富？琼中县委、县政府在反复调研的基础上，提出了"富美乡村"的原生态保护开发计划，全面推行"党建＋旅游＋扶贫"模式，让全村党员群众成为建设家园的主人翁。

为让游客体验"久在樊笼里，复得返自然"的惬意，什寒村本着道法自然的原则，坚持"居民零动迁、生态零破坏、环境零污染"的改造标准，最大限度地保留村庄原有的田园风光和黎苗文化。县委、县政府先后整合各类涉农资金 2000 多万元，投入什寒村的景观景点、文化广场等基础设施建设和环境改造，为这个"天生丽质"的村庄"梳妆挽面"。修建了长达 12 千米的环村步行道和绿色自行车道。村民的居所也是依照原有结构和风貌，略加修葺，白墙青瓦掩映在青山绿林中，墙上画着黎锦图案的是黎家的屋子，屋顶两侧有仿制牛角屋子内住苗族子民。

如今，什寒村出落得越发清新动人。在这里，村庄是安静的，院落里飘着花果清香，古树下，秋千轻晃，孩童嬉戏。依山平地上，稻田在四季的轮替中变换着色彩，从嫩绿到金黄，于不经意间悄然过渡。横贯稻田的小栈道连接着村子和"奔格内"广场。每年六月，稻谷熟透的时节，金黄的稻谷铺满广场，一旁的廊道里，苗族女子三三两两坐在那里，聊着家常，织着苗绣，偶尔用耙子翻翻谷子。时光在这里似乎是静止的，缓慢、悠长、安宁。

什寒村在旅游开发中，精心守护着这片净土，让每一处建筑都融进山野，成为天然的美丽景观；让每一道景观，都自然天成，不留雕刻的痕迹，切实让远方来客感受到栖居的诗意。"在那里，一大早就会被公鸡叫醒。推开门窗，云雾在山间流淌。深吸口气，满嘴都是云雾的味道。若是沐浴着阳光，在林间小道穿梭前行，听鸟鸣，闻花香，更是被山谷之静美所彻底融化！"来什寒村的游客说道，对优良的生态环境总是赞叹不已。

为更好地提升游客的旅游体验，什寒村与时俱进，2014 年，启用了琼中首家村级旅游服务中心。2016 年，又实现了 Wi-Fi 网络全覆盖，游客们可以随时随地在微信朋友圈上传什寒村的美景美食。口碑是最好的"广告"，互联网上一张张美图的传播、一段段美文的分享，让什寒村美名远扬。什寒村也终于以自己的质朴之心、智慧之举，实现了保护与开发、传统与现代的完美结合。

（三）传承民俗文化，圆游客"黎苗文化梦"

什寒不仅有丰富的绿色生态资源，更为重要的是，它是海南为数不多的黎族苗族混居村落，黎苗文化底蕴深厚。村里不仅保存着较好的黎族苗族传统民居特色，神秘而富有情调的黎苗婚俗、"三月三"、苗族冬至节等传统习俗也原汁原味地保持至今。

琼中县委、县政府根据什寒当地民俗特色，深度挖掘黎苗文化内涵，策划丰富多彩的乡村旅游产品，打造别具特色的"奔格内"乡村自由行品牌。2012 年 7 月 21 日，一块刻有"'奔格内'什寒客栈"的木牌挂在了什寒党员驿站广场前的柱子上，木刻的牌子充满着原生态的气息，一排排黎苗族特色的旗帜迎风招展，似乎在向远方的客人发出热情的邀请。

"奔格内"的原意是黎语"到这里来"，但其深层次内涵可以理解为随心、随性、随意，奔向自由。就像"好客山东"品牌表示当地人热情好客善良，"奔格内"品牌寓意游客来这里可以放松、回归，充分享受"吃农家饭、住农家屋、干农家活、享农家乐"的自由自在。

"吃"：挖掘黎苗传统特色饮食，鼓励和扶持有条件的农户经营黎、苗农家乐，让游客品尝三色饭、竹筒饭、鱼茶、山兰糯米酒等。

"住"：结合黎苗文化元素，打造民族风情浓厚、简约舒适的"奔格内"民宿休憩场所，开通网上订房系统，让游客尽情感受什寒天然大氧吧的清新和放松。

"游"：结合什寒自然风光、田园、溪流、黎苗风情、传统民居、庭院等资源，让游客参与犁田、插秧、采茶、饲养、种植等农耕活动，体验农家传统劳动。

"娱"：成立什寒农民文艺队，举办周末篝火晚会，表演原生态黎苗歌舞，与游客互动。开展户外拓展活动和少数民族传统趣味体育运动，比如板鞋、射弩、顶棍等，让游客感受黎风苗韵。奔格内广场是什寒村民农闲时吟歌起舞的地方，也是每年三月三节庆中最盛大的黎族苗族婚庆民俗活动的展示场所。每逢此时，广场上总会一丝不苟地重现、演绎着欢乐的迎亲嫁娶的戏码，最原味的民歌在山谷间萦绕、回荡，最热情的舞蹈在蓝天绿野间炫出不羁的节奏。山外的游客齐聚一堂，围拢而坐，体验一段神秘的民俗文化，感受一段美妙的嘉年华时光，开怀的笑声此起彼伏，这样一种不同文化相融、相敬、相惜的美好记忆，被许多人铭记。

（四）坚守共赢理念，圆村民"脱贫致富梦"

打造幸福家园首先要农民幸福。为实现农户"增资产、增就业、增收入"的目标，什寒创新经营模式，通过合理分享利益，形成了"政府＋公司＋农民合作社＋农户＋品牌＋基地"的新模式，政府负责编制乡村旅游规划、设计旅游路线、完善基础设施建设、优化发展环境、招商引资等；县旅游总公司负责跟踪指导、经营管理和商业运作以及搭建资本运作平台；农民合作社负责民宿日常管理、组织黎苗歌舞演出、农副产品加工销售、提供住宿餐饮等；农户负责维护和修缮各自的传统民居和环境卫生等。

"我家拿出多余的一间房作为民宿，公司负责装修及日常维护。如果有客人来住，每晚100元，我们可以得到60元。"一位李姓村民说。县旅游总公司将什寒村空闲农舍和学校旧址，改造成标准化驿站、客栈、民宿、露营地等，携手什寒农民合作社统一经营管理，经营收入60%归农户、35%归投资公司、5%归村集体，最终使农户获利增收。

村里客栈、民宿、露营地所需的服务员、保洁员均由什寒村村民担任，实现了村民就地安置、就地就业。村民小王在村里的茶吧上班，他说："每个月800元，加上文艺队演出所得，一个月1500元是有的，也不耽误家里的农活。"村民周末和节假日忙着接待各地来的游客，平日里干农活、养鱼、养蜂、种植石斛。

古寨的发展，让村民在家门口拾起了自信。村民王夫妇就在村子里搭起简易摊位，做起了土特产的生意。铁皮石斛、灵芝和鸡血藤等土特产不出村就成了抢手货，游客们"淘"得开心，村民们自然也笑得合不拢嘴。旅游公司还推出"什寒山珍"系列农特产品，将铁皮石斛、蜂蜜、山兰米等进行统一包装，在游客服务中心、网上微店等线下线上实现统一定价销售，并将20%的销售提成和销量奖励返还给村民。

通过利益共享机制的建立，什寒村充分调动了村民的主人翁意识，全村100户村民都不同程度参与乡村旅游经营。

农家乐饭店、土特产店、茶吧、烧烤园，村民开的店从无到有，已发展到 18 家，民宿也发展到了 27 间。什寒村旅游收入速度突飞猛进，势头良好。自 2013 年 8 月正式开门迎客以来，累计接待游客 15.8 万人，实现旅游收入 1973 万元，村庄旅游从业人员达 300 人，占全村人口的 57.6%。

外出务工的村民也陆续回村参与家乡建设。村民王某的女儿以前在琼海当导游，过年回来看到村里的变化，自愿留下来帮助父亲发展生产，准备好好发挥自己的导游特长，为家乡建设出一份力，共享发展成果。

三、经验与启示

什寒村的"党建＋旅游＋扶贫"融合发展之路，助推了"奔格内"乡村休闲旅游，突破了"美丽乡村"建设的原定思路、"撒胡椒面"的陈旧窠臼，有效盘活了扶贫资源，带动了脱贫积极性，产生了显著的扶贫效果。从什寒的脱贫之路可以得到许多启示。

（一）党建引领、筑牢战斗堡垒是生态扶贫的坚强保证

遍布琼中大山之中的村级组织活动场所是党的基层政权物化象征，建设之初便融入的"山区客栈"理念使其成为山区旅游基础设施的第一选择。随着党员驿站服务品牌在村级组织活动场所的全覆盖以及服务游客理念的确立，基层党员干部成为山区旅游服务的"先行兵"，由此依托村级组织活动场所设立的党员驿站串起了藏在大山中的旅游资源，让村级组织活动场所充当乡村旅游中咨询、露营、补给的多功能角色，在一定程度上也使村级组织活动场所的功能和效益最大化，形成基层党建和乡村旅游发展融合的服务体系。

（二）道法自然、保护性开发是生态扶贫的必由之路

越是自然的，越是美丽的。旅游追求回归自然，田园风光是发展乡村旅游的重要资源，是城里人寻找"乡愁"、放牧心灵的重要依托，因而也是乡村旅游的独特买点。什寒村科学开发，坚持"居民零动迁、生态零破坏、环境零污染"的改造标准，尊重山水环境的自然性、景观的多样性和层次的

丰富性，既保护了原有的自然、生态和文化环境，也增加了自身的独特魅力，实现了开发与保护的动态平衡。

（三）传承文化、差异性竞争是生态扶贫的重要选择

越是民族的，越是世界的。我国千百年的农耕文化积淀形成的生产方式、生活习俗、民族风情和传统节庆构成了乡村独有的文化特性，这种"俗"味对于现代人弥足珍贵。什寒村的成功在于其找准了文化定位，让游客参与和体验乡村民俗活动和原汁原味的农趣，感受黎苗民俗文化的无穷魅力。因此，各地实施旅游扶贫，应立足地方特色，注重对乡村历史和风俗的挖掘，提升文化内涵，选择有特色的村庄进行别具匠心的打造，形成竞争优势。

（四）合作共赢、确保村民利益是生态扶贫的根本目的

什寒在政府引导下，统筹整合各类资源要素，为"富美乡村"建设提供了实力支撑。同时，坚持农民主体地位，创新经营模式，通过合理分享利益，激发村民脱贫致富的强烈愿望，吸引家家户户参与旅游业经营。因此，在扶贫工作中，只有充分尊重村民意愿，尽可能照顾其利益和生活习惯，才能赢得支持，形成干群携手、政民合力扶贫的社会扶贫格局，实现早日脱贫致富的梦想。

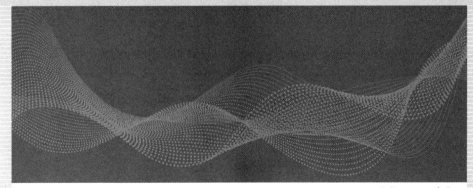

第八篇
一件难忘事

01

命 名 记

——河北省馆陶县毛圈村工作队精准扶贫的难忘事

一个村庄有上百甚至上千年的历史，村名一旦确定就很少更替。不管雅俗，村名都是一个村庄、一个族群的感情寄托和精神"胎记"，是一代代游子魂牵梦绕的灵魂原乡。街巷道路的名字又何尝不是乡村的根脉？

乔书记驻河北省馆陶县毛圈村扶贫四年有余，2019 年，直接参与策划了为当地街道胡同和道路命名的事情。通过命名，传承历史、增强认同、凝心聚气与塑造形象，增强大家扶贫脱贫的精神干劲与风貌。这也成为他最难忘的扶贫故事之一。

一、留住历史根脉：荣茂胡同

坐落在漳卫河西岸的毛圈村，是邯郸市馆陶县南徐村乡一个不到千人的历史小村庄。漳卫河是黄河故道，原名卫河，1942 年与漳河合流后有了现在的名字，它也是河北与山东两省的界河。黄河几度改道冲积而成的优质淤泥使这一带成为历史上修建紫禁城、长城和皇家陵寝等"贡砖"的产地，"先有馆陶砖，后有北京城"的传说就起源于此。

紧傍河堤的毛圈村位于民间传说中"七十二皇窑"的核心区域。2019 年，央视十套《中国影像方志》栏目组曾来毛圈村寻找"贡砖"的踪迹。另外，昔日卫河作为京杭大运河的一段，漕运、商运一度发达，不难想象出那段水光潋滟、百舟穿梭、人鼎沸腾的历史。卫河秋涨，曾是馆陶八大盛景之一。

回溯这些历史时，"长城街""卫河街""金堤街"这些名字浮现在第一书记乔书记的脑海中。事实上，村里一些老房子还在用遗落的"长城砖"做根基，任岁月侵蚀，依然坚如磐石。漳卫河大堤分大堤、二堤预防洪水，到了春天和深秋，堤下闲置地带的油菜花、堤上高低错落的白杨树呈现一片金黄景象，十分壮观。岁月更替，卫河虽然远去，但用"卫河街"来纪念那段历史也有特殊的意义。为此在向村民征求意见时，有人建议把"卫河街"改为"人河街"，这样不仅有人河共生的意思，还寓意"人和"，村干部们决定采纳这个建议。

我国姓氏文化根深蒂固，族群融合须臾未停，小村庄的演进折射着世事变迁。第一书记建议用毛圈村毛、肖、刘、赵四大姓氏命名四条胡同，由于村民早已呈姓氏杂居状态，难以确认那些老宅子、老胡同与姓氏的关联性，最后只确认命名了一条"毛氏胡同"。

毛圈村南有一座保存完好的深宅大院，这里曾走出一位优秀的共产党员——肖某茂，从事地下工作。他虽是富家出身，却投身革命，多次执行与著名民族英雄、爱国将领范筑先的联络任务，新中国成立后在公安战线任职。至今，这带还流传着他策反敌营关键人物的传奇故事。因此，把那条巷子命名为"荣茂胡同"是对他最好的纪念。

村西一条胡同长着两棵树龄百年以上的老枣树，树干斑驳扭曲，依然枝叶茂盛。乔书记便和村里的百姓商量，把它命名为"老枣树胡同"。八十年前，它见证了一段腥风血雨的历史，并替两位农妇受难。那年，日寇在这带扫荡时，走投无路的两位村妇紧急躲进枣树旁乱草掩盖的窨井，才免遭劫难。疯狂至极的日寇为发泄怒火，抽出屠刀向枣树一阵乱砍。年复一年，风雨沧桑，树干断痕犹在，老树却依然开花结果。

二、留住扶贫故事：党恩胡同

乔书记等作为烟草行业工作队，与馆陶县有着不解之缘。早在没有开展精准扶贫工作的十年前，邯郸烟草专卖局就投入近百万元，为一些村子修通了道路、修建了蔬菜大棚、改建了学校。从2016年入驻毛圈村开始，河北省邯郸市烟草专卖局每年都拿出十万余元用于村里的街灯照明、道路修缮等基础设施建设。2019年，乔书记等牵头联系，烟草专卖局出资为全村27个建档立卡贫困户改造厕所，95%的家庭告别了几百年来使用旱厕的历史。现在，所有建档立卡贫困户"两不愁三保障"已经得到解决；村里闲置空地和每家每户都种上了艾草——既可以驱散蚊蝇、美化环境，又可以当作经济作物增加收入。随着经济收入水平的提高，全村240多户村民有一半以上拥有家用小汽车。

鉴于驻村工作队五年的扶贫情义，村庄寺庙那条胡同由此被命名为"善行胡同"，工作队驻地街道被命名为"雁行街"。"善行"是邯郸烟草行业企业文化，"善思善行，善作善成"也是驻村工作队的扶贫理念。"雁行"是邯郸烟草行业服务品牌。《三字经》中"大小戴、注《礼记》、述圣言、礼乐备"所说的"大小戴"即汉代大儒戴德、戴圣叔侄出生在邯郸，"雁行"就出自《礼记·王制》"兄之齿雁行"之句，喻指兄弟。"我成长，也让你成长；我幸福，也让你幸福；我快乐，也让你快乐"是邯郸市烟草行业的服务口号，也是驻村工作队的便民承诺。

驻村工作队三人乔书记、宋某超、刘某在毛圈村都有一段难忘的经历。2017年夏秋之交，扶贫工作"回头看"关键时刻，宋某超崴脚受伤，又恰逢孩子婚事，但他依然忍痛坚守在扶贫一线。2018年12月25日，迎接扶贫考核评估的当口，刘某走访贫困户时被一条恶狗咬伤，注射疫苗、处理伤口后没有休息就又投入了工作。2019年7月9日，乔书记在村里摔伤右脚踝骨，因着急扶贫攻坚任务，术后一个月便持拐返岗。他们三人这种"舍小家为大家"的精神深深地感染着村里的每一个人。经讨论，把邯郸烟草行业捐资助建的那条道路命名为"鑫源路"，有脱贫致富奔小康的寓意。

国家精准扶贫政策的实施为毛圈村的贫困户解决了"两不愁三保障"的问题，贫困户通过享受各种扶贫政策，并在自己的努力下实现脱贫。毛圈村建档立卡贫困户张某勤，老伴去世，独生子患脑瘤，七次住院，两个孙子上小学，只有儿媳一个劳动力。国家扶贫政策让她每年有固定的产业入股分红收入，儿子享有几乎免费的大病医疗，两个孙子享受"两免一补"助学。儿媳景某梅不但有每月400元的公益岗收入，还有在家组装轴承每月一两千元的打工收入。不仅如此，政府还让张某勤一家五口享受了每月900余元的低保。一度对生活绝望的张某勤，逢人就讲党的恩情大于天，因此她居住的那条胡同就被命名为"党恩胡同"。

另一位建档立卡贫困户刘某石，儿媳妇杨某仿在馆陶县扶贫办的推动和帮助下，依托"中国轴承之乡"——山东省烟店镇与毛圈村只有一河之隔的便利，2016年居家办起了电子商务，自己有了每年数万元的经营收入，也带动了本村轴承来料加工业，成为脱贫致富的带头人。当问及为她家胡同命名的意见："电商胡同，智创胡同，更喜欢哪个？"，她思考了一下："智创，扶贫改变生活，扶智创造未来。"

三、留住文化气象：开元街

　　命名即是创世。每一座村庄都有历史，每一条街道都有走向，每一条胡同都有过往，每一户人家都有故事，正如每个生命因为拥有自己的个性"标签"才不会迷失于茫茫人海。如果说村庄名字是一部书的名字，那么街道、胡同和道路的名字就是书的文章标题。有历史内涵、有文化张力、有时代精神、有人文关照的文章才是好文章。2020 年，工作队将以毛圈村"新时代文化广场"命名活动为契机，开展一次"毛圈致富带头人""毛圈能工巧匠""毛圈好人""毛圈孝星"评选命名，让他们的身影和事迹定格在文化走廊的橱窗里。

　　命名即是定义。每个村庄都有自己的精神气质，街道胡同的名字体现着它的来龙去脉和价值取向。以挂牌的方式为街道胡同命名，既是对一个村庄精气神的渲染，也是对每个族群、每个家庭居住地意义的重新定义。它事在今人，关乎去者与来者；看起来是村干部的事情，却涉及所有村民的文化认同与感情归属。通过这次策划与参与命名，乔书记认识到，做好命名这件事情，村干部不能缺位，村里的智者、长者、尊者、文化人更不能缺位；村民代表不能缺位，在外谋职创业尤其是那些有学识、事业有成的人不能缺位，乡级组织、县级相关部门的操舵把关更不能缺位。

　　命名即是期冀。树木花草是村庄的"衣服"和"语言"，用"桐树""柳树""桃园""玉兰""文竹""百合"这些寓意吉祥的植物命名胡同，不会有什么异议；用"福寿胡同"为长寿老人居住地命名，用"勤政胡同"为走出了多名领导干部的巷子命名，不但名实相副，也是一种美好期许。

　　命名即是仪式。习近平总书记说，"人民对美好生活的向往，就是我们的奋斗目标"。[①]当新时代农民为美好生活而辛勤奋斗时，何尝不是一种神圣的仪式；当每一个人带着自己家胡同、街道和村庄的名字向着梦想出发时，何尝不是一种特别的仪式；当包括扶贫干部在内的基层工作者助推一方百姓走向富裕、走向文明时，何尝不是一种庄重的仪式。

---

① 《习近平谈治国理政》，外文出版社 2014 年版，第 424 页。

02

咱们村的孩子不能没有你

——山西省汾西县贫困村"最美乡村教师"的 30 年坚守

有这样一位老师，她放弃了给自己和家人一个舒适温暖的环境的机会，走进山村深处，靠着满腔热忱和一份责任，为贫困乡村的孩子带来自己所拥有的一切，打开了通往山外的窗户。乡亲们都说，村里的孩子，不能没有她。

这些山村，坐落在山西省汾西县沟壑纵横的黄土地上，经受了千百年来风沙洗礼。资源匮乏、深度贫困似乎成了它们的代名词，贫困扎根在一代又一代的村民身上，教育问题成为一堵横亘在脱贫道路上的高墙。"治贫先治愚，扶贫先扶智。教育是阻断贫困代际传递的治本之策。"① 这是习近平总书记对教育扶贫工作提出的明确要求。由于地理位置偏僻、教学条件艰苦，师资短缺、生源不稳、质量不高等问题一直困扰着汾西的乡村学校，为解决偏远乡村孩子的上学难题，2014 年以来，全县共招聘特岗教师 148 名，全部充实到了农村学校，解决了农村学校教师学科、年龄等结构性问题，农村学校教师队伍的整体水平有了很大提高。

在乡村教师的队伍里，一位 47 岁的女教师，扎根山村三十余年，站立于三尺讲台之上，用自己单薄的身躯支撑起一个学校，为一道道寒门打破封闭的枷锁，引领大山子孙脱离贫困走向新世界。一位教师的职责是传授知识，教书育人，而这位老师，更是将自己的青春与精力投入到了一个个小村落，她既是学生们的良师益友，也是他们的"母亲"。

张老师就职于山西省临汾市汾西县佃坪乡东峪村教学点。2019 年 12 月，评估工作组来到汾西县进行评估。为了深入了解乡村教育的现状，同时听取一线工作者对教育扶贫的看法，调研员与张老师在东峪村村部进行了一次专

---

① 习近平：《做焦裕禄式的县委书记》，中央文献出版社 2017 年版，第 232 页。

项访谈。这次访谈，成为调研员们在汾西县最难忘的记忆。

一、初为人师，一腔热血

"父亲挑着米、面、油、盐走了十几里山路，送我到白土洼村"，张老师回忆到"那是我生命里最为光明的道路。"

1990年，张老师高中毕业，到佃坪乡白土洼小学任教。来到白土洼的第一天，张老师看到所谓的"教室"不免大吃一惊——眼前是两间破旧的窑洞，成堆的废墟垃圾，桌凳都陈旧破烂。"也许是刚刚从教的使命感让我暗自决心，一定要把这所小学搞成一个干净文明的小学。"正是这份责任感，让张老师当起了"清洁工"和"修理工"，带着学生把脏乱破旧的两间窑洞收拾成了宽敞明亮的教室，甚至为了修理桌凳花费了自己两个月的工资。打造好教学环境后，张老师开始了自己漫漫的教学征程。由乡村人口分散，每年一间教室有20多个学生挤在一起，包括一、二、三年级和幼儿园大、中、小班。而老师只有她一个。这对刚毕业的张老师来说确实是一个不小的挑战。

"晚上，我睡在土炕上，翻来覆去，憧憬未来，想象着从事教育事业的骄傲，暗下决心，一定要成为学生心目中的偶像，家长眼里的优秀教师。"

带着这样的信念，张老师每天写教案，背教案，做习题，甚至记页码，每一节课都要精心准备。对所有的学生，她都用爱去鼓励他们，有时是一个热腾腾的鸡蛋，有时是一个温暖的拥抱。有些学生独自一人留守在家，她就成为他们的临时"母亲"，吃、喝、穿、戴、生病都由她来承担和照顾；村里大娘生病卧床，她就帮忙料理家务，喂饭喂药……

也许对于一个刚刚毕业，带着使命感投入教育事业的青年教师来说，这样的环境不尽如人意，但张老师没有对自己的选择产生过任何怀疑，她坚持着自己心中的信念，愿意成为一个奉献者，愿意将希望带到山村。她的职业生涯艰难，但头顶是百年不变且耀眼的光芒，正因如此，她才扛起了本不属于自己的担子，扛起了那些贫困家庭的一部分重量。

"调离白土洼的时候，我和大娘抱头痛哭，难舍难分。时至今日，每逢过节，我都要去看望她。"

二、艰难岁月，负重前行

1994 年，张老师的儿子出生了。

"回忆起儿子的成长经历，我的心都要碎了！"

上课时，张老师用一条带子将孩子系在办公室的炕上。下课了，赶紧去看看，换换衣服，洗洗澡，喂喂奶。上课时间到了，又匆忙去上课。孩子大一些了，张老师就把他领到教室里，给个本子、铅笔让他乱写乱画自己玩。

1999 年，张老师调到西掌小学。

"那会儿，丈夫患上了坐骨神经痛，衣服不能自己穿、自己脱。每天早上我要给他穿衣服，晚上要脱衣服，还要扶他上厕所。"

在一学期一次的期中统考前一天下午，张老师刚满 4 岁的儿子一不小心从炕头掉到地上，胳膊红肿，孩子又哭又闹，邻居劝她赶快去县医院拍片检查，可想到第二天一大早就要带学生去山云小学考试，学校里又只有她一个老师，为了不耽误学生们的考试，张老师决定考完试再去医院。"晚上，儿子胳膊肿得像个老茄子，我抱着儿子，他大哭，我小哭，坐在炕上盼天亮。好不容易天亮了，背起儿子，带着学生，考完把所有学生安排回家就赶紧进城。检查结果出来一看，儿子的胳膊骨折了。这样的双重打击令我泪流满面，心如刀绞，浑身酸软，几乎要崩溃了。可是，我知道，我不能倒下，坚强可以战胜一切。"说到这里，张老师不由得哽咽起来："对儿子我一直心怀愧疚，但令我欣慰的是我的丈夫和孩子都很理解我，支持我的工作，听到村民们叫我老师，他们都为我感到开心。最难的时候有想过放弃，但我舍不得孩子们，我知道他们需要我。"

一桩桩的小事，成为张老师对于佃坪乡最难忘的记忆，也树立起了村民脑海里张老师的形象：朴实、温柔、阳光、善良、负责。张老师的一天中，作为妻子的时间很少，作为母亲的时间很少，作为子女的时间很少。但作为村中学生们的老师，她付出了自己仅有的时间和略显单薄的身体，在学生眼里，她是自己人生的领路人。

三、屡获奖励，实至名归

"我照料了一批又一批的学生，看着他们走向新的学校，走向社会，彻底脱离了贫困，为家庭、为国家做着自己的贡献，他们就像我的亲生孩子一样，我每时每刻都在牵挂着他们。"

姜某燕是勃香镇庙洼村的孩子，在她4岁时，村里学校被拆除了，父母就把她寄宿在张老师家，一年只有寒暑假回两次家，其余时间，吃、喝、穿、戴、生病都由张老师来承担和照顾，从2003年9月1日到2009年6月30日，一住就是6个年头。"姜某燕就好比我的女儿，每年寒暑假都来我家住。去年，她妈妈去世了，今年孩子高考，我去县城租了一间宾馆，照顾了孩子3天。"

苏某博是勃香镇圪塔村的孩子，4岁时，父母离异，孩子随了父亲，同年腊月，奶奶脑出血去世了。无奈之下，父亲把他托付到张老师这里，一住就是3年。有一次，苏某博吃坏了肚子，一连三天往裤子里拉。那会是冬天，衣服洗了干不了，连换的衣服都没有，张老师就去周边邻居家给他借衣服穿。有时拉到被子里，张老师给他拆洗被子，"类似的事情还有很多。孩子们都是很小年龄就和我同吃同住。如果伤风感冒了，我给他们请医看病。寄宿在我家的孩子，其实就像自己的亲骨肉。"

"30年来，凡是天气刮大风，下大雨，所有学生都在我家吃饭；大热天，给孩子们一个个倒水喝；有个头疼脑热，就背着孩子送他们回家，再抽空去看望，了解病情，补习功课。"

一分耕耘一分收获，张老师的教学得到了学校和村民的认可，多次被评为省级、乡级模范教师，还当选为村妇联主任和人大代表。2018年，张老师入选"马云乡村教师计划"，被评为"最美乡村教师"。谈及自己所获荣誉，张老师说："在我眼里，获奖代表着大家对我的肯定，但荣誉只是一个证书，收进箱子里就可以了，没有什么可值得骄傲的，更加努力地工作才是我应该做的事。"

"荣誉只是一个证书"，这句出自一个肩负过多重担的教师口中的评价，分量显得格外的重。张老师没有更多的物质要求，她也不在意自己的付出是否有物质的回报，在她心中，自己只是一个普通的乡村教师，她承担的所有琐事都是自己身为教师的分内之事，自己不需要纸张的褒奖，因为村子里的孩子早已给自己带来温暖的笑容。张老师已经成为山村不可或缺的一部分，仍在为乡村带来热量，带来希望，这是她内心所坚守的信念与永远保持的热情和热爱。

四、脱贫攻坚，奋力前行

"这几年教育扶贫受到了关注，乡村教师的工作受到了政府的支持，我们也变成了光荣的'扶贫工作者'。社会力量也参与了进来，学校里黑板、墙壁、桌椅都焕然一新，孩子们也有了操场和升旗台。我要抓住这样的好机会作出更好的成绩。"

正如张老师所说，脱贫攻坚战以来，汾西县在教育扶贫上不断投入和创新。在调研评估过程中，调研员们接触了数以千计的家庭，大部分家庭中都有孩子正在上学。在教育扶贫模块中，评估组本着客观公正的原则，围绕"两免一补""送教上门"等问题对受访户进行了访谈。

"我家闺女今年上大学，不仅有了助学贷款，不用担心学费，村里还给了10000块钱奖学金呢!"

"现在孩子上学条件真好了，啥补贴都有，可是赶上好时代了!"

"我家孩子有四级残疾，在残疾学校上一年级，我总算是放心了。"

村民们的话简单却温暖，这是对所有脱贫工作者最大的肯定。

与此同时，社会力量也在源源不断地向汾西输送资源。

近年来，山西证券与中国扶贫基金会联合实施的"山西证券智惠雨露·新长城高中自强班"，为汾西一中50名优秀学子提供3年总计30万元的助学基金，帮助他们照亮前程、点燃梦想。马云公益基金会于2015年9月16日正式发起"马云乡村教师计划暨2015首届马云乡村教师奖"，每年寻找100位优秀的一线乡村教师，给予持续三年总计10万元/人的现金资助以及专业培训和发展机会，用于鼓励和支持教师进行乡村教育创新实践。2018年张老师入选此计划。从2012年开始，临汾市国税局机关第一党支部和汾西县国税局就把汾西县佃萍乡东峪村小学确定为助学帮扶点，连续8年捐助5万余元为孩子们购置了电脑、饮水机、书柜、书包、文具等物品，修建了一座升旗台，举行了第一次升旗仪式，以实际行动关注社会、献爱心，承担起构建和谐社会应尽的责任和义务，用有限的能力传递无限的大爱。

如今的东峪村小学，教室明亮，操场宽敞，红旗飘扬。东峪村只是一个缩影，汾西千千万万的贫困学子，在扶贫政策的支持下、在社会的关爱下、在老师的引领下，正朝着期望中的美好生活奔跑而去！

看到如今的东峪村小学，张老师感慨道："我本以为这只是一场梦，可这场梦持续了近十年，学校越来越美，越来越好，现在的生活是当年的我无法想象到的。"

"当年，父亲挑着米、面、油、盐走了十几里山路送我到白土洼村，一晃就是三十年，如果可以选择重头来过，我还是会选择来到这里，做一名老师。"

"这些年我教过的孩子中，优秀人才不计其数，有大学生，还有研究生，也算是桃李满天下吧。孩子们通过学习改变了自己的命运，真正地摆脱了贫困，想到这里，真有一种说不出的成就感。"

访谈结束后，大家的内心久久不能平静。仔细想来，张老师已在扶贫路上走了三十多年，她所做的，能让孩子们改变命运，走出大山，走向光明的未来。张老师这三十多年的坚守，值得所有人铭记。

青山幸自重重秀。问新来、萧萧木落，颇堪秋否。总被西风都瘦损，依旧千岩万岫。把万事、无言搔首。翁比渠侬人谁好，是我常、与我周旋久。宁作我，一杯酒。不管人生苦乐，张老师始终怀揣着对孩子们的爱，奉献着自己。她坚守在三尺讲台，工作在扶贫一线，守护深山里的小山村，成为学生们的阳光和养分，让他们如爬山虎一样，翻越过这世世代代堆砌而成的贫穷壁垒。

"咱们村的学生不能没有你！"东峪村的家长们坚定地说。

$\mathcal{O}3$

人生答卷

——湖北省竹山县一个残疾人创业就业扶贫济困的故事

身残不悲，苦难励志。他把双拐深深地扎进他热爱的土地，酿酒、养猪、办茶厂。他俯身下去，化作一片春泥，20 年赡养孤寡老人 11 人，让90%的乡亲收入翻了一番，他呈上的人生答卷，温暖世道和人心。他就是湖北省十堰市竹山县怡神生态有机茶有限公司负责人陆某。

一、历经坎坷成大道

小溪潺潺，两岸高山满目苍翠，这是一个让城里人艳羡的好地方。这就是二道坊，一个离湖北省十堰市竹山县城不到 2 千米的小村落。陆某就是这里土生土长的人。

生于 1968 年 12 月的陆某，到懂事的时候才知晓父母都是双目失明的残疾人。16 岁那年，他初中毕业在家待业。没想到，一场莫名其妙的大病让家里欠下了一屁股债，但是病仍然没有治好，左腿还落下终身残疾，靠双拐站立行走。一下子一家三口都成了残疾人，日子就更难过了。

守着少量薄地种庄稼，只能糊个嘴，下力气他又干不过别人。这样下去，这个家早晚会完蛋。陆某下定决心，不能向命运低头！ 19 岁那年，他给远在武汉的叔叔写了封信，向他借了 1000 块钱。又争取了政府的支持，拄着双拐在家里办起了粮食加工厂。为了利用谷糠，他在家里烤大曲酒卖。为了利用酒糟，又喂了十几头猪。

这是陆某改变命运的第一步。这样一干就是五年。五年后，家里日子渐渐好转，陆某就在公路边盖起了新房子，把家从山上搬到了山下。又过了几年，国家实行退耕还林政策，附近农民没有了地也就没有了粮食，粮食加工厂支撑不下去了。他就转产承包了村上的一个小煤矿，同时还办起了石灰窑。这样一干又是 15 年。

这期间，有过艰难。最困难的时候，整整一年打不出煤，欠了外债。辛辛苦苦十几年，一夜又回到了解放前。年底了，要账的坐在家里不走。工人们大多都走了，只有一个工人相信他一定能东山再起，舍不得陆某，跟他分了一瓶醋、20 斤米，过了个穷年。第二年，在贴心的工友支持下，终于见货了。但是，到 1995 年，恰逢国家实施关闭小煤窑政策。陆某的小煤窑不得不关闭，只能指望石灰窑。但石灰窑也坚持不了几年，其他原料逐渐取代了石灰，开石灰窑也没前途。干什么行业能长久呢？是那段时间陆某思索最多的问题。

从 2000 年到 2007 年，陆某做过工人，承包过小工程。2007 年年底，他转行开始种植茶叶。这是一个新兴产业，是国家提倡的绿色农业。村上和镇上的干部听说后很感兴趣，主动找到陆某，给他提供了最大的帮助和支持。很快，他与村上签订了土地承包合同，一门心思发展起茶叶产业。为了更好地照顾茶园，陆某在茶园旁边搭起了一间草房，吃住都在里面。

"当时主要是想往前冲一冲。如果冲上去了，说不定以后就靠这个产业啦。"为了扩大产业，陆某在老茶园旁新垦了一大片新茶园。功夫不负有心人，经过精心照料，第二年春，老茶园的茶苗长势良好，当年就见了好收成。第三年，新发展的幼龄茶园也开始见收。这时候，新老茶园面积发展到 5.33 公顷。

这些就是陆某现在事业的基础，在这个基础上，他才在以后的几年里发展了养鸡、烤酒产业，但仍然以茶产业为主。

二、壮大产业铺富路

为了做到精加工，他购买了炒茶机械设备，办起了全村唯一的茶叶加工厂。这样一来，他和附近的茶农们就没有必要把青茶拿到远处求别人收购，省去了中间环节，也增加了他本人和附近茶农的收入。茶农们信心更足了，不断扩大茶园面积。几年后，整个二道坊村已经发展到 46.67 公顷茶园，加上周边村一共有 66.67 公顷。看到茶叶发展势头良好，陆某就申请注册成立了竹山县怡神生态有机茶有限公司。公司负责全村的茶叶深加工，产品可即买即用。

此时的陆某，事业已经达到了小高峰，按照说以后守着这份产业就可以了，不必再费心费力往前走了。但是，陆某天生就是一个永不安于现状的人。

2014 年，国家开始实施精准扶贫。陆某不等不靠，主动抓住时机，在扶贫、农业、残疾人等政策扶持下，又在自家茶园里养了上万只鸡，并套种了十几种科技小水果。接着，又注册成立竹山县天露生态养殖专业合作社，开办了与其他产业相关的"扶梦缘"农家乐。同时，又在一楼新增了扶贫车间，烤起了本地原汁原味的板栗酒。

这样一来，酒厂的酒糟可以喂鸡喂猪，鸡的粪便又可以为茶树做肥料，同时，茶树、果树为鸡提供了栖息地。酒、鸡、猪、茶、果又为农家乐提供了基本的食材。一个产销一条龙的循环产业链就形成了。但是二道坊地处偏狭地带，不适合开办大型酒店，其他产业提供的食材已经远远超过农家乐的需求。因此，陆某因地制宜，考虑到除了向县城销售，在信息现代化的背景下，网上销售是解决销售问题的重要途径之一。2019 年 10 月，通过竹山县人大副主任、县残联周主席牵线搭桥，在县委、县政府及市县残联等部门的支持下，他注册成立"竹山县爱无限爱心超市"，安置 5 名残疾人就业，带领百余户残疾户实行线上线下销售各种农特产品。

三、扶贫济困扬美名

陆某一家的生活一天天富裕了起来，可周围仍有不少残疾人家庭和困难群众，他们还过着穷困的日子。每每想到这儿，陆某心里就不是滋味。和他们有着同样的经历、感受和痛苦，更了解他们的生活、工作的困惑和不易。如今，自己闯出点名堂了，日子富裕了，应该为这些困难群体做点什么，也算是回报父老乡亲。

他首先想到的是那些无依无靠的孤寡老人。从 2000 年收留和赡养外地孤寡老人李某德开始，至今已 20 个年头，陆某先后赡养了本村的华某、吴某等孤寡老人 11 名，有的已经过世，有的现已七八十岁，年纪小些的，力所能及地帮他做些农活，年纪大的，陆某就赡养送终，从无怨言。

家住二道坊村三组的姜某两口子都有残疾，陆某主动帮他们夫妻俩办理残疾证，让两口子得以享受残疾人优惠政策。老姜的儿子在潘口中学读初中，陆某每年拿出一千多块钱给其做生活费。陆某还主动帮他建了羊圈、买了羊羔，年底还帮他销售。如今，陆某送给他 100 多只鸡苗，加上他自家喂的，一共发展到 200 多只，一年下来，收入比原来强多了。

像姜某一样，家住二道坊村二组的郭某和迎丰村二组的王某、李某等残疾贫困户，都得到过陆某的经济帮助和技术支持。这两年，他们在陆某的帮扶下，通过发展养殖业和务工劳动，彻底摆脱了贫困，已经迈上了致富的阳光大道。

四、精准脱贫奔小康

让乡亲们都富起来，与自己一起分享脱贫致富的硕果，这是陆某人生奋斗的又一个目标。

2014 年精准扶贫以来，他主动承担起竹山县城关镇二道坊、迎丰、高家庄和楼台乡的三台、肖家沟等村 70 多户贫困户精准脱贫的帮扶任务。与 26 户残疾贫困户签订脱贫协议，通过物质帮扶、就业安置、产业扶持、传授技术、产品销售等方式帮助他们增收脱贫。

在他的带动下，全村发展养殖业的农户多了起来，贫困户的收入大大提高。同时，也极大地带动了全村茶叶种植加工业、畜牧养殖业和农家乐旅游业的发展。通过怡神茶业公司带动，全村已有 90% 的农户从事茶叶种植，茶叶收入使村民家庭收入增长翻倍。2016 年以来，通过天露合作社带领全村 60 多户社员发展养殖业。除了自己养殖，他还无偿向包养户每年每户赠送鸡苗 100 多只，主动帮助联系畜牧部门上门指导养殖技术。如今，在党委政府和残联等各级部门的支持下，合作社社员已经发展到 130 多户、700 余人。全村养鸡规模达 2 万多只、养羊 500 多头、养牛 100 多头，人均可支配收入超过 5000 元。

五、互帮互助把梦圆

人帮我，我帮人，人帮人。陆某帮人致富的消息像春风一样传到和他一样的残疾人耳里，人们都抱着试试看的态度，设法与陆某接触，以期得到他的帮助。

家住楼台乡肖家沟村一组的残疾人蒋某，偶然在电视上看到有关陆某的事迹报道后，心灵触动很大，决定拜访心中的偶像。2017年清明节前几天，陆某的春茶开园之际，蒋某突然来到他的茶叶加工车间，向他说明要学习技术的来意。陆某二话没说，就爽快地接纳了。此后，陆某手把手向蒋某传授制茶技术。一个月后，蒋某学有所成回家开始了自己的创业之路。

有一天，陆某接到一个电话，对方说他也是一个残疾人，要找残联领导，没有钱治病。陆某知道，残疾人本来就自卑，不到万不得已，是不会向别人求助的，这是信任他，把他当成靠山了呢。陆某让他进城住院治疗，可对方却说连路费都没有。当时，陆某二话没说就让他加了微信，现场转给他500元红包。几个月后，才知道这个人叫方某，是竹山宝丰镇人。又过了几个月，有一个叫沈某的竹山县擂鼓镇人，住进了县医院，没钱医治，好心的残友给陆某打来电话。陆某赶到医院，发现沈某病情严重，现场动员其他残友一起给予了捐款资助。

随着陆某的名气越来越大，找他帮忙的人越来越多，但有一个人是其中的特殊代表。

2019年的一天，陆某接到一个电话，对方说自己叫童某福，想向他咨询残疾人的优惠政策。听到童某福这个名字，陆某的思绪立即被拉到遥远的三十年前。在他的腿还没有残疾之前的少年时期，陆某跟童某福在一起打过工。在长达两年的时间里，童某福总是让他干轻省活儿，对他很照顾。后来，他的腿残疾以后，就离开了工地，此后，彼此再也没有见过面。

他第二天就赶到竹山县上庸镇童某福的家里。见面后，陆某简直不敢相信自己的眼睛。童某福不但苍老多了，还因为从高空摔下，一只腿被迫截肢。幸好，童某福和他一样，身残志坚，靠种养殖业日子渐有好转，就是对政策的理解有偏见，抱着沉重的思想压力，与村干部有抵触情绪。如何让童某福搞好干群关系，陆某百感交集，耐心地给他讲解了残疾人的系列政策。临走，他硬塞给童某福一千块钱。童某福死活不要，陆某说："这钱是答谢你当年对我年幼关照之恩，你不收下，我来看你就没有意义了。"童某福执拗不过，这才收下。后来，经陆某介绍，县残联将童某福纳入残疾人"双百工程"，不仅使他思想上有了转变，而且他还主动带动其他残疾人创业。之后，陆某和童某福互相鼓励互相支持，成为常来常往的知心朋友。但人有旦夕祸福，2020年正月十五童某福因患急性脑溢血不幸逝世。

正因为自己饱受磨难，陆某才懂得深陷困顿者的不易，才会不断地伸出援手去帮助别人。近二十年来，陆某先后赡养了村里和外地十多名孤寡老人，无偿帮助的残疾人多达百人。陆某因此被先后授予"竹山好人""竹山县第四届孝老爱亲道德模范""竹山县十四届政协委员""十堰市十大孝星""十堰市首届创业之星""十堰市劳动模范""十堰市自强模范"等荣誉称号。

扶弱救困，让老无所依的人安享晚年，这是陆某人生奋斗的目标之一，也是他人生的又一面。

六、展望未来天地宽

有梦想，才会有希望。今后，陆某计划在党委政府和各级残联等部门的支持下，建设好"湖北省残疾人创业就业扶贫项目基地"项目，接纳安置部分残疾人和孤寡老人，打造残疾人之家，帮扶有条件残疾人实现就业创业，结合乡村振兴，打造观光生态农业示范园区，创立自己的茶叶、畜禽、白酒和农家乐品牌，带领更多的农民朋友脱贫致富奔小康。

04

以真心换真情　齐心协力奔脱贫

——重庆市城口县龙田乡联丰村治理方式

"青山近水翠，绿水绕山柔"，这是联丰村给西南大学调研组张博士的第一观感。刚下车的一瞬间，映入眼帘的是一幅优美的山水画卷，小河潺潺，绿树成荫，让人心旷神怡。谁曾想，位于大巴山腹地的联丰村，几年前却是"赫赫有名"的贫困村，整村共 225 户、810 人，其中建档立卡户 56 户、209 人，贫困发生率高达 25.8%。据村里人介绍，因老百姓期盼年年丰收，故取名联丰村。那里是城口县城的备用水源地，大部分属于国家级自然保护区核心区，常有熊出没，村里的部分村民因被黑熊所伤，留下残疾。

联丰村地理位置较为偏僻，受自然条件限制，通村道路狭窄，又为临时所换的村，开车到达村委会已是下午三点左右。下车之际，"垃圾分类分拣点"几个显赫的大字便映入眼帘，正值提倡垃圾分类热潮，在这偏远的小山村看到这样的景象着实让人惊讶。走进会议室，墙上贴满了平日里开展活动的照片和废物利用制作的景观小品，颇具特色，更引人注意的是照片中孩子们天真烂漫的笑容和动手参与废物回收利用的那股认真劲儿。据当地干部介绍，联丰村率先在城口县推行了垃圾分类，形成了"农户分类—统一运收—集中分拣—分类处理"的农村垃圾处理模式，全村农户参与率达到91%，已经打造成为县里垃圾分类的示范村，制作了自己的垃圾分类宣传短片，许多人都到这儿来调研学习。

一、以真心换真情

在村委会入口的墙上，张贴着"常上门、常碰面、常交心；政策要去讲、困难要去帮、民意要去听、吵架要去劝、卫生要去管"的标语。自恃经验丰富的张博士"会心一笑"，便继续组织开展座谈访谈工作。访谈结束后，张博士的态度有了第一次转变，村干部对村情贫情民情的熟悉程度很高，对后续脱贫攻坚规划的发展思路非常清晰。访谈之后，联丰村驻村第一书记罗某作为向导带领调研组入户，天色渐晚，在跟随罗书记走访农户的路上，每当路过一处人家，农户都热情地向大家招手，一口一声的"罗书记又来啦，快进家门一起吃个饭"。旁边在地里耕作的农户听到罗书记的名字，便放下手中的农具，向大家问候。寒冬腊月，空气中却洋溢着一股温暖人心的热情。在张博士看来，旁边这位罗书记仿佛就是他们的家人一般。旁边的另外一位干部谈到，组织上曾征求过罗书记的意见，问她是否愿意结束扶贫工作调回城里，但罗书记都委婉拒绝了，选择继续留在联丰村，这里的村民最怕的就是罗书记离开。此番介绍给张博士留下了深刻的印象。

调研路上，罗书记说："搞扶贫工作是需要情怀的，如果没有情怀的人下来搞工作，工作难搞不说，反而容易心累"。这句话深深触动了张博士，"情怀"二字说起来容易，真正落到实处却很难，但罗书记却是真正将"情怀"二字内化于心，外化于行，扎根联丰村，实实在在为农户谋发展。事后，张博士主动添加了罗书记的联系方式，并根据她朋友圈中转发的推文关注了联丰村的公众号"乐耘社工"。"不管是什么工作，都要从老百姓中来，到老百姓中去，实事求是，扎扎实实，烈日下走访，发展萝卜产业，老百姓心服口服""做产业，要有实事求是的态度，尊重市场、尊重群众意愿、政府做好服务、公司村民共赢，联丰在努力"。在罗书记的朋友圈中总是能看到她关于联丰村发展的思考，这些思考倾注了她的心血，在她身上，张博士真正体会到了以真心换真心、以真情扶真贫的情怀。

都说金杯银杯不如父老乡亲口碑，在联丰村公众号的推文中，一名就读于重庆师范大学城口县附属实验中学的学生这样写道：爸爸手机里有一个名为"联丰村民群"的微信群，常常听到这样的语音"罗书记，多亏了你们的政策……""罗书记，我家……""罗书记，今年……"，虽然不知道罗书记是谁，但他一定是一位尽职尽责的好干部。类似这样的推文还有许多，多是村里外出就学的学生自主创作，感叹家乡变化，感恩党的政策，感谢扶贫干部，真情流露，令人动容。

二、村民自治

在入户访谈的过程中，往往会涉及群众满意度的问题，对于该类问题的访谈往往需要从村里日常开展的工作切入，令人惊讶的是，农户对于村里开展的活动和扶贫项目的规划布局都很熟悉，交谈起来异常顺利，令人心生疑惑。直到走访多家农户后，谜底才慢慢解开。入户走访宣讲、"联丰村民群"通知、村民代表大会、面对面座谈会……事无巨细，不管是大事小事，村干部都会通过各种形式通知农户并征求农户意见和建议，将"让村民当家作主"落到实处，坚持采用村民自治的方式，充分发扬民主，自下而上征求民意，保障村民的知情权、表达权、决策权和受益权。正因如此，联丰村表现出上下一心的团结，形成强大的内发力，保障了联丰村发展过程中重大事件的顺利推进。虽地处国家自然保护区核心区和县城的备用水源地，产业发展类型选择面窄，但联丰村充分利用当地的自然条件优势，倾听农户的声音，综合考虑市场需求变化，发展了"多彩苗木基地、联丰蜜蜂养殖、野生细辛、木耳、香菇、牛肝菌、泡菜、高山土豆"多种产业。立足于自身条件，发挥生态优势，将产业做精做细，得到农户的广泛认可，生产积极性也得到了极大的提升。

三、乡风文明

当谈起农村的时候，人们常常会想到农村"空心化"、社会主体老弱化、村庄建设用地空废化等关键词。的确，目前我国乡村的发展正处于转型阶段，农村劳动力外流、耕地撂荒、宅基地闲置情况凸显。与其他农村相似，联丰村的年轻人多外出打工、求学，留在村里的人大部分是老人妇孺，就读于城口县中学的联丰学子易某琴谈道："以前，总是从父母那里听到各种陈规旧俗，今年谁家的女孩子辍学嫁人了，女孩子读书没有用，以后也是别人家的人。"读书无用论和重男轻女观念在老一辈的思想扎根。都说扶贫先扶志，为了丰富村民的精神生活，除去村民的陋习，联丰村先后创办了"村歌音乐工坊""联丰夏令营""新时代老学堂""妇女文艺队""少年团"和"图书室管理员志愿者服务队"，以喜闻乐见的方式，使人们在潜移默化中接受正确的价值观念，提高村民的思想素质。在联丰村发出的各种活动推文中，能实实在在感觉到村民们发自内心的喜悦。

　　离开联丰村时隔已久，但那里发生的事始终吸引着张博士。时至今日，他的脑海中仍会浮现出那些热情亲切的农户，脸上挂满笑容的老人，一心为民的罗书记，眼里满是光芒的孩子……在那里，可以看到"幼有所育、学有所教、劳有所得、病有所医、老有所养、住有所居、弱有所扶"的美好乡村愿景；在那里，可以看到希望。

05

被一场微电影改变的老张坡村

——云南省马关县老张坡村脱贫攻坚记事

"老张坡村太穷了。路不通、水不通、电不通、手机信号不通，村里到处都是破旧的土坯房，寨子里牛屎马粪成堆。正是壮劳力的汉子，却三五成群蹲在门前晒太阳……"说起刚进老张坡村的感受，文山壮族苗族自治州马关县委副书记、县脱贫攻坚指挥部指挥长侯某辉记忆犹新。

"你对他们说可以发展养殖、种植业，话还没说完就会有人说'养鸡会得瘟病，种经济作物有风险'……对他们来说，好像只有种玉米最保险。"侯某辉对此哭笑不得。

穷了几辈子的老张坡村人已经对这种贫困的生活状态认了命，他们不敢想象自己的生活能有变化的一天。直到一场微电影让村民心里泛起涟漪。

一、这种精神为什么老张坡村不能学习呢？

2017年7月31日，侯某辉带着微型播放器材，和扶贫干部一起又来到了老张坡村。他打算在老张坡村播放微纪实电影《最后一千米》。"我当时就想，西畴的岩头村也是极度贫困的村子，它的贫穷落后面貌和老张坡不相上下，人家能坚持12年修一条进村公路，摆脱贫穷，这种精神为什么老张坡村不能学习呢？。"

由于村里的房子基本都是破败的土坯房，当天晚上，大家在村里转了一圈都找不到一块能投影的白墙壁。幸好最后有人发现了村里那唯一一间砖房的一面白墙（政府2015年出资为"五保户"建盖的房屋），这才解决了投影问题。

电影开始了，可老张坡村的人似乎提不起兴趣，现场仅稀稀拉拉来了几个村民。

随着岩头村的故事在大屏上徐徐展开，群众也渐渐多了起来。"这地方这么多石头旮旯，比我们老张坡还要难在嘛，他们都能整，我们为什么不能？"大家议论纷纷。

随后，扶贫干部趁热打铁，动员群众，帮助他们制订发展规划，修路、引水、旧房改造、发展产业……老张坡村人想都不敢想，这些困扰了他们一辈子的难题，会在这么短的时间内有了"谱气"。

"这么好的政策，再坐起等，就太对不起党和政府了！"村小组何副组长说。

二、那些凌晨坐在教室门口的都是老张坡的孩子

老张坡村到底有多穷？老张坡村人刘某感受颇深。

"过去，进村仅有一条几十厘米宽的茅草路，还一直要爬陡坡。"刘某回忆说，这条上学的必经之路让不少老张坡村的孩子受过苦。为了不迟到，他们经常凌晨 5 点就要起床去上学。"有时，起夜的老师会发现有孩子排成排坐在教室门口，那些都是老张坡村的孩子。"

上学路难行的问题一直困扰着如刘某一样的老张坡村的孩子。他初中所在的班原本有 38 个学生，等到了高中，这个数字就变成了 3。这都是因为贫穷。

缺水，也是困扰老张坡村几代人的难题。村里只有两口井，且一到枯水期就干了。村民们要么到附近的村子取水，要么到山里的石头缝里背水。由于穷，当地村民一直没有条件建盖新房，全村基本都是年久失修的破旧土坯房、篱笆墙。

马关县审计局派驻老张坡村的扶贫干部童某良在第一次走进老张坡村时也惊讶于眼前的景象。"贫穷、落后、脏乱差，连下脚的地方都没有。我走过那么多寨子，就没见过像老张坡这么穷的地方。"童某良说。

三、为找水源，他们分小组把山头跑了个遍

如今，村民们心里的那点干劲被激发出来了。

马关县审计局挂钩帮扶老张坡村后，于 2016 年协调物资硬化了老张坡的进村道路，又协调移动公司和电力公司，解决了手机信号和电压不稳的问题。2017 年，他们又发动大家寻找水源，解决饮水难题。

为了寻找合适的水源，村民们分成小组，把附近的山头跑了个遍，终于在 4 千米外的一个地方找到了合适的水源地。接下来就是挖水沟架管引水。为了凑工程经费，村小组何副组长把过年猪都卖了，自己还带着群众到几千米外的山上开挖水沟。

2017 年年底，自来水终于通到了老张坡村，村里的老大爷高兴得笑出了泪花。

四、脱贫致富的愿望比以往任何时候都要强烈

路通了、水通了、电通了，接下来又是难啃的硬骨头：危房改造。此前，尽管扶贫干部反复给群众做工作，但村民们大多还是宁愿住在自家老旧的土坯房中。2017 年 7 月之前，全村 51 户人家仅有两户砖房，这还是政府帮助村里的两户"五保户"兜底改造的。

贫困户何某廷家，按照政策可以得到 3 万元的补助，但要把房子建好，他自己也需投入 4 万元左右。因为钱没有着落，工程迟迟没有动工。

随着"西畴精神"在老张坡人心中扎下根，何某廷的内心也发生了变化。在和当地党员干部交流后，他决定在 2017 年春节年前把房子拆了重建。为此，他还将 21 岁的儿子送到深圳打工，以减轻家里的经济负担。

看到有人转变了观念，动手建房，村民们都不甘落后，家家户户都有了着手拆除危房、翻盖新房的打算。

就在这短短一年多时间里，老张坡村的土坯房已经被牢固漂亮的砖混结构的新房所取代，村容村貌也随之发生了巨大变化。更为重要的是，村民们的精气神起来了，脱贫致富的愿望和信心比以往任何时候都要强烈。

"现在，我们正在发展产业，养土鸡、种刺梨，让大家增加收入。"何副组长充满信心地说。

2018 年 11 月 19 日，马关县专门在老张坡村举行了"西畴精神"研讨会，现场还特别邀请了岩头村村小组长李某明。"与其等着看，不如自己干！苦熬下去只会受穷一辈子！我们岩头村就是这样做的，今天我看到老张坡村也

是这样做的……"李某明说。

会场里的老张坡村人看着眼前微纪实电影里的主人公，想起这一年多来村里的变化，大家都笑了，笑出的是不再怕困难的自信、是战胜困难的勇气、是要过上好日子的坚定。

06

酒鬼变养羊大户　赌鬼变致富能手

——海南省琼中县岭门村原第一书记难以忘怀的
"五个决不能"扶贫扶志小窍门

黄某军，2015 年 7 月被海南省农信社派驻到琼中黎族苗族自治县湾岭镇岭门村任驻村第一书记，到 2019 年 8 月 3 日任期结束回到省农信社，驻村扶贫 4 年零 3 天。在这 4 年的时间里，他从一个赶鸭子上架的扶贫新兵，变成了一个深度融入贫困群众的扶贫老兵，吃了不少苦头，取得了一些成绩，收获了一些心得，党和国家也给予了高度认可，激励他不断努力、扎实工作。

通过这 4 年的工作，黄某军感触最深、最难忘的事情是让贫困户王某安养羊脱了贫，王某沙成了全县的脱贫之星。他们是黄某军通过扶贫扶志帮扶起来的，黄某军觉得扶志做好了，什么工作都好推进，因为风气正了、人心齐了，自然做起事来就事半功倍；扶志没做好，往往会助长等靠要、盲目攀比、争当贫困户、"躺着进小康"等乱象，哪怕暂时脱贫，实际也会后患无穷。但众所周知，扶志又是非常难做好的，有时不得要领、适得其反，有时做了很多、效果一般。

一、酒鬼变养羊大户，赌鬼变致富能手

首先，要说说两个发生在岭门村的小故事，一个是"酒鬼变养羊大户"，另一个是"赌鬼变致富能手"。

2015 年 7 月，黄某军刚到岭门村，通过摸底发现，全村有相当比例的贫困户是因为懒惰和赌博致贫的。这使黄某军从一开始就意识到，岭门村的扶贫思路可能与别的村不一样，必须走"扶贫先扶人、扶人要扶志"的路子，而且必须从"最难啃的硬骨头"入手，把全村的风气扭转过来，否则给再多

钱也没用，甚至给钱越多、人越懒惰，陷入恶性循环。

"最难啃的硬骨头"，就是长期被村民称为"酒鬼"的王某安和被称为"赌鬼"的王某沙。

王某安好吃懒做，还欠了不少债，但一天三顿酒少不了，有个 30 多岁的光棍儿子，父子俩经常喝得烂醉如泥。村"两委"干部曾屡屡上门做工作，希望他们种点啥、养点啥，但都无功而返。黄某军最初去王某安家里，也找不到人，还差点被狗咬。一打听又喝酒去了，好不容易碰了面，也是喝多了没法谈。黄某军本来滴酒不沾，为了能和他们说上话，也就喝一点。王某安老汉的儿子甚至问：既然党和政府要扶贫，能不能给扶一个老婆？

后来黄某军就每次选在上午 10 点上门，那时他们还没喝酒、说话清醒。认真聊了几次，王某安的态度很明确：对自己，觉得"一天三顿酒"的生活没什么不好；对外界，觉得反正村民看不起，自己也无所谓；对扶贫，觉得政府给什么就要什么，其他的免谈。针对他的心态，黄某军查阅了相关扶贫政策和心理学知识，想了三招破解之法，让他贷款养羊、发展产业。

第一招是言语激将法。王某安什么都可以不干，但必须喝酒，于是黄某军就从喝酒谈起。黄某军说：王某安，你这么喜欢喝酒，肯定知道酒分好的差的，难道就不想喝点好酒吗？他觉得这话有道理，还以为政府要发好酒给他，一听说要自己赚钱买，就不说话了。王某安有个弟弟叫王某业，也是贫困户，但他通过贷款养羊赚了钱。黄某军就带着王某安去他弟弟的羊圈里看，告诉他现在养羊是有技术支持的，不是很难。看他犹豫，黄某军又说：王某安你看，你弟弟都能把羊养好，你难道比你弟弟还笨吗？再说了，错过了这一次机会，你可能这辈子就这样了。他开始有点不服气了，这恰是黄某军希望看到的。

第二招是利益诱导法。黄某军趁热打铁，说政府无偿给你 5000 元钱养羊，你要不要？王某安一听很高兴，那当然要。黄某军接着说，但是有个规定，你必须贷款 5000 元、再自筹 5000 元，加上政府直接给的 5000 元，这1.5 万元一起用来养羊。其实这"3 个 5000 元"的投入模式，是根据扶贫扶志的现实需要来设计的，目的是要达到一分钱也不能白给。因为在当时不少贫困户看来，政府给 5000 元是白给的，贷款的 5000 元搞不好到时也想要赖不还，相当于有 1 万元是白给的。所以黄某军觉得，贫困户想要那 1 万元，就必须自己投 5000 元；一旦他投入了真金白银，做起事来就会特别上心、特别珍惜，成功率很高。王某安犹豫再三，当时没有同意。黄某军也没有着急催他，因为黄某军知道那1万元的利益诱惑，他顶不了多久。如果一催他、一求他，他反倒觉得黄某军是为了完成扶贫任务。但黄某军也不是放任不管，而是隔三岔五会去看望他，一来二去次数多了，他家的狗也不吼了，他也想通了，愿意自筹5000元。

第三招是持续打气法。王某安贷款，但信用社要求担保。因为他的"酒鬼"名声太差，全村没有一个人愿意为他担保。找他弟弟王某业和女婿黄某都一口拒绝了，说他是干不成事的。找他儿子，好不容易答应了，但正式到信用社签合同的那一天，儿子却没有出现，他对父亲养羊也完全没有信心。眼看王某安老汉心里好不容易燃起的一团火，又要被浇灭了。黄某军赶紧找信用社想办法，最后黄某军作为信贷员给他办了一笔无担保贷款。

王某安用这些钱，买了20只羊，每天下午两点准时放羊，酒也就喝得少了，还特别注重学习防疫知识，到2016年成功脱贫。2017年提前还清贷款，并继续贷款扩大养殖规模，一跃成为村里的养殖大户。

岭门村的第二个故事，讲的是赌博成性的贫困户王某沙。黄某军最开始去王某沙家时，就觉得他家的房子是全村最差的，但他其实是会点木工手艺的、人也义气。问题的根源就是他特别喜欢赌博、自制力很差，每次赌输了回来都很难过，但别人一喊他又忍不住去赌。

让一个赌徒戒赌，摆脱贫困。这样大的难题，黄某军也是第一次遇到，但是黄某军知道，功夫不负有心人。黄某军一次次上门找他聊天，逐渐理出思路，主要解决三个问题。一是既然自制力差，那就离开赌博的圈子，去县城打工。黄某军介绍他去县城工作，他向黄某军承诺不再赌博，这是两人的"君子协定"。二是黄某军还"跟踪"到了县城，请他务工的老板监督他，一旦发现王某沙再赌博，就立即相告。三是找到被王某沙气得跑到三亚打工、不想回家的妻子，让她还是多关心王某沙、有家的温暖，同时也是监督他不要赌博。这就解决了他多年想解决的三个问题：离开旧的环境，找到新的事做，有人关心和监督。

在大家的共同关心和努力下，激发了王某沙想把日子过好的愿望，他的生活发生了翻天覆地的变化。工地老板给他派了很多活，根本没时间想赌博的事，当然收入也不错，一个月有4500元左右。王某沙后来又干脆与他人合伙开了个装饰木材店，每年可以挣6万—7万元，被县里评为"脱贫之星"。现在再问他想不想赌博？他说现在的日子多红火啊，赌博害人不浅，没意思，不赌了。

二、难忘的"五个决不能"扶贫扶志小窍门

通过这两件事，黄某军觉得自己找到了一些扶贫扶志的小窍门。归纳起来就是"五个决不能"。

（一）决不能让人觉得当贫困户是一件光荣的事

黄某军驻村的岭门村是黎族山村，在历史上其实很有名，曾是清代海南四大墟市之一，也是从汉区进入黎区的重要门户，但随着历史变迁，发展逐渐落后。岭门村委会下辖 7 个自然村，常住人口 357 户、1297 人，贫困户 37 户、142 人，不到 10 个人当中就有 1 个是贫困人口。

所以首要一条，就是风气要正、导向鲜明、毫不含糊，决不能觉得当贫困户是一件光荣的事，贫困户不能这么认为，非贫困户也不能这么认为。驻村工作队不会歧视任何一户贫困户，相反还要以极大的热情去帮助他，但不会对懒惰行为无动于衷、任其发展，会经常在言行、走访、开会、标语当中宣传一种价值观念——懒惰可耻、勤劳光荣，占小便宜可耻、自立自强光荣；会经常肯定非贫困户、肯定脱贫户、肯定贫困户为摆脱贫困的每一次进步努力。人活一张脸，树活一张皮。岭门村的风气和舆论氛围就是这么树立起来的，除非是因病或因学致贫的，切断贫困户"等、靠、要"的思想，这也是对他们的长远发展负责。

（二）决不能让贫困户觉得"天上可以掉馅饼"

黄某军觉得，扶贫不是做慈善，要准确领会党和政府的每一项扶贫政策，珍惜党和政府的每一分扶贫款，不缺位、不越界、不包办，贫困户自己做不了的事要及时补位帮助，自己做得了的事可以催促、鼓励，但决不帮忙代办。有时为了赶任务进度，驻村工作队直接帮贫困户办事，比指导贫困户自己办事要省事得多、快得多；但这样会让贫困户的依赖思想更加严重，与

党和国家确定的扶贫目标背道而驰。实际上，"天上掉馅饼"不是这个世界的真相，"一分耕耘一分收获"才是真相，这个问题要尽早想一些"招数"让贫困户自己认清楚、想明白。

岭门村具体有三招。一是流程化帮扶，就是每一项政策都不是简单粗放地直接丢给贫困户，而是在实施前、实施中、实施后的各环节中设计融入"扶志""激励"等因素。在实施前，要充分沟通、真心感化，初步建立起人与政策的心理对应关系；在实施中，及时提供各类帮助和培训，但绝不包办、不养懒汉，任何政策的享受都要贫困户自己出一份心力或资金；在实施后，评估反馈要体现正向激励，干得多得得多，实行信用累积，让贫困户感觉自己"越努力越有奔头"。比如王某安，之所以一定坚持要他自筹一部分，就是因为如果一个人自己真金白银投进去了，往往就会很认真、很卖力地干。2018年他卖羊收入2.8万元，2019年卖羊收入近5万元。比如贫困户黄某安是因病致贫的，按政策可报销90%的医药费，现在是"一站式"兜底了，但在2017年的时候，办理手续涉及镇政府、县农合办、人寿保险、民政局等几个部门，黄某军当然可以直接帮他办了省事，但不可这样做。第一次办理报销的时候，黄某军带着他去，教他填表、鼓励他与工作人员沟通，黄某军站旁边作补充，给他壮胆。这次办完之后，他就懂了，此后都是自己办，越来越熟练。

二是开展教育、营造氛围，因为环境对人的心智是有直接影响的。比如贫困户王某沙，远离所谓"赌友"，后来不但赚了钱、脱了贫，现在还与他人合伙开装修材料店。但光解决王某沙一个人的问题是不够的，关键还是要让村里有个好的氛围。所以驻村工作队开展了很多相关活动，比如琼中县宣传部开展了"脱贫靠奋斗、致富感党恩"主题晚会；比如开展感恩和风尚教育；比如电视夜校结束的时候，邀请致富带头人现身说法；比如开展环境卫生大整治和"三化"行动（绿化、亮化、美化），村容村貌会影响人的精神风貌，村子干净了，人的精气神都不一样；比如对外出打工的，琼中县出台了交通补贴和发展生产奖补制度，走得越远、赚得越多，就补得越多，鼓励大家勤劳致富，不要想歪门邪道。

三是落实明白卡制度，这是县里要求的，驻村工作队一家一户指导贫困户把享受的政策了解和填写清楚，让他们认得清、记得住、讲得出。这个过程实际上也是教育、引导、感化的过程。

（三）决不能把扶志与扶产业割裂开来空口说教

人是形象思维优先的，注重眼见为实，所以空口说教很难有效地教育引导贫困户，一定要让扶志和扶产业有机衔接，通过实实在在的例子和实践，让他们看到勤劳与致富之间的现实逻辑联系。大多数农村的产业选择，都是种养殖，岭门村也不例外，开始主要养羊，现在还养猪。在合作社设计产业选择的时候，一是企业和致富带头人要赚钱，这是前提，他们不赚钱的话就没有发展下去的动力，合作社则是名存实亡；二是贫困户一定要赚钱，这是建立合作社、使用扶贫资金的目的；三是要发展集体经济，否则"空心村"是走不远的。

对于产业发展，一定要从产业选择、股份合作、利润分红等方面设计和运行，才是长久之计。对于有劳动能力的，原则上都要去参加劳动，岭门村与海南农垦畜牧集团合作养猪，按理说贫困户不去养猪场劳动也可以获得分红，但岭门村想方设法让他们去养猪场参加劳动，不劳动看一眼也行。因为耳闻不如目见，目见不如实践。只要他去看了，再一鼓励，可能就愿意劳动；只要他参与劳动了，就可能对项目有感情，当作自己家的事一样来做，当然分红也更多，不劳动的按 15% 分红，劳动的按 55% 分红。仅养猪两批次，就获得分红 13 万元。

（四）决不能把扶志与扶智割裂开来让人干着急

贫困户有致富的意愿了，还要有致富的能力，所以要坚持"志智双扶"。岭门村也有几件小事，可以说明这个问题。

一是岭门村之所以和海南农垦谈合作引入养猪项目，就是希望通过引入龙头企业的方式引入资金、技术和管理经验，让贫困户在公司传帮带的过程中边干边学，学习养猪的科学方法，学习公司管理的契约精神，每次两户贫困户来三天，吃住在猪场，不能外出，不能想来就来、不想来就不来。

二是动员所有贫困户参加小额贷款，琼中县政府全额给予贴息，一开始贫困户对还款时间没什么概念，于是每到还款日前几天，岭门村就派人去查他们的账户有没有及时存钱还款，如果没有，驻村队员就电话或上门提醒，并告诉他下次不准时自己还要来。很多贫困户都很朴实，觉得这样不好意思，逐渐就养成了守信还款、可以贷到更多款的金融意识，岭门村先后放款 56 万元给贫困户，没有一笔是逾期不还的。

三是现在全省开展消费扶贫，岭门村也积极参加，但岭门村的定价都不怎么高，不是岭门村的农产品质量不好，而是岭门村认为，消费扶贫是半公益半市场的行为，终究要转向纯粹的市场行为才可持续，所以一定要物美价合理，不能想当然定价，尽可能去超市、农贸市场考察，做到随行就市，既不贱卖，也不虚高价格。只有从一开始就老老实实做买卖，让贫困户的农产品尽早适应市场、判断市场、融入市场甚至引领市场，才能实现永续脱贫。2019 年 9 月，海南省农信社与岭门村委会签订农产品采购合同，每年采购农产品不低于 35 万元，截至 2020 年 3 月，已采购 30 万元的农产品。

（五）决不能在扶贫工作中奢望一口吃个胖子

海南的资源好，插根筷子都能发芽，对不少贫困户而言，问题在收入，根子在心理。所以心病还须心药医，扶贫关键是扶人。但医心病注定是要有战略耐心的，要用"绣花精神"、真心真情、久久为功，才能见到效果的，短平快的做法很难奏效。

回顾 2016—2019 年的扶贫经历，黄某军感觉扶贫扶志方面要做好，一是要有强有力的领导。琼中县委县政府、县委组织部、省农信社及主要领导，对岭门村的工作都是多次直接过问、点拨和支持，无论岭门村提的什么问题和困难，基本都能得到及时解决。镇驻点干部、村"两委"干部，以及农信社派来的驻村队员都团结实干，心往一处想、劲往一处使，对贫困户投入热情、以心换心，手挽手、心连心地走在脱贫致富奔小康的路上。所以，在黄某军的身后，很多领导、很多同事、很多乡亲付出了巨大努力和心血，大家都希望把工作做得更扎实一些。

二是不要给贫困户留后路，当然也就不能给自己留后路。黄某军当初驻村的时候，海南省农信社就把黄某军的人事关系迁到县农信社，说"你干不好就不要回来了"，省、县两级农信社派来的所有驻村队员，都是在村里与贫困户同吃同住，都没有退路，所以也就下决心"不当短跑健将，去当长跑选手""乡亲一天不脱贫，我就一天不会走"。包括平常做工作，也是这样的思路，力争从最难的事做起、不会心存侥幸，比如在争取贫困户养羊的时候，就下决心从王某安这里突破，只要把他动员起来了，把过程做个麻雀解剖式分析，再做其他贫困户的工作就容易多了。

三是在这个过程中也受到深刻的党性教育。岭门村的脱贫进度并不是最快的，但只要是脱贫出列的群众，现在都生活得不错，积极性很高，可持续发展致富的后劲很足。黄某军所说的受教育，一是宗旨教育，越来越发现群众真的可亲、可爱。二是观念教育，比如马克思说生产力要素包括劳动力、劳动资料、劳动对象，其中劳动力起主导作用。习总书记也深刻指出："扶贫先扶志、扶贫必扶智"[1]，这个"先"字和"必"字就指明了"志智双扶"的重要性和关键性，这都是直接作用于劳动力的。国务院扶贫办刘主任表示，当前脱贫攻坚进入决战决胜的关键阶段，激发内生动力，巩固脱贫成果尤为重要。黄某军在实践中也真切感觉到，只要把人的问题解决好了，其他的问题都不是大问题。

---

[1] 中共中央文献研究室编：《习近平关于社会主义经济建设论述摘编》，中央文献出版社 2017 年版，第 232 页。

后　记

党的十八大以来，我国实施精准扶贫、精准脱贫重大战略，把贫困人口脱贫作为全面建成小康社会的底线任务和标志性指标。为建立健全精准扶贫工作机制、打赢打好脱贫攻坚战，党中央提出实行"最严格的考核评估"，要求对扶贫开发工作成效进行综合考核，全面推进精准扶贫工作、政策与责任的"三落实"，确保扶贫工作务实、脱贫过程扎实、脱贫结果真实。

2016 年以来，中国科学院地理科学与资源研究所连续五年主持完成了国家精准扶贫工作成效第三方评估任务。参加评估的专家学者累计 8300 人次，完成了 531 个县市、4050 个典型村和 13.5 万份农户问卷调查，为服务脱贫攻坚成效考核与科学决策提供了重要依据。

国家精准扶贫工作成效第三方评估是落实最严格的考核评估制度的基本方式和重要保障，是完善新时代贫困治理体系的根本途径和贫困地区主体性的重要体现，在全面打赢脱贫攻坚战中发挥着"质检仪""指挥棒"和"推进器"的支撑作用。目前，世界银行是全球最大的反贫困国际评估组织机构，世界银行监管组织——独立评估小组（简称 IEG）负责对世界银行向世界所有发展中国家提供的国际发展援助项目进行有选择性的独立评估，相当于我国扶贫攻坚领域的第三方独立评估；经合组织国家发展援助委员会（OECD-DAC）则负责把经合组织世界上 24 个最发达的国家联合起来对所有发展中国家提供的国际发展援助项目进行评估。相较这两大组织的评估，我国精准扶贫工作成效第三方评估更易理解、快速化、成本较低，而且基于广泛的实地调研和多维评估，创建了中国特色的精准扶贫第三方评估理论体系，探索出一套新型的方法论体系。其最大的特点是创新运用现代信息技术和"六个一"工作机制，实现了全程可追溯、方法可推广。

2016 年 7 月 28 日上午，国务院扶贫开发领导小组在国务院第三会议室主持召开"国家精准扶贫工作成效第三方评估进展及成果汇报会"，时任国务院副总理、国务院扶贫开发领导小组组长汪洋，国务院副秘书长江泽林，国务院扶贫办党组书记、主任刘永富，中央农村工作领导小组副组长、中央财办副主任、中央农办主任唐仁健，财政部副部长胡静林，以及国务院办公室、国务院扶贫办、中国科学院等单位领导和专家出席了汇报会。

汪洋副总理在听取第三方评估专家组组长的汇报后强调指出，第三方评估成果丰硕、很厚实，探索创新、很难得，符合实际判断，为国家打赢脱贫攻坚战提供了有力支撑。第三方评估工作时间紧、任务重、要求高，评估组千余名专家学者以国家需求为己任，克服各种困难，翻山越岭、进村入户、吃苦耐劳、尽职尽责，团队精神与工作作风值得赞扬。汇报会期间，汪洋副总理还接见了国家精准扶贫第三方评估专家组组长等一行，并请转达对参加第三方评估工作同志们的问候和感谢。汪洋副总理等国家领导人对精准扶贫工作成效第三方评估的高度重视、对专家学者的亲切关怀和厚爱，给予了第三方评估团队的专家学者极大的鼓舞和鞭策，成为2016年以来广大专家学者开拓创新、团结奉献，坚持高质量完成国家精准扶贫工作成效第三方评估任务的强大动力。

一、科学确定评估核心指标和抽样方法

专业理论研究、技术方法创新和扶贫政策领会，是做好国家精准扶贫工作成效第三方评估的重要基础。

中国科学院地理科学与资源研究所长期开展区域农业与乡村发展理论和实证研究，对中国农村贫困化的地域类型、贫困机理、演变特征有着深入理解和系统认识，揭示了农村贫困化的空间分异规律，研制了"两率一度"（贫困人口认识准确率、贫困人口退出准确率、帮扶工作群众满意度）评估指标体系，提出了分层空间抽样技术方法等，为主持开展扶贫开发工作成效评估奠定了科学认知和理论基础。

新时代的农村扶贫开发实质上是政府"扶"的供给侧和农户"贫"的需求侧的统一，国家扶贫开发政策导向及其层层落实的扶贫工作机制是影响扶贫开发工作成效的关键因素。因此，制定扶贫开发工作成效第三方评估方案，必须立足脱贫攻坚顶层制度设计，全面领会扶贫开发政策供给，瞄准主要政策措施实施路径和落实情况，进而发现扶贫工作中存在的突出问题，提出"以评促改"的建议和改进完善的对策。

二、坚持"独立、客观、公正、科学"原则

中国科学院是国家精准扶贫工作成效第三方评估的领导和组织机构。时任中科院院长白春礼院士亲任第三方评估领导小组组长，侯建国副书记、张涛副院长担任副组长。同时，中国科学院发展规划局、科技促进发展局、条件保障与财务局及地理资源所等部门通力合作，创新了统一组织领导、统一标准规范、统一业务培训、统一问题核实、统一质量管控的"五统一"管理机制，为开展第三方评估调查提供了强有力的组织领导和机制保障。

第三方评估的使命光荣、责任重大，始终坚持"独立、客观、公正、科学"的原则，严格掌握规范与标准，创建了基于"六个一"的评估调查成套设备保障系统，即一套 APP 问卷系统、一支录音笔、一台照相机、一部摄像机、一个 GPS、一张地图。制定了完整有序的评估工作规范要求，主要包括：（1）准确把握精准脱贫"两不愁三保障"的基本标准，看实情、听实话、查实据，严格真评实考。（2）制定《评估培训教程》《实地调查规程》和《实施工作方案》，评估调查的每个环节都要做到依法依规、有理有据。（3）建立问题核实和质量管控机制，坚持凡疑必核，凡核必准，严格把好问题、数据质量关，为国家考核评估提供真实可靠的数据和决策依据。

总体而言，2016 年以来第三方评估工作取得了显著成效和重要影响。第三方评估团队的研究探索和"以评促改"，科学诠释了扶贫开发工作"怎么做""如何做""做什么"等核心问题，起到了脱贫攻坚"质检仪""指挥棒"和"推进器"的重要作用，受到了国家相关主管部门、地方政府的普遍欢迎和社会各界的充分肯定。

三、强化评估队伍建设与技术创新支撑

评估队伍建设与技术创新支撑，是做好脱贫攻坚第三方评估的关键环节。国家精准扶贫工作成效第三方评估，要求在每年年初的两个月内完成中西部 22 省的 100 多个县、800 多个村、2 万余农户的实地调查和评估工作。2018 年以来，中国科学院依托中国城乡发展智库联盟、中国科学院精

准扶贫评估研究中心，并联合中西部 22 省（自治区、直辖市）的高校和科研院所，采取"1+22"的协作模式，组成国家精准扶贫成效第三方评估团队，每年平均有 1500—1700 人参加，所有评估人员要通过专门的业务培训和考试合格（90 分以上）认证，确保评估队员都能熟练掌握扶贫政策、评估技巧与标准，完全胜任评估调查工作。

国家精准扶贫成效第三方评估史无前例，并需要在短期内完成，因此率先研发评估技术体系和大数据平台系统成为第三方评估的首要任务。经过 2016 年的试评估，评估队伍利用现代互联网技术、遥感与 GIS 技术、云计算技术等，自主创建了"国家精准扶贫成效第三评估技术系统"，包括了评估指标体系、农户调查问卷、空间抽样方案、贫困信息采集、数据质量审核、标准分析决策六部分。较常规评估方式，该套技术系统的应用使工作效率提高 30%、成本降低 40%，做到了调查过程全记录、信息可追溯、数据可验证，保障了评估结果的客观性、公正性，获得了"2018 年中国科学院科技促进发展奖"和"全国脱贫攻坚奖创新奖"。

第三方评估实践表明，扶贫过程不能找问题，脱贫结果必然出问题。只有秉持"最严格的考核评估"，坚持较真碰硬、真评实考，严格基本标准、严把扶贫质量关，才能最大限度地抵制和防止"数字脱贫"和"虚假脱贫"，保障脱贫攻坚任务"三落实""三保障"和精准脱贫成效的可持续。

第三方评估是一项复杂的系统性工程。专业积累是基础、组织领导是保障、技术支撑是关键。新时期，面对 2020 年如期决战脱贫攻坚和"十四五"期间巩固提升脱贫攻坚成果的国家需求，以及面向 2030 年全球可持续发展"消除贫困"的目标需要，中国精准扶贫工作成效第三方评估团队仍需继续开拓创新、倾心奉献。一方面，要进一步总结凝练脱贫攻坚评估理论和技术方法，系统梳理中国减贫模式与成功经验；另一方面，要将中国脱贫攻坚评估技术和经验转换应用到全球减贫事业。2020 年第三方评估团队已与发展中国家科学院（TWAS）等机构联合，启动了中国精准扶贫成效评估"文库"撰写出版计划，发起成立了"一带一路"减贫与发展联盟（ANSO-APRD）。第三方评估团队希望今后有更多的国际合作与交流机会，为中国的高质量脱贫攻坚和全球减贫与发展事业作出积极的贡献。

丛书策划：蒋茂凝　辛广伟
责任编辑：郑海燕　张　燕　孟　雪　李甜甜　张　蕾
封面设计：姚　菲
责任校对：周晓东

图书在版编目（CIP）数据

中国脱贫攻坚典型经验与模式／刘彦随　主编 . — 北京：人民出版社，
　2022.1
ISBN 978 - 7 - 01 - 024020 - 6

I. ①中⋯　II. ①刘⋯　III. ①扶贫 - 工作经验 - 中国　IV. ① F126

中国版本图书馆 CIP 数据核字（2021）第 248938 号

中国脱贫攻坚典型经验与模式
ZHONGGUO TUOPIN GONGJIAN DIANXING JINGYAN YU MOSHI

刘彦随　主编

人民出版社 出版发行
（100706　北京市东城区隆福寺街 99 号）

中煤（北京）印务有限公司印刷　新华书店经销

2022 年 1 月第 1 版　2022 年 1 月北京第 1 次印刷
开本：710 毫米 ×1000 毫米 1/16　印张：36.5
字数：620 千字

ISBN 978 - 7 - 01 - 024020 - 6　定价：148.00 元

邮购地址 100706　北京市东城区隆福寺街 99 号
人民东方图书销售中心　电话：(010) 65250042　65289539